Tilman Nagel

DAS ISLAMISCHE RECHT

DAS ISLAMISCHE RECHT

Eine Einführung

von

TILMAN NAGEL

2001

WVA-VERLAG SKULIMA · WESTHOFEN

Das Umschlagbild zeigt die Große Moschee in Kairouan

Die Deutsche Bibliothek – CIP-Einheitsaufnahme

Nagel, Tilman:
Das islamische Recht : eine Einführung / Tilman Nagel.
Westhofen : WVA-Verl., 2001
ISBN 3-936136-00-9

WVA-Verlag Skulima - Osthofener Straße 20 - 67593 Westhofen
Telefon: ++49(0)6244-905200 - Fax: ++49(0)6244-905222
e-mail: WVA@Skulima.de - http://www.Skulima.de

Gesamtherstellung: Rheingold-Satz - 67592 Flörsheim-Dalsheim

Printed in Germany

INHALTSVERZEICHNIS

EINLEITUNG

Wie meine „Geschichte der islamischen Theologie" soll diese Einführung in das schariatische Recht dem Leser eines der Kerngebiete des Islams erschließen. Ich bin auch hier bestrebt, einen wertfreien Überblick über den Gegenstand zu geben und ihn so zu erfassen, wie er sich demjenigen darbietet, der die einschlägigen Quellen studiert. Dies sollte so selbstverständlich sein, daß es nicht ausdrücklich erwähnt werden müßte. Leider ist dies nicht mehr der Fall, und zwar aus mehreren Gründen.

Es ist Mode geworden, das Schlagwort der „Globalisierung" nicht nur für die Gegenwart ernst zu nehmen und als Bezeichnung für einen angeblich realen Sachverhalt aufzufassen, sondern auch auf die Vergangenheit anzuwenden. Zumindest seit dem 16. Jahrhundert soll es nur noch eine „globalisierte" Geschichte geben, in die alle Kulturen der Menschheit eingeschmolzen wurden.[1] Wenn dies aber so ist, dann reden nur noch Narren von einer spezifisch islamischen Kultur bzw. von islamischem Recht. Am bequemsten begegnet man diesen Unmodischen mit dem Vorwurf des „Orientalismus": Um den Griff nach fernen fremden Ländern zu rechtfertigen, habe sich der Westen von diesen ein Bild geschaffen, in dem die Romantisierung des Orientalischen mit der gönnerhaften Verachtung der Orientalen eine ungute Mischung eingegangen sei. Wer mithin den „Orientalismus" mancher Forscher anprangert, dünkt sich sicher, sie nicht nur mit Hinblick auf ihre wissenschaftliche Ernsthaftigkeit, sondern zugleich moralisch erledigt zu haben - denn war der Kolonialismus nicht durch und durch verwerflich? Der in Großbritannien arbeitende Syrer Al-Azmeh versteht unter „Orientalismus" „die bewußte Wahrnehmung und Erkenntnis des Orients", die „einen bestimmten Begriff vom Islam" hervorbringe, der als das glatte Gegenteil der für den Westen in Anspruch genommenen Leitgedanken der Vernunft, Freiheit und Vervollkommnungsfähigkeit ausgegeben werde.[2] „Die orientalistische Wissenschaft ist eine kulturspezifische Stimmung, hervorgegangen aus einer mythologischen Klassifikationstradition, einer instinkthaften, schroffen Aufteilung der Welt, einer Haltung, die stark an den Parteigeist erinnert, der die Anhänger eines Fußballclubs beseelt."[3]

Die solchermaßen abqualifizierte Orientalistik hat, wie ein anderer Verfechter jenes Gedankengutes schreibt, gar nicht die Aufgabe, größeren Zusammenhängen

[1] Diese These verficht z. B. R. SCHULZE in: *Was ist islamische Aufklärung?*, Die Welt des Islam 36/1996, 276–325, hier S. 296.

[2] A. Al-Azmeh: *Die Islamisierung des Islam*, Frankfurt/Main 1996, 177, 188.

[3] Ebd., 184.

innerhalb der islamischen Geschichte nachzuforschen. Sie hat dem „Orient" allenfalls bei der „Dekomposition seiner selbst und der Rekonstruktion einer autochthonen, dynamischen Identität" behilflich zu sein,[4] mithin die Quellen so aufzuarbeiten, daß sie den muslimischen Interpreten die Widerlegung jenes von den unaufgeklärten Orientalisten skizzierten Bildes des Islams erleichtert - eine Widerlegung, so ist anzufügen, die die einzig mögliche Wahrheit an den Tag bringen soll, nämlich daß dank der im 16. Jahrhundert einsetzenden „Globalisierung" die islamische und die europäische Geschichte, wie alle Geschichte überhaupt, ein und dasselbe sind.

Unter dem Deckmantel der Besorgtheit um die wissenschaftliche Redlichkeit soll auf solche Weise der Forschung eine ideologische Zwangsjacke übergestreift werden; verstehen zu wollen, was es mit dem Islam auf sich habe, wird zu einem Laster erklärt, nicht wissen wollen, ist tugendhaft. Denn die aus dem „Orientalismus" geborene Islamwissenschaft stellt, so schreibt beispielsweise Al-Azmeh, den bewußt wahrgenommenen Orient als das ewige Gegenbild des Westens dar; der mit dem Westen kontrastierende Befund werde zur unabänderlichen Essenz des Orients erklärt, die zeitunabhängig sei. Wie die islamischen Fundamentalisten, so machten sich auch die Orientalisten der Irrlehre des „Essentialismus" schuldig,[5] die besagt, daß es über den Wandel der politischen und gesellschaftlichen Verhältnisse hinweg einen Wesenskern des Islams gebe. Was aber habe ein Muslim in China mit einem anderen in Marokko gemeinsam? Und seien nicht die Auffassungen davon, was Islam ist, Legion? Also sei es abwegig, vom Islam als einer in sich stimmigen, über die Zeit hin bestehenden Gegebenheit zu reden! - mithin auch abwegig, eine Einführung in das islamische Recht zu schreiben. Beides verrät ein törichtes Beharren auf dem längst überholten „Essentialismus".

Genau das aber tue ich mit diesem Buch, und die Schelte mancher meiner Kollegen nehme ich auf mich. Bis zu einem gewissen Grade vermag ich nachzufühlen, warum ein in Europa lehrender Syrer die islamische Geschichte in einer „globalisierten" aufgehen lassen möchte, die übrigens, wie erwähnt, mit dem 16. Jahrhundert, dem Zeitalter der europäischen Expansion, einsetzen soll und folglich als eine europäisch dominierte gedacht wird.[6] Doch selbst dem oberflächlichen Beobachter, der ein islamisches Land bereist, wird vieles auffallen, das grundsätzlich anders ist als in Mitteleuropa. Niemandem wird die erstaunliche Gegenwärtigkeit der Glaubenspraxis im Alltagsleben der Muslime entgehen, und er wird dies in allen Teilen der islamischen Welt bemerken und darüber hinaus

[4] R. Schulze: *Das islamische 18. Jahrhundert*, in: Die Welt des Islam 30/1990, 140–159, hier S. 148.

[5] A. Al-Azmeh, op. cit., 177, 202.

[6] Auf das gleiche läuft R. Schulzes Postulat hinaus, das 18. Jahrhundert sei auch in der islamischen Welt ein Zeitalter der Aufklärung gewesen, wegen des Verhängnisses des „Orientalismus" hätten die Muslime dies bisher aber nicht erkannt. Vgl. Hagen/Seidensticker: *R. Schulzes Hypothese einer islamischen Aufklärung*, in: ZDMG 148/1998, 83–110; ferner T. Nagel: *Die Ebenbürtigkeit des Fremden*, in: ZDMG 148/1998, 367–378.

auch bei den in Deutschland lebenden Muslimen. Ebenso wenig werden ihn die Bilder unbeeindruckt lassen, die ihm alljährlich von den Pilgerriten in und um Mekka übermittelt werden - und damit berühren wir doch so etwas wie die Essenz des Islams, deren Vorhandensein sich nicht mit dem Hinweis auf die politische Uneinigkeit der muslimischen Staaten oder auf den Widerstreit zwischen Sunniten und Schiiten bzw. anderen, marginalen Gruppierungen widerlegen läßt. Noch nie ist mir jemand begegnet, der sich selber als Muslim bekannt und zugleich geleugnet hätte, daß der Koran Gottes Wort und daher der oberste Maßstab aller Daseinsbewältigung sei; nie habe ich einen Muslim getroffen, der mir gesagt hätte, ihn kümmere jener Muḥammad nicht, der vor 1400 Jahren in Arabien wirkte, und wie man heute beispielsweise die Riten des Islams ausübe, das habe mit jenem Manne nicht das geringste zu tun. Mit den Riten befinden wir uns aber schon im Bereich des islamischen Rechts: Eines der großen Gebiete des islamischen Rechts regelt ihren Vollzug, und wie diese selber, so ist auch die Begrifflichkeit dieser Regelungen im Alltag gegenwärtig. Die Sprache des Ritualrechts und das in ihre Begriffe eingeflossene Verständnis von Gott, dem Menschen und der Welt prägen auch die übrigen weiten Gebiete der Scharia, nämlich das Recht der Beziehungen der Menschen untereinander und das Strafrecht.

Diese Begriffe werden in dem unüberschaubar großen islamischen rechtswissenschaftlichen Schrifttum seit dem 8. Jahrhundert in der Form eines in sich schlüssigen Systems von Klassifizierungen menschlichen Handelns untersucht und dargestellt. Seine Wurzel hat dieses System in der Heilsbotschaft, die der Prophet Muḥammad überbrachte. Wir werden verfolgen, wie sich dieses System entfaltet und in ständiger Auseinandersetzung mit der politischen und gesellschaftlichen Wirklichkeit unterschiedliche Ausformungen durchläuft. Die Unterschiedlichkeit dieser Ausformungen und die schwerlich ganz zu überblickende Fülle von Einzelentscheidungen, die voneinander abweichen, können wiederum nicht als ein Argument gegen die Existenz eines islamischen Rechts ins Feld geführt werden, denn alle diese Äußerungen einer juristischen Gedankenarbeit verstehen sich als Beiträge zur letzten Endes im Diesseits niemals ganz zu vollendenden Entschlüsselung des Willens und der Absichten des Gesetzgebers, Gottes.

Damit stoßen wir auf einen Rahmen von Vorstellungen, den wir zunächst grob beschreiben müssen, um dann innerhalb seiner anhand der Darlegung ausgewählter Vorschriften und danach der Geschichte der Theorie des islamischen Rechts Kenntnis von dessen Wesen und Wandel zu erlangen.[7] Diese Kenntnis ist aus einem philologischen Studium der Quellen zu gewinnen. Darauf muß ich beharren, auch wenn die Bekämpfer von „Orientalismus" und „Essentialismus" gerade in der Philologie die Wurzel allen Übels ausmachen und ihr oft rundweg die Fähigkeit absprechen, zu irgendwelchen brauchbaren Einsichten vorzusto-

[7] W. Hallaq spricht von der Einzigartigkeit des Rechtssystems der Scharia, in das die Normen, auch fremde, eingefügt werden (*The use and abuse of evidence*, in: JAOS 110/1970, 79–91, hier 90).

ßen.[8] Die Soziologie, so hofft man, werde, da sie über ein Instrumentarium universell anwendbarer Begriffe verfüge, als ein zuverlässiger Führer zu den wahren, den für die ganze Menschheit geltenden Gegebenheiten die Philologie verdrängen, die Unterschiede vortäusche, wo gar keine seien. Religion, so schreibt Al-Azmeh, sei ein „definierter Begriff", der bezeichne, wie aus dem Gegensatz von Profan und Heilig Glaubensvorstellungen entwickelt und der Organisation von Staat und Gesellschaft zugrunde gelegt würden; da dies so sei, werde die Kenntnis der „einzelnen Religionen als Gattungsexemplare" unserem Wissen von Religion nichts Wesentliches hinzufügen. „Eine Religion wird stets nach Maßgabe gesellschaftlicher und staatlicher Notwendigkeiten geschaffen und umgeschaffen, auch wenn dieser Vorgang sich fast immer einer fundamentalistischen (sic!) Motivation bedient, eines Ursprungsmythos, der sich auf eine bestimmte Textüberlieferung stützt."[9] In dieser Sicht der Dinge beschäftigt sich die Philologie mit dem wesenlosen Schein, die Soziologie hingegen mit dem, was zählt, den gesellschaftlichen und staatlichen „Notwendigkeiten".

Lassen wir die von Al-Azmeh leider nicht gestellte Frage offen, woher die Soziologie das Wissen von diesen Notwendigkeiten erhält,[10] versuchen wir vielmehr, die Autoren der Werke, aus denen wir die Kenntnis dessen schöpfen, was wir in diesem Buch darlegen, in ihrer Eigenschaft als Autoren ernst zu nehmen! Man wird kaum in Abrede stellen, daß das, was sie niederschrieben, für sie eine Bedeutung hatte und daß sie es niederschrieben, weil sie davon überzeugt waren, daß es auch für ihre Leser eine Bedeutung haben werde – schließlich handelte es sich nicht um intime Tagebuchaufzeichnungen, die übrigens auf mittelbare Weise auch mit einem Leser rechnen, sondern um Lehrbücher, um wissenschaftlichen Streit, um Bemühungen, eine öffentliche Wirkung zu erzielen, mithin um die Weitergabe von Gedanken, die für sinnvoll erachtet wurden. Diesen Sinn zu ermitteln, ist die Aufgabe philologischer Forschung; und da die Scharia-Gelehrten, wie aus den in Übersetzung zitierten Texten meines Buches auf vielfache Weise hervorgeht, ihre Tätigkeit als die Mitarbeit an einer seit der Berufung Muḥammads zum Propheten bestehenden Aufgabe, nämlich der Analyse und der praktischen Verwirklichung des göttlichen Gesetzes, betrachteten, muß die philologische Erhellung des Sinnes des muslimischen juristischen Schrifttums unter

[8] So z.B. R. Schulze in: *Was ist islamische Aufklärung?* In: Die Welt des Islam 36/1996, 293; folgerichtig handelt es sich bei den von al-Azmeh (vgl. oben, Anm. 2) veröffentlichten Aufsätzen um Ansammlungen von Lesefrüchten, die eine vorgefaßte Meinung illustrieren, und kaum je um eine ernsthafte Auseinandersetzung mit einer Quelle.

[9] Al-Azmeh, op. cit., 109f.

[10] Al-Azmeh äußert sich hierzu nicht; wahrscheinlich wird dieses Wissen aus einem ewigen Jetzt abgeleitet, denn die Geschichte ist nichts anderes als die letztlich irrelevante „Schaffung und Umschaffung", die Aufeinanderfolge der Exemplare einer Gattung. Wozu also die Exemplare erkunden, wo doch die Kenntnis der Gattung das hinreichende Ziel aller Forschung ist?

Würdigung dieses Geschichtsbewußtseins der Autoren erfolgen. Was wir mitzuteilen haben, ist demnach nicht aus einer universellen Begrifflichkeit zu deduzieren, noch überhaupt in einer solchen darzustellen, deren Vorhandensein seit längerem auch von Soziologen in Zweifel gezogen wird.[11] Es sei an die banale Feststellung erinnert, daß sprachliche Äußerungen nicht als getreue Information über einen tatsächlich gegebenen und als solchen verifizierbaren Sachverhalt mißverstanden werden dürfen, sondern mit einem System von Vorstellungen und Wertungen verbunden sind, also stets die Welt auslegen.[12]

Aufzuzeigen, auf welche Art muslimische Rechtsgelehrte die Welt auslegen, ist dementsprechend das wichtigste Ziel dieses Buches. Es kann also nicht als eine Art Nachschlagewerk benutzt werden, in dem man sich über die Vorschriften der Scharia unterrichtet. Zwar werden viele von ihnen erwähnt, aber dies geschieht in der Absicht, eben jene Interpretation der Welt zu verdeutlichen. Damit dies gelingen kann, habe ich im ersten Teil einen systematischen Überblick über den Gegenstand gegeben. Ich beginne mit einer Erörterung der Grundbegriffe, aus denen bereits der eigentümliche Charakter des islamischen Rechts erkennbar wird. – Für den Leser, der noch nie mit dem islamischen Recht zu tun hatte, ist dieser Teil vermutlich der schwierigste; vielleicht sollte man ihn nach Abschluß der Lektüre des ganzen Buches noch einmal durchgehen. – Es schließt sich eine die Darlegung der Grundbegriffe erläuternde, mit Inhalt füllende Übersicht über Bestimmungen der Scharia an. Ausführungen über den Geltungsbereich des islamischen Rechts und die Einrichtungen schariatischer Rechtspflege beenden den systematischen Teil. Der zweite ist einem Gang durch die Geschichte des islamischen Rechts gewidmet und beginnt mit der Zusammenfassung einer aus dem frühen 20. Jahrhundert stammenden Darstellung aus der Feder eines ägyptischen Gelehrten. Die Grundzüge der von den muslimischen Scharia-Kennern allgemein gebilligten Auffassung der Geschichte des islamischen Rechts werden beschrieben. Diese Grundzüge zu überblicken, ist für das Verständnis der darauffolgenden Kapitel unerläßlich. Hier versuche ich, in drei meines Erachtens durch den Gegenstand selber nahegelegten Schritten eine Geschichte des islamischen juristischen Denkens zu geben. Im ersten Schritt erörtere ich die Entstehung des Konzeptes der Scharia als eines von Gott gegebenen, jedoch nicht in allen Einzelheiten durch ihn dargelegten überzeitlichen Gesetzes. Im zweiten untersuche ich die Diskussion muslimischer Gelehrter über den Wirklichkeitsbezug der Scharia; diese Diskussion setzt in dem Augenblick ein, in welchem jenes Konzept zumindest im sunnitischen Islam weithin anerkannt wird und theologisch untermauert ist. Der letzte Schritt gilt der Selbstbehauptung des Scharia-Rechts. Ich richte den Blick vor allem auf die neueste Zeit; es wird aber deutlich, daß die jüngste

[11] Vgl. T. Nagel, op. cit., 375f.

[12] Mit Blick auf die Politologie werden die verborgenen „Wertungen", die in „Objektivität" beanspruchenden Denkmodellen enthalten sind, von Ch. Taylor analysiert in: A. Ryan (Hg.): *The philosophy of social explanation*, Oxford 1973, 139–170.

Geschichte der Scharia-Gelehrsamkeit nicht einfach als eine Reaktion auf den Einfluß westlicher Vorstellungen beschrieben werden darf, sondern daß manche Entwicklungen auf Anstöße aus älterer Zeit zurückgehen. Um den Leser nicht mit Stoff zu überhäufen und die Darstellung auf das Wesentliche zu beschränken, habe ich im letzten Teilkapitel den Gang der Erörterung auf Ägypten gelenkt. Diese Wahl ist nicht willkürlich; sie ist damit zu begründen, daß in diesem Land, das seit dem ausgehenden 19. Jahrhundert völlig dem westlichen Einfluß zu erliegen schien, von der Herrschaft des Königs Fu'ād I. (reg. 1917–1936) an, und stets durch die Regierung gefördert, große Anstrengungen zur Erfassung der Bestimmungen der Scharia und zur Überprüfung ihrer methodischen Grundlagen unternommen worden sind, deren wichtigste Frucht die im Erscheinen begriffene „Enzyklopädie der islamischen Rechtswissenschaft" (*Mausūʿat al-fiqh al-islāmī*) ist. Das Ziel solcher Arbeiten ist keineswegs nur die Erforschung der Geschichte, sondern, und vermutlich in erster Linie, die Nutzbarmachung der eigenen Überlieferung für das Rechtswesen in Gegenwart und Zukunft.

Wie bereits angedeutet, habe ich in meine Darstellung zahlreiche längere Zitate eingeflochten, die ich den arabischen Quellen entnommen habe - das Arabische ist nach wie vor die auch außerhalb der arabischen Welt vorzugsweise verwendete Sprache der Scharia-Wissenschaft. Diese durch kleinere Schrift vom übrigen Text abgesetzten Zitate sollen einen Einblick in die Gedankenführung gewähren, die für die Argumentation der Scharia-Gelehrten kennzeichnend ist. Ohne solche Zitate bliebe dem Leser alles das, was ich ihm mitzuteilen habe, gänzlich unanschaulich.

Dransfeld, im Mai 1999 T. N.

ERSTES BUCH:

SYSTEMATISCHER ÜBERBLICK

I. GRUNDBEGRIFFE

1. Scharia und *fiqh*

Wenn zur Zeit der Kreuzzüge ein Ritter zu den Muslimen überlief und deren Glauben annahm, dann sagten seine ehemaligen Waffenbrüder, er habe „den Finger gehoben und das Gesetz beschworen".[1] Das Gesetz (arab.: *aš-šarī'a*), die nach muslimischer Auffassung durch Gott den Menschen auferlegte Ordnung des Ritus und des profanen Lebens, erscheint in dieser Redewendung als der Inbegriff des Islams. Sich zu dieser Religion bekennen, ohne das Gesetz in seiner Gänze zu bejahen und als unbezweifelbaren und stets gültigen Maßstab für jegliches Tun und Lassen zu befolgen, ist unmöglich; denn das Gesetz ist ein wesentlicher Teil der islamischen Heilsbotschaft. Im 1968 gedruckten ersten Band der noch nicht abgeschlossenen „Enzyklopädie der islamischen Rechtswissenschaft", einem Werk, das die seit mehr als 1350 Jahren andauernde Arbeit auf diesem Kerngebiet der islamischen Kultur zusammenfassen und für die künftige Entwicklung des Rechts in den muslimischen Ländern fruchtbar machen will, liest man die folgenden Sätze:

> Die Scharia ist der Königsweg, die gerade Straße. Gott hat sie aus seinem Wissen gestiftet; er hat die Kenntnis von ihr auf den letzten seiner Propheten ... herabgesandt und ihr so viel Kraft und Beständigkeit zugemessen, daß sie ewig bleiben wird, geschützt davor, sich zu Nichtigem oder zum Irrtum zu neigen. Er hat seit dem Zeitalter der Prophetengenossen und der nachfolgenden Geschlechter Menschen zu ihr hingeführt, die aufrichtig an sie glaubten. Mit allem Eifer verschrieben sie sich dem Dienst an ihr; sie klärten die Beurteilungskriterien und die Beweisverfahren der Scharia ... und studierten die Lebensumstände im Lichte (dieser von Gott gegebenen Ordnung) ... So wurde den Menschen deutlich, daß die Scharia alle Angelegenheiten des Lebens, die überhaupt auftreten können, umfaßt, seien es solche des Glaubens und des Ritus, seien es solche der Beziehungen (der Menschen untereinander), der Verwaltung ..., der Politik, der Gesellschaft, seien es die unterschiedlichen Bindungen zwischen den Individuen innerhalb der muslimischen Gemeinschaft (arab.: *al-umma*) oder zwischen ihr und anderen ihr friedlich oder feindlich gesonnenen Gemeinschaften. (Dies alles regelt die Scharia) in einer Art und Weise, die die Lösung der Probleme, die Abwehr von Verwirrung und die Behebung von Schwierigkeiten gewährleistet, die auch Glück, Sicherheit, Gerechtigkeit und Beständigkeit auf dem richtigen Weg und im höchsten Ideal garantiert.[2]

[1] A. Demurger: *Die Templer. Aufstieg und Untergang 1118–1314*, München 1991, 85.
[2] *Mausū'at al-fiqh al-islāmī*, I, 5.

Die Vorstellung, der gesamte Lebensvollzug des Menschen sei nach den Vorschriften der Scharia zu regeln, ist dem Islam nicht von Anfang an eigen. Im Koran kommt der Begriff „Scharia" im Sinne von „Gesetz" überhaupt noch nicht vor. Nur an einer Stelle taucht dort das Wort auf: (Nach dem Zeitalter der israelitischen Prophetie) „haben wir dich ... auf einen Weg (*šarīʿa*) (zur Errettung) festgelegt", wird dem Propheten in Sure 45, Vers 18 versichert. Die ursprüngliche Bedeutung des Wortes, nämlich die nie versiegende Wasserstelle im ausgedörrten Land bzw. der Weg, der zu ihr hinführt, ist hier noch zu erkennen. Das Heil, zu dessen Erwerb Gott die Gelegenheit bietet, gleicht einer Tränke in der Wüste.[3] Durch den Mund seiner Gesandten hat Gott den Menschen immer wieder mitgeteilt, daß und wie sie das Heil erwerben können; der Inhalt dieser Mitteilungen blieb unverändert, aber wegen mancher Abweichungen in der Praxis, die sich im Laufe der Geschichte einschlichen, unterscheiden sich nun die jüdische, die christliche und die von Muḥammad verkündete Art der Heilssicherung voneinander. Die letztere ist nach Überzeugung des Propheten und der Muslime die einzig authentische, weil sie auf den jüngsten, den letzten von Gott ins Werk gesetzten Akt der Verkündigung zurückgeht; laut Sure 2, Vers 148 sollen die Bekenner eines jeden Heilsweges miteinander „um das Gute" wetteifern und sich am Tage des Gerichts dem Urteil des Schöpfers stellen. Dies sind die Gedankengänge, in die der Koran das Wort „Scharia" einbettet; gleichwohl hat die spätere muslimische Rechtswissenschaft Sure 45, Vers 18 gern als Beleg dafür herangezogen, daß die Sache und der Begriff des allumfassenden gottgegebenen Gesetzes schon in der Zeit Muḥammads vorhanden gewesen seien.

Ein auf dieselbe Wurzel zurückgehendes Verbum *š-r-ʿ* in der Bedeutung „anordnen, erlassen", findet sich zweimal im Koran, und zwar in den Versen 13 und 21 von Sure 42: Gott „erläßt" die Vorschriften der praktischen Religion (arab.: *ad-dīn*), des Kultes. Damit kommt man bereits dem Sinnzusammenhang nahe, in den das Wort Scharia im Propheten*ḥadīṯ* gehört. Im Singular wird es in dieser ab der Mitte des 7. Jahrhunderts sich entwickelnden Textgattung äußerst selten verwendet: Die muslimische Glaubensgemeinschaft wird sich auf dem rechten Heilsweg (*aš-šarīʿa*) befinden, solange sie das Wissen, das Gott ihr übergab, bewahrt und solange sich noch keine sittliche Verkommenheit zeigt.[4] Hier geht es nicht mehr wie in Sure 45, Vers 18 um einen von mehreren Pfaden zum jenseitigen Glück, sondern um die Scharia, diejenige der Muslime; das Schwinden des Wissens von ihr und Verstöße gegen sie kündigen das Ende der Welt an. Im Plural dagegen (*aš-šarāʾiʿ*) taucht das Wort etliche Male im *ḥadīṯ* auf und meint dann nicht etwa eine Mehrzahl von Heilswegen, wie dies der koranische Kontext nahelegen könnte, sondern die Vorschriften der rituellen Gottesverehrung. Hierbei ist die Abgrenzung zu anderen Begriffen ähnlichen Inhalts nicht immer klar. So wird einmal gesagt, zum Glauben gehörten „die rituellen Pflichten (arab.: *al-farīḍa*, Pl. *al-farāʾiḍ*), die *šarāʾiʿ*, die (von

[3] Das in Sure 5, Vers 48 verwendete *aš-širʿa* hat den gleichen Sinn.
[4] Aḥmad b. Ḥanbal: *Musnad*, III, 439.

Gott gesetzten) Grenzen (des Anstands) (arab.: Pl. *al-ḥudūd*)[5] und die (guten) Sitten (arab.: Pl. *as-sunan*)"; ein anderes Mal heißt es, der Glaube sei der von Gott gewiesene Weg, eine Lebenspraxis und die gute Sitte.[6] Daß die *šarāʾiʿ* die Art und Weise der den Gläubigen abverlangten Gottesverehrung meinen und neben anderen Pflichten stehen, die aus dem Glauben folgen, wird hinreichend deutlich. Die Aufzählung belegt zudem, daß Gläubigkeit sich darin beweist, daß die in den Riten obwaltende Ausrichtung des Menschen zu Gott hin auf den profanen Bereich des Lebens ausgedehnt wird. Hierfür steht das Wort „gute Sitte" (arab.: *as-sunna*, Pl. *as-sunan*), das - ursprünglich frei von religiösen Anklängen - das allgemein gebilligte Vorbild der Altvorderen bezeichnete. *Aš-šarāʾiʿ* meint im *ḥadīṯ* mithin noch nicht die Gesamtheit der Normen, gemäß denen der Lebensvollzug vollständig nach dem Willen Gottes gestaltet werden soll, sondern die Vorschriften, die die Erfüllung der kultischen Pflichten regeln. Dementsprechend heißt es in einem *Ḥadīṯ*, in dem ein Abgesandter eines Stammes den Propheten um Aufklärung über die von ihm verkündete Religion angeht, Muḥammad habe „die Glaubenspflichten des Islams eine nach der anderen genannt, die Läuterungsgabe (arab.: *az-zakāt*), das Fasten (arab.: *aṣ-ṣijām*) und die Wallfahrt (arab.: *al-ḥaǧǧ*) und die (übrigen) *šarāʾiʿ* des Islams (*šarāʾiʿ al-islām*)".[7]

In der Zeit vom 8. bis 10. Jahrhundert nimmt das Wort Scharia die Bedeutung „von Gott gesetztes Recht" an. Auf diesen Vorgang, der mit der Herausbildung einer Methodik zur Erschließung rechtlicher Normen aus dem Offenbarungstext und dem *ḥadīṯ* eng verflochten ist, werde ich an anderer Stelle in diesem Buch eingehen. Der von Gott den Menschen eröffnete Weg zur nie versiegenden Wasserstelle des Heils wird von da an als die Einhaltung der kultischen Pflichten und die Beachtung von Bestimmungen für den profanen Alltag verstanden, die als der gesetzgebende Wille des Schöpfers gedeutet werden. Trotzdem wurde die Scharia noch nicht als ein Regelwerk verstanden, das den Muslimen keine Handlungen erlaubt hätte, die diesem nicht unterworfen waren. Der Historiograph, Rechtsgelehrte und Korankommentator aṭ-Ṭabarī (gest. 923) schreibt dementsprechend zu Sure 45, Vers 18, die Scharia setze sich aus den kultischen Pflichten,[8] den koranischen Strafen[9] und aus den Befehlen und Verboten zusammen - mithin aus Sachgebieten, die von den Rechtsgelehrten bearbeitet wurden und die den wesentlichen Gegenstand der seit dem 10. Jahrhundert in großer Zahl verfaßten Rechtshandbücher ausmachen. Auffallend ist freilich, daß aṭ-Ṭabarī in seiner Aufzählung den

[5] Vgl. Sure 2, Vers 229f.; in manchen Koranübersetzungen wird hier das Wort „Grenzen" dem Sinne nach mit „Geboten" wiedergegeben.

[6] al-Buḫārī: *Ṣaḥīḥ*, *īmān* 1.

[7] Aḥmad b. Ḥanbal, op. cit., I, 264.

[8] Der hier von aṭ-Ṭabarī gebrauchte Begriff *al-farāʾiḍ* bedeutet natürlich auch die Pflichtteile, die dem Erben zufallen; das ist hier aber nicht gemeint. Vgl. die oben zitierten *Ḥadīṯe*.

[9] Vgl. hierzu unten Kap. A II 4b.

breiten Bereich des Vertragsrechts, den man meist unter dem Begriff der „zwischenmenschlichen Handlungen" (arab.: Pl. *al-muʿāmalāt*) zusammenfaßt, noch nicht nennt; in diesem für den profanen Alltag bedeutendsten Bereich des islamischen Rechts war die Herkunft der Regelungen aus dem Willen Gottes am schwierigsten nachzuweisen, doch war die Arbeit hieran zu Lebzeiten aṭ-Ṭabarīs bereits weit fortgeschritten. Im 11. Jahrhundert bestand an der Zugehörigkeit der „zwischenmenschlichen Handlungen" zur Scharia jedenfalls kein Zweifel mehr. Jetzt erörterte man die Frage, ob es überhaupt einen Ort und einen Augenblick im Dasein des Menschen geben könne, der nicht einer Bewertung nach den Kategorien des göttlichen Rechts unterliege. Man wies darauf hin, daß selbst die Taten, die im Hinblick auf Lohn oder Strafe im Jenseits ohne Auswirkung bleiben, deshalb noch nicht außerhalb der Scharia, der Vorschriften des Heilsweges, liegen; denn daß eine Tat keine Folgen für das Jenseitsschicksal zeitige, könne man allein dem diesbezüglichen Schweigen des Gesetzes entnehmen.[10] Wenn die Kreuzfahrer den Übertritt zum Islam als die Annahme des - göttlichen - Gesetzes ansahen, dann hatte dies also seine Berechtigung; als sie den Islam kennenlernten, war die Scharia, verstanden als ein umfassendes, den Willen Gottes als des einen Gesetzgebers widerspiegelndes Regelwerk, zur Lebensmitte dieser Religion geworden.[11] Dies gilt, wie das Zitat aus der „Enzyklopädie der islamischen Rechtswissenschaft" belegt, im wesentlichen bis heute.

Die Beschäftigung mit den Bestimmungen der Scharia, vor allem mit der Frage, wie diese Bestimmungen auf die Handlungen der Menschen anzuwenden bzw. wie die Handlungen durch die Scharia zu lenken seien, nennt man *fiqh*. Während der Begriff Scharia in den ersten vier Jahrhunderten der Geschichte des islamischen Rechts eine außerordentliche Erweiterung seines Inhalts erfuhr, kann man für *fiqh* eine gegenläufige Entwicklung feststellen. Das Verbalnomen *fiqh* kommt im Koran nicht vor, wohl aber das aus dieser Wurzel gebildete Verbum; es bezeichnet die dem Herzen als dem Sitz des Verstandes eigentümliche Tätigkeit des Begreifens, Einsehens. Manche von Muḥammads Landsleuten hören der Verkündigung der Worte Gottes zu, aber sie „begreifen" deren Sinn nicht, weil Gott selber ihr Herz mit einer Hülle verdeckt hat; so erklärt sich der Prophet in Sure 6, Vers 25 seinen Mißerfolg bei der Mehrzahl der Mekkaner.[12] Später, in Medina, erweist sich das Herz der Heuchler als versiegelt, „so daß sie nicht einsehen" (Sure 63, 3 und 7), wie sie sich dem Propheten gegenüber verhalten sollten. Was „begriffen" oder „eingesehen" werden soll, ist freilich nicht ein banaler Sachverhalt, sondern es ist die Heilsbotschaft nebst den kultischen Verpflichtungen, die sich aus ihr ergeben; davon ist man schon zu Muḥammads Zeit überzeugt. „Die Gläubigen haben nicht die Möglichkeit, sich insgesamt (zur Belehrung durch den Propheten) einzustellen," heißt es

[10] T. Nagel: *Die Festung des Glaubens*, München 1988, 215.

[11] Im systematischen Teil dieses Buches beziehe ich mich stets auf diesen seit dem 11. Jahrhundert erreichten Entwicklungsstand des islamischen Rechts.

[12] Vgl. Sure 17, Vers 45, und Sure 18, Vers 57.

in der späten medinensischen Sure 9, Vers 122. „Wie wäre es denn, wenn sich aus jeder Gruppe einige einstellten, um Einsicht in die Glaubenspraxis (arab.: *ad-dīn*) zu gewinnen und um ihren Stamm, wenn sie zu ihm zurückkehren, (vor dem Verharren im Unglauben) zu warnen? Vielleicht nützt solche Mahnung."

Im *ḥadīṯ* begegnet *fiqh* bereits häufig, und zwar stets in der Bedeutung einer Einsicht in die Tatsache, daß der Mensch, da er ein Geschöpf des einen Gottes ist, sein Leben im Bewußtsein dieser Geschöpflichkeit führen muß. Das „Wissen vom Koran", also die Kenntnis der offenbarten Worte Gottes, zusammen mit der Glaubenspraxis und solcher Einsicht,[13] durch die sowohl das Wissen als auch die Praxis erst eigentlich fruchtbar gemacht werden, formen den zum Heil strebenden Muslim. Bisweilen wird der Wert derartiger Einsicht gegen die getreue, aber rein äußerliche Erfüllung der Ritualpflichten ausgespielt: Das Begreifen, warum man Gott verehrt, ist besser als eine tausendfach vollzogene Anbetung.[14] Es ist verdienstvoll, die Glaubenspraxis gewissenhaft zu befolgen, aber wesentlich höheres Verdienst erwirbt man, wenn man sich das Wissen, worauf sie gründet, und die Einsicht in ihr wahres Wesen aneignet und beides seinen Glaubensgenossen vermittelt.[15] Wie gut, wenn das eifrige Studium des Korans in solche Einsicht mündet - wenn man zum Einsichtigen (arab.: *al-faqīh*, Pl. *al-fuqahāʾ*) wird![16] Hier taucht das Nomen auf, das sich im Zuge der Herausbildung des islamischen Rechts zum Terminus für dessen Kenner entwickeln wird: *faqīh*. Im *ḥadīṯ*, das die bedeutendste islamische Literaturgattung der Zeit zwischen 650 und 750 ist, kann man eine solche Verengung des Begriffsinhalts noch nicht spüren. Der wahre *faqīh* ist derjenige, „der den Menschen nicht die Hoffnung auf die Barmherzigkeit Gottes raubt, sie nicht in Sicherheit vor der Strafe Gottes wiegt, ihnen keine Widersetzlichkeiten gegen Gott gestattet. Denn es liegt nichts Gutes in einer Gottesverehrung ohne Wissen, nichts Gutes in einem Wissen ohne Verstehen, nichts Gutes in einer Koranrezitation ohne ein Erwägen der Worte!"[17]

Diese Zitate verdeutlichen, in welchem Sinnzusammenhang die um die Mitte des 8. Jahrhunderts beginnende Herausbildung einer spezifisch islamischen Rechtspflege steht. Sie tritt als das Bemühen auf den Plan, die Gebundenheit der gesamten Lebensführung des Muslims an die Grundtatsache seiner Geschöpflichkeit sichtbar und begreifbar zu machen. Dies geschieht auf zwei Ebenen, deren obere für den Alltag des Muslims geringe Auswirkungen hat; es ist dies die Ebene der „Grundlagen der Religion" (arab.: *uṣūl ad-dīn*), die wir im weitesten Sinn als Theologie bezeichnen. Hier wird das Verhältnis, in dem Schöpfer und Schöpfung zueinander stehen, erkundet und mit Verstandesargumenten auf den Begriff gebracht. Aus den durchschauten „Grundlagen der Religion" ergibt sich die Legitimität des göttlichen

[13] Aḥmad b. Ḥanbal, op. cit., I, 405 (neue Ausgabe Nr. 3845).
[14] at-Tirmiḏī, *al-ʿilm* 19.
[15] ad-Dārimī: *Sunan*, *al-muqaddima* Kap. 32, Nr. 355.
[16] Ebd., Nr. 334.
[17] Ebd., Kap. 29, Nr. 304.

Rechts, das, wie wir sehen werden, als eine Belastung des verstandesbegabten Geschöpfes mit dem Gesetz gedeutet wird. Die Ermittlung der Einzelheiten dieser Belastung bildet die zweite Ebene, die der Rechtswissenschaft im engeren Sinn mit ihren weitreichenden Folgen für die Muslime. Abū Ḥanīfa (gest. 767), einer der herausragenden Vertreter der frühen islamischen Jurisprudenz, ist der Verfasser eines in seiner Schülerschaft vielfach umgeschriebenen und erweiterten Abrisses des islamischen Glaubens. Er behandelt ganz knapp Themen wie die Prädestination oder die Bestimmung dessen, was Glaube sei. Solche allgemeine Einsicht (*fiqh*) in die Religion erklärt er für wesentlicher als eine Einsicht in rechtliche Bestimmungen.[18] Beide Ebenen werden mithin aufeinander bezogen und in eine Rangfolge gebracht; beide werden noch mit dem Terminus *fiqh* benannt.[19]

Bald danach werden die Theologie und die Rechtswissenschaft meistens als zwei getrennte Gegenstände der Gelehrsamkeit wahrgenommen, und nur noch die letztere heißt *fiqh*. Diese Trennung in zwei Sachgebiete und die damit einhergehende Verengung der Bedeutung von *fiqh* ist im 10. Jahrhundert abgeschlossen. Dennoch bleibt das Wissen davon erhalten, daß Recht und Theologie unmittelbar aufeinander verweisen. So schreibt der hanafitische Rechtsgelehrte at-Taftazānī (gest. 1389) in der Bearbeitung einer aus der Feder seines berühmten Vorläufers an-Nasafī (gest. 1142) stammenden Glaubenslehre:

> Die Grundlage der Wissenschaft von den göttlichen Normen (*aš-šarāʾiʿ*) und den Bewertungskriterien (arab.: Pl. *al-aḥkām*) und das Fundament der Glaubenslehre des Islams ist die Wissenschaft von der Einsheit (arab.: *at-tauḥīd*) Gottes und von seinen Eigenschaften; man nennt sie die rationale Theologie (arab.: *al-kalām*). Sie errettet einen aus der Finsternis der Zweifel und Irrtümer ... Wisse, daß der eine Teil der Bewertungskriterien, (jene), die den göttlichen Normen (der Lebenspraxis) zugrunde liegen, sich auf die Art und Weise des Handelns beziehen; sie heißen abgeleitete oder praktische. Der andere Teil bezieht sich auf die Art und Weise des Glaubens; sie heißen deshalb fundamentale oder dogmatische Bewertungskriterien. Die Wissenschaft, die sich mit ersteren beschäftigt, ist die Wissenschaft von den Normen und (schariatischen) Bewertungskriterien, und diese erlangt man ausschließlich auf dem Weg göttlicher Gesetzgebung; und sobald die (fundamentalen) Bewertungskriterien in Geltung sind, gelangt das Verstehen (der göttlichen Gesetzgebung) zu nichts anderem als zu diesen (lebenspraktischen) Normen. Die (fundamentalen Bewertungskriterien) sind der Gegenstand der Wissenschaft von der Einsheit und den Eigenschaften Gottes.

Die gemeinsame Grundlage von Theologie und Rechtswissenschaft sind nach at-Taftazānī die von Gott den Menschen mitgeteilten Bewertungskriterien; betreffen sie die Grundlagen der Glaubenslehre, so fällt ihre Untersuchung in das Gebiet der

[18] A. J. Wensinck: *The Muslim creed*, Cambridge 1932, 110–112.

[19] Vgl. at-Tahānawī: *Kaššāf iṣṭilāḥāt al-funūn*, ed. A. Sprenger, Kalkutta 1862, I, 22. Die breite Bedeutung des Sinnes von *fiqh* bewahrt der Charidschite Ǧamīl b. Ḫamīs (gest. 1668) in seinem *Qāmūs aš-šarīʿa*, das die Rechtswissenschaft aus der Sicht der Charidschiten darlegt.

Theologie, erstrecken sie sich auf die Lebenspraxis, dann spricht man von Rechtswissenschaft, wobei die Herleitung der Bewertungskriterien für die Praxis aus den Quellen, die Gottes Willen und Gesetzgebung bezeugen, *fiqh* im eigentlichen Sinne heißt.[20] Die islamische Rechtswissenschaft ist demnach prinzipiell die Auslegung des göttlichen Willens nach Maßgabe der vom Schöpfer festgelegten fundamentalen bzw. dogmatischen Kriterien; sie bilden den Grundstein der Beurteilung des menschlichen Handelns. Wenn nun die Glaubenslehre dank den sie betreffenden Mitteilungen Gottes so klar durchgearbeitet worden ist, daß sich keinerlei Zweifel mehr zu regen vermag, dann bewegt sich das Verstehen des Menschen ohne weiteres zur Einsicht in die Wahrheit der schariatischen Normen, mit denen Gott die Taten mißt: Die Rechtswissenschaft ist der in eine erlernbare Methodik gefaßte Vorgang des Begreifens der Schlußfolgerungen aus der Muḥammad anvertrauten Botschaft des Schöpfers an die Geschöpfe, und unter diesem Begreifen ist immer auch die Verwirklichung der Schlußfolgerungen im Lebensvollzug verstanden, also das, worauf schon Sure 9, Vers 122 zielte. Eine entsprechende Methodik gab es im Zeitalter des Propheten freilich noch nicht, und dies ist der wesentliche Umstand, der in muslimischer Sicht die Spätgeborenen von den Altvorderen trennt. – Letztere seien noch fähig gewesen, ohne wissenschaftlichen *fiqh* und spontan den Schlußfolgerungen, die sich aus der Einsicht in die Geschöpflichkeit des Menschen ergeben, zu gehorchen.

Recht ist gewissermaßen angewandte Theologie. Das Verständnis von der Stellung des Menschen vor Gott, das die Theologie erschlossen hat, findet im *fiqh* seine handgreifliche Ausprägung. Gott gegenüber ist der Mensch ein Knecht, der Befehlen folgt, ohne deren tieferen Sinn je vollständig ausforschen zu können. Allein von Gott her und nicht durch eigenes Erwägen erhält er die Normen und Bewertungskriterien seines Tuns. In den Notizbüchern, denen der Bagdader Rechtsgelehrte Ibn ʿAqīl (gest. 1119) seine Gedankensplitter und ganz persönlichen Ansichten anvertraute, stößt man auf die folgenden Zeilen:

> In genau dem, wodurch sich in dir der Knechtsstatus vervollkommnet, vervollkommnet sich in Ihm der Herrenstatus. Die Vollkommenheit seiner Gottheit bedeutet, daß er gewaltig ist und Verehrung verlangt. Das Wesen der ihm gezollten Verehrung zeigt sich in der Belastung (arab.: *at-taklīf*) (des Menschen mit dem göttlichen Gesetz). Gottes Befehl ist zu gehorchen, ihm darf man sich nicht widersetzen. Seiner Gnadengaben hat man zu gedenken, man darf sie nicht vergessen. Sein Urteil ist anzunehmen; man darf Gott nicht mit einem Warum widersprechen, weder in Worten noch in Gedanken. Er ist absolut frei, über alles zu verfügen, und das nicht nur, weil es niemanden gibt, der ihm Zwang antun könnte, sondern vor allem weil er weise ist und ohne Fehler zu Werke geht. Und so wie die Grundelemente des rituellen Gebets alle von ihm geschaffen wurden, ist es der Ausdruck unseres Knechtsstatus, nämlich daß wir Ihn, indem er es befiehlt, einmal mit einer Niederwerfung anbeten, ein anderes Mal mit einem Verbeugen, wieder ein anderes Mal in aufrechter Haltung; einmal mit dem Verzicht auf

[20] at-Taftazānī: *Šarḥ al-ʿaqāʾid an-nasafīja*, ed. Salāma, Damaskus 1974, 3–5.

alles, was die Lust befriedigt, ein anderes Mal mit dem Genuß alles dessen.[21] Auch hat Gott den Verstand so geschaffen, daß dieser entsprechend den Taten und Urteilen Gottes entscheidet, nicht etwa wider sie nach freiem Entschluß jenseits der Hinnahme (des Willens Gottes). Wenn Gott zusammenfügt, dann in Weisheit und Barmherzigkeit; wenn er trennt, dann in Weisheit und Macht. Und so wie man seine Macht nicht abwenden kann, kann man auch seiner Weisheit nicht widerstreben. Alles, was er geschaffen hat, untersteht der Lenkung durch den Verstand, und der Verstand untersteht der Lenkung durch den Herrn. Wenn der Verstand ihm demütig den Herrenstatus zuerkennt, dann muß (dieser Verstand) sich auch bequemen, von Gott alles demütig anzunehmen. Denn der, über dem ein Herr ist, kann nicht selber Herr sein, wie auch der Herr niemanden über sich haben kann, der sein Herr wäre.[22]

2. Die Belastung des Menschen mit dem göttlichen Gesetz und das Wissen

Daß Gott niemanden - wörtlich: keine Seele - stärker belaste, als der Betreffende tragen könne, wird im Koran an mehreren Stellen versichert. So taucht diese Zusage in Sure 6, Vers 152 im Zusammenhang mit der Forderung auf, der Vormund dürfe das Vermögen seines Mündels nicht veruntreuen, man solle niemanden beim Kauf mit falschem Maß und Gewicht übervorteilen, und in Streitigkeiten müsse man wahrheitsgemäß aussagen, selbst wenn Verwandte darin verwickelt seien. Das rechte Handeln, dessen Lohn der Einzug in das Paradies sein werde, sei keineswegs so schwierig, daß der Mensch sich dabei überanstrengen müsse (vgl. Sure 7, 42).[23] Im übrigen werde Gott im Gericht jeden Menschen nur nach den Taten beurteilen, die ihm auch persönlich zugeschrieben werden könnten; niemandem werde ein Fehlverhalten anderer zur Last gelegt werden (vgl. Sure 4, 84). Beide Gesichtspunkte, die Beachtung der durchschnittlichen Leistungsfähigkeit eines Menschen und die Beschränkung der Verantwortlichkeit auf den Bereich, den er zu beeinflussen vermag, verbinden sich in den Anrufungen, mit denen Sure 2 schließt: „Gott belastet jeden nur mit dem, was er zu tragen vermag. Jedem kommt zugute, was er (an Verdienst) erworben hat, jedem werden (seine Missetaten) angerechnet. Herr! Tadle uns nicht, weil wir etwas vergessen oder einen Fehler gemacht haben! Herr! Bürde uns nicht so viel auf wie denen vor uns! Herr! Bürde uns nicht mehr auf, als wir verkraften können!"

Daß der Islam gegenüber den älteren Religionen eine Verringerung der von Gott vorgeschriebenen Verpflichtungen mit sich gebracht habe, ist eine häufig geäußerte Vorstellung, die, wie wir sehen werden, zur Begründung der Ausnahmen angeführt wird, die unter bestimmten Voraussetzungen den Vollzug ritueller Vorschriften erleichtern. Aus dem koranischen Begriff der Belastung (arab.: *at-taklīf*) wurde im Laufe der Herausbildung des islamischen Rechts ein Terminus technicus, der in all-

[21] Während des Festes des Fastenbrechens am Ende des Ramadan ist das Fasten rituell unzulässig.

[22] Ibn ʿAqīl: *Kitāb al-funūn*, ed. Makdisi, Beirut 1982, 531f., Nr. 465.

[23] Vgl. auch Sure 65, Vers 7 und Sure 2, Vers 233.

gemeiner Weise die Tatsache zum Ausdruck bringt, daß der Mensch dem göttlichen Gesetz unterworfen ist. Der schon erwähnte Ibn ʿAqīl erläutert ihn in einem Handbuch über die Grundlagen des Rechts und unterscheidet dabei drei Bedeutungen:

> Wisse, daß die Belastung zu definieren ist als der Vorgang, bei dem einem Menschen[24] eine Mühsal oder Beschwernis auferlegt wird, die entweder im Tun oder im Unterlassen einer Handlung besteht ... Die Rechtsgelehrten verwenden (diesen Begriff) in drei Bedeutungen, deren erste, ursprüngliche und (die anderen) umfassende jene ist, die wir (eben) genannt und bestimmt haben, nämlich die Forderung, eine Handlung zu tun oder von ihr Abstand zu nehmen. Dies gilt für die allgemeinen Pflichten wie (das Bekenntnis) der Einsheit (Gottes) und des Prophetentums (Muḥammads), den Vollzug des rituellen Gebets und dergleichen, die allen Erwachsenen, die bei klarem Verstand sind, obliegen, wenn deren rituelle Pflichten auch in anderer, nicht allgemein gültiger Hinsicht unterschiedlich sein mögen.
>
> Zweitens sagen die Rechtsgelehrten: „Der Mensch ist belastet" oder „(von Gott) angeredet" und meinen damit, daß ihm eine Pflicht obliegt, sofern er eine Handlung vergaß oder sie im Zustande der Trunkenheit oder Hinderung durch fremde Gewalt unterließ, dergestalt etwa, daß die Verstoßung (der Ehefrau) rechtlich bindend geworden, die *ḥadd*-Strafe zu verhängen ist oder die Haftung für einen an einer in Obhut genommenen Sache entstandenen Schaden eintritt und aus dem Vermögen bestritten wird oder dergleichen mehr. (Der Mensch) wird (von Gott mit dieser Verpflichtung) angeredet sowohl vor als auch nach einem Verlust des Verstandes. Dem Betreffenden ist also mitzuteilen: „Wenn du dein Gebet in einem Augenblick unterlassen hast, in dem du es, wärest du wach gewesen und hättest Gottes gedacht, hättest vollziehen müssen, dann hast du es nachzuholen!" Desgleichen ist einer Menstruierenden mitzuteilen: „Wenn du (wieder) rituell rein bist, dann mußt du (das während der Regel ausgesetzte) Fasten nachholen, zu dem du nicht verpflichtet warst, weil ein Umstand eingetreten war, der deine Belastung (mit dieser Pflicht vorübergehend) aufhob."
>
> Drittens sagen sie: „Ein Kleinkind ist (von Gott) angeredet und belastet, ebenso ein Sklave oder ein Kranker" und meinen damit: Wenn diese etwas tun, wozu sie nicht verpflichtet sind, wird es ihnen wie der Vollzug einer Pflicht angerechnet. Die Rechtsgelehrten stellen daher fest: Wenn ein Kranker sich zum Fasten oder zur Teilnahme am rituellen Gebet zwingt, obwohl ihm beides nicht auferlegt ist, dann gilt er, wenn er beides vollzieht, als jemand, der (von Gott) mit diesen beiden Pflichten angeredet worden ist. Die Rechtsgelehrten meinen damit, daß der Vollzug einer einem nicht obliegenden Handlung wie der Vollzug einer Pflicht gewertet wird ...[25]

In der islamischen Rechtswissenschaft wird der Umstand, daß dem Menschen die Beachtung des göttlichen Gesetzes auferlegt wurde, durchaus als eine beschwerliche Bürde verstanden. Hierin unterscheiden sich moderne Autoren nicht von ihren Vorgängern. ʿAlī Ḥasaballāh, Professor für islamisches Recht in Kairo und

[24] Im Text steht „Knecht" im Sinne des Verhältnisses des Geschöpfes zu seinem Herrn und Schöpfer.

[25] Ibn ʿAqīl: *al-Wāḍiḥ fī uṣūl al-fiqh*, ed. Makdisi, Beirut 1996, 34.

Verfasser eines mehrfach aufgelegten Lehrbuches mit dem Titel „Grundlagen der islamischen Gesetzgebung", weist ebenfalls auf die Mühsal hin, die dem Menschen aus der Belastung erwachse. Er geht auch ganz kurz der Frage nach, was Gott eigentlich hiermit bezwecke, und kommt zu dem Schluß, der Schöpfer wolle mit dem Gesetz das Diesseits und das Jenseits in eine den Menschen zuträgliche Ordnung bringen; ferner beabsichtige Gott, den zur Sünde neigenden Menschen, die am Jüngsten Tag vor ihn treten werden, die Ausflucht zu nehmen, sie hätten von dieser letzten Abrechnung nichts gewußt. Der Sinn der Belastung sei mit dem Verstand zu begreifen, und sie erreiche ihren Zweck, sofern der Angeredete zwei Bedingungen erfülle: Er müsse die Belastung begreifen können und zur Ausführung der sich aus ihr ergebenden Pflichten fähig sein.[26]

Die Belastung ist, darin sind sich der moderne Autor und jener des frühen 12. Jahrhunderts einig, der letzte Grund für die Existenz des Rechts mit seinen vielfältigen Vorschriften; ein jenseits ihrer liegender läßt sich nicht mehr feststellen, denn der Mensch müßte dazu die verborgenen Motive des göttlichen Ratschlusses enträtseln. Die Belastung mit dem Gesetz bildet zugleich die eine Grundbefindlichkeit des Menschen als des mit dem Verstand begabten Geschöpfes Gottes, von der aus das gesamte Dasein gedeutet werden muß. Hier ist übrigens der absolute Geltungsanspruch des Islams mit ausgesagt; jeder Mensch, der diesen Anspruch nicht anerkennt, verharrt im Status des „Sünders" (arab.: *al-āṯim*).[27] Das Recht ist von viel größerer Bedeutung, als ein bloßes Regelwerk sie haben könnte, das die unterschiedlichen Bestrebungen der Individuen zu einem vernünftigen Ausgleich bringen und dadurch ein gedeihliches Zusammenleben ermöglichen will. Nicht in solchen diesseitigen Zwecksetzungen, seien sie auch der allgemeinsten Art, findet es seine Rechtfertigung und schon gar nicht seinen Ursprung, sondern allein in Gottes Schöpferkraft. Diese offenbarte sich in der Schaffung der Welt und offenbart sich immerfort in der niemals aussetzenden göttlichen Lenkung dieser Welt. Das Gesetz stellt sich daher als der Inbegriff dessen dar, was Gott mit seinem Schöpfungswerk im Sinn hat. Da der Mensch diese Absicht aber nur zu einem geringen Teil zu durchschauen vermag und, eigenen Regungen nachgebend, Gott mißversteht, erscheint ihm das Gesetz wie eine Last. Doch ist dies ein Eindruck, der täuscht. Denn in Wahrheit ist das Gesetz in völligem Einklang mit der fortwährenden schöpferischen Bestimmung allen Geschehens durch Gott. Wenn es dem Menschen gelingt, diesen Sachverhalt zu verinnerlichen, schwindet das Empfinden der Bürde, der Mensch lebt wieder aus seiner ihm wesensmäßig eigenen Hingeschaffenheit (arab.: *al-fiṭra*) zu Gott (vgl. Sure 30, 30), aus der er sich allein wegen leichtfertigen Eingehens auf eigene und daher haltlose Bestrebungen entfernt. Den Men-

[26] ʿAlī Ḥasaballāh: *Uṣūl at-tašrīʿ al-islāmī*, 4. Aufl. Kairo 1971, 392.

[27] Der *āṯim* befindet sich in jenem Bereich der göttlichen Schöpfung, den Gottes Zorn oder Strafe (*iṯm Allāh*) trifft (vgl. al-Lālakāʾī: *Šarḥ uṣūl iʿtiqādāt ahl as-sunna wal-ǧamāʿa*, ed. A. S. Hamdan, Mekka 1982, I, 186, Zeile 11; vgl. E. W. Lane, *An Arabic-English Lexicon*, s. v. b-w-ʾ).

schen schon hier und jetzt zur ursprünglichen Hingeschaffenheit zu Gott zu geleiten und ihn aus der selbstverschuldeten unheilvollen Entfremdung von seinem Daseinsgrund zu erlösen, ist das Versprechen des Islams.[28]

Die Unterwerfung unter das Gesetz ist folglich die unabdingbare Voraussetzung des Beschreitens des islamischen Heilsweges. Die Darlegungen Ibn ʿAqīls zeigen, wie der Begriff der Belastung, der ausdrückt, daß der Mensch diesen Heilsweg eingeschlagen hat, in juristische Gedankenarbeit einbezogen und damit rechtlich handhabbar gemacht wird: Die Belastung ist nicht mehr nur die unspezifische Befindlichkeit des Geschöpfes vor dem Angesicht des alles lenkenden Schöpfers, sie besteht vielmehr auch aus benennbaren Pflichten, und die Pflichten werden nur Erwachsenen im Vollbesitz ihrer geistigen und körperlichen Kräfte abverlangt; Belastung ist ferner eine noch zu vollziehende Pflicht, die sich aus einer Unterlassung, einer rechtlich einwandfreien Willenserklärung oder aus mangelnder Sorgfalt ergibt; die Belastung, deren Billigung und Übernahme vom Beschreiten des Heilsweges Zeugnis ablegt, wird auch Unmündigen zugebilligt, wenn diese die Riten in der Art, zu der die Mündigen verpflichtet sind, ausführen - die Unmündigen erwerben auf diese Weise Jenseitsverdienst, obwohl solcher Erwerb ihnen noch gar nicht abverlangt werden kann. Das Ineinanderspielen von religiösem Inhalt und juristischer Entfaltung und Präzisierung eines Begriffes, das hier am Beispiel der Belastung beobachtet wurde, ist eine Eigentümlichkeit des islamischen Rechts und wird uns noch öfter begegnen.

Als Mittel zur Bewältigung der Anforderungen, die sich für den Menschen aus der Belastung ergeben, hat Gott ihm den Verstand (arab.: *al-ʿaql*) anerschaffen. Nur wenn der Mensch uneingeschränkt über seine Verstandeskräfte verfügt, ist er auch uneingeschränkt mit dem Gesetz belastet, denn allein vermöge des Verstandes begreift er die von Gott an ihn gerichtete Rede (arab.: *al-ḫiṭāb*).[29] Dieser Gedanke zieht sich wie ein roter Faden durch die ganze Geschichte des islamischen Rechts. Um Mißverständnissen über die Bedeutung des Verstandes zuvorzukommen, sind jedoch einige Bemerkungen notwendig. Einem vielfach und in unterschiedlichen Fassungen begegnendem *Ḥadīṯ* zufolge ist der Verstand das Geschöpf, das von Gott am meisten geliebt wird; denn es ist gleichsam die Verkörperung des Gehorsams gegen ihn: Gott hieß den Verstand, kaum war dieser geschaffen, sich seinem Schöpfer zuwenden und von ihm abwenden, und beiden Befehlen folgte der Verstand ohne Widerspruch. Der Verstand ist es, der den Menschen zum Gehorsam gegen Gott anhält;[30] der Heilszustand der Geschaffenheit zu Gott hin ist darum der Zustand der ungehemmten Wirksamkeit des Verstandes - und der gänzlichen Erfüllung des Islams.[31]

[28] Am Beispiel eines arabischen Autors der sechziger Jahre habe ich diese Vorstellungen beschrieben in der Zeitschrift *Religionen unterwegs*, 3. Jahrgang, Nr. 2, Mai 1997, 7f.

[29] ʿAlī Ḥasaballāh, loc. cit.

[30] T. Nagel, *Staat und Glaubensgemeinschaft im Islam*, Zürich/München 1981, I, 191f.

[31] Wenn Muslime in der Auseinandersetzung mit dem europäischen Christentum und

Wisse, daß das wahre Wesen der Dinge durch den Verstand erkannt wird; durch ihn trennt man zwischen guten und bösen Taten. Er ist von zweierlei Art: naturgegeben und erworben. Der naturgegebene ist der eigentliche Verstand. Ihm ist eine Grenze gesetzt, mit der die Belastung zusammenhängt; er hat nicht über diese Grenze hinauszureichen, noch darf er vor ihr zurückbleiben. Durch den Verstand zeichnet sich der Mensch vor den übrigen Lebewesen aus ... (Der naturgegebene Verstand): Was prinzipiell in den Seelen angelegt ist, (sind Axiome) wie: Ein Ding kann nicht sowohl existieren als auch nicht existieren, nicht sowohl kontingent als auch anfangslos ewig sein ... Kein verstandesbegabter Mensch vermag, sofern er gesund ist und bei vollem Verstande, diese Sätze zu verneinen ... Das (arabische Wort für) Verstand leitet sich von der Fessel (arab.: *al-ʿaql*) des Kamels her, denn der Verstand hindert den Menschen, seinen Begierden zu frönen, wenn diese verwerflich sind, so wie die Fessel das Kamel am Durchgehen hindert ... (Vom Propheten wird der Ausspruch überliefert): „Der Verstand ist ein Licht im Herzen, das zwischen Wahrem und Falschem unterscheidet." ... Der erworbene Verstand ist das Ergebnis, das der naturgegebene zeitigt, nämlich die zum äußersten vorangetriebene Erkenntnis, das richtige Lenken (aller Angelegenheiten), der treffende Gedanke. (Dieser erworbene Verstand) hat keine Grenze, denn er wächst, wenn er betätigt wird ...[32]

Der Wirkungsbereich des naturgegebenen Verstandes, in den nach der Ansicht des sunnitischen Rechtsgelehrten al-Māwardī (gest. 1058) die Grundlagen jeglicher Rationalität fallen, ist deckungsgleich mit der Belastung. Was al-Māwardī als die Früchte des erworbenen Verstandes bezeichnet, ist das Wissen von den unendlich vielen Möglichkeiten der Gestaltung der Wirklichkeit nach Maßgabe der Belastung. Ein dem Menschen zur freien Erschließung anvertrautes Tätigkeitsfeld ist es jedoch nicht; denn alle nicht auf die Vorschriften der Belastung rückführbaren Handlungen und Äußerungen müssen als Begierde (arab.: *al-hawā*) gewertet werden; sie zeugen von frevelhafter und heilloser Mißachtung des göttlichen Gesetzes.[33]

Inwiefern der Verstand den Menschen zum Gehorsam anleitet, läßt sich der islamischen Rechtstheorie unschwer entnehmen. Ibn ʿAqīl beispielsweise legt dar, daß die Erkundung eines Gegenstandes oder Sachverhalts zu dessen wahrheitsgemäßer Erfassung führen kann; in einem solchen Falle spreche man von einem Beweis (arab.: *ad-dalīl*). In diese Kategorie gehören alle Erkenntnisse, die auf dem Gebiet der Theologie bzw. Metaphysik gewonnen werden. Doch rechnet Ibn ʿAqīl auch jegliches Wissen, das auf einer als sicher verbürgten Aussage beruht, zu dem Bewiesenen und verschafft somit einem großen Teil des *ḥadīṯ*, dem die Rechtswissen-

dem modernen westlichen Rationalismus die Rationalität des Islams ins Feld führen, dann ist die den Gehorsam gegen Gottes Gesetz stiftende Funktion der Ratio gemeint und nicht die Verstandesgemäßheit der Bestimmungen des islamischen Gesetzes; die muslimische Argumentation erfolgt mithin von einem dem Westen fremden Konzept des Verstandes aus.

[32] al-Māwardī: *Adab ad-dunjā wad-dīn*, ed. M. Saqqā, Kairo 1973, 20–22.

[33] T. Nagel: *Staat und Glaubensgemeinschaft*, I, 375f.

schaft mit Abstand das meiste Material entlehnt, den Rang einer unanfechtbaren Quelle. Ibn ʿAqīl fährt fort:

> Die zweite Kategorie bilden Sachverhalte, deren Erwägung in eine Vermutung (arab.: *aẓ-ẓann*) oder in die Annahme einer Wahrscheinlichkeit (arab.: *ġālib aẓ-ẓann*) mündet. Man beschreibt diese Kategorie auch als ein Indiz (arab.: *al-amāra*) für das Vorliegen einer (göttlichen) Bewertung (arab.: *al-ḥukm*). Diese Kategorie bezeichnet man so, um zwischen ihr und dem zu unterscheiden, dessen Erwägung zu sicherem Wissen, ja zur Gewißheit führt. Dieser Sprachgebrauch ist ein Fachterminus, denn er folgt nicht zwingend aus dem Wortsinn. Die Lexikographen trennen nämlich nicht zwischen Indiz und Beweis, zwischen Anzeichen und Merkmal. Unsere Definition dieser ... Kategorie stellt jedoch darauf ab, daß sie ein Weg zu einer Vermutung sei ..., wobei „Weg" nur metaphorisch gemeint ist. (Denn allein der die erste Kategorie ausmachende stichhaltige Beweis ist ein sein Ziel erreichender Weg zum Wissen des Bewiesenen) ... Alle Gelehrten stimmen darin überein, daß jene Indizien verstandesgemäß sind, denn indem man sich auf sie beruft, hebt man auf durch den Verstand gebilligte Bräuche ... ab. Diese beruhen auf dem Verstand; das Urteil, das aus ihnen abgeleitet wird, ist hingegen der Scharia entsprechend (arab.: *šarʿī*).[34]

In der Geschichte der islamischen Rechtstheorie hat man heftig über die Reichweite der ersten Kategorie von Aussagen, solchen mit Beweischarakter, gestritten. Ibn ʿAqīls Abgrenzung kann man andere, wesentlich enger gefaßte an die Seite stellen, in denen die zweite demgemäß weiter ausfällt. In anderem Zusammenhang werden wir uns mit diesem äußerst wichtigen Gegenstand beschäftigen. Hier geht es nur um die Darstellung dieser beiden Kategorien und um den für die islamische Rechtswissenschaft unentbehrlichen Nachweis, daß auch alle Urteile, die formal lediglich der zweiten Kategorie angehören, doch auf dem Verstand gründen. Könnte dieser Nachweis nicht erbracht werden, dann bräche die Argumentation, die Belastung mit dem Gesetz und dessen Rationalität seien die zwei Seiten ein und desselben Sachverhalts, zusammen, und auch der Glaubenssatz, der Islam sei die dem verstandesbegabten Menschen naturgegebene und darum heilvolle Art, den Weg vom Diesseits zum Jenseits zu durchwandern, verlöre jegliche Plausibilität. Ibn ʿAqīl nähert sich bald nach den eben zitierten Überlegungen genau diesem Problem; er möchte dem Leser erläutern, was vermittels der Verstandesschlüsse, was allein auf Grund von Überlieferung und was auf beiderlei Weise „gewußt" werde. Der Begriff „Wissen" ist in der islamischen Kultur unterschiedlich definiert worden; hier im Zusammenhang mit dem Recht und der Theologie meint er Kenntnisse, die, von Gott den Menschen übermittelt, unumstößlich wahr sind.[35] Dies muß man vor Augen haben, wenn man nun Ibn ʿAqīls Gedanken folgt:

> Wisse, daß alle die Glaubensordnung (arab.: *ad-dīn*) betreffenden gewußten Bewertungen sich auf drei Gruppen verteilen. Diejenigen der ersten werden von jedermann

[34] Ibn ʿAqīl: *al-Wāḍiḥ*, 29f. (verkürzt).

[35] Vgl. zu diesem Begriff des Wissens T. NAGEL: *Geschichte der islamischen Theologie*, München 1994, 160f., 242–245, 255.

mittels des Verstandes, nicht aber durch Überlieferung, wirklich gewußt; diejenigen der zweiten nur durch Überlieferung, nicht aber vermittels des Verstandes; diejenigen der dritten vermittels des Verstandes und durch Überlieferung. In die erste Kategorie fällt das Wissen von der Kontingenz der Welt, von der Affirmierung ihres Schöpfers, seiner Einsheit, von seinen notwendigen Eigenschaften und der Gesandtenschaft, d.h. von der Möglichkeit, daß er Gesandte beruft, und von allen hiermit verbundenen Dingen, die die unerläßliche Voraussetzung für ein wirkliches Wissen von der Einsheit und vom Prophetentum bilden ... Die zweite Kategorie enthält das Wissen z.B. davon, daß eine der Belastung unterliegende Handlung gut oder verwerflich, rituell erlaubt oder verboten, Zeichen von Gehorsam oder Widersetzlichkeit, Mittel der Annäherung (an Gott), Pflicht oder empfohlen, Vollzug einer zuvor abgeschlossenen und geltenden Vereinbarung, rechtsgültige Eigentumsübertragung usw. ist; ob sie die gültige Erfüllung (einer Ritualpflicht) ist oder deren Nachholung, ob sie (der Mindestanforderung) genügt oder nicht; daß eine Handlung den unterschiedlichen Arten des Verbotenen zuzurechnen ist ... Zur dritten Kategorie gehört jegliche auf den Verstand gegründete Bewertung oder Entscheidung, deren Unkenntnis nicht das Wissen von der Einsheit Gottes und vom Prophetentum in Mitleidenschaft zieht; hierzu zählt etwa das Wissen von der Möglichkeit, Gott mit den Augen zu schauen, von der Möglichkeit, daß Gott den Sündern - abgesehen von den Ungläubigen - vergibt; das Wissen von der Gültigkeit der Unterwerfung unter ein Handlungsgebot auf Grund einer nur von einem Zeugen verbürgten Nachricht sowie von der Gültigkeit (rechtlicher) Bewertungen gemäß Analogieschluß und von ähnlichem, trotz dessen Unkenntnis ein Belasteter doch eine gültige Kenntnis von Gott und dem Prophetentum haben kann.[36]

Dem Verstandesbeweis ist nach Ibn ʿAqīls Meinung, die sich in diesem Punkt mit der deutlichen Mehrheit der anderen muslimischen Rechtsgelehrten seiner Zeit und nach ihm deckt, das Gebiet der reinen Theologie und der Metaphysik vorbehalten. Erst wenn man aus dem Vorhandensein und der Wohlgeordnetheit der Welt auf die Existenz des einen Schöpfers geschlossen hat - dies eben ist die Aufgabe von Theologie und Metaphysik -, ist man bereit, auch die Nachrichten von den Willensäußerungen dieses Schöpfergottes anzunehmen. Diese Nachrichten, im Koran, dem Wort des Einen, und in den vielfach bezeugten Reden und Handlungen des Propheten verbürgt, bilden das Fundament des Wissens vom Gesetz. Dieses Fundament, für Ibn ʿAqīl so unerschütterlich wie ein einwandfrei durchgeführter Verstandesbeweis, muß dem Inhalte nach keineswegs aus Erwägungen der menschlichen Ratio herzuleiten sein; ja, dies ist über weite Strecken auch gar nicht der Fall. Insbesondere die Bestimmungen des Ritualrechts - etwa die Fünfzahl der täglichen Pflichtgebete und deren jeweiliger Aufbau - sind von Gott so und nicht anders und unter Erwägungen, die der Mensch nicht begreift, angeordnet worden; der Mensch als der Knecht des Einen hat sie ohne zu fragen zu befolgen. Daß dies so ist, ergibt sich allerdings, wie schon angemerkt, aus dem rational erschlossenen Wissen, daß Gott der eine Schöpfer und Richter ist. Somit ist auch die zweite Kategorie, die die Glaubensordnung betreffenden Bewertungen, nicht nur aus der Über-

[36] Ibn ʿAqīl: *al-Wāḍiḥ*, 32f.

lieferung als solcher herzuleiten, sondern aus einer Überlieferung, die auf einen entsprechend vorbereiteten Boden trifft. Für die dritte Kategorie gilt dies ausdrücklich; denn hier ist nach der Auffassung der Rechtsgelehrten die Verbürgung nicht sicher genug. Vielerlei Aussagen oder Handlungen Muḥammads werden nur von wenigen oder gar nur von einer Person bezeugt, und dennoch beruft sich die Rechtswissenschaft hierauf. Ebenso ungewiß sind viele der in diese Kategorie fallenden Analogieschlüsse, denn sie könnten nicht selten auch zu einem anderen Ergebnis führen. Ibn ʿAqīl berührt hier das heikelste Gebiet seines Faches, das keineswegs, wie man aus seinen Darlegungen schließen könnte, eine Marginalie darstellt, sondern, wenn man die praktische Rechtspflege in den Blick nimmt, dem Inhalte nach das umfangreichste ist. Das Wissen von Bewertungen dieser Art erlangt höchstens den Grad der Wahrscheinlichkeit, aber es ist rational begründet, weil das Indiz für das Vorliegen einer zum göttlichen Gesetz gehörenden Bewertung rational und damit gewiß sein muß.

3. Die Bewertungen, die Handlungselemente und die Absicht

Die Tatsache der Belastung des Menschen mit dem göttlichen Gesetz und die Rationalität dieses Gesetzes bedingen einander und eröffnen dem Muslim die Möglichkeit, seiner ihm von Gott anerschaffenen Wesensart gemäß zu leben und auf diese Weise das Paradies zu erwerben. Die Bewertungen selber, insofern sie nicht auf Theologie und Metaphysik zielen, brauchen allerdings nicht rational - nach menschlichem Ermessen - zu sein; denn der Mensch ist seinem Schöpfer gegenüber in der unaufhebbar niederen Stellung des Knechtes, der von seinem Herrn keinerlei vernünftige Begründung der Befehle verlangen kann. Verstandesgemäß (arab.: *ʿaqlī*) und der Scharia entsprechend (arab.: *šarʿī*) sind demnach zwei Sachverhalte, die nicht miteinander vermengt werden dürfen. Indem wir diesen Unterschied, wiederum anhand der Ausführungen Ibn ʿAqīls, näher erläutern, werden wir zu einer genaueren Bestimmung des Inhalts des Begriffes „Bewertung" (arab.: *al-ḥukm*, Pl. *al-aḥkām*) vordringen.

Die Bewertung einer jeden Handlung ist ausnahmslos von einer der beiden eben erwähnten Arten, versichert Ibn ʿAqīl. Die Ursache (arab.: *al-ʿilla*) für die verstandesgemäßen Bewertungen[37] liegt in den Dingen und Sachverhalten selbst bzw. in den Gattungen, denen sie entsprechend Gottes Schöpfung angehören, oder aber in besonderen Gegebenheiten, die akzidentell an jenen Dingen oder mit jenen Sachverhalten auftreten. Als Beispiel für den ersteren Fall nennt Ibn ʿAqīl die Bewertung einer Handlung als „Bewegung" oder „Ruhe", als „Wollen", „Wissen" oder „Erwägen". Der zweite Fall liegt bei Aussagen vor, die eine Handlung als „gekonnt", „gewußt", „gewollt" usw. bewerten; denn es wird hiermit festgestellt, daß ein „Können", „Wissen" oder „Wollen" vorübergehend mit dem Handeln ver-

[37] Neben den Bewertungen betrachtet Ibn ʿAqīl hier auch die einem Ding oder Sachverhalt beigelegten beschreibenden Eigenschaften (arab.: Pl. *aṣ-ṣifāt*).

bunden waren. Verstandesgemäße Bewertungen sind ferner: „kontingent", „vorhanden" und ähnliche. Ibn ʿAqīl macht in diesem Zusammenhang auf eine eng mit der Metaphysik verknüpfte Subtilität aufmerksam, die hier nicht übergangen werden darf, weil sie für die Beantwortung der Frage, was eine Bewertung sei, von Gewicht ist. Er weist darauf hin, daß ein Tun oder Geschehen zwar als „Bewegung" oder „Ruhe" usw. bewertet werden kann; niemals aber darf jenes Ding, an dem „Bewegung" oder „Ruhe" beobachtet werden, als „sich bewegend" oder „ruhend" beurteilt werden. Denn eine solche Beurteilung oder Bewertung setzt ein erkennbares und dauerhaftes Wesen jenes Dinges voraus. In der aschʿaritischen Metaphysik, die seit dem 10. Jahrhundert das Sunnitentum erobert, gibt es ein solches Wesen nicht. Jedes Ding, jeder Sachverhalt tritt nur insofern in Erscheinung, als Gott einem eigenschaftslosen Substanzatom für einen winzigen Augenblick, den man als Zeitatom bezeichnen könnte, ein bestimmtes Akzidens verleiht; nach Gottes Ratschluß kann dieser Akt der Verleihung über eine große Anzahl von Zeitatomen hinweg wiederholt werden, so daß der Anschein einer Dauer entsteht, es kann jedoch in jedem Augenblick von Gott ein anderes Akzidens gewählt werden. Die Ursache einer verstandesgemäßen Bewertung ist also prinzipiell je nur ein Zeitatom lang gegeben, und die Bewertung erfaßt nur jeweils die Faktizität des in diesem Augenblick Gegebenen oder Geschehenden. Nur wegen dieser Faktizität kann eine Handlung als „Bewegung" bewertet werden; dasjenige, woran die „Bewegung" in dem betreffenden Augenblick in Erscheinung tritt, darf jedoch nicht die Bewertung „sich bewegend" empfangen. Die Bewertung ist niemals in dem Ding, dem Sachverhalt selber begründet, niemals aus ihm selber herleitbar. – Alle verstandesgemäßen Bewertungen können nach Ibn ʿAqīls Überzeugung ohne Bezugnahme auf eine göttliche Botschaft gefällt werden, obzwar es Offenbarungen geben mag, die die Richtigkeit derartiger Bewertungen bekräftigen. Im übrigen ist hervorzuheben, daß der hier besprochenen Art von Bewertungen jegliche Handlung der Menschen und auch der Tiere zugänglich ist, eben weil die Scharia und die Belastung noch gar nicht in die Erwägungen einbezogen worden sind.

Dies geschieht jedoch bei den für die islamische Rechtswissenschaft im engeren Sinne kennzeichnenden Urteilen. Sie gelten ausschließlich für die mit dem Gesetz Belasteten und kennzeichnen eine auf das Jenseitskonto des Muslims angerechnete Handlung als gut oder verwerflich, als pflichtgemäß oder empfohlen, als übliche Gottesverehrung oder als ein Verhalten der Annäherung an Gott, als gültig oder mit Formfehlern behaftet.

> Alle diese Bewertungen der in den Zuständigkeitsbereich der Scharia fallenden Handlungen sind aus der Scharia abgeleitet; keine dieser Bewertungen kann unabhängig von ihr als erwiesen betrachtet werden, wenn auch das Wissen von diesem Sachverhalt einem Verstandesschluß entspringt. Jenes also ist der alleinige Sinn der Aussage, daß die Bewertungen aus der Scharia abgeleitet sind. Zudem kann man diese schariatischen Bewertungen der Handlungen nur mit Hilfe von Erwägungen des Verstandes erkennen: Mit dem Verstand schließt man auf die Richtigkeit des Überlieferten und die Zuverlässigkeit dessen, der es berichtet; von ihm oder von jemandem, der noch besser

ist, empfängt man die Belehrung über diese Bewertungen. Würden sie nicht überliefert, mittels des Verstandes wüßte man keine einzige von ihnen! Die Gründe hierfür werden wir später darlegen ...[38]

Die Urteile in der Theologie und in der Metaphysik lassen sich niemals aus dem Wesen eines Dinges oder Sachverhalts ableiten; dies gilt jedenfalls immer dann, wenn sie das Diesseits, die geschaffene Welt, betreffen. Denn diese ist so verfaßt, daß sie ein über einen Zeitraum hinweg dauerndes Wesen der Dinge gar nicht kennt. Die Bewertung „Bewegung" besagt lediglich, daß Gott in einem bestimmten Augenblick einer Substanzpartikel das entsprechende Akzidens verliehen hat. Nicht in dem sich bewegenden Ding liegt mithin der Grund jener Bewertung, sondern im Schöpfer und seinem der Deutung durch den menschlichen Verstand verschlossenen Vorgehen. Es kann stets nur beurteilt werden, was jeweils in einem Augenblick in Erscheinung getreten ist oder tritt; eine nach menschlichen Maßstäben logische Verknüpfung zwischen den einzelnen Befunden der verschiedenen Augenblicke ist unstatthaft, denn eine auf diese Weise womöglich sichtbar werdende Entwicklungslinie wäre ein menschengemachtes Hirngespinst. In analoger Weise gelten auch die scharíatischen Bewertungen menschlichen Handelns allein der Feststellung, ob zu einem bestimmten Zeitpunkt ein so und so geartetes Tun an jemandem beobachtet wird oder wurde, wobei stets vorausgesetzt ist, daß der wahre Ursprung eines Tuns nicht der betreffende Mensch, sondern Gott ist.

Wisse, daß alle Handlungen eines Belasteten, die der Belastung unterliegen - abgesehen von solchen, die er im Zustand der Überwältigung durch andere oder im Zustand der Aufhebung der Belastung begeht -, sich auf zwei Kategorien verteilen, zu der weder eine dritte noch eine vermittelnde hinzukommt: Taten, die dem Belasteten zustehen; Taten, die ihm nicht zustehen.[39] Man kann nicht behaupten, es gebe Taten, auf die keine von beiden Kategorien zutreffe. Dies weiß man durch einen zwingenden Schluß des Verstandes, gleich wie man sofort weiß, daß alles Gewußte entweder nicht existent oder existent sein muß und daß das Existente notwendigerweise entweder anfangslos ewig oder in der Zeit entstanden ist. Die Taten, die dem Belasteten zustehen, sind ganz und gar gut; man unterteilt diese in statthafte, empfohlene und pflichtgemäße ... Die Taten, die ihm nicht zustehen, sind verwerflich; es ist untersagt, sie zu begehen.

Mit der Bewertung einer am Belasteten beobachteten Handlung je nachdem, ob sie positiv oder negativ auf seinem Jenseitskonto zu Buche schlägt, ist nun aber keinesfalls stillschweigend vorausgesetzt, daß sie tatsächlich in der betreffenden Person ihren Ursprung genommen hat. Wenn dies der Fall wäre, dann wäre dies ein Verstoß gegen die oben erwähnte Lehre, daß an einem Ding oder Sachverhalt eine kontinuierlich gegebene Eigenschaft nicht festgestellt werden kann, weil es eine

[38] Ibn ʿAqīl: *al-Wāḍiḥ*, 45f.

[39] Die Formulierung Ibn ʿAqīls ist an dieser Stelle mehrdeutig: *la-hū fiʿlu-hū*; dies kann heißen, daß ihm dieses Tun erlaubt ist; es kann aber auch meinen, daß ihm dieses Tun zugerechnet wird. Aus dem weiteren Verlauf der Gedanken ergibt sich die von mir gewählte Übersetzung.

solche gar nicht gibt; denn nicht im Geschaffenen, sondern im Schöpfer liegt der Ursprung allen Geschehens. Ibn ʿAqīl schließt daher unmittelbar an seine Ausführungen über die Zweiteilung der der Belastung unterworfenen Handlungen die folgenden Bemerkungen an:

> Jedem Belasteten ist das Tun von etwas in der erwähnten Art zuzuschreiben. Es ist allerdings unstatthaft, ihm dies mit dem Recht des Eigentums, der eigenen Erfindung und des Zustandebringens von Gütern zuzuschreiben, wie dies hingegen mit Bezug auf den gepriesenen Gott geschieht: Er verfügt über (die Güter) mit dem Recht des Herrseins, dem Rechte dessen, dem die Verehrung geschuldet wird. Dem Belasteten gehört das Tun nur insoweit, als der Eigentümer der Güter dies für ihn festsetzt und ihm diesbezüglich eine Erlaubnis erteilt. Behauptet jemand, dem Belasteten oder einem anderen Geschöpf gehöre etwas, z. B. eine Magd, ein Knecht, ein Haus, ein Gewand, dann heißt dies nur, daß er in dem Maße darüber verfügt und daraus Nutzen zieht, wie es ihm der Eigentümer der Güter gestattet. Was jenseits davon liegt, ist unrecht und verdankt sich Übergriffen, ist also (dem Belasteten) verboten.[40]

Eine Bewertung ist demnach die Feststellung eines an einem Ding, einer Person oder in einem Sachverhalt zu einem bestimmten Augenblick in Erscheinung tretenden Zustandes oder einer sich zeigenden Eigenschaft. Nicht augenblicksgebunden sind nur Prädikate wie „vorhanden" oder „kontingent"; sie bilden eine Untergruppe der verstandesmäßigen Bewertungen, die aber, wenn wir Ibn ʿAqīls Argumentation überblicken, nur dann zum Tragen kommt, wenn man das Sein des Schöpfers mit dem Sein der Welt vergleicht. Um solche Fragen geht es jedoch in der Rechtswissenschaft nicht. Wie bei der Beschreibung des Diesseits als der von Gott in jedem Zeitatom nach seinem Ratschluß festgelegten Erscheinungsform der Schöpfung ist auch die schariatische Bewertung des Handelns des Menschen nur je ein Feststellen dessen, was in einem bestimmten Augenblick ist bzw. gewesen ist, und das, was festgestellt wird, hat seinen Bezugspunkt einzig und allein in Gott. Die Frage nach den Beweggründen ist folglich unzulässig, denn sie kann nicht beantwortet werden. Damit schwindet auch die Möglichkeit, eine Antwort auf die Frage zu geben, inwieweit die rechtlichen Bewertungen überhaupt ein in die Zukunft weisendes Seinsollen ausdrücken.[41] Wir berühren hier das Kernproblem der islamischen Rechtswissenschaft: Welchen Sinn haben göttliche Gebote und Verbote, wenn derjenige, dem sie auferlegt werden, in sich selber gar nicht die Fähigkeit vorfindet, sie zu erfüllen; auch diesem Problem werden wir später nachgehen.

Ein moderner Autor wie ʿAlī Ḥasaballāh blendet diese grundsätzliche Schwierigkeit aus seiner Darstellung der Bewertungen aus; unter welchen Umständen er dies kann, wird später deutlich werden. Nach seiner Ansicht – und er beruft sich hierbei

[40] Ibn ʿAqīl, op. cit., 46f. So erklärt sich der von B. JOHANSEN beschriebene Umstand, daß eine schariatische Bewertung nicht notwendig mit einer ethischen oder religiösen Forderung identisch ist (*Die gesunde, sündige Amme*, in: HAVEMANN/JOHANSEN (Hg.): *Gegenwart und Geschichte.* Festschrift F. Steppat, Leiden 1988, 264–282, hier S. 266).

[41] Vgl. T. NAGEL: *Die Festung des Glaubens*, München 1988, 224–228.

auf ungenannte Kenner der islamischen Rechtstheorie - ist eine Bewertung eine an den Menschen gerichtete Rede (arab.: *al-ḫiṭāb*) Gottes, die die Handlungen der Belasteten als pflichtgemäß, zur Wahl gestellt oder an Voraussetzungen geknüpft kennzeichnet. Diese Anrede liefere den Beweisgrund für die Gültigkeit der jeweiligen Bewertung, die stets auch eine Anordnung Gottes, einen Befehl meine. In der Tat deckt das Wort *al-ḥukm* auch diesen Inhalt ab; wenn man die rechtstheoretische Erörterung dieses Gegenstandes von ihrem ontologischen Hintergrund löst, kann die Bedeutung der Bewertungen als der Hinweis auf ein von Gott gewolltes Seinsollen sichtbar werden. Ḥasaballāh nennt Beispiele für die drei Arten von rechtlich bedeutsamen Bewertungen: Verpflichtend sind Gebote und Verbote wie die koranische Aufforderung, das rituelle Gebet zu vollziehen (z. B. Sure 2, 43), oder das Verbot der Unzucht (z. B. Sure 17, 32); der freien Entscheidung anheimgestellt ist der Verzehr von Speisen in den Nächten des Ramadan (vgl. Sure 2, 187); an eine Voraussetzung geknüpft ist die Bestrafung eines Diebes durch Abschlagen der Hand (vgl. Sure 5, 38), nämlich an den Nachweis des Diebstahls. Ihrem Wesen nach sind daher die schariatischen Bewertungen von zweierlei Art: Indem sie Gebot und Verbot sowie die Wahlfreiheit festlegen, unterwerfen sie die Handlungen des Muslims der Belastung; sie sind situationsbezogen (arab.: *waḍʿī*), indem sie Ursachen, Bedingungen, Hinderungsgründe für die Wirksamkeit einer - als göttliche Anordnung aufgefaßten - Bewertung benennen. Den Unterschied zwischen beiden bringt Ḥasaballāh so auf den Begriff:

> Mit der die Belastung implizierenden Bewertung wird die Belastung mit der Ausführung oder Unterlassung einer Tat oder mit der freien Wahl zwischen beidem angestrebt. Die situationsbedingte Bewertung enthält hingegen weder eine Belastung, noch eröffnet sie die freie Wahl. Sie ist vielmehr eine durch die Scharia geknüpfte Verbindung zwischen zwei Gegebenheiten: Ursache und Verursachtem, Bedingung und Bedingtem, Hinderung und Verhindertem. Was von einer die Belastung implizierenden Bewertung gefordert wird, das ist etwas, wozu der Belastete das Handlungsvermögen besitzt, z. B. das rituelle Gebet oder die Niederschrift einer (befristeten) Geldschuld (vgl. Sure 2, 282) und dergleichen. Ursache, Bedingung und Hinderung können alle im Handlungsvermögen des Belasteten liegen wie etwa Diebstahl, Zeugenschaft (beim Ehevertrag) oder Mord ... Es können aber auch Gegebenheiten sein, die außerhalb seines Handlungsvermögens wirken wie etwa Verwandtschaft, Fähigkeit zur Durchführung, Geistesgestörtheit.

Situationsgebunden wie jener Teil der schariatischen Bewertungen sind nach Ḥasaballāh alle von Menschen gemachten Gesetze, die in der jüngsten Zeit auch von islamischen Ländern verabschiedet werden. In diesem Zusammenhang ist das von ihm verwendete Wort *waḍʿī* mit „positiv" wiederzugeben. Auch das positive Recht, dessen Legitimität von Ḥasaballāh keinesfalls angezweifelt wird, enthält Bewertungen, die als Belastung aufzufassen sind, und andere, situationsbedingte; den wesentlichen Unterschied zur Scharia erblickt er darin, daß letztere nicht allein das Diesseits in einer für die Geschöpfe gedeihlichen Weise regele, sondern auch den Weg zum Glück im Jenseits weise. So habe der schariatische Ehevertrag einen diesseitigen Aspekt, in dem er den beiden Partnern den Geschlechtsverkehr erlaube und ihnen weitere Rechte sichere; die jenseitsbezogenen Bewertungen beträfen die Pflicht und die Erwünschtheit der Eheschließung sowie deren Verbot beim Vorliegen bestimmter Hindernisse, es gehe mithin um die Anrechnung von Lohn oder Strafe auf dem Jenseitskonto.[42]

In der aus der engen Verbindung mit der sunnitischen Theologie gelösten Zergliederung der Bewertung nähert sich der Inhalt dieses Begriffes dem an, was man als die Bestimmungen eines Gesetzes bezeichnen könnte. Ḥasaballāh schlägt auf diese Weise eine Brücke zur zeitgenössischen „menschengemachten" Gesetzgebung, deren Verhältnis zum herkömmlichen islamischen Recht an anderer Stelle erörtert werden muß. Das Beispiel mit dem schariatischen Ehevertrag zeigt jedoch, daß diese zum Teil auf europäischen Einfluß zurückgehende Erweiterung des Begriffes der Bewertungen deren ursprüngliche Bedeutung nicht zu verwischen vermag: Es sind Urteile Gottes, die sich auf Handlungsweisen des Menschen beziehen. Unausgesprochen bleibt lediglich die Vorstellung, daß diese Handlungen nicht wirklich dem Menschen zugerechnet werden dürfen und daß sie, da sie in Gott ihren eigentlichen Ursprung haben, immer erst nachdem sie geschehen sind, festgestellt werden können, und zwar nur als solche und ohne jeglichen innerweltlichen Begründungszusammenhang. - Ein Ehevertrag zwischen zwei Partnern mag im Diesseits deren Zusammenleben eine gesetzliche Grundlage geben, das Jenseitsverdienst, das aus ihm folgt, kann je nach der auf ihn zutreffenden Bewertung groß oder gering sein. Die schariatische Bewertung weist auf die Höhe des Verdienstes hin, der Grund für die Höhe wird dem Knecht nicht mitgeteilt, denn was vermittels seiner Person zur Erscheinung kommt, ist ohnehin nicht sein Werk.

Der konstatierende Charakter der Bewertungen tritt bei Ibn ʿAqīl wegen der unmittelbaren Bezugnahme auf die Metaphysik besonders deutlich hervor. Dabei läßt sich erkennen, daß allein der rechtsförmige Vollzug einer Handlung in die Bewertung eingehen kann. Der Brauch der islamischen Rechtsgelehrten, jede Handlung in eine Anzahl - meist vier - an ihr beteiligte Elemente (arab.: *ar-rukn*, Pl. *al-arkān*) zu zergliedern, unterstreicht diesen Charakter; eine auf die formalen Merkmale des Vollzugs gerichtete Analyse sichert die Beziehung der Bewertungen zur Wirklichkeit. Betrachten wir ein Beispiel! Eine letztwillige Verfügung ist ein komplexer Vorgang, der nur dann rechtsgültig ist, wenn vier Elemente den Bestimmungen des Gesetzes gemäß definiert werden können, nämlich der Vermächtnisgeber, der Vermächtnisnehmer, der Gegenstand des Vermächtnisses und dessen Form. Der Vermächtnisgeber muß uneingeschränkt geschäftsfähig sein, darf nicht unter einem Zwang stehen; er muß das Recht haben, über den Gegenstand frei und allein zu verfügen. Der Vermächtnisnehmer muß in dem Augenblick, in dem die Verfügung getroffen wird, befugt und imstande sein, das Eigentum an dem betreffenden Gegenstand zu erwerben. Dieser muß so beschaffen sein, daß das Eigentum an ihm nach islamischem Recht überhaupt erworben werden kann. Die Form der

[42] ʿAlī Ḥasaballāh, op. cit., 365–367.

Übertragung des Eigentums kann hier eine mündliche Äußerung des Vermächtnisgebers sein, die allerdings im Ausdruck klar zu sein und im Beisein von Zeugen zu geschehen hat; der Begünstigte muß sich hinsichtlich der Annahme des Vermächtnisses erklären, was allerdings auf rechtswirksame Weise erst nach dem Tod des Erblassers erfolgen kann, da dieser bis zu seinem Ableben sein Vermächtnis widerrufen kann.[43]

Mit Elementen meinen die muslimischen Rechtsgelehrten die das Wesen einer Handlung oder eines Vorganges konstituierenden unterschiedlichen Teile; der Begriff ist der islamischen Naturphilosophie entlehnt und bezeichnet dort die vier Grundstoffe Erde, Wasser, Luft und Feuer, aus deren Mischung alle Individuen des Mineral-, Pflanzen- und Tierreiches bestehen. Fehlt eines der für die juristische Erfassung einer Handlung oder eines Vorganges einschlägigen Elemente, dann erlangt die Handlung oder der Vorgang keine Rechtsgültigkeit. Im Hinblick hierauf spricht man von einem unentbehrlichen Element (arab.: *ar-rukn al-aṣlī*). Im Recht gibt es nämlich auch das ergänzende Element (arab.: *ar-rukn az-zāʾid*), welches einem außerhalb des Vorganges oder der Handlung selbst liegenden Sachverhalt zu vergleichen ist. So gehört beispielsweise zu den unentbehrlichen Elementen des Bekennens des Glaubens das Bekräftigen (arab: *at-taṣdīq*) seines Inhalts; ein ergänzendes Element verlangt, daß dies durch ein hörbares Aussprechen geschehe. Nun kann es sein, daß im Zustande der Unfreiheit ein Muslim dieses Aussprechen unterlassen, vielleicht sogar durch ein Bekenntnis zu einer anderen Religion ersetzen muß. Wenn jedoch das Bekräftigen im Herzen erfolgt, ist das Bekenntnis rechtsgültig, denn das Aussprechen ist lediglich ein ergänzendes Element. Man kann mithin feststellen, daß das Fehlen eines unentbehrlichen Elementes die Handlung selbst und die ihr zukommende rechtliche Bewertung zunichte macht, wohingegen die Ermangelung eines ergänzenden Elementes zwar ebenfalls die Handlung, nicht aber die Bewertung aufhebt: Der im stillen bekräftigte Glaube wurde nicht offen bekannt, aber der Muslim, der zu einem stummen Bekenntnis genötigt ist, erfüllt so doch den göttlichen Befehl.[44]

Wie das Beispiel der Bewertung des Glaubensbekenntnisses belegt, ist die Rechtsförmigkeit einer Handlung nicht unbedingt aus Kriterien herzuleiten, die von jedermann mit den fünf Sinnen erkannt werden können. Die ersichtlichen Kriterien, das *forum externum*, ermöglichen zwar ein Urteil darüber, ob eine bestimmte Handlung überhaupt vollzogen wurde, aber die Gedankenfigur des ergänzenden Elements läßt in verschiedenen Fällen das *forum internum* als den entscheidenden Maßstab für eine Bewertung gelten: Es kommt auf die Absicht (arab.: *an-nīja*) an, die, wie im Falle des erzwungenen Bekenntnisses zu einer anderen Religion, gänzlich unbemerkbar bleiben kann. Insbesondere im Ritualrecht besitzt die Absicht ein erhebliches Gewicht. Vielfach erhält sie dort die Bedeutung eines eigenen Handlungselements, das sicherstellen soll, daß die Riten nie ohne feste Ausrichtung

[43] Th. W. Juynboll: *Handbuch des islamischen Gesetzes*, Leipzig 1910, 257f.

[44] at-Tahānawī, op. cit., I, 591.

von Geist und Empfinden auf Gott, nie ohne Andacht vollzogen werden. Der juristischen Definition nach besteht die Absicht im mit der Ausführung einer Handlung verbundenen zielstrebigen Vorgehen. Vor einem jeden Akt der Gottesverehrung muß man die rituelle Reinheit durch entsprechende Waschungen herstellen; indem man eine solche beginnt, sagt man für sich: „Hiermit beabsichtige ich eine rituelle Reinigung." Damit wird ausgeschlossen, daß ein anderer Zweck ins Bewußtsein tritt, beispielsweise daß man mittels der rituellen Reinigung an einem heißen Sommertag Erfrischung sucht. Bei allen Ritualpflichten muß man sich deshalb die Absicht mit dem Beginn des Vollzugs deutlich vor Augen stellen. Denn „der Ort, an dem die Absicht auftritt, ist das Herz.[45] Es ist guter Brauch, die Absicht auszusprechen, damit die Zunge dem Herzen helfe." Bei der Ritualpflicht des Ramadanfastens allerdings ist sie schon vor der Aufnahme der Handlungen zu formulieren, denn deren erste ist die Ermittlung des richtigen Zeitpunktes, an dem das Fasten beginnen muß. Diese Tätigkeit des Geistes - besser: des Herzens - läßt sich nämlich nicht mit der Anstrengung vereinbaren, den Entschluß zum Fasten ins Bewußtsein zu heben.[46]

Die Absichtserklärung ist nicht mit dem Vorsatz zu verwechseln. Sie dient dazu, den Muslim vor Ausführung einer Ritualpflicht und in einer weitergefaßten Auslegung vor jeder schariatisch bedeutsamen Handlung darauf hinzuweisen, daß er im Begriff steht, gemäß der Ordnung Gottes zu verfahren. Diese Ordnung entspricht, wie wir schon sahen, insofern dem Einsichtsvermögen des menschlichen Verstandes, als dieser das Mittel ist, mit dem der Mensch sich im ständigen Gehorsam gegen den Schöpfer und Lenker der Welt hält. Das Prinzip der Belastung findet seine Erfüllung nur in der bewußt herbeigeführten Übereinstimmung alles Tuns und Lassens mit der Scharia. Dieser Sinn wird vollends greifbar, sobald man die *Ḥadīṯe* betrachtet, die den tausendfach geäußerten Grundsatz, daß die Taten nach den Absichten zu beurteilen seien, auf den Propheten zurückführen. Der Gottesgesandte soll gesagt haben: „Die Handlungen werden nach der Absicht bewertet; jedem Menschen wird zuteil, was er beabsichtigte. Wessen Hedschra zu Gott und seinem Gesandten führt, den führt sie tatsächlich dorthin. Wessen Hedschra jedoch zu irdischen Gütern, die er erlangt, oder zu einer Frau, die er heiratet, führt, den führt sie eben dorthin."[47] Die Hedschra war der bewußte Akt des Bekenntnisses zu dem neuen Glauben, den Muḥammad verkündete; sie meinte die Herauslösung aus den überkommenen verwandtschaftlichen und wirtschaftlichen Bindungen und die vorbehaltlose Eingliederung in die neue Gemeinschaft, die in Medina unter dem Befehl des Propheten um ihr Dasein kämpfte. Nachdem Muḥammad 630 Mekka eingenommen hatte und zum mächtigsten Mann Arabiens geworden war,

[45] Das Herz ist der Sitz des Verstandes, der, wie schon angemerkt, seinerseits den Gehorsam gegen Gott und das Gesetz sicherstellt.

[46] al-Bīǧūrī: *Ḥāšijat … al-Bīǧūrī ʿalā šarḥ Ibn Qāsim al-Ġazzī ʿalā matn Abī Šuǧāʿ*, Kairo 1909, I, 55.

[47] al-Buḫārī: *Ṣaḥīḥ, al-īmān*, 41.

verlor die Hedschra ihren Sinn. Das wesentliche Merkmal der nun rasch an Zahl anwachsenden Glaubensgemeinschaft waren die Riten, in denen der Prophet die Neubekehrten auch in entlegenen Gebieten der Arabischen Halbinsel unterweisen ließ. Auf eben diesen Sachverhalt spielt ein anderes *Ḥadīṯ* an. Schon beim Einzug in seine Vaterstadt soll er befunden haben: „Es gibt keine Hedschra (mehr)! Aber es gibt nun den Glaubenskampf (arab.: *al-ǧihād*) und die Absicht. Wenn ihr zu den Waffen gerufen werdet, dann stellt euch eilends ein!“[48] Die bewußte Anstrengung um der Erfüllung der Scharia willen - bis hin zum Krieg gegen Andersgläubige - ist das Ideal einer Glaubenspraxis (arab.: *ad-dīn*), die in den Gesetzen, die Gott durch den Propheten bekanntgegeben hat, ihre Lebensmitte sieht.

4. Die Kategorien der Beurteilung einer Handlung

a) Die Handlung an sich betreffende Kategorien

Die Zerlegung jeder rechtlich bedeutsamen Handlung in mehrere klar definierte Elemente dient dazu, die schariatische Beurteilung zu erleichtern. Diese erfolgt unter Zugrundelegung einiger Kategorien, die sich seit dem 9. Jahrhundert herausgebildet haben und nach wie vor angewendet werden. Die seit derselben Zeit aufblühende Literatur über die theoretischen Grundlagen des Rechts (arab.: *uṣūl al-fiqh*) hat sich eingehend mit diesen Kategorien befaßt. Sie erlangten rasch allgemeine Anerkennung und wurden zum unentbehrlichen Rüstzeug eines jeden, der Rechtswissenschaft betrieb, sei es aus spekulativem, sei es aus praktischem Interesse. Die zeitgenössische Scharia-Gelehrsamkeit, die wichtige methodische Ansätze der Vergangenheit neu durchdenkt und Klarheit über deren Nutzbarkeit für eine Erneuerung des islamischen Rechts zu gewinnen sucht, hat sich, soweit ich sehe, mit diesen Kategorien nicht näher beschäftigt. Sie werden gewissermaßen als Ecksteine des Gefüges des Scharia-Rechts für selbstverständlich genommen. Unter den Autoren der Vergangenheit befaßte sich jedoch Faḫr ad-Dīn ar-Rāzī (gest. 1209), ein großer sunnitischer Theologe und Korankommentator, ausführlich mit diesem Gegenstand. Ihm folge ich in erster Linie bei der Skizzierung dieser Kategorien. Dabei übergehe ich allerdings die theologische Problematik, nämlich ob und inwiefern die Begriffe, die hier verwendet werden, zur ewigen göttlichen Rede gehören oder als Eigenschaften der Handlungen des Menschen zu verstehen sind, mithin nur im Vollzug dieser Handlungen zur Erscheinung kommen, zu denen Gott nach sunnitischer Lehre in jedem Augenblick dem Handelnden die Fähigkeit zuweist.

Was der Mensch tut oder unterläßt, wird nach Maßgabe der Scharia beurteilt, die Ausdruck einer Belastung ist. Eine Tat kann folglich als Gehorsamsleistung (arab.: *aṭ-ṭāʿa*) oder als Widersetzlichkeit (arab.: *al-maʿṣija*) gegen Gott bestimmt werden. Beispiele für eine derart grobe Beurteilung finden sich im Koran an verschiedenen Stellen (z.B. Sure 24, 53f.; Sure 4, 81; Sure 20, 131; Sure 73, 16). Ar-Rāzī unter-

[48] Muslim: *Ṣaḥīḥ*, *al-imāra* 85 und 86.

scheidet hingegen sechs Kategorien, unter denen die Rechtsgelehrten das Wesen einer Handlung erfassen. Deren erste und wichtigste bezieht sie auf die jeweils von Gott erlassenen Normen; je mehr eine Handlung diesen entspricht, desto günstiger ist das Urteil, und umgekehrt.

> Die Rede (die Gott an den Menschen richtet) ist, sobald sie sich (auf eine Handlung) bezieht, entweder eine entschiedene Forderung, oder sie ist es nicht. Wenn sie eine entschiedene Forderung darstellt, dann ist sie entweder die Verpflichtung (zu dem, was in der Rede ausgesprochen wird) oder die Forderung der Unterlassung, also das Verbot. Ist die Rede hingegen keine entschiedene Forderung, dann sind die beiden Seiten (Tun oder Unterlassen) entweder einander gleich - dies ist die Anheimstellung - oder es überwiegt die Seite des Tuns - dies ist die Empfehlung - oder die Seite des Unterlassens - dies ist die Mißbilligung. Die schariatischen Bewertungen (einer Handlung) sind diese fünf.[49]

Ohne hier eigens darauf hinzuweisen, setzt ar-Rāzī voraus, daß selbst die Anheimstellung (arab.: *al-ibāḥa*) einer Handlung allein aus der Gesetzesrede Gottes hervorgeht. Um diese das Tun wie das Unterlassen freigebende und auf jeden Wink in die eine oder andere Richtung verzichtende Bewertung gruppieren sich die übrigen vier, die im Hinblick auf die jenseitigen und, soweit strafrechtlich bedeutsame Handlungen zu beurteilen sind, auch auf die diesseitigen Folgen nicht neutral sind. Als Pflicht (arab.: *wāǧib*) gilt ein Tun, für dessen Unterlassen ein Muslim nach der Scharia unter irgendeinem Gesichtspunkt getadelt wird; ar-Rāzī verwirft hier die sonst übliche Definition, die an der Stelle des Tadelns von Bestrafen spricht, und belehrt den Leser, daß Gott bisweilen auch verzeiht. Der ausdrückliche Verweis auf die Scharia meine, daß allein aus ihr, aus Gottes Äußerung, die Strafbarkeit der Unterlassung einer Pflicht folge. Der Zusatz „unter irgendeinem Gesichtspunkt" ist unentbehrlich, denn unter den Pflichten gibt es auch alternative Handlungen, von denen die eine oder die andere zu vollziehen ist; der Mensch trifft die Wahl selber, aber er darf keinesfalls jede der beiden Möglichkeiten verabsäumen. Das andere Ende dieser Kategorie von Bewertungen wird vom Verbotenen (arab.: *ḥarām, maḥẓūr*) besetzt. Wer Verbotenes begeht, wird gemäß der Scharia getadelt und hat Strafen im Jenseits und in vielen Fällen auch im Diesseits zu gewärtigen. Die Strafandrohung dient dem Zweck der Abschreckung. Mehrschichtig ist gegenüber diesen recht einfachen Definitionen die Beschreibung der Positionen, die je zwischen dem Anheimgestellten einerseits und der Pflicht bzw. dem Verbot andererseits stehen. Nach einer rein formalen Bestimmung gilt eine Handlung als empfehlenswert (arab.: *mandūb*), deren Unterlassung nicht durch die Scharia getadelt, deren Vollstreckung jedoch im Jenseits belohnt wird. Ar-Rāzī macht es sich allerdings nicht so einfach, denn gerade bei dem Empfehlenswerten tritt der ständige Bezug der Bewertungen zum Jenseitsschicksal des Muslims deutlich hervor. Selbstverständlich braucht man sich niemals um eine von der Scharia als empfehlenswert eingestufte Handlung zu bemühen. Doch zeigt sich in derartigen Taten der Gehorsam eines

[49] ar-Rāzī: *Kitāb al-maḥṣūl*, I, 17 f.

Muslims; im Koran wird solcher Gehorsam immer wieder gefordert. Es ist daher folgerichtig, wenn ar-Rāzī darauf hinweist, daß mit empfehlenswert oder „gutem Brauch" (arab.: *sunna*), wie man vor allem im Ritualrecht sagt, doch auch ein Anstoß zu häufigerem Vollzug gemeint sei. Manche Rechtsgelehrten seien daher der Auffassung, die hartnäckige Verweigerung solcher Handlungen sei tadelnswert, da sie eine Geringschätzung des Gehorsams gegen Gott erkennen lasse. Umgekehrt verhält es sich mit dem Verwerflichen (arab.: *makrūh*), dessen Begehung zwar nicht bestraft wird, dessen Unterlassung jedoch Lohn einträgt.

Nachdem ar-Rāzī diese erste und wichtigste Kategorie von Bewertungen einer Handlung dergestalt skizziert hat, wendet er sich einem heiklen und heftig umstrittenen Gegenstand zu. Die Urteile „Pflicht", „empfehlenswert", „anheimgestellt", „verwerflich", „verboten" sind jeweils von Gott festgesetzt und nehmen auf die Belange der Menschen nur insofern Bezug, als deren jenseitiges Heil auf dem Spiele steht; sie wären ohne die islamische Glaubenswahrheit, daß der Mensch mit dem göttlichen Gesetz belastet ist, gar nicht zu begreifen. Aber es ist selbstverständlich denkbar und sinnvoll, Handlungen unter dem Blickwinkel des diesseitigen Interesses des Menschen zu betrachten. Die vom 9. bis zum frühen 11. Jahrhundert blühende Strömung der Muʿtazila, die eine strenge Werkgerechtigkeit lehrte, focht für die Auffassung, daß der Mensch erkenne, was für ihn gut (arab.: *ḥasan*), was für ihn schlecht (arab.: *qabīḥ*, wörtlich: häßlich) sei und daß diese Urteile des Menschen im wesentlichen mit der Bewertung der Taten durch Gott übereinstimmten. Die Belastung mit dem Gesetz und der Zwang, sich wertend in dieser Welt zurechtzufinden, erzeugten nach muʿtazilitischer Lehre letzten Endes je das gleiche Urteil über einen bestimmten Sachverhalt - und das mußte auch so sein, denn nur unter dieser Voraussetzung war es dem Menschen möglich, in ausrechenbarer Weise durch das Handeln in dieser Welt sein Glück im Jenseits vorzubereiten. Solche Anschauungen blieben stets die Sache einer verschwindend geringen Minderheit; die Mehrheit der Muslime, die sich zu den vom Sunnitentum beherrschten vier großen Rechtsschulen bekennt, hat sie nie geteilt. Um so bemerkenswerter ist es, daß ar-Rāzī auf dieses Thema eingeht und sich dabei auf den Muʿtaziliten Abū l-Ḥusain al-Baṣrī (gest. 1044) beruft. Dieser hat in der Tat in seinem Handbuch der Rechtstheorie seinen Standpunkt mit einigen anschaulichen Beispielen verdeutlicht. Um mittels des Gegensatzes zu diesen Lehren ein auffälliges Merkmal des Typus des islamischen Rechts scharf zu erfassen, der seit dem ausgehenden 11. Jahrhundert den Sieg davontrug, sei kurz auf Abū l-Ḥusain eingegangen.

Das „Gute" ist für ihn eine Handlung, die derjenige, der zu ihr die Kraft hat und das Wissen besitzt, um sie als „gut" zu identifizieren, auch tatsächlich ausführen soll. „Gut" ist alles, was, wenn es getan wird, keinen Tadel nach sich zieht. Da nun das „Gute", so Abū l-Ḥusain, keine weitere ethische Qualifizierung aufweise als eben das „Gut-Sein", ist es anheimgestellt (arab.: *mubāḥ*) bzw. „erlaubt", wie man diesen Terminus auch übersetzen kann. Es gibt jemanden, der es erlaubt hat, nämlich jemanden, durch den jegliche Art von Abschreckung, die dessen Ausführung verhindern könnte, aufgehoben wurde: Gott hat uns die betreffende Handlung anheimgestellt, indem er uns auf deren „Gut-Sein" hinwies und jedem, der sie vollzieht, Lohn im Jenseits in Aussicht stellte. Aus dieser mu'tazilitischen Lehre folgt, daß die göttlichen Bewertungen in den menschlichen Lebensinteressen aufgehen. Diese Lösung wäre einleuchtend, wenn nicht immer der Lohn im Jenseits im Spiele wäre, und hier zeigt sich die Schwäche der mu'tazilitischen Argumente; denn es muß doch stets glaubhaft gemacht werden, daß das „Gute" die Pflicht ist, deren Vollzug Gott verlangt und deren Unterlassung das Heil mindert. Das Vollziehen von Taten, die dem Menschen erlaubt sind, kann keinen Lohn im Jenseits einbringen. Abū l-Ḥusain al-Baṣrī sieht sich daher gezwungen, zu abwegigen Behauptungen Zuflucht zu nehmen, um seinen Grundsatz durchzuhalten. Selbstverständlich schlägt sich der liebevolle Umgang eines Vaters mit seinem Sohn noch nicht auf dem Jenseitskonto nieder, wenn der Vater lediglich zur eigenen Freude so handelt; es muß vielmehr erkennbar werden, daß er Mühen auf sich lädt, etwa indem er für den Sohn erhebliche Kosten aufwendet. Die Nahrungsaufnahme zur Unterbrechung eines Dauerfastens, das Gott im übrigen verboten hat, werde also für jemanden, der sich ein solches Dauerfasten auferlegt hat, eine unangenehme Last und daher verdienstvoll? Essen und Trinken können nach mu'tazilitischer Ansicht verdienstvoll sein, weil sie eine Schwächung des Körpers verhindern? Genauso verhält es sich bisweilen, beharrt Abū l-Ḥusain al-Baṣrī, denn die Abwehr von Schaden ist Teil der Belastung und eine Pflicht, sofern anderenfalls die Unfähigkeit zum Vollzug der Riten einträte. Wenn man die Dinge so betrachtet, ist auch das Essen eine Handlung, die einen näher an Gott heranführt, selbst wenn sie einem auch dazu verhelfen kann, Dinge zu tun, die vom Gesetz als untersagt bewertet werden. Abū l-Ḥusain bringt ein anderes Beispiel, um zu erläutern, was er meint. Nur dem Anscheine nach werde einem Mann empfohlen, eine Ehe einzugehen, damit er auf gesetzliche Weise seine Lust befriedige. In Wirklichkeit verfolge die Institution der Ehe den Zweck, Schaden abzuwenden, denn gäbe es die Ehe nicht, verlören sich viele Männer an verbotene Ausschweifungen. Die Ehe legalisiert den Geschlechtsverkehr, dessen Vollzug stets eine Ablenkung von der Pflicht der Gottesverehrung bedeutet. Es ist des weiteren nicht von der Hand zu weisen, daß ein Mann, der für eine Familie zu sorgen hat, nicht unablässig freien Herzens seinem Schöpfer dienen kann. Da aber der seinen Ausschweifungen Hingegebene sich gänzlich von Gott entfernt, ist unbestritten, daß die Ehe Schaden abwendet. Es ist mühevoll, die Befriedigung der Fleischeslust mit der Pflicht der Gottesverehrung zu vereinbaren, die Ehe weist hierzu den richtigen Weg. In der Mühsal, die sie zweifellos für den Mann mit sich bringt, kommt der Knechtsstatus zum Ausdruck, meint Abū l-Ḥusain.[50] Der Knechtsstatus ist nach mu'tazilitischer Auffassung mithin nicht dadurch begründet, daß der Mensch den Sinn vieler Bestimmungen der Scharia nicht zu erfassen vermag, sondern zeigt sich in den mehrdeutigen Folgen, die die Gebote und Verbote Gottes für den Menschen zeitigen. Gutes und Schlechtes sind miteinander vermischt, und unter Anstrengungen gilt es, die Scharia dergestalt zu

[50] Abū l-Ḥusain al-Baṣrī: *al-Mu'tamad fī uṣūl al-fiqh*, I, 366f.

erfüllen, daß in der Endabrechnung das Gute überwiegt. In dieser Zweideutigkeit der Lebenssituation, die in eigener Verantwortung, aber nach den bekannten und auch von Gott verwendeten Maßstäben von gut und schlecht zu bewältigen ist, erkennt Abū l-Ḥusain den Inbegriff der Belastung.

Für einen Sunniten wie ar-Rāzī sind derartige Erwägungen unverständlich, wenn nicht gar unerträglich. Er hält es für undenkbar, aus menschlichen Belangen und Neigungen auf eine bestimmte göttliche Bewertung einer Handlung zu schließen; subjektive Momente müßten in eine solche Bewertung einfließen: Unter gewissen von jedem Menschen womöglich anders empfundenen Umständen wäre die Ehe gut, unter anderen schlecht - das darf nicht sein! Die Ehe ist die Ehe, so wie Gott sie geregelt hat, und so ist sie zu gestalten ohne Rücksicht auf Freude oder Unlust und auch auf Begleitumstände, die einen Konflikt mit anderen Forderungen der Scharia, etwa mit den Ritualpflichten, heraufbeschwören könnten. Hinter dieser Überzeugung steht wahrscheinlich weniger eine weltfeindliche Gelehrtenstrenge, sondern eher die Furcht, sich mit dem Abwägen von individuellen Beweggründen und Folgen und mit dem Erörtern wechselseitiger Auswirkungen zweier oder mehrerer Rechtsinstitute auf ein Gelände vorzuwagen, das ganz und gar unüberschaubar ist und auf dem Fallgruben versteckt sein mochten, die das Heil gefährdeten.[51] Ar-Rāzī verweist am Ende seiner knappen, formallogisch aufgebauten Auseinandersetzung mit Abū l-Ḥusains Definitionen von „gut" und „schlecht" darauf hin, daß eine Handlung „gut" sein kann, selbst wenn der Mensch einen natürlichen Widerwillen gegen sie verspürt.[52] Die islamische Rechtswissenschaft hat es daher unterlassen, die schariatischen Bewertungen des Handelns von den Lebensinteressen des Individuums her zu deuten und von einer solchen Deutung aus das gottgegebene Gesetz und die Wirklichkeit der sich wandelnden Welt zueinander in Beziehung zu setzen. Ein weiterer wichtiger Grund für diese Scheu war die Schwierigkeit, einer nach menschlichem Empfinden „guten", dem Naturell des einzelnen entgegenkommenden Tat ein Verdienst für das Jenseits zuzuerkennen. Die Rechtsgelehrten haben andere Wege gesucht, auf denen sie Welt und Gesetz miteinander abstimmen konnten.

Kommen wir nun zu der von „Pflicht" bis „verboten" reichenden Skala schariatischer Bewertungen zurück! Diese Kategorie erfaßt die Handlungen des einzelnen Muslims. Neben den jedem Muslim wegen seiner Zugehörigkeit zum Islam auferlegten Pflichten (arab.: *farḍ al-ʿain*) stehen jedoch einige der Gemeinschaft der Gläubigen insgesamt obliegende, denen allerdings schon Genüge geschieht, wenn sich ihrer eine hinreichend große Anzahl (arab.: *farḍ al-kifāja*) annimmt. Wie diese Pflicht, die ja durch den einzelnen vollzogen werden muß, ihn hierzu bestimmt, war freilich nicht eindeutig auszumachen. Man berief sich zwar auf Sure 3, Vers 103: „Es soll unter euch eine Gruppe geben, ... die das Billigenswerte befiehlt und das Tadelnswerte verbietet." Hieraus leitete man ab, daß sich die als Kollektiv-

[51] Vgl. T. NAGEL: *Die Festung des Glaubens*, 217-222.
[52] ar-Rāzī, op. cit., I, 23.

pflicht bewerteten Forderungen des göttlichen Gesetzgebers, z. B. der Kampf gegen die Andersgläubigen oder die Teilnahme am freitäglichen Gemeinschaftsgottesdienst, nur an einige Muslime richte. Da diese aber nicht zu identifizieren waren, rang man sich zu der Auffassung durch, daß doch die Gesamtheit der Muslime betroffen sei, zumal der Zweck der in diese Kategorie gehörenden Vorschriften die Förderung ihres gemeinsamen Wohls (arab: *al-maṣlaḥa*) sei. Jeder Muslim ist zum Glaubenskrieg (arab.: *al-ǧihād*) angehalten, aber sobald eine hinreichende Zahl diesen Kampf auf sich nimmt, dürfen die übrigen im Sinne der unten erwähnten Kategorie der strengen oder erleichterten Gesetzeserfüllung in jenem Augenblick dem Krieg fernbleiben. Trotzdem richtet sich die Forderung Gottes an jeden einzelnen Belasteten, und zwar ständig, so daß die Freistellung eben keinesfalls den Wegfall der Pflicht bedeutet. Es ist niemals möglich, daß ein Belasteter die Pflicht eines anderen tragen kann. Die Urteile über das Handeln des Menschen, die Gott fällt, fußen einzig und allein auf den individuell zurechenbaren Taten, und dies gilt uneingeschränkt auch im Hinblick auf die Erfüllung der Kollektivpflichten.[53]

Der als objektiv aufgefaßten Kategorie der von „Pflicht" bis „verboten" reichenden Bewertungen von Handlungen sowie der Kategorie der Individual- und Kollektivpflichten stehen vier weitere zur Seite, die in der heutigen Terminologie als situationsbedingt (arab: *waḍʿī*)[54] bezeichnet werden. Ar-Rāzī kennt diesen Ausdruck noch nicht. Selbstverständlich gehen auch die hier einschlägigen Maßstäbe unmittelbar auf Gott, den Gesetzgeber, zurück. Die erste Kategorie der situationsbedingten Urteile will erfassen, ob eine bestimmte Handlung eine andere verursacht, deren Voraussetzung ist oder sie verhindert. Ar-Rāzī gibt das folgende Beispiel: Gott trifft in Bezug auf den Ehebrecher zwei Bewertungen; die erste lautet, daß an ihm die „Grenz"-Strafe, die der Koran vorsieht,[55] zu vollziehen ist; die zweite besagt, daß der Ehebruch die Ursache (arab.: *as-sabab*) der „Grenz"-Strafe ist. Denn der Ehebruch an sich, auch wenn er als „verboten" zu werten ist, erzwingt nicht jene Art der Bestrafung; sie ist allein deswegen notwendig, weil Gott den Ehebruch zur Ursache dieser Bestrafung bestimmt hat.[56] Ursache und Verursachtes hängen unmittelbar miteinander zusammen. Wenn die Ursache einer Gegebenheit nebst den Bedingungen ihrer Wirksamkeit eingetreten ist und keine Hinderung vorliegt, dann ist das Verursachte ebenfalls eingetreten, gleichviel ob es beabsichtigt wurde oder nicht. Wird etwa ein Vertrag in rechtsgültiger Form abgeschlossen, dann ist das Vereinbarte unverzüglich Wirklichkeit geworden, und es ist nicht erlaubt, diese durch Gott als den Gesetzgeber verfügte unmittelbare Verknüpfung von Ursache

[53] ʿAlī b. ʿAbd al-Kāfī as-Subkī/Tāǧ ad-Dīn as-Subkī: *al-Ibhāǧ fī šarḥ al-minhāǧ*, ed. Šaʿbān Muḥammad Ismāʿīl, Kairo 1981, I, 100f.

[54] ʿAbd al-Wahhāb Ḫallāf: *ʿIlm uṣūl al-fiqh*, 4. Aufl., Kairo 1950, 130; die Bewertungen von „Pflicht" bis „verboten" heißen bei ihm *taklīfī*.

[55] Vgl. unten, Erstes Buch, Kapitel II, 4b.

[56] ar-Rāzī, op. cit., I, 24.

und Verursachtem aufzulösen.[57] Dieses Prinzip beherrscht, wie im nächsten Kapitel an Beispielen verdeutlicht wird, die Bestimmungen über die zwischenmenschlichen Beziehungen in charakteristischer Weise.

Aus dem Obigen geht ohne weiteres hervor, wie das Hindernis (arab.: *al-māniʿ*) und die Bedingung (arab.: *aš-šarṭ*) aufzufassen sind. Von einem Hindernis ist zu sprechen, wenn eine Gegebenheit die Geltung einer Bewertung ausschließt oder eine Ursache unwirksam macht. So sind Schulden, die so groß sind, daß jemand nicht das Mindestvermögen nachweisen kann, das zur Entrichtung der Läuterungsgabe verpflichtet, ein Hinderungsgrund für deren Erhebung; dabei ist durchaus denkbar, daß er tatsächlich über Mittel verfügt, die den Mindestbetrag übersteigen – es sind eben nicht seine eigenen. Auch die Bedingung ist ihrem Wesen nach klar. Ein schariatischer Ehevertrag ist unter der Bedingung gültig, daß zwei Zeugen in rechtsförmiger Weise gegenzeichnen. Allerdings darf die Bedingung nicht mit einem der Handlungselemente (arab.: *ar-rukn*) verwechselt werden; diese machen in ihrer Gesamtheit das Wesen der rechtlich zu erfassenden und zu bewertenden Handlung aus. Fehlte eines der Elemente, wäre sie im ganzen nicht zustande gekommen. Ein Ehevertrag ohne das Element der Zeugen wäre kein Ehevertrag; er ist aber erst unter der Bedingung gültig, daß sie in rechtsgültiger Form unterzeichnet haben. Das rituelle Gebet besteht aus genau festgelegten Handlungselementen; es wird jedoch nur unter der Bedingung rechtsgültig vollzogen, daß vorher die rituelle Reinheit erworben wurde.[58]

Die zweite situationsbedingte Kategorie fragt nach der Rechtsgültigkeit. Wenn eine Handlung unter Beachtung ihrer Elemente und der Reihenfolge, in der sie zu erledigen sind, vollzogen wird, dann ist sie rechtsgültig (arab.: *ṣaḥīḥ*), anderenfalls nichtig bzw. ungültig (arab.: *bāṭil*). Hierbei ist jedoch zwischen den ritualrechtlichen Bestimmungen und den Regelungen der zwischenmenschlichen Beziehungen zu unterscheiden. Insbesondere die hanafitische Schule hat die Anschauung entwickelt, daß im Ritualrecht eine Handlung, etwa die Durchführung eines der fünf täglichen Pflichtgebete, dann als rechtsgültig anzusehen ist, wenn die Notwendigkeit des nachträglichen Wiederholens nicht aufgetreten ist. Diese kann jedoch unter zwei Voraussetzungen gegeben sein: Es kann eines der Handlungselemente ausgelassen oder an falscher Stelle vollzogen worden sein; es kann eine nicht vorgesehene zusätzliche Handlung oder eine unzulässige Begleiterscheinung, etwa der Verlust der rituellen Reinheit während des Gebets, diesem die Rechtsgültigkeit nehmen. Bei den zwischenmenschlichen Beziehungen ist nun streng zwischen beiden Formen der Nichtigkeit zu unterscheiden. Liegt die Fehlerhaftigkeit eines der Elemente oder ihrer vorgeschriebenen Anordnung vor, dann ist ein Vertrag ungültig (arab.: *bāṭil*), und er hat keine rechtlichen Folgen. Ist hingegen der Inhalt des Vertrages mit Mängeln behaftet – etwa weil kein Preis für eine zu verkaufende Ware

[57] ʿAbd al-Wahhāb Ḫallāf, op. cit., 132.
[58] Ebd., 133.

vereinbart wurde –, dann ist er fehlerhaft (arab.: *fāsid*); er kann aber trotzdem rechtliche Folgen haben.[59]

Allein für das Ritualrecht gilt eine dritte Kategorie situationsbedingter Wertungen. Sie klang eben schon an. Der Vollzug der Riten ist nur zu den hierfür vorgesehenen Zeiten rechtlich wirksam; das Ramadan-Fasten kann in keinen anderen Monat verlegt werden, die Pflichtgebete fallen in bestimmte Abschnitte des Tages. Entledigt man sich der rituellen Pflichten in den vorgeschriebenen Zeiträumen, dann spricht der Rechtsgelehrte von Erfüllung (arab: *al-adā'*). Unterläuft dem Muslim hierbei ein Fehler und ist er in der Lage, diesen zu berichtigen, indem er die gesamte Ritualpflicht während der für sie bestimmten Zeit noch einmal vollzieht, liegt eine Wiederholung (arab.: *al-i'āda*) vor. Von nachträglichem Vollzug (arab.: *al-qaḍā'*) spricht man hingegen, wenn die Wiederholung außerhalb dieses Zeitraumes statthat; hierbei sind in der Regel einige Auflagen zu beachten.

Schließlich kann eine Handlung unter Begleitumständen erfolgen, die ein Verhalten entsprechend den Vorschriften der Scharia unumgänglich machen; eine solche Unumgänglichkeit (arab.: *al-'azīma*) herrscht während des Alltags des Muslims nahezu immer. Die Beachtung des göttlichen Gesetzes wäre anderenfalls in das Belieben des Belasteten gestellt. Allerdings kann man in eine Lage geraten, in der die strenge Einhaltung des Gesetzes die Gesundheit oder sogar das Leben des Menschen aufs Spiel setzen würde, so daß eine Erleichterung notwendig wird. Es ist beispielsweise verboten, Fleisch von nicht geschächteten Tieren zu verzehren oder Wein zu trinken; kann man sich aber nicht anders vor dem Verhungern oder Verdursten retten, dann besteht die Erlaubnis (arab.: *ar-ruḫṣa*), derlei zu sich zu nehmen.[60]

b) Die handelnde Person betreffende Kategorien

Uneingeschränkt rechtsfähig – in der islamischen Ausdrucksweise: mit den Bestimmungen der Scharia belastet – ist der volljährige (arab.: *bāliġ*) Muslim im Vollbesitz seiner Verstandeskräfte. Dies ergibt sich aus der oben dargelegten Auffassung, daß das gottgegebene Gesetz in gänzlichem Einklang mit den Erkenntnissen steht, die der Verstand erlangen kann; der Verstand hält den Muslim infolgedessen zum Gehorsam gegenüber der Scharia an. Die unerläßliche Voraussetzung für die Einsicht in diese Notwendigkeit ist freilich die Zugehörigkeit zum Islam. Hieraus folgt, daß Andersgläubige, auch wenn sie auf Dauer auf dem Gebiet eines islamischen Gemeinwesens leben, niemals im vollen Sinne Rechtsgenossen der Muslime sein können. Ohne auf den rechtlichen Status der Andersgläubigen hier schon einzugehen, sei dieser Sachverhalt an einigen Beispielen aufgezeigt. Zwar ist es Muslimen erlaubt, mit Juden oder Christen ein Unternehmen gemeinsam zu betreiben; der Prophet selber soll, nachdem er das Oasengebiet von Ḫaibar erobert hatte, mit den

[59] ar-Rāzī, op. cit., I, 26; 'Abd al-Wahhāb Ḫallāf, op. cit., 142.

[60] ar-Rāzī, op. cit., I, 27–29; 'Abd al-Wahhāb Ḫallāf, op. cit., 136–140.

Bewohnern einen Vertrag geschlossen haben, in dem er ihnen ihr ehemaliges Ackerland zur weiteren Bearbeitung überließ unter der Bedingung, daß sie die Hälfte des Ertrags an die Muslime lieferten; diese in der islamischen Rechtsliteratur vielfach angeführte Abmachung sei getroffen worden, weil die muslimische Seite damals über keine eigenen Arbeitskräfte verfügt habe, wird hinzugesetzt. Hierin ist eine Anspielung auf eine außergewöhnliche Lage enthalten, ein Hinweis, daß ein solcher Vertrag nach Möglichkeit zu vermeiden sei.[61] Dies wird bei der Auslegung des Vorgehens Muḥammads stets betont. Die Rechtswissenschaft gewinnt hieraus den Grundsatz, daß, wenn es denn sein muß, mit Juden oder Christen zwar ein gemeinsames Unternehmen verabredet werden darf, aber allein unter der Bedingung, daß es der muslimische Geschäftspartner ist, der Kauf und Verkauf leitet. Verträge mit Zoroastriern seien dagegen ganz zu unterlassen. Zur Begründung der minderen Rechtsfähigkeit der Andersgläubigen wird unterstellt, diese könnten auf Wuchergewinne aussein, die Muslimen verboten sind.[62] – Auch Andersgläubige dürfen auf islamischem Boden Stiftungen (arab.: *al-waqf*) errichten. Durch dieses Rechtsinstitut werden vorzugsweise Immobilien dem Zugriff des Fiskus entzogen; ihr Ertrag muß einem gemeinnützigen Zweck zufließen. Da nach islamischer Überzeugung Religionsausübung und Gemeinwesen ein und dasselbe sind, muß sich der Zweck als ein religiöser bestimmen lassen. Es können mit den Einkünften der Stiftung also die Bedürftigen der Andersgläubigen unterstützt werden, denn Almosen (arab.: *aṣ-ṣadaqa*) sind ein im obigen Sinne legaler Zweck. Hingegen wäre es unzulässig, wenn die Unterstützung an die Bedingung gebunden wäre, daß die Begünstigten ihren jüdischen oder christlichen Glauben bewahren. Ganz und gar ausgeschlossen ist es, als Zweck der Stiftung den Unterhalt von Gotteshäusern der Andersgläubigen vorzusehen.[63] – Die Rede Gottes, die die Belastung mit dem Gesetz verkündet, richtet sich nämlich nach Ansicht der islamischen Rechtsgelehrten an alle Menschen, so auch an die „Ungläubigen". Was dies für deren Status im allgemeinen bedeute, darüber wurde man sich allerdings nicht einig. Manche sagten, auch die Andersgläubigen seien den koranischen Strafen unterworfen, seien also, wenn sie etwa eines Ehebruchs überführt würden, zu steinigen. Diese harte Ahndung diene nicht zuletzt dazu, die ohnehin furchtbare Jenseitsstrafe, die die Andersgläubigen erwarte, ein wenig zu mildern.[64] Überhaupt sei ihr ganzes Tun und Lassen keineswegs als „anheimgestellt" (arab.: *mubāḥ*) zu bewerten; denn sie selber könnten hierin nur sichergehen, wenn sie sich eine entsprechende Auskunft nach Maßgabe der Scharia verschafften. Da sie dies verabsäumen, müsse man fol-

[61] Vgl. W. Schmucker: *Untersuchungen zu einigen wichtigen bodenrechtlichen Konsequenzen der islamischen Eroberungsbewegung*, Bonn 1972, 24–27, 55–58.

[62] Ibn Qaijim al-Ǧauzīja: *Aḥkām ahl aḏ-ḏimma*, ed. Ṣubḥī Ṣāliḥ, 2 Teile, Damaskus 1961, I, 270–274.

[63] Ebd., 299–302.

[64] Vgl. unten, Erstes Buch, Kapitel II.

gern, daß ihre ganze Lebensführung als sündhaft (arab.: *āṯim*) zu beurteilen sei. Diese Meinung blieb allerdings umstritten.[65]

Selbstverständlich ist die Rechtsfähigkeit eines Muslims, wie schon angedeutet, an die Volljährigkeit gebunden. Denn im eigentlichen Sinne belastet ist nur derjenige, der zum Abwägen seiner Handlungen und zu deren zielstrebiger, bewußter Durchführung in der Lage ist. Ein Säugling gilt infolgedessen als unbelastet und nicht rechtsfähig. Das Kleinkind ist insofern bereits der Scharia unterworfen, als es Schenkungen entgegennehmen und Verabredungen eingehen - oder treffen lassen - kann, die ihm zum Vorteil gereichen. Ungefähr mit der Vollendung des siebten Lebensjahres erreicht es die Reife, aus eigenem Entschluß den Islam anzunehmen, sofern es nicht als Muslim geboren wurde; es ist nun „unterscheidungsfähig" (arab.: *mumaijiz*) und unterliegt schon in vielfältiger Hinsicht der Belastung mit dem Gesetz. Es soll zum Beispiel die täglichen Pflichtgebete vollziehen. Mit Eintritt der Geschlechtsreife beginnt dann die Lebenszeit der uneingeschränkten Unterworfenheit unter die Scharia.

Die Belastung kann allerdings durch bestimmte Umstände auf Dauer oder vorübergehend aufgehoben werden. Die islamischen Rechtsgelehrten haben sich um die Bestimmung unterschiedlicher Grade des Irreseins bemüht, die je in einem gewissen Maß die Unterwerfung unter das Gesetz unmöglich machen. Doch nicht nur eine schwere Beeinträchtigung der geistigen Gesundheit wirkt sich so aus, auch eine zeitweilige Geistesabwesenheit hat diese Folge. Denn „eine Handlung im Gehorsam (gegenüber dem Gesetzgeber Gott) auszuführen, setzt das Wissen (d. h. die Bewußtheit des Vollzugs) voraus. Das bloße Tun genügt nicht, wie denn der Prophet gesagt hat: ‚Die Handlungen (erlangen Rechtsgültigkeit) allein durch die Absichten (arab.: *an-nīja*, Pl. *an-nīјāt*).'" Sowohl bei der Erfüllung der Ritualpflichten, die Gott ohne eine vorher formulierte Absicht nicht auf das Jenseitsverdienst anrechnet, als auch bei allen zwischenmenschlichen Vorgängen von rechtlichem Belang ist mithin darauf zu achten, daß sie nicht mechanisch, sondern in voller Bewußtheit geschehen. Denn der Vollzug einer jeden Ritualpflicht und einer jeden anderen durch die Scharia geregelten und bewerteten Handlung ist als eine Gehorsamsleistung (arab.: *al-imtiṯāl*) gegenüber dem Schöpfer zu verstehen, nicht anders, als wenn ein Diener den Befehl seines Herrn entgegennähme, sich den Inhalt dieses Befehls klarmachte und dann an die Ausführung ginge.[66] Der Rechtsgelehrte al-Ǧuwainī (gest. 1085) tritt folgerichtig dafür ein, daß ein Betrunkener nicht zu den Belasteten zählt, eben weil er die Rede (arab.: *al-ḫiṭāb*), die Gott an ihn richtet, um ihm das Gesetz mitzuteilen, gar nicht versteht. Das gleiche gilt für den Vergeßlichen, solange er im Zustand der Vergeßlichkeit verharrt. Hingegen ist jemand, der wegen fremder Gewalt nicht Herr seiner eigenen Handlungen ist, sehr wohl als belastet zu betrachten, da er in der Lage ist, den Inhalt der Belastung zu begreifen und auch Gehorsam zu leisten.[67] Hier wäre wiederum das

[65] ʿAlī ʿAbd al-Kāfī as-Subkī/Tāǧ ad-Dīn as-Subkī, op. cit., I, 185.

[66] Ebd., 154.

[67] al-Ǧuwainī: *Kitāb al-burhān*, ed. AD-DĪB, 2. Aufl., Kairo 1400 h, §§ 30–32.

im Zusammenhang mit den Handlungselementen erörterte Beispiel des abgepreßten Bekenntnisses zu einem fremden Glauben einschlägig, und zwar unter gleichzeitiger Heranziehung des Begriffes der Absicht.

Der Grundsatz, daß nur ein erwachsener Muslim, der sich im Vollbesitz der Verstandeskräfte befindet, gänzlich mit dem Gesetz belastet sein kann, hat dazu geführt, daß Frauen vielfach nur eine eingeschränkte Rechtsfähigkeit zuerkannt wird. Man nimmt an, daß die Frauen in besonderem Maße die Begierden der Männer erregen und sich deswegen - gewollt oder ungewollt - als Handlangerinnen des Satans erweisen. Die gottgewollte Ordnung des Diesseits erschließt sich dem Verstand, die wider sie gerichtete Kraft ist, wie wir bereits gehört haben, die Begierde, die Leidenschaft, deren sich der Satan bedient, um die Menschen vom rechten Pfad abzubringen. Diese Ansicht stützt sich vor allem auf Sure 3, Vers 14:

> „Den Menschen wird (durch den Satan) die Liebe zu Begehrenswertem in schönstem Licht dargestellt: zu Frauen, Söhnen, (zu Gold und Silber in Hülle und Fülle, zu edlen Pferden, Vieh, Saatfeldern. Doch ist das alles nur das Gut des diesseitigen Lebens. Nur zu Gott führt dereinst die beste Rückkehr)." Mit „Menschen" ist die Gattung gemeint, mit „Begehrenswertem" alles, was die Begierde weckt. „Begierde" ist das heftige Verlangen der Seele nach dem, was sie wünscht ..., das hier mit dem Wort „begehrenswert" ausgedrückt wird. Dieses (arabische) Wort soll entweder den hohen Grad des Wünschens wiedergeben oder die Verächtlichkeit dessen, was erstrebt wird (eben weil es sich um etwas handelt, das für die von der Ratio geforderte Gottesverehrung bedeutungslos, wenn nicht gar schädlich ist). „Frauen": (Der Koranvers) nennt an erster Stelle die Frauen, weil die Seele sich so heftig nach ihnen sehnt und weil man sich so sehr zu ihnen hingezogen fühlt, so viel Genuß an ihnen hat. Daher sind sie die Fallstricke des Satans und haben in starkem Maße die Eigenschaft, (die Muslime) in Versuchung zu führen.[68]

Damit sich diese Wirkung nicht ungehemmt entfalten kann, müssen die Frauen aus dem öffentlichen Leben möglichst ferngehalten werden und dürfen vielfach nur über einen Vormund (arab.: *al-walī*) an Rechtsgeschäften, z. B. an einem Ehevertrag, beteiligt sein. Insbesondere von unverheirateten Frauen geht eine Gefährdung im eben genannten Sinne aus, so daß früher der *Qāḍī* das Recht und die Pflicht hatte, sie zu verehelichen, wenn ihnen selber dies nicht gelang.[69] Noch heute ist die Einreise unverheirateter Frauen ohne schariatisch legalen Begleiter nach Saudi-Arabien mit Schwierigkeiten verbunden.[70] In Sure 2, Vers 282 wird über

[68] Muḥammad Ṣiddīq Ḥasan Ḫān Bahādur: *Ḥusn al-uswa*, Beirut o.J., 29.

[69] Vgl. E. Tyan: *Histoire de l'organisation judiciaire en pays d'Islam*, Leiden 1960, 372–374.

[70] W. M. Hoffmann: *Tagebuch eines deutschen Muslims*. So berichtet der deutsche Muslim W. M. Hoffmann in seinem „Tagebuch eines deutschen Muslims" unter dem Datum des 24. 12. 1984 von der dann später mit einem Trick umgangenen Weigerung des saudiarabischen Außenministeriums, unverheirateten und unbegleiteten deutschen Musliminnen die Einreise zum Zwecke der „kleinen Pilgerfahrt" zu gestatten (*Jaumījāt almānī muslim*, ins Arab. übers. von A. R. al-ʿImārī, Kairo 1993, 149).

die Regelung von Schuldverhältnissen gesprochen, die im Beisein von Zeugen schriftlich festgelegt werden sollen. Hierbei wird empfohlen: „Und nehmt zwei Männer von euch als Zeugen. Wenn es nicht zwei Männer sein können, dann sollen es ein Mann und zwei Frauen sein, die ihr als Zeugen akzeptiert, (und zwar zwei Frauen für den Fall), daß die eine sich irrt; diese kann dann durch die andere (an die Wahrheit) erinnert werden ..." Die Rechtsgelehrten lesen aus diesem Vers eine allgemeine Schwäche des weiblichen Geschlechts heraus; die Frauen sind, zumindest was ihre Zeugenaussagen betrifft, nur in einem ähnlich beschränkten Maß belastet wie ein vergeßlicher Mann. Es wird daher die Ansicht vertreten, Frauen dürften allein überhaupt nicht als Zeugen aussagen, es sei denn, es handele sich um Angelegenheiten, deren Erkenntnis einem Mann aus schariatischen Gründen verschlossen ist - gemeint könnten Haremszwistigkeiten sein.[71] Ein Muslim, der ein Zeugnis ablegt, muß nicht nur die Merkmale der uneingeschränkten Belastung erfüllen, er muß zusätzlich unbescholten (arab.: *ʿadl*) und ohne persönliches Interesse an der in Rede stehenden Angelegenheit sein; schließlich darf er nicht als jemand bekannt sein, dem häufig Fehler unterlaufen. Den Frauen eigne jedoch ein vergeßliches Naturell.[72] Verkörpert wird die weibliche Leichtfertigkeit in der islamischen Literatur von Zulaiḫā, die, von der Schönheit Jūsufs hingerissen, alle Zurückhaltung fahrenläßt, während er, im Bewußtsein der Nichtigkeit irdischer Zier, unverwandt das gottgegebene Gesetz im Auge behält.[73]

[71] Muḥammad Ṣiddīq Ḥasan Ḫān Bahādur, op. cit., 28.

[72] ar-Rāzī: *Mafātīḥ al-ġaib*, VII, 99 (zu Sure 2, 282).

[73] T. Nagel: *Jūsuf, Zulaiḫa und „die Seele, die zum Bösen treibt"* in: Eothen 4-7/1993-6, 81-95, hier S. 84f.

II. DIE SACHGEBIETE DES ISLAMISCHEN RECHTS

1. Vorbemerkung

Den Aufbau der Handbücher des islamischen Rechts hat man als „selbst vom arabischen Standpunkt aus betrachtet ... in logischer und pädagogischer Beziehung sehr mangelhaft" bezeichnet.[1] Einem solchen abschätzigen Urteil kann man nur beipflichten, wenn man aus den Augen verliert, daß die Scharia als ein von Gott festgelegtes Rechtssystem aufzufassen ist, das einen außerhalb der alltäglichen Belange des Menschen liegenden Bezugspunkt hat und dem Zweck dient, das Geschöpf in ein lauteres Verhältnis zu seinem Schöpfer zu setzen. Gerade hierauf läuft nämlich, wie schon bei der Erörterung der Grundbegriffe sichtbar wurde, alle juristische Theorie und Praxis der Muslime hinaus, und deshalb müssen wir dieses Verständnis von Recht ernst nehmen. Der Islam ist, wie Maḥmūd Šaltūt (gest. 1963), von 1958 bis 1963 Rektor der al-Azhar in Kairo, in einem vielfach aufgelegten Werk feststellt, „Glaube und Gesetz", und dies sei schon dem Koran zu entnehmen. „Der Sinn des Islams wird nicht erfüllt, ohne daß im Verstand, im Herzen, im Leben des Menschen die zwei Seiten des Islams in gebührender Weise existieren und Erfüllung finden, nämlich die Glaubenslehre und die Scharia", schreibt Šaltūt und verweist auf Sure 18, Vers 107 und 108 und andere Koranstellen, in denen Glaube und rechtes Handeln als die beiden Mittel gepriesen werden, die zusammen den Gewinn des Paradieses ermöglichen.[2]

Das Recht formt, wie schon im Zusammenhang mit dem *fiqh* erörtert, die unmittelbar aus den islamischen Glaubenswahrheiten folgende Art der Lebensführung, deren höchstes Ziel die günstige Beurteilung des Muslims durch den Weltenrichter am Ende der Tage ist. Infolgedessen nehmen in den Handbüchern des Rechts die Ritualbestimmungen den ersten Rang ein; denn durch die Riten wird die dank der Zugehörigkeit zum Islam bereits grundsätzlich gegebene, aber wegen der die Aufmerksamkeit allzu sehr fesselnden Erfordernisse des Alltags immer gefährdete Ausrichtung auf Gott, sofern nötig, erneuert und in jedem Fall stabilisiert. Da die Riten nur im Zustande der Reinheit in rechtsgültiger, d.h. in diesem Zusammen-

[1] Snouck Hurgronje, zitiert bei W. Heffening, *Zum Aufbau der islamischen Rechtswerke*, in: *Studien zur Geschichte und Kultur des Nahen und Fernen Ostens, Festschrift P. Kahle*, Leiden 1935, 101–118, hier S. 101.

[2] M. Šaltūt: *al-Islām – ʿaqīda wa-šarīʿa*, 7. Aufl. Beirut/Kairo/Dschidda 1974, 23. Dem Titel entsprechend behandelt Šaltūt Glaube und Scharia als aufeinander verweisend und folgt damit dem bei Abū Ḥanīfa belegten breiten Verständnis von *fiqh*. Vgl. oben, Erstes Buch, Kap. I 1 und unten, Zweites Buch, Kap. II 1.

hang, in einer auf das Jenseitsverdienst anrechenbaren Weise, vollzogen werden können, werden vor Gebet, Läuterungsgabe, Ramadan-Fasten und Wallfahrt die Bestimmungen über Verlust und Wiedergewinnung der rituellen Reinheit dargelegt. Diese insgesamt fünf Kapitel bilden den ersten Teil der Scharia, die Ritualpflichten (arab.: Pl. *al-ʿibādāt*). Sie werden gemäß der Leitidee des islamischen Rechts in der Regel an den Beginn der Handbücher gestellt. An sie schließen sich die zwischenmenschlichen Beziehungen (arab.: Pl. *al-muʿāmalāt*) an. Dieser Bereich umfaßt das Vertragsrecht und zerfällt in Unterkapitel wie das Eherecht, Kauf und Verkauf, das Sklavenrecht,[3] das Erbrecht und verwandte Bereiche. Das gänzlich der Scharia angepaßte Verhalten des Muslims weitet die heilstiftende Ausrichtung auf Gott, die der einzelne im Ritenvollzug immer wieder bekräftigt, bis in den Alltag hinein aus; es ist daher die lebenspraktische und auf die Gemeinschaft bezogene Konsequenz der Ritenfrömmigkeit. Den Abschluß bilden die „Grenz"-Strafen (arab.: Pl. *al-ḥudūd*), Sanktionen, die zu verhängen sind, wenn durch Verfehlungen die Würde Gottes angetastet wurde. Dies ist beispielsweise beim Ehebruch der Fall, so daß Gott selber eine Ahndung verlangt. – Auch aus dieser Vorstellung läßt sich übrigens ableiten, daß die zwischenmenschlichen Beziehungen als ein unaussonderbarer Teil der gottgewollten Ordnung zu gelten haben. – Des weiteren fallen in den dritten großen Abschnitt der Handbücher Vorschriften über die Sühneleistungen (arab.: Pl. *al-kaffārāt*), die vor allem bei Verstößen gegen die Ritualgesetze zu erbringen sind, sowie die Strafen (arab.: Pl. *al-ʿuqūbāt*), mit denen eine Mißachtung der Regeln der zwischenmenschlichen Beziehungen zu ahnden ist, soweit diese Mißachtung nicht Gottes Würde berührt hat. Innerhalb des zweiten und dritten Teils der Handbücher ist der Stoff unterschiedlich angeordnet; es kommt vor, daß das Strafrecht unmittelbar im Anschluß an einige Vertragsformen behandelt wird, etwa die Ehe und Kauf und Verkauf, und daß die Bestimmungen über die Sklaven erst nach dem Strafrecht gesondert erörtert werden. Vielfach ist im übrigen der erste Teil um die Vorschriften zum heiligen Krieg (arab.: *al-ǧihād*), der als eine besondere Glaubensanstrengung des Muslims verstanden und in einem Atemzug mit der alles Handeln bewußt machenden Absicht (arab.: *an-nīja*) genannt werden kann,[4] erweitert, ferner um die Speiseverbote und Schlachtvorschriften und die Gelübde.[5] All diese Abweichungen setzen jedoch nicht das Grundmuster außer Kraft, das wir eben angedeutet haben und dessen Sinn wir im folgenden durch die Zergliederung von Beispielen klarer herausarbeiten werden.

[3] Das Sklavenrecht gehört hierher, weil es im wesentlichen aus Bestimmungen über den Selbstfreikauf besteht.

[4] Vgl. oben Kap. I 3 und 4.

[5] Vgl. im übrigen die Übersicht bei Heffening, op. cit.

2. Die Ritualpflichten

a) Die rituelle Reinheit

Bereits die mekkanische Gemeinde, die sich in den ersten Jahren nach Muḥammads Berufung um ihn sammelte, zeichnet sich durch den gemeinsamen Vollzug von Gebeten aus; in mekkanischen Suren wird die Anhängerschaft Muḥammads als eine Gemeinschaft beschrieben, die rituelle Gebete (arab.: *aṣ-ṣalāt*, Pl. *aṣ-ṣalawāt*) einhält und eine Läuterungsgabe (arab.: *az-zakāt*) abführt (vgl. Sure 31, 4). Die von Muḥammad gestifteten Gebetsriten sind eine Umgestaltung vorislamischer Bräuche.[6] Zwei wesentliche Gegebenheiten bestimmen diese Umgestaltung, nämlich das Bestreben, die Gebete derart über den Tag zu verteilen, daß er zur Gänze dem Gedenken des ununterbrochenen Wirkens des gütigen Schöpfergottes gewidmet wird, sowie nach der Flucht aus Mekka die Notwendigkeit, die nun nicht mehr gegebene körperliche Anwesenheit des Muslims vor der Kaaba, dem „Haus Gottes", durch eine symbolische zu ersetzen, mithin sich nach Mekka zu wenden und einen entsprechend ausgerichteten Gebetsplatz zumindest für die Zeit des Ritenvollzugs aus dem Profanen auszusondern. Des weiteren hat der Betende selber sich von den Verrichtungen des Alltags und den Beschmutzungen materieller und immaterieller Art zu befreien, so daß er im Zustande ritueller Reinheit vor Gott tritt. Die Bestimmungen über den Verlust und die Wiederherstellung der rituellen Reinheit umfassen infolgedessen alles das, was vor Beginn jeder Handlung der Gottesverehrung, nicht nur des Gebets, zu beachten ist, damit der Vollzug des Kultes überhaupt als die Erfüllung der Ritualpflicht gewertet, und das heißt, das ihr von Gott zugedachte Maß an Verdienst auf das Jenseitskonto des Muslims angerechnet werden kann.

Die Herstellung der rituellen Reinheit (arab.: *aṭ-ṭahāra*) vor dem Gebet ist in den Grundzügen in Sure 5, Vers 6 geregelt. Dieser Text stammt aus dem späten medinensischen Lebensabschnitt Muḥammads und zeigt das bereits weit fortgeschrittene Bemühen um eine eindeutig festgelegte Verfahrensweise. Er lautet: „Ihr, die ihr glaubt! Wenn ihr euch erhebt, (um euch) zum Gebet (aufzustellen), wascht euch das Gesicht und die Hände bis zu den Ellenbogen und wischt euch über den Kopf und (wascht) die Füße bis zu den Knöcheln! Seid ihr im Zustand schwerer ritueller Unreinheit, dann läutert euch davon! Solltet ihr krank oder auf Reisen sein oder sollte einer von euch vom Abort kommen oder solltet ihr mit Frauen verkehrt haben und könnt kein Wasser finden, dann sucht einen rituell unbedenklichen (arab.: *ṭaijib*) höhergelegenen Ort auf und wischt euch mit dem dortigen (Sand) über Gesicht und Hände! Gott will euch nämlich nicht in Verlegenheit bringen, sondern euch läutern. (Er will) seine Gnade an euch vollenden. Vielleicht werdet ihr dankbar sein." Diese Offenbarung enthält bereits die wesentlichen Gegenstände des sich später herausbildenden außerordentlich weitverzweigten Rechtsgebietes

[6] U. RUBIN: *Morning and evening prayers in Early Islam*, in: JSAI 10 / 1987, 40–64.

der rituellen Reinheit: Unterscheidung verschiedener Grade der Unreinheit; Erfassung der pflichtgemäßen Handlungen, die dem Gewinn der Reinheit dienen; Wirkungsweise der verwendeten Mittel - Wasser, Sand -; Erörterung von Ersatzhandlungen, die erlaubt sind, wenn besondere Umstände - Krankheit, Reisen - die Einhaltung der üblichen Vorschriften erschweren. Mit Bezug auf den letztgenannten Themenkreis wird ein Gedanke ausgesprochen, der sich zu einem allgemeinen Prinzip der islamischen Rechtspflege entwickeln wird: Gott will es den Muslimen nicht unnötig schwermachen, seine Gebote zu befolgen (vgl. Sure 2, 185). Allzu strenge Riten, die dem Menschen ein nach den Erfordernissen der Lebensfristung ausgerichtetes Dasein unmöglich machen, werden im Koran abgelehnt und als eine unzulässige Abweichung von der ursprünglichen Gesetzesbotschaft Gottes verworfen. Deshalb wird das sich aus den Geschäften der Welt zurückziehende orientalische Mönchstum verurteilt (Sure 57, 27), und für Muḥammad selber gilt selbstverständlich, daß er tagsüber seinen gewohnten Geschäften nachgeht (Sure 73, 7).

Einem häufig zitierten *Ḥadīṯ* gemäß ist die rituelle Reinheit die Hälfte des Glaubens,[7] eben weil ohne sie alle Gottesverehrung ihren Sinn verfehlt. Es ist deshalb folgerichtig, daß die großen Sammlungen der normsetzenden Handlungen und Reden des Propheten sich vor der Darlegung der Ritualpflichten ausführlich mit diesem Thema beschäftigen. Da diese Werke den Gegenstand jedoch noch nicht nach rechtstheoretischen Gesichtspunkten durchdringen, sondern nach praktischen Bedürfnissen ordnen, kann man ihnen keinen umfassenden Überblick entnehmen. So teilt etwa al-Buḫārī (gest. 870), der am meisten geschätzte Sammler des *ḥadīṯ*, seinen Stoff in die vier Kapitel „kleine Waschung" (arab.: *al-wuḍūʾ*), „große Waschung" (arab.: *al-ġusl*), „Monatsregel" (arab.: *al-ḥaiḍ*), „Ersatzmaßnahmen für die Reinigung mit Wasser" (arab.: *at-tajammum*). Das Material in jedem dieser Kapitel hat zwar mit dem Oberbegriff zu tun, enthält aber in unsystematischer Weise auch Aussagen über die Abwehr ritueller Unreinheit und das Verhalten an unreinen Orten. Zur Veranschaulichung der Verschiedenartigkeit der unter der Überschrift „kleine Waschung" zusammengetragenen Angaben seien hier einige Beispiele angeführt:[8]

... Nuʿaim al-Muǧmir erzählte: Ich stieg mit Abū Huraira auf das Dach der Moschee; dort vollzog er die kleine Waschung und sagte dann: „Ich hörte den Propheten sprechen: ‚Am Jüngsten Tag wird meine Gemeinde herbeigerufen, und sie wird an weißen Stirnflecken und Füßen zu erkennen sein - den Spuren der kleinen Waschung! Wer von euch dem weißen Stirnfleck Dauer verleihen kann, der tue es!'"[9]

... Abū Huraira: Der Gesandte Gottes sagte: „Wenn jemand von euch die kleine Waschung vollzieht, dann sauge er Wasser in die Nase ein und pruste es aus. Wer (nach

[7] Muslim: *Ṣaḥīḥ*, *ṭahāra* 1.

[8] Ich verzichte bei der Übersetzung von *Ḥadīṯen* in der Regel auf die Wiedergabe der Überliefererkette (arab.: *al-isnād*).

[9] al-Buḫārī: *Ṣaḥīḥ*, *wuḍūʾ* 2; ein weißer Stirnfleck und weiße Fesseln gelten als Merkmale edler Rasse eines Pferdes.

der Verrichtung der Notdurft) sich mit Kieselsteinen säubert, der nehme eine ungerade Zahl.[10] Wenn jemand von euch aus dem Schlaf erwacht, dann reinige er seine Hand mit einer großen Waschung, bevor er sie in das Wasser der kleinen Waschung taucht, denn niemand von euch weiß, wo seine Hand die Nacht zugebracht hat."[11]

... 'Abdallāh b. 'Umar: Zur Zeit des Gottesgesandten vollzogen Männer und Frauen gemeinsam (mit demselben Wasser) die rituelle Waschung.[12]

... Abū Huraira: Der Gottesgesandte sagte: „Wenn ein Hund aus einem Gefäß säuft, das jemandem von euch gehört, dann soll dieser es sieben Mal (nach den Regeln der großen Waschung) waschen."[13]

... Ibn 'Abbās: Der Prophet schlief ein, so daß er kräftig den Atem ausstieß, dann stand er auf und verrichtete das rituelle Gebet. Vielleicht sagte (Ibn 'Abbās): Er legte sich nieder, bis daß er kräftig den Atem ausstieß, dann stand er auf und verrichtete das Gebet. Ferner erzählte uns Sufjān dieses *Ḥadīṯ* ein ums andere Mal ... nach Ibn 'Abbās, der berichtet hatte: „Ich brachte einmal die Nacht bei meiner Tante Maimūna[14] zu. Der Prophet stand des Nachts auf. Als nämlich ein Teil der Nacht verstrichen war, erhob sich der Prophet, vollzog mit dem Wasser aus einem aufgehängten Lederbalg die kleine Waschung ganz leichthin ... und stellte sich auf, das rituelle Gebet durchzuführen. Also wusch auch ich mich in dieser (flüchtigen) Art, ging und stellte mich zu seiner Linken auf ... Da schob er mich auf seine rechte Seite. Dann betete er eine Zeitlang, legte sich wieder hin und schlief ein, bis daß er kräftig den Atem ausstieß. Schließlich kam der Rufer und kündigte ihm die Gebetszeit an. Der Prophet stellte sich mit ihm zum Gebet auf und vollzog es ohne vorherige kleine Waschung." Wir (d.h. Sufjān und sein Kreis) bemerkten (zu dem Gewährsmann, der dies auf Autorität von Ibn 'Abbās erzählte): „Manche Leute sagen, das Auge des Gottesgesandten schlafe, nicht aber sein Herz", worauf (der Gewährsmann) entgegnete: „Ich habe 'Ubaid b. 'Umair[15] sagen hören: ‚Der Traum der Propheten ist göttliche Eingebung (arab.: *al-waḥj*).' Darauf rezitierte 'Ubaid: ‚Ich sehe im Traum, wie ich dich opfere ...' (Sure 37, 102)."[16]

In diesen Texten wird unter verschiedenen Gesichtspunkten von der rituellen Reinheit gesprochen. Im ersten wird die Verdienstlichkeit einer sorgfältigen und unablässigen Bemühung um sie hervorgehoben und zum Kennzeichen der Glaubensgemeinschaft der Muslime erklärt. – Nach islamischer Vorstellung werden am Jüngsten Tag die Menschen entsprechend ihrem jeweiligen Glauben in Gruppen zusammengefaßt und, geführt durch ihre Religionsstifter, vor Gottes Richterstuhl erscheinen. – Das zweite *Ḥadīṯ* gibt Anweisungen, wie die rituelle Reinigung zu

[10] Gerade Zahlen sind unheilvoll.

[11] al-Buḫārī, op. cit., *wuḍū'* 24.

[12] Ebd., *wuḍū'* 39.

[13] Ebd., *wuḍū'* 29.

[14] Maimūna bint al-Ḥāriṯ war eine Base des Propheten (Ibn Sa'd: *Kitāb aṭ-ṭabaqāt al-kabīr*, VIII, 94).

[15] 'Ubaid b. 'Umar (gest. 687) war der „Erbauungsprediger" (arab.: *al-qāṣṣ*) der Mekkaner (Ibn Ḥaǧar: *Tahḏīb at-tahḏīb*, VII, 71, Nr. 148). Vermutlich haben wir in diesem Satz ein Zeugnis sehr früher islamischer paränetischer Literatur vor uns.

[16] al-Buḫārī, op. cit., *wuḍū'* 4.

bewerkstelligen sei, und geht dabei weit über das hinaus, was der Koran hierzu mitteilt. Das dritte und vierte beschäftigen sich mit Fragen, die bezüglich der Mittel zur Erlangung der Reinheit auftauchen können: Ist es zulässig, daß sich Mann und Frau mit demselben Wasser waschen? Zweierlei könnte dem entgegenstehen: Die Menge des Wassers könnte zu gering sein, um die Verunreinigung zweier Personen zu tilgen; vor allem aber haften den Frauen geschlechtsspezifische rituelle Unreinheiten an, so daß die gemeinsame Verwendung des Wassers Bedenken erregen könnte. Im letzten *Ḥadīṯ* ist davon die Rede, daß sich der Prophet in einer bestimmten Situation nur sehr flüchtig reinigte und nach kurzem Schlummer die Waschung nicht wiederholte, obwohl doch der Schlaf in der Regel den Eintritt der kleinen rituellen Unreinheit bewirkt. Dieser Vorfall wurde zur Zeit Sufjān b. ʿUjainas (gest. 813), eines berühmten *ḥadīṯ*-Kenners, erörtert; denn wenn Muḥammads Verhalten die verbindliche Norm ist, dann dürfen die Muslime sich in einer vergleichbaren Lage eine ähnliche Erleichterung erlauben. Es könnte aber immerhin sein, daß dem Propheten, schlaftrunken, wie er vielleicht war, selber ein Versehen unterlief, so daß in Wirklichkeit gar keine Norm vorliegt. Der Hinweis, daß bei Propheten selbst im Schlaf das Herz, der Sitz des Verstandes, unentwegt wache, beseitigt diese Bedenken, und zur Bestätigung wird ein Koranzitat angeführt: Abraham träumte, er sei im Begriff, seinen Sohn zu opfern, und dieser Traum galt ihm und Ismael wie ein im Wachen gehörter Befehl.

Was nach einer noch so ausgiebigen Lektüre von Koran und *ḥadīṯ* offenbleibt, sind die Fragen nach der Definition dessen, was große und kleine Unreinheit sei und wann sie für Dinge, Tiere und Menschen auszusagen sei, wie und mit welchen Mitteln Unreinheit beseitigt, wie und wielange sie bewahrt werden könne, kurz, es fehlen die schariatischen Bewertungen (arab.: *al-ḥukm*, Pl. *al-aḥkām*), die aus solchen und vergleichbaren Texten hergeleitet werden müssen. Denn erst wenn man sie kennt, gewinnt man die Möglichkeit, die rituelle Reinheit oder Unreinheit eines jeden Gegenstandes, Tieres oder Menschen in einer gegebenen Situation festzustellen und die Wege zu benennen, die zur Wiedererlangung der Reinheit führen. Es ist mithin eine erhebliche gedankliche Arbeit zu bewältigen, ehe aus dem Quellenmaterial, dem Koran als dem Wort Gottes und dem *ḥadīṯ* als den Muḥammad zugeschriebenen Äußerungen und Handlungen, die, wie im letzten Text deutlich wird, sich ebenfalls göttlicher Inspiration verdanken sollen, ein handhabbares juristisches Regelwerk entsteht. Einiges über diese Arbeit, die einen Kernbereich der islamischen Kultur ausmacht, werden wir im zweiten Teil dieses Buches erfahren. Hier jedoch, in dieser knappen Übersicht über die Hauptgegenstände des islamischen Rechts, werde ich stets nach einem kurzen Blick auf Koran und *ḥadīṯ* diese sich über Jahrhunderte erstreckenden Bemühungen überspringen, um in den Grundlinien den Gegenstand in seiner ausgearbeiteten Form darzulegen. Dabei werde ich mich vor allem auf den bedeutendsten Versuch des 20. Jahrhunderts stützen, das islamische Recht in seiner Gesamtheit zu überblicken, nämlich auf ʿAbd ar-Raḥmān al-Ǧazīrīs (1882–1941) Werk „Das islamische Recht nach den vier Schulen". Der Ägypter al-Ǧazīrī, ein Absolvent der al-Azhar-Universität, arbeitete seit

1912 im Ministerium für religiöse Stiftungen und lehrte später an der Theologischen Fakultät der al-Azhar.[17] Den ersten Band des genannten Werkes schuf er in Zusammenarbeit mit einem Ausschuß von Gelehrten; dieses Vorhaben war seinem Ursprunge nach vielleicht der Versuch, das islamische Recht des modernen Ägypten auf die Ritualpflichten einzuschränken, um im übrigen die Rechtspflege nach europäischen Maßstäben zu verändern. Allerdings wurde von einem Angehörigen dieses Kreises eine Studie verfaßt, die sich dafür aussprach, auch die Politik eines modernen Staates an den Erfordernissen der Scharia auszurichten; ich werde hierauf später eingehen. Der von dem genannten Gremium verantwortete erste Band der Darstellung des islamischen Rechts nach den vier Schulen beschäftigt sich allein mit den Ritualvorschriften; al-Ǧazīrī arbeitete auf eigene Faust weiter und erfaßte auch das islamische Recht der zwischenmenschlichen Beziehungen und der Strafen. Heute wird sein Werk viel studiert, was nicht zuletzt die zahlreichen, bisweilen wohl auch den Text verstümmelnden Raubdrucke bezeugen, die die Erben des Verfassers im Vorwort des von ihnen veranstalteten offiziellen Neudruckes beklagen.[18]

Voraussetzung für die ritualrechtliche Bewertung von Gegenständen und Personen ist die Kenntnis alles dessen, was seinem Wesen nach (arab.: *ḥaqīqī*) rein, und alles dessen, was seinem Wesen nach unrein ist. Das in seinem Wesen Unreine kann niemals rituell gereinigt werden; es befleckt das rituell Reine, sobald es mit diesem in Berührung kommt. Für das wesensmäßig Reine ist infolgedessen eine durch besondere Umstände veranlaßte, durch eine schariatische Bewertung konstatierbare (arab.: *ḥukmī*) Unreinheit festzustellen. Durch unterschiedliche, genau festgelegte Maßnahmen kann die Befleckung aufgehoben und das wesensmäßig Reine in seinen ursprünglichen Zustand zurückversetzt werden. Als wesensmäßig rein stuft die islamische Rechtswissenschaft den Menschen ein, auch den Leichnam; zwar verwehrt Sure 9, Vers 28 allen Polytheisten, da sie rituell unrein seien, das Betreten muslimischer Gebetsstätten, doch handelt es sich eben um eine akzidentelle Unreinheit, die durch den Übertritt zum Islam aufgehoben werden könnte. Dem Wesen nach rein sind ferner alle Körper, denen niemals Leben innewohnen

[17] az-Ziriklī: *al-Aʿlām*, Beirut 1995, III, 334f. Der erste Band erschien 1939 in vierter Auflage, und zwar herausgegeben von der Moscheenverwaltung, in der al-Ǧazīrī tätig war. Im Vorwort zur ersten Auflage (1928) heißt es, König Fuʾād I. habe sich sehr um die religiöse Ausbildung, die in den Moscheen erfolgen sollte, gekümmert; die Grundlagen der Religionsausübung sowie der Ethik und des rechten Verhaltens im Alltag sollten verdeutlicht werden. Dem diene dieser schon 1922 in Angriff genommene Band über die Ritualpflichten nach der Lehre aller vier Schulen. Die Endredaktion sei al-Ǧazīrī übertragen worden. So ʿAbd al-Wahhāb Ḫallāf (1888–1956), aus dessen Feder dieses Vorwort stammt. Daß al-Ǧazīrī das g a n z e Recht nach den vier Schulen beschrieb, also auch die Bereiche, die durch europäisches Recht ersetzt werden konnten, war vermutlich gar nicht vom König beabsichtigt.

[18] AL-ǦAZĪRĪ: *Kitāb al-fiqh ʿalā l-maḏāhib al-arbaʿa*, 5 Bde., Kairo o.J. (Dār al-iršād liṭ-ṭibāʿa wan-našr).

kann, seien es feste oder flüssige. Metalle, Mineralien, die Erde, aber auch alle Pflanzen und ihre Säfte werden hierzu gerechnet, alles Fließende wie Wasser, Öle, Essig usw. Auch bestimmte Körperausscheidungen, etwa Tränen, werden als rein betrachtet, desgleichen die Gallenflüssigkeit eines nach den Regeln der Scharia getöteten Schlachttieres. Hier nun betritt man ein recht schwieriges Gebiet, denn abgesehen von wesensmäßig unreinen Tieren wie dem Hund oder dem Schwein können alle zum Verzehr geeigneten wesensmäßig unrein werden, sofern sie nicht geschächtet worden sind. Verendete Landtiere werden deshalb grundsätzlich unter der Kategorie des Unreinen subsumiert und als Aas (arab.: *al-maita*) bewertet, das nicht nachträglich rituell gereinigt und als Speise verwendet werden kann. Im Wasser lebende Tiere, zu denen auch solche gehören, die „der Gestalt eines Hundes, Schweines oder Menschen ähneln", dürfen hingegen, obwohl nicht geschächtet, berührt und sogar verzehrt werden. In gleicher Weise werden alle Insekten als rein bewertet, da in ihnen "kein fließendes Blut" ist. Der Zusammenhang dieses Teiles der Vorschriften über die rituelle Reinheit mit der Scheu vor der Krafthaltigkeit des Blutes ist deutlich zu erkennen; für die islamische Rechtstheorie ist er aber nicht mehr das Grundlegende. Eine eigenartige Ausnahmestellung in diesem System nimmt der Wein ein, der als ein pflanzliches Produkt rituell rein sein müßte, auch wenn er eine berauschende Wirkung besitzt, denn selbst Pflanzengifte und Drogen wie Haschisch oder Opium gelten als rein. Das Verbot des Weingenusses verlangt aber eine Ausnahme von der Regel, und man ist der Ansicht, daß zwar zu Essig vergorener Wein rituell unbedenklich sei, aber man streitet darüber, ob der Vorgang der Vergärung zu Essig absichtlich herbeigeführt werden darf oder von selbst eintreten muß, damit die rituelle Reinheit gewährleistet ist.

Mittelbar ist mit dem obigen schon gesagt, was wesensmäßig unrein ist: Jeglicher Kadaver von Landtieren und alles, was er ausscheidet; der Hund und das Schwein nebst ihren Ausscheidungen, zum Beispiel auch den Tränen und dem Speichel, die bei anderen Tieren und beim Menschen rein sind; das Blut, die Wundflüssigkeit, Erbrochenes, Harn und Kot; schließlich der Samenerguß und die Flüssigkeit, die bei Mann und Frau während des Geschlechtsverkehrs austritt.[19]

Gewiß ist dem Muslim zu empfehlen, in seinem Alltag möglichst wenig mit unreinen Dingen in Berührung zu kommen, denn jeder körperliche Kontakt mit ihnen versetzt ihn in den Zustand der „kleinen rituellen Unreinheit" (arab.: *al-ḥadaṯ*), der vor jeder rituellen Handlung, etwa einem der täglichen fünf Pflichtgebete, beseitigt werden muß. Ganz läßt sich solche Verunreinigung allerdings nie vermeiden, denn sie tritt auch nach dem Schlaf, nach der Verrichtung der Notdurft ein oder nach der Berührung der Haut einer Person des anderen Geschlechts, die nicht so nahe verwandt ist, daß eine Ehe ausgeschlossen ist. Die „große rituelle Unreinheit" (arab.: *al-ǧanāba*) wird durch den Geschlechtsverkehr verursacht, bei der Frau des weiteren durch die Menstruation und die Niederkunft. Die „kleine Unreinheit" wird durch die „kleine Waschung" (arab.: *al-wuḍū'*) beseitigt. Sie

[19] Ebd., I, 4–13.

geschieht im wesentlichen nach dem in Sure 5, Vers 6 festgelegten Vorgehen. Dem Brauch der islamischen Rechtswissenschaft entsprechend, gliedert sich dieses in mehrere, in diesem Falle sechs, Handlungselemente, die genau zu beachten sind: 1. Formulierung der Absicht (arab.: *an-nīja*), die rituelle Waschung zu verrichten; 2. Waschung des Gesichts, 3. der Hände und der Unterarme; 4. mit der nassen Hand über den Kopf streichen; 5. Waschung der Füße bis zu den Knöcheln; 6. genaue Wahrung dieser Reihenfolge. Die „große Waschung" (arab.: *al-ġusl*), die beim Vorliegen der „großen Unreinheit" vorgeschrieben ist, verlangt eine Säuberung des ganzen Körpers, wobei keine Stelle der Haut und kein Haar vom Wasser unberührt bleiben dürfen; wiederum hilft die Unterteilung des Vorganges in einzelne Handlungselemente, ihn in gültiger Form zu vollziehen.[20]

Nicht nur der Leib des Muslims, der seinen Ritualpflichten nachkommt, muß rein sein, sondern auch das Gewand und - beim Gebet - der Ort des Vollzugs der Riten. Erde und Sand als leblose Materie sind, wie schon vermerkt, rituell rein, sofern sie nicht durch unreine Ausscheidungen, wie sie auf den Straßen allgegenwärtig sind, verschmutzt wurden. Deshalb kann auf jedem Stück eines von solcher Verschmutzung freien Bodens gebetet werden, deshalb auch ist es verboten, eine Moschee mit Schuhen zu betreten. Vielfältig sind die Bestimmungen über die Herstellung der rituellen Reinheit der Kleidung. Hier, wie übrigens auch mit Bezug auf die Waschungen, werden scharfsinnige Überlegungen über Menge und Beschaffenheit des Wassers bzw. der reinigenden Flüssigkeit angestellt, die gegeben sein müssen, damit tatsächlich die erwünschte Wirkung eintritt.[21] Der bereits einmal angesprochene Wirklichkeitssinn des islamischen Gesetzes belädt den Menschen jedoch nicht, wie man angesichts der hier in ihrem Detailreichtum auch nicht andeutungsweise skizzierten Bestimmungen meinen könnte, mit einem Wust von Vorschriften, die den gewöhnlichen Lebensvollzug verhindern müssen. Bereits Sure 5, Vers 6 verkündet Ausnahmen, die Scharia-Wissenschaft ist diesem Hinweis gefolgt und hat, wie es ihre Art ist, auch diesen Bereich in kasuistischer Weise durchdrungen. Eine alle vier Hauptschulen umfassende einheitliche Regelung wurde zwar nicht gefunden, aber es werden doch erhebliche Erleichterungen für zulässig gehalten. Die Malikiten gehen so weit, die Herstellung der rituellen Reinheit vor dem Pflichtgebet zwar nach wie vor als eine unerläßliche Voraussetzung für dessen Gültigkeit anzuerkennen; sie knüpfen diese Unerläßlichkeit jedoch an die Bedingung, daß man sich erstens der Unreinheit bewußt sei und daß man zweitens die Gelegenheit finde, sie zu beheben. Fehle beides, dann sei das Gebet trotz ritueller Unreinheit des Körpers oder des Gewandes gültig. Außerdem kennen die Malikiten vierzehn Situationen, in denen selbst dann das Gebet angerechnet werden kann, wenn man die Unreinheit erkannte und hätte beseitigen können: Eine Amme oder stillende Mutter, die durch den Harn des Säuglings verschmutzt wird; ein Stallknecht, der mit dem Urin oder Kot der Pferde, Maultiere oder Esel, deren Pflege ihm anvertraut

[20] T. W. Juynboll, op. cit., 73f.

[21] Ein Beispiel: T. Nagel, *Die Festung des Glaubens*, 179-197.

ist, in Berührung kommt; jemand, der mit Blut, dessen Menge nicht das Fassungsvermögen eines Schröpfkopfes übersteigt, verunreinigt wird, sofern er es sogleich mit einem Lappen abgewischt hat; jemand, dessen Füße und Gewänder nach einem Regen durch den Schlamm in den Gassen beschmutzt wurden, sofern dieser Schlamm nicht zu mehr als der Hälfte aus wesensmäßig Unreinem bestand usw.; alle diese genannten Personen dürften sich ohne rituelle Waschung zum Gebet aufstellen.[22]

Das islamische Ritualrecht beschäftigt sich allerdings nicht nur mit der pflichtgemäßen (arab.: *wāǧib*) Seite der Reinheit. Nach Sure 30, Vers 30 ist der Islam die vollkommene Verwirklichung der ursprünglichen Art, in der Gott die Menschen geschaffen hat (arab.: *al-fiṭra*), nämlich in einer unverbrüchlichen Verbindung mit ihm, die sich unter anderem in einem gänzlich reinen Lebensvollzug ausdrückt. Wie dieser so weit als irgend möglich eingehalten werden kann, darauf hat Muḥammad nach muslimischer Vorstellung zahlreiche Hinweise hinterlassen, die die Grundlage für einen Bereich von ritualrechtlich empfohlenen Handlungen bilden, die neben die Pflichten treten. Hierher gehören beispielsweise der Gebrauch des Zahnholzes (arab.: *as-siwāk, al-miswāk*), das Ausspülen von Mund und Nase und andere Maßnahmen der Körperpflege, ferner die Beschneidung, die vielfach auch mit dem allgemeinen Begriff für rituelle Reinheit (arab.: *aṭ-ṭahāra*) bezeichnet wird;[23] schließlich auch die Kleidungs- und Speisevorschriften, die freilich zum Teil Pflichtcharakter aufweisen. Schon die frühe islamische Rechtswissenschaft hat den Unterschied zwischen Pflicht und Empfehlung deutlich herausgearbeitet. Aš-Šāfiʿī (gest. 820) weiß in einem von seiner Schülerschaft zusammengestellten großen Rechtskompendium folgendes zum Zahnholz zu sagen:

> ... Abū Huraira: Der Gottesgesandte sagte: „Wollte ich es meiner Gemeinde allzu schwer machen, dann würde ich ihr den Gebrauch des Zahnstochers bei jeder kleinen Waschung befehlen."... ʿĀ'iša: Der Prophet sprach: „Der Zahnstocher dient zur Reinigung des Mundes und zur Erlangung von Gottes Wohlgefallen." Aš-Šāfiʿī merkt hierzu an: „Dies ist der Beweis dafür, daß (der Gebrauch) des Zahnstochers keine Pflicht ist, sondern auf freier Entscheidung beruht. Denn wenn er Pflicht wäre, hätte der Prophet ihn befohlen, ob er (den Muslimen) beschwerlich wäre oder nicht. Ich empfehle den Zahnstocher in jeder Lage, in der sich der Mundgeruch zum Schlechten verändert, wenn man vom Schlaf erwacht, nach einer Mahlzeit, überhaupt nach dem Essen und Trinken von allem, was einen üblen Mundgeruch verursacht, sowie beim (Eintritt der) Gebetszeit. Wer den Gebrauch des Zahnstochers unterläßt und dennoch betet, muß freilich das Gebet nicht wiederholen ..."[24]

[22] AL-ĞAZĪRĪ, op. cit., I, 14f., Anm. 1 und 2.

[23] Zur Beschneidung vgl. EI² s.v. *Khitān* (WENSINCK); zur Beschneidung von Frauen vgl. B. KRAWIETZ: *Die Ḥurma. Schariarechtlicher Schutz vor Eingriffen in die körperliche Unversehrtheit nach arabischen Fatwas des 20. Jahrhunderts*, Berlin 1991, 222–235.

[24] aš-Šāfiʿī: *Kitāb al-umm*, I, 23.

Desgleichen führt aš-Šāfi'ī zu Sure 5, Vers 6, in der die kleine Waschung vor dem Gebet beschrieben wird, aus, daß damit lediglich die Pflichten, d. h. die unentbehrlichen Mindestanforderungen erfaßt seien; sie erstrecken sich allein auf die Außenfläche des Gesichts, nicht aber beispielsweise auf die Augenhöhlen, und umgreifen auch nicht das Gurgeln und das Säubern der Nasenlöcher durch Einsaugen und Ausprusten von Wasser. Dies sei nach der - pflichtgemäßen - Waschung der Hände dreimal durchzuführen; wenn man es versäume, sei das Gebet allerdings nicht ungültig. Aš-Šāfi'ī hält die Reinigung von Mund und Nase im übrigen für wichtiger als das Ausspülen der Augenhöhlen, denn diese verströmen niemals einen üblen Geruch.[25] Es sei angemerkt, daß aš-Šāfi'ī - und das ist für das islamische Recht kennzeichnend - auf zwei unterschiedlichen Ebenen argumentiert und zwischen ihnen nach Gutdünken hin- und herspringt: Muḥammad hat den Gebrauch des Zahnstochers nahegelegt, also folge man dem Propheten; der üble Geruch des Mundes und der Nase macht die Spülung mit Wasser empfehlenswert. Prophetische Autorität und rationale Erwägungen werden nebeneinander geltend gemacht, ohne daß vorher geklärt worden wäre, unter welchen Voraussetzungen das eine oder das andere entscheiden soll.[26]

b) Das rituelle Gebet

Wie am Anfang dieses Kapitels erwähnt wurde, ist das rituelle Gebet, das im Zustande der Reinheit verrichtet werden muß, die älteste Gemeinschaftsveranstaltung der von Muḥammad gestifteten Religion. Umstritten ist, ob die Fünfzahl der täglichen Pflichtgebete wirklich zum frühesten Bestand muslimischer Glaubenspraxis gehört; in medinensischen Suren ist von der Anbetung die Rede, die die ganze Schöpfung Gott am Morgen und am Abend widmet (Sure 13, 15); fromme Männer, die sich durch ihre Geschäfte nicht daran hindern lassen, den Einen unablässig zu preisen (Sure 24, 36), gelten augenscheinlich als Vorbilder für die Muslime. Ob aus Stellen wie diesen geschlossen werden darf, daß die Anhänger des Propheten zweimal täglich den Ritus vollzogen, erscheint fraglich, denn diese Verse müssen sich gar nicht auf die rituellen Anbetungen beziehen. In der 2. Sure, die aus frühmedinensischer Zeit stammt, wird hingegen im 238. Vers der Gemeinde eingeschärft: „Haltet die Gebete ein und das mittlere Gebet!" Da in diesem Vers der Plural, nicht der Dual verwendet wird, liegt die Deutung nahe, daß hier zu vier bereits üblichen Gebetszeiten eine fünfte, mittlere, hinzugefügt wird. Mit diesem mittleren Gebet könnte der Vorläufer des heutigen Nachmittagsgebets gemeint sein, dessen Zeitpunkt mit dem Ablauf des Zeitraumes für das Mittagsgebet beginnt.

[25] Ebd., I, 24f.

[26] Auf diese Speise- und Kleidungsvorschriften gehe ich hier nicht ein; zu den Speisevorschriften im Koran vgl. WATT/WELCH: *Der Islam* I, Stuttgart 1980.

Damit kommen wir zum ersten für die ritualrechtlich einwandfreie Durchführung der Gebete wichtigen Gegenstand, den gesetzlich vorgeschriebenen Zeiten. Heute kann der Muslim sie für jeden Ort der Welt auf die Minute genau aus Tabellen ersehen. Früher mußte man sich mit einer Beobachtung des Sonnenstandes und weiteren Indizien behelfen. Die Zeitrechnung zählte den neuen Tag jeweils vom Augenblick des Sonnenunterganges ab, so daß die Nacht der erste Teil der Recheneinheit Tag war. Dessen erstes rituelles Gebet ist infolgedessen die „*ṣalāt* des Sonnenunterganges" (arab.: *ṣalāt al-maġrib*), die in dem Augenblick begonnen werden darf, in dem die Sonnenscheibe gänzlich hinter dem Horizont versunken ist. Sie muß verrichtet werden, solange das Abendrot andauert. Danach beginnt die Zeit der „*ṣalāt* des Abends" (arab.: *ṣalāt al-ʿišāʾ*), die sich über die ganze dunkle Nacht erstreckt; sie muß jedoch vollendet sein, ehe die Morgenröte sichtbar wird. Denn von diesem Augenblick an bis zum Sonnenaufgang ist die Zeitspanne der „*ṣalāt* des Morgens" (arab.: *ṣalāt aṣ-ṣubḥ*). Zwischen Sonnenaufgang und Mittag, dem Höchststand der Sonne, liegt der einzige Abschnitt des Tages, der nicht mittels eines Pflichtgebets der Gottesverehrung unterworfen ist. Vor allem während dieser Stunden soll man dem Erwerb seines Lebensunterhalts nachgehen. Denn sobald sich die Sonne nach Erreichen ihres höchsten Standes nach Westen neigt, beginnt die Zeit der „*ṣalāt* des Mittags" (arab.: *ṣalāt aẓ-ẓuhr*), die bis zu dem Augenblick dauert, an dem die Gegenstände einen Schatten werfen, dessen Länge ihrer Höhe entspricht. Ist dieser Zeitpunkt gekommen, dann ist die „*ṣalāt* des Nachmittags" (arab.: *ṣalāt al-ʿaṣr*) möglich, bis die Sonne anfängt unterzugehen.[27] Der Gebetsruf verkündet dem Muslim, der aus welchen Gründen auch immer dieser Ritualpflicht allein und nicht in der Moschee nachkommen will, nur den Beginn der Zeitspanne, in der der Vollzug gültig ist.

Schon beim Vorgang der „kleinen Waschung" wurde die Untergliederung in die einzelnen Handlungselemente nachgezeichnet. Sie ist notwendig, um die rechtliche Bewertung des Ritenvollzugs zu ermöglichen. Denn der Muslim muß darüber Gewißheit erlangen, ob er seine Pflichten auch tatsächlich ordnungsgemäß erfüllt hat. Während die Wahrnehmung der angemessenen Gebetszeit, die Herstellung der rituellen Reinheit, die Ermittlung der Gebetsrichtung nach Mekka zu den Voraussetzungen eines regelgerechten Vollzuges gehören, erfassen und gliedern ihn die Handlungselemente, die auch als die Pflichthandlungen zu verstehen sind, die die Mindestleistungen ausmachen, die für eine Anrechnung nötig sind. Al-Ǧazīrī hebt diese Bedeutung des Handlungselementes eindringlich hervor:

> Handlungselement und Pflichtleistung sind nach übereinstimmender Auffassung ein und dasselbe, hier also ein Teil der Gottesverehrung, die der Gesetzgeber (Gott) fordert, und zwar so, daß die Gottesverehrung ohne dieses (Element) nicht verwirklicht wurde. „Pflichtleistungen des Gebets" meint mithin dessen Teile, ... ohne die es nicht zustande kommt, so daß beim Fehlen einer von ihnen nicht von einem rituel-

[27] Juynboll, op. cit., 67f.

len Gebet gesprochen werden kann. Wenn man also sagt; „Das *‚Allāh akbar‘* beim Eintritt in den Weihezustand ... ist ein Handlungselement des Gebets", dann ist damit festgestellt, daß man, sobald man das *„Allāh akbar"* des Eintretens in den Weihezustand ausläßt, gar nicht betet. So verhält es sich mit allen verpflichtenden Teilen des Gebets, für deren Ausführung der Belastete belohnt, für deren Unterlassung er bestraft wird. (Die Handlungselemente) erfassen im übrigen auch Teile eines freiwilligen rituellen Gebets, dessen Unterlassung keine Bestrafung des Belasteten nach sich zieht. Auch (das freiwillige) rituelle Gebet ist nur dann ein solches, wenn es diese Teile aufweist.[28]

Man unterscheidet fünfzehn solcher Handlungselemente, die hier kurz erörtert werden müssen. Das erste ist die Formulierung der Absicht (arab.: *an-nīja*). Sie hat zweifellos den Sinn, den Muslim immer aufs neue an den tieferen Grund des, wenn wir die rein rechtliche Seite betrachten, durch und durch formalisierten Ablaufes zu erinnern: Der Muslim steht während jener Vorgänge vor seinem Schöpfer. Die Absichtserklärung hat ihm ferner zu Bewußtsein zu bringen, ob er das folgende Gebet zu der vorgeschriebenen Zeit verrichten (arab.: *al-adā'*) will oder ob er ein versäumtes oder ungültiges nachholt (arab.: *al-qaḍā'*). Der Doppelcharakter des ganzen Ritualrechts zeigt sich hier besonders deutlich: Die Sicherung des formalen Ablaufs ist keineswegs schon das Ganze, vielmehr wird stets das Übersteigen der Äußerlichkeiten zu einer nicht mehr formalisierbaren Begegnung mit dem Einen angestrebt. Die Pflege gerade der spirituellen Seite der im Ritus formalisierten Begegnung mit dem Einen setzen sich die Sufi-Gemeinschaften zum Ziel; sie entwickelten ihre Riten aus den Pflichtleistungen, und ihre spezifische Frömmigkeit wurzelt in der peinlich genauen Erfüllung dieser vom Ritualgesetz vorgeschriebenen Pflichten, ist mithin alles andere als eine Verwässerung oder gar Ablehnung des Gesetzes.[29] – Das zweite Handlungselement bildet die Anrufung Gottes mit dem Wort *„Allāh akbar"*. Der Betende befindet sich nunmehr im Weihezustand (arab.: *al-iḥrām*), ist aus dem Profanen ausgegrenzt; die durch Reinigung von Körper und Kleidung, durch Aufsuchung eines reinen Ortes und Wahl der Gebetsrichtung vorbereitete Anwesenheit vor Gott ist von jetzt an gegeben und darf während des Vollzugs des Gebetes nicht gestört werden. – Dieser wird durch die weiteren Handlungselemente beschrieben, die kurz genannt werden sollen: drittens das aufrechte Stehen, währenddessen viertens leise die 1. Sure aufgesagt werden soll; fünftens folgt eine Verbeugung (arab.: *ar-rukū'*), der Kopf wird etwa bis zur Höhe der Hüften gesenkt und man stützt sich mit den Händen auf den Knien ab; an sechster Stelle kommt die Niederwerfung (arab.: *as-suǧūd*), bei der die Stirn den Boden zu berühren hat; mit diesen Bewegungen verbunden sind vier weitere Elemente, näm-

[28] AL-ĞAZĪRĪ, op. cit., 67f.

[29] Die in der gegenwärtigen europäischen Diskussion über den Islam oft vorgetragene Behauptung, der „strenge Gesetzesislam" werde im Sufismus zu einem „Islam light" verwässert, den man mühelos in die europäische Gesellschaft „integrieren" könne, entbehrt jeder Grundlage.

lich siebtens sich aus der Verbeugung und achtens aus der Niederwerfung zu erheben, sich neuntens aufzurichten und zehntens, nachdem man sich aus der Verbeugung oder Niederwerfung aufgerichtet hat, einen Augenblick in Ruhe zu verharren; elftens soll man sich vor dem Ende des Gebets nach dem Vollzug all dieser Bewegungen einen Augenblick setzen und zwölftens Gottes Segen für den Propheten und die Muslime erflehen und das Glaubensbekenntnis sprechen, ehe man dreizehntens den Friedensgruß entbietet; das vierzehnte Handlungselement besteht in der Wahrung der für das jeweilige Gebet geltenden Reihenfolge dieser Pflichtleistungen; zuletzt nennt al-Ǧazīrī noch die Vorschrift, zwischen zwei Niederwerfungen eine Zeitlang in sitzender Haltung zu verweilen.[30]

Die Handlungselemente mit Ausnahme der den Beginn und das Ende markierenden werden bei den fünf täglichen Pflichtgebeten unterschiedlich oft wiederholt; hierbei faßt man die Abfolge der Elemente „Rezitation der 1. Sure", „Verbeugung", „Niederwerfung", „Sitzen", „Niederwerfung" unter dem Begriff *ar-rakʿa* zusammen; während der „*ṣalāt* des Morgens" sind zwei *rakʿas* zu beten, die „*ṣalāt* des Sonnenuntergangs" verlangt drei, alle übrigen vier. Zahlreich sind die Umstände, die eine Erleichterung der körperlichen Anstrengungen rechtfertigen; unterschiedliche Gebrechen werden diesbezüglich erörtert, aber auch Notlagen, die die Durchführung sämtlicher *rakʿas* nicht ratsam erscheinen lassen. So darf das Gebet auf Reisen verkürzt werden, allerdings muß die Definition des Begriffes Reise erfüllt sein; nach al-Ǧazīrī muß die einfache Wegstrecke mindestens 16 Parasangen, das sind ungefähr 80 km, betragen, „die Wegstrecke, die ein beladenes Lastkamel in mittlerer Gangart in 24 Stunden zurücklegt".[31]

Neben den fünf Pflichtgebeten regelt das Ritualgesetz eine Reihe von weiteren Formen gottesdienstlicher Handlungen, vor allem das Freitagsgebet und sämtliche zu der an diesem Tag mit Predigten und anderen Zeremonien erweiterten Liturgie zählenden Worte und Verrichtungen. Die Teilnahme am Freitagsgottesdienst ist für die Muslime Pflicht. Er wird in den größeren Moscheen - in den „Freitagsmoscheen" - veranstaltet und hebt den religiös-politischen Charakter des islamischen Gemeinwesens hervor. Ursprünglich hatte sich bei dieser Gelegenheit die gesamte medinensische Urgemeinde einzufinden, um Gott als ihrem eigentlichen Oberhaupt und dem Propheten als dessen Sprecher und irdischem Sachwalter ihre Ergebenheit zu bekunden; an die Stelle des Propheten traten später dessen Nachfolger und in den Städten der eroberten Länder deren Statthalter. Die Nennung des Herrschernamens in der Freitagspredigt wurde zumal seit der schon im 9. Jahrhundert einsetzenden politischen Zersplitterung des islamischen Reiches zum wichtigsten Hinweis auf die faktischen Machtverhältnisse. Eng verbunden mit den Bestimmungen zum Freitagsgebet sind Regelungen zum ritualrechtlichen Status der Moscheen (arab: *al-masǧid*, Pl. *al-masāǧid*) und der Freitagsmoscheen (arab.: *al-ǧāmiʿ*, Pl. *al-ǧawāmiʿ*); von letzteren darf es der Theorie nach in jeder geschlossenen

[30] AL-ǦAZĪRĪ, op. cit., I, 185–212.
[31] Ebd., I, 418.

Ortschaft nur eine geben, ein Umstand, der noch die ursprünglichen Aufgaben dieser Einrichtung erkennen läßt. – Der Vollständigkeit halber seien schließlich die Vorschriften für das Leichenbegängnis sowie für die durch die muslimische Obrigkeit aus gegebenem Anlaß durchzuführenden Bittgebete bei anhaltender Dürre, bei Sonnen- und Mondfinsternis erwähnt. Ebenfalls nur genannt werden sollen die vielfach sehr subtilen Regelungen über das Nachholen versäumter oder wegen eines Verstoßes gegen die Gesetze der rituellen Reinheit ungültig gewordener Gebete. Wie bei den Bestimmungen der rituellen Reinheit gibt es im übrigen auch zum Gebet neben den fünfzehn pflichtgemäßen Handlungselementen zahlreiche zusätzliche, die als empfehlenswert gelten. Da sie nicht beliebig mit den Pflichtleistungen verbunden werden dürfen, unterliegen auch sie einem engmaschigen Regelwerk.

c) Die Läuterungsgabe

Die Herstellung und Bewahrung einer reinen Beziehung zwischen dem Menschen und seinem Schöpfer, einer Beziehung, wie sie nach islamischer Vorstellung den Menschen ursprünglich von Gott zugesagt wurde, ist das höchste Ziel des Ritualgesetzes. In den Vorschriften zur rituellen Reinheit und dann auch zum Gebet schwingt dieser Gedanke immer mit: Reinheit des Beters und seines Gewandes, ein reiner Ort und die richtige Zeit und ein durch die Absichtserklärung geläuterter, von allen irdischen Bestrebungen befreiter Sinn sind die Voraussetzung für den Beginn der Gebetshandlung, in der sich der Mensch als der gehorsame Knecht seines Herrn zeigt. Alles, was die Lauterkeit der Beziehungen des Muslims zu Gott trübt und damit die von Gott gewollte Ordnung der Dinge stört, wird zum Gegenstand des islamischen Ritualrechts. Der tätige Erwerb des Lebensunterhalts gehört zu dieser Ordnung; allzu oft versucht der Mensch jedoch, in unredlicher Weise sich Vorteile zu verschaffen. Es muß sich hierbei gar nicht einmal um vorsätzlichen Betrug handeln; die Möglichkeiten, daß ein Schatten des Verdachts auf das fällt, womit man sich und seine Familie ernährt, sind unüberschaubar vielfältig und bilden ein Thema schier unerschöpflicher selbstquälerischer Grübeleien; die muslimische Frömmigkeitsliteratur ist voll davon. Auch der Lebensunterhalt sollte rein sein. Schon der Koran bezeugt diese Auffassung; sie scheint zum ältesten Bestand der muḥammadschen Verkündigung zu gehören. In Sure 87, die zu den frühesten Offenbarungen zählt, wird der Prophet aufgefordert, Gott zu preisen, denn der Schöpfer gewährt alles, womit der Mensch sein Dasein fristen kann; diese Gaben aber sollen in Gottesfurcht genossen werden. Das soll Muḥammad seinen Zuhörern ins Gedächtnis rufen. Ein Leben in gottvergessenem Übermut endet im Höllenfeuer, glückselig wird allein, wer sich läutert (arab.: *tazakkā*, Sure 87, 14). Gierig sind die Menschen, sie bringen das ihnen anvertraute Vermögen ihrer Mündel durch, kümmern sich nicht um die Not der Bettler (vgl. Sure 89, 15–20). Von solchem Treiben muß man Abstand nehmen, will man nicht zu den Verdammten gehören. „Der Gottesfürchtige wird (vom Höllenfeuer) ferngehalten werden, er, der sein Vermögen bringt und sich so läutert!" (Sure 92, 17f.)

In diesem Koranvers und in Vers 14 von Sure 87 findet sich jeweils eine Verbform, die aus der Wurzel abgeleitet ist, mit der die zweite Ritualpflicht der Muslime benannt wird, die Läuterungsgabe (arab.: *az-zakāt*). In der mittelmekkanischen 30. Sure tritt deren Funktion besonders klar hervor. „Was ihr an Wucher mit dem Vermögen der Menschen treibt, das wird bei Gott nicht wuchern! Doch was ihr als Läuterungsgabe bringt in der Absicht, das Antlitz Gottes (zu erstreben) - nun, alle, die dies tun, die sind es, die ihr Vermögen verdoppeln!" (Vers 39). Der im Koran verpönte Wucher, die ungerechtfertigte Bereicherung, ist das Gegenteil der Läuterungsgabe; letztere wird gespendet, weil man rein von aller Verfehlung vor Gott treten will. Ihm von Angesicht zu Angesicht gegenüberstehen, wie etwa beim rituellen Gebet, das bedeutet, die heilstiftende Beziehung zu Gott herstellen, die er für seine Geschöpfe als die ursprüngliche und eigentliche vorgesehen hat.[32] Die zunächst vermutlich freiwillige Läuterungsgabe hat sich spätestens nach der Hedschra in eine regelmäßig zu erlegende Abgabe gewandelt; zusammen mit dem rituellen Gebet wird sie im Koran von nun an häufig als die für die Gemeinschaft der Muslime kennzeichnende Einrichtung genannt. Sie ist freilich noch nicht gänzlich zu einer „Steuer" verflacht, denn ihr eigentlicher Sinnzusammenhang scheint immer wieder durch. So wird in Sure 2, Vers 276 daran erinnert, daß Gott den Wucher nicht gedeihen lasse, wohl aber die Almosen (arab.: *aṣ-ṣadaqāt*); „diejenigen, die glauben, gute Werke tun, das Gebet verrichten und die Läuterungsgabe bringen, denen steht ihr Lohn bei Gott bereit ..." (Vers 277). In einer spätmedinensischen Offenbarung (Sure 9, 103) wird den Beduinen der Umgebung und den Medinensern, die es an der Begeisterung für die Sache des Propheten haben fehlen lassen, mit schweren Strafen gedroht. Gott empfiehlt Muḥammad: „Nimm aus ihrem Vermögen eine Almosengabe, mit der du sie reinigst und läuterst (*tuzakkī-him*) ..." Dies und das rituelle Gebet für sie, die sich anscheinend ihrer Schuld bewußt geworden sind, werden sie beruhigen.

Nach dem Tod des Propheten entwickelte sich die Läuterungsgabe zu einer durch die Muslime regelmäßig aufzubringenden Steuer; daneben wurde ihnen aufgetragen, freiwillig Almosen (arab.: *aṣ-ṣadaqāt*) zu spenden. In der Terminologie des islamischen Rechts wird nicht immer streng zwischen diesen beiden Typen von Abgaben unterschieden, zumal, wie sich gleich zeigen wird, der koranische Sprachgebrauch schwankend war. Nur Leistungen, die Muslime für ihr Gemeinwesen erbringen, können naturgemäß als Läuterungsgaben verstanden werden. Die Steuern, die die muslimische Obrigkeit in den besetzten Ländern ihren andersgläubigen Untertanen auferlegte, hatten demgegenüber den Charakter von Tributen, mit denen die Erlaubnis, den eigenen Besitz zu wahren und zu mehren, und der „Schutz" (arab.: *aḏ-ḏimma*) abgegolten wurden, den der islamische Staat dieser nicht mehr wehrberechtigten Bevölkerung garantierte. Diese Tribute wurden in

[32] T. Nagel: *Medinensische Einschübe in mekkanischen Suren*, Göttingen 1995, 164–170.

zweierlei Form berechnet, zum einen als Anteil (arab.: *al-ḫarāǧ*) am Ertrag aus wertschöpfender, vor allem landwirtschaftlicher Tätigkeit, zum anderen als Kopfsteuer (arab.: *al-ǧizja*); auch bei dieser Art von Staatseinkünften,[33] die hier nicht weiter erörtert werden sollen, hat sich erst allmählich eine stimmige Terminologie herausgebildet. Seit islamische Staaten ab der Mitte des 19. Jahrhunderts ein nicht mehr nach dem Glauben differenzierendes Bürgerrecht nach europäischem Vorbild einführen mußten, wurden sowohl die aus der Läuterungsgabe und den Almosen hervorgegangenen Abgaben als auch die Tribute der Andersgläubigen obsolet. An ihre Stelle trat ein einheitliches Steuersystem, das man im übrigen als eine Fortsetzung der zahlreichen unschariatischen Zahlungen wie Zölle und Gebühren verstehen konnte, die Muslimen wie Andersgläubigen seit Jahrhunderten abverlangt wurden, weil anders die Geldnot des islamischen Staates nicht hätte gelindert werden können. Schon im Omaijadenreich wurden die Mängel des mit der Person Muḥammads verbundenen und deswegen als verpflichtende Richtschnur geheiligten Systems der Läuterungsgaben und Tribute unübersehbar. Die laufenden Kosten für Hofhaltung und Sicherung der Herrschaft konnten nur gedeckt werden, wenn durch Eroberungen Kriegsbeute einkam; die von den Muslimen zu leistende Läuterungsgabe war viel zu gering, und wegen der sich häufenden Übertritte der Bevölkerung der unterworfenen Länder zum Islam verringerte sich die Zahl der Personen, die zur Erlegung der vergleichsweise hohen Tribute verpflichtet waren. Das von den Muslimen eroberte Gebiet erstreckte sich um 700 aber schon von Nordafrika bis nach Transoxanien. Einträgliche Landgewinne waren nicht mehr möglich; denn der Aufwand für die Truppen, die nun über Jahre fern von ihrer Heimat kämpfen mußten, überstieg alle zu erhoffenden Einnahmen. Es kamen höchst anstößige Praktiken in Übung, mit denen die Obrigkeit ihrer Finanznot zu steuern suchte, Praktiken, die die Rechtsgelehrten je nach dem Verhältnis, das die Obrigkeit zu ihnen pflegte, als Mittel, um eine Notlage zu meistern, gutheißen oder als wider das göttliche Gesetz brandmarken konnten. Wenn man sich in Erinnerung ruft, daß die Gelder, die die Muslime der Scharia gemäß abführen, der Läuterung und der Buße dienen und unmittelbar mit dem Erwerb von Verdienst für das Jenseits zu tun haben, wird sogleich deutlich, welche mittelbare Machtfülle den Rechtsgelehrten, die in diesen Fragen unangefochten die Autorität der Auslegung errungen hatten, zuwuchs und wie groß die Abneigung gegen die Einführung eines europäischen Steuersystems bei ihnen war, das sie als den Ausbau verwerflicher, gegen das göttliche Gesetz verstoßender Maßnahmen verunglimpfen konnten.[34] In den heutigen islamischen Staaten liegt die Kompetenz, Steuergesetze zu erlassen, bei den Parlamenten bzw. bei den kleinen Machteliten; die von der Scharia geregelte Ein-

[33] Vgl. A. Fattal: *Le statut lāgal des non-musulmans en pays d'Islām*, Beirut 1958: EI² s.v. Djizya (Cl. Cahen).

[34] Ein Beispiel: van Krieken: *Khayr Al-Din et la Tunisie (1850–1881)*, Leiden 1976, 56–105.

ziehung der Läuterungsgabe wird meist von den Moscheegemeinden wahrgenommen, die diese Gelder wohltätigen Zwecken zuführen.

Wie schon angedeutet, sind die Einnahmen aus der Läuterungsgabe verhältnismäßig gering. Sie hat den Status einer Ritualpflicht und soll von Feldfrüchten und Obst, etwa Datteln und Weintrauben, erhoben werden, des weiteren aus dem Viehbestand, sowie von Gold und Silber und von Handelswaren. Hierbei gelten unterschiedliche Hebesätze. Von den Feldfrüchten und vom Obst ist ein Zehntel einzuziehen, und zwar sogleich bei der Ernte. Wurde diese auf bewässertem Land eingebracht, verringert sich der Satz auf ein Zwanzigstel, weil ein größerer Arbeitsaufwand angenommen werden muß. Für die Hebesätze beim Viehbestand gibt es verwickelte Vorschriften, die vor allem die Anzahl und die Art der Tiere den Berechnungen zugrunde legen. Besonders gering sind die Abgaben auf Gold und Silber und auf Handelswaren; sie belaufen sich auf ein Vierzigstel, das jedoch nur dann zu zahlen ist, wenn diese Güter ein ganzes Jahr nur gehortet wurden, nicht aber in Handelstransaktionen einbezogen waren.[35] Modern gesprochen, bevorzugt das schariatische Abgabenrecht die Dienstleistungen gegenüber den erzeugenden Wirtschaftszweigen, vor allem gegenüber der Landwirtschaft.

Die Frage, wer in den Genuß dieser Einkünfte gelangen soll, wird im islamischen Recht im Anschluß an Sure 9, Vers 60 behandelt: „Die Almosen (arab.: *aṣ-ṣadaqāt*) sollen lediglich (den folgenden Personengruppen) zugute kommen: den Armen; den Elenden; denen, die mit der Einziehung (der Abgaben) betraut sind; denen, deren Herzen (für den Islam) gewonnen werden sollen; für (den Loskauf) von Sklaven und von Schuldnern; für den Pfad Gottes und den, der diesen Pfad geht. (Diese Bestimmungen) gelten als eine von Gott auferlegte Pflicht. Gott ist wissend und weise." Dieser Vers spiegelt die Verhältnisse der medinensischen Urgemeinde wider, der zahlreiche Menschen angehörten, die wegen ihres Übertritts zum neuen Glauben der Absicherung durch ihre Klangemeinschaft verlustig gegangen waren. Ihr Lebensinhalt war nun der Pfad Gottes (arab.: *sabīl Allāh*), der Kampf unter dem Kommando Muḥammads.[36] Desgleichen ist der Gemeinschaft der „Gläubigen", so die damalige Selbstbezeichnung, daran gelegen, daß ihr angehörige Sklaven und Schuldner die Freiheit erlangen und ihre Verpflichtungen erfüllen können. Endlich sind die Einkünfte dafür zu verwenden, die Gewogenheit wichtiger, jedoch der neuen Religion noch fernstehender Männer zu gewinnen. Die Vorschriften dieses Koranverses sind allgemein genug, um die wesentlichen Aufgaben eines Staatswesens zu umfassen; die lange und wechselvolle Geschichte der Auslegung und Verwirklichung dieser Bestimmungen kann hier nicht nachgezeichnet werden. Nur einen für das Verständnis der islamischen Geschichte, gerade auch der Rechtsgeschichte, bedeutsamen Sachverhalt möchte ich hervorheben: Zu den Begünstigten gehört der, der den Pfad geht, wörtlich „der Sohn des Pfades"; hierunter verstand man, sobald die Kenntnis von der frühesten Geschichte des Islams verblaßte, den

[35] Vgl. unten, zweites Buch, Kap. IV 1.

[36] G.-R. Puin: *Der Diwan von ʿUmar b. al-Ḫaṭṭāb*, phil. Diss. Bonn 1970, 42–49.

„Wanderer", der über die weiten Wege zog, die die Metropolen der islamischen Welt miteinander verbanden. Dank der neuen Auslegung jenes Ausdruckes aus Sure 9, Vers 60 war er jetzt der besonderen Fürsorge der Obrigkeit anheimgegeben, die in der Tat durch Errichtung von Karawansereien, Brunnenstationen usw. das Reisen erheblich erleichterte. Den Nutzen davon hatten nicht zuletzt die Gelehrten, die, nicht immer einem Gewerbe nachgehend, „auf der Suche nach Wissen" den islamischen Weltkreis durchmaßen. Das islamische Recht entwickelte sich daher nicht wie das moderne europäische aus Rechtsbräuchen von territorial begrenzter Geltung, sondern wurde in dem Bewußtsein ausgearbeitet und erörtert, daß es eine für die ganze islamische Welt - mochte diese in der politischen Wirklichkeit auch noch so zersplittert sein - geltende einheitliche Regelung des Lebensvollzugs sei. Zusammen mit der vorher erwähnten eigentümlichen Symbiose zwischen Herrschern und Rechtsgelehrten, die uns noch mehrfach beschäftigen wird, bewirkte dieser Umstand der faktischen Universalität der Scharia-Gelehrsamkeit ein Verständnis von Gesellschaft und Herrschaft, das weit von demjenigen Europas entfernt ist. Das in der Religion gründende Allgemeine, nämlich der Aufruf an jeden Menschen, unter Beachtung des überall in gleicher Weise gültigen gottgegebenen Gesetzes eine reine Beziehung zum Schöpfer herzustellen und zu bewahren, behauptet den Vorrang vor dem Begrenzten,[37] in dem regionale Bräuche, situationsgebundene politische und wirtschaftliche Ziele, das je notwendige Handeln im Alltag über den Wechsel der Zeitläufte hin zur Geltung kommen.

d) Das Fasten

Die islamische Ritualpflicht, die dem Andersgläubigen besonders auffällig erscheint, ist das Ramadan-Fasten. Zu den ältesten Riten der von Muḥammad gestifteten Religion gehört es nicht. In der mekkanischen Sure 19, die nach Motiven aus apokryphen Evangelien die Geburt und Kindheit Jesu erzählt, kommt das Fasten (arab: *aṣ-ṣaum*) als eine dem „Barmherzigen" gelobte Handlung der Gottesverehrung vor (Vers 26). Sure 2, die etwa eineinhalb Jahre nach der Flucht Muḥammads aus Mekka offenbart wurde, verkündet dann in den Versen 183 bis 185 die Einführung des Fastens als einer Ritualpflicht: „Ihr, die ihr glaubt! Wie denen vor euch (d.h. den um die Propheten vor Muḥammad gescharten Glaubensgemeinschaften wie Juden oder Christen) wurde euch das Fasten vorgeschrieben. Vielleicht wäret ihr gottesfürchtig! Und zwar sollt ihr eine bestimmte Anzahl von Tagen (fasten). Wer von euch (während jener Tage) krank oder unterwegs ist, der faste eine Anzahl anderer Tage. Alle, die dazu imstande sind, müssen (als Buße für das Ver-

[37] Den europäischen Rechtsgelehrten des Mittelalters ist demgegenüber die - regional begrenzte - Gewohnheit das Primäre, nicht das geschriebene und daher zur Allgemeingültigkeit tendierende Recht (vgl. hierzu O. Brunner: *Land und Herrschaft*, 5. Aufl., Wien 1965, 133-146). Für das islamische Recht ist gerade das Verhältnis zu den Gewohnheiten, Rechtsbräuchen problematisch. Vgl. unten, zweites Buch, Kap. III 3.

säumnis) eine Ablösung aufbringen: die Speisung eines Elenden. Wenn jemand aus freien Stücken Gutes tut, dann ist es für ihn noch besser. Daß ihr fastet, ist sehr gut für euch, falls ihr Bescheid wißt. Der Monat Ramadan ist es, in welchem die Lesung (arab.: *al-qur'ān*) herabgesandt wurde als Rechtleitung für die Menschen und in der Art klarer Hinweise auf die Rechtleitung und die Rettung (arab.: *al-furqān*). Wer von euch den Monat (an seinem Wohnort) erlebt, der soll während dieser Zeit fasten, und wer krank oder unterwegs ist, eine Anzahl anderer Tage. Gott will es euch leichtmachen, nicht schwer; doch sollt ihr die Anzahl auch (ganz) erfüllen. Und ihr sollt Gott rühmen, weil er euch rechtleitet. Vielleicht seid ihr dankbar." In der Forschung ist über die Vorgeschichte der Einsetzung des Ramadan-Fastens heftig gestritten worden. Es erscheint möglich, daß hiermit jüdische Bräuche übernommen bzw. auch übertroffen werden sollten. Man hat des weiteren vorgeschlagen, diese Maßnahme mit dem für die medinensische Gemeinde so folgenreichen Sieg der Muslime bei Badr in Verbindung zu bringen.[38] Dergleichen Überlegungen haben aber noch nicht zu einem schlüssigen Ergebnis geführt. Für unseren Gegenstand von Gewicht ist jedoch der Versuch, in Vers 187 genaue Ausführungsbestimmungen festzulegen. Dieser Vers setzt bereits einige Erfahrungen mit dem Fasten voraus und ist daher vermutlich jünger als der Kernbestand von Sure 2. Trotzdem könnte er die älteste Detailregelung des islamischen Ritualgesetzes sein, da Sure 5, Vers 6 über das Verfahren der kleinen Waschung erst in die spätmedinensische Zeit des Wirkens Muḥammads gehört. Sure 2, Vers 187 lautet: „In der Nacht des Fastens ist euch der Beischlaf mit euren Frauen erlaubt. Sie sind euch (so nahe) wie die Kleidung, und ihr seid es ihnen. Gott erfuhr, daß ihr euch selber betrogen habt, doch er wandte sich euch gnädig zu und verzieh euch. Ab jetzt also wohnt ihnen bei und erstrebt, was Gott für euch (im Diesseits) vorgesehen hat. Eßt und trinkt, bis ihr im Morgengrauen einen weißen Faden von einem schwarzen unterscheiden könnt. Haltet dann das Fasten wieder vollständig ein bis zur Nacht. Verkehrt nicht mit euren Frauen während eures (rituellen) Aufenthaltes an den Gebetsorten. Jenes sind die Grenzen (arab.: Pl. *al-ḥudūd*), die Gott gesetzt hat. Nähert euch ihnen nicht! So erläutert Gott den Menschen seine Wunderzeichen; vielleicht werden die Menschen gottesfürchtig." Die Schwierigkeiten, die die Befolgung des Gesetzes mit sich bringt, werden klar beim Namen genannt. Die Neigung des vollständig ausgebildeten islamischen Ritualrechts, zwar auf der einen Seite den Kern der Regelungen nicht anzutasten, auf der anderen aber so weit wie irgend möglich den Alltagsbedürfnissen entgegenzukommen, drängt zu einer deutlichen Bestimmung der Mindestanforderungen, mit deren Erfüllung das den Muslimen zugesagte erfreuliche Jenseits erreicht werden kann. Auch die Mindestanforderungen bedeuteten bereits eine erhebliche Disziplinierung des Lebensvollzugs; daß gerade sie das innerweltliche Ziel des Ritualrechtes sei, ist eine bis heute oft wiederholte Auffassung der islamischen Rechtswissenschaft.

[38] K. Wagtendonk: *Fasting in the Koran*, Leiden 1968, 119.

Das Fasten definiert al-Ǧazīrī als den bewußten Verzicht auf Reden, Essen und Trinken. Marias Fastengelübde in Sure 19, Vers 26 habe sich allein auf das Sprechen bezogen. Im islamischen Ritualrecht meine Fasten dagegen die Abstinenz von allen das Fasten brechenden (arab.: Pl. *al-mufṭirāt*) Stoffen und Handlungsweisen während der Stunden des lichten Tages. Solches Fasten kann einer Ritualpflicht Genüge tun, wenn es sich um den rechtzeitigen oder nachholenden Vollzug des Ramadan-Fastens handelt, um Bußfasten oder die Erfüllung von Gelübden. Daneben gibt es empfehlenswertes Fasten sowie Gelegenheiten und Lebenslagen, in denen vom Fasten abzuraten, und schließlich sogar solche, in denen es zu verbieten ist.[39] Selbstverständlich lassen sich für jeden Typus des Fastens die einzelnen Handlungselemente deutlich unterscheiden. Wie beim rituellen Gebet treten auch hier, besonders mit Hinblick auf den Beginn des Ramadans, zahlreiche Erwägungen über den rechten Zeitpunkt des Rituals in den Vordergrund. Nach sunnitischer Lehre ist es unerläßlich, daß der Neumond, der den Anfang des Monats markiert, auch tatsächlich gesehen werde; die Berechnungen der Astronomen sind für die Feststellung des Fastenbeginns ohne Belang, nicht einmal sie selber dürfen sich danach richten. Denn es heißt in einem Prophetenwort: „Fastet, wenn ihr (den Neumond) seht, und eßt, wenn ihr ihn seht! Sollte kein klarer Himmel herrschen, dann verlängert den (dem Ramadan voraufgehenden Monat) Šaʿbān auf dreißig Tage!" Dies ist so zu verstehen, daß man das Fasten aufnehmen soll, wenn man nach Ablauf des neunundzwanzigsten Šaʿbān den Neumond erblickt; sollte der Himmel bewölkt sein, hat man zur Sicherheit noch einen Tag zu warten, den Šaʿbān also auf dreißig Tage auszudehnen.[40] Diese noch heute befolgte Regel führt dazu, daß in der islamischen Welt nicht überall zur selben Zeit gefastet wird; doch versucht man inzwischen, zu einer einheitlichen Regelung zu gelangen. Das Ritualgesetz dient dem Zweck, den Menschen in einer ungetrübten Beziehung zu seinem Schöpfer zu halten, und wirkt sich insofern, wie schon im Zusammenhang mit Sure 2, Vers 187 angemerkt, disziplinierend auf das Verhalten aus. Die vorislamische Zeit wird deshalb als eine Epoche vorgestellt, in der man ohne Scham und ohne Bedenken seinen Leidenschaften freien Lauf ließ. In europäischen Sprachen wird der arabische Begriff, der solches Verhalten und die dadurch gekennzeichnete Epoche wiedergibt (arab.: *al-ǧāhilīja*), meist irreführend als „Unwissenheit" übersetzt. Diese Wiedergabe trifft nämlich nur dann zu, wenn man den islamischen Begriff von Wissen explizit zugrunde legt: der unveränderbare Fundus an Vorschriften, die Gott den Menschen durch die Propheten übergeben hat, damit sie und ihre Anhänger das Leben zielgerichtet ausgestalten können, so daß die ihnen von Gott anerschaffene, das Heil verbürgende Verbindung mit ihm (arab.: *al-fiṭra*) zum Durchbruch gelangt. Die Verfolgung dieses Zieles rechtfertigt die Belastung mit dem Gesetz, die Zurückdrängung der Emotionalität und des Verlangens nach dem Genuß. In den Einzelbestimmungen über die das Fasten aufhebenden Stoffe und

[39] AL-ǦAZĪRĪ, op. cit., I, 479.
[40] Ebd., 485–487.

Verhaltensweisen kommt diese Eigentümlichkeit des islamischen Gesetzes, die der Koran schon andeutet, in anschaulicher Weise zum Ausdruck:

> Zweierlei macht ein Nachholen des Fastens oder eine Bußleistung notwendig: 1. daß man ohne gesetzlichen Rechtfertigungsgrund eine Speise oder etwas, das als eine solche gilt, zu sich nimmt ... d.h. etwas, wonach es die Natur verlangt und wodurch die Begierde des Leibes befriedigt wird, 2. daß man sein geschlechtliches Begehren ganz befriedigt. (Ehe diese beiden Arten von Verstößen vorliegen, muß eine Reihe von Voraussetzungen gegeben sein, unter anderem) daß man absichtlich handelt. Denn sollte jemand aus Vergeßlichkeit oder irrtümlich das Fasten brechen, obläge ihm keine Bußleistung ... Zu den Handlungen, die zu einer solchen verpflichten, gehört jedoch der absichtliche Geschlechtsverkehr, geschehe er von vorn oder von hinten; er verpflichtet zur Bußleistung sowohl die Person, die ihn aktiv vollzieht, als auch das Wesen, an dem er vollzogen wird, und zwar gemäß den erörterten Voraussetzungen, die noch um diejenige erweitert werden, daß das Wesen, an dem er vollzogen wurde, ein lebendiges, zur Gattung Mensch gehörendes ist, das ein Begehren auslöst. Die Bußleistung ist bereits fällig, wenn die Genitalien einander begegnen, ohne daß ein Eindringen erfolgte. Wenn eine Frau einen Minderjährigen oder Wahnsinnigen zum Geschlechtsverkehr verführt, dann obliegt nach einhelliger Meinung auch ihr die Bußleistung. Wenn sich eine Frau an einer anderen Genuß verschafft nach der bekannten Art der lesbischen Liebe und in deren Scheide eindringt, dann obliegt ihr nur ein Nachholen (des Fastens für den betreffenden Tag), aber keine Bußleistung. Der Geschlechtsverkehr mit einem Tier, einem Toten oder einer Minderjährigen, die man noch nicht begehrt, verpflichtet nicht zu einer Bußleistung, sondern, wenn ein Eindringen gegeben war, zu einem Nachholen wie im voraufgehenden Fall. Zur erstgenannten (Art des Fastenbrechens) gehören das bekannte Tabakrauchen, der Genuß von Opium, Haschisch und Ähnlichem, denn es ist offenkundig, daß dies (der Befriedigung) der Lust dient. Desgleichen zählt dazu das Verschlucken des Speichels der Ehefrau, um hiervon Genuß zu haben; desgleichen das Verschlucken eines Getreide- oder Sesamkornes von außerhalb des Mundes,[41] eben weil man davon Genuß hat, es sei denn, man zerkaue es, so daß es ganz zerrieben wird und nichts davon in das Innere gelangt. Desgleichen gehört dazu das Essen von armenischem Lehm[42]..., sowie von ein wenig Salz. Desgleichen wenn jemand absichtlich ißt, weil er, nachdem er jemand anderen verleumdet hat, der Auffassung ist, daß er durch das Verleumden (ohnehin) das Fasten gebrochen habe – in Wirklichkeit bricht eine Verleumdung nicht das Fasten, so daß diese Zweifel ohne Bedeutung sind. Desgleichen nach einer Behandlung durch Schröpfen, nach der Berührung (einer Person des anderen Geschlechts) oder nach einem Kuß, der zwar lustvoll geschah, aber kein Eindringen zur Folge hatte: All diese Handlungen brechen nicht das Fasten. Wenn man danach mit Absicht das Fasten bricht, ist eine Bußleistung Pflicht.[43]

[41] Ausgeschlossen ist damit das Verschlucken eines Korns, das sich als Speiserest zwischen den Zähnen festgesetzt hat.

[42] Feiner Ton ohne sandige Beimengung (W. SCHMUCKER: *Die pflanzliche und mineralische Materia medica im Firdaus al-ḥikma*, phil. Diss. Bonn 1969, 294).

[43] AL-ĞAZĪRĪ, op. cit., I, 496; vgl. ebd., 500f.

Das ist die hanafitische Sicht der Dinge. Die anderen Rechtsschulen gehen zum Teil noch weiter ins einzelne, doch läßt sich das hier Wesentliche bereits an diesem Zitat aufweisen. Die Rechtsgelehrten ringen mit der Frage, wo die Grenze zwischen einer Befriedigung der zum Leben des Menschen unabdingbar hinzugehörenden Bedürfnisse und einem lustvollen Genießen verläuft. Alle Begierden sind zu unterdrücken, wenn man, wie bei allen rituellen Handlungen, jene ursprüngliche Beziehung zu Gott aufsucht. Wenn es nicht gelingt, sich den Vorschriften des Gesetzes gemäß zu kontrollieren, dann ist stets noch die Schwere der Übertretung zu erwägen. Sich ungehemmt an die Leidenschaften, an das Begehren auszuliefern, muß mit einer Buße geahndet werden; auch darf man kleinere, gerade noch hinnehmbare Verstöße nicht zum Vorwand für ein absichtliches Übertreten der Vorschriften machen. Denn dann ist eine Bußleistung in jedem Falle nötig, während sonst das Nachholen des Fastentages genügt hätte.

Daß der rituelle Aufenthalt (arab.: *al-iʿtikāf*) an einem Gebetsplatz, etwa in einer Moschee, thematisch zum Fasten gehört, konnten wir Sure 2, Vers 187 entnehmen. Al-Ǧazīrī erörtert ihn denn auch in diesem Kapitel. Definiert wird dieser Ritus, der nicht zu den pflichtgemäßen zählt, als „das Verweilen an einem Ort des Gebets, um Gott in einer besonderen Weise zu verehren"; manche Rechtsschulen fügen hinzu: „nach Formulierung einer entsprechenden Absicht". Sobald jemand einen solchen Aufenthalt gelobt, wird der Vollzug zu einer ihm obliegenden Ritualpflicht; für die Einzelheiten, wie er ihr nachkommt, geben ihm die Rechtsgelehrten nur Empfehlungen. So sollte dieser Aufenthalt in den Ramadan fallen, am besten in dessen letztes Drittel. Als Mindestdauer geben die Malikiten an: „Einen Tag und eine Nacht"; die Schafiiten meinen, einen Augenblick, der länger dauert als das Aussprechen der Formel „Gelobt sei Gott!" (arab.: *subḥāna llāh*). Fasten ist während dieser Zeit nicht vorgesehen; wird der Ramadan gewählt, dann sind natürlich die entsprechenden Vorschriften einzuhalten. Da der Koran das rituelle Verweilen zusammen mit dem Fastenmonat nennt und die Rechtsgelehrten empfehlen, diesen hierfür zu wählen, ist zu vermuten, daß der Sinn dieses Ritus darin zu suchen ist, daß zusätzlich zum täglichen Fasten ein Verzicht auf den des Nachts erlaubten Geschlechtsverkehr geleistet wird. Unter den Verfehlungen, die den Aufenthalt ungültig machen, werden besonders ausführlich Verstöße gegen dieses Verbot behandelt.[44]

e) Die Wallfahrt nach Mekka

Die Beachtung der Vorschriften zur rituellen Reinheit schafft die Voraussetzung dafür, daß der Mensch als Knecht seines Schöpfers in die ihm von Anfang an zugedachte Beziehung zu ihm tritt. Dies geschieht während des rituellen Gebets, das Tag und Nacht – mit der Ausnahme des Vormittags – in Zeiträume der Gottesverehrung gliedert. Mit der Läuterungsgabe wird auch der Erwerb des Lebensunter-

[44] Ebd., I, 517–520.

halts jener das Heil verbürgenden Beziehung unterworfen. Das Fasten, womöglich ergänzt um einen rituellen Aufenthalt an einem Gebetsort, bewirkt die Einsicht, daß diese Beziehung ein Absehen von den die Lust befriedigenden Leidenschaften voraussetzt. Die auf diese Weise für einen Monat auf Dauer gestellte Nähe zu Gott kann überall erfahren werden. Nirgendwo aber ist sie so dicht, ja überwältigend wie an dem Ort, den Gott nach muslimischer Vorstellung selber zur eigentlichen Kultstätte der Anhänger seines letzten Propheten bestimmt hat. Gott prüfte Abraham, heißt es in Sure 2, Vers 124, und schloß dann mit ihm und seinen Nachkommen einen Bund; dessen Zeichen sind die Kaaba, das Haus Gottes, und die Riten der Pilger, die es in Andacht umkreisen, dort aus Gründen der Gottesverehrung länger verweilen, sich niederwerfen. Auf Bitten Abrahams stiftete Gott den heiligen Bezirk von Mekka (Verse 125–126), Abraham und Ismael errichteten nun die Fundamente des Hauses: „Unser Herr! Nimm dies von uns an ... und mach uns zu Menschen, die zu dir allein (das Gesicht) wenden (arab.: *al-muslimūn*), mach aus unseren Nachkommen eine (zu dir) gewandte Gemeinschaft! Und zeige uns unsere Pilgerriten und kehre dich gnädig zu uns! Du bist der Barmherzige, der sich stets (zu seinen Geschöpfen) kehrt!" Und weiter flehte Abraham: „Berufe aus ihrer Mitte einen Gesandten, der ihnen deine Wunderzeichen[45] vorträgt, sie die Schrift und die Weisheit lehrt und sie läutert!" Nur Toren begehren etwas anderes als die Zugehörigkeit zu der von Abraham gegründeten Glaubensgemeinschaft. „Damals sagte sein Herr zu ihm: ‚Wende (dein Gesicht ganz zu mir)!' und Abraham antwortete: ‚Ich wende (mein Gesicht) ganz zu dem Herrn der Welten!'" (Vers 127–131). – Wie in einem Brennpunkt wird in diesen Versen des Korans, die man als die Stiftungslegende des Islams zu betrachten hat, alles das zusammengefaßt, was bisher aus der Erörterung der wesentlichen ritualrechtlichen Vorschriften über den Islam in Erfahrung gebracht wurde: Der Muslim wird sich seiner Bestimmtheit zum Heil bewußt, indem er eine lautere Beziehung zu Gott herstellt, von Angesicht zu Angesicht; er vollzieht die Riten der Reinigung,[46] angeleitet durch den Propheten, der sich auf Abrahams einstiges Flehen zu Gott berufen kann; der Prophet Muḥammad, der nun erschienen ist, lehrt die Menschen die Schrift mit den Geboten Gottes, und wie zu Lebzeiten Abrahams umkreisen die Gläubigen die Kaaba, pflegen bei ihr des rituellen Aufenthalts, werfen sich im Gebet nieder, kurz, sie antworten auf die Worte Gottes wie einst Abraham: „Ich wende (mein Gesicht) ganz zu dem Herrn der Welten!"

Die Pilgerriten an der Kaaba geschehen als Ausdruck der größtmöglichen Verdichtung der Heilszusagen, die im Diesseits erlebt werden kann. Daher rührt ihr unvergleichlicher Rang. In den Grundzügen wurden diese Riten vermutlich schon zu Beginn des Wirkens Muḥammads in Medina geregelt. Wie beim rituellen Gebet wurden auch hier ältere Kulttraditionen aufgegriffen und mit neuem religiösen

[45] D. h. die Verse (arab.: Pl. *al-āјāt*) der Offenbarung.

[46] In dem in Vers 129 „... und sie läutert" gebrauchten Verbum taucht wieder die in *az-zakāt* verborgene Wortwurzel auf.

Gehalt aufgeladen. Schon in vorislamischer Zeit widmeten die Quraiš einem Gott Allāh einen Kult an der Kaaba, sie beteten dort und veranstalteten alljährlich Zeremonien, an denen Angehörige anderer Stämme teilnahmen. In der Nachbarschaft des alten Mekka gelegene Kultorte waren anderen Gottheiten geweiht und wurden von den Quraiš nicht zum Zwecke der Verehrung aufgesucht. Da Allāh für Muḥammad nicht der höchste, sondern der einzige Gott geworden war, mußten auch diese Stätten seinem Kult dienen.[47] Die muslimischen Pilgerriten, die während der Wallfahrt (arab.: *al-ḥaǧǧ*) zu vollziehen sind, gingen demnach aus unterschiedlichen Wurzeln hervor, unterliegen aber jetzt einer einheitlichen, islamischen Deutung. In Sure 22 finden sich die Offenbarungen, die hierauf Bezug nehmen: In Vers 25 wird den Quraiš das Recht abgesprochen, weiterhin zu bestimmen, wer an den Riten bei der Kaaba teilnehmen darf; alle sind aufgerufen, sich, nachdem sie Allāh als ihren einzigen Gott bekannt haben, als Pilger seinem Heiligtum zu nähern. Zwei Verse später wird das Thema von Sure 2, Vers 125 wieder aufgenommen; die Kaaba soll gereinigt werden für alle die, die sie umkreisen, sich bei ihr aufhalten oder sich im Gebet niederwerfen. Dann heißt es weiter: „Ruf unter den Menschen die Wallfahrt aus! Zu Fuß sollen sie zu dir kommen und auf jederlei ausgemergeltem Reittier, das aus mancherlei tief eingeschnittenem Paßweg hervortritt! Sie sollen bezeugen, daß sie hieran (jegliche Art von) Nutzen haben. Während bestimmter Tage sollen sie über dem Vieh, das wir ihnen als Lebensunterhalt geben, (beim Schlachten) den Namen Gottes aussprechen. ‚Eßt davon und speist den notleidenden Armen!' Hierauf sollen sie die Spuren der Unterlassung der Körperpflege beseitigen, ihre Gelübde erfüllen und das alte Haus umkreisen." Alles Vieh, dessen Verzehr nicht ausdrücklich verboten ist, darf als Opfertier verwendet werden. Gott gewährt den Menschen den Nießbrauch der ausgewählten Tiere, bis daß der Zeitpunkt der rituellen Schlachtung gekommen ist (Verse 26–33).

In Andeutungen äußern sich diese Verse über einige der ritualrechtlichen Vorschriften, die während der Pilgerzeit zu beachten sind. Sie seien hier ganz knapp zusammengefaßt.[48] Die Wallfahrt fällt in die ersten Tage des Ḏū l-Ḥiǧǧa, des letzten Monats des muslimischen Mondjahres. In heidnischer Zeit hatten zumindest die in der Umgebung Mekkas geübten Kulte vermutlich mit der Verehrung der Sonne zu tun und waren deswegen an das Sonnenjahr gebunden. Der damals schon gebräuchliche Mondkalender mußte immer wieder durch Einschieben eines Schaltmonats an den Sonnenlauf angepaßt werden. Die Festsetzung des Schaltmonats wird in Sure 9, Vers 36 f. als eine frevelhafte Sitte gegeißelt; indem nun auch der Vollzug der Pilgerriten dem Mondkalender unterworfen wurde, ging deren ursprüngliche Bindung an den Sonnenlauf – wenn es sie wirklich gegeben hat – verloren, sie waren nun einzig und allein Allāh gewidmet. – Beim Betreten des heiligen Bezirkes versetzt sich der Pilger in den Weihezustand (arab.: *al-iḥrām*), der äußer-

[47] Vgl. T. NAGEL: *Medinensische Einschübe*, 132, 143, 145.

[48] Zur Pilgerfahrt vgl. S. FAROQHI: *Herrscher über Mekka. Die Geschichte der Pilgerfahrt*, München/Zürich 1990.

lich durch das Anlegen eines ungenähten weißen Gewandes bekundet wird. Blutvergießen, aber auch Geschlechtsverkehr sind, solange dieser Zustand gilt, untersagt, desgleichen jegliche Körperpflege. Mit einer bestimmten Formel äußert der Pilger, daß er jetzt vor Gott stehe, bereit, ihm zu dienen. Ehe am siebenten Ḏū l-Ḥiǧǧa die Pilgerzeremonien beginnen, sollen eine Anzahl wichtiger Riten durchgeführt werden, darunter die Umschreitung der Kaaba, das Gebet am „Ort Abrahams" im Hof der Großen Moschee von Mekka, der Lauf zwischen den Örtlichkeiten Ṣafā und Marwa. Mit einer Predigt nach der Mittags-*ṣalāt* in der Großen Moschee werden die Pilgerriten am siebenten Ḏū l-Ḥiǧǧa eröffnet. Am nächsten Tag zieht man nach ʿArafāt, vorbei an Minā, wo einst Abraham den Satan mit Steinwürfen vertrieben haben soll; man wiederholt die Steinigung des Satans und wandert dann weiter, um den Abend in ʿArafāt zu verbringen, desgleichen den folgenden Tag. Der zehnte Ḏū l-Ḥiǧǧa ist der Opfertag; die Nacht, also den ersten Teil dieses Kalendertages, soll man in Muzdalifa verweilen, das auf halbem Weg zwischen Minā und ʿArafāt liegt. Während des lichten Tages ist in der Talschaft von Minā das Opfertier zu schlachten. Durch das Scheren des Haupthaares und das Abschneiden der Fingernägel wird die mit dem Eintritt in den Weihezustand unterbrochene Körperpflege wieder aufgenommen. Die Tage bis zum dreizehnten Ḏū l-Ḥiǧǧa sind im Tal von Minā zuzubringen; der Weihezustand ist beendet. Darum sollen sie in froher Stimmung verlebt werden; das Fasten ist während dieser Zeit ausdrücklich untersagt.[49]

Neben der eigentlichen Wallfahrt, die nur einmal im Jahr vollzogen werden kann, gibt es die sogenannte kleine Pilgerfahrt (arab.: *al-ʿumra*). Sie kann jederzeit angetreten werden; wenn Muslime, wegen der Kosten meist nur einmal im Leben, nach Mekka reisen, möchten sie zur Erhöhung ihres Jenseitsverdienstes möglichst beide miteinander verbinden. Das Ritualrecht untersucht, wie und unter welchen Umständen dies erlaubt ist. Im Mittelpunkt der ritualrechtlichen Erörterungen stehen jedoch Fragen des Weihezustandes und die Gefahren, die ihn bedrohen und, sollte er tatsächlich verloren gehen, die oft unter schweren materiellen Opfern unternommene Pilgerreise in ritualrechtlichem Sinne ungültig machen könnten.[50] Bei kleineren Verstößen wird dem Pilger die Gelegenheit eingeräumt, den Schaden durch nachträgliche Leistungen, z. B. durch Opfer, wiedergutzumachen.

Am Ende unseres kurzen Ganges durch das islamische Ritualrecht wollen wir einen Augenblick verweilen und noch einmal ins Gedächtnis rufen, was wir bisher über das Recht der Muslime in Erfahrung gebracht haben. Es hat sich mit Inhalt gefüllt, was bei der Klärung der Grundbegriffe noch im Allgemeinen hatte bleiben müssen. Wir beginnen zu ahnen, was es bedeutet, daß die Scharia dem Muslim als Belastung auferlegt worden ist. Diese Belastung ist nicht nur abwertend als eine schwere, wenn nicht unzumutbare Bürde zu deuten. Das ist sie gewiß auch. Sie ist aber vor allem Ausdruck des muslimischen Glaubens, daß der Mensch durch sei-

[49] WATT/WELCH, op. cit., 327–347.
[50] aš-Šāfiʿī: *Kitāb al-umm*, II, 218.

nen Schöpfer in eine gute, das Heil verbürgende Ordnung der Dinge gestellt ist. Es ist nicht erst eine Urschuld zu tilgen, ehe sich Gott dem Menschen zuwendet; Gott vollzieht diese Hinwendung jederzeit und von sich aus, wie in Sure 2, Vers 128 ausdrücklich versichert wird. Durch den Ritus ist die gegenseitige Zuwendung von Gott und Mensch immer wieder zu bekräftigen. Das Ritualgesetz ist daher das wichtigste Regelwerk, das den Muslim auf seiner irdischen Wanderung anleitet. Die Vorschriften für den profanen Alltag haben demgegenüber nur eine nachgeordnete Bedeutung, denn nicht über das Alltagshandeln, sondern über die rituelle Gottesverehrung erlangt der Muslim Aufschluß über seine Heilsbestimmtheit. Freilich hat das Ritualgesetz das tägliche Leben ständig im Blick; die Mühen der Fürsorge für das irdische Dasein werden nicht verkannt. Trotz allem ist der Muslim gehalten, sein Leben so zu führen, daß eine etwa durch Genußsucht verursachte übergroße Hinwendung zum Alltag, die ein Heraustreten aus der Hingewandtheit zu Gott zur Folge hätte, vermieden wird. Befriedigung der Lust und treue Gottesknechtschaft schließen einander aus. Wenn wir uns nun ausgewählten Bereichen des Rechts der zwischenmenschlichen Beziehungen widmen, werden wir erkennen, daß hier wie im Ritualgesetz eine Grundüberzeugung vorherrscht: die überschaubare Ordnung und Ausgewogenheit aller Verhältnisse soll bewahrt werden – in der Beziehung zwischen Gott und Mensch gründet sie auf der rituellen Reinheit, in den Beziehungen der Menschen untereinander wird die Ausgewogenheit durch Verträge sichergestellt, die einen unmittelbaren, nicht erst zukünftigen Ausgleich der Interessen der Partner anstreben.

3. Zwischenmenschliche Beziehungen

a) Die Ehe

Anknüpfend an die zuletzt getroffenen Feststellungen, sollen im Bereich der zwischenmenschlichen Beziehungen (arab.: Pl. *al-muʿāmalāt*) die eherechtlichen Bestimmungen der Scharia verhältnismäßig ausführlich erörtert werden. Wir beginnen mit der Definition der Ehe (arab.: *an-nikāḥ*), die al-Ǧazīrī der äußerst materialreichen Beschreibung – sie füllt ein Fünftel der Darstellung des gesamten islamischen Rechts – dieses Gegenstandes vorausschickt. Er erläutert:

> Das Wort „Ehe" hat drei Bedeutungen. Zuerst die ursprüngliche Bedeutung, nämlich sich auf etwas legen (arab.: *al-waṭʾ*), es umarmen: So sagt man, die Bäume „gehen eine Ehe ein", wenn sie sich gegeneinanderlehnen und umfassen; das Wort „Ehe" wird auf den Vertrag (arab.: *al-ʿaqd*) im übertragenen Sinne angewendet, denn dieser ist der Weg (arab.: *as-sabab*) zum Beischlaf (arab.: *al-waṭʾ*). Zweitens die ... schariarechtliche Bedeutung. Bezüglich ihrer kennen die Gelehrten drei Auffassungen: Nämlich daß die Grundbedeutung der Beischlaf, die übertragene der Vertrag sei, genau wie bei der ursprünglichen, wortwörtlichen Bedeutung; wenn mithin das Wort „Ehe" ohne weitere Hinweise im Koran oder *ḥadīṯ* vorkomme, habe es diesen Sinn, etwa in Sure 4, Vers 22: „Geht keine Ehe mit Frauen ein, die schon von euren Vätern geheiratet wurden – abge-

sehen von (derartigen Ehen, die bereits) vor (dieser Offenbarung) geschlossen worden sind!" In diesem Vers ist der Beischlaf gemeint, denn man kann sich nur vorstellen, daß sich das Verbot auf ihn erstreckt, nicht auf den Vertrag an sich, denn aus dem bloßen Vertrag folgt nichts, was die Bande der Liebe und des Respekts (des Gatten zu seiner Gattin) auflösen könnte. Dies ist die Ansicht der Hanafiten. Allerdings lehren sie, daß das Wort „Ehe" in Sure 2, Vers 230 den Vertrag, nicht den Beischlaf meine: (Wenn ein Mann seine Ehefrau verstoßen hat, ist eine erneute Verbindung mit ihr nicht erlaubt) „bevor sie mit einem anderen Mann eine eheliche Bindung eingegangen ist". Daß in diesem Satz die Ehefrau das Subjekt ist, deutet darauf hin, (daß „Ehe" hier den Vertrag meint). Denn der Beischlaf ist ein aktives Handeln, das aber nicht von der Frau ausgeht; der Sinn des Koranverses ist jedoch, daß allein der Vertrag genügt, um den (ersten) Mann von dem Verstoßungseid zu entbinden. (Dieser hanafitischen Meinung stimmt der Malikit al-Ǧazīrī nicht zu): Dem ist aber nicht so, denn gemäß der *sunna* ist klar, daß der (erste) Mann nur dann seiner durch den Eid eingegangenen Selbstverpflichtung ledig ist, wenn (durch den zweiten Ehemann) auch der Beischlaf (mit der von dem ersten Mann geschiedenen Ehefrau) vollzogen wurde. Dieser Sinn wird (von den Hanafiten) nicht in Betracht gezogen, obschon es im *Ḥadīṯ* über die Samenflüssigkeit ausdrücklich heißt: „(Nicht) ehe du seine Samenflüssigkeit kostest!" (In diesem *Ḥadīṯ* beschied Muḥammad eine durch ihren Ehemann verstoßene Frau, die zu diesem zurückkehren wollte, dahingehend, daß nur der mit dem zweiten Ehemann vollzogene Beischlaf und eine darauf folgende Scheidung das ursprüngliche Eheverhältnis wieder legitimieren könne.)[51]

Die zweite Ansicht (in Betreff der schariarechtlichen Bedeutung des Wortes „Ehe") lautet, sie meine, im genauen Gegensatz zur wortwörtlichen, im eigentlichen Sinn den Vertrag und erst im übertragenen den Beischlaf; daß das Wort in dieser Bedeutung so häufig im Koran und im *ḥadīṯ* vorkomme, weise hierauf hin. Dies sei Sure 2, Vers 230 zu entnehmen: (Wenn ein Mann seine Ehefrau verstoßen hat, ist eine erneute Verbindung mit ihr nicht erlaubt) „bevor sie mit einem anderen Ehemann eine eheliche Bindung eingegangen ist". Die Schafiiten und die Malikiten halten dies für das Wahrscheinlichste. Die dritte Ansicht besagt, daß dem Ausdruck etwas innewohne, das der Bedeutung „Vertrag" und „Beischlaf" gemeinsam ist. Möglicherweise trifft die dritte Ansicht am ehesten zu, denn die Scharia verwendet das Wort bald im Sinne von Vertrag, bald im Sinne von Beischlaf ..., so daß die eigentliche Bedeutung beides umschließt.

(Neben der wortwörtlichen und der schariarechtlichen Bedeutung des Wortes „Ehe" steht) drittens die rechtstechnische (arab.: *fiqhī*). Die Definitionen der Rechtsgelehrten gehen zwar auseinander, doch lassen sie sich alle auf einen einzigen Sinn zurückführen: Der Gesetzgeber (d.i. Gott) hat den Ehevertrag eingeführt, um hieraus folgen zu lassen, daß der Ehemann die Geschlechtsorgane und die übrigen Partien des Körpers seiner Gattin zum Zwecke seines Genusses nutzbar macht. Durch den Ehevertrag geht die Nutzbarmachung in den Besitz des Ehemannes über und steht ihm allein zu, er besitzt aber nicht die Quelle des Nutzens. Der Unterschied zwischen beidem liegt darin, daß der Besitz der Quelle des Nutzens mit Notwendigkeit den Besitz alles jenes Nutzens in

[51] al-Buḫārī: *Ṣaḥīḥ*, *ṭalāq* 7, 37.

sich schließt, der sich aus dem weiblichen Geschlechtsteil ergibt. Dies ist jedoch nicht so. Denn wenn eine andere Person mit der Ehefrau verkehrt in der irrigen Annahme, es handle sich um die eigene Gattin, dann obliegt dieser anderen Person die Erlegung des angemessenen Brautgeldes, und die Ehefrau, nicht der (rechtmäßige) Gatte, wird Eigentümerin dieses Brautgeldes. Wenn der Ehemann die Quelle des Nutzens besäße, dann müßte er Anspruch auf dieses Brautgeld haben, denn es gehört zu dem durch die weiblichen Geschlechtsorgane erzielten Nutzen. So weit sind sich alle Rechtsschulen einig, wenn auch ihre Ausdrücke bei der Definition voneinander abweichen.[52]

Die Bemühungen al-Ǧazīrīs um eine genaue Bestimmung des Begriffes Ehe zeigen eine ähnliche Absicht wie Teile des Ritualrechts: Die Begierden des Menschen müssen kanalisiert werden, was mit Hilfe der Belastung durch das göttliche Gesetz zu leisten ist. Daher kreisen die Gedanken um die Möglichkeit, schon in der eigentlichen und nicht nur in der schariatischen Bedeutung des Wortes die Idee des Vertrags zu entdecken. In den Ausführungen al-Ǧazīrīs wird eine bestimmte Auffassung vom Wesen der Sprache vorausgesetzt, die hier zum besseren Verständnis skizziert sei. Die von der Scharia und der Wissenschaft, die sich mit ihrer Anwendung befaßt, verwandten Begriffe haben eine ganz handgreifliche - al-Ǧazīrī sagt: wortwörtliche, ursprüngliche - Bedeutung, die sich auf die natürlichen Gegebenheiten der Umwelt des Menschen bezieht. „Ehe" meint, daß zwei Bäume einander zuneigen und der eine den anderen umfaßt. Diese natürliche Bedeutung wird auf die Ebene der menschlichen Zivilisation übertragen und dadurch mit einem neuen Sinn befrachtet. Denn alles Handeln des Menschen unterliegt der Bewertung nach Maßgabe des göttlichen Gesetzes. Die Tatsache, daß ein Mann und eine Frau einander zuneigen und der Mann mit ihr verkehrt, unterscheidet sich von allem vergleichbaren „natürlichen" Geschehen dadurch, daß hier unabdingbar die Scharia im Spiele ist. Die die „natürlichen" Vorgänge bezeichnenden Wörter erhalten somit einen „übertragenen" Sinn, aus dem wiederum der rechtstechnische entwickelt wird.

Es ist nun keineswegs die schiere Freude an Spitzfindigkeiten, was al-Ǧazīrī veranlaßt, diese Thematik am Beginn seiner Darstellung des Eherechts durchzusprechen. Die hanafitische Meinung war, so hörten wir, daß das Wort „Ehe" auch in der Scharia seinen ursprünglichen, auf den Beischlaf verweisenden Sinn behält; damit wird unterstellt, daß die Ebenen des Natürlichen und des Schariatischen ineinandergreifen und zwischen ihnen keine Kluft besteht. Der Mensch kann infolgedessen den Übergang von der „Natur" in das „Gesetz" beobachten und mit seinem Verstand nachvollziehen, womit der von den anderen Schulen betonte Grundzug der Scharia, Ausdruck des Knechtsstatus des Menschen gegenüber seinem Herrn zu sein, verwischt wird. Al-Ǧazīrī zeigt deswegen dem Leser sogleich, daß die Hanafiten ihre Thesen nicht folgerichtig durchhalten können. Schafiiten und Malikiten interpretieren den schariatischen Sinn demgegenüber als den Vertrag, als das, was der Gesetzgeber vorschreibt, damit die Begierde des Menschen in

[52] AL-ǦAZĪRĪ, op. cit., IV, 1f.

eine gottgefällige Bahn gelenkt werde; al-Ǧazīrī versteht sich allerdings dazu, den Vertrag zusammen mit dem Vollzug des ehelichen Verkehrs als gleich ursprünglichen schariatischen Sinn des Wortes zu werten. Er hält sich damit die Tür offen, das Gesetz zwar als göttliche Knechtung des Menschen zu definieren, aber auch das Wesen der Schöpfung als ein konstitutives Element dieses Gesetzes gelten zu lassen. Während in der Darstellung al-Ǧazīrīs die Theorie der Hanafiten daran scheitert, daß sie letzten Endes nicht sagen können, wie das Gesetz aus der Natur abzuleiten ist und daher einmal die schariatische Bedeutung in der ursprünglichen aufgehen lassen, ein anderes Mal ohne Begründung sie mit der übertragenen gleichsetzen, denken die Schafiiten und Malikiten folgerichtig: In der schariatischen Verwendung des Wortes Ehe ist der Sinn „Vertrag" der ursprüngliche, der Beischlaf der übertragene, und wenn beides als gleich ursprünglich zu verstehen ist, dann ist in Wahrheit der Vertrag das Wesentliche, denn ohne ihn wäre die Ehe gar nicht der Scharia unterworfen.

Selbstverständlich geht das Eherecht des Islams, dessen Verankerung in den allgemeinen Vorstellungen vom Wesen des islamischen Rechts eben aufgezeigt wurde, auf altarabische Bräuche und Ansichten zurück. Der Koran setzt sie voraus und ergänzt sie in charakteristischer Weise. Bereits im vorislamischen Arabien hatte sich das patriarchalische Gefüge der Ehe weitgehend durchgesetzt, obwohl Spuren anderer Formen überliefert sind. Die Brautgabe (arab.: *al-mahr*) war üblich; sie war der Preis für die Ehefrau, die in das Eigentum der Sippe ihres Ehemannes überging und bei dessen Tod den männlichen Erben zufallen konnte.[53] Da der Kauf einer Frau häufig die materiellen Möglichkeiten eines Mannes überstieg, teilten sich bisweilen mehrere Männer in eine Ehefrau, die in diesem Falle in ihrer Sippe verblieb. Diese vom Koran als „Hurerei" (arab.: *az-zinā'*) gebrandmarkte Sitte hatte zur Folge, daß der Erzeuger eines Kindes, das aus einer solchen Verbindung hervorging, nicht bestimmt werden konnte.[54] Die Abstammung mußte mithin in der mütterlichen Linie festgelegt werden. Für das islamische Verständnis von Verwandtschaft ist dies ein wahrer Graus. Zahlreiche Vorschriften zum Scheidungsrecht verfolgen daher den Zweck, solche Unklarheiten auf keinen Fall aufkommen zu lassen. Das aus einer als „Hurerei" nunmehr scharf verurteilten Verbindung hervorgegangene Kind muß nach islamischem Recht weiterhin genealogisch allein der Mutter zugewiesen werden; es ist jedoch jetzt mit einem Makel behaftet. Das klassische Beispiel hierfür bietet der Skandal um Zijād, den vielleicht fähigsten Statthalter des ersten Kalifen der Omaijaden, Muʿāwijas (reg. 660–680). Zijād soll der Sproß einer nach islamischen Vorstellungen illegitimen Verbindung Abū Sufjāns, des Vaters Muʿāwijas, gewesen sein. Um Zijād diesen Makel zu nehmen, erklärte Muʿāwija ihn zu seinem Halbbruder und fügte ihn auf diese Weise in einen von der männlichen Herkunft aus definierten Stammbaum ein. Für die Feinde der Omaijaden war dies

[53] W. Robertson Smith: *Kinship and marriage in Early Arabia*, Nachdruck der Ausgabe von 1903, Boston o. J., 105.

[54] Ebd., 145, 151–155.

der Anlaß zu wütender Polemik, denn der Kalif habe gegen das vom Propheten festgelegte Prinzip verstoßen, daß Hurenkinder außerhalb aller im Islam geltenden Normen der Abstammung stünden. An diesem Beispiel wird anschaulich, wie tief die durch Muḥammads Wirken wenn nicht in Gang gesetzte, so doch wenigstens erheblich beschleunigte Umgestaltung des Ehe- und Verwandtschaftsrechts die frühislamische Gesellschaft aufwühlte. Die politische Seite dieser Vorgänge ist übrigens in dem Versuch des Kalifats zu erkennen, möglichst viele arabische Stämme in ein patrilineares genealogisches System einzufügen, das, von Ismael ausgehend, den Quraiš, dem Stamm des Propheten und der Kalifen, die Spitze zuwies. Bedauerlicherweise ist dieser zum Verständnis der Geschichte der ersten Jahrzehnte nach Muḥammads Tod wesentliche Gegenstand noch nicht gründlich untersucht worden.

Eheliche oder eheähnliche Beziehungen wiesen in vorislamischer Zeit vermutlich erheblich mehr anerkannte Formen auf als später. Verbindungen wurden leicht eingegangen und leicht wieder aufgelöst.[55] Die Brautgabe fiel der Sippe der Braut zu; in polyandrischen Beziehungen, bei denen die Frau in ihrer Sippe blieb, wurde hingegen sie selber die Eigentümerin der in diesem Fall *ṣadāq* genannten Geschenke ihrer Männer.[56] Die vor allem in Sure 4 offenbarten Bestimmungen über die Ehe zielen, wenn man sie vor dem ganz kurz skizzierten Hintergrund betrachtet, auf eine erhebliche Festigung der Bindungen ab. Der Beweggrund hierfür wird schon im ersten Vers erwähnt: Gott hat die Menschen zu zweierlei Geschlecht geschaffen; auf die Blutsverwandtschaft ist strengstens zu achten, denn sie ist, wie ergänzend Sure 49, Vers 13 zu entnehmen ist, das Fundament der Gliederung der Gesellschaft in Sippen und Stämme, das Ordnungssystem, das nach Gottes Willen jedem Menschen den ihm zukommenden Platz zuweist. Sure 4 lenkt die Aufmerksamkeit auf ein in der medinensischen Gemeinde offenbar sehr dringendes Problem. Es waren viele Waisen in Obhut zu nehmen; die Kämpfe gegen die Mekkaner verlangten den Auswanderern, wie wir aus der historischen Überlieferung wissen, einen hohen Blutzoll ab. Der Mahnung an die Vormünder, das Vermögen der Waisen sorgsam und ehrlich zu verwalten, schließt sich der Vorschlag an, sie, sofern es sich um Mädchen handelt, die nicht wegen zu naher Verwandtschaft von einer ehelichen Bindung an den Vormund ausgeschlossen sind,[57] zu heiraten, und zwar zwei, drei, vier; wenn der Vormund jedoch fürchtet, er werde mit seinen Ehefrauen nicht gerecht umgehen, dann nehme er nur eine oder begnüge sich mit seinen Sklavinnen (Sure 4, 3).[58] Die bei der Eheschließung üblichen Geschenke sollen den – ehe-

[55] Ebd., 86.

[56] Ebd., 93.

[57] Das an dieser Stelle verwendete Verbum *ṭāba* bedeutet nicht „gut anstehen", „belieben", wie R. Paret übersetzt, sondern soviel wie „gut", d. h. „rituell unbedenklich sein"; in diesem Sinne kommt das Adjektiv *ṭaijib* vielfach im Koran vor, und zwar bezogen auf einen rituell unbedenklichen Ort (vgl. Kap. A II 2a) oder auf Speisen (z. B. Sure 2, 57 und öfter).

[58] Aus diesem Vers wird in jüngster Zeit vielfach herausgelesen, der Koran befürworte in Wahrheit, daß der Mann sich mit einer einzigen Ehefrau begnüge. Der Text gibt diese

maligen - Mündeln auch wirklich überlassen werden; nur wenn diese damit einverstanden sind, darf der Ehemann einen Teil davon für sich verwenden (Sure 4, 4). Der hier auftauchende Begriff *aṣ-ṣadaqāt* fügt sich ganz in die vorislamischen Verhältnisse; da die Mädchen verwaist sind, kann der Vormund sie nicht durch eine Brautgabe erwerben, die er deren Sippe zukommen läßt.

Der Bruch mit dem alten Eherecht wird in Vers 22 derselben Sure vollzogen. Es wird den Söhnen verboten, Frauen zu heiraten, die mit den Vätern die Ehe eingegangen waren und nach dem Tod, entsprechend den erwähnten Bräuchen, vererbt wurden. Die Eheschließung ist laut dieser Offenbarung ein Abkommen, das zwischen zwei Individuen vereinbart wird und, abgesehen von den aus dieser Ehe hervorgehenden Kindern, Dritten keine Rechte einräumt. Nachdem in Vers 23 und 24 die Verwandtschaftsgrade aufgezählt worden sind, die ein Ehehindernis darstellen, werden die Männer wiederum gemahnt, ihren Ehefrauen den „Lohn" auszuzahlen; es ist also weiterhin an die eben genannte Form der Ehe gedacht, bei der ein Kaufvertrag ausscheidet. In Vers 25 wird hierfür ein weiterer Grund genannt, der allerdings nichts mit der damaligen Lage der Kampfgemeinschaft der Gläubigen zu tun hat, sondern allgemeinerer Natur ist. Wer nicht so vermögend ist, das Brautgeld aufzubringen, der solle mit einer Sklavin die Ehe eingehen. Vermutlich verstieß dieser Vorschlag gegen die guten Sitten, denn es wird darauf verwiesen, daß dank dem gemeinsamen Glauben schon eine Zusammengehörigkeit bestehe. Die Heirat einer bereits zur Botschaft des Propheten bekehrten Sklavin soll mit dem Einverständnis ihres - ebenfalls muslimischen? - Herrn geschehen und gilt als ein Ersatz für die aus materiellen Gründen unerreichbare Ehe mit einer ehrbaren, freien Frau. Die geschäftliche Seite eines solchen Eheverhältnisses ist wiederum die Übergabe eines „Lohnes" an die Frau, die damit die Pflicht übernimmt, sich als „ehrbare" Frau zu betragen, vermutlich also keine weiteren derartigen Bindungen einzugehen, was nach islamischem Brauch, wie erwähnt, unstatthaft war.

Ohne uns allzu weit in Hypothesen zu verlieren, können wir feststellen, daß die koranischen Ansichten über die Ehe sich an den in der medinensischen Urgemeinde vorherrschenden Bedürfnissen ausrichten und die aus vorislamischer Zeit stammende Institution der polyandrischen Ehe, die auch ärmeren Männern erschwinglich war, unter dem Eindruck der Verhältnisse umdeuten in eine Ehe, in der der Mann der bestimmende Partner wird; diese Ehe gilt des weiteren als eine zwischen zwei Individuen getroffene Vereinbarung. Das Wort „Brautgeld" (arab.: *al-mahr*), die Zahlung an die Sippe, aus der eine Frau erworben wird, fehlt bezeichnenderweise im Koran. Von einer, wenn auch rein theoretischen, Einschätzung der Frau als einer dem Ehemann ebenbürtigen Partnerin ist der Koran weit entfernt (vgl. Sure 4, 34f.). Doch wird ein Interessenausgleich zwischen den Gatten als äußerst erstrebenswert empfohlen; die Ehe soll auch auf Initiative der Frau hin gelöst werden können, wenn ein erträgliches Zusammenleben sich nicht einstellen

Deutung allerdings nicht her. Zu den Sonderregelungen, die Muḥammad selber mehr als vier Ehefrauen zugestehen, vgl. Sure 33, 50–52.

will (Sure 4, 127–130). Die übergeordnete Idee ist aber zweifellos die aussagekräftige und zuverlässige genealogische Ordnung der von Gott geschaffenen Menschheit. Darauf deuten die Vorschriften über die Ehescheidung. Sie finden sich bereits in der frühmedinensischen Sure 2, Vers 226 bis 236 (vgl. auch Sure 65, 1–7). Ihr Kern ist die Pflicht, nach der Verstoßung der Frau vor deren Wiederverheiratung eine Wartefrist von drei Perioden einzuhalten. Es soll auf diese Weise die Gewißheit darüber erzielt werden, ob sie von dem Mann schwanger ist, der sie verstoßen hat. Auch die in Vers 233 verkündete Vorschrift, daß eine verstoßene Mutter ihren Säugling insgesamt zwei Jahre stillen solle und während dieser Zeit von ihrem ehemaligen Gatten Unterhalt zu bekommen habe, dient der Wahrung klarer Verwandtschaftsbeziehungen; denn die Milchverwandtschaft galt der blutsmäßigen nahezu ebenbürtig. Ein weiterer Gesichtspunkt sei am Ende dieser Würdigung der koranischen Ehevorschriften angesprochen. Schon in der frühmekkanischen Sure 81 wird in Vers 8 das Los neugeborener Mädchen beklagt, die oft lebendigen Leibes verscharrt wurden. Da das Brautgeld hoch war, konnte eine Sippe nicht damit rechnen, daß, wenn man alle Mädchen großzog, auch alle in der Form eines *mahr* ein Entgelt einbringen würden. Indem, vielleicht auch nur durch die Lage in Medina erzwungen, die Institution der polyandrischen Ehe umgedeutet und auch wenig vermögenden Männern eine Heirat ermöglicht wurde, schwand die Notwendigkeit, die Zahl der Frauen gering zu halten.

Als ein Vertragsverhältnis betrachtet das islamische Recht die Ehe. Es sind mithin schon in vorislamischer Zeit wirksame Vorstellungen, die auch im Koran nachzuweisen sind, im wesentlichen festgehalten worden. Allerdings ist, wie sich ebenfalls im Koran andeutet, die Unterscheidung zwischen einer auf den Kauf der Frau mittels des „Brautgeldes" beruhenden und einer durch *ṣadāq* gestifteten Verbindung aufgegeben worden. Dies ist nicht zuletzt an der Vermischung der Terminologie abzulesen. Der Begriff, unter dem al-Ǧazīrī die materiellen Leistungen, die der Mann bei der Heirat zu erbringen hat, abhandelt, lautet *ṣadāq*; dieses Wort habe jedoch mehrere Synonyme, erklärt er, unter ihnen *mahr*. Er definiert diese Zahlung als die Vermögenswerte, die der Mann bei der Schließung des Ehevertrags für den Genuß des Ehevollzugs zu entrichten hat, und zwar auch im Falle, daß sich herausstellt, daß - aus welchen Gründen immer - der Vertrag unwirksam gewesen ist.[59] Die Morgengabe wird, anders als in vorislamischer Zeit das Brautgeld (arab.: *al-mahr*), Eigentum der Ehefrau und ist ihr unverzüglich nach dem Abschluß des Vertrags zu übereignen. In dieser Bestimmung stoßen wir auf ein wesentliches Element aller Arten von Verträgen, die die zwischenmenschlichen Beziehungen ordnen. Der Interessenausgleich, der verabredet wird, hat sofort nach der Erzielung der Vereinbarung zu erfolgen, denn nur unter dieser Voraussetzung ist gewährleistet, daß die gerechte Ordnung der Dinge erhalten bleibt. Die Morgengabe dient der Absicherung der Existenz der Ehefrau, nicht etwa wie das vorislamische Brautgeld der Befriedigung von Ansprüchen, die die Sippe der Frau geltend macht. In dieser Hin-

[59] AL-ĞAZĪRĪ, op. cit., IV, 83.

sicht ist tatsächlich von *ṣadāq* zu sprechen, einer Leistung, die allein der Frau zugute kam. Allerdings wird die Frau durch den Ehevertrag islamischer Art aus ihrer elterlichen Sippe herausgelöst und der fürsorgenden Gewalt ihres Ehemannes unterstellt. Im Koran wird dieser Sachverhalt sehr klar ausgesprochen. „Die Männer haben Autorität über die Frauen. Denn Gott hat euch je einen verschiedenen Rang zugewiesen. Ferner haben die Männer einen Teil ihres Vermögens aufgewendet. Die rechtschaffenen Frauen sind darum Gott ergeben. Sie plaudern keine Intimitäten aus, wie denn Gott sie ebenfalls geheimhält. Die Frauen, von denen zu befürchten ist, daß sie sich widerspenstig verhalten, die ermahnt! Meidet sie im Ehebett, schlagt sie! Wenn sie euch gehorchen, dann unterlaßt jeden Übergriff gegen sie! Gott ist erhaben und groß!" (Sure 4, 34). Bei ernsthaften Zerwürfnissen solle man aus der Sippe des Mannes und der Frau je einen Schlichter bestellen; beide Ehepartner sollten sich versöhnen, Gott werde ihre Ehe gelingen lassen (Vers 35).

Die Ehe, die durch einen Vertrag gestiftet wird, ist einer der vielen Wege, mit denen der in der Scharia verbürgten Ordnung, die Gott für das Diesseits vorgesehen hat, Ausdruck verliehen wird. Diese Ordnung zeigt sich in der Genealogie (vgl. Sure 49, 13), wie wir schon wissen, und auch einerseits in der vertraglichen Gewährleistung der Fürsorge des Ehemannes für seine Frau, die ihm andererseits ein beträchtliches Maß an Autorität sichert. In dieser Auslegung der Ehe, die sich weit von der vorislamischen entfernt und die Lebensgemeinschaft von Mann und Frau als eine der Erscheinungsformen der vom Schöpfer gesetzten Ordnung des Diesseits versteht, tritt uns das grundlegend Neue vor Augen, das das islamische Eherecht von seinen heidnischen Vorformen unterscheidet. Mit der Aushändigung des *ṣadāq*, der Morgengabe, wird diese Ordnung vollzogen. Es ist demnach ganz undenkbar, daß eine Frau, die diese Gabe entgegengenommen hat, wie in vorislamischer Zeit in ihrer Sippe verbleibt und, der rechtmäßigen Gewalt ihres Ehemannes entzogen, gar noch mit weiteren Männern gleiche Verhältnisse eingeht.

Die Ehefrau ist also der Autorität des Gatten unterstellt; Ausdruck dieser Überzeugung sind die Verfahrensregeln, nach denen ein Ehevertrag abzuschließen ist. Die Braut muß sich in den Verhandlungen durch einen Vormund (arab.: *al-walī*) vertreten lassen. Meist ist dies ein naher Verwandter, etwa der Vater. Umstritten sind die Befugnisse des Vormundes. Darf er eine Frau auch gegen deren Willen verheiraten? Im allgemeinen wird diese Frage verneint; allein dem Vater wird das Recht zugestanden, sich über die Wünsche der Tochter hinwegzusetzen. Doch wird gleichzeitig hervorgehoben, der Vormund habe Sorge zu tragen, daß die Ehepartner ebenbürtig sind. Ein weiteres viel erörtertes Problem ist die Zustimmung der Braut. Meist wird angenommen, daß Jungfrauen, denen es an Erfahrung mit der Ehe mangele und die ohnehin zu schüchtern seien, sich zu äußern, durch ihr Stillschweigen ihr Einverständnis bekunden; Witwen, die eine zweite Ehe eingehen, sollten ihre ausdrückliche Einwilligung geben. Neben dem Vormund müssen bei Abschluß des Vertrages zwei Zeugen zugegen sein, zwei volljährige Muslime, bei klarem Verstand und unbescholten. Ist der Vertrag abgeschlossen, heute in der

Regel beurkundet durch einen *Qāḍī*, ist, wie erwähnt, unverzüglich die Morgengabe zu übereignen. Hierauf folgt das Festmahl, an dem alle Eingeladenen teilnehmen müssen. Nur besondere Gründe, die von den Rechtsgelehrten genau bestimmt werden, rechtfertigen ein Fernbleiben. Diese eigentümliche Bestimmung verweist wieder auf den Zusammenhang, in dem das islamische Eherecht steht. Wie die Ritualpflichten verdeutlicht es die von Gott festgelegte Ordnung, und infolgedessen ist die Eheschließung in einem Gemeinwesen, das sich die getreue Wiedergabe dieser Ordnung angelegen sein läßt, keine Privatsache, sondern von öffentlichem Interesse.[60]

In Anlehnung an Sure 4, Vers 22 bis 24 beschäftigt sich das islamische Recht eingehend mit den Ehehindernissen. Vor Ablauf der bereits erwähnten Wartefrist ist eine Eheschließung unzulässig, desgleichen aus ritualrechtlichen Gründen während des Weihezustandes der Wallfahrt. Ein Mann darf keine Ehe schließen, wenn er schon vier Ehefrauen besitzt, wenn er zu eng mit der Auserwählten verwandt ist oder bereits eine anderweitige nahe Verschwägerung mit deren Familie besteht, schließlich auch bei Milchverwandtschaft. Standesunterschiede können ebenfalls eine Heirat unmöglich machen, etwa im Falle, daß ein freigelassener Sklave um eine freigeborene Frau wirbt. Den Musliminnen ist des weiteren die Ehe mit Andersgläubigen untersagt, während umgekehrt die Ehe eines Muslims mit einer Jüdin oder Christin zulässig ist (vgl. Sure 5, 5). Es überschneidet sich hier die Autorität des nicht-muslimischen Ehemannes, die diesem durch die Scharia zugesichert wird, mit den Voraussetzungen, unter denen die nicht-muslimischen Minderheiten (arab.: *ahl al-kitāb*) unbefristet auf muslimischem Territorium geduldet werden. Sie sind als Angehörige einer durch Muḥammads Berufung überholten Religionsgemeinschaft zum allmählichen Aussterben verurteilt.[61] Ehen, in denen die jüdischen oder christlichen Männer das Sagen hätten und die Erziehung der Kinder bestimmen könnten, würden diese Entwicklung verlangsamen.

Ein Ehevertrag stiftet keine Gütergemeinschaft. Der Mann trägt, wie bereits betont wurde, die Kosten für den Unterhalt der Frau und der Kinder. Kommt der Mann dieser Pflicht nicht nach, kann die Ehefrau ihn verklagen. Wenn sie mit der Klage Erfolg hat, wird die Ehe aufgelöst, wobei sie selbstverständlich die Morgengabe behält. Der Mann kann, wenn er die Unterhaltspflicht erfüllt, Gehorsam und sexuelle Ergebenheit verlangen. Der Koran dringt auf die Einhaltung vertrauensvoller Beziehungen zwischen den Ehepartner und tadelt vor allem Versuche des Ehemannes, sich durch in heidnischer Zeit übliche Praktiken die Unterwürfigkeit der Gattin zu sichern, etwa durch eine leichtfertig geäußerte, aber nicht ernst gemeinte Verstoßung (vgl. Sure 2, 223–226; Sure 58, 1–5). In diesem Zusammenhang kommt die Ehescheidung (arab.: *aṭ-ṭalāq*) in den Blick. Verkündet der Mann, daß er seine

[60] Zu diesen Fragen vgl. die Studie von H. MOTZKI: *Geschlechtsreife und Legitimation zur Zeugung im frühen Islam*, in E. W. MÜLLER (Hg.): *Geschlechtsreife und Legitimation zur Zeugung*, Freiburg/München 1986, 479–550.

[61] Vgl. hierzu unten A III 1.

Frau verstoße, dann entsagt er im selben Augenblick allen im Ehevertrag ihm zugestandenen Rechten. Ihm wird jedoch eine Widerrufsfrist eingeräumt, die sich mit der Wartefrist seiner verstoßenen Frau deckt. Nach der dritten Verstoßung ist ihm allerdings ein Widerruf nicht mehr gestattet. Diese Bestimmungen gehen auf Sure 2, Vers 228 bis 232 zurück. Dort wird allerdings ein verwirrendes Bild von den Verhältnissen in der frühen medinensischen Gemeinde gezeichnet. Im übrigen wird den Frauen in Vers 229 die Möglichkeit eröffnet, sich durch Rückzahlung der Morgengabe aus dem Ehevertrag freizukaufen (arab.: *al-ḫulʿ*); allerdings ist die Voraussetzung für das Beschreiten dieses Weges der Eheauflösung, daß der Mann bereits die Verstoßung ausgesprochen hat, sie aber rückgängig machen will. Dergleichen mißbräuchliche Verstoßungen geschähen, wie wir aus diesem Vers erfahren, wenn der Mann sich Teile der Morgengabe aneignen wolle und der Frau eine Rücknahme der Verstoßung nur für den Fall zusage, daß sie hierin einwillige. Nur wenn die Frau in so widerwärtiger Weise erpreßt wird, darf sie ihrerseits die Initiative zur Trennung ergreifen. Im Ehevertrag darf die Frau sich bestimmte Verhaltensweisen des Mannes ausbedingen (arab.: *at-taʿlīq*), anderenfalls sie als von ihrem Mann verstoßen zu gelten habe; der Mann räumt beispielsweise seiner Frau vertraglich ein, daß sie von ihm geschieden sei, wenn er sich eine zweite Frau nehme, wenn er ihr keine angemessene Wohnung verschaffe usw.[62] Fälschlich wird ein solcher Zusatz zum Vertrag bisweilen als eine Möglichkeit der Frau gedeutet, von sich aus die Auflösung einer ihr unerträglich gewordenen Ehe zu erreichen. Auch die Nichtigkeitserklärung (arab.: *al-fasḫ*) einer Ehe erfolgt nur aus Gründen, auf deren Eintritt die Frau keinen Einfluß hat.

Neben der vertraglichen Ehe hat bzw. hatte der Mann die Möglichkeit, unfreie Frauen zu erwerben und mit ihnen zu verkehren. Sie waren sein Eigentum; er konnte sie beispielsweise mit Sklaven verheiraten. Die aus einer solchen Ehe hervorgegangenen Kinder erhielten stets den Status der Mutter, blieben im genannten Falle also unfrei. Anders die Kinder, die der Herr selber mit einer Sklavin zeugte; sie waren frei und genossen in der islamischen Gesellschaft das Ansehen eines Freien. Ihr Vater war, da er sich Sklavinnen leisten konnte, in der Regel ein nicht eben unbedeutender Mann. Der Status der Sklavin veränderte sich, sobald sie ihrem Herrn ein Kind geboren hatte (arab.: *umm walad*): Sie durfte nicht mehr veräußert werden und erlangte nach dem Tod des Herrn die Freiheit. In der islamischen Geschichte haben Frauen mit einem solchen Lebensschicksal vielfach eine herausragende politische Rolle gespielt. Erinnert sei nur an al-Ḫaizurān, die Mutter des Kalifen Hārūn ar-Rašīd (reg. 786–809), eine gebürtige Jemenitin, die einen nachhaltigen, vielleicht auch verhängnisvollen Einfluß auf die Geschichte des frühabbasidischen Kalifats ausübte. Das Konkubinat hat zur Herausbildung einer islamischen Stadtgesellschaft, zu der Angehörige vieler durch die Araber unterworfener Völker verschmolzen, in erheblichem Maße beigetragen. Lediglich im Hedschas, dem Her-

[62] T. W. Juynboll, op. cit., 226; zum Urteil moderner islamischer Rechtsgelehrter über Ehe und Scheidung vgl. Gh. Ascha: *Mariage, polygamie et répudiation en islam*, Paris 1997.

kunftsland des Islams, hat man es noch lange mit Mißtrauen betrachtet und Kinder, die einer solchen Verbindung entsprossen, für minderwertig gehalten.[63]

b) Vereinbarungen in Handel und Gewerbe

Nicht selten hat man darauf hingewiesen, daß der Kaufmannsgeist des vorislamischen Mekka in den Offenbarungen, die Muḥammad empfing, allenthalben zu spüren sei und manche kennzeichnende Züge des Islams verstehen helfe.[64] Indessen ist die Erklärungskraft der Begriffe aus dem Handel, die sich im Koran finden, weit geringer als angenommen. In den älteren Suren wird bisweilen vor der Unreinheit gewarnt, die auf zweifelhafte Weise erworbenes Gut mit sich bringe - im Zusammenhang mit der Läuterungsgabe wurde dieses Thema berührt. Ansonsten werden den Kaufleuten, die ihre Kunden zu übervorteilen suchen, der Jüngste Tag und die strenge Abrechnung ins Gedächtnis gerufen (Sure 83, 1-6; vgl. Sure 17, 35 und Sure 26, 181-183). Prägend für die religiösen Vorstellungen des Islams war zweifellos die Botschaft von den Geschehnissen am Ende aller Zeiten; über das diesseitige Tun und Lassen eines jeden Menschen wird in Gottes Gegenwart sorgfältig Buch geführt, Soll und Haben sind genauestens verzeichnet. In der medinensischen Periode, in der die prophetische Gemeinde zunächst unter äußerst prekären Umständen um ihr Überleben kämpfte, taucht dieses Bild in den Offenbarungen mehrfach auf und dient der Untermauerung einer strengen Werkgerechtigkeit. Die „Gläubigen" schließen ein Geschäft mit Gott ab. Sie übereignen ihm ihr Hab und Gut und ihr Leben, als Lohn wird ihnen von Gott das Paradies zugesagt. „Wer will Gott ein gutes Darlehen geben, damit er es ihm (am Jüngsten Tag) um ein Vielfaches vermehrt zurückzahle?" werden die Anhänger des Propheten in Sure 2, Vers 245 gefragt. Allein im Kampf für die neue Religion und durch Gottes Huld gewirkt, ist zulässig, was sonst im Koran zu unterschiedlichem Anlaß scharf gegeißelt wird: die Entgegennahme von Wucherzinsen (arab.: *ar-ribā*), die sich auf ein Vielfaches des gewährten Kredites belaufen (Sure 3, 130).[65] Obschon zahlreiche Nachrichten über den Handelsverkehr im vorislamischen Arabien und über die beherrschende Stellung der Quraiš in den damaligen Geschäftsbeziehungen überliefert sind,[66] gewinnt man kein Bild von den Rechtsbräuchen, die befolgt wurden. Die harsche Kritik des Korans an den Betrügereien und dem Wucher vermitteln, wenn man sie als den Tadel einer gängigen Praxis begreift, sicher einen allzu düsteren Eindruck. Immerhin müssen auch ohne Übervorteilung einträgliche Geschäfte möglich ge-

[63] Vgl. *Handwörterbuch des Islam*, Leiden 1943, s. v. *Umm al-Walad*.

[64] C. C. Torrey: The Commercial-Theological Terms in the Koran, Leiden 1892.

[65] Zur Werkgerechtigkeit in Medina vgl. T. Nagel, *Einschübe*, 157-161; zum koranischen Zinsverbot vgl. R. Lohlker: *Das islamische Recht im Wandel*, Münster 1999, 23-26.

[66] Zu den Beziehungen zwischen Handel und Heiligtümern im vorislamischen Arabien vgl. die von Saʿīd al-Afġānī zusammengetragenen Überlieferungen *Aswāq al-ʿarab*, Damaskus 1960.

wesen sein; anderenfalls hätte Muḥammad nicht nach seiner Flucht versucht, in Medina einen Markt einzurichten.[67] Für seine Anhängerschaft erwies es sich jedoch als günstiger, den Lebensunterhalt durch Raubzüge zu bestreiten, deren erfolgreichster, der Überfall auf eine mekkanische Karawane bei Badr, einen herausragenden Platz in der erinnerten Geschichte der Muslime einnimmt.

In den Bestimmungen des islamischen Rechts zur Regelung wirtschaftlicher Verhältnisse ist die vorislamische Überlieferung noch gegenwärtig; sie läßt eine Auffassung von Handel und Gewerbe erkennen, die in dem allzu rasch gewachsenen islamischen Reich mit der vor allem in den großen Städten sich herausbildenden kosmopolitischen Ausprägung nicht mehr zeitgemäß und zweckmäßig war. Dieser Umstand wirkte sich auf die Art und Weise aus, in der die Gelehrten mit den Normen verfuhren. Ich werde mich zunächst mit dem Kauf beschäftigen und danach einige schariatische Formen von Interessengemeinschaften betrachten, zu denen sich Kaufleute oder Gewerbetreibende zusammenschließen. Der erste Schritt sei wieder die Übersetzung einer Definition al-Ǧazīrīs; über den Verkauf (arab.: *al-bai*ʿ) hat er folgendes zu sagen:

> Die wortwörtliche Bedeutung ist der Austausch einer Sache gegen eine andere. Daher bezeichnet man als Verkauf sowohl den Austausch einer Ware gegen eine andere als auch gegen Geld. Das eine der beiden ausgetauschten Güter nennt man das Verkaufte, das andere den Preis. In der wortwörtlichen Bedeutung wird kein Unterschied gemacht, ob das Verkaufte und der Preis rituell rein oder unrein sind, ob also nach den Bestimmungen der Scharia aus beiden ein erlaubter Nutzen gezogen werden kann oder nicht. So kann beispielsweise der Wein in der wortwörtlichen Bedeutung von (Verkauf) sowohl das Verkaufte als auch der Preis sein, nicht aber gemäß der schariatischen Bedeutung ... Der Austausch einer Sache gegen eine andere läßt sich mit der Erwiderung des Friedensgrußes vergleichen, mit dem Austausch von freiwilligen zusätzlichen Gaben oder von Wohltaten. Dies meinen Verkauf und Kauf in dieser Definition, und es ist offenkundig, daß es sich auch im übertragenen Sinne so verhält. Einige Rechtsgelehrte vertreten die Auffassung, der wortwörtliche Sinn von Verkauf sei die Übereignung (arab.: *at-tamlīk*) eines Vermögenswertes gegen einen anderen. Diese Auffassung entspricht der genannten Definition, nur hebt sie auf den eigentlichen Sinn des Wortes ab und schließt die Erwiderung einer freiwilligen zusätzlichen Gabe und dergleichen nicht ein. Manche führen an, Verkauf habe den wortwörtlichen Sinn „einen Gegenstand (arab.: *aḏ-ḏāt*) gegen einen Gegenwert (arab.: *al-ʿiwaḍ*) aus dem Eigentum ausscheiden", was der zweiten Definition entspricht, denn das Ausscheiden eines Wertes aus dem Eigentum meint dasselbe wie jemand anderem einen Vermögenswert übereignen. Die Übereignung des Nutzens etwa durch Indienstnahme und dergleichen Dinge, die später behandelt werden, nennt man nicht Verkauf.

Al-Ǧazīrī erinnert seinen arabischen Leser daran, daß Kauf und Verkauf durch ein und dasselbe Wort ausgedrückt werden können; er hebt mithin die Komple-

[67] Vgl. M. J. Kister: *The market of the Prophet* und *Mecca and Tamīm*, in JESHO 8/1965, 272–276 und ebd., 113–163.

mentarität der beiden Handlungen hervor, die ein Geschäft konstituieren. Danach geht er zur Erläuterung der rechtstechnischen Bedeutung des Begriffes über, den er zunächst am Beispiel der hanafitischen Schule erarbeitet. Ich fasse diesen Abschnitt zusammen. Al-Ǧazīrī unterscheidet zwischen einer spezifischen und einer allgemeinen schariatischen Bedeutung und setzt beide wie folgt gegeneinander ab: Die spezifische umfaßt den Verkauf einer definierten Ware (arab.: *al-ʿain*) gegen die beiden als Wertmesser, d.h. als Geld verwendeten Edelmetalle Gold und Silber. Demgegenüber läßt sich der allgemeine schariatische Sinn von Verkauf unter zwölf Gesichtspunkten erörtern, zu denen auch der gerade genannte Spezialfall zählt. Diese zwölf ergeben sich daraus, daß man einen Verkauf von drei Sachverhalten aus analysieren kann: als die Handlung des Verkaufes an sich, d.h. des Austausches von einem Gut gegen ein anderes; von dem verkauften Gegenstand aus; vom Preis aus. Jeder dieser Sachverhalte läßt sich nach vier Gesichtspunkten beurteilen. Der Verkauf kann wirksam (arab.: *nāfiḏ*) sein, an Bedingungen geknüpft (arab.: *mauqūf*), nicht rechtsförmig (arab.: *fāsid*) oder nichtig (arab.: *bāṭil*). Ein wirksamer Verkauf liegt bei sofortiger Übereignung vor; an Bedingungen geknüpft wäre er, wenn eine Erlaubnis eingeholt werden müßte; nicht rechtsförmig ist ein Geschäft, welches die Übereignung erst für den Augenblick der tatsächlichen Inbesitznahme (arab.: *al-qabḍ*) durch den Käufer vorsieht; nichtig ein solches, das gar keine Übereignung beabsichtigt. Bei dem verkauften Gegenstand und seinem Preis kann es sich je um Waren handeln; in diesem Falle kann das eine wie das andere als das Verkaufte oder als der Preis bezeichnet werden. Sind Gegenstand und Preis jeweils Gold oder Silber, spricht man von Wechsel (arab.: *aṣ-ṣarf*). Ist hingegen der verkaufte Gegenstand Gold oder Silber, d.h. Geld, der Preis jedoch eine Ware, dann hat man von einem Terminkauf (arab.: *as-salam*) zu sprechen; dabei wird stillschweigend vorausgesetzt, daß der Wert der später übereigneten Ware dem tatsächlichen Kaufpreis entspricht, mithin kein wie auch immer zu honorierendes Risiko in die Transaktion eingeht. Der gewöhnliche Verkauf besteht allerdings im Aushändigen einer Ware gegen einen in Geld zu zahlenden Preis. Der Preis ist der dritte Sachverhalt, unter dem ein Geschäft in den Blick genommen werden kann. Die Rechtsgelehrten nehmen für jede Ware einen Ursprungspreis an, zu dem sie in den Besitz des Verkäufers gelangt ist. Wenn dieser Ursprungspreis durch den Käufer ohne weitere Verhandlungen geleistet wird, liegt eine Veräußerung zum Einkaufspreis (arab.: *at-taulija*) vor; wenn die Ware mit einem Aufschlag auf den Ursprungspreis verkauft wird, sprechen die Rechtsgelehrten von einem Verlustverkauf (arab.: *aḍ-ḍaiʿa*), im umgekehrten Fall von einem Gewinnverkauf (arab.: *al-murābaḥa*). Wird man sich unter Absehung vom Ursprungspreis handelseinig, wurde ein Versteigerungsverkauf (arab.: *al-musāwama*) getätigt.

Halten wir hier zunächst inne und versuchen wir, das Wesentliche zu erfassen! Die wortwörtliche Bedeutung von Verkauf, und auch die übertragene, sind für das Verständnis der schariatischen grundlegend, aber nicht ausreichend. So verhielt es sich auch mit der Bezeichnung für Ehe. Aber es ergibt sich bereits, daß, wie das Beispiel der Erwiderung des Grußes belegt, ein Vorgang gemeint ist, bei dem die

Handlungen zweier Partner unmittelbar aufeinander bezogen sind und in einem engen zeitlichen Zusammenhang stehen; es findet zu einem bestimmten Zeitpunkt ein Austausch von Eigentum statt. Die von Rechtsgelehrten ersonnene Definition, Verkauf sei die Übereignung von Vermögenswerten, zielt genauer auf diese Auffassung; denn nur wenn diese Übereignung von beiden Partnern im selben Augenblick vorgenommen wird, ist ausgeschlossen, daß einer von beiden sich über eine Zeitspanne hinweg als einen unrechtmäßigen Eigentümer von Geld oder Ware betrachten muß, was ein Zustand wäre, den Gott für sündhaft erachtet, wie wir aus dem Abschnitt über die Läuterungsgabe wissen. Die schariatische Auslegung des Verkaufs muß nun zusätzlich in Erwägung ziehen, welche Güter, nämlich rituell reine, überhaupt veräußert werden können bzw. an welchen Gütern ein Muslim rechtmäßig Eigentum erwerben kann. Der spezifisch rechtstechnische Sinn des Wortes Verkauf wird aus den insgesamt zwölf Gesichtspunkten erkennbar, unter denen dessen drei Grundelemente beurteilt werden müssen. Es fällt in diesem Zusammenhang auf, daß zwar das verkaufte Gut und der Preis als die zwei gleichberechtigten materiellen Gegebenheiten des Austausches betrachtet werden, daß aber in Wahrheit der Vorgang mit den Augen des Käufers gesehen wird: Ein Geschäft ist ein Verlustverkauf, wenn der Käufer einen höheren als den Ursprungspreis zahlt. Auf diesen schon im Koran zu beobachtenden Blickwinkel werden wir noch öfter treffen.

Nach der spezifischen rechtstechnischen Bedeutung wenden wir uns jetzt mit al-Ǧazīrī der allgemeinen zu, die erstere als einen Sonderfall in sich schließt. Verkauf ist der Austausch von Vermögenswerten in einer bestimmten Weise. Ein Vermögenswert (arab.: *al-māl*) kann in einer Ware, einem Gut bestehen oder in einem Geldbetrag; hierbei ist die Ansicht der islamischen Rechtsgelehrten im Spiele, Gold und Silber seien selber niemals Waren, sondern unveränderliche Maßstäbe, an denen der Wert aller Güter abgelesen werden könne.[68] Im Sinne der Scharia ist von einem Vermögenswert zu sprechen, wenn zwei Voraussetzungen erfüllt sind: Erstens muß man aus dem betreffenden Gut bei Auftreten eines entsprechenden Bedürfnisses einen Nutzen ziehen können; zweitens muß dieser Nutzen gemäß dem göttlichen Gesetz statthaft sein. Ein einziges Getreidekorn kann, da, so al-Ǧazīrī, aus ihm kein Nutzen zu gewinnen ist, nicht Gegenstand eines Verkaufs werden, ebensowenig wie Wein oder Schweine, da das Gesetz deren Genuß verbietet. Die Bestimmungen zur rituellen Reinheit greifen mithin hier in das Wirtschaftsleben ein, da sie festlegen, von welcher Beschaffenheit die Güter zu sein haben, die überhaupt dessen rechtmäßigen Umfang ausmachen. Al-Ǧazīrī erinnert den Leser an eine seltsam anmutende, aber logische Schlußfolgerung hieraus. Als Ware, d.h. als verkauftes Gut, ist Wein nicht zulässig; ein entsprechendes Geschäft wäre nichtig. Wird der Wein hingegen als Preis für ein verkauftes Gut ausgehandelt, dann hat der Käufer sehr wohl Wein im betreffenden Wert dem Verkäufer zu übergeben. –

[68] R. BRUNSCHVIG: *Conceptions monétaires chez les juristes musulmans*, in Arabica 14/1967, 113–143.

Auch ein Geschenk, das unter Ausbedingung einer geldwerten Leistung zugesagt wird, ist als ein Verkauf zu betrachten. Wenn jemand erklärt, er schenke ein bestimmtes Haus jemandem unter der Bedingung, daß dieser ihm einen Geldbetrag in der und der Höhe übergibt, dann ist bis zu dem Augenblick, in dem der Schenkende diesen Betrag erhält, von einer Schenkung zu sprechen, nicht von einem Verkauf; denn das Geschenk ist dem Getreidekorn zu vergleichen, weil es dem Begünstigten noch keinen - gesetzmäßigen - Nutzen einträgt. Sobald aber die Übergabe des Geldbetrages erfolgt ist, hat sich die Schenkung in einen Verkauf gewandelt; keiner der beiden Partner kann dann noch von der Abmachung zurücktreten. Gemäß dieser Denkfigur ist die Einräumung eines Vorkaufsrechts (arab.: *aš-šufʿa*) ein schariatisch zulässiger Vorgang, obschon das Vertragsrecht grundsätzlich den Austausch der Vermögenswerte unverzüglich mit dem Eintreten der Rechtskräftigkeit der Abmachung verlangt. Denn der die obige Definition abschließende Passus „in einer bestimmten Weise" meint zwei der wesentlichen Elemente des Vorganges, nämlich das verbindliche Angebot (arab.: *al-īǧāb*) durch den Veräußernden und die Annahme (arab.: *al-qabūl*) durch den Erwerbenden. So ist beispielsweise die Ankündigung einer Spende in Erwartung einer Gegenspende niemals als ein Verkauf zu betrachten, weil jene beiden Elemente fehlen; beide Partner können also von ihrem Angebot zurücktreten. Hingegen ist ein unter Zwang getätigter Verkauf tatsächlich im schariatischen Sinn ein Verkauf, der allerdings nicht rechtsförmig erfolgte; er ist an die Bedingung geknüpft, daß beide Partner nach Wegfall des Zwanges ihr Einverständnis erteilen. Die schariatische Definition einer Handlung umfaßt eben sowohl deren rechtsförmigen (arab.: *ṣaḥīḥ*) als auch deren nicht rechtsförmigen (arab.: *fāsid*) Vollzug, wie al-Ǧazīrī an einem letzten Beispiel verdeutlicht: Nehmen wir an, jemand tauscht geprägte Münzen in einer bestimmten Anzahl gegen die gleichen Münzen in derselben Anzahl; in diesem Fall liegt kein rechtsförmiger Verkauf vor, denn aus dem Geschäft kann er für sich keinen Nutzen bzw. Gewinn (arab.: *al-fāʾida*) erwirtschaften. Sollten jedoch die eingetauschten Münzen mit gelber oder schwarzer Farbe übermalt sein - so daß sie spontan als echte Gold- oder Silbermünzen angesehen werden, was sie ja auch sind -, dann handelt es sich um einen rechtsförmigen Verkauf, weil der Erwerber aus dem gekauften Gut einen Nutzen ziehen kann.[69] Würde hingegen bei dem Geschäft eine Münze im Wert von zwei Dirham für eine von fünf Dirham gegeben, wäre dies wiederum ein nicht rechtsförmiger Verkauf, da der Erwerber des Fünf-Dirham-Stückes einen nicht durch seine eigenen Leistungen erzielten Gewinn gemacht hätte, der als Wucher (arab.: *ar-ribā*) zu werten und deshalb verboten wäre.[70]

Wir haben uns mit diesen Angaben al-Ǧazīrīs einen Überblick über die wichtigsten Merkmale des islamischen Vertragsrechts, soweit es Wirtschaft und Handel angeht, verschafft und werden nun einige Gegenstände etwas genauer betrachten.

[69] Al-Ǧazīrī meint vermutlich, daß das Übermalen den Wiedererkennungswert von Münzen und damit deren Verwendungsmöglichkeit verbessert hat.

[70] AL-ǦAZĪRĪ, op. cit., II, 131–133.

Wie erwähnt, können sich der schariatische Begriff des Verkaufs sowie alle anderen Arten des Erwerbs von Eigentum nur auf Güter erstrecken, die dem Gesetze nach rituell rein sind oder zumindest nicht dem Wesen nach unrein. So kann an Unreinem wie etwa Dung kein Eigentum erworben werden, ebensowenig an Sachen, deren Verwendung die Scharia nicht erlaubt; in den Rechtshandbüchern werden die Utensilien für Glücksspiele, Musikinstrumente, Bücher über Astrologie oder Philosophie als Beispiele genannt. Da de facto häufig sich dergleichen doch im Besitz eines Muslims befindet, wird in diesen Fällen nicht von Eigentum (arab.: *al-milk*) gesprochen, sondern von Zugehörigkeit (arab.: *al-iḫtiṣāṣ*) zu der betreffenden Person. Auch über Unnützes, etwa über Ungeziefer, kann kein ein Eigentum begründender Vertrag ausgehandelt werden.

Damit kommen wir zum schariatischen Eigentumsbegriff. Er unterscheidet sich von demjenigen des deutschen Rechts dadurch, daß stets der Gesichtspunkt des Nutzens und der Nutzung zu beachten ist. Wie gesagt, kann an unnützen Dingen wie etwa Schadinsekten kein Eigentum geltend gemacht werden, desgleichen an unreinen wie Dung; allerdings ist dies in dem Augenblick doch möglich, in dem ersichtlich wird, daß etwa dieser Dung auf einem Acker ausgebracht werden soll. Nunmehr ist auch die wesenhafte Unreinheit nicht von Belang. Nach Ansicht der meisten Rechtsschulen ist der Hund ein unreines Tier; alles, was er berührt, etwa ein Napf, ist zu reinigen, bevor ein Mensch es wieder in Gebrauch nimmt. Wird der Hund jedoch zum Apportieren abgerichtet und erbringt somit einen Nutzen, dann erwirbt der Herr an ihm das Eigentum; das erlegte Wild, das der Hund herbeiholt, gilt in diesem Fall als rituell rein und eßbar.[71] Der Nutzen, den ein Tier oder ein Gegenstand erbringt, muß allerdings vor Vertragsschluß deutlich erkennbar sein und in den Preis eingehen; wäre dies nicht der Fall, dann müßte man den Erwerber eines Wuchergewinnes beschuldigen. Des weiteren setzt das islamische Eigentumsrecht voraus, daß mit dem, worüber man gemäß dessen Bestimmung verfügt, keine Spekulation getrieben wird; es muß vielmehr tatsächlich von dem Eigner genutzt werden, und zwar in einer der Scharia entsprechenden Weise. Man kann also nicht ein Eigentümer von absichtlich auf unbestimmte Zeit der Brache anheimgegebenem Land sein. – Beim Verkauf entsteht das Eigentumsrecht an der erworbenen Sache im Augenblick des Abschlusses des Vertrages, keineswegs also erst bei Lieferung oder Eintragung in das Grundbuch. Der Sinn dieses Grundsatzes liegt darin, daß jegliche Art von Risikogeschäften, bei denen nicht abzusehen ist, wie am Ende jeder der beiden Partner dastehen wird, unterbunden werden soll. Denn es könnte für eine der den Vertrag abschließenden Seiten ein nicht aus der eigenen Nutzung herzuleitender Gewinn zu verzeichnen sein, was dazu führte, daß zwei nicht gleichwertige Dinge oder Leistungen ausgetauscht werden. Auf der gleichen Ebene liegt das schon im Koran angesprochene Verbot aller Glücksspiele (Sure 2, 219; Sure 5, 90), die als rituell unrein verdammt werden. Hier offenbart sich wieder die Grundidee des islamischen Rechts überhaupt: Die Dinge und Sach-

[71] E. Graef: *Jagdbeute und Schlachttier im islamischen Recht*, Bonn 1959, 132–137.

verhalte dieser Welt werden einer Ordnung unterworfen, die der natürlichen Geschaffenheit des Menschen zu Gott hin (arab.: *al-fiṭra*) entspricht; was im Sinne dieser Ordnung ist, ist damit als rein identifiziert; anderes wie das Glücksspiel oder eben der Wuchergewinn ist nicht nur ungerecht, sondern auch im rituellen Sinne unrein.

Als Wucher gilt im übrigen jede Art von Abmachung, bei der einem Kreditgeber ein Gewinn entsteht, erstrecke sich diese Abmachung auf Geld oder auf Güter. Al-Ǧazīrī beschreibt die am häufigsten praktizierte Art des Wuchers wie folgt:

> Es ist der Verkauf (einer bestimmten Menge) einer Ware gegen einen Teil von ihr oder gegen eine andere Ware unter Verabredung eines Aufschlages im Falle einer verspäteten Übereignung (durch den Schuldner), etwa der Verkauf eines *Irdabb*[72] in diesem Augenblick für eineinhalb *Irdabb*, die nach zwei Monaten (dem Verkäufer) zu zahlen sind, oder der Verkauf von zwanzig ägyptischen Pfund für fünfundzwanzig, die nach einem Jahr fällig sind, oder der Verkauf von einem *Irdabb* Weizen in diesem Augenblick gegen zwei *Irdabb* Hirse, die nach sechs Monaten zu zahlen sind. Denn selbst wenn es sich bei Weizen und Hirse um unterschiedliche Waren handelt, so ist doch (in einem rechtsgültigen Geschäft) die gleichzeitige gegenseitige Übereignung und die Unterlassung jeglicher Aufschiebung der Zahlung eine (notwendige) Bedingung. Andernfalls liegt Wucher vor.[73]

Nach einem bekannten *Ḥadīṯ* soll allerdings ein Wuchergewinn aus dem sofortigen Austausch zweier gleichartiger Güter in derselben Menge, jedoch in unterschiedlicher Qualität erlaubt sein. Über dieses Problem ist in der Rechtsliteratur viel gestritten worden, und wir werden uns in die Spitzfindigkeiten dieses Themas nicht vertiefen. Doch ist es für das Verständnis des Vertragsrechts immerhin nützlich, diesen Gegenstand wenigstens zu streifen. Al-Ǧazīrī versichert, daß der „Wuchergewinn aus höherer Qualität der Waren" (arab.: *ribā l-faḍl*) im Geschäftsleben eine geringe Bedeutung habe; dennoch spricht er sich für ein striktes Verbot aus, weil beispielsweise einem Narren eingeredet werden könnte, eine Goldmünze mit einer seltenen, schönen Prägung sei mehr wert als eine andere gleichen Gewichts. Wie schon angemerkt, wird das Geschäft aus der Sicht des Kunden betrachtet, der vor Übervorteilung geschützt werden muß. Einem *Ḥadīṯ* zufolge dürfen Gold und Silber, sowie Weizen, Gerste, Datteln und Salz nur zu je gleich großen Mengen im Zuge eines Verkaufs im Augenblick des Vertragsabschlusses ausgetauscht werden; eine wie auch immer begründete Erhöhung der Menge der von einem der Partner zu übergebenden Ware ist unzulässig. – Diese Bestimmung ist womöglich der Grund dafür, daß Goldschmuck meistens nach Gewicht und ohne Beachtung der künstlerischen Qualität der Stücke gehandelt wird. – Al-Ǧazīrī fährt fort:

> Wenn freilich unterschiedliche Güter ausgetauscht werden, sind Verkauf und Kauf mit Erhöhung oder Verminderung des Wertes erlaubt. Es liegt mithin ein rechtsförmi-

[72] Trockenhohlmaß, etwa 198 Liter.
[73] AL-ǦAZĪRĪ, op. cit., II, 222.

ges Geschäft vor, wenn ein ägyptisches Pfund (in Gold) für 120 Piaster (in Silbermünzen) gekauft wird, wie es auch für 95 Piaster eingetauscht werden darf. ... Man nennt (dieses Geschäft) Wechsel (arab.: *aṣ-ṣarf*); Bedingung ist jedoch, daß die gegenseitige Übereignung gleichzeitig stattfindet. Der Wechsel eines ägyptischen Pfundes in Gold gegen Silber wäre nicht rechtsförmig, wenn nicht jeder der beiden Partner sein Gut während der Sitzung (arab.: *al-maǧlis*) erhielte. Wenn etwa der eine 90 Piaster erhielte und den Empfang von 10 auf einen künftigen Termin befristete, wäre dies verboten. Das gleiche gilt für den Austausch der übrigen der oben genannten sechs Waren. Die (unerläßliche) Voraussetzung (für die Rechtsförmigkeit) ist stets die gleichzeitige gegenseitige Übereignung. Im übrigen gilt das eben Gesagte für den Austausch von Nahrungsmitteln überhaupt, etwa wenn jemand Weizen gegen Reis verkauft. Wenn jedoch eines der beiden ausgetauschten Güter Bargeld, das andere ein Nahrungsmittel ist, dann ist die Zahlung zu einem späteren Termin erlaubt, gleichviel ob das Nahrungsmittel die verkaufte Sache ist - etwa wenn jemand Weizen gegen Goldmünzen, die zu einem bestimmten Termin zu zahlen sind, kauft - oder ob es der Preis ist - etwa wenn jemand fünf Goldmünzen gegen fünf *Irdabb* Weizen kauft, die er zu einem späteren Zeitpunkt übereignen wird; man nennt dies den Terminkauf (arab.: *as-salam*).[74]

Diese Ansichten al-Ǧazīrīs werden nicht von allen Rechtsgelehrten geteilt,[75] doch braucht uns das nicht weiter zu kümmern. Wir erkennen an diesen Ausführungen sehr gut die Leitgedanken der Bestimmungen über Kauf und Verkauf. Gold und Silber sowie die Grundnahrungsmittel - von al-Ǧazīrī in Analogie auf alle Nahrungsmittel ausgeweitet - dürfen auf keinen Fall Gegenstand eines Spekulationsgeschäftes werden. Um dieses zu verhindern, sind, falls das Geschäft mit ein und demselben Gut getätigt wird, etwa mit Datteln aus dem Ort A gegen solche aus dem Ort B, die Gleichheit der Menge und die Gleichzeitigkeit der Übergabe, und zwar noch während der „Sitzung", also der Unterhandlung, vorgeschrieben; die Güter müssen „wie gesehen" ausgetauscht werden. - Etwas gelockert werden die Bestimmungen, wenn eines der sechs Güter gegen ein anderes erworben wird; ein solcher Wechsel ist rechtlich unbedenklich, wenn eine gleichzeitige gegenseitige Übereignung stattfindet. Das Erfordernis der Gleichheit der Mengen kann entfallen, weil durch den Wechsel demjenigen, der scheinbar einen Verlust erleidet, ein anderweitiger Nutzen erwächst. - Werden schließlich Gold und Silber nicht als Waren, sondern als reiner Wertmaßstab verstanden, dann ist sogar ein Terminkauf erlaubt; hierbei wird angenommen, daß die jetzt dem Käufer ausgehändigten fünf Goldmünzen dem unveränderlichen „objektiven" Wert der zu dem vereinbarten Zeitpunkt zu übereignenden fünf *Irdabb* Weizen entsprechen, also keiner der Vertragspartner einen Spekulationsgewinn bzw. Zinsen verbuchen kann. Der Terminkauf ist daher einem im islamischen Recht erlaubten zinslosen Darlehen zu vergleichen.

[74] Ebd., II, 221f.
[75] Vgl. R. Lohlker, op. cit., 44f.

Das islamische Recht sieht also im Handel sehr wohl die Möglichkeit eines Gewinnes vor, der theoretisch den Nutzen oder die Leistung ausmacht, die jeder Partner eines Geschäftes durch den Austausch der Güter empfängt. Das bedeutet jedoch, daß es keine rechtsförmige Möglichkeit gibt, Risikobereitschaft und Konsumverzicht zu prämieren. Der im Grunde archaische Charakter des islamischen Rechts, das gänzlich statische Lebensverhältnisse als Ideal bewahren möchte, tritt deutlich zutage. Für die islamische Gesellschaft, wie sie sich in den großen Metropolen wie Bagdad schon ab dem 8. Jahrhundert herausbildete, für einen sich über drei Kontinente erstreckenden Kulturraum mit einem weit über dessen Grenzen hinausreichenden lebhaften Verkehr, konnte dieses Ideal nicht in vollem Sinne Maßstab der Wirklichkeit sein. Schon mit dem Entstehen dieser kosmopolitischen Gesellschaft kamen daher Vertragsformen in Gebrauch, die zwar den Erfordernissen jenes Ideals entsprachen, jedoch sehr wohl das Risiko belohnten. Man hat in der europäischen Literatur in diesem Zusammenhang von Geschäften unter Umgehung des islamischen Rechts gesprochen; diese Charakterisierung verkennt jedoch, wie gleich zu erörtern sein wird, einen wesentlichen Grundzug der islamischen Kultur.

Bereits im mittelalterlichen Europa war unter dem Namen Mohatra (arab.: *al-muḫāṭara*) die folgende Art von Vereinbarung bekannt: Zwei Partner schließen über ein und dasselbe Gut zwei Kaufverträge ab, die jeweils einen unterschiedlichen Preis nennen; der faktische Darlehensgeber verkauft hierbei das betreffende Gut dem Darlehensnehmer unter der Bedingung, daß letzterer den Kaufpreis später bezahle; es wird mithin ein Terminkauf verabredet. Gemäß der zweiten Vereinbarung kauft der Darlehensgeber das nämliche Gut während der „Sitzung" dem Darlehensnehmer zu einem niedrigeren Preis ab. Das „verkaufte" Gut hat de facto zweimal den Eigentümer gewechselt und befindet sich wieder in der Hand des Darlehensgebers. Der im Rückkauf durch den Darlehensgeber erzielte niedrigere Preis ist die Summe des Darlehens, das er seinem Partner gewährt; dieser hat aus dem Terminkauf die Verpflichtung, dem Darlehensgeber - und ersten Verkäufer des Gutes - den zuerst ausgemachten, höheren Preis zu dem festgesetzten Zeitpunkt zu zahlen, mithin das Darlehen nebst einem faktischen Zuschlag. Es ist bemerkenswert, daß von der schafiitischen Rechtsschule diese Vereinbarung, deren wahre Absicht von den Gelehrten sehr wohl erkannt und scharf verurteilt wurde, als gesetzlich betrachtet wird. - Eine andere Vereinbarung sieht vor, daß der Darlehensnehmer eine ihm gehörende Sache dem Darlehensgeber bis zum Zeitpunkt der Rückzahlung als Pfand zur Nutzung überläßt; der aus dieser Nutzung erzielte Gewinn ist als Zins für das Darlehen zu betrachten. Allerdings verbietet das islamische Recht, aus einem Pfand Gewinn zu schlagen; man kann diesem Verbot ausweichen, indem man dem Darlehensgeber den verpfändeten Vermögenswert bis zur Begleichung der Schuld als ein Eigentum überschreibt.[76]

[76] Th. W. Juynboll, op. cit., 275 f.

Am Ende unseres Einblickes in das islamische Vertragsrecht erhebt sich, wie eben angekündigt, die Frage nach der Anstößigkeit eines solchen Geschäftes. Man hat diese Frage entschieden mit Ja beantwortet. In einem 1971 vom „Obersten Rat für islamische Angelegenheiten" in Kairo zusammengestellten Sammelband zu Fragen des *fiqh* werden derartige Rechtskniffe (arab.: *al-ḥīla*, Pl. *al-ḥijal*) verworfen, weil sie dazu dienen, mit schariatischen Mitteln ein unschariatisches Ziel zu erreichen; ihnen werden die Auswege (arab.: Pl. *al-maḫāriǧ*) gegenübergestellt, die man anwendet, um in einer rechtlich schwierigen Lage einen legalen Nutzen zu bewirken oder einen Schaden abzuwehren. Leider werden gerade in diesem Zusammenhang keine anschaulichen Beispiele genannt.[77] Ob ein solcher Umgang mit den göttlichen Normen heuchlerisch ist,[78] vermag man jedoch nur sachgerecht zu beurteilen, wenn man sich die viel weiter ausgreifende Frage nach der Beziehung zwischen schariatischem Recht und diesseitiger Wirklichkeit vorgelegt hat; mit ihr werden wir uns im zweiten Teil des Buches eingehend beschäftigen. Hier sei nur soviel gesagt, daß auch auf anderen Gebieten das islamische Recht, von Gott gegeben und unveränderlich, als das es von den Muslimen begriffen wird, nicht der Wirklichkeit unterworfen sein kann, diese vielmehr es ist, die ihm eingepaßt werden muß. Denn die von Gott geforderte Ordnung des Diesseits ist, da hier der Satan mit Gottes Vollmacht (Sure 15, 26–48) seine Verführungskünste ausübt, niemals gänzlich und vollkommen Wirklichkeit; hierin eben ist die unaufhörliche Anstrengung begründet, die die Belastung mit dem Gesetz für den Menschen bedeutet. Wir würden sagen, die das Risiko und den Konsumverzicht honorierenden Verabredungen sind eine Umgehung der Scharia; ein muslimischer Geschäftsmann dagegen kann argumentieren, daß die Wirklichkeit ein bedeutendes Stück weiter rechtsförmig gemacht und der gottgewollten Ordnung einbeschrieben wird.

4. Die Sühneleistungen und Strafen

a) Die Sühneleistungen

Für eine größere Anzahl von Verfehlungen, durch die die von Gott gesetzte Ordnung der Dinge verletzt wird, sieht der Koran eine Bußleistung vor, die in der Regel durch eine Sühnegabe (arab.: *al-kaffāra*), die aus dem Vermögen des Täters zu ent-

[77] *al-Maǧlis al-aʿlā liš-šuʾūn al-islāmīja – al-Fiqh al-islāmī, asās at-tašrīʿ*, Kairo 1971, 213–216.

[78] R. Lohlker, op. cit., 189 sieht in den Rechtskniffen den Brauch, die eigenen Interessen in das Gewand der von der Gruppe anerkannten Werte zu kleiden. Dem ist unter dem Vorbehalt zuzustimmen, daß in die Interpretation der „Rechtskniffe" die mit soziologischen Begriffen nicht zu fassende spezifisch islamische Vorstellung von der Wirkmächtigkeit des aus dem Seinsbereich des Verborgenen stammenden prophetischen Wortes einfließt (vgl. hierzu meine Studie *Im Offenkundigen das Verborgene*, viertes Buch).

richten ist, erbracht werden muß. Das wohl bekannteste Beispiel findet sich in Sure 58. Dort wird die Unsitte scharf gerügt, den Ehefrauen den Geschlechtsverkehr mit der Schmähung zu verweigern (arab.: *aẓ-ẓihār*), sie seien dem Ehemann so gleichgültig wie der Rücken seiner Mutter; mit dem Aussprechen dieser Formel war zugleich die Verstoßung vollzogen. Doch waren diese Worte nicht stets so ernst gemeint, sondern, wie aus dem folgenden hervorgeht, eher eine gängige Beschimpfung geworden. In Vers 2 von Sure 58 wird diese Redeweise als widerwärtig und unsinnig verurteilt: „(Ihre Ehefrauen) sind nicht ihre Mütter. Ihre Mütter sind allein diejenigen, von denen sie geboren wurden. (Jene Ehemänner) sagen etwas Abscheuliches und Falsches, aber Gott ist bereit, zu vergeben und zu verzeihen." Wer sich jener Worte bediente, obwohl ihm gesagt wurde, wie gräßlich sie sind, „dem obliegt es, einem Sklaven die Freiheit zu schenken, bevor er (mit seiner solchermaßen gedemütigten) Ehefrau wieder Geschlechtsverkehr pflegt. Auf diese Weise werdet ihr ermahnt, denn Gott weiß, was ihr tut. Wenn jemand nicht die Möglichkeit hat (einen Sklaven zu befreien), soll er zwei aufeinanderfolgende Monate fasten, ehe beide wieder miteinander verkehren. Wenn jemand auch nicht die Möglichkeit (des Fastens) hat, dann soll er sechzig Arme bewirten" (Sure 58, 3–4). Durch die genannten Sühnegaben oder Bußleistungen soll der Ehemann nicht etwa die Beleidigung, die er seiner Ehefrau zugefügt hat, wiedergutmachen, sondern er soll eine grobe Unwahrheit tilgen,[79] die er über Gottes Schöpfungswerk verbreitet hat.

Wenn in Sure 9, Vers 103 dem Propheten geraten wird, jenen Beduinen, die ihn bei seinen gefährlichen Kriegszügen nicht unterstützt haben, eine Läuterungsgabe abzuverlangen, dann geht es ebenfalls um die Tilgung eines Verhaltens, an dem Gott keinen Gefallen findet. Doch wird auch der Unterschied zwischen Läuterungsgabe und Bußleistung erkennbar. Erstere wird in einem ursächlichen Zusammenhang mit anstößigem Gewinnstreben gesehen; die Beduinen haben mit ihrem Vermögen gegeizt, es nicht für „Gott und seinen Gesandten" eingesetzt. Die Sühneleistung soll demgegenüber die freche Mißachtung der Ordnung, die Gottes Schöpfung durchwaltet, ungeschehen machen, etwa den schamlosen Vergleich der Ehefrau mit der Mutter. Diese Funktion der Sühneleistung erhellt auch aus Sure 4, Vers 92f.: „Kein Gläubiger darf einen Gläubigen töten, es sei denn unbeabsichtigt. Wer einen Gläubigen unbeabsichtigt tötet, der muß einen gläubigen Sklaven freilassen und Wergeld an die Sippe (des Opfers) zahlen, es sei denn, diese betrachtete (das Wergeld als) eine Spende (ihrerseits und verzichte dementsprechend darauf). Gehörte das Opfer, obschon gläubig, zu einer euch feindlich gesonnenen Sippe, so muß der Täter lediglich einen gläubigen Sklaven befreien. Wenn es aus einer Sippe kam, mit der wir in einem Vertragsverhältnis stehen, dann ist ihr das Wergeld auszuzahlen und ein gläubiger Sklave freizulassen. Wer zu letzterem nicht die Mög-

[79] J. Wellhausen: *Reste arabischen Heidentums*, 3. Aufl. Darmstadt 1961, 193. Auch ein falscher Eid wird als eine solche Unwahrheit betrachtet und ist mit einer Sühneleistung ungeschehen zu machen (Sure 5, 89).

lichkeit findet, der muß zwei aufeinanderfolgende Monate fasten.[80] Hierin liegt ein Akt der Umkehr (arab.: *at-tauba*) Gottes zu euch. Gott ist allwissend und weise. Wenn jedoch (ein Gläubiger) einen Gläubigen absichtlich tötet, dann ist seine Strafe die Hölle, in der er ewig bleiben wird. Gott zürnt ihm, verflucht ihn und bereitet ihm eine schmerzhafte Strafe." In diesen Versen wird deutlich zwischen dem Wergeld unterschieden, durch das, wie im übernächsten Teilkapitel darzulegen ist, der Schaden ausgeglichen wird, den die Sippe des Opfers erlitten hat, und der Sühneleistung, durch die der Frevel wider Gottes Ordnung getilgt wird. Die Erbringung der Sühneleistung veranlaßt Gott, sich dem Missetäter wieder zuzuwenden, womit die ursprünglich vom Schöpfer dem Menschen zugedachte Stellung, von Angesicht zu Angesicht vor Gott, aufs neue begründet wird.

So wird denn auch verständlich, daß vor allem nach Verstößen gegen Ritualpflichten - wir sagten, daß im Vollzug der Riten der Muslim vor dem Angesicht des Schöpfers steht - Sühneleistungen vorgeschrieben sind. Sure 5, Vers 95 verlangt im Falle der Übertretung des während der Pilgertage geltenden Jagdverbotes, eine je nach den Umständen festzusetzende Anzahl von Opfertieren „der Kaaba zuzuführen" oder ersatzweise eine entsprechende Anzahl von Tagen zu fasten bzw. Arme zu speisen. Im Ritualrecht kennt man des weiteren ins einzelne gehende Bestimmungen über Sühneleistungen bei Verstößen gegen das Ramadan-Fasten. Al-Ǧazīrī bespricht sie in aller Breite und hebt sie gegen Verhaltensweisen ab, die ein Nachholen (arab.: *al-qaḍā'*) des Fastens erfordern.[81]

b) Die koranischen Strafen

Die Verhaltensnormen der vorislamischen Zeit waren durch den hohen Wert geprägt, den die Sippensolidarität darstellte. Was richtig und was falsch, was annehmbar oder gar lobenswert, was verwerflich oder strafbar war, ließ sich vielfach nicht am Handeln an sich ablesen, sondern unter der Berücksichtigung der Interessen der Solidargemeinschaft feststellen. Das bekannteste Beispiel bieten die Raubzüge (arab.: *al-ġazwa*, Pl. *al-ġazawāt*). Die gewaltsame Aneignung von Vermögen fremder Solidargemeinschaften war in den Augen desjenigen, dessen Sippe hiervon Vorteile hatte, keineswegs ein strafwürdiges Verbrechen. Der Überlebenskampf Muḥammads und seiner mekkanischen Anhänger im frühen Medina, die Raubzüge gegen mekkanische Karawanen, steht ganz unter solchen an den Nutzen der Gemeinschaft gebundenen Wertvorstellungen, die im übrigen, wie im Kapitel über den Geltungsbereich des islamischen Rechts näher auszuführen ist, die muslimische Theorie des Verhältnisses zwischen „Gläubigen" und „Ungläubigen" ungeschmälert beherrschen. Die gottgewollte Ordnung, die in der Botschaft des Korans enthalten ist, hebt die gemeinschaftsbezogene Ethik lediglich unter den Angehörigen des muslimischen Gemeinwesens auf; für sie in ihrer Gesamtheit gibt es nur

[80] Vgl. Sure 4, Vers 45.
[81] AL-ǦAZĪRĪ, op. cit., IV, 495-503.

noch eine je individuelle Verantwortlichkeit, die Verantwortlichkeit des Gläubigen vor seinem Schöpfer. Schon hier sei darauf hingewiesen, daß gleichwohl erhebliche Reste des gemeinschaftsgebundenen Rechtsbewußtseins in bestimmten Bereichen der Scharia überlebten. Am klarsten zeigt sich dies daran, daß Körperverletzung, fahrlässige Tötung, Totschlag und Mord nicht als Delikte angesehen werden, die durch die Strafjustiz zu ahnden wären, sondern als Schädigungen einer Sippe durch ein Mitglied einer anderen, so daß ein Interessenausgleich zwischen beiden Seiten herbeizuführen ist. Hingegen müßte die muslimische Obrigkeit einschreiten, sobald deutlich würde, daß eines der genannten Delikte in einer Art und Weise oder mit einer Absicht ausgeführt worden wäre, die die innere Ordnung des islamischen Gemeinwesens antasten könnte. Denn in einem solchen Fall müßte man von einem unmittelbaren Angriff auf die gottgewollte Ordnung sprechen. Dies geht aus Sure 5, Vers 33f. hervor: „Das Entgelt derer, die gegen Gott und seinen Gesandten Krieg führen und im Lande Unheil stiften, besteht darin, daß sie getötet oder ans Kreuz geschlagen werden oder daß man ihnen Hände und Füße überkreuz abhackt oder daß man sie aus dem Lande verjagt. Dies gereicht ihnen im Diesseits zur Schande, und im Jenseits haben sie eine furchtbare Strafe zu gewärtigen. Ausgenommen sind hiervon diejenigen, die reumütig umkehren, bevor ihr ihrer habhaft werdet. Wisset, daß Gott verzeihend und barmherzig ist." Ein häufig hervortretender Zug des islamischen Strafrechts wird in diesen Versen schon sichtbar: Wer Gottes Ordnung verletzt hat, der kann Buße tun, sich in Zerknirschung wieder Gott zuwenden und vom verbrecherischen Tun lossagen. Die göttliche Ordnung des Diesseits wird auf diese Weise wiederhergestellt, so daß die muslimische Obrigkeit, die ja wie Muḥammad in Medina im Namen Gottes handelt, zumindest auf die Vollstreckung der Strafe in ihrem vollen Maß verzichten kann.

Bis zum Ende der medinensischen Periode des Wirkens Muḥammads hat sich die Vorstellung abgeklärt, daß die zu schützende göttliche Ordnung bestimmte Grenzen (arab.: *al-ḥadd*, Pl. *al-ḥudūd*) aufweist, deren Übertretung nicht zugelassen werden darf, zumindest nicht von den wahren „Gläubigen", jenen, die nach Vollzug der Hedschra zusammen mit den medinensischen Helfern die durch den Propheten geführte Kampfgemeinschaft bilden. In diesem Sinne wird in Sure 9, Verse 111f. verkündet: „Gott hat den Gläubigen ihr Vermögen und ihr Leben dafür abgekauft, daß sie in das Paradies eingehen sollen. Sie kämpfen für die Sache Gottes, sie töten und werden getötet. Gott ist verpflichtet, sein Versprechen einzulösen, so wie es in Thora, Evangelium und Koran (gegeben wurde). Wer würde sein Versprechen genauer einhalten als Gott? Freut euch also über den Handel, den ihr eingegangen seid! Das ist ein unermeßlicher Gewinn. Die Umkehrenden, ihn Verehrenden, ihn Lobenden und Preisenden; diejenigen, die sich im Gebet verneigen, sich niederwerfen, diejenigen, die das Billigenswerte befehlen, das Tadelnswerte verbieten; diejenigen, die die Grenzen Gottes einhalten, diesen Gläubigen verkünde gute Nachricht!" Die Beduinen hingegen, die wegen des Erwerbs ihres Lebensunterhalts umherwandern müssen und sich nicht in die Kampfgemeinschaft einreihen können, neigen dazu, die Grenzen Gottes zu mißachten (Sure 9, 97). Vorschriften sowohl ritualrechtlichen als auch anderen Inhalts werden mit diesem Begriff belegt. In Sure 2, Vers 187 sind es die Regeln des Ramadan-Fastens, in Vers 226 bis 229 die Anweisungen zur Befriedung zerrütteter Ehen und zu deren ordnungsgemäßer Scheidung, von denen gesagt wird, es seien Grenzen, die man nicht übertreten dürfe (vgl. Sure 65, 1). Das Erbrecht, dessen Grundzüge in Sure 4, Vers 7 bis 14 erläutert werden, wird in eben diesen Zusammenhang gestellt.

Wenn man die von Gott gesetzten Grenzen einhält, dann tritt seine Ordnung klar zutage. Im islamischen Strafrecht läßt der Begriff der Grenzen diese Bedeutung noch ahnen, er wird aber schärfer gefaßt und mit einem anderen Akzent versehen. Die Grenzen, die Gott festgelegt hat, bestimmen ein Recht Gottes (arab.: *ḥaqq Allāh*) insofern, als Gott verlangen darf, daß seine Gebote und Verbote beachtet werden; geschieht dies nicht, so hat der islamische Staat mit seinen Organen die Pflicht, den Respekt gegenüber Gott, dem wahren Staatsoberhaupt, wiederherzustellen. Es gibt mithin eine Reihe von Delikten, durch die die Souveränität Gottes angetastet wird, und diese Delikte sind mit den sogenannten „Grenz"-Strafen, bisweilen auch koranische Strafen genannt, zu ahnden. Al-Ǧazīrī erklärt den schariatischen Begriff der Grenze und verbindet damit einige Erläuterungen über den Zweck, der sich hinter diesem Konzept verbirgt.

> In wortwörtlicher Bedeutung meint Grenze das Fernhalten ... „Grenze" wird daher sowohl die Verfehlung (als das Fernzuhaltende) genannt, weshalb es im Koran heißt: „Jenes sind die Grenzen Gottes; nähert euch ihnen nicht!" (Sure 2, 187), als auch die Strafe (als das Fernhaltende), die der Gesetzgeber an die Verfehlung knüpft. Man sagt daher auch: „Ich habe ihm eine Grenze gesetzt." Die Grundbedeutung von Grenze ist demnach das Fernhalten und das Trennen zwischen zwei Dingen. Dies meinen auch die nach der Scharia (in ihrem Ausmaß) festgesetzten „Grenz"-Strafen, denn sie halten einen vom Begehen von Verfehlungen fern. – Nach der schariatischen Bedeutung ist Grenze die (in ihrem Ausmaß) festgelegte Strafe, die als ein Recht Gottes zu verstehen ist. Im Koran heißt es in diesem Sinne: „Wer die Grenzen Gottes überschreitet, der übt gegen sich selber unrechtmäßige Gewalt" (Sure 65, 1) ... Der Nutzen (der „Grenz"-Strafen) liegt in der Beseitigung der Verderbnis der Gesellschaft, in der Bewahrung der Seelen vor der Verdammnis, im Schutz der Ehre, in der Sicherung der Genealogie vor Vermischung, schließlich darin, daß das Vermögen frei von mutwilliger Vergeudung gehalten wird.

Die „Grenz"-Strafen sichern die göttliche Ordnung, die sich, wie in den voraufgehenden Teilkapiteln unseres Überblickes über den Inhalt des islamischen Rechts im einzelnen gezeigt wurde, vor allem in den Ritualpflichten, in den Ehegesetzen und in den vermögensrechtlichen Bestimmungen manifestiert. Al-Ǧazīrī fährt fort:

> Gott spricht: „Stiftet kein Unheil auf der Erde, nachdem sie in Ordnung gebracht worden ist!" (Sure 7, 56). Der Sinn dieses Satzes ist: „Bringt nichts auf Erden in Verderbnis!" Daher gehört hierzu die Verderbnis des Verstandes durch den Genuß berauschender Getränke.

Wir erfuhren in anderem Zusammenhang, daß der Verstand es ist, der den Menschen zum Gehorsam gegen das Gesetz anhält; eine absichtlich oder grob fahrlässig herbeigeführte Trübung des Verstandes ist daher ein schwerer Verstoß gegen die durch „Grenzen" markierte Ordnung Gottes. Al-Ǧazīrī zählt im Anschluß hieran weitere Lebensbereiche des Menschen auf, die von Verderbnis bedroht sind: das Leben durch Tötung oder Verstümmelung; die Abstammung durch Hurerei und Verleumdung; das Vermögen durch Raub und Diebstahl und durch unzulässige Kniffe bei Abmachungen; die Glaubensordnung (arab.: *ad-dīn*) durch Unglauben und von der Scharia nicht gedeckte Neuerungen. Denn die im diesseitigen Leben legitimen und schützenswerten Interessen (arab.: Pl. *al-maṣāliḥ*) des Muslims erstrecken sich auf fünferlei: das Leben, den Verstand, die Ehre, die Religion, das Vermögen.[82]

> Der Nutzen (der „Grenz"-Strafen) besteht in der Abwehr von Taten, die Verderbnis im Diesseits nach sich ziehen. Die „Grenz"-Strafe für Hurerei verhindert den Verlust der Nachkommenschaft und deren ideelle Auslöschung mittels des Irrtums in betreff der Genealogie. Deshalb empfahl der Gesetzgeber allen Menschen, sich zum Vollzug einer „Grenz"-Strafe mittels Steinigung einzustellen: „Eine Schar Gläubiger soll bei der Bestrafung beider zugegen sein" (Sure 24, 2). (Auch die übrigen die „Grenzen" verletzenden Verfehlungen sind so verwerflich), daß deren Abscheulichkeit dem Verstand ... aller Menschen eingepflanzt ist. Deshalb waren in keiner der früheren Religionsgemeinschaften (Angriffe auf) das Vermögen und die Ehre, sowie Hurerei und Trunkenheit erlaubt. Da nun die Verderblichkeit dieser Handlungen in der ganzen Menschheit anerkannt wird und sie stärker als alles andere gefährden, sind die „Grenz"-Strafen, die diese Übel abwehren, Rechte, die Gott gegen seine Geschöpfe geltend machen kann. Denn seine Rechte gewähren stets allen Menschen (den Schutz) ihrer allgemeinen Interessen.[83]

Da die „Grenz"-Strafen Delikte ahnden, die die gottgewollte Ordnung des Diesseits verletzen, und da das islamische Gemeinwesen die politische Erscheinungsform dieser Ordnung ist, muß, wie schon angedeutet, in solchen Fällen die muslimische Obrigkeit einschreiten, denn sie hat die Belange Gottes, des eigentlichen Herrschers, zu vertreten. Der Diebstahl eines Gutes, dessen Wert einen bestimmten Mindestsatz (arab.: *an-niṣāb*) übersteigt, zieht, sobald er einwandfrei nachgewiesen wurde, die „Grenz"-Strafe des Abschlagens einer Hand nach sich. Der Vollzug dieser Strafe darf jedoch nicht von einem Richter angeordnet werden, sondern nur vom Oberhaupt des islamischen Gemeinwesens, beispielsweise vom Kalifen, eben weil es sich hier um die vertretungsweise Wahrnehmung eines Rechtes Gottes handelt.[84] Hingegen wäre die vermögensrechtliche Seite des Deliktes, der Ausgleich des durch den Diebstahl verursachten Schadens, durch den *Qāḍī* zu regeln. Die „Grenz"-Strafen werden in der Öffentlichkeit vollzogen, da sie, wie al-Ǧazīrī be-

[82] Vgl. unten Kap. B III 2.
[83] al-Ǧazīrī, op. cit., V, 4.
[84] Ebd., V, 57.

tonte, jedermann von der Mißachtung der göttlichen Normen abschrecken sollen. Die Art der Ahndung, die für jede der in Rede stehenden Verfehlungen verhältnismäßig genau festgelegt ist, bekundet das kaum zu überschätzende Gewicht der Überzeugung des Muslims, Glied der besten Gemeinschaft zu sein, die je errichtet wurde - der Gemeinschaft derer, die, wie es in Sure 3, Vers 110 heißt, das Billigenswerte befehlen, das Tadelnswerte verbieten und an Gott glauben. In der strengen Anwendung der „Grenz"-Bestimmungen vor allem erweist sich diese Überzeugung. Das bedeutet freilich auch, daß bei der Überführung eines Delinquenten die vorgeschriebene Verfahrensweise strengstens einzuhalten ist. So muß ein Ehebruch, der mit Steinigung oder Auspeitschung bedroht ist, durch vier männliche Zeugen bestätigt werden, wobei die Rechtsgelehrten genau zu definieren suchen, unter welchen Voraussetzungen von einem tatsächlich vollzogenen Ehebruch gesprochen werden muß. Sollte zudem einem der Zeugen nachgewiesen werden, daß er leichtfertig ausgesagt hat, dann hätte er sich einer Verleumdung schuldig gemacht, die - als eine Verletzung der Ehre - eine der fünf schützenswerten Interessen des Angeklagten beeinträchtigt hätte; der Zeuge hätte selber ein Delikt begangen, das mit einer „Grenz"-Strafe, nämlich mit achtzig Peitschenhieben geahndet wird.[85] Eine genauere Betrachtung der Probleme, die die islamische Rechtswissenschaft bei der Erörterung des Ehebruchs in erster Linie beschäftigen, verdeutlicht uns die diesem Gebiet des Strafrechts zugrundeliegenden Anschauungen.

Zunächst ist zu ermitteln, ob ein überführter Delinquent verheiratet oder ledig ist. Sollte das erstere der Fall sein, dann ist auf Steinigung zu erkennen, da man bei ihm voraussetzen muß, daß er von der Bedeutung der Ehe weiß; ihm muß klar sein, wie schwer er mit seiner Verfehlung die Ehre eines anderen verletzt hat; al-Ǧazīrī setzt ein solches Verhalten mit einem Angriff auf Leib und Leben gleich. Des weiteren ist zu klären, in welchem Ruf der Schuldige steht. Denn sein Fehltritt ist um so schärfer zu verurteilen, wenn er bisher ein ehrbares Mitglied der Gesellschaft gewesen ist. Um jemandem die Ehrbarkeit (arab.: *al-iḥṣān*) zuzuerkennen, müssen sechs Bedingungen erfüllt sein: Er muß den Status eines Freien besitzen, volljährig, im vollen Besitz des Verstandes, mit einer ebenfalls ehrbaren Frau rechtsgültig verheiratet sein und mit seiner ehrbaren Ehefrau stets in der üblichen Weise verkehrt haben; schließlich muß er nach hanafitischer und malikitischer Schule ein Muslim sein, um überhaupt als ehrbar gelten zu können. Die „Grenz"-Strafe der Steinigung kann nach al-Ǧazīrī also nicht verhängt werden, wenn der Schuldige ein Sklave, minderjährig, geisteskrank oder nicht rechtsgültig verheiratet ist oder mit seiner Ehefrau Analverkehr pflegte. Wenn nun die Ehrbarkeit erwiesen ist, dann muß dem Recht Gottes zur Warnung und wirksamen Abschreckung in aller Strenge Genüge getan werden.

Die Steinigung erfolgt mit mittelgroßen Steinen, weder mit leichten Kieseln - die Qual würde zu lange dauern - noch mit Felsbrocken - die durch die „Grenz"-Strafe

[85] Vgl. J. Schacht: *An introduction to Islamic Law*, Oxford 1964, 176f.

beabsichtigte Peinigung würde verfehlt –, sondern mit Steinen, die die hohle Hand ausfüllen; man nehme sich davor in acht, das Gesicht (des Schuldigen) zu treffen, weil der Prophet dies (einem *Ḥadīṯ* zufolge) verboten hat[86]... Der Ehebrecher ist während des Vollzugs der „Grenz"-Strafe nicht anzubinden oder zu fesseln; auch ist für ihn keine Grube auszuheben. Für die Ehebrecherin kann eine ihr bis zur Brust reichende Grube ausgehoben werden. Während des Vollzugs darf ihre Schamgegend nicht entblößt werden. Deshalb sind die Kleider an ihr festzuschnüren, so daß ihr Leib nicht sichtbar wird.[87]

Die rigoroseste Strafe verdient derjenige, der, bisher fest in die Ordnung des Diesseits eingefügt, sie bei vollem Verstande und als Muslim, als ein Mitglied der „besten Gemeinschaft", mißachtet hat; eheerfahren, wie er war, mußte er den unschätzbaren Vorzug dieser Ordnung kennen. Fehlt dem Delinquenten eine der Voraussetzungen der Ehrbarkeit, war er beispielsweise noch nicht verheiratet, dann hat Milde zu walten; die Strafe beträgt in diesem Fall einhundert Peitschenhiebe (vgl. Sure 24, 4), bei deren öffentlicher Vollstreckung wiederum zahlreiche Einzelheiten zu beachten sind. Noch geringer ist die Strafe zu bemessen, wenn es sich um Sklaven handelt, es genügen fünfzig Hiebe. Juden und Christen unterliegen nach hanafitischem und malikitischem Recht gar nicht dem „Grenz"-Strafrecht, nach schafiitischer und hanbalitischer Lehre allerdings doch, weil sie, sofern sie sich auf islamischem Territorium aufhalten, zwar nicht an die Scharia als ganze, jedoch an einzelne Bestimmungen gebunden seien.[88] Dies gelte vorzugsweise dann, wenn der islamischen Obrigkeit eine Übertretung der „Grenzen" angezeigt werde. Nach al-Ǧazīrī begründen die Schafiiten und Hanbaliten diese Rechtsauffassung mit zwei Argumenten: Der Vollzug der „Grenz"-Strafe mindere die Jenseitsstrafe – die jedem Andersgläubigen ohnehin bevorsteht – und entspreche zweitens der Praxis des Propheten. Er habe einen Juden und eine Jüdin steinigen lassen, deren ehebrecherische Beziehungen ihm von den Juden Medinas zur Kenntnis gebracht worden seien.[89]

c) Verfehlungen ohne Verletzung der Rechte Gottes

Mord, Körperverletzung, Sachbeschädigung, Betrug usw. sind, sofern sie nicht als Wegelagerei, Aufruhr oder Diebstahl ausgelegt werden können, lediglich eine Beeinträchtigung der zwischenmenschlichen Beziehungen. Die islamische Obrigkeit ist nicht aufgefordert, solche Delikte auszuforschen. Wenn sie dem *Qāḍī* angezeigt werden, wird er nötigenfalls Strafen verhängen, vor allem aber einen Ausgleich des angerichteten Schadens anstreben. Bei der Regelung von Schäden an

[86] Die Zerstörung des Gesichts würde das von Gott gewünschte Verhältnis „von Angesicht zu Angesicht" beeinträchtigen; der Ehebruch war eine Verletzung der Ordnung Gottes, die doch durch die Steinigung des Schuldigen wiederhergestellt werden soll.

[87] AL-ǦAZĪRĪ, op. cit., V, 48.

[88] Aus diesem Grunde werden in Saudi-Arabien etwa bei Nachweis des Deliktes des Alkoholgenusses „Grenz"-Strafen gegen Andersgläubige verhängt.

[89] AL-ǦAZĪRĪ, op. cit., V, 55.

Leib und Leben ist dies sogar der alleinige Gesichtspunkt, wie sich aus Sure 2, Vers 178f. ergibt: „Ihr Gläubigen! Bei Getöteten ist euch die Vergeltung (arab.: *al-qiṣāṣ*) vorgeschrieben, und zwar ein Freier für einen Freien, ein Sklave für einen Sklaven, eine Frau für eine Frau. Wenn (einem Delinquenten) vom Bruder (des Getöteten) etwas nachgelassen wird, dann ist in billigenswerter Weise vorzugehen. (Das Wergeld) ist ihm mit einer guten Geste auszuzahlen. Dies ist eine Erleichterung und Barmherzigkeit von Gott an euch. Wer (nach der einvernehmlichen Lösung des Falles wieder) einen Übergriff begeht, der hat eine schmerzhafte Strafe zu gewärtigen. Im (Verfahren der) Vergeltung wird euch das Leben (gesichert), ihr Verständigen! Vielleicht werdet ihr gottesfürchtig!" Diese Sätze sind auf dem Hintergrund der vorislamischen Rechtsbräuche zu sehen. Damals hatten zahlreiche Personen einer von einem Tötungsdelikt betroffenen Sippe das Recht der Rache, d.h. des Schadensausgleichs. Jetzt wird es dem Bruder - bzw. im islamischen Recht einem engen Verwandten des Opfers - vorbehalten und die Möglichkeit der Zahlung eines Wergeldes nahegelegt; danach soll der Friede gewahrt bleiben. Das Wergeld ist von der im einzelnen beschriebenen männlichen Verwandtschaft (arab.: *al-ʿāqila*) des Täters aufzubringen. In die Bewertung des Deliktes und damit auch in die Ermittlung der Höhe des Wergeldes werden Gesichtspunkte einbezogen, die im vorislamischen Recht vermutlich wenig beachtet wurden, nun aber entscheidend sind. Es wird gefragt, ob die Tötung oder Verletzung vorsätzlich geschah; auf einen Vorsatz (arab.: *al-ʿamad*) wird geschlossen, wenn ein „tötendes Werkzeug", etwa eine Waffe zum Einsatz kam. In diesem Falle hat der Bruder oder nächste Verwandte Anspruch auf Vergeltung bzw. ist Herr des Verfahrens der Aushandlung des Wergeldes. Anders bei einer „dem Vorsatz nahekommenden" (arab.: *šibh al-ʿamad*) Ausführung der Tötung, etwa mit einem nicht als Waffe gebräuchlichen schweren Gegenstand. Die Vergeltung, die Tötung des Täters, ist nunmehr ausgeschlossen, es muß ein Wergeld festgesetzt werden. Bei versehentlicher (arab.: *ḫaṭaʾan*) Tötung gilt das gleiche. Im Gegensatz zum vorislamischen Recht ist das Scharia-Recht, wie auch sonst erkennbar, darum bemüht, eine persönlich zurechenbare Schuld zu ermitteln.

Wenn nun die Tötung oder Körperverletzung nicht als eine Übertretung der von Gott gesetzten „Grenzen", also nicht als Aufruhr oder Wegelagerei bewertet werden muß, dann ist neben der Schädigung Dritter lediglich eine Beeinträchtigung des Verhältnisses des Schuldigen zu Gott anzunehmen. Sie muß, wie wir schon wissen, durch eine Bußleistung (arab.: *al-kaffāra*) aufgehoben werden. Deren Höhe bestimmt sich nach dem Maß der Vorsätzlichkeit, das dem Täter nachgewiesen werden kann. Hier, wie auch bei den rituellen Pflichten und bei den zwischenmenschlichen Beziehungen sowie Verträgen, fragt das islamische Recht mithin stets nach der Absicht (arab.: *an-nīja*), geht also den persönlichen Regungen des Handelnden bzw. Täters nach. Es sei jedoch in Erinnerung gerufen, daß die Absichtserklärung vor dem Vollzug ritueller Handlungen den Zweck verfolgt, den Menschen bewußt in den Bereich des Heiligen eintreten zu lassen. Wenn nun nach der Absicht etwa eines Totschlägers geforscht wird, dann sind weniger seine materiellen oder emotionalen Beweggründe gemeint, sondern die Bewußtheit seines Bestrebens, die göttliche Ordnung zu verletzen. Anders verfährt man im übrigen bei Verfehlungen wider die „Grenzen" Gottes. Hier wird lediglich der Sachverhalt als solcher festgestellt und nach Gesichtspunkten bewertet, die gänzlich außerhalb der Subjektivität des schuldigen Individuums liegen: Die Ehrbarkeit eines Ehebrechers, die für das Strafmaß entscheidend ist, kann nicht aus den Begleitumständen oder den Absichten zum Zeitpunkt der Verletzung der „Grenzen" ermittelt werden, sondern ergibt sich aus „objektiven" Kriterien, an denen die Art und Beständigkeit der Eingefügtheit des Delinquenten in die göttliche Ordnung abgelesen werden soll, und hieraus wiederum wird auf die Größe des durch die Untat entstandenen Anrechtes Gottes geschlossen, dem in der Vollstreckung einer entsprechenden Strafe Genüge getan wird.

Die „Grenz"-Strafen und die Ahndung von Übergriffen auf Leib und Leben sind verhältnismäßig klar geregelt. Daneben kennt die Scharia die durch die Staatsgewalt in eigener Entscheidung festzusetzende und zu vollstreckende Strafe (arab.: *at-ta'zīr*), die laut al-Ǧazīrī dann zu verhängen ist, wenn jemand Untaten begeht, die nicht unter die vorgenannten Kategorien fallen. Al-Ǧazīrī nennt drei wesentliche Merkmale, in denen sich die herrscherlichen Strafen von den „Grenz"-Strafen unterscheiden. Der Herrscher darf bei ein und derselben Verfehlung je auf ein anderes Strafmaß erkennen, und zwar unter Berücksichtigung der Herkunft des Delinquenten; gehört er zu den führenden Kreisen, dann falle das Urteil milder aus, vor den „Grenzen" Gottes sei dagegen jeder gleich. Zweitens dürfe der Herrscher bei Vergehen, über deren Ahndung er selber zu befinden hat, Verzeihung üben oder auf die Fürsprache Dritter eingehen; bei den „Grenz"-Strafen sei dergleichen ausgeschlossen. Endlich hafte der Herrscher nicht für den Schaden, der durch eine irrtümlich verhängte Strafmaßnahme entsteht, während eine zu Unrecht vollstreckte „Grenz"-Strafe durch die Obrigkeit wiedergutzumachen sei.[90] Die Scheidung zwischen Delikten, die der einen oder der anderen Kategorie zuzurechnen sind, ist nicht so einfach, wie man nach den Ausführungen al-Ǧazīrīs glauben könnte. Ein bis ins 20. Jahrhundert an der al-Azhar häufig benutztes Handbuch des schafiitischen Rechts nennt zahlreiche Beispiele für das Ineinandergreifen beider Kategorien. Dort heißt es beispielsweise:

> Die Verleumdung (arab.: *al-qaḏf*) kann in einem Ausdruck bestehen, der an sich nicht die Unzucht bezeichnet, aber unter gewissen Umständen hierauf bezogen werden kann ... Wenn derjenige, der einen mehrdeutigen Ausdruck gebraucht hat, erklärt, daß er keine Bezichtigung wegen Unzucht gemeint habe, so muß er dies beschwören und ist von der „Grenz"-Strafe frei. Trotzdem kann er mit einer herrscherlichen Strafe belegt werden, wenn er den Ausdruck gebraucht hat, um den anderen zu verunglimpfen.[91]

[90] Ebd., V, 346; vgl. ebd., 3 und 5 sowie 51.

[91] E. SACHAU: *Islamisches Recht nach schafiitischer Lehre*, Berlin 1897, 821.

Wir stehen nun am Ende des kurzen Ganges durch die Hauptgegenstände islamischen Rechts. Deutlicher noch als in der Erläuterung der Grundbegriffe erkennen wir jetzt, welchen Leitgedanken es verpflichtet ist. Es ist darum bemüht, den durch die Annahme des Islams zu seiner natürlichen, geschöpflichen Bestimmtheit gelangten Menschen in einem dieser Bestimmtheit entsprechenden Gefüge von Normen, in der gottgewollten Ordnung des Diesseits, festzuhalten. Durch die Riten geschieht dies vor allem anderen, und deshalb nimmt das Ritualrecht die erste Stelle vor den übrigen Sachbereichen ein. Die Riten und im grundsätzlichen auch die Regelungen der zwischenmenschlichen Beziehungen lassen die Eigenverantwortlichkeit des Individuums für ein den Normen der gottgewollten Ordnung getreues Handeln hervortreten; die Beweggründe und Begleitumstände fließen in die Bewertung der rechtlich bedeutsamen Sachverhalte ein, sie werden aber zuallererst unter dem Gesichtspunkt der Verletzung der göttlichen Ordnung interpretiert. Das gleiche gilt bei der Ermittlung des Strafmaßes, vor allem sofern jene Ordnung selber angetastet wurde. War dies der Fall, dann hat Gott das Recht, von der in seinem Namen tätigen Obrigkeit eine allein nach dem Kriterium der Schwere der Verletzung der „Grenzen" bemessene Ahndung zu verlangen. Die im *fiqh* zu einer Fachwissenschaft umgestaltete und handhabbar gemachte Botschaft von der göttlichen Ordnung des Diesseits ist von ungleich größerem Gewicht als die individuellen Lebensumstände eines Muslims. Es liegt daher auf der Hand, daß die Scharia in dem Verständnis derjenigen, die ihr unterworfen sind, universale Geltung zu beanspruchen hat. De facto ist dies aber nicht so, denn nicht die ganze Welt ist muslimisch. Es stellt sich deswegen die Frage, wie die Muslime sich zu diesem Widerspruch verhalten, oder wirklichkeitsnäher: die Frage nach dem Geltungsbereich des islamischen Rechts und der systemimmanenten theoretischen Begründung oder Rechtfertigung der faktischen Begrenztheit seiner Geltung.

III. DIE RECHTSPFLEGE

1. Der Geltungsbereich des islamischen Rechts

Nach muslimischem Verständnis ist das islamische Recht die Gesamtheit aller Vorschriften, die das Leben der Menschen ordnen, der natürlichen Geschaffenheit zu Gott hin (arab.: *al-fiṭra*) zum Durchbruch verhelfen und ihr dauerhafte Wirkung verleihen sollen. Alle diese Vorschriften betreffen explizit oder implizit auch das Jenseitsschicksal, haben ihren Ursprung mithin in den Bewertungen, gemäß denen Gott das irdische Dasein beurteilt und deren jeweiliger Grund letzten Endes undurchschaubar und infolgedessen eine Sache des Glaubens bleibt. Die Rechtsgenossenschaft ist daher durch die Zugehörigkeit zum Islam bestimmt.

Obwohl sich dies aus dem Wesen des islamischen Rechts ergibt, bildeten sich die einschlägigen juristischen Vorstellungen erst im Zusammenhang mit dem Entstehen eines viele Völker umgreifenden islamischen Reiches heraus. Der erste Schritt war ohnehin wesentlich bescheidener. Es mußte durchgesetzt werden, daß die islamische Gemeinschaft die althergebrachten Trennlinien zwischen den Stämmen Arabiens aufhob. Sie mußte dann für Neubekehrte aus anderen Völkern zugänglich werden und schließlich auch ein Verhältnis zu den Angehörigen der übrigen Religionen definieren, die auf einem islamisch beherrschten Gebiet lebten, ohne den neuen Glauben anzunehmen. Erst in neuester Zeit stellt sich schließlich die Frage, ob oder inwiefern Muslime, die in größerer Zahl und auf unbestimmte Dauer in nichtislamischen Ländern wohnen, noch Genossen des islamischen Rechts sind.

Daß die Anhänger Muḥammads eine die Stammesgrenzen übersteigende Gemeinschaft bilden, wird in der sogenannten Gemeindeordnung von Medina sichtbar. Sie ist in der Prophetenbiographie des Ibn Isḥāq (gest. 767) überliefert und spiegelt die Verhältnisse der Jahre von 622 bis 630 wider, also von der Hedschra bis zur Einnahme Mekkas. Wahrscheinlich wurde der Text nicht in einem Zug niedergelegt, sondern in der genannten Zeit aus unterschiedlichen Anlässen ergänzt oder revidiert. Die damit verbundenen Fragen können hier nicht erörtert werden; es sollen nur die Begriffe herausgearbeitet werden, die das Entstehen der Idee einer im Glauben wurzelnden Rechtsgenossenschaft belegen.

> Dies ist ein Schriftstück von seiten des Propheten Muḥammad, ausgehandelt zwischen den Gläubigen und den Muslimen der Quraiš und aus Jaṯrib und denjenigen, die ihnen folgen, sich also ihnen anschließen und auf ihrer Seite kämpfen: Sie sind eine Gemeinschaft (arab.: *al-umma*), getrennt von den (übrigen) Menschen. Die Auswanderer unter den Quraiš kommen nach gutem alten Brauch gemeinsam für das Wergeld auf, wobei sie ihnen zugehörige Gefangene auslösen, wie es unter den Gläubigen recht

und billig ist. Die Banū ʿAuf bezahlen gemeinsam nach gutem alten Brauch ihre frühere Blutschuld; jeder Klan löst seine Gefangenen aus, wie es unter den Gläubigen recht und billig ist.[1]

Die „Gläubigen", alle diejenigen, die zu den mekkanischen Auswanderern oder den medinensischen Helfern zählen und sich ständig dem Propheten zur Verfügung halten, damit er gegen die Feinde zu Felde ziehen kann, und die Muslime, Bekehrte, die die Riten der neuen Religion ausüben, jedoch nicht unter die ständig in Medina anwesenden Kämpfer rechnen, bilden eine Gemeinschaft, die nicht mehr durch die Stammeszugehörigkeit bestimmt ist. Ein Blick in den Koran belehrt uns, daß der in der Gemeindeordnung genannte Begriff *umma* auch anderes meinen kann als die Gruppe der „Gläubigen" in der obigen Bedeutung: Nach Sure 22, Vers 34 zeichnet sich jede *umma* durch eigene Riten aus, und im Hinblick auf die von den Vätern ererbte, nun allerdings obsolet gewordene Kultpraxis können auch die heidnischen Mekkaner als *umma* bezeichnet werden (Sure 43, 22f.). In der Heilsgeschichte freilich ist jede *umma* um einen Propheten geschart (Sure 10, 47), denn schon Abraham flehte Gott an, ihn die Riten zu lehren und seine Nachkommenschaft zu einer zum Schöpfer hingewandten Gemeinschaft (arab.: *umma muslima*) zu formen (Sure 2, 128). Die von Gott selber bestimmte Art seiner Verehrung, die, wie gezeigt, den wichtigsten Teil der Scharia ausmacht, stiftet demnach die Rechtsgenossenschaft, die mit den Grenzen der *umma* identisch ist. Allerdings bleibt die alte, an die engere Solidargemeinschaft der Sippe oder des Stammes gebundene Regelung der Zahlungen von Wergeld bestehen. Mehrere Gründe für diese Ausnahme sind denkbar. So barg eine Ausweitung des Kreises der zur Leistung Verpflichteten auf alle Muslime für die medinensischen „Helfer" des Propheten ein unüberschaubares Risiko, waren sie doch ohnehin durch die Ankunft der Fremdlinge aus Mekka erheblichen Belastungen ausgesetzt und keineswegs von Anfang an so begeistert für den Krieg „auf dem Pfade Gottes", wie eine idealisierende Überlieferung uns glauben machen will.[2] Ferner wäre eine Art von Institution nötig gewesen, die die Gesamtheit der Muslime in irgendeiner Form erfaßt hätte; dergleichen ist auch in Ansätzen in den Quellen nicht zu erkennen. Daher konnte die Ausdehnung der Rechtsgenossenschaft auf alle Muslime in dieser Hinsicht noch nicht verwirklicht werden, und die Ausnahme hielt sich dann, wie schon erörtert wurde, auch im späteren islamischen Recht und bildet - neben einigen Bestimmungen des Eherechts - einen Beleg dafür, daß in prophetischer Zeit durch die Umstände erzwungene Regelungen den Status ewig gültiger Normen erlangten, allein weil sie mit Muḥammad in Zusammenhang gebracht werden mußten.

Nachdem in der Gemeindeordnung die Banū ʿAuf und sieben weitere medinensische Klane genannt sind, die in gleicher Weise für das Wergeld verantwortlich sein sollen, werden die „Gläubigen" gemahnt, einander beim Aufbringen von

[1] Ibn Hišām: *as-Sīra an-nabawīja*, edd. M. Saqqā' und andere, Kairo 1936, II, 147.

[2] T. Nagel: *Medinensische Einschübe in mekkanischen Suren*, Göttingen 1995, 157.

Wergeld oder beim Freikauf von Kriegsgefangenen zu unterstützen. Innerhalb der Gemeinschaft der medinensischen Kämpfer soll ein kräftigerer Gemeinsinn herrschen als unter den Muslimen, die ja nicht alle stets der Aufsicht des Propheten unterliegen. Die sich anschließenden Vorschriften über Krieg, Frieden, „nachbarschaftlichen Schutz"[3] beziehen sich auf den Kampf gegen die Mekkaner und ihre Bundesgenossen und verdeutlichen somit den Hintergrund, vor dem die Regelungen zu verstehen sind: Es ist Muḥammad daran gelegen, daß alle in Medina zur Verfügung stehenden Kräfte zusammengefaßt werden. Die medinensischen Heiden werden für die Belange des Propheten vereinnahmt, sie genießen, anders als die Juden, nicht den Status einer *umma*; die gleich zu erwähnende faktische Rechtlosigkeit der Heiden ist unausgesprochen schon in der Gemeindeordnung enthalten. Darum heißt es unter anderem, kein Heide - eines der medinensischen Stämme - dürfe zugunsten eines - mekkanischen, Muḥammad feindlich gesonnenen - Quraišiten gegen einen „Gläubigen" einschreiten. „Heidnische" Solidarität darf es nicht geben. Doch wenn jemand ohne einen rechtmäßigen Grund, also nicht durch den Zweck der Vergeltung gerechtfertigt, einen „Gläubigen" tötet, dann müssen alle „Gläubigen" ohne Ansehung ihrer Sippenzugehörigkeit gegen den Täter einschreiten. Sobald es aber um die Abgrenzung von den Juden geht, ist wieder vom „Islam" die Rede: „Die Juden der Banū ʿAuf sind eine *umma* neben den ‚Gläubigen' (der Banū ʿAuf); die Juden haben ihre Religionspraxis (arab.: *ad-dīn*), die Muslime die ihrige."[4] Eine Daseinsberechtigung haben nur Menschen, die sich zu einer von einem Propheten gestifteten Glaubensgemeinschaft bekennen, und nur die Zugehörigkeit zur Glaubensgemeinschaft Muḥammads ermöglicht dem Menschen ein Leben gemäß der von Gott für ihn vorgesehenen Bestimmung (arab.: *al-fiṭra*).

Wenn auch andere Abschnitte der Gemeindeordnung fordern, daß die Juden unter den medinensischen Klanen ihre „gläubigen" Sippengenossen unterstützen mögen, solange diese im Krieg sind, so wird doch klar festgelegt, daß zwischen Juden und Muslimen eine Trennlinie verläuft: Beide haben je für sich den Lebensunterhalt zu bestreiten, sollen jedoch einander beistehen, sofern es gilt, einen gemeinsamen Feind abzuwehren.[5] Schon in Medina ist demnach die Glaubenspraxis, die Ordnung der Riten, das Erkennungsmerkmal, das Gemeinschaften voneinander trennt und sie als je eigenständige *umma* ausweist. Dies stimmt ganz mit Sure 5, Vers 3 überein, der eine Reihe von Speiseverboten nennt - der Verzehr von Blut, von nicht geschächteten Tieren, von Schweinefleisch wird untersagt -, das Losen mit Pfeilen verwirft und dann feststellt: „Heute habe ich eure Glaubens-

[3] Ein altarabisches, zum Teil in den Islam übergegangenes Rechtsinstitut; es verpflichtet einen dazu, Angehörigen fremder Solidargemeinschaften unter gewissen Voraussetzungen eine Zeitlang Schutz zu gewähren.

[4] Ibn Hišām, op. cit., II, 149.

[5] Ibn Hišām, loc. cit.

praxis vervollkommnet, meine Gnade über euch vollendet und den ‚Islam' als Glaubenspraxis für euch gutgeheißen."

Wenn der Kultus im weitesten Sinn das Merkmal der Glaubensgemeinschaft ist, dann stellt sich die Frage nach dem Verhältnis der im Herrschaftsbereich des Islams lebenden Juden, Christen, Zoroastrier usw. zu den Muslimen. Zu der muslimischen Rechtsgenossenschaft gehören sie nicht, dennoch sind sie der Herrschaft der Muslime unterworfen, also in gewissen Bereichen doch wieder an das islamische Recht gebunden, das in einer solchen Lage den Status der Andersgläubigen zu definieren hat. Dies geschieht ebenfalls bereits im Koran, wo sie mit dem Begriff der „Schriftbesitzer" (arab.: *ahl al-kitāb*) bezeichnet werden. Damit sollen all jene Gemeinschaften gemeint sein, die durch einen Propheten gestiftet worden sind und daher ein heiliges Buch vorweisen können. Die „Beigeseller" (arab.: *al-mušrikūn*), die Heiden, denen man Vielgötterei vorwarf, fallen nicht in diese Kategorie. Wenn sie die Aufforderung, den Islam anzunehmen, erreicht, dann haben sie nur die Wahl zwischen Bekehrung oder Tod, falls sie den Muslimen in die Hände fallen. Diese Auffassung der islamischen Rechtsgelehrten stützt sich auf Maßnahmen, die Muḥammad in Medina traf, vor allem nachdem er Mekka gewonnen hatte. Unter den Gesandtschaften, die sich bei ihm in Medina einstellten, um ihm die Ergebenheit des jeweiligen Stammes zuzusichern und sich im Islam unterweisen zu lassen, erhielt diejenige der Banū Azd sogleich den Auftrag, die ihrem Siedlungsgebiet benachbarten jemenischen Stämme mit militärischen Mitteln zur Aufgabe ihrer polytheistischen Religion zu zwingen. Als unter diesen Jemeniern Gefallene zu beklagen waren, entsandten auch sie Boten, um sich vor Muḥammad zum Islam zu bekennen.[6] Ähnlich rechtlos wie die Heiden ist übrigens derjenige, der den Islam aufgibt und sich einem anderen Glauben anschließt. Wird die islamische Obrigkeit seiner habhaft, hat er sein Leben verwirkt, sofern er nicht reumütig den Weg zum Islam zurückfindet.[7] Diese Bestimmung hat bis in die Gegenwart erhebliche Bedeutung. So werden beispielsweise die Bahai von manchen muslimischen Rechtsgelehrten als „Apostaten" betrachtet. Ferner hängt mit diesen Anschauungen die faktische Weigerung islamischer Länder zusammen, die Menschenrechte, die die Religionsfreiheit einschließen, vorbehaltlos anzuerkennen. Offene Mission für andere Religionen wird in aller Regel strafrechtlich verfolgt, vereinzelt wird sogar das offene Zeigen fremdreligiöser Symbole, z.B. des Kreuzes, oder das Einführen nichtislamischer heiliger Schriften geahndet. Da man sich gegenüber Außenstehenden nicht mit dem Vorbild des Propheten rechtfertigen kann, ist es üblich geworden, den Abfall vom Islam, der – wie es heißt – letzten und daher von ihren Anhängern als unverfälscht betrachteten Offenbarungsreligion, als einen Rückschritt zu einer

[6] Ibn Sa'd: *Kitāb aṭ-ṭabaqāt al-kabīr*, I/II, 71.

[7] Vgl. EI[2] s.v. *Murtadd* (W. Heffening); S. Zwemer: *The law of apostasy in Islam*, London 1926.

seit Muḥammad überwundenen Stufe des Menschseins zu deuten. Es gelte, alle Muslime vor einem solchen Fehltritt zu bewahren.[8]

Die Juden wurden neben der jungen Gemeinschaft der Muslime als eine eigenständige durch die Glaubenspraxis definierte Gruppierung betrachtet. Ihr Schicksal zeigt, daß diese Eigenständigkeit dort endete, wo sie in einen Widerstreit mit den Belangen der von Muḥammad geführten „Gläubigen" bzw. Muslime geriet. In der Gemeindeordnung wird vorausgesetzt, daß die Juden den militärischen Zielen Muḥammads dienstbar sind. Sie wurden bald verdächtigt, mit den mekkanischen Quraišiten im Bunde zu sein, und vertrieben oder umgebracht.[9] Als die Gesandtschaften arabischer Stämme nach Medina zogen, waren unter ihnen auch Christen. So schickten die Banū Taġlib, die im Grenzgebiet zum Zweistromland nomadisierten, sechzehn Männer zu Muḥammad, unter ihnen „Muslime sowie Christen, die ein goldenes Kreuz umgehängt trugen ... Der Gottesgesandte einigte sich gütlich mit den Christen (der Banū Taġlib) dahingehend, daß er sie in ihrer Religion (arab.: *ad-dīn*) beließ und unter der Voraussetzung, daß sie ihre Kinder nicht mehr christlich tauften. Den Muslimen unter ihnen ließ er die (allen Gesandten zustehenden) Geschenke aushändigen."[10] Sofern sich die Christen unter den Banū Taġlib loyal zu der durch die Muslime gebildeten herrschenden Gemeinschaft verhalten, dürfen sie ihre überkommene Religion bewahren, die freilich als eine zum Absterben verurteilte Glaubensform gilt.

Die Stellung der Schriftbesitzer im islamischen Gemeinwesen fußt auf Sure 9, Vers 29: „Kämpft gegen diejenigen, die nicht an Gott und den Jüngsten Tag glauben und nicht verbieten, was Gott und sein Gesandter verboten haben, und nicht die wahre Glaubenspraxis ausüben - nämlich unter denen, die die Schrift erhalten haben -, bis sie kleinlaut aus der Hand den Tribut (arab.: *al-ǧizja*) entrichten." Falls die Schriftbesitzer in ihrem Glauben bleiben wollen, müssen sie also nicht nur Beschränkungen bei dessen Weiterverbreitung hinnehmen, sondern auch besondere Zahlungen an den muslimischen Fiskus leisten. Den in der späteren islamischen Rechts- und Geschichtsüberlieferung häufig zitierten Musterfall für die Behandlung der Schriftbesitzer stellen die Regelungen dar, die Muḥammad den Christen von Nadschran auferlegte. Er soll zunächst versucht haben, sie in einem längeren Streitgespräch zum Islam zu bekehren. Eine legendenhafte Ausschmückung des Ereignisses will sogar davon wissen, daß der Prophet bereit gewesen sei, mit Hilfe eines Gottesurteils die Richtigkeit des Islams unter Beweis zu stellen. Die Nadschraner ließen sich darauf aber nicht ein, weil, wie dem Leser suggeriert wird, sie geahnt hätten, daß sie dann eine Niederlage hätten hinnehmen müssen. Sie hätten es vorgezogen,

[8] A. Petersohn: *Islamisches Menschenrechtsverständnis unter Berücksichtigung der Vorbehalte muslimischer Staaten gegen die UN-Menschenrechtsverträge*, Diss. Bonn 1999: Die „Kairoer Erklärung der Menschenrechte im Islam" bindet „alle Rechte und Freiheiten" an die Bestimmungen der Scharia (243).

[9] A. J. Wensinck: *Mohammed en de Joden te Medina*, Leiden 1908.

[10] Ibn Saʿd, op. cit., I/II, 55.

eine Übereinkunft zu schließen, die ihnen zweimal jährlich zu zahlende Abgaben aufbürdete und sie zusätzlich verpflichtete, den Muslimen Kriegsgerät und Lasttiere zu liefern, falls sich im Süden Arabiens die Lage zuungunsten Muḥammads verändern sollte. Als Gegenleistung wurde ihnen der „Schutz (arab.: *aḏ-ḏimma*) Gottes" zugesagt; ferner versprach man ihnen den „Schutz des Gottesgesandten für sie selber und ihre Glaubensgemeinschaft (arab.: *al-milla*), ihr Land und ihr Vermögen"; die Abwesenden sollten in dieses Versprechen genauso einbezogen sein wie die, die es ausgehandelt hatten. Die Kirche sollte nicht angetastet werden. Bischöfe, Mönche und Küster durften ihrer Tätigkeit weiter nachgehen.[11]

Durch derartige Abmachungen erlangten Andersgläubige weder eine Gleichberechtigung mit den Muslimen - die in Anbetracht der muslimischen Überzeugung, die „beste Gemeinschaft" (Sure 3, 110) zu sein und die unverfälschte Urreligiosität des Menschen nicht nur zu bekennen, sondern in einem Gemeinwesen zu verwirklichen, ohnehin ausgeschlossen ist - noch erlangten sie die Rechtsgenossenschaft mit der militärisch überlegenen Macht. Es kann hingegen von einer Vertragsgenossenschaft gesprochen werden, in der ihnen der Status eines „Schützlings" (arab.: *aḏ-ḏimmī*) zuerkannt wurde. Der Fortbestand ihrer jeweiligen Glaubensgemeinschaft wurde geduldet, sofern diese nicht die Belange der Muslime störte und solange sichtbar war, daß sie einen minderen Rang innerhalb der muslimisch geprägten Gemeinschaft einnahmen. Dieser wurde durch die sogenannten „ʿumarschen Bedingungen" (arab.: *aš-šurūṭ al-ʿumarīja*) veranschaulicht, eine in der islamischen Geschichtsüberlieferung mit ʿUmar b. al-Ḫaṭṭāb (reg. 634–644), dem zweiten Kalifen, in Zusammenhang gebrachte Aufzählung von Verhaltensregeln, zu deren Beachtung sich die andersgläubigen Bewohner des Fruchtbaren Halbmondes gegenüber dem *faqīh* ʿAbd ar-Raḥmān b. Ġanm (gest. 697)[12] bereitfinden mußten:

> Als du in unser Gebiet kamst, baten wir dich um Pardon (arab.: *al-amān*) für uns und unsere Glaubensgemeinschaft (arab.: *al-milla*) unter der Bedingung, daß wir uns zu folgendem verpflichteten: Daß wir in unserer Stadt keine neue Kirche errichten und in der Umgebung kein Kloster, keine Einsiedelei, keine Mönchszelle; daß wir keine verfallene Kirche wiederherstellen und keine, die in den Quartieren der Muslime liegt; daß wir den Muslimen nicht verwehren, in unseren Kirchen des Nachts und am Tage abzusteigen; daß wir deren Tore offenhalten für die Vorbeigehenden und die Kämpfer auf dem Wege Gottes und in den Kirchen und unseren Wohnungen keinen Späher beherbergen und nicht heimlich Verrat an den Muslimen üben; daß wir die Ratsche nur leicht betätigen, und zwar im Innern der Kirche; daß wir an der Kirche kein Kreuz öffentlich zeigen; daß wir, sofern Muslime zugegen sind, in unseren Kirchen weder die Gebete noch die Lesung laut vortragen; daß wir weder Kreuz noch Buch auf den Markt der

[11] Ebd., 85; vgl. W. SCHMUCKER: *Die christliche Minderheit von Naǧrān*, in: Studien zum Minderheitenproblem im Islam 1, Bonn 1973, 183ff. (Bonner Orientalistische Studien 27/1).

[12] Ibn Ḥaǧar: *Tahḏīb at-tahḏīb*, VI, 250f., Nr. 498.

Muslime hinausbringen, weder zu Ostern noch an Pfingsten (zur Prozession) ausziehen; daß wir bei Leichenbegängnissen weder unsere Stimmen erheben noch auf den Märkten der Muslime dabei Fackeln zeigen; daß wir in ihrer Nachbarschaft weder Schweine halten noch Wein verkaufen; daß wir keinen Polytheismus treiben und niemanden für unsere Glaubenspraxis zu gewinnen trachten, noch zu ihrer Annahme auffordern; daß wir keine Sklaven freikaufen (?), die als Beuteanteil Muslimen zufallen; daß wir niemanden von unseren Verwandten behindern, der den Islam annehmen will; daß wir unsere Tracht anlegen, wo immer wir sind; daß wir uns nicht den Muslimen ähnlich machen, indem wir eine lange, spitzzulaufende Kopfbedeckung oder einen Turban aufsetzen, Sandalen anziehen, das Haar scheiteln oder indem wir ihre Reittiere benutzen, in ihrer Redeweise sprechen, uns bei ihnen übliche Vatersnamen zulegen; daß wir den vorderen Teil des Haupthaares scheren und nicht unsere Stirnlocken scheiteln; daß wir uns um die Hüfte gürten; daß wir unsere Siegelringe nicht mit arabischen Inschriften versehen; daß wir keine Sättel verwenden, uns keine Waffen zulegen und tragen, uns kein Schwert umhängen; daß wir den Muslimen, wenn sie zusammen sind, ehrerbietig begegnen, ihnen den richtigen Weg zeigen, für sie aufstehen, wenn sie sitzen möchten; daß wir nicht (von unseren Dächern) in ihre Häuser schauen; daß wir unseren Kindern nicht den Koran beibringen, daß wir mit keinem Muslim ein gemeinsames Handelsgeschäft beginnen, es sei denn, er hätte zu bestimmen; daß wir jeden durchreisenden Muslim drei Tage als Gast aufnehmen und so angemessen wie möglich verköstigen. Dies garantieren wir dir, wir, unsere Nachkommen, Ehefrauen und die Armen unter uns. Wenn wir etwas von dem ändern oder verletzen, was wir als Bedingung für den Erhalt des Pardons auf uns nehmen, dann gehen wir des Schutzes (arab.: *aḏ-ḏimma*) verlustig, und du magst an uns verüben, was an Widerspenstigen und Zwietracht Säenden zu verüben ist.[13]

ʿUmar b. al-Ḫaṭṭāb soll dieser Abmachung ausdrücklich zugestimmt haben, was aber vermutlich ein Anachronismus ist; denn erst in der Zeit ab dem Ersten Bürgerkrieg taucht ʿAbd ar-Raḥmān b. Ġanm in den Quellen auf, in jener Zeit mithin, in der man erkannte, daß man mit dem Koran allein nur wenige der dringenden Fragen beantworten konnte, die das sich herausbildende islamische Gemeinwesen aufwarf. Man gab deshalb Argumenten den Vorzug, die sich auf die ersten beiden Nachfolger Muḥammads, auf Abū Bakr und ʿUmar, beriefen,[14] und genau in diesen Zusammenhang gehört der obige Text. In der islamischen Rechtsgeschichte hat er einen wichtigen Part gespielt; den Regelungen des Verhältnisses zu den auf muslimischem Gebiet lebenden Juden, Christen, Zoroastriern - allen, die als Schriftbesitzer anerkannt wurden, diente er als Grundlage. Die Wirkungsgeschichte der „ʿumarschen Bedingungen" ist noch zu schreiben; sie ist variantenreich, denn Zeiten strikter Anwendung wechselten mit eher mildem Verhalten gegenüber Andersgläubigen. Der Einfluß reicht bis in die Gegenwart, etwa

[13] Ibn Qaijim al-Ǧauzīja: *Aḥkām ahl aḏ-ḏimma*, ed. Ṣubḥī Ṣāliḥ, Damaskus 1961, 659f.

[14] Vgl. T. Nagel: *Die Inschriften im Felsendom und das islamische Glaubensbekenntnis*, in: Arabica 47/2000 (329–365), Kap. V.

wenn christliche Missionierung in nahezu allen islamischen Ländern unter Strafe gestellt ist.[15]

Die islamische Historiographie überliefert zahlreiche Verträge, die zwischen den Eroberern und der Bevölkerung der ehemals byzantinischen oder sasanidischen Gebiete geschlossen wurden. In der späteren Rechtstheorie bilden diese Überlieferungen die Grundlage für die Rechtfertigung der unterschiedlichen fiskalischen Behandlung von Muslimen und Andersgläubigen; deren Status, wie er in den „ʿumarschen Bedingungen" beschrieben wird, leitet sich aus der Tatsache der Eroberung ab. Das islamische Recht sieht bei vertraglichen Regelungen vor, daß der Austausch der - in jedem Fall als gleichwertig zu erachtenden - Güter unverzüglich nach Abschluß zu erfolgen hat. Dieser Grundsatz scheint auch für den hier in Rede stehenden Typus von Vertrag zu gelten. Der Schutz oder Pardon, der den Unterworfenen gewährt wird, ist die Gegenleistung für die Anerkennung der Pflichten, die aus dem minderen Rang folgen. Meistens wird eine sofortige Zahlung an die Eroberer vereinbart, die alljährlich zu wiederholen ist, die aber ausbleiben kann, wenn der Eroberer die Verpflichtung zum Schutz nicht erfüllt hat. In den ältesten Verträgen wurde eine Pauschalsumme ausgehandelt, die die Einwohner des betreffenden Ortes aufzubringen hatten; später ging man dazu über, Abgaben festzulegen, die jede Person einmal im Jahr zu leisten hatte. Verbindungen beider Arten, bisweilen erweitert um Naturalien, kommen vor. Die äußerst mannigfaltigen Verhältnisse der Frühzeit wurden später dahingehend systematisiert, daß Gebiete, vorwiegend geschlossene Ortschaften, die mit den Eroberern einen Vertrag geschlossen hatten, zur Zahlung der Kopfsteuer (arab.: *al-ǧizja*) gehalten seien, das bebaubare Land, das vielfach als „mit Gewalt in Besitz genommen" galt, wurde mit einer unabhängig von der Bevölkerungszahl zu erhebenden Abgabe (arab.: *al-ḫarāǧ*) belastet. Die verwickelte Geschichte der Entstehung dieses Konzeptes kann hier nicht einmal gestreift werden;[16] sie wurde nicht zuletzt von dem Grundsatz beeinflußt, daß zum Islam übertretende Schriftbesitzer die Rechtsgenossenschaft der Muslime erwarben und nicht mehr die den Andersgläubigen abverlangten Abgaben leisten mußten - ein Umstand, der in der Omaijadenzeit zu einer schweren Finanzkrise des Fiskus führte. Die auf dem bebaubaren Land lastenden Abgaben wandelten sich in eine unabhängig von der Religionszugehörigkeit der Eigentümer und der Bauern zu zahlende Grundsteuer, die unter verschiedenen Bezeichnungen eingezogen wurde. Die Kopfsteuer der Andersgläubigen hielt sich demgegenüber bis in die jüngste Vergangenheit. Im Osmanischen Reich wurde sie erst 1855 durch eine Militärbefreiungssteuer ersetzt[17] - der den Andersgläubigen

[15] Hierzu vgl. H. Krüger: *Fetwa und Siyar*, Wiesbaden 1978, 94-99. Krügers Untersuchung ist für die in diesem Teilkapitel behandelte Thematik grundlegend.

[16] Vgl. A. Noth: *Die literarisch überlieferten Verträge der Eroberungszeit*, in: Studien zum Minderheitenproblem im Islam 1, Bonn 1973, 282-314; W. Schmucker: *Untersuchungen zu einigen wichtigen bodenrechtlichen Konsequenzen der islamischen Eroberungsbewegung*, Bonn 1972.

[17] EI² s. v. *Djizya*.

zugesagte Schutz hatte deren Ausschluß vom Militärdienst bedeutet, wie in den „ʿumarschen Bedingungen" ausdrücklich betont wurde. Aus der Vertragsgenossenschaft ergibt sich, daß die geduldeten Gemeinschaften der Schriftbesitzer in der islamischen Welt stets über ein gewisses Maß an Autonomie verfügten; Familien- und Erbrecht waren in ihrer Zuständigkeit. Wenn jedoch ein Schriftbesitzer und ein Muslim an einem Rechtsgeschäft beteiligt waren, galten in der Regel die islamischen Bestimmungen. Im Osmanischen Reich hat dieses System seine bekannteste Ausformung gefunden; die nicht-muslimischen Glaubensgemeinschaften (türk.: *millet*) wurden als das ganze Reich überspannende Körperschaften betrachtet, die gegenüber dem Sultanat von ihrem jeweils höchsten Würdenträger vertreten wurden. Zweifellos hat dieses Konzept erheblich dazu beigetragen, daß Angehörige unterschiedlicher Religionen verhältnismäßig spannungslos unter der Herrschaft der Hohen Pforte zusammenlebten. Die unfriedliche Begegnung mit dem modernen Europa, die mit der Besetzung Ägyptens durch Napoleon begann, stellte diese über viele Jahrhunderte gewachsenen Beziehungen in Frage, denn mit dem Grundsatz der Gleichheit aller Bürger eines territorial definierten Staates vor dem Gesetz waren sie nicht zu vereinbaren.

Noch 1772 hatten drei ägyptische Rechtsgelehrte darauf gedrungen, daß die „ʿumarschen Bedingungen" strikt den Andersgläubigen auferlegt würden. In den Augen dieser Juristen genossen die Schriftbesitzer zuviel Gleichheit mit den Muslimen. In der Rechtswirklichkeit, so müssen wir schließen, lebten die Andersgläubigen oft in erträglichen Umständen, doch konnten sie sich im Notfall nie auf irgendein verbrieftes Recht berufen, das ihnen die nachlässigere Auslegung jener alten Vorschriften zugesichert hätte.[18] Als Napoleon in Ägypten gelandet war, traf er dort auf die Bereitschaft der nicht-muslimischen Bevölkerung, mit den Franzosen zusammenzuarbeiten. Napoleon hob die Kopfsteuer auf und ließ die „ʿumarschen Bedingungen" außer Kraft setzen. Allerdings vermied er es, die Muslime zu demütigen, hatte er doch ursprünglich das Ziel verfolgt, durch den Islam wohlwollend beurteilende Erklärungen die Unterstützung der großen Mehrheit der Ägypter zu gewinnen. Nachdem General Kléber durch eine ausgewogene Politik die zwischen Muslimen und Andersgläubigen aufgebrochenen Spannungen hatte mildern können, setzte unter dessen Nachfolger, General Menon, der im Frühjahr 1799 zum Islam übergetreten war, eine deutliche Verschlechterung der Lage vor allem der Kopten ein. Nach dem Abzug der Franzosen pendelte sich das Verhältnis zwischen Muslimen und Andersgläubigen wieder auf das Überkommene ein; nur bei wenigen hatte die Begegnung mit der Idee der Gleichheit aller vor dem Gesetz einen bleibenden Eindruck hinterlassen.[19] Welch außergewöhnliche Schwierigkeiten die Übertragung dieses Konzeptes auf die islamische Gesellschaft bereitet, belegt die Geschichte des Osmanischen Reiches im 19. und frühen 20. Jahrhundert.

[18] H. Motzki: *Ḏimma und égalité*, Bonn 1979, 97.

[19] Ebd., 323–339; Bat Ye'or: *The dhimmi-Jews and Christians under Islam.* Translated from the French by David Maisel, 3. Aufl. Fairleigh Dickinson University Press 1985.

Der von den europäischen Mächten auf den Sultan ausgeübte Druck, ein die Religionszugehörigkeit außer acht lassendes Staatsbürgerrecht zu schaffen, führte zu beträchtlichen innenpolitischen Problemen und zu scharfen Gegenreaktionen und war sicher eine der wesentlichen Ursachen für die die Weltpolitik in Atem haltende „Orientalische Frage".[20]

Während Andersgläubige, die auf Dauer im islamischen Gebiet leben, als Schriftbesitzer dank der Fiktion eines Schutzvertrages partielle Rechtsgenossen der Muslime sind, wird zu den Territorien der Nichtmuslime eine scharfe Grenze gezogen. Das „Gebiet des Islams" (arab.: *dār al-islām*) steht dem sogenannten „Gebiet des Krieges" (arab.: *dār al-ḥarb*) gegenüber; dies sind alle Länder des Erdkreises, die noch nicht der Scharia unterworfen wurden. Der absolute Wahrheitsanspruch des Islams kommt in dieser juristischen Konstruktion zum Ausdruck, wie auch die Überzeugung, daß islamische Missionierung (arab.: *ad-da'wa*) letzten Endes ein kriegerisches Geschäft sei. Es wurden keine Grundsätze entwickelt, nach denen das meist als eine politische Einheit betrachtete islamische Gemeinwesen mit anderen ein Verhältnis von gleich zu gleich hätte aufnehmen können. Diese Eigentümlichkeit folgt aus dem Glauben, daß die Scharia die eine allumfassende Rechts- und Lebensordnung sei, die der Schöpfer den Menschen auferlegt hat. Das islamische Recht gilt seinem Wesen nach für die ganze Menschheit, de facto wird es allerdings vorerst nur bis an die Grenzen der islamischen Welt beachtet. Diese Grenzen müssen jedoch hinausgeschoben werden, bis sie eben den ganzen bewohnten Erdkreis einschließen. Der Kampf gegen die Andersgläubigen ist daher eine Pflicht, der sich stets eine hinreichende Anzahl von Muslimen widmen soll.[21] Was man irreführend das islamische Völkerrecht genannt hat, ist die Gesamtheit der Regelungen, gemäß denen das „Gebiet des Islams" mit dem „Gebiet des Krieges" in Beziehung treten darf.[22]

In Sure 2, Vers 191 bis 193 werden die Anhänger Muḥammads zum Kampf gegen die Ungläubigen – gemeint sind die Mekkaner, die ihn vertrieben haben – aufgerufen, bis niemand mehr wage, die Muslime in ihrem neuen Bekenntnis wanken zu machen und alle kultische Verehrung nur noch dem einen Allāh geweiht sei. Ähnliches ist in Sure 8, Vers 39 f. und Sure 9, Vers 13 bis 16 zu lesen. In Sure 9, Vers 29, der schon zitiert wurde, ist schließlich von einem allgemeinen Kampf die Rede, der sich auch gegen die Schriftbesitzer als Feinde des Islams richtet. Die Teilung der Welt in die beiden einander unversöhnlich gegenüberstehenden Lager läßt sich also aus dem Koran herleiten,[23] auch wenn die Belege auf die heikle Lage

[20] Vgl. die knappe Darstellung der Zusammenhänge bei R. PETERS: *Geschichte der Türken*, Stuttgart 1961, 83–119.

[21] Vgl. oben Kap. A I 4.

[22] H. KRUSE: *Islamische Völkerrechtslehre*, phil. Diss. Göttingen 1953, 3–6.

[23] Der vielgelesene zeitgenössische Korankommentator aš-Ša'rāwī schreibt zu Sure 9, 29, die Kopfsteuer, die Juden und Christen zahlen, sei das Entgelt dafür, daß ihnen in der islamischen Gesellschaft das Leben gelassen werde; die Aushändigung der Steuer an die Muslime müsse mit einer Demutsgeste erfolgen (*Tafsīr aš-Ša'rāwī*, Kairo 1998, 5020–5031).

Muḥammads zu beziehen und vor diesem Hintergrund zu deuten sind. Es zeigt sich an diesem Beispiel wiederum[24] die Problematik einer zeitgebundenen Rede, der nachträglich die Merkmale einer ewigen Wahrheit und unveränderlichen Norm zugesprochen werden. In der islamischen Rechtswissenschaft werden die Vorschriften über die Beziehungen zu den Ländern der Nichtmuslime unter dem Begriff der „Feldzüge" (arab.: Pl. *as-sijar*) behandelt. Dieses Sachgebiet, das zunächst zu den Bestimmungen des heiligen Krieges (arab.: *al-ǧihād*) gehörte, wurde zum ersten Mal von dem Juristen aš-Šaibānī (gest. 805) als ein eigenständiges erörtert. Die zahlreichen Kriege gegen Byzanz, die unter Hārūn ar-Rašīd (reg. 786–809) geführt wurden, können der Anlaß hierfür gewesen sein. Aš-Šaibānī leitet seine Erörterung mit einer Überlieferung ein, die auf den Propheten zurückgeführt wird und in Teilen noch die medinensischen Verhältnisse widerspiegelt: Vor Beginn einer Schlacht sollen die andersgläubigen Feinde aufgefordert werden, die Hedschra nach Medina zu vollziehen - und sich damit in die Kampfgemeinschaft der „Gläubigen" einzureihen; wenn ihnen das widerstrebt, sollen sie wie „Muslime" behandelt werden, die den Gesetzen Gottes unterliegen, also zum Vollzug der Riten verpflichtet sind. Wenn sie sich auch dem verweigern, müssen sie zur Zahlung der Kopfsteuer gezwungen werden - womit bereits spätere Gegebenheiten, die zu Muḥammads Lebzeiten noch unbekannt waren, angesprochen werden. Das gilt auch für die im Anschluß hieran Muḥammad in den Mund gelegte Mahnung, man möge den Bewohnern einer belagerten Stadt, die sich ergeben wollen, niemals im Namen Gottes, sondern nur im Namen des muslimischen Feldherrn Pardon gewähren, d. h. die Unversehrtheit von Leib und Leben zusichern, denn es könnte eine Situation eintreten, in der es zweckmäßig sei, diese Zusage zu brechen.[25]

Der kennzeichnende Zug der Bestimmungen, die die Beziehungen zu den nichtislamischen Territorien regeln, tritt hier schon klar hervor. Kriegshandlungen sind gerechtfertigt, wenn sie zur Ausdehnung des „Gebiets des Islams" dienen, und zwar nur dann,[26] und sie müssen mit dem „Ruf" (arab.: *ad-daʿwa*) zum Islam verbunden werden. Wenn Abmachungen mit den Andersgläubigen getroffen werden, dann dürfen sie nicht so abgefaßt sein, daß sie dem Erreichen dieses rechtfertigenden Zweckes hinderlich sein könnten. - Ein im Namen Gottes oder seines Propheten gegebenes Versprechen ist nur schwer zu widerrufen. - Das spätere Recht unterscheidet mehrere Arten von Pardon. Zu den Voraussetzungen einer Sicherheitszusage gehöre, daß sie in einer Lage der militärischen Unterlegenheit der Muslime ausgesprochen werde, stellt der hanafitische Rechtsgelehrte al-Kāsānī (gest. 1191) fest, „denn die Bekämpfung (der Andersgläubigen) ist Pflicht, die Sicherheitszusage aber schließt das Verbot des Kämpfens ein". Der Pardon soll nach Ansicht al-

[24] Vgl. die Ehebestimmungen, bei denen ebenfalls ad-hoc-Regelungen zu „ewigen" umgedeutet werden mußten (oben, Kap. A II 3a).

[25] M. Khadduri (Übers.): *The Islamic Law of Nations. Shaybani's Siyar*, Baltimore 1964, 76f.

[26] Ebd., 15f.

Kāsānīs nur ein Mittel sein, mit dem sich die Muslime in einer für sie ungünstigen Lage Erleichterung verschaffen. „Dann ... ist sie ein Kampf im übertragenen Sinne, weil sie das Mittel zur Vorbereitung des (später wiederaufzunehmenden) Kampfes darstellt." Wenn ein muslimischer Feldherr auf dem Territorium der Andersgläubigen es für zweckmäßig erachtet, jenen Sicherheit für Leib und Leben zu gewähren und sie vor Versklavung zu schützen, dann bindet eine solche Zusage die islamische Obrigkeit nicht; denn die Andersgläubigen bleiben außerhalb des islamischen Machtbereichs und könnten erst dann Schutzgenossen werden, wenn ihr Territorium dem muslimischen einverleibt wird.[27] Der Grundsatz der dauernden Feindschaft mit den Andersgläubigen läßt keine andere Regelung zu. Al-Kāsānī betrachtet daher auch das Schutzverhältnis, in dem die Schriftbesitzer auf dem „Gebiet des Islams" leben, lediglich als eine Sonderform des Pardon, nämlich als eine „ewige"; andere Rechtsgelehrte folgen ihm hierin allerdings nicht.[28]

Die Sicherheitszusage an Andersgläubige, die ein muslimischer Feldherr gibt, hat, wie dargelegt, immer nur provisorischen Charakter. Das gleiche gilt für jedes Abkommen (arab.: *al-muwāda'a*), das der muslimische Staat mit einem andersgläubigen Reich schließt. Die Erwägungen der Rechtsgelehrten setzen wiederum voraus, daß ein muslimisches Heer im „Gebiet des Krieges" in Gefahr geraten ist - etwa eine Stadt lange bestürmt hat, ohne sie einnehmen zu können - und sich schließlich gezwungen sieht, Deckung für einen geordneten Rückzug zu gewinnen. Unter Hinweis auf das Vorbild des Propheten, der bei Ḥudaibīja mit den Mekkanern eine keineswegs ruhmvolle Rückreise nach Medina aushandeln mußte, erklärt al-Kāsānī, daß die Übernahme von Verpflichtungen, die den Muslimen Sicherheit erwirken, gestattet sei; wende sich das Blatt, dann sollten sie den Vertragspartnern wenigstens die Kündigung der Abmachung mitteilen, um nicht als Betrüger dazustehen. Umstritten war allerdings, ob ein Abkommen auch unter der Bedingung von Tributzahlungen an die Andersgläubigen zu verantworten sei; bisweilen verwarf man dies mit dem Argument, Tribute ähnelten zu sehr der erniedrigenden Kopfsteuer, die für Muslime nicht in Frage komme; sie hätten vielmehr zu kämpfen, bis Gott entscheide. Im Grunde empfanden die muslimischen Rechtsgelehrten eine vertragliche Einigung mit Andersgläubigen als eine anstößige Einschränkung des Glaubenskampfes. As-Saraḫsī (gest. 1090), ein bis ins 19. Jahrhundert häufig studierter Kommentator aš-Šaibānīs,[29] gibt daher zu bedenken, daß das Ziel einer vertraglichen Abmachung mit den Andersgläubigen demjenigen der Schutzgenossenschaft entspreche: „... nämlich die Aufforderung zur (wahren) Religion auf dem leichtesten Wege und die Verbindlichmachung (wenigstens) einiger Gesetze der Muslime für die ‚Leute des Krieges' (d.h. die Bewohner des ‚Gebietes des Krieges'). Das wird nicht erreicht, wenn (diese) sich ausbedingen, daß sie unbehelligt in ihrem Gebiet bleiben und ihnen die Mus-

[27] H. Kruse, op. cit., 79f.
[28] Ebd., 75.
[29] Ebd., 13.

lime keine Verpflichtungen auferlegen. So etwas anzunehmen, ist nicht erlaubt außer in einer Notlage."[30]

Der vertraglich geregelte Umgang mit den Staaten der Andersgläubigen war nach Auffassung der islamischen Rechtsgelehrten also nur dann gerechtfertigt, wenn das Ziel, die durch die Zugehörigkeit zum Islam bestimmte Rechtsgenossenschaft auf jene auszudehnen und damit diese Staaten zu beseitigen, nicht aus den Augen verloren wurde. De facto mußte die auf den „Feldzügen" fußende Art der Beziehungen zu nicht-islamischen Staaten vom Osmanischen Reich mit dem Friedensschluß von Paris im Jahre 1856 aufgegeben werden. Man war sich in der zweiten Hälfte des 19. Jahrhunderts durchaus der Probleme bewußt, die die Einbeziehung eines islamischen Reiches in eine dem europäischen Völkerrecht verpflichtete Gemeinschaft von Staaten aufwerfen werde.[31] Eine rechtswissenschaftliche Theorie, die die überlieferten schariatischen Ansprüche an den Umgang mit den Staaten der Andersgläubigen hätte auffangen können, wurde von muslimischer Seite bis heute nicht erarbeitet. So sind die internationalen Beziehungen der islamischen Staaten zwar nach den Maßstäben des europäischen Völkerrechts gestaltet, ohne daß dessen Grundsätze für eine entsprechende Auslegung und Umarbeitung der eigenen Überlieferung fruchtbar gemacht worden wären. Statt dessen blüht neben dem diplomatischen Alltagsgeschäft, das nach formal weltweit geltenden Regeln abläuft, ein unüberschaubar großes Schrifttum, das die in diesem Kapitel knapp zusammengefaßten Ansichten propagiert und zu deren Verwirklichung aufruft.[32]

Daß an der Grenze zwischen dem „Gebiet des Islams" und dem „Gebiet des Krieges" zwei nicht miteinander vergleichbare Rechtssysteme aufeinanderstoßen, belegt schon aš-Šaibānī mit einer Reihe anschaulicher Beispiele. Es muß Möglichkeiten geben, diese Grenze zu überwinden, weil anders jeglicher Handelsverkehr zum Erliegen käme. Ein Andersgläubiger, der aus dem „Gebiet des Krieges" stammt, darf daher zwar das „Gebiet des Islams" betreten, aber er erhält in diesem Augenblick einen besonderen Rechtsstatus, denjenigen des Inhabers einer zeitlich begrenzten Sicherheitszusage (arab.: *al-musta'min*). Aš-Šaibānī stellt den Fall zur Diskussion, daß ein solcher *musta'min* im „Gebiet des Islams" Handel treibt und dabei einen muslimischen Sklaven erwirbt. Als Schutzgenosse, der ständig auf islamischem Territorium wohnt, hätte er hierzu kein Recht, als Inhaber einer befristeten Sicherheitszusage aber gelten die „'umarschen Bedingungen" für ihn nicht. Wenn er nun aber mit dem muslimischen Sklaven in seine Heimat zurückreist, dann erlangt dieser die Freiheit, sobald sie das „Gebiet des Krieges" betreten. Denn der Sklavenstatus gilt nur in den islamischen Ländern. Wenn der auf diese Weise freigewordene Sklave dort seinen ehemaligen Herrn ermordet und beraubt und dann in das „Gebiet des Islams" zurückkehrt, bleibt er ein Freier und behält das

[30] Ebd., 98.

[31] Ebd., 165–172.

[32] Schon die Anfang der 50er Jahre verfaßte Dissertation von H. Kruse nennt einige Beispiele (S. 173f.).

geraubte Gut; denn nach der Auffassung der hanafitischen Rechtsschule sind die Bestimmungen des islamischen Rechts auf einen Muslim, der sich außerhalb des „Gebiets des Islams" aufhält, nicht anwendbar. Andere Rechtsschulen widersprechen allerdings in dieser Hinsicht den Hanafiten.[33]

Im allgemeinen gilt, daß der Inhaber einer befristeten Sicherheitszusage sich frei auf dem islamischen Territorium bewegen kann; Mekka und Medina darf er jedoch nicht aufsuchen. Er darf im Rahmen der geltenden Bestimmungen Handel treiben, allerdings keine Güter auf die Heimreise mitnehmen, die die Kampfkraft der Andersgläubigen stärken könnten. Unter diesem Blickwinkel ist ihm der Erwerb von Sklaven, über den aš-Šaibānī sprach, zu untersagen. Wenn der *musta'min* eine zu den Schutzgenossen gehörende Frau heiratet und diese in das „Gebiet des Krieges" mitnehmen will, ist ihm dies zu gestatten; umgekehrt darf ein Muslim, der in seiner Heimat die Ehe mit einer Inhaberin einer befristeten Sicherheitszusage eingehen will, nicht mit dieser in das „Gebiet des Krieges" übersiedeln, und zwar aus dem eben genannten Grund der möglichen Erhöhung der Kampfkraft der Feinde des Islams.[34] Im ganzen ist festzustellen, daß die mit der Konstruktion des *musta'min* gefundenen rechtlichen Regelungen des Handels- und Pilgerverkehrs aus dem Byzantinischen Reich und Europa sich bis ins 12. Jahrhundert bewährten und auch danach noch eine taugliche Grundlage für die Absicherung privater Reisen abgaben. Ab dem 12. Jahrhundert traten andere Formen europäischer Präsenz diesen an die Seite. Islamische Herrscher erlaubten europäischen Staaten die Errichtung von Handelskonsulaten, die die Kriminal- und Zivilgerichtsbarkeit innehatten, sofern der Schuldige oder beide Parteien dem Staat angehörten, den der Konsul vertrat. Da den Schutzgenossen, wie schon erwähnt, in weiten Teilen eigenes Recht und dessen Anwendung zugebilligt worden waren, erschienen solche Zugeständnisse den Muslimen vermutlich nicht als anstößig, selbst wenn sie nicht - was nach islamischem Recht notwendig gewesen wäre - zeitlich befristet wurden.[35] Wenn auch vor allem in der Kreuzzugszeit die von der Scharia vorgesehenen Einschränkungen, die den Abmachungen mit den Andersgläubigen unterliegen, oft recht großzügig gehandhabt wurden,[36] so beachtete man im ganzen doch bis in das 19. Jahrhundert hinein die beschriebenen Prinzipien. Um den Konsularabkommen ihre die islamische Staatsautorität aushöhlende Wirkung zu nehmen, sah man seit dem 15. Jahrhundert darauf, daß alle Angelegenheiten, an denen ein Muslim beteiligt war, tatsächlich der islamischen Gerichtsbarkeit zur Entscheidung übertragen wurden; für die europäische Seite wurde der Konsul hinzugezogen.[37] Trotzdem

[33] M. Khadduri, op. cit., 160f.

[34] Ders.: *War and peace in the law of Islam*, Baltimore 1955, 166-168.

[35] W. Heffening: *Das islamische Fremdenrecht bis zu den islamisch-fränkischen Verträgen*, Hannover 1925, 125-130.

[36] M. Köhler: *Allianzen und Verträge zwischen fränkischen und islamischen Herrschern im Vorderen Orient*, Berlin 1991.

[37] Heffening, op. cit., 131.

hatten die sogenannten „Kapitulationen" (arab.: *al-imtijāzāt* = die Privilegien),[38] die seit dem ausgehenden 18. Jahrhundert immer größere Bereiche von Wirtschaft und Verwaltung des Osmanischen Reiches und Irans der Kontrolle und Nutzung durch die Regierung und das Staatsvolk entfremdeten, verheerende Folgen und vergifteten das Verhältnis der islamischen Welt zu Europa.

Aš-Šaibānī betrachtet das „Gebiet des Krieges" fast ausschließlich als ein Territorium, in das die Muslime Feldzüge führen. Die Verteilung der Beute, Überlegungen, ob Gefangene zu töten oder in das „Gebiet des Islams" zu verschleppen seien, Möglichkeiten der Verkürzung der rituellen Gebete, wenn Gefahr im Verzuge ist, dies sind die wesentlichen Gegenstände der Erörterung.[39] Im Kapitel über die Inhaber einer befristeten Sicherheitszusage wird erst ganz am Schluß und beiläufig davon gesprochen, daß nicht nur Andersgläubige im „Gebiet des Islams" den Status des *musta'min* haben können, sondern auch Muslime im „Gebiet des Krieges". Aš-Šaibānī wirft nun die Frage auf, wie sich ein solcher Muslim zu verhalten habe, wenn dieses Land von dritter Seite angegriffen werde. Er dürfe auf keinen Fall jene Angreifer unterstützen, stellt aš-Šaibānī fest und begründet seine Ansichten wie folgt: „Es herrscht dort das Recht der Ungläubigen, und die Muslime können keine islamischen Rechtsnormen durchsetzen." Die Pflicht zum Kampf gegen die Andersgläubigen, so ist diese Botschaft zu verstehen, kann von einem muslimischen Inhaber einer Sicherheitszusage nicht erfüllt werden, eben weil eine nicht-islamische Staatsgewalt, die auf einer ganz anderen Art von Recht beruht, ihm dies verwehrt. Aš-Šaibānī meint, nur wenn die Andersgläubigen, deren Sicherheitszusage der Muslim besitzt, muslimische Kriegsgefangene gemacht haben, sei zu fordern, daß dieser seinen Religionsgenossen Beistand gewähre.[40] Der 1836 verstorbene hanafitische Gelehrte Ibn ʿĀbidīn hat in einem vielgelesenen Kommentar zum Recht seiner Schule dargelegt, daß ein muslimischer *musta'min* in dem andersgläubigen Land, in dem er sich vorübergehend aufhält, alle Übergriffe auf „Leben, Eigentum und Frauenehre" der Angehörigen jenes Landes zu unterlassen habe. Diese sehr allgemeine Verpflichtung wird von Ibn ʿĀbidīn dahingehend ausgelegt, daß der betreffende Muslim sich nach den Gesetzen des Staates, der ihm Sicherheit zugesagt hat, richten muß, auch wenn diese erlauben, was durch die Scharia untersagt wird. So darf er dann beispielsweise mit Wein oder mit Schweinen handeln, was ihm im Geltungsbereich der Scharia selbstverständlich untersagt wäre. Die territorialen Grenzen der islamischen Rechtsgenossenschaft werden von den Hanafiten also anerkannt, wie auch das folgende Beispiel belegt: Tötet ein muslimischer *musta'min* einen anderen im nicht-islamischen Ausland, dann ist der Täter zwar die Zahlung des Wergeldes schuldig, er kann aber weder der Talio noch der „Grenz"-Strafe unterworfen werden, weil beides das Bestehen der islamischen Rechtsord-

[38] EI² s.v. *Imtiyāzāt* (G. Baer)
[39] M. Khadduri (Übers.): *The Islamic Law of Nations*, 95–129.
[40] Ebd., 193.

nung voraussetzt. Selbst das Wergeld entfällt, sofern der muslimische *musta'min* sein Verbrechen an einem muslimischen Kriegsgefangenen oder an einem Muslim begangen hat, der sich im andersgläubigen Ausland zum Islam bekehrt und noch niemals unter einer muslimischen Obrigkeit gelebt hat. Ein muslimischer Kriegsgefangener ist nämlich vollständig dem muslimischen Gemeinwesen entzogen, und weil ihm die Möglichkeit fehlt, aus freien Stücken in seine Heimat zurückzukehren bzw. sich seiner Verwendung im Kampf gegen das „Gebiet des Islams" zu verweigern, kann er schariatisch gesehen nicht mehr als Muslim betrachtet werden. Dies ist der folgerichtige Schluß aus der sich gegenüber andersgläubigen Staaten als eine auf deren Islamisierung hinarbeitende Gemeinschaft definierenden Rechtsgenossenschaft. Auch im zweiten Fall, der Tötung eines Neophyten, der noch nie im islamischen Gebiet weilte, ist diese Auffassung erkennbar; er hätte sich, um seinen Übertritt zum Islam mit der Tat zu bekunden, der muslimischen Obrigkeit zur Verfügung stellen müssen.[41]

Diese Regelungen werden erst verständlich, wenn man sich vor Augen führt, daß das islamische Recht zwei Arten von Unverletzlichkeit (arab.: *al-ʿiṣma*) kennt. Die eine haben alle Muslime inne, die auf Dauer der islamischen Obrigkeit unterstehen; da diese Unverletzlichkeit ihren Grund zumindest nach hanafitischer Auffassung nicht in der Zugehörigkeit zur Religion des Propheten hat, umfaßt sie auch die Schutzgenossen (arab.: *ad-ḏimmīyūn*), und sie gilt natürlich ebenfalls für den muslimischen *musta'min* im „Gebiet des Krieges". Die Quelle der Unverletzlichkeit ist der durch das Bestehen der islamischen Obrigkeit ermöglichte Schutz (arab.: *al-iḥrāz*) von Leben und Eigentum. Wird demnach im „Gebiet des Krieges" ein *musta'min* durch einen anderen getötet, so hat die geschädigte Sippe Anspruch auf das Wergeld, wie schon gesagt wurde; die auf Grund der Zugehörigkeit des Opfers zum „Gebiet des Islams" gegebene Unverletzlichkeit hat die Folge, daß die Höhe des Schadens ermittelt und daß dieser wiedergutgemacht wird (arab.: *al-ʿiṣma al-muqauwima*). Weit geringer sind die Rechtsfolgen, die sich aus der zweiten Art ergeben. Sie gilt beispielsweise für muslimische Kriegsgefangene, die der Gewalt der Andersgläubigen unterworfen sind und nicht nach eigenem Entschluß handeln können. Wird ein solcher Gefangener von einem anderen Muslim getötet, dann kann die Sippe des Opfers kein Wergeld verlangen; der sonst durch die islamische Obrigkeit garantierte Schutz bestand in diesem Falle nämlich nicht. Das gleiche träfe zu, wenn das Opfer jemand gewesen wäre, der seinen ständigen Wohnsitz im „Gebiet des Krieges" gehabt und dort den Islam angenommen hätte, ohne je im „Gebiet des Islams" gewohnt zu haben. Man nennt diese Art der Unverletzlichkeit „die zum Sünder machende" (arab.: *al-ʿiṣma al-mu'aṯṯima*). Ein muslimischer Kriegsgefangener bzw. ein Muslim, der nie den Schwerpunkt seines Lebens im „Gebiet des Islams" hatte, ist vor den Übergriffen eines Glaubensbruders also nur insofern

[41] J. Hatschek: *Der Musta'min*, Berlin/Leipzig 1919, 7–13.

geschützt, als dieser Glaubensbruder sich durch den Übergriff vor Gott schuldig (arab.: *āṯim*) macht; es unterbleibt jedoch jegliche Maßnahme von seiten der islamischen Obrigkeit.[42]

Eine 1982 in Bagdad veröffentlichte Studie über die Schutzgenossen und die Inhaber befristeter Sicherheitszusagen erörtert das Thema aus der Sicht eines zeitgenössischen islamischen Staates, spart aber gerade den Aspekt aus, der für die Beschreibung des schariatischen Status muslimischer Minderheiten in andersgläubigen Staaten fruchtbar gemacht werden könnte.[43] Der Autor stellt jedoch der westlichen Definition der Staatsangehörigkeit (arab.: *al-ǧinsīja*) eine schariatische gegenüber und weist damit auf die Unterschiedlichkeit der Rechtssysteme hin, die in diesem Punkt nicht ausgeglichen werden kann. Das arabische Wort *ǧinsīja*, mit dem der europäische Begriff der Staatsangehörigkeit wiedergegeben wird, leitet sich von *al-ǧins* ab, was soviel wie „Gattung" oder „Geschlecht" bedeutet. Das Abstraktum *al-ǧinsīja* bezeichnet demnach die Zugehörigkeit zu einer wie auch immer definierten Gattung. Deshalb kann der Verfasser darlegen, *al-ǧinsīja* habe „eine gesellschaftliche Bedeutung, nämlich die Zugehörigkeit einer Person zu einer bestimmten Nation (arab.: *al-umma*), und eine politische, juristische (arab.: *qānūnī*), und zwar die Zugehörigkeit zu einem Staat". Der Terminus *al-ǧinsīja* ist mithin erheblich weiter als der europäische Begriff, den er in einen arabisch-islamischen Zusammenhang übertragen soll. Der zweite, politische bzw. juristische Sinn, so lesen wir, steht für die Staatsangehörigkeit in ihrer westlichen Bedeutung „... die juristische und politische Verbindung zwischen einem Individuum und einem bestimmten Staat".[44]

Hervorzuheben ist, daß diese schlichten Feststellungen vor dem Hintergrund einer durch das Erbe der Scharia geprägten Begrifflichkeit zu lesen sind, und damit erhalten sie einen dem Europäer nicht gegenwärtigen Nebensinn. Denn mit *umma* ist auch die Vorstellung von der einen, der islamischen Glaubensgemeinschaft, also einer religiös begründeten „Gattung", verknüpft.[45] Die Wörter „Staat" (arab.: *ad-daula*) und „politisch" (arab.: *sijāsī*) verweisen auf Machtgebilde innerhalb des „Gebietes des Islams", deren Territorien zwar mehr oder minder deutlich gegeneinander abgegrenzt sind, die aber insofern, als sie alle „islamisch" sind, Teile einer größeren Einheit bilden, die sich als der Geltungsbereich der Scharia, der muslimischen Rechtsgenossenschaft, darstellt. Mit *al-qānūn* werden die Vorschriften bezeichnet, die ein muslimischer Machthaber erläßt, um die Herrschaft in den ihm unterstehenden Regionen des „Gebietes des Islams" zu sichern, was der Inbegriff seines herrscherlichen Handelns, seiner „Politik" (arab.: *as-sijāsa*), ist. Inwiefern

[42] Ebd., 107; Ibn ʿĀbidīn: *Ḥāšijat radd al-muḥtār*, Ed. Beirut 1992, IV, 166–168.

[43] ʿAbd al-Karīm Zaidān: *Aḥkām aḏ-ḏimmījīn wal-mustaʾminīn*, Bagdad 1982, 46–56.

[44] Ebd., 57.

[45] In der Einleitung habe ich darauf hingewiesen, daß die scheinbar gleichen Begriffe im von einer anderen Kultur gestifteten Zusammenhang eine unterschiedliche Bedeutung haben können.

diese Regeln mit dem überall in der islamischen Welt verbindlichen Recht, der Scharia, abzustimmen sind, ist eine Frage, die in anderem Zusammenhang erörtert wird; hier ist lediglich zu betonen, daß die Begriffe, mit denen die nach europäischem Muster definierte Staatsangehörigkeit wiedergegeben wird, im islamischen Kontext implizit ein höherrangiges, nämlich von Gott selber gegebenes Recht voraussetzen. Anders als in Europa hatten sich die islamischen Staaten innerhalb der *umma* der Muslime nicht zu eigenen Völkerrechtssubjekten entwickelt. Die Terminologie, unter der seit dem 19. Jahrhundert auf äußeren Druck hin die Umgestaltung dieser Staaten nach europäischem Vorbild vorangetrieben wurde, war nun aber gerade jene, mit der man das gegenüber der Scharia minderrangige Herrscherrecht benannte.

Es liegt daher, um zu unserem Gegenstand zurückzukehren, gewissermaßen in der Logik der Dinge, daß der irakische Autor, nachdem er die Staatsangehörigkeit nach Maßgabe der aus Europa in die islamische Welt verpflanzten, dem minderrangigen Herrscherrecht zuzuordnenden Begriffe beschrieben hat, zu einer schariatischen Definition übergeht. Den Begriff *al-ǧinsīja* hätten die älteren muslimischen Rechtsgelehrten noch nicht gekannt, aber die Sache sehr wohl, nämlich die Zugehörigkeit des Muslims zum „Gebiet des Islams" und des Andersgläubigen zum „Gebiet des Krieges". Die *umma* des Islams, zu der die Muslime ihres Glaubens wegen gehören, müsse nach dem ausdrücklichen Gebot der Scharia zu einem Staat ausgebaut werden, und dies sei auch geschehen, so daß nun die Rechte und Pflichten, die sich für den einzelnen Muslim aus dieser - islamischen - *ǧinsīja* ergäben, so fest umrissen seien wie jene, die die Staatsangehörigkeit mit sich bringe. Die Aufkündigung dieser islamischen *ǧinsīja* erfolgt, so der Autor, durch den mit der Todesstrafe bedrohten Abfall (arab.: *ar-ridda*) vom Islam sowie durch die dauerhafte Übersiedlung in das „Gebiet des Krieges".[46]

Das „Gebiet des Islams" und das "Gebiet des Krieges" wurden bis hierher unter dem Blickwinkel der Rechtsfolgen betrachtet, die die Scharia für die Personen vorsieht, die zwischen beiden hin und herwechseln. Es gibt jedoch auch Überlegungen zur rechtlichen Bewertung des Überganges eines bestimmten Territoriums von der einen Seite zur anderen. Der hanafitische Gelehrte Ibn ʿĀbidīn knüpfte die Umwandlung eines muslimischen Gebietes in ein „Gebiet des Krieges" an drei Voraussetzungen, die insgesamt erfüllt sein müssen: Die „rechtlichen Bewertungen des Polytheismus" werden befolgt; das betreffende Gebiet steht topographisch mit dem „Gebiet des Krieges" in Verbindung; es befindet sich in dem umstrittenen Land weder ein Muslim noch ein Schutzgenosse, der dank dem ursprünglichen „Pardon" (arab.: *al-amān*) dort lebt. In den ergänzenden Bemerkungen zu diesem Text findet sich ein erhellender Hinweis auf ein konkretes Beispiel: Das Bergland der Drusen im Libanon ist „Gebiet des Islams"; denn obschon dort die Riten der Drusen sowie der Christen befolgt werden und eine eigene Jurisdiktion gilt, handelt es sich um islamisches Gebiet, weil dieses Berg-

[46] ʿAbd al-Karīm Zaidān, op. cit., 61 f.

land ganz von islamischem Territorium umgeben ist.[47] Die muslimische Obrigkeit habe das Recht, dort mit Gewalt die Bestimmungen der Scharia in Kraft zu setzen. Das Land der Andersgläubigen wandelt sich hingegen schon dann zum „Gebiet des Islams", wenn dort schariatische Vorschriften, etwa den Freitagsgottesdienst oder das Fest des Fastenbrechens betreffend, eingehalten werden; hierbei ist es gleichgültig, ob sich dort noch die einheimische andersgläubige Bevölkerung befindet oder ob dieses neue „Gebiet des Islams" irgendwo an das ältere grenzt. Die zweite und die dritte von Ibn ʿĀbidīn genannte Bedingung dienen mithin dem Zweck, eine Verringerung des „Gebiets des Islams" möglichst zu verhindern; beide Bedingungen werden jedoch in ihr Gegenteil verkehrt, wenn es um die Erweiterung des „Gebiets des Islams" geht. Ergänzend wird festgestellt, ein von einer andersgläubigen Staatsmacht eingesetzter muslimischer Statthalter habe das Recht, für die in seinem Bezirk lebenden Muslime eine schariatische Rechtspflege einzurichten; Muslime unter einer andersgläubigen Staatsgewalt dürften den Freitagsgottesdienst organisieren und sich einen *Qāḍī* suchen; verpflichtet seien sie, die Berufung eines muslimischen Machthabers anzustreben.[48]

Das islamische Recht gilt in uneingeschränktem Maß auf den einer muslimischen Obrigkeit unterstehenden Territorien; dauerhaft dort lebende Andersgläubige sind nur als „Schutzbefohlene" in die Rechtsgenossenschaft der Muslime einbezogen. Hiermit ist die Vorstellung von einem minderen Rang der Schriftbesitzer verbunden, der als das Ergebnis einer militärischen Niederlage bzw. der Eroberung des betreffenden Gebietes durch die Muslime verstanden wird. Auch das Verhältnis der muslimischen Länder zu den anderen Teilen der Welt wird als ein unfriedliches ausgelegt, was schon aus dem begrifflichen Gegensatz von „Gebiet des Islams" und „Gebiet des Krieges" erhellt. Die islamische Rechtswissenschaft hat diesen Grundsatz bis heute nicht widerrufen. Die Entstehung von an Zahl bedeutenden muslimischen Minderheiten in nicht-islamischen Ländern wirft infolgedessen ernste Probleme auf, die im Augenblick noch nach Möglichkeit verdrängt werden. Zwar verlangt das islamische Recht dem *musta'min* die Befolgung der Gesetze des Gaststaates ab, aber es setzt dabei, wie mehrfach angemerkt, stets voraus, daß der Muslim die Interessen des „Gebietes des Islams" wahrnimmt. Mit der Verleihung einer doppelten Staatsangehörigkeit von seiten des andersgläubigen Staates wird ein sol-

[47] Zur Geschichte der Drusen im frühen 19. Jahrhundert vgl. K. M. Firro: *A History of the Druzes*, Leiden 1992, Kapitel 2 (Handbuch der Orientalistik. 1. Abteilung, Ergänzungsband IX).

[48] Ibn ʿĀbidīn, op. cit., IV, 174f. Die von L. Hagemann/A. Th. Khoury vorgelegte Studie *Dürfen Muslime auf Dauer in einem nicht-islamischen Land leben?* (Altenberge 1997) zeigt, wie problematisch nach islamischem Recht der dauerhafte Aufenthalt eines Muslims in einem nicht-islamischen Land ist; er wird bestenfalls hingenommen, wenn das Land „islamfreundlich" ist. Ein nicht-islamischer Staat, der um der islamischen Minderheit in seiner Bevölkerung willen die „Islamfreundlichkeit" zur Maxime seiner Politik machte, setzte sich angesichts der Unbestimmtheit dieser Maxime ständigen Pressionen von innen und außen aus.

ches Verhalten gewissermaßen durch diesen ausdrücklich gerechtfertigt; die legitimen Belange des aufnehmenden, nicht-islamischen Staates und seines nicht-islamischen Staatsvolkes dürfen nunmehr auch offiziell von den muslimischen Neubürgern gröblich mißachtet werden, sofern dies durch eine „islamische" Solidarität begründet werden kann.

Auf die Länge der Zeit werden durch eine derartige scheinbare Eingliederung der Muslime in einen nicht-islamischen Staat scharfe Spannungen zwischen den Zugewanderten und dem Staatsvolk entstehen, das ja, um mit den Begriffen des islamischen Rechts zu sprechen, verpflichtet ist, den Muslimen seinen Schutz zu gewähren, ohne auf die Gegenleistung einer dementsprechenden Loyalität pochen zu dürfen. Eine wirkliche Einbürgerung der Muslime wird vermutlich nur dann gelingen, wenn die ihnen hierfür abzuverlangenden Leistungen klar benannt und auch eingefordert werden: Jegliche Bindung an die schariatische Rechtsgenossenschaft muß von den Muslimen, die auf Dauer in einem nicht-islamischen Staat leben, aufgegeben werden; die islamischen Herkunftsländer haben in einer unzweideutigen und bindenden Form den Verzicht auf jegliche Einflußnahme auf die muslimischen Minderheiten zu erklären. Diese dürfen – was ohnehin schon der Fall ist – auf dem Boden und nach Maßgabe der Grundsätze der jeweiligen Verfassung ihre Riten vollziehen und sich hierzu und zu gemeinnützigen Zwecken organisieren; sie unterstehen allein dem Schutz und der Gewalt eines nicht-islamischen, den allgemeinen Menschenrechten verpflichteten Staates. Um die Terminologie der Scharia zu benutzen: Sie können allein die „zum Sünder machende Unverletzlichkeit" (arab.: *al-ʿiṣma al-muʾaṯṯima*) genießen.

2. Die Rechtsprechung

a) Das *Qāḍī*-Amt

In der Zeit der islamischen Urgemeinde gab es keine institutionalisierte Gerichtsbarkeit. Muḥammad, der im Namen Gottes herrschte, schlichtete die Streitfälle. Näheres ist hierüber nicht bekannt. In Sure 4, Vers 59 werden die Anhänger Muḥammads aufgefordert, „Gott und dem Gesandten und denen zu gehorchen, denen Befehlsgewalt" übertragen wurde; wenn man über eine Angelegenheit uneins sei, dann möge man sie „vor Gott und den Gesandten" bringen. Das Beilegen von Zwistigkeiten zählt demnach zu den Aufgaben des Herrscheramtes. Diese Auffassung hält sich bis weit in die Omaijadenzeit. Der Kalif und in den neugewonnenen Provinzen die von ihm berufenen Heerführer sind auch befugt, Recht zu sprechen. In der muslimischen Staatstheorie behält der Kalif diese allumfassende, auch die Gerichtsbarkeit einschließende Zuständigkeit; Ansätze zu einer Aufteilung seiner Macht auf unterschiedliche Gewalten gibt es nicht. Eine durch die Praxis erzwungene Differenzierung herrscherlichen Handelns ist zuerst in den Provinzen nachzuweisen. Die Aufgaben des vom Kalifen bestellten Heerführers (arab.: *al-amīr*) verteilten sich auf mehrere Personen; während der Befehlshaber der Truppen Krieg führte und von den Heerlagerstädten wie Basra, Kufa oder Fustat über lange Zeitspannen hinweg abwesend war, hatte der dort verbliebene Verwalter (arab.: *al-ʿāmil*) für Ruhe und Ordnung zu sorgen und die dem Umland auferlegten Abgaben einzuziehen; dies wurde sein wichtigstes Tätigkeitsfeld, so daß man unter einem Verwalter bald vor allem einen Steuereinnehmer verstand. Obwohl in der frühen und mittleren Omaijadenzeit bereits ein ausgedehntes Reichsgebiet zu sichern und daher auch eine Art von Rechtsprechung erforderlich war, finden sich in den Quellen nur spärliche Hinweise auf Anfänge einer spezialisierten Rechtspflege. Zwei Gründe können hierfür ins Feld geführt werden: Zum einen gab es noch gar keine inhaltlichen Grundlagen für eine Gerichtsbarkeit in einem Gemeinwesen, das einen Umbruch zwischen Heidentum und hochreligiöser Prägung durchlebte; zum anderen waren innerhalb der Stämme, die ja noch längst nicht zu einer größeren gesellschaftlichen Einheit verschmolzen waren, die Ältesten für die Aufrechterhaltung geordneter Verhältnisse verantwortlich. Die Anwendung eines - selbstverständlich nicht kodifizierten - Rechts war Sache des einzelnen Stammes. Als der erste omaijadische Kalif Muʿāwija (reg. 660–680) im Jahre 665 seinen Statthalter Zijād in den Irak schickte, hielt dieser vor den Basrensern eine berühmt gewordene Rede, in der er die anarchischen Verhältnisse, die er angetroffen hatte, der ungebrochen wirkenden Stammessolidarität anlastete. Die von Gott gestiftete und durch den Mund seines Propheten verkündete religiöse Ordnung (arab.: *ad-dīn*), die doch über die Grenzen der Stämme hinaus gilt, finde nicht den nötigen Respekt. Der Kalif und seine Statthalter dürften sich, so Zijād, auf Gottes Vollmacht berufen; sie schützten die durch den neuen Glauben geeinte Bevölkerung ohne Ansehen der Stammesgrenzen und erwarteten daher Gehorsam von jedermann, wiederum unabhängig von jeglicher Blutsverwandtschaft. Zijād spricht also offen aus, mit welcher Begründung er in Basra Ruhe und Ordnung wiederherstellen will. Die Anordnungen, die er zu diesem Zweck trifft, zeugen jedoch davon, daß dieser der koranischen Botschaft verpflichteten Begründung noch alle institutionelle Möglichkeit der Verwirklichung mangelt. Denn Zijād droht den Basrensern an, daß er die Obmänner der Klane zur Rechenschaft ziehen werde für Verfehlungen, deren sich die Angehörigen schuldig machen. Daß er damit selber gegen die neue Religion verstoße, die er eben noch in seiner Rede beschworen habe, soll ihm sogleich entgegengehalten worden sein, und zwar unter Verweis auf Sure 53, Vers 38, wo es heißt, daß am Jüngsten Tag keiner die Last eines anderen tragen werde.[49]

Die Herausbildung einer islamischen Rechtsprechung und deren Verankerung in speziell dieser Aufgabe gewidmeten Institutionen ist möglicherweise auch durch heidnische Bräuche angeregt worden. Man kannte seit alters her den Schiedsmann (arab.: *al-ḥakam*), der, in Streitfällen angerufen, dank seinem Zugang zu übernatürlichen Kräften zu Urteilen gelangte. „Sie sind nicht gläubig, bis sie dich zum Schiedsmann machen ... und dann keine Beengung in ihrem Innern spüren wegen dessen, was du entschieden hast", wird dem Propheten in Sure 4, Vers 65 ver-

[49] T. Nagel: *Staat und Glaubensgemeinschaft im Islam*, I, 110–114.

sichert;[50] er rückt mithin insofern, als er Recht spricht, in die Stellung eines heidnischen Schiedsmannes ein. Auch der Begriff *al-qāḍī*, mit dem später der wichtigste Funktionsträger der islamischen Rechtspflege bezeichnet wird, der aber in dieser Bedeutung nicht im Koran vorkommt, hat eine vorislamische Geschichte. In der Überlieferung über die für das heidnische Mekka lebenswichtige Zusammenarbeit mit den Banū Tamīm findet sich die Nachricht, daß ein Mitglied dieses Stammesverbandes das *Qāḍī*-Amt an dem Marktort ʿUkāẓ innehatte; damit verknüpft war die Aufgabe der Bestimmung des Tages, an dem die Pilgerriten zu beginnen hatten. Später, noch vor der Berufung Muḥammads zum Propheten, waren die zwei Funktionen getrennt worden. Welcher Art die Aufsichtspflichten jener *Qāḍīs* waren, läßt sich leider nicht klar ermitteln. Die Märkte der Arabischen Halbinsel unterstanden lokalen Stammesführern, die im Auftrag fremder, vielleicht von den Sasaniden abhängiger Machthaber Zölle erhoben. Anders verhielt es sich mit ʿUkāẓ, das frei war und daher von Angehörigen vieler Stämme aufgesucht wurde. Der jeweils amtierende tamimitische *Qāḍī* hatte wahrscheinlich für den ordnungsgemäßen Ablauf des Marktgeschehens zu sorgen.[51] Im Gegensatz zum Schiedsmann wäre demnach der *Qāḍī* für eine die Stammesgrenzen überschreitende Art der Rechtssicherung verantwortlich gewesen und hätte - zumindest ursprünglich - auch eine wichtige Aufgabe in einem auf den Vollzug religiöser Riten gründenden, freilich nur während der Wallfahrt existierenden Gemeinwesen zu erfüllen gehabt.

Wenn in der Omaijadenzeit von einem *Qāḍī* die Rede ist, dann ist dieses Wort am ehesten buchstabengetreu mit „Vollzugsbeamter" zu übersetzen. Zu umfangreich sind die Aufgaben, die die Quellen mit ihm in Verbindung bringen; wahrscheinlich war er ein wichtiger Gehilfe des Statthalters. So versah er als dessen Vertreter den Freitagsgottesdienst, mit dem die Botmäßigkeit des islamischen Gemeinwesens gegenüber Gott zum Ausdruck gebracht wird, weshalb die Muslime zur Teilnahme verpflichtet sind.[52] In dieser Funktion amtierte der *Qāḍī* als Repräsentant des von Gott eingesetzten Herrschers. Unter den Omaijaden war hiermit vielfach die Pflicht verbunden, nach Abschluß der Liturgie Gott, den Propheten und den Kalifen zu preisen und durch das Erzählen erbaulicher Geschichten die Loyalität der Anwesenden zum Herrscher zu festigen. Bis in die frühe Abbasidenzeit hinein unterstanden dem *Qāḍī* des weiteren die örtlichen Polizeiverbände (arab.: *aš-šurṭa*).[53] Diese Aufgabe, desgleichen die Mitwirkung am Freitagsgottesdienst, gingen in andere Hände über, als sich gegen Ende des Kalifats der Damaszener Omaijaden der uns heute geläufige Kreis von Pflichten des *Qāḍīs* herauskristallisierte, nämlich die Wahrnehmung der schariatischen Gerichtsbarkeit. Formal blieb der *Qāḍī* allerdings ein Vertreter der herrscherlichen Hoheit, wie aus einer

[50] P.-G. DANNHAUER: *Untersuchungen zur frühen Geschichte des Qāḍī-Amtes*, phil. Diss., Bonn 1975, 12-16, 35.

[51] M. J. KISTER: *Mekka and Tamīm*, in: JESHO 8/1965, 113-163, hier S. 146 und 156.

[52] Vgl. oben Kap. A II 2b.

[53] P.-G. DANNHAUER, op. cit., 36-39.

Ernennungsurkunde hervorgeht, die im 11. Jahrhundert einem Richter in Gilan ausgehändigt wurde. Darin wird ausdrücklich erwähnt, daß er sich angelegen sein lassen müsse, den Geltungsbereich des „kalifischen Rufes" (arab.: *ad-daʿwa*) zu verteidigen, mithin die sich über das „Gebiet des Islams" erstreckende Hoheit.[54]

In der frühen Abbasidenzeit vollendet sich die Spezialisierung des *Qāḍī*-Amtes auf die Rechtspflege im engeren Sinn. Die Amtsinhaber waren verpflichtet, das islamische Recht, das sich in jener Epoche zu einem eigenständigen Feld intellektueller Arbeit innerhalb der islamischen Kultur ausformte, auf die rechtlich bedeutsamen Gebiete des Lebensvollzugs anzuwenden. Den wichtigsten Teil ihrer Tätigkeit machten die zwischenmenschlichen Beziehungen (arab.: Pl. *al-muʿāmalāt*) und die Strafen (arab.: Pl. *al-ʿuqūbāt*) aus; doch hatten sie schon seit dem omaijadischen Kalifat auch die religiösen Stiftungen zu verwalten sowie die Vormundschaft für Witwen und Waisen wahrzunehmen. Da sich, wie noch im einzelnen auszuführen ist, um den *Qāḍī* eine Reihe unterschiedlicher Funktionsträger gruppierte, war er dem Vorsteher einer Behörde vergleichbar, die in der Gesellschaft der jeweiligen Stadt von erheblichem Gewicht war und nicht wenig zur Islamisierung der Bevölkerung beitrug. Während unter den späten Omaijaden die *Qāḍīs* der Provinzstädte von den Statthaltern ernannt wurden, bemühten sich die Abbasiden seit al-Manṣūr (reg. 754–775) um eine Zentralisierung der Justiz. Der Kalif ernannte die *Qāḍīs* selber. Hārūn ar-Rašīd (reg. 786–809) rief ein Aufsichtsamt ins Leben, das einem „Richter der Richter" (arab.: *qāḍī l-quḍāt*) unterstellt wurde.

Die bereits im 9. Jahrhundert einsetzende Regionalisierung des Abbasidenreiches führte zu einer raschen Vermehrung der Richterstellen; die Lokaldynastien schufen Hierarchien der Rechtspflege, die der ursprünglich für das ganze Reich bestimmten nachgebildet waren. Zur Vermehrung der mit der Rechtsprechung befaßten Personen trug ferner der Umstand bei, daß sich seit dem 9. Jahrhundert unterschiedliche Auffassungen über die Methode der Herleitung von Normen aus dem Koran und der Prophetenüberlieferung entwickelten, die in den sogenannten Rechtsschulen (arab.: *al-maḏhab*, Pl. *al-maḏāhib*), d. h. unter den Schülern und Enkelschülern eines Lehrmeisters, gepflegt und verfeinert wurde. Die inhaltlichen Abweichungen zwischen diesen Richtungen sind für den heutigen europäischen Beobachter meist unerheblich; aber in einem Rechtssystem, das als die praktische Verwirklichung des ewigen göttlichen Gesetzes verstanden wird, das zudem nur bei formgerechtem Vollzug den Erwerb von Jenseitsverdienst in Aussicht stellt, werden solche Abweichungen zum Gegenstand scharfsinniger und auch erbitterter Debatten. Jeder Muslim, so empfahl man, solle sich formlos für eine dieser Schulen entscheiden und sich bei der Erfüllung der Ritualpflichten und in seinem profanen Alltag nach ihr richten. Infolgedessen entstanden in den größeren Städten *Qāḍī*-Ämter für jede der in der Bevölkerung vertretenen Richtungen, am Sitz des Herrschers auch Aufsichtsbehörden für die einzelnen Schulen. Das Aufkommen der Medresse im 11. Jahrhundert, einer aus den Einkünften des Herrschers oder anderer Würdenträger bzw.

[54] T. Nagel: *Die Festung des Glaubens*, 45f.

aus Stiftungen finanzierten Lehranstalt, die sich vorwiegend der Unterweisung in arabischer Grammatik, den Koranwissenschaften, der Prophetenüberlieferung und im islamischen Recht widmete, vertiefte und verstärkte weiter die Durchdringung des öffentlichen und privaten Lebens mit dem Gedankengut der Scharia. Wenn sich nun auch mit dem *Muftī* ein neuer Typus des Rechtsgelehrten herausbildete, der sich ein eigenes Tätigkeitsfeld erschloß, so wurde doch bisweilen die Menge der unterbeschäftigten Scharia-Kenner als eine Landplage empfunden. Manche suchten ein Auskommen, indem sie bei den *Qāḍīs*, die sich vielfach lieber um die einträgliche Verwaltung der Stiftungen als um die Rechtsprechung kümmerten, als Bevollmächtigte (arab.: *an-nā'ib*, Pl. *an-nuwwāb*) arbeiteten und die anfallenden Routineaufgaben erledigten. Um den vielen hiermit verbundenen Mißständen zu steuern, ordnete der Mamlukensultan Barqūq im Jahre 1392 an, daß jeder *Qāḍī* nur noch fünf Kommissäre beschäftigen dürfe.[55]

Im Osmanischen Reich fand die Hierarchie der *Qāḍīs* ihre Vollendung. Das ganze Staatsgebiet war in zahlreiche Gerichtsbezirke (türk.: *kaza*, von arab.: *al-qaḍā'*) unterteilt, die je einem Richter zugewiesen waren und sich in mehrere Distrikte gliederten, in denen ein Bevollmächtigter amtierte. Die auf den Gerichtsbezirk folgende höhere Einheit war der Regierungsbezirk (türk.: *sancak*); die Provinz (türk.: *eyalet*) faßte mehrere Regierungsbezirke zusammen. Alle diese Ebenen waren mit den entsprechenden *Qāḍī*-Stellen versehen. Die oberste Aufsicht über das Gerichtswesen führte seit Murad I. (reg. 1360–1389) der sogenannte Heeresrichter (türk.: *kazasker*), dem von Amts wegen die Jurisdiktion über die Truppen oblag. Vermutlich weil er den Sultan auf den Feldzügen begleitete und ständig in seiner Umgebung war, hatte man ihm diese zusätzliche Aufgabe anvertraut. Unter Mehmed II. (reg. 1444–1446 und 1451–1481) wurde dieses höchste Amt der Rechtspflege geteilt, es gab fortan je einen Heeresrichter für Anatolien und für Rumelien, das europäische Gebiet des Osmanischen Reiches. Als Sultan Selim I. (reg. 1512–1520) die Kernländer der arabischen Welt unterwarf und auch dem safawidischen Iran eine Niederlage zugefügt hatte, schuf er eine dritte Stelle, die für Arabien und Iran zuständig war; sie wurde jedoch später wieder aufgelöst. Die beiden Heeresrichter waren Mitglieder des „großherrlichen Diwans" (türk.: *divan-ı humayun*), des Staatsrates, was die enge Verflechtung von sultanischer Macht und Rechtsprechung belegt. Infolgedessen hatten die *Qāḍīs* vielfach Aufgaben wahrzunehmen, die über die bloße Rechtspflege und Vormundschaft weit hinausgingen. Insbesondere hatten sie das Wirtschaftsleben zu beaufsichtigen, soweit es für den Sultan und seine Armee von Belang war, und sollten ferner für die innere Sicherheit sorgen. Ein Teil der schon in abbasidischer Zeit einem Marktvogt übertragenen Pflichten war im Osmanischen Reich also an die *Qāḍīs* zurückgefallen. Erst ab dem 19. Jahrhundert, als die Rechtsprechung allmählich nach europäischem Vorbild umgestaltet wurde, schränkte man die Zuständigkeit der osmanischen *Qāḍīs* wieder ein.

[55] Ders.: *Timur der Eroberer*, München 1993, 286–290.

Wer im Osmanischen Reich ein Richteramt erlangt hatte, war keineswegs auf Lebenszeit versorgt. Der *Qāḍī* des untersten Ranges, der einem Gerichtsbezirk vorstand, wurde in der Regel für zwanzig Monate ernannt, in einem großen wichtigen Bezirk sogar nur für ein Jahr. Allerdings war sein Gehalt höher. Nach Ablauf dieser Frist war er ohne Besoldung und wartete auf eine erneute Berufung. Die Zahl der Absolventen von Medressen war schon im 16. Jahrhundert so stark angewachsen, daß man Kandidatenlisten anfertigte, damit die verfügbaren Posten einigermaßen gerecht besetzt werden konnten. Freilich sollen sich schon Anfang des 17. Jahrhunderts zehn Anwärter um je eine Stelle beworben haben. Allerdings gab es für Rechtsgelehrte noch andere Quellen, aus denen sie Einkünfte beziehen konnten. Sie konnten an einer Medresse unterrichten, Rechtsgutachten verfassen, an Moscheen als Prediger tätig sein. In jedem Fall war es ratsam, sich einen mächtigen Gönner zu suchen; ohne dessen Fürsprache war ein Aufrücken in die oberen Ränge kaum möglich.[56]

Die Abbasiden waren 750 an die Macht gekommen mit dem Anspruch, ein durch und durch islamisches Staatsgebilde zu errichten; das omaijadische Kalifat sei nichts weiter als ein den Grundlagen des Glaubens fernstehendes Königtum gewesen. Den in der Propaganda leichthin aufgestellten Anspruch zu verwirklichen, war jedoch äußerst schwierig. Die berühmtesten Verfechter der heranwachsenden *ḥadīṯ*- und Rechtswissenschaft erkannten rasch, daß sie, wenn sie einem Ruf in ein Richteramt folgten, allzu bald den Wünschen und Launen der Herrschenden würden dienstbar sein müssen. So wurde es fast zu einer Ehrensache, daß ein Gelehrter ein ihm angetragenes, manchmal sogar mit anstößigen Mitteln aufgedrängtes Richteramt ablehnte. Als das abbasidische Kalifat im Zuge der Regionalisierung des Reiches in eine schwere Finanzkrise geriet, wurden die Ämter, die immer auch Gelegenheiten zur Bereicherung boten, gegen namhafte Geldsummen vergeben. Übrigens bleiben die Aussagen der Quellen zu den fachlichen Qualifikationen, über die ein Kandidat verfügen mußte, selbst in den Zeiten erstaunlich unbestimmt, als die Medressen eine verhältnismäßig einheitliche und überprüfbare Ausbildung gewährleisteten. In der Regel werden die Merkmale der vollständigen Belastung mit dem Gesetz genannt: Ein *Qāḍī* muß volljährig, im Vollbesitz der Geisteskräfte und Muslim sein; er muß den Status eines Freien besitzen. Es kommt allerdings die Unbescholtenheit (arab.: *al-ʿadāla*) hinzu. Nach Meinung der hanafitischen Schule darf auch eine Frau das Richteramt bekleiden; sie ist allerdings nicht befugt, über Delikte zu urteilen, die mit einer „Grenz"-Strafe bedroht sind, denn hier sind die Zeugenaussagen entscheidend, und sie selber hat, wie oben erwähnt, als Zeugin nur halb soviel Bedeutung wie ein Mann. Bisweilen werden auf die

[56] Einzelheiten bei Gibb/Bowen: *Islamic society and the west*, I/II, Oxford 1957, 108f. und 121–133; S. Faroqhi: *Kultur und Alltag im Osmanischen Reich*, München 1995, 77–79. Der starke Ausbau der *Qāḍī*-Gerichtsbarkeit unter den Osmanen bewirkte eine wesentliche Verstärkung der Durchdringung des Alltags mit den Regelungen der Scharia; vgl. hierzu H. Gerber: *Islamic law and culture 1600–1840*, Leiden 1999.

Rechtsprechung bezogene Kriterien genannt, die zu erfüllen seien: Ein Richter sollte in der Lage sein, sich über einen Streitfall eine eigene sachkundige Meinung zu bilden; er muß zu diesem Zweck umfassende Kenntnisse der Rechtstheorie, d.h. der Ableitung von Bewertungen aus den Rechtsquellen, nachweisen und die in der Fachliteratur erörterten Einzelfälle (arab.: Pl. *al-furūʿ*) überblicken.[57]

Eine verhältnismäßig umfangreiche Literatur beschäftigt sich mit dem Idealbild eines *Qāḍīs* und nennt eine Reihe von Verhaltensregeln, die er beachten solle, damit die streitenden Parteien auf einen gerechten Prozeß hoffen könnten. Da das islamische Rechtswesen nur in Ansätzen die Institution des Rechtsbeistands oder – in Strafverfahren – des Verteidigers entwickelt hat,[58] trägt der *Qāḍī* allein die Verantwortung für ein gerechtes, und das bedeutet, den Normen der Scharia genügendes Urteil. Auch Entscheidungen, an denen mehrere *Qāḍīs* gemeinsam mitwirken, gelten als unzulässig, da jeder von ihnen entweder eine territorial oder territorial und dem Sachgebiet nach definierte Zuständigkeit hat.[59] Diese Aufteilung der Kompetenzen, die jegliche Überschneidung ausschließt, ist der islamischen Staatstheorie nachgebildet, die dem Kalifen Wesire in der genannten Weise zuordnet; die unmittelbare Verknüpfung des Richteramtes mit den Institutionen der Herrschaft erklärt sich daraus, daß der *Qāḍī* ein spezialisierter Funktionsträger der von Gott gegebenen Ordnung des Diesseits ist, an deren Spitze – mit einer weder territorial noch der Sache nach begrenzten Zuständigkeit – der Kalif seines Amtes waltet. Die Durchsetzung und Aufrechterhaltung dieser Ordnung kann deshalb kein Vorgang sein, an dem verschiedene Sachkenner beteiligt sind, die ihre Fähigkeiten, sollte es um die Verteidigung in einem Strafverfahren gehen, gar dem Delinquenten, also demjenigen zukommen lassen, der diese Ordnung verletzt hat; die Ordnung ist dank der Scharia bekannt, ein im Ergebnis offenes Verfahren wäre daher widersinnig.

Allein durch die Befolgung strenger Verhaltensregeln kann der *Qāḍī* sich vor Gott rechtfertigen, falls ihm eine Fehlentscheidung unterlaufen sein sollte. So muß er dafür Sorge tragen, daß der Ort, an dem er amtiert, möglichst in der Mitte seines Bezirkes liegt, der Zeitpunkt, an dem er seine Sitzungen abhält, muß allgemein bekannt sein, denn die Prozeßgegner müssen die Gelegenheit haben, sich hinreichend vorzubereiten. Der *Qāḍī* sollte keinen Türhüter beschäftigen, auf dessen Erlaubnis erst man zu ihm vordringen kann. In unruhigen Zeiten, in denen der Pöbel zur Aufsässigkeit neigt, mag ein Türhüter allerdings notwendig sein; anderenfalls könnte das Ansehen des *Qāḍī*-Amtes leiden. Der Richter selber, der seiner fünf Sinne uneingeschränkt mächtig sein muß, darf niemals ein Urteil fällen, solange seine Gefühle aufgewühlt sind; er darf weder verärgert, noch bekümmert, noch übermüdet sein. Er prüfe sich also, bevor er zur Gerichtssitzung geht, und achte

[57] I. Schneider: *Das Bild des Richters in der Adab al-qāḍī-Literatur*, Frankfurt/Main 1990 (Islam und Abendland 4), 230–233.

[58] Vgl. die Ausführungen am Ende dieses Teilkapitels.

[59] E. Tyan: *Histoire de l'organisation judiciaire en pays d'islam*, Leiden 1960, 212f.

auch darauf, daß er weder von Hunger noch Durst gepeinigt wird. Verwerflich wäre es, wenn ein Richter neben seinem Amt irgendwelche Geschäfte betriebe, weil Interessenkonflikte entstehen könnten. Selbstverständlich verbietet es sich, von den Parteien Geschenke anzunehmen.[60] In einer kleinen Abhandlung beschäftigt sich der hanafitische Rechtsgelehrte Ibn Nuǧaim (gest. 1563) mit der Bestechung, die verboten sei, wenn man sie benutze, um beim Herrscher die Berufung in ein Richteramt zu bewirken, desgleichen um eine Entscheidung eines Richters zu beeinflussen. Hingegen meint Ibn Nuǧaim, daß eine aktive Bestechung zulässig sei, wenn sie dazu diene, die Staatsmacht von einem Verhalten abzubringen, das einen Muslim schädigen könnte.[61] Die eigenartige Einbindung der islamischen Rechtsprechung in die Machtausübung wird in diesen Erwägungen wieder erkennbar.

Der *Qāḍī* muß den Weg zu jedem Urteil allein finden, und er persönlich trägt vor Gott die Verantwortung für jede Entscheidung, die er fällt. Trotzdem hat er Gehilfen zur Seite, die ihm einen Teil seiner Geschäfte abnehmen. Wahrscheinlich wurde es schon in der Omaijadenzeit Brauch, alle Verfügungen und Urteile schriftlich auszufertigen. Ende des 8. Jahrhunderts sind dem Richteramt zugeordnete Archive belegt. Der Schreiber war mithin der wichtigste unter denjenigen, die am Sitz eines Richters beschäftigt waren. Seine Tätigkeit war vielfältig und umfaßte neben der Herstellung von Schriftstücken auch die Führung des Protokolls. Die Anforderungen, die an ihn gestellt wurden, waren kaum geringer als diejenigen, die der *Qāḍī* selber zu erfüllen hatte. Auch der Schreiber mußte nicht nur ein uneingeschränkt rechtsfähiger Muslim, sondern auch unbescholten sein. Die fachlichen Qualifikationen umfaßten eine gute Kenntnis des Arabischen, denn die islamische Rechtsgelehrsamkeit bedient sich nun einmal ausschließlich in dieser Sprache überlieferter Quellen, die Beherrschung der Regeln, nach denen Schriftstücke zu redigieren sind, sowie eine gute Handschrift und ein Einblick in die Grundsätze der Kalligraphie waren unentbehrlich. Darüber hinaus mußte ein Schreiber die Rechtswissenschaft überblicken, insbesondere in der Praxis der Verfahrensweise bewandert sein und schließlich auch die Feinheiten des islamischen Erbrechts durchschauen, was erhebliches mathematisches Können voraussetzt.[62] Wenn man bedenkt, daß die Inhaber des *Qāḍī*-Amtes oft in rascher Folge wechselten, dann kann man sich bei dieser Aufzählung der Anforderungen an den Schreiber kaum des Eindrucks erwehren, daß allen religiösen Bedenken zum Trotz vieles durch ihn und nicht durch seinen eigentlich verantwortlichen Vorgesetzten erledigt wurde. Dieser Eindruck verstärkt sich, wenn man die Aufgaben weiterer dem *Qāḍī* zugeordneter Spezialisten erwägt. Da gab es den Sachkenner für Teilungsprobleme, der bei Vermögensstreitigkeiten tätig wurde. Ein anderer Fachbeamter war für die Verwaltung

[60] I. Schneider, op. cit., 21, 33, 61, 66, 69–76.

[61] Ibn Nuǧaim: *Rasāʾil*, Ed. Beirut 1980, 115; F. Rosenthal: *Gifts and bribes – The Muslim view*, in: Proceedings of the American Philosophical Society 108, Philadelphia 1964, 135ff.

[62] E. Tyan, op. cit., 256f.

der Güter der Witwen und Waisen zuständig, sofern kein Vormund hiermit betraut war. Dolmetscher sowie Büttel, die während der Verhandlungen für Ordnung sorgten und vielfach auch mit dem Vollzug von Strafen beauftragt wurden, werden ebenfalls erwähnt.[63]

Eine Art von Amtsträgern, die in der islamischen Rechtspflege einen herausragenden Part spielt, wurde noch nicht genannt. Es sind die Zeugen (arab.: *aš-šāhid*, Pl. *aš-šuhūd*). Mit diesem Wort werden zumeist Personen bezeichnet, die vor Gericht Aussagen zu der verhandelten Angelegenheit machen, die mithin nur in dieser einen tätig werden. Daneben treten ab dem 8. Jahrhundert berufsmäßige Zeugen auf, die als Beisitzer den Ablauf eines Verfahrens beobachten. Der Ägypter Ibn Lahīʿa (gest. 790) hat hierfür etwa dreißig Leute zur Verfügung.[64] Es ist zu vermuten, daß diese Zeugen den Richter nicht nur vor der Obrigkeit und allgemein vor den Muslimen gegen den Verdacht schützen sollten, fahrlässig gegen die Scharia verstoßen zu haben, sondern ihn auch wenigstens zum Teil von der Verantwortung vor Gott entlasteten. Diese Zeugen - wie auch die Tatzeugen in einem Strafverfahren - wurden von einem weiteren Spezialbeamten des *Qāḍīs* auf ihren guten Leumund hin überprüft; bei den Berufszeugen geschah dies in regelmäßigen Abständen. Sie mußten nicht zuletzt deshalb rechtschaffen und völlig zuverlässig sein, weil sie Aufgaben eines Notars übernahmen, also etwa beim Abschluß von Verträgen zugegen waren und den Inhalt mit ihrer Unterschrift beurkundeten. Mit dieser Tätigkeit errangen die Notare ein beträchtliches Maß an Unabhängigkeit von den *Qāḍīs*. Sie gingen dieser Beschäftigung in eigenen Kanzleien nach oder an belebten Straßen und Plätzen und beglaubigten nicht mehr nur Verträge, sondern faßten sie selber ab. Deshalb verlangte man von ihnen Qualifikationen, die denjenigen der Schreiber gleichkamen.[65]

In islamischen Gerichtsverfahren muß ein Sachverhalt nach Maßgabe der Scharia bewertet werden. Die Grundlage dieser Bewertung ist der zweifelsfrei ermittelte Sachverhalt oder Tatbestand. Neben den Zeugenaussagen dienen vor allem Eide der Feststellung dessen, was der Richter zu beurteilen hat. Wenn in einem Zivilprozeß der Beklagte nur einen Zeugen - nach Sure 2, Vers 282 sollen es stets zwei sein - benennen kann, der Kläger überhaupt keinen, aber seinen Anspruch beeidet, dann ist vielfach zu seinen Gunsten entschieden worden.[66] Der Schwur ist dem-

[63] Ebd., 258-261. Einen sehr anschaulichen Einblick in das mittelalterliche Rechtswesen bietet Chr. Müller: *Gerichtspraxis im Stadtstaat Córdoba. Zum Recht der Gesellschaft in einer malikitisch-islamischen Rechtstradition des 5./11. Jahrhunderts*, Leiden/Boston/Köln 1999.

[64] P.-G. Dannhauer, op. cit., 55.

[65] Hierzu E. Tyan: *Le notariat et le régime de la preuve par écrit dans la pratique du droit musulman*, 2. Aufl., Beirut 1959. Eine umfangreiche Studie über die Tätigkeit der Notare hat G. L. Guellil vorgelegt (*Damaszener Akten des 8./14. Jahrhunderts nach aṭ-Ṭarsūsīs Kitāb al-iʿlām*, Bamberg 1985).

[66] P.-G. Dannhauer, op. cit., 50.

nach ein überaus wirksames Mittel der Rechtsfindung.[67] Das bekannteste Beispiel ist der Verfluchungsschwur (arab.: *al-liʿān*), den nach Sure 24, Vers 6 ein Ehemann zu Lasten seiner Gattin ablegen muß, wenn er sie der Untreue bezichtigt, ohne die Zeugen beibringen zu können, die erforderlich wären, um sie zu überführen und der koranischen „Grenz"-Strafe zu überantworten. Unterbliebe der Schwur, wäre der Ehemann der Verleumdung (arab.: *al-qaḏf*) schuldig, und es müßte über ihn eine „Grenz"-Strafe verhängt werden. Wenn der Ehemann aber viermal bezeugt, daß er die Wahrheit spricht und beim fünften Mal den Zorn Gottes auf sich herabruft, falls er die Unwahrheit sage, entgeht er dieser Folge. Die beschuldigte Ehefrau ihrerseits mag viermal beeiden, daß ihr Mann lüge, und muß beim fünften Mal beschwören, daß sie der Zorn Gottes treffen solle, wenn ihr Ehemann die Wahrheit gesagt haben sollte (Sure 24, 7–9). Sie kann dann nicht als Ehebrecherin gesteinigt werden. Nach der Meinung der Rechtsgelehrten ist die Ehe nach einem solchen Vorgang allerdings aufgelöst. An diesem Beispiel wird der Charakter islamischer Gerichtsverfahren besonders anschaulich: Es geht um Eindeutigkeit, in diesem Falle um die Frage, wessen Verfehlung so groß war, daß sie mit einer „Grenz"-Strafe zu ahnden ist. Nicht hingegen wird gefragt, von welcher Art die Beweggründe eines jeden der beiden Ehepartner sind, die sich ja immerhin zu schwerwiegenden Beschuldigungen bereitfinden. Die möglicherweise angetastete Ordnung, die Gott selber festgesetzt hat, ist der wesentliche Gesichtspunkt, nicht aber die offensichtliche Zerrüttung des Eheverhältnisses, für die Mann und Frau je unterschiedlich verantwortlich sein mögen.

Diese rein auf den Menschen bezogene Ebene, die mit Argument und Gegenargument erkundet werden müßte, bleibt außerhalb der Betrachtung. Dementsprechend hat sich im islamischen Rechtswesen eine Institution, die dem Anwalt oder dem Verteidiger in Strafsachen vergleichbar wäre, nur wenig entwickeln können. Zwar ist es zulässig, sich in Gerichtsverfahren durch einen Bevollmächtigten vertreten zu lassen. Daß aber anders als bei den Richtern, den berufsmäßigen Zeugen und den Schreibern die Quellen sich über die Qualifikationen eines solchen Bevollmächtigten (arab.: *al-wakīl*) ausschweigen, belegt, daß man ihm keinen unentbehrlichen Platz in der Rechtspflege einräumt. Überdies ist es dem Richter überlassen, ob er überhaupt gestattet, daß sich jemand vertreten läßt; in Zivilprozessen kann er seine Zustimmung von dem Votum der Gegenpartei desjenigen abhängig machen, der einen Rechtsbeistand aufbieten möchte. Das gesellschaftliche Ansehen der Bevollmächtigten blieb überaus gering. In Abhandlungen muslimischer Gelehrter wird von ihnen ein abschreckendes Bild gezeichnet. Sie stören die Rechtsprechung, vereiteln sie gar mit List und Tücke. Daß sie an der Findung eines gerechten Urteils mitwirken, wird nirgends auch nur angedeutet.[68]

[67] J. Pedersen: *Der Eid bei den Sunniten in seinem Verhältnis zu verwandten Erscheinungen sowie die Stellung des Eides im Islam*, Straßburg 1914; P. Scholz: *Malikitisches Verfahrensrecht*, Verlag Peter Lang, Europ. Hochschulschriften II 2177, 1997, 285–357.

[68] E. Tyan: *Histoire de l'organisation judiciaire*, 262–275.

b) Die „Überprüfung von Ungerechtigkeiten", die Polizei und die Marktaufsicht

Neben dem schariatischen Rechtswesen entstand eine Art von „Verwaltungsgerichtsbarkeit", die unmittelbar in der Hand des Herrschers lag oder von Personen ausgeübt wurde, die von ihm mit dieser Aufgabe betraut wurden. Es ist dies die „Überprüfung von Ungerechtigkeiten" (arab.: *an-naẓar fī l-maẓālim*). Vieldeutig wie der Begriff ist auch die von ihm bezeichnete Sache. Im engeren Sinn handelt es sich um Beschwerden, die gegen die Funktionsträger der Staatsmacht beim Herrscher oder seinem Beauftragten vorgebracht werden und über die nach einem allgemeinen Empfinden der Billigkeit entschieden wird. Worum es hierbei geht, ist am besten durch ein Beispiel zu erläutern. Der Abbaside al-Manṣūr (reg. 754–775) hatte sich genötigt gesehen, schiitische Umtriebe mit aller Härte zu unterdrücken; zahlreiche Mitglieder aus der Nachkommenschaft ʿAlī b. abī Ṭālibs waren ins Gefängnis gesperrt worden. Ihr Vermögen hatte man eingezogen. Im Jahre 776 nun ließ der Kalif al-Mahdī (reg. 775–785) alle unter seinem Vorgänger Festgesetzten frei mit Ausnahme derjenigen, die wegen Verstoßes gegen das Scharia-Recht verurteilt worden waren. Während einer Audienz ließ sich der Kalif das Verzeichnis der beschlagnahmten Güter bringen; sie wurden den Eigentümern zurückgegeben.[69] Eine vom Kalifat begangene „Ungerechtigkeit" wurde wiedergutgemacht. Da eine Systematik der Fälle, die in eine „Prüfung der Ungerechtigkeiten" eingehen können, niemals erarbeitet wurde, läßt sich allein aus den vorwiegend in der Historiographie überlieferten Berichten ein Überblick über dieses Gebiet islamischer Rechtspflege gewinnen. In der Praxis war der Bereich dieser Gerichtsbarkeit unbegrenzt; es ist nicht übertrieben, sie als „außerordentlich in einem viel weiteren Sinn" zu bezeichnen, „als im Römischen Recht mit diesem Begriff verbunden ist".[70] Denn die „Ungerechtigkeiten, die die Gottesknechte (d.h. die Muslime) erleiden, bestehen darin, daß man ihnen ihr Vermögen nimmt, ihre persönliche Ehre antastet, ihr Herz in Bedrängnis bringt und sie in ihrem Zusammenleben schlecht behandelt", schrieb al-Ġazālī (gest. 1111).

Ein Autor des 15. Jahrhunderts weist der Sondergerichtsbarkeit alle Fälle zu, über die der *Q̱āḍī* nicht zu urteilen vermöge und die deshalb einer Person zur Entscheidung vorgelegt werden müßten, die mächtiger als er sei.[71] Diese Ansicht entspricht wohl am ehesten der Wirklichkeit. Denn seit dem Beginn des 9. Jahrhunderts hat sich die islamische Welt in ein unüberschaubares und vielschichtiges Gefüge von Herrschaftsbereichen verwandelt. Zwar stand an der Spitze nach wie vor der Kalif, der unter den Abbasiden als ein legitimer Erbe der – wie auch immer definierten – muḥammadschen Machtfülle und deswegen als Garant des Fortwirkens der prophetischen Rechtleitung verstanden wurde. Im Amt des Kalifats vereinten sich die Bewahrung der von Gott den Muslimen auferlegten Glaubensordnung und die fak-

[69] P.-G. Dannhauer: op. cit., 97.
[70] E. Tyan, *Histoire*, 433.
[71] Ebd., 435, 437.

tische Machtausübung (arab.: *as-sijāsa*) zu einer idealen Ganzheit; indem regionale Machthaber durch den Kalifen zu dessen Statthaltern berufen wurden, erlangte deren Regime eine islamische Legitimierung: Auch in dem von ihnen usurpierten Landstrich war auf diese Weise jene religiös-politische Ganzheit gewährleistet, die den Muslimen einen Lebensvollzug in islamischer Legalität erst eigentlich ermöglicht.[72] Wenn sich die zahlreichen regionalen Herrscher an der Macht halten wollten, mußten sie sich freilich vielfach über Prinzipien der Scharia hinwegsetzen; sie ließen beispielsweise in der Scharia nicht vorgesehene Steuern eintreiben, Zölle erheben oder verschafften sich mit Gewalt, was ihnen notwendig erschien, und nicht nur die mächtigen Herrscher verfuhren so, sondern auch ihre mehr oder minder loyalen Gehilfen der unterschiedlichsten Ränge. Da dies so war, schrieb schon al-Māwardī (gest. 1059), der berühmte Rechtsgelehrte, Staatstheoretiker und Diplomat, die „Überprüfung der Ungerechtigkeiten" bestehe in der Herbeiführung dessen, was recht und billig ist, mittels Furcht (arab.: *ar-rahba*) und Prestige (arab.: *al-haiba*); wer das Urteil fällt, müsse in hohem Ansehen stehen und eine ehrfurchtgebietende Aura um sich verbreiten.[73] Nur wer selber Macht besitzt, kann den Beschwerden gegen die Mächtigen nachgehen und, wenn es ihm geboten scheint, für Abhilfe sorgen.

Dies als eine „weltliche Gerichtsbarkeit in einem islamischen Staat" zu bezeichnen,[74] ist irreführend. Zwar werden Entscheidungen getroffen, die mit der Scharia zumindest unmittelbar nichts zu tun haben. Aber es handelt sich stets um Willkürakte, die nicht eingeklagt werden können und nach dem Grundsatz ergehen, ob sie den Interessen des Urteilenden entsprechen, und zwar nicht nur in politischer oder materiellen Hinsicht. Sie müssen vielmehr als Beweis für sein Prestige, für seine Schrecken verbreitende Macht taugen. Denn anderenfalls hätte man die „Prüfung der Ungerechtigkeiten" den *Qāḍīs* überlassen können, die ja in der Omaijadenzeit, vielfach auch noch unter den frühen Abbasiden, hierfür zuständig waren.[75] Am ehesten kann man von einem leicht formalisierten Verfahren für Bittsteller sprechen, die sich an die Mächtigen wandten und ihre Anliegen zur Entscheidung vortrugen. Dies geschah an ausdrücklich hierfür bestimmten Wochentagen. Als Ratgeber ließ der Herrscher bisweilen *Qāḍīs* und Rechtsgelehrte an den Audienzen teilnehmen.[76] Wenn man auf Sachverstand zurückgriff, dann auf schariatischen, nicht auf „weltlichen". Im mamlukischen Ägypten des ausgehenden 13. und des 14. Jahrhunderts wurde die „Prüfung der Ungerechtigkeiten", auf deren Erledigung zuvor die Kenner der Scharia erheblichen Einfluß gewonnen hatten, wieder stärker vom Herrscherwillen abhängig gemacht. Man hat dies als ein Indiz für die unge-

[72] T. NAGEL, *Staat und Glaubensgemeinschaft*, I, 351–369.

[73] E. TYAN, op. cit., 439, Anm. 1.

[74] J. S. NIELSEN betitelt seine Studie über die *maẓālim*-Gerichtsbarkeit im Zeitalter der Baḥrī-Mamluken: *Secular justice in an Islamic state* (Istanbul 1985).

[75] J. S. NIELSEN, op. cit., 3–14.

[76] Ebd., 13 sowie 31–33.

wöhnliche Wirksamkeit der damaligen Machtausübung gedeutet.[77] Die allmähliche Einfügung dieses Zweiges der Rechtspflege in die auf der Anwendung der Scharia beruhende Justiz war aber nicht aufzuhalten. Im Osmanischen Reich wurde der Heeresrichter für alle Fälle zuständig, in denen zwischen dem Staat und Privatpersonen um Eigentum gestritten wurde.[78]

Im Kloster der Heiligen Katharina auf dem Sinai haben sich in größerer Anzahl Urkunden erhalten, die einen Einblick in die Angelegenheiten gewähren, die vor den mamlukischen Sultan gebracht wurden. Mehrfach klagten die Mönche über eine zu hohe Besteuerung von Waren, die sie benötigten, und über mangelnden Schutz gegen räuberische Beduinen; der Sultan sagte ihnen Abhilfe zu und gab den zuständigen Statthaltern entsprechende Anweisungen. In einem Fall verlangten die Mönche eine Entschädigung für Güter, die ihnen von Beduinen entwendet worden waren. – Als Schutzgenossen, die einer hohen Besteuerung unterlagen, hatten sie Anspruch auf Sicherheit; vor einem *Qāḍī* konnte dieser offensichtlich nicht eingeklagt werden, so daß sie sich an den Sultan selber wenden mußten, der ihnen in der Tat Schadensersatz in Aussicht stellte. In den literarisch überlieferten Fällen von „Ungerechtigkeit" überwiegen die Eigentumsfragen. So entschied im Jahre 1263 der Sultan Baibars (reg. 1260–1277), daß ein Obstgarten, den sich sein Vorgänger ʿIzz ad-Dīn Aibak (reg. 1250–1257) angeeignet hatte, dem Eigentümer zurückzugeben sei. Vereinzelt wurde jedoch auch anderes verhandelt. Ebenfalls 1263 war der Ober*qāḍī* der Hanbaliten verdächtigt worden, er sei in eine Rebellion gegen den Sultan verwickelt; man ermittelte die Herkunft des anonymen Briefes, der, wie sich herausstellte, von einem Sklaven des Verdächtigten verfaßt worden war. Baibars entschied, daß der *Qāḍī* unschuldig und der Verleumder mit hundert Peitschenhieben zu bestrafen sei.[79]

Bei der Darstellung des Strafrechts war erwähnt worden, daß neben den verhältnismäßig selten verhängten „Grenz"-Strafen ein weiter Bereich von Sanktionen (arab.: *at-taʿzīr*) besteht, deren Art und Maß der *Qāḍī* bzw. der Herrscher selber festlegt. Der Vollzug dieser Sanktionen war vielfach der Polizei (arab.: *aš-šurṭa*) übertragen, Ordnungskräften, die durch einen vom Statthalter oder vom Kalifen selber berufenen Verantwortlichen geleitet wurden. Es gibt Belege dafür, daß der *Qāḍī* bis in die frühe abbasidische Zeit auch diese Aufgabe wahrnahm. Die Polizei hatte mit dem *Qāḍī* zusammenzuarbeiten, nicht nur beim Strafvollzug, sondern auch weil ihr die Gefängnisse unterstanden. Ferner war sie gehalten, in den Städten für Ruhe und Ordnung zu sorgen. Sie mußte gegen Räuber vorgehen, Personen in Gewahrsam nehmen, die gegen das Verbot des Genusses von Alkohol verstoßen hatten, und um die Wahrung der guten Sitten bemüht sein. Auch als Garde für den Herrscher konnte sie eingesetzt werden. Unter diesen Gesichtspunkten bezeichnet

[77] Ebd., 136.
[78] GIBB/BOWEN, op. cit., I/II, 116.
[79] J. S. NIELSEN, op. cit., 140ff., Nr. 1–21 und Nr. 25 und 26.

Ibn Ḫaldūn (gest. 1406) die Polizei als eine mit der Glaubenspraxis verknüpfte Institution.[80]

Ihre Aufgaben überschneiden sich in vielfacher Hinsicht mit denen der Marktaufsicht (arab.: *al-ḥisba*). Hierunter ist die Überwachung des gesamten öffentlichen Raumes zu verstehen; es soll sichergestellt werden, daß alles, was dort geschieht, den islamischen Sitten entspricht. Al-Māwardī beschreibt in seinem Handbuch der Staatslehre das Wesen der Marktaufsicht unter Berufung auf Sure 3, Vers 104. Dort heißt es: „Es soll aus euch eine Gemeinschaft (arab.: *al-umma*) werden, die zum Guten aufruft, das Billigenswerte befiehlt, das Tadelnswerte verbietet." Die Marktaufsicht, erläutert al-Māwardī, „ist das Befehlen des Billigenswerten, wenn sichtbar wird, daß man es unterläßt, und das Verbieten des Tadelnswerten, wenn sichtbar wird, daß man es tut". Das Feld der Tätigkeiten, denen sich diese Institution zu widmen hat, ist demnach denkbar weit. Es geht um nicht weniger als um die Verwirklichung des in Sure 3, Vers 110 den Muslimen eingeschärften Überlegenheitsanspruches: „Ihr seid die beste Gemeinschaft, die unter den Menschen hervorgebracht wurde. Ihr befehlt, was billigenswert ist, verbietet, was tadelnswert ist, und glaubt an Gott." Im dank den Riten verstetigten Kult wird dem Muslim Tag für Tag deutlich, daß er fest in der von Gott verfügten Ordnung der Schöpfung steht; die islamische Obrigkeit hat den Kult zu organisieren, zugleich aber auch für die Einhaltung der Scharia zu sorgen, für die Beachtung der lebenspraktischen Konsequenzen der von Gott verfügten Ordnung. Dies geschieht auf einer ganz allgemeinen Ebene, nämlich durch die Errichtung und Aufrechterhaltung eines islamischen Staatswesens in der Nachfolge der prophetischen Urgemeinde von Medina. Der allgemeinen Ebene untergeordnet sind speziellere, auf denen sich einzelne Aufgabenbereiche finden, gewissermaßen die verschiedenen Ressorts, in die sich die auf die Erfüllung des allgemeinen Zweckes gerichtete Tätigkeit der islamischen Obrigkeit untergliedern läßt. Mit dem *Q̱āḍī*-Amt und der „Prüfung von Ungerechtigkeiten" haben wir zwei dieser speziellen Ebenen bereits beschrieben, jene, die nur in Ausnahmesituationen in Erscheinung treten. Die Marktaufsicht hingegen prägt den Alltag.

Al-Māwardī, einer der ersten Gelehrten, die diesen Gegenstand einer systematischen Analyse unterzogen, weist darauf hin, daß eigentlich jeder Muslim verpflichtet ist, das „Billigenswerte zu befehlen", also tatkräftig für die Wahrung der islamischen Sitten einzutreten. Im Gegensatz zu dem hierfür geschaffenen staatlichen Organ habe der einzelne allerdings nicht das Recht, nach den Schuldigen zu fahnden oder zum Zwecke der Unterdrückung unislamischen Verhaltens Helfer anzuwerben.[81] Den Hintergrund dieser Bemerkungen, die trotz der Verantwortung, die jeder Muslim für die Wahrung des islamischen Anstandes trägt, das Gewaltmonopol der Obrigkeit betonen, bilden die im 11. Jahrhundert in vielen Städten aufkommenden Milizen, die sich aus den Jugendlichen der Unterschichten rekrutierten

[80] E. TYAN, op. cit., 585.

[81] al-Māwardī: *al-Aḥkām as-Sulṭānīja*, ed. Kairo 1960, 240.

und die Macht der kalifischen Einrichtungen konterkarierten.[82] Laut al-Māwardī besetzt die Marktaufsicht im Gefüge der mit Recht und Ordnung befaßten Institutionen die Mitte zwischen dem Richteramt und der „Prüfung der Ungerechtigkeiten". In zweierlei Hinsicht überlappt sie sich mit dem Richteramt. Der Marktvogt (arab.: *al-muḥtasib*) muß Beschwerden anhören, allerdings nur insoweit, als Rechte der Menschen verletzt worden sind, und nur auf den folgenden drei Sachgebieten: Betrug durch falsches Maß oder Gewicht; Täuschung der Kunden über den tatsächlichen Preis oder die Beschaffenheit einer verkauften Ware; Verzögerung der Rückzahlung rechtlich einwandfreier Kredite. Wird dem Marktvogt derartiges angezeigt, muß er Ermittlungen aufnehmen, weil seine Aufgabe darin besteht, die Erfüllung aller - durch Vertrag gesicherten - Verpflichtungen zu überwachen. - In diesem Zusammenhang sei auf das verwiesen, was oben über die zwischenmenschlichen Beziehungen (arab.: Pl. *al-muʿāmalāt*) angeführt wurde. - Nach Abschluß der Ermittlungen muß der Marktvogt wie auch der Richter zu einem Urteil gelangen und beispielsweise die Zahlung fälliger Kredite erzwingen. Anders als der Richter darf der Marktvogt jedoch nur bei offensichtlichen Verstößen, etwa der Verwendung eines Hohlmaßes mit irreführender Maßangabe, tätig werden, nicht aber in vertragsrechtlichen Fragen; und er darf nur die termingerechte Ablösung von Krediten verlangen, wenn der Schuldner seine Säumigkeit eingesteht.

Bleibt die Tätigkeit des Marktvogtes insofern hinter der des *Qāḍīs* zurück, weil er eben kein Urteil in Streitfällen, die in einem Prozeß geschlichtet werden müssen, fällen darf, so reicht seine Zuständigkeit in der Sache weit über die eines Richters hinaus. Der Marktvogt muß, um Betrug und Verstöße gegen die islamischen Sitten zu unterbinden, in präventiver Absicht Nachforschungen anstellen; ein Richter wird dagegen nur tätig, wenn jemand Klage führt. Um die Wahrung der islamischen Sitten zu gewährleisten, hat der Marktvogt durchaus das Recht, Gewalt anzuwenden und Schrecken (arab.: *ar-rahba*) zu verbreiten; in seiner Tätigkeit wird die Macht der islamischen Obrigkeit nämlich unmittelbar anschaulich. Der *Qāḍī*, der Streitfälle zu entscheiden hat, muß sich demgegenüber jeglicher Einschüchterung einer oder beider Parteien enthalten und eine ruhige Würde an den Tag legen.

Mit der „Überprüfung von Ungerechtigkeiten" hat die Marktaufsicht die Zurschaustellung und nötigenfalls die Anwendung der der islamischen Obrigkeit zu Gebote stehenden Gewalt gemeinsam, desgleichen die Möglichkeit, im Interesse des Gemeinwohls und zur Abwehr von Angriffen auf die islamische Ordnung und Obrigkeit von sich aus Maßnahmen zu ergreifen. Allerdings wurde die „Überprüfung von Ungerechtigkeiten" für solche Fälle eingerichtet, für die der Richter als „zu schwach" gilt; die Marktaufsicht hat es mit Verstößen zu tun, deren Ahndung der zuvorkommenden und sanften Wesensart eines *Qāḍīs* nicht zugemutet werden kann. „Daher", so schreibt al-Māwardī, „ist der Rang der ‚Überprüfung von Ungerechtigkeiten' am höchsten, jener der Marktaufsicht am niedrigsten. Der ‚Überprü-

[82] C. Cahen: *Mouvements populaires et autonomisme urbain dans l'Asie musulmane du moyen âge*, Leiden 1959 (Auszug aus „Arabica" 5 und 6, 1958 und 1959).

fer von Ungerechtigkeiten' darf dem *Qāḍī* und dem Marktvogt Anweisungen geben, nicht hingegen der *Qāḍī* dem ‚Überprüfer von Ungerechtigkeiten'. Wohl aber darf der *Qāḍī* dem Marktvogt Anweisungen geben, dieser jedoch ist keinem von beiden weisungsbefugt."[83] Diese Erwägungen belegen, was schon auf anderem Weg erschlossen wurde: die Anschauung, daß die Rechtsprechung ein unaussonderbarer Teil der Tätigkeit der islamischen Obrigkeit ist, die die Aufgabe hat, die dem Propheten Muḥammad offenbarte Glaubens- und Lebensordnung in all ihren Facetten durchzusetzen und zu bewahren.

Al-Māwardī schließt an die Bestimmung des Ortes der Marktaufsicht innerhalb anderer Institutionen islamischer Machtausübung eine ausführliche Erörterung über den Inhalt des „Befehlens des Billigenswerten" an, die wir hier knapp zusammenfassen; denn wir gewinnen auf diese Weise einen Überblick über die Fülle möglicher Aufgaben des Marktvogts. Wie stets teilt al-Māwardī seinen Stoff unter mehrere uns äußerlich erscheinende Gesichtspunkte auf: Hier nennt er erstens Angelegenheiten, die die Rechte Gottes betreffen; zweitens solche, die auf die Rechte der Menschen untereinander eingehen; drittens alles, was sich sowohl auf Gott als auch auf die Menschen bezieht. In die erste Kategorie fallen sämtliche Riten, die sich in diejenigen untergliedern, die individuell, und diejenigen, die in Gemeinschaft zu vollziehen sind. Al-Māwardī macht deutlich, daß der Marktvogt ein gewisses Maß an Zurückhaltung zu üben hat, wenn er beispielsweise bemerkt, daß jemand das Gebet in der Moschee verabsäumt. Allerdings dürfen derartige Nachlässigkeiten nicht zur Gewohnheit werden, die den Glaubensgenossen womöglich als ein schlechtes Vorbild dienen. Um des Wohls des islamischen Gemeinwesens willen müsse der Marktvogt schließlich den Betreffenden zur Rede stellen, und wenn dieser keine stichhaltigen Gründe vorbringen könne, müsse er zur Teilnahme am Gebet in der Moschee gezwungen werden. Besonderes Augenmerk hat der Marktvogt auf die Abhaltung des Freitagsgottesdienstes zu richten, dem an jedem auf Dauer bewohnten Ort von hinreichender Größe eine Moschee gewidmet werden muß. Wenn die Einwohnerschaft eines solchen Ortes schuldhaft den Freitagsgottesdienst, an dessen staatstragende Funktion hier erinnert sei, ausfallen läßt oder aus irgendeinem Grunde vermutet, ihn gar nicht durchführen zu müssen, dann hat der Marktvogt für ein der Scharia gemäßes Verhalten einzutreten. Dies kann je nach den vorliegenden Umständen unterschiedlich geschehen. In Basra und Kufa, so erzählt al-Māwardī, waren einst die Freitagsmoscheen zu klein geworden; wie hätte man nun diejenigen, die keinen Platz mehr finden konnten, zum Besuch des Gottesdienstes zwingen können? Unternahm man gar nichts, dann mochte die irrtümliche Meinung aufkommen, die Ritualpflicht entfalle bei denjenigen, die draußen blieben. Also zwang man die Überzähligen, im Vorhof zu beten, und jedesmal, wenn sie sich aufrichteten, wischten sie sich den Staub von der Stirn. Damit nun nicht die Unwissenden einer anderen irrigen Meinung erlägen, nämlich daß das Ritualrecht das Abwischen des Staubes vorschreibe, ließ man im Vorhof

[83] al-Māwardī, op. cit., 243.

Kieselsteine ausschütten. – Die Art und Weise, in der der Marktvogt seine Aufgaben erledigt, kann demnach höchst unterschiedlich sein.

Die Gemeinschaft der Menschen hat ihren Nutzen von der Sicherstellung der Wasserversorgung einer Stadt, von der Instandsetzung der Mauern und der Unterstützung der Durchreisenden, von der Restaurierung in Verfall geratener Moscheen. Sobald die öffentlichen Finanzen derartige Maßnahmen nicht zuließen, müßten vermögende Einwohner das nötige Geld aufbringen. Die weiteren Bemerkungen al-Māwardīs zeigen uns die eigentümliche Abgrenzung der Zuständigkeiten, die sich aus dem Charakter des islamischen Staates als einer das von Gott gesetzte Recht wahrenden Institution ergeben.

Wenn die Vermögenden mit ihrer Bautätigkeit und mit der Versorgung der Durchreisenden beginnen und dies alles übernehmen, dann verliert der Marktvogt das Recht, ihnen diesbezügliche Befehle zu erteilen, und jene brauchen ihn nicht um Erlaubnis zu fragen, wenn sie sich um die Durchreisenden kümmern oder wiedererrichten, was zerstört worden war. Sollten sie hingegen zunächst die verfallenen Bauwerke, die sie wiedererrichten, einreißen wollen, dann dürfen sie das Abbrechen von Gebäuden, die der Öffentlichkeit des Ortes dienen, also von Stadtmauern und Freitagsmoscheen, erst dann in Angriff nehmen, wenn sie die Erlaubnis des Herrschers, nicht des Marktvogts, eingeholt haben. (So möge man verfahren) damit der Herrscher ihnen das Einreißen erst gestattet, nachdem sie den Wiederaufbau zugesagt haben. In einem Stammesgebiet kann, wenn es sich um (einfache) Moscheen handelt, auf die Einholung der Genehmigung (zum Abreißen) verzichtet werden. Der Marktvogt hat die Pflicht, jene zum Bau dessen, was sie abrissen, anzuhalten, nicht aber das Recht, sie zur Vollendung dessen zu drängen, was sie begannen. Wenn die Vermögenden den Aufbau dessen, was in Verfall geriet, unterlassen (hat der Marktvogt wie folgt vorzugehen): Ist der Aufenthalt in dem Ort noch möglich und die Trinkwasserversorgung, obzwar gering, doch ausreichend, läßt er jene in Frieden; ist der Aufenthalt wegen der Unterbrechung der Wasserversorgung und des Zerfalls der Mauer unmöglich geworden, hat der Marktvogt zu erwägen: Handelt es sich um einen Grenzort, dessen Auflassung das „Gebiet des Islams" schädigte, dann ist es dem Herrscher nicht gestattet, der Einwohnerschaft die Möglichkeit zur Umsiedlung zu gewähren; vielmehr ist die Lage dann einem Notfall zu vergleichen, bei dem, wenn er eintritt, alle Vermögenden Abhilfe leisten müssen. Das Einwirken des Marktvogts besteht hier in der Unterrichtung der Obrigkeit und darin, daß er die Vermögenden zur Erfüllung ihrer Pflicht ansporнt.

Liegt der im Verfall begriffene Ort nicht in der Grenzgegend, dann darf die Rechtsfigur des Notfalls nicht in Anspruch genommen werden. Nicht jedoch ist es dem Marktvogt gestattet, die Vermögenden zum Wiederaufbau zu zwingen, denn Zwang geht allein von der Obrigkeit aus; er muß den Bewohnern die Wahl lassen, ob sie ihre Heimat aufgeben oder für die Kosten eines Wiederaufbaues geradestehen wollen. Zu dem Vorhaben, das dem Gemeinwohl (arab.: *al-maṣlaḥa*) dient, soll dann jeder nach seiner Leistungsfähigkeit beitragen. Zuvor muß der Marktvogt wiederum das Einverständnis der Obrigkeit einholen, da nur durch die von ihr ausgehende Gewalt das Scheitern einer dem Gemeinwohl dienlichen Aufgabe verhindert werden kann.[84]

Freitagsmoscheen und Stadtmauern fallen in die Zuständigkeit der islamischen Obrigkeit, des Herrschers oder seines Statthalters, dessen Macht religiös und militärisch definiert ist. Institutionen einer unteren Ebene, hier die Marktaufsicht, vertreten nicht in ihrem örtlich begrenzten Zuständigkeitsbereich die obrigkeitliche Gewalt in ihrer ganzen Fülle. Ferner ist auffällig, daß al-Māwardī in seine Erörterung den Unterschied zwischen dem „Gebiet des Islams" und dem „Gebiet des Krieges" mittelbar einbezieht und auf diese Weise zu erkennen gibt, daß Recht und Herrschaft des Islams auch von diesem Unterschied her zu bestimmen sind. Doch betrachten wir weiter die Aufgaben des Marktvogts! Die zwischenmenschlichen Beziehungen werden nicht nur durch die Hebung des Gemeinwohls gefördert, sondern auch durch den Schutz der vertraglichen Verpflichtungen, die Individuen eingehen. Der Marktvogt hat, wie oben schon angedeutet wurde, zur pünktlichen Erfüllung der Abmachungen zu mahnen. Unterhaltszahlungen für Waisen darf er erst eintreiben, wenn ein entsprechendes Urteil vorliegt. Nur in allgemeiner Form, nicht an einzelne Personen gerichtet, darf er zu gemeinnützigen Spenden aufrufen. – Die Rechte sowohl Gottes als auch der Menschen werden von den Ehebestimmungen betroffen. Der Marktvogt soll die Obrigkeit an ihre Pflicht erinnern, Witwen mit ihnen ebenbürtigen Männern zu verheiraten, wenn die Frauen dies wünschen; desgleichen muß er auf die Beachtung der Wartefrist (arab: *al-ʿidda*) dringen. Auch der Frage der genealogischen Zugehörigkeit von ehelich gezeugten Kindern hat er sich anzunehmen; er muß sich um die schariagemäße Behandlung der Sklaven und Sklavinnen und um ihre Eigentümer kümmern und die Viehtreiber anhalten, die Tiere ausreichend zu füttern.

Den drei Gesichtspunkten, unter denen das „Befehlen des Billigenswerten" die Aufgaben des Marktvogts bestimmt, fügt al-Māwardī drei analoge des „Verbietens des Tadelnswerten" an. Jede Verweigerung einer ordnungsgemäßen Erfüllung einer der Ritualpflichten stellt eine Verletzung der Rechte Gottes dar und erfordert daher das Einschreiten der Marktaufsicht. Das gleiche gilt für das offene Anbieten und den Genuß von Wein (arab.: *al-ḫamr*). Da auf andere Weise hergestellter Alkohol (arab.: *an-nabīḏ*) nach hanafitischem Recht nicht unter das Weinverbot fällt, kann ein Muslim hieran Eigentum erwerben; anders sehen dies jedoch die Schafiiten. Der Marktvogt darf wegen der Uneinigkeit der Rechtsschulen dieses Getränk nicht konfiszieren und verschütten lassen, ehe die islamische Obrigkeit eine Entscheidung getroffen hat. Er hat allerdings den Genuß zu unterbinden und Betrunkene zu maßregeln, jedoch nicht mit einer „Grenz"-Strafe. Diese läge ohnehin außerhalb seiner Zuständigkeit, doch begründet al-Māwardī diese vergleichsweise milde Ahndung, die er hier implizit empfiehlt, mit der Verstandesschwäche eines Trunkenboldes, um deretwillen dieser nicht als vollkommen mit der Scharia belastet anzusehen sei. Auch heimliches Zechen verstößt gegen die Rechte Gottes; der Marktvogt und

[84] Ebd., 245f.

Privatpersonen, die sich freiwillig dem Aufspüren von „Tadelnswertem" widmen, dürfen derartige Verfehlungen ausspionieren, aber sie dürfen nicht in die Häuser eindringen, um solchem Treiben ein Ende zu setzen; sie sollen die Delinquenten laut von der Straße aus schelten. Auch das Einschreiten gegen jegliche Art von Betrug behandelt al-Māwardī unter der Kategorie der Verstöße gegen Gottes Recht. Verwerfliches, das allein das Recht von Menschen verletzt, findet er demgegenüber vor allem in gestörten nachbarschaftlichen Beziehungen. Wenn die Zweige eines Baumes sich über das danebenliegende Grundstück ausbreiten und die Wurzeln in dessen Erdreich vordringen, kann der Geschädigte den Marktvogt rufen, der den Besitzer des Baumes zur Beseitigung der Zweige und Wurzeln nötigen kann. Die Rechte Gottes wie auch der Menschen sind beeinträchtigt, wenn beispielsweise die Schutzgenossen Häuser bauen, von deren Dächern herab sie in die Häuser der Muslime hineinspähen können; überhaupt obliegt die Bewachung der Einhaltung der „ʿumarschen Bedingungen" der Marktaufsicht. Wie schon bei der Beschreibung der mit dem „Befehlen des Billigenswerten" verbundenen Aufgabe nennt al-Māwardī den Umgang mit Tieren unter dieser Rubrik: Der Vogt muß verhindern, daß sie überbeansprucht werden. Ebenso hat er Grobheit gegen Sklaven abzustellen, darauf zu achten, daß Schiffe nicht überladen werden oder bei zu starkem Wind ablegen. Wenn sie Passagiere befördern, muß er überprüfen, ob zwischen Männern und Frauen eine Trennwand eingelassen ist. Noch viele andere Dinge werden genannt, die ein gutes Bild vom Alltagsleben im Bagdad des 11. Jahrhunderts ergeben.[85]

Der Marktvogt behielt sein weitgespanntes Tätigkeitsfeld bis in die Neuzeit. Unter den Osmanen wurde er zur Eintreibung verschiedener Gebühren und Zölle herangezogen.[86] In Saudi-Arabien besteht sein Amt unter anderer Bezeichnung fort, allerdings verringert um die Zuständigkeit für Handel und Gewerbe.[87] In zahlreichen Abhandlungen hat man seine Tätigkeit des näheren beschrieben. Der Abschnitt, den al-Māwardī diesem Gegenstand in seinem Handbuch der Staatslehre widmet, ist der früheste Versuch, die Funktion der Marktaufsicht innerhalb der gesamten Aufgaben zu definieren, die die zur Aufrechterhaltung des gottgegebenen Gesetzes verpflichtete islamische Obrigkeit zu erfüllen hat. Es ist möglich, daß dem Amt des Marktaufsehers byzantinische oder sasanidische Institutionen zugrunde liegen, die von den Eroberern vorgefunden und beibehalten wurden. Für die Frage nach der islamischen Rechtspflege ist jedoch allein wichtig, welchen Anteil die Marktaufsicht nach der Auffassung muslimischer Autoren an ihr hatte. Al-Māwardī hat dies sehr klar dargestellt: Der Marktvogt hat auf alle juristischen Fachdiskussionen zu verzichten; diese sind dem *Qāḍī* vorbehalten. Aber er vertritt, wenn auch in eingeschränkter Weise, die Gewalt der Obrigkeit, und zwar so, daß sie dem gemei-

[85] Ebd., 249–259. Vgl. R. Levy: *The social structure of Islam*, Cambridge 1979, 334–338.

[86] Gibb/Bowen, op. cit., I/II, 9, 12, 15, 34.

[87] In Saudi-Arabien achtet die *Muṭauwiʿ* genannte Miliz auf die Einhaltung der Gebetszeiten und der Kleidervorschriften (EI² s.v. *Mutaṭawwiʿa*).

nen Mann Tag für Tag vor Augen steht. Man kann zusammenfassend sagen, der Marktvogt ist für die Islamisierung des öffentlichen Raumes verantwortlich und schafft damit die unentbehrliche Grundlage für ein muslimisches Gemeinwesen, nicht zuletzt auch für die Arbeit der Rechtsprechung im engeren Sinn, die die *Qāḍīs* wahrnehmen.

c) Der *Muftī*

Der *Qāḍī* muß seine Urteile allein fällen; Entscheidungen, an denen mehrere Richter wirken, sind, wie erwähnt wurde, undenkbar. Doch bevor der *Qāḍī* seine Entscheidung trifft, ist ihm anzuraten, die Ansichten anderer Sachkenner zu erfragen. Dies gilt insbesondere bei Fällen, die nicht den Aussagen der Altvorderen untergeordnet werden können, also neue, bisher nicht erörterte Schwierigkeiten aufwerfen. An die Sachkenner sind laut al-Māwardī erhebliche Anforderungen zu stellen. Sie müssen die arabische Sprache beherrschen, den Koran und das *ḥadīṯ* sowie die Methoden ihrer Nutzbarmachung für die Rechtsfindung kennen und unbescholten sein; mit anderen Worten, sie müssen über die Befähigung zu einer selbständigen Beurteilung (arab.: *al-iǧtihād*) von Sachverhalten verfügen.[88] Das Erteilen von Gutachten (arab.: *al-fatwa*, Pl. *al-fatāwā*) gehört mithin zur muslimischen Rechtspflege; doch beziehen sich derartige Auskünfte nicht auf den Sachverhalt als solchen oder auf die Verfassung eines Täters im Augenblick seiner Tat, sondern auf die Bewertung des Falles nach den Kategorien, die die Scharia an die Hand gibt.

Al-Māwardī erblickt in der gutachterlichen Tätigkeit einiger Gelehrter eine rein private Angelegenheit. Da sie meist in Moscheen ausgeübt wird, sollten sich die Betreffenden die Erlaubnis der Obrigkeit verschaffen, aber im übrigen sind sie keinen Regelungen unterworfen. In der Literatur, die in die Zeit vor dem 11. Jahrhundert zurückreicht, bemerkt man sehr häufig eine Scheu vor dem Erteilen von juristischen Ratschlägen. Man fürchtete um das eigene Heil, falls man eine falsche Entscheidung anriete, und sei es auch nach bestem Wissen und Gewissen. Nun aber schwand diese Furcht, und statt ihrer setzte sich die Einsicht durch, daß gerade in einer Zeit, in der zahlreiche regionale Herrscher die Macht ausübten, die Gelehrten auf die Wahrung des islamischen Charakters des Gemeinwesens hinarbeiten müßten. Die Gutachten verloren damit den Charakter einer zwar in Kenntnis von Koran und *sunna* gegebenen, jedoch auf spontaner nicht methodisch nachvollziehbarer Einsicht beruhenden Meinungsäußerung; sie mußten nun nach den Regeln der Rechtswissenschaft hergeleitet sein.[89] Diese Forderung war jetzt ja auch erfüllbar; denn die Lehre von den Quellen des islamischen Rechts und deren Anwendung war inzwischen ausgebildet, die Grundlage für professionelle Auskünfte, wie sie von al-Māwardī schon vorausgesetzt werden, mithin geschaffen. In dem Handbuch der Staatslehre, das der schafiitische Jurist und Theologe al-Ǧuwainī (gest.

[88] I. Schneider, op. cit., 99f., 222–227.
[89] T. Nagel: *Die Festung des Glaubens*, 324f.

1085) dem großseldschukischen Wesir Niẓām al-Mulk (gest. 1092) widmet, wird der Unterschied zwischen alter und neuer Gutachtertätigkeit an einer Anekdote anschaulich.

Ein Gelehrter kam zu einem Herrscher, der ihn nach (der Sühneleistung) für den Beischlaf fragte, den man im Ramadan während des Tages vollzieht. Der Gelehrte antwortete: „Wer sich dies zuschulden kommen läßt, muß zwei Monate hintereinander fasten." Als der Gelehrte die Audienz verließ, stellte man ihn zur Rede: „Ist nicht als Sühne die Freilassung eines Sklaven vorgesehen, sofern der Schuldige dazu in der Lage ist, und erst (ersatzweise) das Fasten? Um Auskunft fragte doch der mächtigste Herrscher der Zeit, vor dem sich alle übrigen gekrönten Häupter neigen!" Darauf rechtfertigte sich der Gelehrte: „Hätte ich die Freilassung eines Sklaven genannt, hätte er den Beischlaf im Ramadan auf die leichte Schulter genommen und unverzüglich einen Sklaven freigelassen. Da ich aber weiß, daß den Herrschern ein Fasten von zwei Monaten schwerfällt, nannte ich es, denn es sollte ihm das Gefühl der Reue und den Willen zu künftiger Unterlassung vermitteln." - (Hierüber ereifert sich al-Ǧuwainī) „Wenn jemand, der sich zu den Gelehrten rechnet, wirklich so entschieden hat, dann hat er in betreff der von Gott gesetzten Glaubenspraxis gelogen ..., gegen sich selber ein Unrecht begangen[90] ... und wird um dieses Gutachtens willen seinen Platz in der Hölle beziehen müssen! ... Denn wenn er einen Weg suchte, der (den Herrscher vom Verstoß gegen das Ritualrecht) abhält, dann hätte er den Zorn Gottes und die schmerzhafte und furchtbare Strafe schildern sollen, der sich der Schuldige aussetzt; er hätte darlegen müssen, daß die Sühneleistungen, selbst wenn sie alle Schätze der Welt einschlössen ..., niemals das sündhafte Bestreben in Gottes geheiligtem Monat aufwiegen könnten; er hätte ihm sagen müssen, daß die Sühneleistungen keineswegs als Handlungen gelten, die die Untaten tilgen. Diese Wahrheit hätte (den Rechtsgelehrten) des eigenmächtigen Umgangs (mit der Scharia), ja ihrer Verdrehung überhoben."[91]

Der Inhalt eines Fetwas darf nie die persönlichen Lebensumstände des um Auskunft Bittenden in Rechnung stellen, nie Vermutungen über dessen womöglich außergewöhnliche Voraussetzungen für den Heilsgewinn Raum geben. Gerade in der strengen Ausrichtung an der Scharia zeigt sich die Qualität eines Ratschlags, und nur sie bewahrt denjenigen, der ihn erteilt, den *Muftī*, vor dem Höllenfeuer. In einer mit der selbständigen Entscheidungsfindung befaßten Abhandlung kommt al-Ǧuwainī zu dem Ergebnis, daß eine methodisch einwandfrei begründete Rechtsauskunft denjenigen, der sie erteilt, auch dann vor Gott von einer Schuld freistellt, wenn der Inhalt dieser Auskunft falsch sein sollte. Denn der Inhalt verdanke sich einem redlichen Bemühen, und die Redlichkeit wiederum erweise sich darin, daß der betreffende Gelehrte selber nach seiner in Rede stehenden Einsicht verfahre.[92] Wenn diese Grundsätze gelten, wird niemand wie in dem obigen Beispiel anstelle der Freilassung eines Sklaven ein zweimonatiges Fasten empfehlen; zumindest

[90] Weil er mit dieser Auskunft eine Verfehlung auf sich geladen hat.

[91] al-Ǧuwainī: *Ġijāṯ al-umam*, edd. Fu'ād 'Abd al-Mun'im und Muṣṭafā Ḥilmī, Alexandrien 1979, 166f.

[92] T. Nagel: *Die Festung des Glaubens*, 332f.

wußte jener Gelehrte, daß seine Aussage nicht der Scharia entsprach, und es ist zweifelhaft, ob er sich selber an seinen Rat gehalten hätte.

Al-Ǧuwainī kommt in seinem Handbuch ausführlich auf den Staatshaushalt zu sprechen. Unter den auf verschiedene Weise erzielten Einkünften hält er die Kopfsteuer und Vermögen, das durch die kriegerische Tätigkeit gegen die Andersgläubigen erzielt wurde, für besonders wichtig; da, wie bereits dargelegt, der Ertrag der Läuterungsgabe verhältnismäßig gering ist und ein Rechtsgelehrter kaum die üblichen unschariatischen Abgaben und Zölle rechtfertigen kann, bleibt keine andere Quelle zur Finanzierung des islamischen Machtapparats. Wem aber sollen die Staatseinkünfte zufließen? Nach Sure 9, Vers 60 sind die armen Muslime zu unterstützen. An zweiter Stelle folgen Leute, deren Fachkenntnisse der Herrscher benötigt; sie können diese nur dann zum Nutzen des Islams entwickeln, wenn sie der Sorge um ihren Lebensunterhalt ledig sind. Hierher zählen zum einen die muslimischen Truppen, zum anderen diejenigen, die die Glaubenspraxis aufrechterhalten; al-Ǧuwainī nennt die *Qāḍīs* und andere mit der Rechtsprechung befaßte Personen sowie die *Muftīs* und alle, die sich mit dem Studium des *fiqh* beschäftigen. Als dritte und letzte Gruppe haben die Verwandten des Propheten, die Banū Hāšim und Banū Muṭṭalib, Anspruch auf öffentliche Gelder, da auch sie in Sure 9, Vers 60 erwähnt seien.[93] Die innige Verbindung der Machtentfaltung mit der Durchsetzung und Wahrung der Scharia, die schon in der Erörterung der „Überprüfung von Ungerechtigkeiten" und der Marktaufsicht erkennbar wurde, bestimmt auch al-Ǧuwainīs Verständnis vom Gemeinwesen der Muslime. Hervorzuheben ist, daß er ausdrücklich den *Muftī* und den Studenten des *fiqh* in die zu besoldenden staatstragenden Personenkreise einbezieht. In der Tat entwickelte sich seitdem eine wenigstens zum Teil von der Obrigkeit alimentierte Institution der Rechtspflege, die ebenfalls mit Fachleuten des *fiqh* besetzt wird, jedoch keine Befugnis hat, gleich den Richtern die Vollstreckung der Ergebnisse ihrer Tätigkeit zu erzwingen. Sie stellt lediglich fest, ob ein bestimmter Sachverhalt mit der Scharia übereinstimmt und unter welchen Voraussetzungen. Auskünfte hierüber können nicht nur, wie man den eingangs dieses Unterkapitels erwähnten Ansichten al-Māwardīs entnehmen könnte, von Richtern eingeholt werden, sondern von jedem Muslim, der in irgendeiner Hinsicht über ein schariakonformes Verhalten im Zweifel ist. Die bei der Erörterung der Grundbegriffe des islamischen Rechts beschriebene Meinung, daß das göttliche Gesetz allumfassend sei, entspricht dem im 11. Jahrhundert erreichten Entwicklungsstand der islamischen Rechtswissenschaft und ihrer Institutionalisierung im Rahmen des Gemeinwesens der Muslime. Während dem *Muftī* jegliche Befugnis zur Durchsetzung seiner Entscheidungen fehlt, kennt, wie gleich an Beispielen zu belegen sein wird, seine Sachzuständigkeit im Gegensatz zu derjenigen des *Qāḍīs* keine Grenzen.

Die Anfänge eines durch die Obrigkeit eingesetzten *Muftī*-Amtes gehen bis in das 11. Jahrhundert zurück. Im Osmanischen Reich wurden dessen Aufgaben von

[93] al-Ǧuwainī, op. cit., 182f.

einer Hierarchie von Rechtsgelehrten wahrgenommen, die analog zu derjenigen der *Qāḍīs* aufgebaut wurde. An ihrer Spitze stand der *Muftī* von Konstantinopel, der den Titel *Šaiḫ al-Islam* führte. Die *Muftīs*, die ihre Ernennung dem Sultan verdankten, behielten, anders als die *Qāḍīs*, ihr Amt meist auf Lebenszeit, vielfach verbunden mit einem Lehrstuhl an einer der zahlreichen Medressen. Neben den offiziell bestellten *Muftīs* erteilten jedoch anerkannte Gelehrte Gutachten, ohne in irgendeiner Form der Obrigkeit verantwortlich zu sein.[94] Daß es in vielen modernen islamischen Staaten, zumal in der arabischen Welt, einen durch die Regierung berufenen *Muftī* gibt, ist als ein Erbe der Verhältnisse zu sehen, die sich im Osmanischen Reich herausgebildet hatten.

Die Tätigkeit der *Muftīs* kann als das Ermitteln der schariatischen Bewertung eines Sachverhalts beschrieben werden; da der *Muftī* kein Urteil zu fällen hat, das vollstreckt werden muß, hat er über den Wahrheitsgehalt eines ihm zur Bewertung vorgelegten Tatbestandes keinerlei Nachforschungen anzustellen. Es können ihm mithin ganz und gar hypothetische „Fälle" zur Beurteilung vorgetragen werden; sein Gutachten muß hingegen streng nach den Vorschriften der Scharia und nach den Methoden der Herleitung von Normen aus den Rechtsquellen erfolgen.[95] Da die Entscheidung nach bestem Wissen und Gewissen zu treffen ist, muß der *Muftī* sie auch für seine eigene Person anerkennen; vor allem aber muß sich derjenige daran halten, der das Gutachten erbeten hat. Die bei manchen Autoren behandelte Frage, wie ein Laie verfahren solle, wenn er dieselbe Angelegenheit zwei *Muftīs* anvertraue und zwei unterschiedliche Antworten bekomme, wird nirgends befriedigend geklärt. Auf alle Fälle ist es verpönt, Experten mehrerer Rechtsschulen in Anspruch zu nehmen, um sich jeweils die bequemste Lösung herauszusuchen. Wenn also im einzelnen das Ergebnis der Anstrengungen eines *Muftīs* ungewiß bleibt, so muß doch eingeräumt werden, daß die Ausbreitung dieses Amtes über die ganze islamische Welt zu einer tiefgehenden und nachhaltigen, dem einzelnen Muslim kaum immer bewußten islamischen Prägung seiner Weltsicht und seines Lebensstils geführt hat. Das *Muftī*-Amt trieb die Islamisierung, die im öffentlichen Raum durch den Marktvogt sichergestellt wurde, in den privaten Bereich und bis in das Denken und Fühlen des einzelnen hinein.

Lebensnahe Zeugnisse dieses Vorganges sind die zahlreichen Fetwa-Sammlungen, die seit dem 11. Jahrhundert überliefert sind.[96] Wir wollen uns zwei Gutachten, darunter eines aus dem frühen 20. Jahrhundert, näher anschauen. Das erste entnehme ich der Sammlung des Ibn aṣ-Ṣalāḥ (gest. 1245), dessen Lehrbuch der *ḥadīṯ*-Wissenschaft über Jahrhunderte hinweg im Unterricht benutzt wurde. Er war jedoch auch ein berühmter Kenner des *fiqh*. Wie es üblich war, empfing er sein Wissen nicht nur an einem Ort; seine Studien begannen in Mossul und führten ihn

[94] Gibb/Bowen, op. cit., I/II, 133–138.

[95] *Mausūʿat al-fiqh al-islāmī*, XVIII, 238.

[96] Einen Überblick über bekannte Fetwa-Sammlungen findet man bei Ḥaǧǧī Ḫalīfa: *Kašf aẓ-ẓunūn*, Istanbul 1943, 1218–1231.

über Bagdad, Nischapur und Marw schließlich nach Damaskus. Das *Qāḍī*-Amt bekleidete er nie, aber wie viele seinesgleichen wirkte er als Lehrer, und zwar zuerst in Jerusalem und dann an mehreren bekannten Damaszener Medressen. Nicht unüblich ist auch, was über die Umstände seines Begräbnisses erzählt wird. Tausende folgten dem Leichenzug, und das Grab, in dem er zur letzten Ruhe gebettet wurde, war über Jahrhunderte ein Ort, den man aufsuchte, um sich der Segenswirkung des Bestatteten zu versichern.[97] Dies sei hier kurz erwähnt, um dem irrigen Eindruck vorzubeugen, die Tätigkeit der Rechtsgelehrten, deren Gutachten sich in den Augen des heutigen Europäers mit Quisquilien befassen, sei weltfremd gewesen und habe nicht in die Gesellschaft ausgestrahlt. Im Gegenteil, die Glaubensgemeinschaft der Muslime wäre ohne jene Tausende, deren Namen und Werke uns überliefert sind, und ohne jene unzähligen vergessenen Scharia-Gelehrten nicht, was sie heute ist, und die vermeintlichen Quisquilien würden nicht debattiert, wenn sie nicht für die Angehörigen dieser Gemeinschaft von Belang wären. Ibn aṣ-Ṣalāḥ hat in einer kurzen Lehrschrift die Verfahrensweise geschildert, die beim Erteilen eines Gutachtens eingehalten werden müsse. Die Frage soll schriftlich formuliert werden; die Antwort muß auf demselben Blatt Papier niedergeschrieben werden, damit Täuschungen ausgeschlossen sind. Vor jedem einzelnen Gutachten, zumindest aber am Beginn der Sitzung, in der sich der Gelehrte der Gutachtertätigkeit widmet, soll er Gott um Schutz vor der List des Satans anrufen und um die Fähigkeit, das Richtige zu treffen; alles Wissen, das der *Muftī* weitergibt, stammt von Gott, nicht aus der Erkenntnis des Gelehrten (Sure 2, 32; ferner Sure 21, 79 und Sure 20, 25–28).[98] Erst wenn auf solche Weise sichergestellt ist, daß der Böse keine falsche Ansicht mehr unterschieben kann,[99] darf die Arbeit beginnen.

Die von Schülern zusammengetragenen Fetwas des Ibn aṣ-Ṣalāḥ beziehen sich auf die Auslegung von Versen des Korans und von *Ḥadīṯen* sowie auf theologische Probleme. Weit über neun Zehntel widmen sich jedoch dem *fiqh* im engeren Sinn und sind entsprechend der in den Handbüchern des islamischen Rechts üblichen Themenfolge angeordnet. Auch die Fetwas über Koranverse und Prophetenworte haben übrigens häufig mit dem praktischen Leben eines Muslims zu tun, so etwa, wenn gefragt wird, wie das wahre Gedenken Gottes beschaffen sei und mit welcher Intensität man es betreiben müsse, um zu den von Gott in Sure 33, Vers 35 lobend erwähnten Muslimen zu gehören, die sich vertiefter Frömmigkeit verschrieben haben.[100] Manche der überlieferten Gutachten des Ibn aṣ-Ṣalāḥ zeigen eine Auseinandersetzung mit den Meinungen von Fachgenossen. Sie bestritten seine Entschei-

[97] as-Subkī: *Ṭabaqāt aš-šāfiʿīja*, alte Ausgabe, V, 137f.

[98] Ibn aṣ-Ṣalāḥ: *Adab al-muftī wal-mustaftī*, in: ders: *Fatāwā wa-masāʾil Ibn aṣ-Ṣalāḥ*, ed. Qalʿaǧī, Beirut 1986, I, 76.

[99] Zur Problematik der – rituellen – Schaffung eines dem Satan unzugänglichen Raumes vgl. T. Nagel: *Im Offenkundigen das Verborgene. Die Heilszusage des sunnitischen Islams*, Zweites Buch, Kap. III.

[100] Ibn aṣ-Ṣalāḥ, op. cit., I, 150.

dung, doch seine Schüler verteidigten ihn. Eines dieser Fetwas sei nun näher betrachtet! Die Frage lautete:

> Was sagen die Rechtsgelehrten über jemanden, der Stoff besitzt, den er zur Verwendung bei Leichenbegängnissen oder anderen Gelegenheiten vermietet, etwa weiße und grüne Gewänder, Kaftane, Kopfbedeckungen aus rotem und grünem Atlas,[101] golddurchwirkte Gewänder? Ist es ihm gestattet, sie in schariatisch erlaubter Form zu vermieten oder nicht?

Die Antwort des Ibn aṣ-Ṣalāḥ hatte gelautet, Atlas und Seide dürften nicht vermietet werden, sofern die hieraus angefertigten Gewänder der Zierde dienen sollten; keine Bedenken bestünden hingegen, wenn sie nur dem Zweck der Umhüllung des Leichnams dienten. Diese Auffassung wurde in Zweifel gezogen:

> Diese Aussage ist nicht richtig, denn es ist nicht verboten, (verstorbene) Frauen in Leichentücher aus Seide einzuwickeln, wenn es auch besser wäre, davon Abstand zu nehmen. Wenn aber nicht verboten ist, sie in Seide einzuwickeln, wieso sollte es dann nicht erlaubt sein, Seidentücher zu vermieten? Und wenn nun schon nicht verboten ist, sie in seidene Leichentücher zu wickeln, obschon diese verwesen, weshalb soll es dann nicht gestattet sein, sie (während des Leichenbegängnisses) mit etwas zu bedecken, das nicht dieses Ende nimmt? Wenn (Ibn aṣ-Ṣalāḥ) behauptet, verboten sei alles, was dem Zweck der Zierde dient, so ist dies die Ansicht der Gelehrten, die die Verwendung eines luxuriösen Stoffes als Leichentuch ohnehin verbieten, handle es sich um Leinen, Baumwolle oder Wolle oder um feines Zeug, das mit etwas anderem als Seide bestickt ist.

Ibn aṣ-Ṣalāḥ hätte bedenken müssen, daß es nicht untersagt ist, Frauen in ein seidenes Leichentuch zu hüllen; in Analogie hierzu darf man sie während des Weges zum Friedhof mit einem solchen bedecken. Dieser Zweck des Bedeckens wäre der die Analogie tragende Sachverhalt. Da Ibn aṣ-Ṣalāḥ aber das Verbot einer auf Prunk absehenden Verhüllung des Leichnams, der zu Grabe getragen wird, in die Betrachtung einbezieht, ist sein Gutachten nicht in sich stimmig, meinen seine Widersacher. Ein generelles Verbot der Verwendung von Schmuck sei angesichts der Erlaubnis, Seide zu benutzen, nicht aus der Scharia herzuleiten; wenn man ein solches Verbot schariatisch begründen wollte, müßte man alle prächtigen Stoffe einbeziehen, um damit auch die durch die Überlieferung abgesicherte Erlaubnis zu widerrufen, Frauen in ein seidenes Leichentuch gehüllt zu beerdigen. Die Verteidiger Ibn aṣ-Ṣalāḥs unterstellen nun den Kritikern, diese wollten die Unsitte verewigen, die „in dieser Stadt" aufgekommen sei, nämlich Leichenbegängnisse mit Hilfe geliehener Gewänder zu einem prachtvollen Spektakel zu verfälschen. In Wahrheit habe Ibn aṣ-Ṣalāḥ mit aller Macht gegen solche Entartung gekämpft, denn wie kann man einem Toten ein Hochzeitsgewand überstreifen, wo dieser doch voller Demut der Entscheidung harren müsse, ob er in die Hölle oder in das Paradies gelangen

[101] R. Dozy: *Dictionnaire détaillé des vêtements chez les Arabes*, Amsterdam 1845, s. v. *šurbūš*.

werde? Etwas Ernsteres lasse sich wahrlich nicht denken, und jeglicher Zierat sei unangemessen. Um die Kritiker mundtot zu machen, müssen aus der einschlägigen Literatur zwei Sachverhalte herausgelesen werden: Nach dem Tod ist jeder Schmuck eitel und frivol; wenn der Leichnam einer Frau in ein seidenes Tuch gewickelt wird, dann dient dieses allein dem gebotenen Brauch der Verhüllung, nicht aber der Zierde.

Um Ibn aṣ-Ṣalāḥ vor den Angriffen in Schutz zu nehmen, läßt sich überdies die Antwort auf die Frage nach der Zweckbestimmung seidener Kleidung weiter verfeinern. Material hierfür entnahm man einer älteren Gutachtensammlung;[102] unter allgemeinen Gesichtspunkten hatte man dort über den Gebrauch prächtiger Gewänder gestritten. Diese seien ganz und gar unzulässig, und zwar sowohl für den Mann als auch für die Frau, weil sie lediglich den unanständigen Anspruch auf Prestige erfüllen sollten. Den Frauen sei das Anlegen von Seidenkleidern - und von Schmuck jeglicher Art - nur dann gestattet, wenn sie auf diese Weise dem Ehemann ihre Reize darbieten wollten; schon im geselligen Verkehr der Frauen untereinander müsse auf jeglichen Putz verzichtet werden, weil er von unvernünftiger Prunksucht zeuge. Allein die enge Zweckbestimmung - nur im Zusammenleben der Ehegatten - hat also Ibn aṣ-Ṣalāḥ im Auge gehabt, als er sein Gutachten formulierte: Es ist den Frauen nicht, wie ihm seine Widersacher unterschieben möchten, generell erlaubt, Seide zu tragen, und nicht wegen einer generellen Statthaftigkeit dürfen verstorbene Frauen in seidene Tücher gewickelt werden, sondern allein wegen eines deutlich begrenzten Zweckes, nämlich um der Toten die letzte Ehre zu erweisen. Schmückung eines Leichnams, um Bewunderung und Aufmerksamkeit zu erregen, sei im übrigen der kostbaren Ausgestaltung einer Grabstätte zu vergleichen, was der Prophet ausdrücklich verboten habe; denn der Tod sei kein Anlaß für Prunk und Hochmut. Schließlich entdecken die Verteidiger Ibn aṣ-Ṣalāḥs einen schweren methodischen Fehler in der Argumentation ihrer Gegner: „Es ist nicht erlaubt", Seidenstoffe und alles, womit ein Prunken beabsichtigt ist, beim Leichenbegängnis zu verwenden, es sei denn zum Zwecke der Verhüllung des Leichnams, hatte Ibn aṣ-Ṣalāḥ entschieden, seine Kritiker hatten „nicht erlaubt" als „verboten" interpretiert und, von dieser Gleichsetzung ausgehend, auf die Unstimmigkeit der Argumentation des Gutachters verwiesen. Sie müssen sich nun vorhalten lassen, daß sie die Abstufungen der schariatischen Bewertung eines Sachverhalts nicht begriffen haben. Denn „erlaubt" ist doch keineswegs das Gegenteil von „verboten" - dies ist, wie wir uns erinnern, „Pflicht" -. „ Erlaubt" ist eine Handlung, wenn sie bedenkenlos vollzogen werden kann. „Nicht erlaubt" meint infolgedessen, daß gegen ihren Vollzug Bedenken bestehen, sie ist mithin als *makrūh* einzustufen.[103]

[102] Quelle: Abū Muḥammad al-Ǧuwainī (gest. 1047): *at-Tabṣira*, vgl. Ibn Ḫallikān: *Wafajāt al-aʿjān*, Nr. 332.

[103] Ibn aṣ-Ṣalāḥ, op. cit., I, 121–124.

Der Gedankengang, den wir hier verkürzt wiedergegeben haben, hält die in die Fachterminologie eingeschmolzenen Grundprinzipien des islamischen Rechts, die wir im ersten Kapitel erläutert haben, fest, wie an der Schlußwendung deutlich wird; er reichert die Argumentation jedoch mit den Vorstellungen von einer islamischen Sittlichkeit an: Es schickt sich nicht, durch die Entfaltung von Pracht einen Vorrang vor den übrigen Glaubensbrüdern erhaschen zu wollen, und im Angesicht des Todes ist ein derartiges Verhalten erst recht als frivol zu verurteilen. Daß sowohl die Terminologie wie auch die islamische Sittlichkeit der religiösen Grundwahrheit der Muslime, der Knechtschaft des Menschen vor seinem Schöpfer, verpflichtet sind, sei hier angemerkt; dies gilt uneingeschränkt auch für Gutachten der jüngsten Vergangenheit und der Gegenwart.

Rašīd Riḍā (1865–1935)[104] war einer der einflußreichsten Wortführer des islamischen Modernismus und erreichte als Gründer und langjähriger Herausgeber der Zeitschrift al-Manār (seit 1898) die Intellektuellen in der ganzen islamischen Welt; er versuchte, sie für seine Vorstellungen von einer Reform (arab.: *al-iṣlāḥ*) zu gewinnen, die einen Großteil der über Jahrhunderte hinweg angehäuften Auslegungen von Koran und *sunna* als Ballast abstoßen und, hiervon nicht mehr beschwert, mit einer frischen Interpretation der Quellen des islamischen Glaubens einen neuen Anfang wagen sollte. In seinen Rechtsgutachten enthält er sich in der Tat meistens der ausführlichen Wiedergabe der Meinungen früherer Rechtsgelehrter; er beruft sich in allgemeiner Form auf den *fiqh*. So verfährt er beispielsweise bei der Beantwortung der Frage, ob es Muslimen erlaubt sei, die wissenschaftlichen und literarischen Vorträge aufzusuchen, die von amerikanischen Organisationen veranstaltet und mit einem gemeinsamen Gebet der Anwesenden eingeleitet werden. Rašīd Riḍā verneint dies kategorisch und begründet seine Entscheidung damit, daß „in den Büchern des *fiqh*" die grundsätzlich verbotene Angleichung eines Muslims an einen Andersgläubigen im Glaubensvollzug als Apostasie eingestuft werde; erlaubt sei lediglich, einem fremden Ritus zuzuschauen, und dies auch nur den Muslimen, von denen man nicht befürchten müsse, daß sie sich zur anderen Religion hingezogen fühlen könnten; es sei allerdings nicht untersagt, die Eßgewohnheiten, die Kleidung usw. der Christen nachzuahmen.[105]

Die westliche Lebensweise, die im ausgehenden 19. Jahrhundert in die islamische Welt eindringt, ließe sich selbstverständlich nur unzureichend den Bestimmungen der Scharia einpassen, wenn man auf der Fortführung jahrhundertealter Argumentationsstränge bestünde. Insofern ist Rašīd Riḍās Aufforderung, das Neue allein mit Koran und *sunna* zu bewältigen, gerechtfertigt; daß diese Verengung des muslimischen Geisteslebens nicht durchzuhalten war, wird in anderem Zusammenhang zu erörtern sein. An einem Beispiel soll hier die Einbeschreibung von westlichen Zivi-

[104] Vgl. M. Kerr: *Islamic Reform. The political and legal theories of Muḥammad ʿAbduh and Rashīd Riḍā*, Berkeley 1966.

[105] *Fatāwā al-Imām Muḥammad Rašīd Riḍā*, edd. S. al-Munağğid und J. al-Ḫūrī, Beirut 1970, I, 128f., Nr. 50.

lisationsgütern in einen islamischen Lebenszuschnitt anschaulich werden. Ein Syrer legte Rašīd Riḍā das folgende Problem zur Begutachtung vor:

> Bekanntlich haben die Fachleute des angewandten Rechts für den Reisenden eine bestimmte Wegstrecke vorgeschrieben, die er zurücklegen muß, bevor sie ihm die Verkürzung des rituellen Gebets gestatten.[106] Diese Zeit, die die Reise dauern muß, trifft auf den zu, der von Beirut nach Damaskus, von Homs nach Tripolis oder nach Damaskus oder von Kairo nach Alexandrien fährt. Wenn nun ein Damaszener in Beirut eine Ehe schlösse und dann mit der Eisenbahn in Begleitung seiner Ehefrau und mit allem Hausrat in seine Heimatstadt zurückkehrte und die bekannte Reisezeit, nämlich etliche Stunden, zubrächte, würden ihm die Rechtsgelehrten in diesem Fall die Verkürzung des Gebets erlauben oder nicht? Wenn ja, gibt es hierfür einen Beweis, bei dem sich der Reisende beruhigen könnte? Sollte jemand behaupten, die Verkürzung sei wegen der geringen Zeitspanne nicht erlaubt, was wäre dann der dem ersteren widerstreitende Beweis gemäß der Methode der Fachleute der Rechtstheorie? Ich möchte aus diesem Grunde, daß die Frage in Ihrer geschätzten Zeitschrift veröffentlicht wird; denn dann können die Antworten unterschiedlich sein und von der Allgemeinheit der Belasteten zur Kenntnis genommen werden. Wäre es nämlich eine spezielle Frage, gestellt an einen speziellen Gelehrten, ergäbe sich nicht die erwünschte Frucht. (Gott) aber ist es, der den rechten Weg weist.

Rašīd Riḍā beginnt seine Antwort mit der Bemerkung, Gott habe verkürzte Formen einiger Ritualpflichten davon abhängig gemacht, daß ein Muslim sich auf Reisen befinde, jedoch nicht die hierbei zurückzulegende Wegstrecke bestimmt. Was immer Reise genannt werde, rechtfertige die Verkürzung. Erst die Rechtsgelehrten hätten sich um die Definition der Wegstrecke bemüht, ohne eine einheitliche Meinung zu erzielen. Sie rechneten in Meilen oder Parasangen oder Tagereisen und setzten den Transport eines üblichen Haushalts voraus; doch auch wer die Strecke schneller als unter der Belastung mit einem Haushalt zurücklegt, hat das Recht zu einer Verkürzung des Gebets, behauptet Rašīd Riḍā. „Es ist also gleichgültig, ob man die Strecke in der Eisenbahn mittels Dampfkraft oder auf einem schnellen Reittier überwindet." Die Strecke allein zählt, und selbst wenn man in der Vergangenheit eine erforderliche Mindestdauer veranschlagte, indem man die Begleitung des Reisenden durch seinen Haushalt voraussetzte, so ist die auf diese Weise errechnete Zeitspanne als Kriterium für die Erlaubnis der Verkürzung des Gebets nicht maßgeblich. Der Frager solle allen, die hieran zweifeln, entgegenhalten, daß in den als Beleg dienenden *Ḥadīṯen* stets das Wort Reise als nicht weiter spezifizierter Begriff aufscheint und allein über die Entfernung Aussagen gemacht werden. Rašīd Riḍā trägt diese Überlieferungen vor; viele von ihnen nennen drei Meilen als die geringste Strecke, doch gibt es auch ein *Ḥadīṯ* – mit einer als zuverlässig angesehenen Tradentenkette –, das eine Meile nennt.[107] Eine Reise von einer

[106] Vgl. oben Kap. A II 2b.

[107] *Fatāwā al-Imām … R. Riḍā*, I, 180f., Nr. 73 (veröffentlicht in al-Manār im Jahre 1904).

Meile, wie auch immer zurückgelegt, rechtfertigt mithin die Verkürzung des rituellen Gebets.

Wie schon vermerkt, wurde die Tradition der Erteilung von Rechtsgutachten durch die Einführung europäischer Formen der Rechtspflege und an Europa ausgerichteter Gesetze keineswegs abgebrochen.[108] Es erscheint vielmehr als zutreffend, daß die Einführung fremdstämmigen Rechts überhaupt erst vor dem Hintergrund der in Geltung bleibenden islamischen Sittlichkeit und des immer wieder abrufbaren schariatischen Maßstabes gelingen konnte. Hierfür steht die Institution des *Muftī*-Amtes, die eine Legitimierung und islamische Auslegung der von außen eindringenden tiefgreifenden Veränderungen gewährleistet. Seitdem in den sechziger Jahren des 20. Jahrhunderts die säkularen Modelle von Staat und Gesellschaft, die aus Europa stammten, in der islamischen Welt an Ansehen einbüßten und die Zukunft mehr und mehr in einer Wiederbelebung und Fortentwicklung der eigenen Überlieferung gesucht wurde, rückte die Tätigkeit des *Muftīs* in den Mittelpunkt des politischen Lebens. Zwei Beispiele hierfür sollen zum Schluß dieses Kapitels angesprochen werden.

Im Jahre 1980 beschäftigte sich der ägyptische *Muftī* und spätere Rektor der al-Azhar-Hochschule Gād al-Ḥaqq mit der Anfrage eines Arztes, ob unter bestimmten Umständen die Tötung der Leibesfrucht zulässig sei, etwa wenn erkennbar sei, daß das ausgetragene Kind an einer schweren Erbkrankheit leiden werde. In seinem Gutachten erörterte Gād al-Ḥaqq die Haltung einer jeden Rechtsschule zum Problem der Abtreibung; er stützte sich hierbei durchweg auf die klassischen Autoren und kam zu dem Ergebnis, daß nur im Recht der zaiditischen Schiiten der Schwangerschaftsabbruch als unbedenklich angesehen werde. Ansonsten verweise man auf Sure 32, Vers 9, wo es heißt, daß Gott dem im Mutterleib herangereiften Embryo etwas von seinem Geist einhaucht; der Zeitpunkt, zu dem dies geschieht, ist das Ende des vierten Monats der Schwangerschaft. Die der Zahl der Anhänger nach bedeutendsten Schulen, die Hanafiten und Schafiiten, wollen eine Abtreibung nur zulassen, wenn triftige Gründe für diesen Eingriff vorliegen, ansonsten sei diese Handlung als verwerflich (arab.: *makrūh*) zu bewerten. Die Malikiten stufen die Tötung der Leibesfrucht grundsätzlich in dieser Weise ein. Alle Schulen lehren, daß nach Ablauf von einhundertzwanzig Tagen seit der Zeugung ein solcher Eingriff nur noch bei einer schwerwiegenden Notlage vorgenommen werden darf. Bei Verstößen gegen diesen Grundsatz ist in bestimmten Fällen ein verminderter Satz des Wergeldes zu zahlen, und zwar von demjenigen, der die Tötung der Leibesfrucht vornahm. Der Betrag soll den Erben des getöteten Embryos zugute kommen, nicht jedoch der Mutter, wenn diese die Abtreibung veranlaßt hat. Da außerdem eine Sünde begangen wurde, ist eine Sühneleistung erforderlich. Gād al-Ḥaqq baute seine Argumentation, wie angedeutet, auf der klassischen Überlieferung auf, bezog jedoch die Erkenntnisse der modernen Medizin über Erbkrankheiten in

[108] Vgl. hierzu B. Krawietz: *Die Ḥurma. Schariatrechtlicher Schutz vor Eingriffen in die körperliche Unversehrtheit nach arabischen Fatwas des 20. Jahrhunderts*, Berlin 1991.

seine Erwägungen ein. Doch auch diese Ausführungen verankerte er in Zitaten aus dem Koran und der *sunna*, die auf diese Weise als die wesentlichen Quellen seiner Entscheidung ausgewiesen wurden.[109] Eine „soziale Indikation", die die Tötung der Leibesfrucht von jeglicher objektivierbaren Rechtfertigung freistellt, wird mit den Überlegungen Gād al-Ḥaqqs ausgeschlossen, was in einem Land mit allzu raschem Bevölkerungswachstum von erheblicher politischer Tragweite ist.

Die Grundsätze des modernen Wirtschaftslebens entwickelten sich außerhalb der islamischen Welt. Sie werden von vielen Muslimen als fremd und bedrohlich wahrgenommen. Das Zinsverbot, das in der Scharia verankert ist, wird als der wesentliche Gesichtspunkt in der Auseinandersetzung mit den übermächtigen amerikanisch-europäischen Interessen angesehen; man will nicht mehr unwidersprochen anerkennen, daß sich die islamischen Länder unter Hintansetzung ihrer ererbten Rechtsordnung dem fremden Einfluß beugen. Seit mehreren Jahrzehnten wird der Gedanke einer eigenen, ohne die Verzinsung von Kapital arbeitenden, islamischen Wirtschaft debattiert.[110] Es wurden auch Maßnahmen ergriffen, um diesem Ziel in der Wirklichkeit näherzukommen. So entstanden seit den siebziger Jahren in Ägypten sogenannte islamische Investmentgesellschaften; die Sparer gelten, den Bestimmungen der Scharia entsprechend, als Partner eines Geschäftes, die den einkommenden Gewinn unter sich aufteilen. Da, zum Teil durch betrügerische Machenschaften, viele Anleger um ihr Vermögen geprellt wurden und überdies dem Staat Kapital entzogen wurde, dessen er dringend bedurfte, verpflichtete man 1989 die Investmentgesellschaften zur Offenlegung ihrer Geschäfte. Zugleich mußte man die staatlichen Investmentzertifikate, die nach westlichem Muster eine feste Verzinsung vorsehen, gegen den Vorwurf rechtfertigen, sie seien nicht mit der Scharia zu vereinbaren. Der ägyptische *Muftī* aṭ-Ṭanṭāwī veröffentlichte im September 1989 ein Fetwa, in dem er darlegte, daß die bei der Nationalbank getätigten Einzahlungen eine unmittelbare Beziehung zwischen dem Staat und dem einzelnen Sparer begründen, der ein Zertifikat erwirbt. Die Bank tritt mithin nicht als ein Verwalter und Anleger von Kapital in Erscheinung, sondern lediglich als eine Institution, die zwei eigenständige Vertragspartner in Verbindung bringt. Nicht sie, sondern das Finanzministerium zahlt den Inhabern der Zertifikate die Erlöse aus, die diesen aus den gemeinsam betriebenen Unternehmungen zuwachsen. Die Anlagen können daher nicht als Kredite gewertet werden, weshalb die staatlichen Investmentzertifikate auch keinen Verstoß gegen das schariatische Zinsverbot darstellen.[111]

[109] R. Lohlker: *Scharia und Moderne*, Stuttgart 1996, 30, 38–45.

[110] Aus der Fülle des Schrifttums zum Verhältnis von Islam und Wirtschaft in der Gegenwart seien herausgegriffen: J. Hans: *Homo oeconomicus islamicus*, Klagenfurt 1952; Gh. Ghaussie: *Das Wirtschaftdenken im Islam*, Stuttgart 1986; V. Nienhaus: *Islam und moderne Wirtschaft*, Graz/Wien/Köln 1982.

[111] J. Müller: *Islamischer Weg und islamistische Sackgasse*, Münster 1993, 57f. Zum Hintergrund vgl. R. Lohlker: *Das islamische Recht im Wandel*, 311–376.

Spätestens seit den ausgehenden sechziger Jahren schwindet in der islamischen Welt die Anziehungskraft europäischer Muster der Ordnung von Staat und Gesellschaft, seien diese Muster sozialistisch-totalitärer, nationalistischer oder liberaler Observanz. Man begann, die eigene in der Glaubenspraxis wurzelnde Auslegung von Gesellschaft und Herrschaft in den Vordergrund der Diskussion über einen Weg aus den Schwierigkeiten der Gegenwart zu rücken. In Europa ist dies irrtümlich als eine „Reislamisierung" wahrgenommen worden, wobei stillschweigend vorausgesetzt wurde, daß der Wille der Träger der islamischen Kultur, sich Fremdes anzueignen, zuvor bereits erlahmt war. Das Fortleben des *Muftī*-Amtes und dessen hohes Ansehen belegen das Gegenteil. Der Vorgang der Islamisierung des Denkens, den es sichtbar macht, ist nicht ein Epiphänomen der Bestrebungen, sich von fremder Bevormundung zu befreien.[112] Er ist viel eher als der ungebrochene Fortgang einer unter je sich wandelnden Bedingungen stets neu zu formulierenden Einpassung der Wirklichkeit in die Normen des von Gott gegebenen Gesetzes zu verstehen. Uns mag es zwar scheinen, als sei diese Einpassung heute viel mühsamer als in der Vergangenheit, aber das berechtigt uns nicht, von der Kontinuität dessen, was wir beobachten, abzusehen.

Die Islamisierung des öffentlichen und des privaten Lebens, d. h. dessen Rückführung auf die Scharia, die in der das Idealtypische suchenden Sicht vieler islamischer Rechtsgelehrter „von Anfang an" unverändert ist, jedoch, wie wir noch erfahren werden, in Wirklichkeit einem vielfältigen Wandel unterlag, ist ein von der Forschung stark vernachlässigter Gegenstand. Die Tätigkeit des *Muftīs*, von der die zahlreichen Sammlungen ihrer Gutachten Zeugnis geben, belegt nicht nur das Bemühen um die Islamisierung, sondern auch deren Auswirkung auf die breite Masse der Muslime. Ähnlich wie man die Grundzüge der Volkskultur des europäischen Mittelalters den Bußbüchern abgewonnen hat, die uns die alltäglichen Nöte der Menschen und ihre Sorgen um das Seelenheil enthüllen,[113] zeigen uns die Rechtsgutachten vieles vom Lebenszuschnitt der Mitglieder einer durch den Islam geeinten Gesellschaft, von den materiellen Nöten wie auch von den sich auf das Jenseits richtenden, prägenden Erwartungen und Befürchtungen, unter deren Eindruck man das Diesseits zu meistern sucht. In einem freilich unterscheiden sich die Fetwas von den Bußbüchern: Die Rechtsgutachten sind stets mit dem Anspruch verfaßt, eine gelehrte Auskunft zu geben, die einem methodischen Standard verpflichtet ist, der in der ganzen islamischen Welt gilt. Im Prinzip nimmt jede fachkundliche Äußerung eines *Muftīs* an einer die ganze Gemeinschaft der Muslime umfassenden Diskussion teil.

[112] So z. B. J. Müller, op. cit., 3; dort weitere Literatur.

[113] A. J. Gurjewitsch: *Mittelalterliche Volkskultur*, München 1987, 125–166.

d) Die Gelehrten und die Ausbildung im islamischen Recht

Daß es die Pflicht eines jeden Muslims sei, Wissen zu suchen, versichert ein *Ḥadīṯ*, das zu einer sprichwörtlichen Redensart geworden ist.[114] Wissen (arab.: *al-ʿilm*), das ist die Kenntnis von all dem, was Gott Adam mitteilte, nachdem er ihn geschaffen hatte; es ist die Kenntnis davon, wie Gott in und mit seiner Schöpfung vorgeht, und schließt daher auch die Kenntnis seines Gesetzes ein. Dieses ist freilich nicht unmittelbar, gewissermaßen in Paragraphen, gegeben, sondern im Koran und im *ḥadīṯ* enthalten. Vor allem das *ḥadīṯ*, das als die authentische Quelle für das durch Gott dem Propheten eingegebene normative Reden und Handeln betrachtet wird, birgt Wissen von der Praxis des Glaubens, und dies ist das Wissen, das mit dem eingangs genannten Wort gemeint ist. Neben dem Studium des Korans - und dieses in der Fülle des Inhalts weit übertreffend - ist daher die Aneignung des *ḥadīṯ* der wichtigste Schritt auf dem Weg, der zur Kennerschaft der Scharia führt. Al-Buḫārī beginnt seine Sammlung der Überlieferungen des Propheten mit *Ḥadīṯen*, die die Berufung Muḥammads und den Vorgang der Offenbarung beschreiben, nennt, durch Prophetenworte verbürgt, die Elemente des islamischen Glaubens und rühmt anschließend in einem eigenen Kapitel das Wissen und die Suche danach. Erst dann beginnen mit dem Ritualrecht die Überlieferungen zur Scharia. Das Wissen, die im *ḥadīṯ* mitgeteilte Kunde vom Gesetz, ist so wertvoll, daß es sich lohnt, weite Reisen auf sich zu nehmen, um in seinen Besitz zu gelangen.[115]

Diese ihrerseits in Form eines *Ḥadīṯes* vorgetragene Ansicht liegt der ältesten Art des Studiums der Scharia zugrunde, nämlich der Aufnahme und Weitergabe von meist mit Muḥammad in Zusammenhang gebrachten Aussagen, aus denen Verhaltensnormen abgeleitet werden konnten. Die Anfänge gehen in das frühe 8. Jahrhundert zurück. Die alle islamischen Gebiete überspannende „Suche nach Wissen" wurde ursprünglich allerdings nicht, zumindest nicht ausschließlich zur Nutzbarmachung des Materials für den *fiqh*, für die verstehende Einsicht in Gottes Willen, betrieben. Die Rechtspflege bildete sich getrennt von dieser Wissenssuche als ein Teil herrscherlichen Handelns heraus, wie im Zusammenhang mit der Entstehung des *Qāḍī*-Amtes beschrieben. Aber sobald die Früchte der Wissenssuche verfügbar wurden, wurden sie von der in Entstehung begriffenen Rechtswissenschaft aufgenommen. Das Zusammentragen von Überlieferungen des Propheten und deren Erörterung mit dem Ziel einer möglichst gewissen Kenntnis der Scharia gingen Hand in Hand und bewirkten, daß die Gemeinschaft von Gelehrten über die ganze islamische Welt hinweg Verbindung hielt.

Der Lebenslauf des vielleicht bedeutendsten islamischen Rechtsgelehrten der frühen Zeit, Muḥammad b. Idrīs aš-Šāfiʿīs, veranschaulicht, was eben in allgemeiner Form festgestellt wurde. Wo er geboren wurde, ist nicht mit Sicherheit bekannt, aber man weiß, daß er seine Kindheit in Mekka verbrachte, wo er Verwandte hatte.

[114] Ibn Māǧa: *Sunan, muqaddima* 17.
[115] al-Buḫārī: *Ṣaḥīḥ, ʿilm* 19.

Wenn er sich als Jugendlicher auch durch eine bewundernswerte Treffsicherheit seines Bogens auszeichnete, so wählte er doch die „Wissenssuche" zum Inhalt seines Lebens, vermutlich angeregt durch die in Blüte gekommene Überlieferungskunde, deren überragenden Vertreter in jener Zeit, Sufjān b. ʿUjaina (gest. 813), er kennenlernte. Um 786 begab er sich, etwa zwanzigjährig, nach Medina, um sich in die - noch nicht durch und durch vom *ḥadīṯ* geprägte - Rechtswissenschaft zu vertiefen, wie sie in den Vorträgen des Mālik b. Anas (gest. 795) in Umrissen sichtbar wurde. Diese Unterweisungen waren zwar von dessen Schülern im berühmten „Buch des hergerichteten Materials" niedergeschrieben und so auch aš-Šāfiʿī in Mekka bekannt geworden, doch kam es auf die persönliche Entgegennahme des Wissens und auf die lebendige Auseinandersetzung an. Wann aš-Šāfiʿī zum ersten Mal in den Irak reiste, ist nicht sicher, vielleicht schon vor dem Tode von Mālik. Es ist möglich, daß aš-Šāfiʿī mit dem alidischen Rebellen Jaḥjā b. ʿAbdallāh[116] sympathisierte, ehe er von Hārūn ar-Rašīd (reg. 786–809) in ar-Raqqa in Audienz empfangen wurde, dem er seine Ergebenheit versicherte. Der Kalif soll dann sogar versucht haben, aš-Šāfiʿī zur Annahme eines Richteramtes im Jemen zu überreden, allerdings ohne Erfolg. Im Irak lernte er in dieser Zeit die bedeutendsten Vertreter der Schülerschaft des Abū Ḥanīfa (gest. 767) kennen, unter ihnen aš-Šaibānī (gest. 805), mit dem er berühmt gewordene Streitgespräche führte. Später schrieb er eine „Widerlegung der Ansichten des Muḥammad b. al-Ḥasan" aš-Šaibānī. Um 804 kehrte er dem Irak den Rücken und ging nach Fusṭāṭ in Ägypten, wo er in der Moschee des ʿAmr b. al-ʿĀṣ lehrte und mit den Schülern des Mālik b. Anas manchen heftigen Disput ausfocht. Er starb dort im Januar 820.[117]

Gelehrte, die sich aš-Šāfiʿīs Prinzipien der Rechtswissenschaft zu eigen machten und sie pflegten und weitergaben, finden sich im 9. Jahrhundert im Irak und vor allem in Ägypten. Hier verdrängten seine Schüler und Enkelschüler die Malikiten fast völlig. Im westlichen Nordafrika waren die schafiitischen Erfolge allerdings wesentlich bescheidener. Vom Irak aus, wo aš-Šāfiʿīs Enkelschüler al-Anmāṭī (gest. 901) zahlreiche Anhänger gewann, verbreitete sich seine Lehre rasch nach Osten und faßte vor allem in Chorasan Fuß. Auch der Hedschas und der Jemen wurden in kurzer Zeit von aš-Šāfiʿīs Schülerschaft dominiert.[118] Der rege Verkehr, der die islamischen Metropolen miteinander verband, machte solche Entwicklungen möglich. Inwiefern die Methode aš-Šāfiʿīs und seiner Schüler, islamische Rechtswissenschaft zu treiben, dem im 9. Jahrhundert erreichten Stand der muslimischen Glaubenslehre und Gesellschaft entgegenkam und folglich so begeistert aufgenommen wurde, soll später erörtert werden. Jetzt wollen wir uns fragen, wie in jener frühen Zeit der Lehrbetrieb ablief.

[116] Jaḥjā b. ʿAbdallāh galt als der Anstifter eines 792 ausgebrochenen Aufstandes südlich des Kaspischen Meeres; er wurde in eine Falle gelockt und nach Bagdad gebracht, wo er im Gefängnis starb.

[117] E. Chaumont in EI^2 s. v. *a<u>sh</u>-<u>Sh</u>āfiʿī*.

[118] Näheres vgl. H. Halm: *Die Ausbreitung der schafiitischen Rechtsschule bis zum 8./14. Jahrhundert*, Wiesbaden 1974.

Selbstverständlich waren die Moscheen, insonderheit die dem Freitagsgottesdienst gewidmeten, die Orte, an denen die Gelehrsamkeit gepflegt wurde. Als aš-Šāfiʿī in Bagdad weilte, gab es in der dortigen durch den Stadtgründer al-Manṣūr (reg. 754–775) errichteten Großen Moschee fünfzig Lehrzirkel; aš-Šāfiʿī begann selber dort zu lehren und soll, wie erzählt wird, seinen Konkurrenten bald alle Hörer abspenstig gemacht haben. Allerdings war der wichtigste Lehrgegenstand, der dort gepflegt wurde, das *ḥadīṯ*, also nicht die rechtswissenschaftlich aufbereitete Überlieferung vom vorbildlichen Handeln und Reden Muḥammads. Die weniger auf die Erbauung der Zuhörer als eben auf die juristische Durchdringung dieses Stoffes zielende Gelehrsamkeit verlagerte sich jedenfalls in Bagdad in kleinere Moscheen. Ob dies anderswo auch geschah, ist schwer zu sagen, da vielfach die zur Verfügung stehenden Quellen noch nicht ausgewertet sind. Noch im 10. Jahrhundert erfolgte das rein private Erteilen von Gutachten ebenfalls in der Großen Moschee, desgleichen wurden, vielfach in ein und demselben Zirkel, Streitgespräche geführt.[119] Nicht selten trafen sich die Studienkreise jedoch im Wohnhaus des Meisters oder, wenn dieser durch Handel seinen Lebensunterhalt verdiente, in dessen Geschäft. Es sind Fälle bekannt, in denen die regelmäßigen Treffen nach dem Tode des Lehrers fortgesetzt wurden. Der berühmte *Qāḍī* al-Maḥāmilī (gest. 942) leitete jeden Mittwoch eine Zusammenkunft an der Rechtswissenschaft Interessierter; die auf ihn zurückgehenden Lehrveranstaltungen wurden bis ins 11. Jahrhundert hinein beibehalten.[120]

Die Unterweisung erfolgte, wie schon erwähnt, in Zirkeln (arab.: *al-ḥalqa*); mit diesem Wort ist der Halbkreis der Zuhörer gemeint, die sich, auf dem Boden sitzend, um den Lehrenden sammeln, der, etwas erhöht, auf einem Kissen hockt oder sich an eine Säule lehnt und vorträgt. Die Lehrzirkel fanden regelmäßig statt, so daß man wußte, wer an welchem Tag wo unterrichtete. Es ist aber auch bezeugt, daß durchreisende Gelehrte ihre Kenntnisse einem sich spontan bildenden Zuhörerkreis übermittelten. Diesen Brauch übten allerdings eher die Spezialisten des *ḥadīṯ* als die Rechtsgelehrten. Denn jeder, so wird versichert, der sich berufen fühlte, Überlieferungen mitzuteilen, konnte dies tun, wenn ihm der Sinn danach stand.[121] Demgegenüber deutet die organisatorische Verfestigung der rechtswissenschaftlichen Zirkel auf die Herausbildung eines klar umrissenen Kanons von Lehrgegenständen hin, die, auf ein Ziel gerichtet, der Reihe nach vermittelt werden mußten, während das *ḥadīṯ* eben auch der Befriedigung frommer Empfindungen dienen konnte.

119 Munir ed-Din Ahmed: *Muslim education and the scholar's social status up to the 5th century*, Zürich 1968, 115–117.

120 Ebd., 135–140.

121 Ebd., 54. Ein früher Versuch, das Verhältnis von Lehrer und Schüler auf der Grundlage der malikitischen Überlieferung zu erfassen, ist das Werk des Tunesiers al-Qābisī (10. Jahrhundert n. Chr.): *ar-Risāla al-mufaṣṣila li-aḥwāl al-mutaʿallimīn*, ed. Ahmed Khaled, Tunis 1986.

Eine Lehrveranstaltung nannte man „Sitzung" (arab.: *al-maǧlis*); durch nähere Spezifizierung wurde die Eigenart der zu erwartenden Unterweisung verdeutlicht. Neben den „Sitzungen des *fiqh*" waren für die Ausbildung in der Rechtswissenschaft Lehrzirkel besonders fruchtbar, in denen Fetwas erteilt wurden, sowie die „Disputsitzungen". Während Lehrveranstaltungen, die im Vortrag von Gutachten bestanden, vermutlich am ehesten einen sachgemäßen Umgang mit juristischen Fragen und der Methodik der Benutzung der Rechtsquellen vermitteln konnten, waren die Disputationen geeignet, die Schattenseiten der Gelehrsamkeit hervortreten zu lassen. Auf vielen Gebieten geistiger Tätigkeit waren Disputationen beliebt. Zwei Sachkenner fochten vor Publikum über eine Frage ihrer Fachwissenschaft, wobei bestimmte Verhaltensregeln zu befolgen waren. Die Rollen des Fragers und des Antwortenden wurden vor Beginn festgelegt und durften während des Disputes nicht aufgegeben oder überschritten werden. Ein von al-Ǧuwainī (gest. 1085) verfaßtes Handbuch für juristische Streitgespräche verrät dem Leser, daß Unsachlichkeiten an der Tagesordnung waren. Geriet einer der Widersacher in Bedrängnis, so versuchte er, sich bei den Zuhörern einzuschmeicheln oder seinen Gegner einzuschüchtern und aus dem Konzept zu bringen. Aber nicht solche Unsportlichkeiten waren der Sache, um deren klare Erkenntnis es doch eigentlich ging, abträglich, sondern daß Alltagsprobleme zum Stoff für spitzfindige Spiegelfechtereien zweckentfremdet wurden. Daß juristische Argumentierkunst das Kopfschütteln des verblüfften Laien hervorruft, ist eine wohl überall bekannte Erscheinung. Für den islamischen Rechtsdisput gilt jedoch die Besonderheit, daß die Entfernung von der Wirklichkeit gewissermaßen doppelt ist: Die Lösung des „Falles" mag an den Haaren herbeigezogen sein, aber es kommt hinzu, daß derjenige den Sieg davonträgt, der seine Lösung am geschicktesten unter die Aussage einer Rechtsquelle einzuordnen weiß, der im System der Auslegungsmethodik ein höherer Rang an Autorität zugewiesen ist als dem Text, auf den sich der Gegner beruft. Die Virtuosität verlagert sich daher weit von der Sache weg auf die Erörterung des Gewichtes der zitierten Quellen, mit denen jeder der beiden Widersacher argumentiert. Die Lehre von den Grundlagen der Bestimmungen des *fiqh*, die aus dem Anspruch der Scharia folgt, die von Gott selber gestiftete Ordnung des Diesseits zu sein, führt zu diesem eigentümlichen Schwerpunkt der Aufmerksamkeit rechtswissenschaftlicher Gelehrsamkeit; in den Disputationen kommt dieser in aller Schärfe zum Ausdruck.[122] Ohne sich von diesem Sachverhalt des näheren Rechenschaft zu geben, warnt al-Ġazālī (gest. 1111) davor, Dinge zu erörtern, die niemals stattfinden. Er möchte die Streitgespräche wieder an ihren ursprünglichen Zweck heranführen, nämlich auszuloten, wie das göttliche Gesetz die Wirklichkeit bewertet. Jeder Disputant sollte daher in der Lage sein, durch eigenständige Überlegungen zu Entscheidungen zu gelangen, sollte Streitgespräche ohne Publikum vorziehen, aus ihnen zu lernen bemüht sein, nicht den Sieg über den Gegner als Wichtigstes ansehen.[123]

[122] T. Nagel, *Die Festung des Glaubens*, 249–260.
[123] Munir ed-Din Ahmed, op. cit., 71f.

Mit al-Ġazālī erreichen wir bereits das Zeitalter, in dem der Unterricht in den islamischen Wissenschaften, nämlich arabischer Grammatik, Rezitation und Auslegung des Korans, *ḥadīṯ* und *fiqh* in zum Teil von den Herrschern erbauten, meist aus religiösen Stiftungen finanzierten Lehranstalten, den Medressen (arab.: *al-madrasa*, Pl. *al-madāris*), seine bis in die Gegenwart hineinwirkende Organisationsform erhielt. Ob von den Fatimiden gegründete Schulen - die berühmteste ist die heutige al-Azhar-Universität in Kairo -, die dem religiös-politischen Kampf gegen das Sunnitentum und das Bagdader Kalifat förderlich sein sollten, das Vorbild für die Institution der Medresse abgaben, wird man kaum je mit Gewißheit ermitteln können. Jedenfalls fällt die Entstehung dieser Lehranstalten und deren rasche Ausbreitung über den sunnitischen Osten der islamischen Welt in die zweite Hälfte des 11. Jahrhunderts, einen Zeitraum, der vom erbitterten Ringen zwischen Sunniten und Schiiten geprägt ist. Die ersten Medressen wurden als Unterrichtsstätten für berühmte Gelehrte gebaut. Aus Nischapur sind mehrere Beispiele hierfür belegt, so etwa die dem schafiitischen *ḥadīṯ*- und Rechtsgelehrten al-Baihaqī (gest. 1066) im Jahre 1050 errichtete. Der großseldschukische Wesir Niẓām al-Mulk (gest. 1092) bemühte sich besonders tatkräftig um den Ausbau dieser Form des sunnitischen Bildungswesens.

Die in der Kenntnis des Korans, der Überlieferung und der Scharia wurzelnde religiöse Bildung wird von Niẓām al-Mulk in seinem Handbuch der Staatslenkung als die feste Grundlage des Gemeinwesens in einer Zeit beschrieben, in der die überkommene Ordnung aufs höchste gefährdet ist. Seit etwa 1040 ist der iranische Raum in den Händen der Seldschuken, die, zwar islamisiert, jedoch nach wie vor ihre nomadische Lebensweise beibehalten und für eine bislang in Iran noch nicht gekannte Art der Unsicherheit der Lebensverhältnisse verantwortlich sind. Niẓām al-Mulk, der Wesir des Sultans, des *primus inter pares* der in zahlreiche Rivalitäten verstrickten seldschukischen Klanführer, glaubt in der Stärkung der Macht seines Herrn, die er vor allem unter Nutzung des Ansehens der Religion zu stabilisieren hofft, ein Mittel gegen offensichtliche Übelstände gefunden zu haben. Die Statthalter, in deren Hand die militärische Gewalt liegt, sollen, so empfiehlt er, die Stellung der *Qāḍīs* und Marktvögte festigen; der Sultan möge dafür Sorge tragen, daß die Glaubensordnung und die Scharia hochgeschätzt werden und daß keine Ketzer und Unruhestifter die Muslime in die Irre führen; er soll die Gelehrten ehren und ihnen aus den Staatseinkünften Mittel zukommen lassen.[124] Die von Niẓām al-Mulk in größerer Zahl gegründeten Lehranstalten sind, das darf man angesichts dieser Äußerungen des Wesirs unterstellen, dem Interesse der Obrigkeit an hinreichend in den islamischen Wissenschaften ausgebildetem Personal zu verdanken. Es geht nicht mehr nur um die Besetzung der *Qāḍī*-Stellen und der Marktaufsicht, es kommt vielmehr auch auf die Qualität und Zuverlässigkeit der übrigen Amtsinhaber an; staatlich besoldete Gelehrte bieten Niẓām al-Mulk hierfür die Gewähr.

[124] Schabinger v. Schowingen (Übers.): *Nizamulmulk-Siyasatnāma*, Freiburg/München 1960, 138, 141f., 157f.

Niẓām al-Mulk ließ in Nischapur eine Medresse für al-Ǧuwainī bauen; die berühmte Bagdader Niẓāmīja-Lehranstalt war ursprünglich dem schafiitischen Gelehrten Abū Isḥāq aš-Šīrāzī (gest. 1083) zugedacht; sie wurde 1067 eröffnet. Weitere Medressen folgten, und bereits im 12. Jahrhundert wurden allein in Bagdad ungefähr dreißig gezählt. Der Aijubide Ṣalāḥ ad-Dīn (Saladin) (reg. 1169–1193), der dem fatimidischen Kalifat in Kairo ein Ende setzte und sich als einen Vorkämpfer des Sunnitentums sah, ließ in seinem Machtbereich ebenfalls zahlreiche Medressen gründen. Die Kairiner al-Azhar büßte damals wegen ihrer schiitischen Ausrichtung zunächst ihren Rang ein und erlebte als sunnitische Hochschule erst unter den Mamluken im 13. Jahrhundert einen Wiederaufstieg. Da Kairo in mamlukischer Zeit die bedeutendste Metropole der islamischen Welt war, festigte von nun an die al-Azhar ihren Ruhm und gilt noch heute, da sie längst wie eine moderne Universität organisiert ist, als die Hochburg islamischer Gelehrsamkeit, die Studenten aus allen muslimischen Ländern anzieht. Der Ägypter al-Maqrīzī (gest. 1442), aus dessen Feder eine bewundernswerte Topographie seines Heimatlandes stammt, zählte in Kairo dreiundsiebzig Medressen; unter ihnen waren dreiundsechzig dem Studium der Scharia gewidmet, sei es nach der Methodik einer oder mehrerer Rechtsschulen. Dreizehn waren vor dem Jahr 600 h. (begann am 10. September 1203) gegründet worden. Einzig im islamischen Spanien blieb die Unterweisung auf die Moscheen beschränkt. Erst im 14. Jahrhundert wurde im letzten damals noch verbliebenen muslimischen Fürstentum, demjenigen der Nasriden von Granada, eine Medresse errichtet.[125]

Der Finanzbedarf wurde sehr oft durch religiöse Stiftungen (arab.: *al-waqf*, Pl. *al-auqāf*; *al-ḥabs*, Pl. *al-aḥbās* oder *al-ḥubūs*) gedeckt; der Herrscher oder ein anderer Mäzen stellte ein Landgut oder eine andere einen regelmäßigen Ertrag erbringende Immobilie für diese Zwecke zur Verfügung. Da nach islamischem Stiftungsrecht ein solcher Akt nicht rückgängig gemacht werden kann, es sei denn die Nutznießer verwendeten die Einkünfte zu einem der Stiftungsurkunde widersprechenden Zweck, ist der Unterhalt der Lehranstalt verhältnismäßig gut gesichert, was in den meist recht unruhigen Zeitläuften ein unschätzbarer Vorzug war. Mit der Verwaltung des Stiftungsvermögens wurden vielfach die *Qāḍīs* betraut; daß es dabei zu Unregelmäßigkeiten komme, liest man in den Quellen immer wieder. Im übrigen muß man unterstreichen, daß die Lehrer in den Medressen eine Schicht bildeten, deren Dasein weit besser abgesichert war als das der erdrückenden Mehrheit der Bevölkerung. Wie schon in der Geschichte des *Qāḍī*-Amtes und des *Muftīs* beobachtet, wurde auch das höhere Unterrichtswesen des sunnitischen Islams besonders tatkräftig durch die Osmanen gefördert. Unter Süleyman (reg. 1520–1566) schuf man eine Studienordnung, die zwölf Ränge umfaßte; Prüfungen und Lizenzen wiesen den erreichten Rang des Studenten nach. Ab dem sechsten durfte er in den niederen als Tutor erste Lehrerfahrungen sammeln. Dies war der Anfang einer Gelehr-

[125] EI[2] s.v. *al-Madrasa.*

tenlaufbahn, die als Professor in einer der berühmten acht von Mehmed II. gegründeten Konstantinopeler Medressen enden konnte.[126]

Es gab Lehranstalten, die Mathematik, Astronomie, Medizin oder Philosophie pflegten. Doch waren dies Ausnahmen.[127] Im Vordergrund standen eindeutig solche Studienfächer, die die Absolventen befähigten, als Moscheeprediger und im Rechts- und Verwaltungswesen tätig zu werden, auf jenen Feldern, die schon Niẓām al-Mulk als diejenigen erkannt hatte, an deren fachgerechter Bearbeitung einem islamischen Herrscher am meisten gelegen sein mußte. Der Erwerb hinreichender Kenntnisse der arabischen Grammatik und Stilistik war und ist die Voraussetzung für ein erfolgreiches Eindringen in diese Fachgebiete, die man unter dem Begriff der auf Überlieferung beruhenden Wissenschaften (arab.: *al-ʿulūm an-naqlīja*) zusammenfaßt. Zu ihnen zählen die Beherrschung des Korans und seiner auf dem *ḥadīṯ* aufbauenden Kommentierung (arab.: *at-tafsīr*). Da für die Herleitung von Normen aus der Offenbarung häufig nach den näheren Umständen der Entstehung eines Verses gefragt wird, gilt die geschickte Verknüpfung von Koran und *ḥadīṯ* als eine unentbehrliche Fertigkeit des Rechtsgelehrten. Bevor er über diese verfügt, muß er sich natürlich das umfangreiche Gebiet der *ḥadīṯ*-Kunde aneignen. Er muß in der Lage sein, an Hand der von den *ḥadīṯ*-Spezialisten erarbeiteten Kriterien den Grad der Zuverlässigkeit zu ermitteln, mit der eine Aussage des Propheten überliefert ist. Schließlich kommen juristische Fachdisziplinen im engeren Sinne hinzu: Das in den Handbüchern versammelte Material muß durchgearbeitet werden; dabei muß man in die Lehre von den Grundlagen der Rechtsnormen (arab.: *uṣūl al-fiqh*) eindringen und sich mit der Methodik der Herleitung von Normen vertraut machen; zugleich befaßt man sich mit den Eigenheiten der islamischen Rechtsschulen, die, wie noch zu zeigen ist, in dieser Methodik voneinander abweichen.

Auf die Art der Unterweisung kann hier nicht im einzelnen eingegangen werden. Die Lehrer pflegten ihre Schriften den um sie gescharten Studenten zu diktieren; um sich Gewißheit darüber zu verschaffen, daß der Stoff richtig aufgenommen und verstanden wurde, trug der Schüler dem Meister die Diktatmitschrift vor, so daß notwendige Berichtigungen ausgeführt werden können. War dieser Vorgang zur Zufriedenheit des Lehrers beendet, erteilte er dem Studenten eine Lizenz (arab.: *al-iǧāza*), die, meist in seine Mitschrift eingetragen, ihm das Recht gab, das betreffende Werk auf gleiche Weise weiterzugeben. Da umherreisende Gelehrte bestrebt waren, möglichst viele Lizenzen zu erwerben – um über ein breites Lehrangebot zu verfügen –, wurden die Werke geschätzter Autoren rasch und in erstaunlich zuverlässigen Fassungen in der ganzen islamischen Welt zur Kenntnis genommen und erörtert. Die verblüffend große Anzahl von erhaltenen Handschriften, vor allem auf dem Gebiet der „islamischen" Wissenschaften, verdankt sich diesem Brauch, desgleichen die Möglichkeit, die Stationen der Weitergabe eines Werkes zu verfol-

[126] Gibb/Bowen, op. cit., I/II, 147f.
[127] Ebd., 148, 162f.

gen. Übrigens war es üblich, Schriften von besonderem religiösen Nimbus, etwa die kanonischen *ḥadīṯ*-Sammlungen des 9. und 10. Jahrhunderts oder - in der malikitischen Rechtsschule - das Kompendium des Gründers Mālik b. Anas, sich nicht nur einmal in der beschriebenen Weise übermitteln zu lassen, sondern von neuem, sofern man jemandem begegnete, dessen Lizenz das letzte Glied einer anderen Überliefererkette darstellte, womöglich einer Kette, die den Aufnehmenden über sehr wenige und sehr angesehene Tradenten mit dem ursprünglichen Autor oder Sammler in Verbindung brachte. In diesem Brauch offenbart sich die islamische Vorstellung von dem, was eigentlich beim Lehren, beim Weitergeben von Wissen geschieht: Man gewinnt durch den Erwerb von Wissen den Anschluß an die Zeit des Propheten Muḥammad, in der die göttliche Rechtleitung unmittelbar gegeben und wirksam war. Was vom Lehrer an den Schüler weitergereicht wird, ist seinem Ursprunge nach kein menschengemachter, durch Verstandesarbeit von Generation zu Generation gemehrter Schatz von Einsichten; es ist die durch Muḥammad letztmalig der Menschheit vorgelebte, von Gott selber dem Diesseits bestimmte Ordnung, deren Kenntnis möglichst ungeschmälert bewahrt und immer zuverlässiger expliziert und auf den Lebensvollzug angewandt werden muß.[128]

Diese Auslegung, die die islamischen Gelehrten ihrer Tätigkeit gegeben haben bzw. noch geben, findet in der Medresse und in den dort gepflegten Lehrmethoden ihren institutionellen Rückhalt. Der Gelehrte versteht sich als die Person, die den Fortbestand eines islamischen Gemeinwesens seit dem Tod des Propheten möglich macht. Islamische Geschichte ist, von dieser Warte aus betrachtet, im eigentlichen Sinne die Geschichte der Gelehrten, der Bewahrer und Erklärer des durch den Propheten vermittelten Wissens. Die unüberschaubar große prosopographische Literatur, von Gelehrten für Gelehrte geschrieben, beschäftigt sich vor allem mit den Gelehrten, denen, die das *ḥadīṯ* weitergaben, die den Koran auslegten, die sich mit dem Recht nach dieser oder jener Schule befaßten. Die Geschichte einer islamischen Metropole ist die Geschichte der Gelehrten, die in ihr gewirkt haben, um jenes Wissen zu deuten und zu bewahren. Biographische Nachschlagewerke, die Heerführer, Machthaber oder Kaufleute in einem Maß berücksichtigen, wie es der moderne europäische Historiker sich erhofft, sind selten; das Übergewicht der Gelehrten ist fast immer erdrückend.[129]

Der Kairiner Rechtsgelehrte Tāǧ ad-Dīn as-Subkī (gest. 1369) schrieb eine umfangreiche Abhandlung, in der er die Aufgaben der verschiedenen Berufe innerhalb der islamischen Gesellschaft erörtert. An erster Stelle nennt er den Sultan, der sich zuvörderst dem Krieg gegen die Andersgläubigen zu widmen hat. Zu diesem Zweck muß er das Militärlehenswesen in Ordnung halten, damit er stets einem schlagkräftigen Heer gebieten kann. Seine zweitvornehmste Pflicht aber ist die Versorgung der Gelehrten; er muß hierzu die Staatseinkünfte verwenden.

[128] Vgl. T. Nagel: *Autochthone Wurzeln des islamischen Modernismus*, in: ZDMG 146/1996, 92-111.

[129] EI[2] s. v. *.Tabaḳāt* (Cl. Gilliot).

Denn wenn er die Gelehrten und die Bedürftigen hungrig zu Hause sitzen läßt, so daß sie ein, zwei Nächte lang samt ihrer Familie ohne Brot sich durchhelfen müssen, während er sich und den Troß seiner Dienerschar in jeder Weise herauszuputzen und auszustaffieren sucht, so ist dieser Fürst ein Unwissender. Kommt dann dazu noch, daß er den Rechtsgelehrten ihren Besitz mißgönnt und sich an den Stiftungsgütern vergreift, die fromme Leute in alter Zeit verfügt haben, dann ist er als ein doppeltes Unglück zu betrachten. Denn die Pflicht des Herrschers ist es ja gerade, auf das Vermögen und die Stiftungen (der Rechtsgelehrten) ein Auge zu haben und jene nicht nur darauf zu verweisen, sondern sie in zureichender Art und Weise aus der Staatskasse zu ernähren. Vergreift er sich aber an den Stiftungsgütern, so bringt er sich um den Respekt der Leute. Wenn er darüber hinaus die Bestallungen um Geld verkauft und sie Unwürdigen verleiht, eines welchen Vergehens macht er sich dann erst schuldig!

Der Anspruch, den die Gelehrten an den islamischen Herrscher stellen, ist nicht gering; wenn wir as-Subkī ernst nehmen, bemerken wir jedoch auch deren Abhängigkeit vom Sultan, der, wenn es die Geldknappheit erfordert, Stellen, die aus Stiftungen bezahlt werden, an den Meistbietenden verschachert. As-Subkī setzt uns nun über die Hofämter und den Posten des Statthalters ins Bild, spricht dann über die Soldaten und die Beduinenscheiche, die *Qāḍīs* und ihre Gehilfen sowie den Marktvogt und gelangt schließlich zu den Gelehrten, denen er dann das umfangreichste Kapitel widmet. Er nennt die Sparten der „islamischen" Wissenschaften, die wir oben erwähnten, und stellt fest, daß sich jede in mehrere Unterabteilungen gliedere.

Allen jedoch liegt die Pflicht ob, die Muslime auf den richtigen Weg zu weisen; denen, die ein Fetwa verlangen, ein solches zu erteilen; denen, die sie um Rat angehen, einen solchen in lauterer Weise zu geben und endlich den Wissensdurstigen Aufklärung zukommen zu lassen. Denn wer den Leuten das Wissen vorenthält, dem wird Gott dereinst einen feurigen Zügel anlegen. Weiter sollen sie auch nicht auf Grund ihres Wissens sich der Streitsucht hingeben (mit dem Ziel, andere auszustechen) oder die Wissenschaft um der Ruhmsucht willen betreiben, denn die Welt ist das nicht wert.

Die Gelehrsamkeit, wie sie as-Subkī als sein Ideal schildert, setzt sich das Ziel, die Muslime über die Nichtigkeit des Diesseits und die alleinige Bedeutsamkeit des Jenseits aufzuklären. Die Gelehrten selber sollen mit gutem Beispiel vorangehen und eine entsprechende Lebenshaltung beweisen, wozu es gehört, darauf zu verzichten, das Wissen in klingende Münze umzusetzen, also etwa ein Richteramt zu übernehmen. Mit anderen Worten, das Wissen, das sie in mit Stiftungen finanzierten Medressen und noch dazu mit Förderung durch den Herrscher erwerben, darf im Idealfall gerade nicht in der sachkundigen Ausübung einer obrigkeitlichen Funktion nutzbar gemacht werden. Besser wäre es, unmittelbar auf die Bevölkerung einzuwirken und sie zu einem Leben gemäß dem Gesetz Gottes anzuspornen. Freilich hat as-Subkī genügend Anlaß zur Klage; viele Gelehrte werden dem Anspruch nicht gerecht, den er aufrechterhalten möchte. An zwei Beispielen verdeutlicht er dem Leser, was wahres Gelehrtentum meine. Er zitiert ein Wort eines um 1000 wirkenden iranischen Schafiiten: „Wer einen der im Islam üblichen Bräuche gering achtet, der wird damit gestraft, daß ihm (das Vollziehen) des Empfehlenswerten (arab.: *as-sunna*) versagt bleibt; und wer dieses fahren läßt, dem wird schließlich auch das Pflichtmäßige vorenthalten werden, und wer dann letzteres unterläßt, dem wird Gott einen Neuerer auf den Hals bringen, der ihn mit Irrtum und Zweifel erfüllen wird." Unachtsamkeit gegenüber den banalsten Erscheinungsformen eines durch und durch islamisierten Alltags führt auf einen abschüssigen Weg, der rasch in der frivolen Mißachtung der Scharia endet.

Über den Imam al-Ġazālī wird uns berichtet, daß er einmal als Vorbeter mit seinem Bruder Aḥmad das rituelle Gebet vollzog; plötzlich brach dieser (die Handlungen) ab (um sie allein zu Ende zu führen). Als ihn hernach al-Ġazālī nach dem Grund fragte, gab er zur Antwort, (sein ihm vorbetender Bruder sei ihm) mit dem Blut der Menstruation befleckt (und damit im Zustand der Unreinheit) erschienen. Und wie nun al-Ġazālī einen Augenblick überlegte, da fiel ihm ein, daß er während des Gebets an eine (schariatische) Frage, die Menstruation betreffend, gedacht (und die Aufmerksamkeit vom Ritenvollzug abgelenkt) hatte. – Das nimm dir, o Rechtsgelehrter, zum Exempel! Denn diese Männer, Fromme, die von Gott mehr wußten als du, haben dir zu erkennen gegeben, daß deine (beschränkte) Auffassung (von der Glaubensordnung) dich zum Unglauben führen müsse, wovor uns Gott bewahre!

Die Gesetzestreue, die Beachtung und Aufrechterhaltung der Vorschriften der Scharia, wurzelt in einer unerschütterlichen und durch nichts abzulenkenden islamischen Gesinnung; in ihrem Lichte muß die ganze Lebenswirklichkeit gesehen werden. Daß dies geschehe, dafür hat nach as-Subkī der Gelehrte Sorge zu tragen, weshalb die Gelehrten auch mit Hingabe an der Islamisierung der „Schutzgenossen" zu arbeiten haben, wie er mit Nachdruck fordert.[130] Die Aufgabe der Gelehrten reicht daher weit über die Wahrnehmung von Ämtern hinaus, die ihnen der Herrscher gibt und nimmt. Die Gelehrten sind es, die die muslimische Gesellschaft dafür bereit machen, sich dem Gesetz Gottes zu unterwerfen; ohne sie gäbe es auf Dauer keine Gemeinschaft, die das „Wissen" empfangen und zur Wirklichkeit werden lassen könnte. Dieser vielleicht vermessen erscheinende Anspruch ist niemals ernsthaft bestritten worden; manche Herrscher mögen sich den Vorwurf zugezogen haben, sie seien in der Erfüllung der materiellen Bedürfnisse der Gelehrten nachlässig gewesen – die islamische Gesellschaft, geführt von den Gelehrten, blieb ihnen in jedem Fall die unverrückbare Grundlage, auf die sich alles herrscherliche Handeln bezog.

[130] O. Rescher (Übers.): *Tāǧeddīn es-Subkīs Mu'īd en-ni'am*, Konstantinopel 1925 (= O. Rescher: *Gesammelte Werke* II/2), 2f./695f., 57f./751f., 65/759, 69/763, 81/775.

ZWEITES BUCH

ZUR GESCHICHTE DES ISLAMISCHEN RECHTS

I. DER URSPRUNG DES ISLAMISCHEN RECHTS

1. Muslimische Auffassungen

Wenn das islamische Recht die von Gott seinem Propheten Muḥammad offenbarte Ordnung des Diesseits ist, die durch das Reden und Handeln dieses Propheten in ihrer alltäglichen Verwirklichung den Muslimen vor Augen gestellt wurde, und wenn das Wissen von alledem durch die Gelehrten bewahrt und vor Mißachtung geschützt wird, dann kann dieses Recht nicht in einem lang andauernden Vorgang der Entwicklung zu dem geworden sein, als was es uns heute erkennbar ist. Es muß vielmehr seit der prophetischen Zeit in seiner ganzen Fülle dagewesen sein, und wenn es denn überhaupt der Geschichte unterworfen wäre, dann nur insofern, als es immer von neuem dargelegt und in einer von gläubiger Gesinnung geprägten Gesellschaft zur Geltung gebracht werden muß. Für die Mehrzahl auch der zeitgenössischen muslimischen Gelehrten, die sich mit diesem Gegenstand befassen, ist diese Sicht der Dinge verpflichtend. Sie sei im folgenden anhand einer Studie dargelegt, die Muḥammad al-Ḫuḍarī, Leiter der Kairiner Lehranstalt der Scharia-Gerichtsbarkeit (arab.: *al-qaḍā' aš-šar'ī*) und Professor des islamischen Rechts, 1920 zum ersten Mal veröffentlicht hat, in einer Zeit also, in der der sogenannte Friedensvertrag von Sèvres die Zerschlagung des Osmanischen Reiches sanktionierte und Ägypten unter der Führung der Wafd-Partei den Briten die Unabhängigkeit abzuringen bemüht war.

Al-Ḫuḍarī gliedert seinen Gang durch die Geschichte der islamischen Gesetzgebung (arab.: *at-tašrī'*) in sechs Abschnitte, deren ersten er dem Zeitalter des Propheten widmet. Die etwa 23 Jahre zwischen dessen Berufung und dem Tod in Medina bilden die Zeitspanne, in der der Koran Stück für Stück offenbart wurde. Die gesetzgebenden Verse empfing der Prophet immer dann, wenn ein Vorfall innerhalb der islamischen Gesellschaft - der Autor setzt deren Vorhandensein schon für die Jahre der Urgemeinde voraus! - zu Fragen nach dem richtigen Verhalten geführt hatte. Al-Ḫuḍarī nennt mehrere Beispiele. So habe der Prophet einen seiner Anhänger nach Mekka geschickt, damit die dort in Bedrängnis geratenen Glaubensgenossen abgeholt und nach Medina geleitet würden; als der Beauftragte in Mekka eingetroffen sei, habe sich diesem eine Heidin als Ehefrau angeboten, worauf er, obzwar von deren Schönheit verlockt, aus Furcht vor Gott erst Muḥammad um Erlaubnis habe bitten wollen. Als der Prophet in Medina mit dieser Frage konfrontiert worden sei, sei ihm Sure 2, Vers 221 herabgesandt worden: Es sei besser, eine gläubige Sklavin zu heiraten als eine Heidin, selbst wenn man von deren Schönheit entzückt sei; die Heiden riefen einen zum Höllenfeuer; Gott aber wolle den Menschen das Paradies gewähren. Die wenigsten schariatischen Bewertungen im Koran seien ohne einen Anlaß offenbart worden, merkt al-Ḫuḍarī an.[1] Dies paßt mit seinem Bild der bereits bestehenden islamischen Gesellschaft zusammen: Die Anhänger Muḥammads, so unterstellt er, handelten dank ihrer Glaubenssätze spontan nach der Ordnung Gottes, nur in besonderen Fällen bedurften sie einer Belehrung. Sie erfolgt hier durch Gott selber; später, nach dem Tod des Propheten, muß sie auf andere Weise gewonnen werden, und das ist die eigentliche Aufgabe der muslimischen Rechtswissenschaft, die stets das Vorhandensein einer islamischen Gesellschaft - um deren Aufrechterhaltung, wie gezeigt, die Gelehrten bemüht sind - voraussetzt.

Das Ziel der koranischen Gesetzgebung ist die Verbesserung (arab.: *al-iṣlāḥ*) der Lebensumstände, die durch Gebote und Verbote, durch das „Befehlen des Billigenswerten und das Untersagen des Tadelnswerten" (Sure 7, 157), bewirkt wird. Hierbei erlegt Gott sich drei Prinzipien auf, schreibt al-Ḫuḍarī: Er vermeidet es, die Menschen unnötig in Bedrängnis zu bringen (Sure 7, 157); er hält die Belastung so gering wie irgend möglich (Sure 5, 101); er geht in der Kundgabe der gesetzlichen Bestimmungen schrittweise vor. Mit der letzten Behauptung verstößt al-Ḫuḍarī keineswegs gegen seine These vom bereits vollendeten islamischen Charakter der Urgemeinde; er ist ja der Überzeugung, daß diese spontan und ohne sich dessen bewußt zu sein, durch und durch islamisch gewesen sei und daß durch die Offenbarung einzelner gesetzlicher Bestimmungen den Mitgliedern vor Augen geführt wurde, was islamisches Verhalten sei. Wichtig ist die These von der allmählichen Darlegung des islamischen Gesetzes auch immer dann, wenn es darum geht, die innere Stimmigkeit aller Gesetzestexte des Korans zu verteidigen. Al-Ḫuḍarī erklärt seine Ansichten, indem er auf das Verbot des Weingenusses verweist. In Sure 2, Vers 219 ist lediglich davon die Rede, daß der Wein so sehr auf dem Sündenkonto des Menschen zu Buche schlage, daß dies den Nutzen, den dieses Getränk auch habe, bei weitem überwiege. Ein Verbot wird an dieser in die frühmedinensische Zeit zurückgehenden Stelle noch nicht ausgesprochen, sondern erst in Sure 5, Vers 90, wo Glücksspiel und Weingenuß als die zwei Leidenschaften gebrandmarkt werden, mit denen der Satan die Muslime vom Vollzug der Riten abbringt. Dieser späte Vers enthält aber keineswegs einen Widerspruch zum älteren, versichert al-Ḫuḍarī. In den meisten Fällen will al-Ḫuḍarī das Prinzip des schrittweisen Vorgehens als den Wunsch Gottes verstehen, vom Summarischen zu den Einzelheiten vorzudringen. Summarisch sei die Botschaft der mekkanischen Suren, da sie kaum detaillierte Angaben zur Anwendung einer Bestimmung machen. Die medinensischen Offenbarungen enthielten dagegen klare Vorschriften, vor allem auf dem Gebiet der Beziehungen der Menschen untereinander, so daß hier das Quellenmaterial für zahllose schariatische Bewertungen gefunden werden kann.[2] Indem al-

[1] M. al-Ḫuḍarī: *Ta'rīḫ at-tašrī' al-islāmī*, Kairo 1920, 13–15. Einen ganz knappen Überblick über die frühe Geschichte des islamischen Rechts einschließlich der vier großen Schulen findet man bei M. Muranyi: *Grundriß der arabischen Philologie*, II, Wiesbaden 1987, 299–325.

[2] al-Ḫuḍarī, op. cit., 20f.

Ḫuḍarī den Blick auf die zu Muḥammads Zeit selbstverständlich noch nicht nachzuweisende Theorie der Scharia-Wissenschaft lenkt, derzufolge aus summarischen Aussagen die Einzelheiten für die alltägliche Praxis hergeleitet werden können, läßt sich die schrittweise Gesetzgebung Gottes mit der bereits gegebenen Existenz einer islamischen Gesellschaft versöhnen. Die Beweiskraft jedes Koranzitats ist daher gesichert, zumal durch die These von den abrogierenden und abrogierten (arab.: *an-nāsiḫ wal-mansūḫ*) Versen des heiligen Buches einander offensichtlich widersprechende Aussagen ebenfalls entschärft werden: Wenn es in Sure 8, Vers 65 heißt: „Prophet, treibe die Gläubigen zum Kämpfen an! Wenn unter euch zwanzig ausharren, besiegen sie zweihundert ...", schon im nächsten Vers jedoch eingeräumt wird: „Jetzt aber gewährt Gott euch Erleichterung; er weiß, daß ihr euch schwach fühlt. Wenn unter euch hundert ausharren, besiegen sie zweihundert ...", dann sind die einander widersprechenden Zahlen den je obwaltenden Umständen geschuldet.[3] Dieses Beispiel al-Ḫuḍarīs ist insofern aufschlußreich, als die historisch-kritische Betrachtungsweise des Korans, die uns naheliegt, an den beiden Aussagen keinen Anstoß nähme, eben weil der Bezug auf unterschiedliche Situationen selbstverständlich ist. Dem muslimischen Gelehrten jedoch, für den jedes koranische Wort eine überzeitliche Wahrheit enthält, zeigt sich hier ein Problem, das mit dem Postulat gelöst wird, Gott habe ausnahmsweise die Lage, in der sich Muḥammads Gemeinde befand, berücksichtigt und mit der zweiten, chronologisch späteren Aussage die erste abrogiert.

Al-Ḫuḍarī macht sich Gedanken über die Form, in der der Koran als Gesetzestext bestimmte Handlungsweisen fordert oder in das Belieben der Muslime stellt. Knapp zusammengefaßt wird hier die philologisch fundierte Auslegungskunst der Rechtswissenschaft beschrieben. Insgesamt zehn Arten von Ausdrucksweisen, in denen der Vollzug einer Handlung verlangt werden kann, unterscheidet er. Sie reichen vom expliziten Befehl - „Gott befiehlt, gerecht und gut zu handeln und den Verwandten zu geben (was ihnen zukommt) ..." (Sure 16, 90) - bis zur Feststellung, daß ein bestimmtes Verhalten ein Zeichen von Frömmigkeit sei - „Die Frömmigkeit besteht darin, daß man an Gott ... glaubt" (Sure 2, 177). Ähnliches gilt für die Verbote, die sich in der Offenbarung finden, und für Verse, die den Muslimen die Wahl lassen. Nur weniges wird, so wäre zu folgern, unmittelbar als Vorschrift ausgedrückt. Die älteste Phase der Explizierung des göttlichen Gesetzes, diejenige, die im Text des Korans aufbewahrt ist, umfaßt Aussagen über vier Arten der Gottesverehrung (arab.: *al-ʿibāda*), nämlich das rituelle Gebet, die Läuterungsgabe, das Fasten und die Wallfahrt, sowie Anweisungen zur Gestaltung der zwischenmenschlichen Verhältnisse; al-Ḫuḍarī nennt an erster Stelle die Sicherung der Ausbreitung des Islams (arab.: *ad-daʿwa*) und den heiligen Krieg, dann das Familien- und Erbrecht, den Verkauf, die Indienstnahme von Arbeitskräften und schließlich die Strafen.

Nach al-Ḫuḍarī ist die erste Etappe der Geschichte der islamischen Gesetzgebung jedoch dadurch gekennzeichnet, daß der Prophet selber durch sein Reden,

[3] Ebd., 24.

Handeln und Geschehenlassen seiner Anhängerschaft die wirklichkeitsbezogene Bedeutung des im Koran dargelegten Teils der Scharia mitteilte. Der Prophet nimmt in der Vorstellung al-Ḫuḍarīs eben jene Aufgaben wahr, die die Gelehrten, wie oben erwähnt, innerhalb der islamischen Gesellschaft für sich beanspruchen – woraus zu ersehen ist, wie eng das Selbstverständnis der muslimischen Gelehrtenschaft und das Bild, das sie sich und ihren Glaubensgenossen von der frühen Geschichte des Islams zeichnen, miteinander verknüpft sind: Alles läuft darauf hinaus, daß die Islamisierung der Gesellschaft vorangetrieben werden muß.

> Was der Koran forderte, erläuterte der Prophet manchmal allein mit Worten, manchmal allein mit seinem Tun, manchmal mit beidem zusammen. So vollzog er das rituelle Gebet und sprach: „Vollzieht es, wie ihr mich beten seht!" und er pilgerte (nach Mekka) und empfahl: „Übernehmt von mir eure Riten!" Seine Handlungsweise, die den Koran auslegt, erklärt also das Summarische, spezifiziert die absoluten Aussagen (des Korans), interpretiert dessen schwierige Passagen. Es gibt in der *sunna* daher nichts, auf das der Koran nicht dem Sinne nach in summarischer oder in detaillierter Art hinwiese.[4]

In mehreren Versen des Korans erkennt al-Ḫuḍarī eine zweifelsfreie Anordnung Gottes, den Propheten nachzuahmen, was dem Rechtsgelehrten zur generellen Legitimierung der Vorschrift dient, die *sunna* zu befolgen. „Was euch der Gesandte Gottes gibt, das nehmt an, und was er euch verwehrt, darauf verzichtet!" Diese zu Sure 59, Vers 7 gehörenden Worte, die sich auf die Verteilung von Kriegsbeute beziehen, werden aus dem Zusammenhang gelöst und als die Verpflichtung interpretiert, Gebote und Verbote Muḥammads zu beachten. „Nein, bei deinem Herrn! Sie sind erst dann gläubig, wenn sie dich in Streitfällen, die unter ihnen aufkommen, zum Schiedsmann bestellen und sich dann (durch deine Entscheidung) nicht bedrückt fühlen, sondern voll und ganz zustimmen!" (Sure 4, 65). Die umfassendste Bekräftigung einer Bindung der Muslime an die *sunna* entdeckt al-Ḫuḍarī in Sure 3, Vers 31: „Sprich: Wenn ihr Gott liebt, dann folgt mir! Dann wird Gott euch lieben und euch eure Verfehlungen verzeihen. Gott ist verzeihend und barmherzig. Sprich: Gehorcht Gott und dem Gesandten. Doch solltet ihr euch abwenden, dann wißt, daß Gott die Ungläubigen nicht liebt!"

Der Prophet hat laut al-Ḫuḍarī nicht selten Schwierigkeiten durch Analogieschlüsse gelöst. Nach Sure 2, Vers 275 ist es verboten, für verliehenes Geld Zinsen zu verlangen; hingegen ist in gewöhnlichen Handelsgeschäften das Erzielen eines Gewinnes statthaft, der als ein Entgelt für durch den Verkäufer im Rahmen des Geschäfts erbrachte Leistungen angesehen wird.[5] Al-Ḫuḍarī erläutert nun, daß das in der Heidenzeit übliche Verfahren der Verzinsung in der Tilgung einer Geldschuld durch eine erneute, höhere Geldschuld bestanden habe. Der Darlehensgeber habe vom Schuldner zu einem Termin die Zahlung der ausgeliehenen

[4] Ebd., 33.
[5] Vgl. oben Kap. A II 3b.

Summe oder die Aufnahme eines größeren Darlehens gefordert. Deswegen habe der Prophet verordnet: „Der Wucher der Heidenzeit ist abgeschafft!" Einen Zuwachs ohne Gegenleistung sollte es nicht mehr geben. Dieses Verbot wurde durch ein Wort Muḥammads, das als *sunna* überliefert wird, erläutert und auf Waren ausgedehnt, mit denen man Zinsgeschäfte hätte verschleiern können: „Gold gegen Gold, Silber gegen Silber, Weizen gegen Weizen, Gerste gegen Gerste, Datteln gegen Datteln, Salz gegen Salz, und zwar in gleicher Qualität und Quantität und von Hand zu Hand! Wer mehr gibt oder verlangt, der treibt Wucher. Doch wenn verschiedene (dieser sechs Güter) gegeneinander ausgetauscht werden sollen, dann verkauft nach Belieben, sofern das Geschäft von Hand zu Hand abgewickelt wird!"[6] Die Erweiterung und schärfere Fassung des koranischen Zinsverbots durch den Muḥammad zugeschriebenen Ausspruch wertet der Rechtsgelehrte al-Ḫuḍarī als einen Analogieschluß und damit als ein Beispiel für die Methoden, die er und seinesgleichen tagtäglich anwenden: „Es ist für uns gleichgültig, ob wir sagen, der Prophet habe dies als eine Analogie festgestellt oder aufgrund einer Eingebung (von seiten Gottes). Auf jeden Fall gilt es nach unserem Verständnisvermögen als etwas, das mittels Analogie von einer Grundaussage hergeleitet wird."[7] Nach Einschätzung al-Ḫuḍarīs enthalten nur ungefähr zweihundert der über sechstausend Verse des Korans schariatische Bewertungen; sie und die Anweisungen, die die Gefährten Muḥammads unmittelbar von letzterem erhielten, bezeugen die erste Etappe der Geschichte der islamischen Gesetzgebung.[8]

Die zweite füllt die Zeit vom Tod des Propheten bis zum Jahr 40 h (begann am 17. Mai 660) aus und umfaßt das Zeitalter der Vier Rechtgeleiteten Kalifen. Damals wurde der Koran in die noch heute übliche Form gegossen und in alle großen Heerlagerstädte des in rascher Ausdehnung begriffenen Reiches gesandt; die Einheitlichkeit des Textes der Offenbarung wurde damit gewährleistet. Al-Ḫuḍarī bedauert, daß der mündlich überlieferten *sunna* weit weniger Aufmerksamkeit geschenkt worden sei. Er trägt einige Belege zusammen, die dafür sprechen, daß man sogar danach trachtete, das Kursieren von *Ḥadīṯen* einzuschränken, weil deren Inhalt zu vielfältig sei und zu Streit führen könnte. Die herausragenden Prophetengenossen, die in jenen Jahrzehnten das Sagen hatten, seien wegen der Gefahr besorgt gewesen, es könnten Lügen und verfälschte Berichte über Muḥammad in Umlauf kommen.[9] Oft galt es, eigenständig zu Entscheidungen zu finden, denn immer wieder fehlten sowohl ein Hinweis im Koran als auch eine Überlieferung vom Propheten. Abū Bakr, ʿUmar b. al-Ḫaṭṭāb und andere, die nun die Gemeinde der Muslime führten, sahen sich dann gezwungen, ihren im Umgang mit Muḥammad geschulten juristischen Sachverstand (arab.: *ar-ra'j*) einzusetzen. Nach al-Ḫuḍarī war dies genau der Weg zur Lösung eines Problems, den man auch als Ana-

[6] Muslim: *Ṣaḥīḥ, musāqāt*, 81.
[7] AL-ḪUḌARĪ, op. cit., 35, Zeile 4–6.
[8] Ebd., 37.
[9] Ebd., 103.

logieschluß (arab.: *al-qijās*) bezeichnet. Was Abū Bakr und ʿUmar mit ihrem Sachverstand festlegten, wurde von den Muslimen widerspruchslos befolgt.[10] „Die Kundgabe (der durch) juristischen Sachverstand in dieser Form (erzielten Einsicht) wurde Consensus genannt. Damals war die Zahl der zu eigener Entscheidungsfindung befähigten (arab.: *al-muǧtahid*) Prophetengefährten gering, man konnte sie also um Rat angehen und das Ergebnis ihrer Sachentscheidung in Erfahrung bringen. Deswegen glückte der Consensus."[11] In der zweiten Entwicklungsphase der islamischen Gesetzgebung wurden demnach vier Quellen schariatischer Bewertung anerkannt. Zum Koran, zur *sunna* und der Analogie war der Consensus hinzugekommen. Al-Ḫuḍarī ist sich sicher, daß in jenen glücklichen Tagen nur wenig Streit die Muslime gegeneinander aufbrachte, eben weil die Betätigung des juristischen Sachverstandes wenigen besonders kompetenten Prophetengenossen vorbehalten geblieben sei. Gleichwohl sind aus dieser Zeit bereits unterschiedliche Auffassungen zu bestimmten Fragen überliefert. Al-Ḫuḍarī stellt sie zusammen - sie betreffen das Eherecht und den rechtlichen Status der den Muslimen bei den Eroberungen zugefallenen Ländereien - und bekräftigt seine Meinung, daß eine weitgehende Einheitlichkeit des Rechtsverständnisses geherrscht habe.

Das ändert sich in der dritten Phase, nach dem Ende des Ersten Bürgerkrieges, dramatisch; denn mit Schiiten und Charidschiten sind die Glaubensrichtungen auf den Plan getreten, die von den Sunniten als Abspaltungen aus der einheitlichen frühen Gemeinde interpretiert werden. Aber nicht nur das! Viele Prophetengefährten seien aus dem Hedschas, der Keimzelle des islamischen Reiches, abgewandert und hätten sich in den Heerlagerstädten niedergelassen und ihre Glaubensgenossen in Fragen der Scharia beraten; Jüngere, die Muḥammad nicht mehr erlebt hätten, hätten sich ihnen angeschlossen und seien allmählich in die Rolle ihrer Meister hineingewachsen. Außerdem habe sich von jetzt an das *ḥadīṯ* ungebremst ausbreiten können, und unter seinem Deckmantel sei mancherlei Unfug überliefert worden. Ferner muß man laut al-Ḫuḍarī berücksichtigen, daß zahllose Nichtaraber zum Islam übertraten und ausgezeichnete Kenntnisse von ihrer neuen Religion erwarben. Die Neubekehrten machten sich um die geistige Durchdringung der Botschaft des Propheten verdient, aber der Zusammenhang, in welchem al-Ḫuḍarī sie erwähnt, spricht dafür, daß er in ihnen eine wichtige Ursache für den Verlust der vermeintlichen Einheitlichkeit der muslimischen Gemeinschaft erkennt. Denn die für die Rechtsgeschichte entscheidende Tatsache jener Epoche ist das Auseinanderfallen von *ḥadīṯ* und von Entscheidungen nach juristischer Einsicht. Hierzu führt al-Ḫuḍarī aus:

> Wir erwähnten schon, daß die herausragenden Prophetengefährten sich in der ersten Zeit auf den Koran und dann auf die *sunna* stützten, wenn sie ein Gutachten erteilten. Gaben beide nichts her, gutachteten sie nach ihrem juristischen Sachverstand, d. h. nach Analogien im weitesten Sinn. Freilich waren sie einer allzu großzügigen Anwen-

[10] Ebd., 105, Zeile 12.
[11] Ebd., 107.

dung des Sachverstandes abgeneigt, weshalb man überliefert, daß sie dessen Einsatz verurteilten ... Als nun der Streit (über den angemessenen und unangemessenen Gebrauch des Sachverstandes) aufloderte, fanden sich einige, die es in ihren Gutachten beim (Berufen auf das) *ḥadīṯ* bewenden lassen wollten und jede Frage gemäß dem entschieden, was sie an Überlieferungen vorfanden, ohne daß sie (Methoden der) Verknüpfung der Fragen miteinander in Betracht gezogen hätten. Andere jedoch meinten, daß der Sinn der Scharia verstehbar sei und sie auf Grundsätzen aufbaue. Sie widersprachen den ersteren, die allein mit Koran und *sunna* arbeiteten, nicht, solange beide Quellen zu einem Fall etwas aussagten. Da sie aber von der Verstehbarkeit der Scharia überzeugt waren und davon, daß diese auf klaren Grundsätzen beruhe, die durch das Studium von Koran und *sunna* erfaßt werden können, verzichteten sie nicht auf die Erteilung von Gutachten nach ihrem Sachverstand, sofern sie keinen autoritativen Text entdecken konnten ... Überdies forschten sie gern nach den Gründen und Zielen, um derentwillen Bewertungen verordnet worden waren. Bisweilen verwarfen sie einige *Ḥadīṯe*, weil diese den Grundsätzen der Scharia widersprachen, insbesondere wenn jene Überlieferungen in Widerspruch zu anderen *Ḥadīṯen* standen.[12]

Vor allem im Irak sammelten sich Gelehrte, die ihren Sachverstand sehr hoch einschätzten und mit den Verfechtern einer ausschließlichen Anbindung der Rechtswissenschaft an Koran und *ḥadīṯ* in Konflikte gerieten. Al-Ḫuḍarī belegt dies mit mehreren Beispielen, aus denen jedoch auch hervorgeht, daß gerade die Schwierigkeit, die voneinander abweichenden Aussagen einzelner *Ḥadīṯe* abzuwägen und einem den Vorzug einzuräumen, noch nicht zu lösen war. Der Omaijade ʿUmar b. ʿAbd al-ʿAzīz (reg. 717–720) sei der erste Herrscher gewesen, der diesem Mangel habe abhelfen wollen. Deshalb habe er angeregt, die Überlieferungen zusammenzutragen, um einen Überblick über ihren Inhalt zu gewinnen.[13]

Von der späten Omaijadenzeit bis in die Mitte des 10. Jahrhunderts erstreckt sich die vierte Periode, die von einer Vertiefung der sich in den großen Metropolen herausbildenden islamischen Kultur geprägt ist. Anregungen unterschiedlicher Herkunft, vor allem aus Iran und aus den ehemals byzantinischen Gebieten, seien in ein neues Ganzes eingeschmolzen worden, dessen bestimmendes Element natürlich das arabisch-islamische Erbe geblieben sei. Für die Rechtswissenschaft hatten laut al-Ḫuḍarī die Aufzeichnung und thematische Gliederung des Propheten-*ḥadīṯ*, die in dieser Zeit erfolgten, größtes Gewicht. Was sich unter den Omaijaden schon andeutete, kam nun vollends zum Durchbruch: die Frage, aus welchen Quellen sich die Scharia speise und mit welchen Methoden die Bewertungen diesen Quellen abzugewinnen seien. Der Inhalt des Korans war sicher verbürgt, aber wie stand es mit dem *ḥadīṯ*? Wie konnte man Überlieferungen verbindlichen Inhalts von solchen mit zweifelhaften oder gar falschen Aussagen unterscheiden? Eine überzeugende Antwort war um so mehr notwendig, als die Verfechter des islamischen Rationalismus, die man unter dem Namen der Muʿtazila zusammenfaßt, vor allem

[12] Ebd., 135.
[13] Ebd., 140.

im 9. Jahrhundert den Quellenwert und die Autorität des *ḥadīṯ* rundweg verneinten und ihre Ablehnung mit Muḥammad in den Mund gelegten Aussprüchen begründeten, die lächerlich oder peinlich waren und dennoch von den *ḥadīṯ*-Gelehrten für bare Münze genommen wurden. Ibn Qutaiba (gest. 889), in seiner Jugend selber ein Muʿtazilit, danach ein entschiedener Sunnit, versuchte deswegen festzulegen, welche Voraussetzungen erfüllt sein müssen, damit die Aussage eines *Ḥadīṯe*s als ein in der Jurisprudenz zu befolgendes Wissen gelten könne. Al-Ḫuḍarī faßt das Ergebnis der Bemühungen Ibn Qutaibas in vier Kategorien zusammen. Wissen im obigen Sinn liegt vor, wenn es sich um Aussagen handelt, die von der Allgemeinheit der Muslime weitergegeben wurden; dies gilt etwa für die Texte, die die Grundsätze der Ritualpflichten enthalten. Zweitens sind Worte des Korans so zu werten, die zwar einer Auslegung unterworfen wurden; diese hob jedoch nicht einen verborgenen, dunklen, sondern einen allgemeinen „äußeren" Sinn hervor, der uneingeschränkt anerkannt wird; sollte über eine solche Koranstelle doch Meinungsverschiedenheit herrschen, dann darf sich diese nur auf den „äußeren" Sinn beziehen. Wissen sei ferner jede Aussage zur Scharia, die, obwohl weder vom Koran noch von der *sunna* gestützt, unter den Muslimen von Generation zu Generation weitergereicht und niemals angezweifelt worden sei; was auf diese Weise verbürgt sei, sei formal keine *sunna* - es wird nicht unmittelbar mit Muḥammad in Verbindung gebracht -, dennoch sei es der *sunna* vergleichbar, sofern feststehe, daß es nicht von einer dem juristischen Sachverstand entspringenden Äußerung seinen Ausgang genommen habe. Viertens schließlich könnten auch von Einzelpersonen überlieferte Nachrichten den Rang des Wissens erreichen, wenn sicher sei, daß sie fehlerlos weitergegeben worden seien.

Ein *Ḥadīṯ* verbürgt in dieser Sicht der Dinge nur unter einer überlieferungstechnischen Bedingung eine echte prophetische *sunna*, nämlich wenn es auf zahllosen Wegen tradiert wurde. Die irakischen Rechtsgelehrten, Abū Ḥanīfa (gest. 767) und seine Schüler, hielten sich an dieses Prinzip, das sie freilich wie folgt lockerten: Berichtete ein einziger Gefährte des Propheten, dieser habe eine bestimmte schariatische Bewertung verkündet, und entschied jener Gefährte einen Fall unter Zugrundelegung dieser Bewertung, ohne damit auf den Einspruch der übrigen Prophetengenossen zu stoßen, dann konnte jene Bewertung ebenfalls als von deren Allgemeinheit überliefert angesehen werden.[14] Der Medinenser Mālik b. Anas (gest. 795) wollte noch großzügiger verfahren; er lehrte, *sunna* sei alles, worin die bedeutenden Prophetengefährten übereinstimmten, desgleichen alles, worin sich die wichtigen Vertreter der nachfolgenden Generationen einig seien.[15] - Alle diese Definitionen des für die Rechtswissenschaft autoritativen Wissens von der *sunna* Muḥammads sind, so al-Ḫuḍarī, unzulänglich, weil sie Voraussetzungen enthalten, die nicht wirklich erfüllbar sind. Wer könnte mit Sicherheit sagen, daß z. B. einer von einem Prophetengefährten gefällten Entscheidung, die auf einer nur ihm

[14] Ebd., 183f.
[15] Ebd., 185.

bekannten Aussage Muḥammads beruhte, nicht widersprochen worden sei? Was die *sunna* sei, mußte noch eindeutiger, unanfechtbarer identifiziert werden. Aš-Šāfiʿī (gest. 820) versteifte sich deswegen auf eine rein formale Betrachtung der jedem *Ḥadīṯ* vorangestellten Überliefererkette (arab.: *al-isnād*). Enthielt diese nur Personen, deren Zuverlässigkeit und Glaubwürdigkeit gerühmt wurden, und waren sie auch tatsächlich miteinander in Verbindung gestanden, dann mußte der Inhalt des *Ḥadīṯ*es eine echte *sunna* Muḥammads wiedergeben; es war als ein Stück autoritativen Wissens erwiesen.[16]

In der Sicht al-Ḫuḍarīs besteht die größte Leistung, die in der vierten Periode der Geschichte des islamischen Rechts erzielt wurde, in der eben beschriebenen, von aš-Šāfiʿī ersonnenen Methode, die Überlieferung als Quelle der Scharia fruchtbar zu machen. Doch auch dem juristischen Sachverstand und seiner Betätigung versuchte man feste Bahnen zuzuweisen, die jede Entscheidung wenigstens mittelbar auf die Glaubensordnung zurückführen sollten. „Unterlaß alles, was dich in Zweifel stürzt, zugunsten alles dessen, was dich nicht in Zweifel stürzen kann!" sei eine der Maximen gewesen, die man propagiert habe, neben dem ganz allgemeinen Grundsatz, daß einem Muslim kein Schaden entstehen und er selber auch keinem Glaubensgenossen Schaden zufügen dürfe. Auch der Analogieschluß, der von einem Text des Korans oder von einem sicher verbürgten *Ḥadīṯ* seinen Ausgang nahm, sollte sich an den genannten und an vergleichbaren Grundsätzen bewähren. Muḥammad b. al-Ḥasan aš-Šaibānī (gest. 805), einer der berühmten Schüler Abū Ḥanīfas, habe in seinen Schriften immer wieder sich aufdrängende Analogien mit dem Hinweis abgewehrt, sie verstießen gegen allgemeine Prinzipien. Solches Vorgehen nannte man „Für-gut-Befinden" (arab.: *al-istiḥsān*); dieser Begriff bürgerte sich damals als ein Terminus technicus ein.[17] Aš-Šāfiʿī, der das Instrument der Tradentenkritik für wirksam hielt und daher ungleich zielstrebiger als seine Zeitgenossen auf eine Verankerung aller Entscheidungen im *ḥadīṯ* hinarbeitete, unterzog solchen in seinen Augen subjektiven Umgang mit den autoritativen Quellen des Gesetzes einer herben Kritik.[18] Desgleichen verwarf er den Consensus, wie Abū Ḥanīfa ihn beschrieben hatte; nämlich als eine stillschweigende Zustimmung aller Prophetengefährten zu einer nur von einem aus ihrer Mitte getroffenen Entscheidung. Consensus liegt für aš-Šāfiʿī nur vor, wenn die Altvorderen nachweisbar in einer Sache übereinstimmten, etwa im Pflichtcharakter des rituellen Gebets und der Läuterungsgabe.[19]

Ein letztes Thema kennzeichnet nach al-Ḫuḍarī die islamische Rechtswissenschaft in dieser besonders fruchtbaren Epoche. Man fragt sich, was die Wendun-

[16] Ebd., 195. Liest man al-Ḫuḍarīs diesbezügliche Ausführungen, fragt man sich unwillkürlich, ob er nicht der Ideengeber für SCHACHTS vielgerühmte Studie *The origins of Muhammadan jurisprudence* gewesen ist. Schacht nennt ihn freilich nicht in seinem Literaturverzeichnis.

[17] AL-ḪUḌARĪ, op. cit., 196f.

[18] Ebd., 199.

[19] Ebd., 205f.

gen, mit denen den Muslimen in den autoritativen Texten die Belastung (arab.: *at-taklīf*) mitgeteilt wird, eigentlich meinen. Der grammatischen Form nach handelt es sich vor allem um Imperative positiven oder negativen Sinnes, aber meint ein Befehl tatsächlich stets das unumgängliche Gebot, das Befohlene auszuführen? Und wenn ein Befehl an die vorherige Erfüllung eines anderen Gebotes geknüpft ist, handelt man dann diesem Befehl zuwider, wenn man das als Voraussetzung genannte Gebot nicht beachtet? „Ihr, die ihr glaubt! Wenn ihr euch zum rituellen Gebet aufstellt, dann wascht euch das Gesicht ..." heißt es in Sure 5, Vers 6; die Waschung ist die Voraussetzung für den auf das Jenseitskonto anrechenbaren Vollzug der Gebetspflicht; aber hat man diese wirklich verabsäumt, wenn man ohne vorherige Waschung betet? Mit anderen Worten: Man beginnt, auf der Grundlage einer sprachlichen Analyse der autoritativen Texte, zu der die aufblühende Wissenschaft von der arabischen Grammatik die Werkzeuge liefert, den Zusammenhang von Formulierung und möglicher juristischer Aussage zu erkunden.

Während die vierte Phase der islamischen Gesetzgebung von selbständigen Denkern geprägt war, deren Verdienst die theoretische Durchdringung der Scharia und die Schaffung einer Methode der Ermittlung von Bewertungen war, mithin das Goldene Zeitalter der Schariawissenschaft, ist die fünfte Periode in den Augen al-Ḫuḍarīs von einer Ermattung gekennzeichnet. An die Stelle der Originalität tritt die Nachahmung (arab.: *at-taqlīd*), die Wiederholung des von den Großen der Vergangenheit Erreichten. Die in ihren Ansätzen bereits vor dem 10. Jahrhundert greifbar werdende Herausbildung von Rechtsschulen, von unterschiedlichen Traditionen der Auslegung der autoritativen Texte, verfestigt sich. Nicht mehr der juristische Sachverstand, sondern die Parteinahme für die Schule, in deren Überlieferung ein Gelehrter aufgewachsen war, bestimmte laut al-Ḫuḍarī von nun an die Debatten. Er zitiert die folgenden Worte eines Rechtsgelehrten jener Zeit: „Jedes *Ḥadīṯ*, das den Ansichten unserer Gefährten widerspricht, ist entweder umzudeuten oder als abrogiert zu betrachten."[20]

Gleichwohl erschöpfte sich die Tätigkeit der Gelehrten der fünften Epoche, die vom 11. Jahrhundert bis zum Sturz des Bagdader Kalifats im Jahre 1258 dauerte, nicht in der unkritischen Wiedergabe dessen, was die Meister der Vergangenheit erarbeitet hatten. Al-Ḫuḍarī nennt drei wesentliche wissenschaftliche Felder, auf denen man sich abgemüht habe. Das erste umfaßt die Ermittlung (arab.: *at-taḫrīǧ*) der Ursache einer bestimmten schariatischen Bewertung; hierbei wird sämtliches in dem betreffenden Fall einschlägige *ḥadīṯ*-Material gemustert. Die Schulgründer und ihre ersten Nachfolger hätten sich nicht systematisch um die Erkenntnis gekümmert, warum ein Text dieses oder jenes vorschreibe; sie hätten nicht ausdrücklich gesagt, weshalb sie aus einem Text diese eine und nicht eine andere, vielleicht ebenso schlüssige Bewertung ableiteten. Mit Zustimmung zitiert al-Ḫuḍarī eine Abhandlung von Šāh Walī Allāh ad-Dihlawī (gest. 1762), in der dargelegt wird, daß dem erbitterten Streit zwischen Hanafiten und Schafiiten in Wahrheit kein Kon-

[20] Ebd., 335.

flikt zwischen Abū Ḥanīfa und aš-Šāfiʿī zugrunde liegt, sondern jene erst später ihnen unterstellten divergierenden Prinzipien der Behandlung autoritativer Texte.[21] Al-Ḫuḍarī erkennt, daß die Ermittlung der Ursachen für die Ableitung von Bewertungen den Erfordernissen jener Zeit entspricht. Denn damals wurde das Erteilen von Rechtsgutachten zu einem Gewerbe, was eine Ausarbeitung der Methoden nahelegte. Zugleich wurden die juristischen Dispute zu einer häufig geübten Betätigung der Gelehrten, wodurch ebenfalls diese Problematik in den Blick gerückt wurde.

Das zweite Feld, auf dem in der fünften Epoche viel geleistet wurde, war die Erörterung der innerhalb einer Schule anzutreffenden unterschiedlichen Ansichten. Sie mußten gegeneinander abgewogen werden, so daß man schließlich einer den Vorzug vor den anderen geben (arab.: *at-tarǧīḥ*) konnte. Hierbei mußte man je nach dem Einzelfall von der Überlieferung als einem aus mehreren Elementen zusammengesetzten Text in seiner Gesamtheit ausgehen oder von deren spezifisch juristischem Inhalt. Man wendete die Tradentenkritik, die man für das *ḥadīṯ* entwickelt hatte, auf die eigene Schule an und versuchte herauszufinden, welche Ketten von Gewährsmännern am zuverlässigsten die Ansichten des Meisters verbürgten. Führten solche Nachforschungen zu keinem Ergebnis, etwa weil dieser in der Tat zu einem Gegenstand verschiedene Ansichten geäußert hatte, dann mußte man mit inhaltlichen Argumenten eine Entscheidung herbeiführen. Solche Arbeiten bildeten die Vorstufe zur Bestellung des dritten Tätigkeitsfeldes, der Darlegung des gesamten Rechtssystems einer Schule mit dem Ziel, deren Überlegenheit nachzuweisen. Jede wollte von sich behaupten, daß ihr Ahnherr am vollkommensten das Wissen von der göttlichen Ordnung beherrscht und auf den Koran und die *sunna* zurückgeführt habe. Manche der diesem Thema gewidmeten Werke gehen die einzelnen Rechtsfragen durch, die zwischen den Schulen umstritten sind, und erörtern sie unter dem Zwang, stets die alleinige Wahrheit der Lehren des eigenen Meisters herauszuheben; dies gehe nie ohne Künstelei und Haarspalterei ab, meint al-Ḫuḍarī. Was Wunder, daß unter solchen Voraussetzungen der Parteienhaß um sich griff![22]

Weniger als ein Zwanzigstel seines Buches räumt al-Ḫuḍarī den sieben Jahrhunderten „vom Fall Bagdads durch Hülegü bis jetzt" ein; diese sechste Etappe der Geschichte der islamischen Gesetzgebung ist für ihn die Zeit der „puren Nachahmung".

> Es war gar nicht selbstverständlich, daß ich etwas über diese Epoche schrieb; denn der frische Wind der selbständigen Entscheidungsfindung (arab.: *al-iǧtihād*) war damals abgeflaut. Diese Epoche weist keine Vorzüge auf, die den Schreiber bewegen könnten, zur Feder zu greifen. Viel Stoff gab es für die Schilderung der ersten Etappe, als Gott seine Gesetze dem Herzen des Gesandten eingab und dieser den Menschen mitteilte und erklärte, was Gott auf ihn herabsandte; viel Stoff auch für die zweite und dritte

[21] Ebd., 341.
[22] Ebd., 344, 355–357.

Epoche, als die Gefährten Muḥammads und die nachfolgende Generation die Pfade der Herleitung aus dem Buch Gottes und der *sunna* seines Propheten sowie den richtigen Gebrauch des juristischen Sachverstandes aufzeigten; desgleichen für die vierte Epoche, als die großen Schulgründer und genialen Rechtsgelehrten lebten, jene Früchte ernteten und ins einzelne gehend die Bewertungen der Scharia niederschrieben; desgleichen schließlich in der fünften, als die richtige Reihung, die Revision, Auswahl des Materials und die Feststellung dessen, was zu bevorzugen war, auf der Tagesordnung standen. Was aber kann man über die letzte Epoche sagen, die keinerlei Auszeichnung erkennen läßt? Doch weil diese letzte Etappe bis zu uns reicht und wir vor der Notwendigkeit stehen, den frommen Altvorderen nachzueifern, wollten wir wenigstens die Mängel (dieser Spätzeit) offenlegen; wenn nämlich die Mängel klar sind, können die Befähigten darangehen, sie zu beheben.[23]

Die Zeit des Anfangs, die erste Etappe der islamischen Gesetzgebung, war in den Augen al-Ḫuḍarīs der unüberbietbare Höhepunkt ihrer Geschichte, wie wir schon feststellten. Was der Prophet mittels göttlicher Eingebung abklärte, nahmen die Gelehrten späterer Epochen zur Grundlage ihrer von wissenschaftlichen Methoden geleiteten Arbeit an der weiteren Explikation des islamischen Rechts.[24] In der letzten, schon so lange dauernden Phase erlahmten diese Anstrengungen, sagt al-Ḫuḍarī; der Gesichtskreis der Rechtsgelehrten verengte sich, weil die Reisen auf der Suche nach Wissen aus der Mode kamen. Der Lehrbetrieb konzentrierte sich auf das Einpauken von Kompendien; die Einweisung in den Gebrauch der Quellen und die anregende Auseinandersetzung mit den großen Meistern der Vergangenheit und ihren schöpferischen Leistungen unterblieben. Al-Ḫuḍarī schließt mit Vorschlägen, die einen lebendigen Umgang mit dem gewaltigen, zur schieren Last gewordenen Erbe von neuem möglich machen sollen; der Geist des islamischen Rechts, das doch ursprünglich die Einsicht (arab.: *al-fiqh*) in die von Gott den Muslimen auferlegte Ordnung meinte, nicht aber die virtuose Wiedergabe verwickelter Bestimmungen, müsse wiedererweckt werden. „Wir müssen besser werden, als wir jetzt sind, wir müssen ein wenig in unsere Vergangenheit zurückgehen, damit unsere Seelen in Sehnsucht nach einer Besserung unserer Zukunft entflammen."[25]

2. Europäische Theorien über den Beginn der islamischen Rechtswissenschaft

Mit dem Beginn der raumgreifenden arabisch-islamischen Eroberungen, also etwa ab 635, wurden Regionen des Byzantinischen Reiches – Syrien und Palästina, Ägypten, Nordafrika – sowie der ganze sasanidische Staat politisch zu Teilen eines neuen Imperiums. Dessen Herren brachten keine eigene Verwaltungserfahrung mit;

[23] Ebd., 379.

[24] Zu den Ansichten Ibn ʿĀbidīns, der in dieser „Nachahmer-Zeit" lebte, vgl. T. Nagel: *Autochthone Wurzeln des islamischen Modernismus*, in: ZDMG 146/1996, 92–11.

[25] al-Ḫuḍarī, op. cit., 391.

sie ließen daher die Institutionen der fiskalischen Nutzung des Landes bestehen, wie sie sie vorgefunden hatten. Auf diese Weise sicherten sie sich am bequemsten die Früchte ihrer kriegerischen Erfolge. Erst nach mehreren Jahrzehnten, etwa um die Wende zum 8. Jahrhundert, sahen sich die islamischen Herrscher - zuerst der Omaijade ʿAbd al-Malik b. Marwān (reg. 685–705) - gedrängt, den eingespielten Verhältnissen eine islamische Legitimierung zu verleihen und, um eine bessere Überwachung zu gewährleisten, den gesamten Schriftverkehr der Verwaltung auf das Arabische umzustellen. Was dann später das islamische Recht wurde, beruht in Wirklichkeit auf einer vorislamischen Grundlage, die vielfach noch zu erkennen ist. - Diese in den großen Zügen zutreffende Sicht der frühen islamischen Geschichte wies den europäischen Forschungen über die Anfänge des islamischen Rechts die Richtung. Da man vom sasanidischen Recht nur sehr wenig wußte,[26] hielt man vor allem nach Überresten des byzantinischen Ausschau. In einem programmatischen Aufsatz, mit dem C. H. Becker 1910 die von ihm ins Leben gerufene Zeitschrift „Der Islam" eröffnete, warf er die Frage auf, wie die „islamische Einheitszivilisation" zustande gekommen sei. Er gab selber die Antwort: „Die Erklärung für die Möglichkeit einer islamischen Einheitszivilisation liegt hauptsächlich in der weltgeschichtlichen Tatsache des Hellenismus." Allerdings habe sich ab dem dritten nachchristlichen Jahrhundert der römische Orient immer stärker „asiatisiert", das Byzantinische Reich und der Iran der Sasaniden seien einander immer ähnlicher geworden; die sich des Aramäischen bedienende Form des Christentums sei die Klammer zwischen beiden geworden. „Das Schwergewicht und die Quellen der herrschenden Zivilisation hatten sich vom Mittelmeer immer mehr nach dem inneren Asien verschoben. Dieser Prozeß setzt sich nun im islamischen Reiche andauernd fort."[27]

Es kann hier nicht darum gehen, die Stichhaltigkeit dieser Thesen anhand unserer jetzigen Geschichtskenntnisse zu überprüfen. Es ist nur zu verdeutlichen, vor welchem Hintergrund die Erforschung der Anfänge des islamischen Rechts zunächst betrieben wurde. Im selben Jahrgang der Zeitschrift „Der Islam" findet sich ein Aufsatz mit der Überschrift „Die *occupatio* im islamischen Recht". Schon diese Formulierung verrät den Leitgedanken des Verfassers: Ein Begriff des römischen Rechts findet sich im islamischen wieder. Mit *occupatio* bezeichnete man die Inbesitznahme von Sachen, die als herrenlos angesehen wurden; nach römischem Recht unterschied man fünf Arten: 1. die Kriegsbeute; 2. die Besitzergreifung von Inseln und von Produkten des Meeres; 3. den Schatzfund; 4. die Jagdbeute und 5. die Aneignung aufgegebener Sachen. Diesem Befund stellt der Verfasser die Definition des arabischen Begriffs der Beute (arab.: *al-ġanīma*) an die Seite. Die Analogie erstreckt sich natürlich nur auf die erste der fünf Arten von *occupatio*. Aber der

[26] Vgl. jedoch jetzt die Arbeiten von M. Macuch: *Das sasanidische Rechtsbuch „Mātakdān i hazār dātistān"*, Wiesbaden 1981 und *Rechtskasuistik und Gerichtspraxis zu Beginn des siebenten Jahrhunderts in Iran*, Wiesbaden 1993.

[27] C. H. Becker: *Der Islam als Problem*, in: Der Islam 1/1910, 1–21, hier S. 15f.

Blick des Lesers wird auf eine wesentliche Einzelheit des arabisch-islamischen Beuterechts gelenkt, auf das Beutefünftel, das nach Sure 8, Vers 41 „Gott und dem Gesandten" gehört und der Unterstützung der notleidenden Mitglieder der medinensischen Kampfgemeinschaft zufließen muß. Schon im vorislamischen Arabien war es üblich, daß dem Anführer eines Kriegszuges ein großer Anteil an der Beute übergeben wurde, nämlich ein Viertel. Das im Koran festgelegte Fünftel ist nun ein wesentlich höherer Satz, als ihn die Läuterungsgabe (arab.: *az-zakāt*) vorschreibt;[28] außerdem unterscheidet diese sich auch insofern vom Beutefünftel, als dieses unabhängig vom Wert der Gesamtbeute - mag dieser auch noch so gering sein - einzuziehen ist, während die Läuterungsgabe erst jenseits eines Mindesteinkommens (arab.: *an-niṣāb*) fällig wird. Trotz dieses Unterschiedes haben muslimische Rechtsgelehrte vielfach die Begriffe Läuterungsgabe und Beutefünftel miteinander vermischt, wenn sie von Abgaben sprachen, die beispielsweise auf Schatzfunde zu entrichten waren.

Überhaupt ist es in den Augen des Verfassers des Aufsatzes ein auffälliger Umstand, daß die Rechtsgelehrten das ursprünglich nur für die Kriegsbeute geltende Fünftel auch auf andere Arten von Eigentumsmehrung ausdehnen, sofern diese nicht auf die im Zusammenhang mit der Läuterungsgabe genannten Erwerbstätigkeiten zurückgehen. Es werden nämlich, wie eben angedeutet, der Schatzfund genannt, desgleichen gewisse Mineralien, Metalle und Edelsteine sowie Perlen und Amber aus dem Meer. Für Jagdbeute und herrenlose Sachen läßt sich zwar die Erhebung des Beutefünftels nicht nachweisen, aber Abū Isḥāq aš-Šīrāzī (gest. 1083), ein angesehener Schafiit, schreibt: „Wer einen Tagebau unternimmt und das, was darin ist, ohne Arbeit erlangt, ... oder wer sich vom Gesetz erlaubte Dinge wie Wild und Fisch und Perlen und Muscheln, die aus dem Meer kommen, Gras und Brennholz, das auf unbebautem Land wächst, Quellen, die dort entspringen, Schnee, der vom Himmel fällt, Dinge, die die Leute als nutzlos wegwerfen oder Saaten und Früchte, die verstreut werden und die die Leute verschmähen, aneignet, der nimmt dies in Besitz." Diese Inbesitznahme (arab.: *at-tamalluk*) setzt der Verfasser mit der *occupatio* des römischen Rechts gleich, die sich bei aš-Šīrāzī auf alle dort benannten Arten mit Ausnahme der Kriegsbeute erstreckt.

Wichtig für die weitere Argumentation ist die steuerliche Bewertung von Erträgen aus dem Betrieb von Bergwerken. Die Malikiten wollen diese Erträge nur der Läuterungsgabe unterwerfen, während die Hanafiten lehren, es sei ein Fünftel abzuführen, und zwar im Falle daß die Erze und Mineralien gefördert werden, indem man Stollen in den Berg vorantreibt. Zu diesen im eigentlichen Bergbau geförderten Stoffen zählen die islamischen Juristen vor allem die Edelmetalle und Eisen. Obwohl hier erheblicher Arbeitsaufwand zu erbringen ist, wird der Ertrag mit der Kriegsbeute verglichen und damit die Einziehung eines Fünftels durch den Fiskus gerechtfertigt. Es wird also eine Analogie zum Schatzfund hergestellt. Im Tagebau gewonnene Stoffe, etwa Asphalt, Gips oder Ton, gelten dagegen juristisch nicht als

[28] Vgl. oben Kap. A II 2c.

Kriegsbeute und entgehen der Fünftelsteuer. Der Verfasser des Aufsatzes weist darauf hin, daß unter Kaiser Konstantin für Marmor und Gold die allgemeine Bergfreiheit eingeführt worden sei; Theodosius habe sie jedoch im Jahre 393 für den Marmor wieder aufgehoben und auf den Bruttoertrag, also ohne Beachtung der Förderkosten, eine Abgabe von einem Fünftel geschlagen. Wenn die muslimischen Rechtsgelehrten die Erwerbsarten des Beutemachens, des Sammelns bestimmter Meeresprodukte wie Perlen und Ambers, des Schatzfundes und des Stollenbergbaus steuertechnisch gleichstellen, so folgert der Verfasser, dann sei dies damit zu erklären, „daß in allen diesen Fällen die römische Rechtswissenschaft eine *occupatio* annahm". Problematisch ist diese Argumentation jedoch insofern, als keineswegs alle Arten der römischen *occupatio* im islamischen Recht gleichbehandelt werden. Das Jagd- und Fischereiwesen und die Inbesitznahme herrenloser Güter, desgleichen der Tagebau unterliegen ja nicht der Fünftelsteuer. Daß aš-Šīrāzī in solchem Zusammenhang von einer Inbesitznahme spricht, muß als Hinweis auf die Konstruktion einer *occupatio* gedeutet werden; ferner muß der Bergbau, der gar nicht unter die fünf im römischen Recht genannten Arten der *occupatio* fällt, dieser zugeschlagen werden.[29]

Was ist mit alledem bewiesen? Die Analogie zwischen dem Fünftel, das vom Bruttoertrag des Marmorabbaus und später von der Förderung von Metallerzen erhoben wird, ist auf den ersten Blick verblüffend. Aber sie trägt nicht, es sei denn, man wollte behaupten, die Festlegung des Beutefünftels in Sure 8, Vers 41 habe den Steuersatz zum Vorbild, den Theodosius auf den - übrigens doch wohl im Tagebau gewonnenen - Marmor erhob. Wäre es nicht viel einfacher, von diesem Koranvers her die ganze Problematik in den Blick zu nehmen? Das islamische Recht setzt den Schatzfund der Kriegsbeute gleich und rechnet das Sammeln von Perlen und Amber und das Fördern von Edelsteinen und Metallen - vermutlich aus fiskalischen Erwägungen - ebenso zu den mit einem Fünftel belasteten Erwerbsarten. Inwiefern haben die von aš-Šīrāzī aufgezählten Dinge, an denen eine Inbesitznahme statthat, ohne daß die Zahlung eines Fünftels fällig wird, mit den eben genannten zu tun? Wegen der *occupatio,* sollen wir glauben. Schaut man sich den Text aš-Šīrāzīs aber genauer an, dann wird sofort deutlich, daß diesem Konzept hier überhaupt keine Erklärungskraft innewohnt. Denn das Zitat gehört in ein Kapitel, das sich mit der „Nutzbarmachung des brachliegenden Landes und der Inbesitznahme schariatisch erlaubter Dinge" beschäftigt. Jegliche Inbesitznahme unbebauten Landes setzt eine Investition von Arbeit zur Nutzbarmachung (arab.: *al-iḥjā'*) voraus: Es muß ein Haus errichtet, der Boden muß für die Aussaat vorbereitet werden; Weideland wird eingefriedet, eine Quelle eingefaßt usw. Öffentliche Straßen, Märkte, Plätze können allerdings nicht auf diese Weise in privaten Besitz übergehen. „Wer einen Stollen gräbt, weil er nur durch Arbeit fündig werden kann wie bei Gold-, Silber-, Eisenerzminen und anderem, und dann tatsächlich fündig wird, der

[29] F. F. Schmidt: *Die occupatio im islamischen Recht*, in: Der Islam 1/1910, 300–353, besonders S. 306–309, 327–331, 346.

nimmt diesen fündigen Ort in Besitz." Doch gibt es auch Dinge, an denen man ohne Arbeit, d. h. ohne eine Investition zur Nutzbarmachung, Besitz erwirbt, nämlich offen zutage liegende Bodenschätze, Jagdbeute, Muscheln, Brennholz, Schnee usw. Hier genügt es, sich die betreffenden Güter anzueignen, wenn man sie nutzen will; man spricht dann trotzdem von Inbesitznahme, und wenn sich hierbei zwei Konkurrenten ins Gehege kommen, sollen sie sich in die Sache teilen. Ländereien, die nutzbar gemacht werden, können durch den Herrscher als Dienstlehen (arab.: *al-iqṭāʿ*) vergeben werden, niemals jedoch jene Güter, die man sich ohne jede Investition aneignen kann.[30] – Wir bewegen uns hier in einem ganz anderen Themenkreis als dem der *occupatio* des römischen Rechts, nämlich in demjenigen des islamischen Eigentums- oder Besitzbegriffs, der, wie wir schon feststellten, stets eine Leistung von seiten des Eigners oder Besitzenden zur Bedingung hat. Auf die im Koran mehrfach angesprochene Verwerflichkeit des unredlichen, nicht auf Leistung, sondern auf Wucher und Spekulation beruhenden Erwerbs wurde in diesem Zusammenhang hingewiesen.[31] Daß die im Berg entdeckte Erzader wie ein Schatz betrachtet und dementsprechend mit der Fünftelsteuer belegt wird, erklärt sich nun ebenfalls ohne Rückgriff auf das römische Recht: Die Gewinne ergeben sich nicht unmittelbar aus der Nutzbarmachung, sondern man muß eben auch das Glück haben, fündig zu werden.

Höchst unterschiedlich hat man seither auf die Frage zu antworten gesucht, ob das islamische Recht vom römischen beeinflußt sei, und wenn ja, bis zu welchem Grade. Der italienische Gelehrte C. A. Nallino (1872–1936) äußerte sich in einem 1933 gehaltenen Vortrag skeptisch über die Möglichkeit, jemals fremde Wurzeln der Scharia freizulegen. Er verwies auf den Umstand, daß bereits in altsüdarabischen Inschriften juristische Fragen behandelt werden und daß die Kaufleute von Mekka ohne jegliches anerkannte Recht nicht ihre Warentransaktionen hätten durchführen können. Wenn die arabischen Eroberer durch Vermittlung der schon in vorislamischer Zeit in Syrien siedelnden Stammesgruppen mit einzelnen Vorstellungen des römischen Rechts bekannt gemacht worden sein sollten, dann müßten diese durch das Denken des arabischen Heidentums umgeprägt worden sein. Doch selbst die Annahme des Fortlebens einer der Abänderung unterworfenen Tradition des römischen Rechts sei nicht plausibel. Theodoret, der Bischof von Kyrrhos, östlich Antiochiens, habe um die Mitte des 5. Jahrhunderts festgestellt, daß es an den Grenzen des Reiches Völkerschaften gebe, die, obzwar der Herrschaft des oströmischen Kaisers unterworfen, nicht dem römischen Gesetz unterliegen; hierzu zählten die Stämme der Araber.[32] Zu einem anderen Ergebnis kommt der Brite S. V. Fitzgerald in einer 1951 veröffentlichten, leider nicht vollendeten Studie. Er verwirft zwar die manchmal vertretene Ansicht, die islamischen Eroberer hätten sich

[30] aš-Šīrāzī: *at-Tanbīh fī l-fiqh*, ed. Juynboll, Leiden 1879, 153–156.

[31] Vgl. oben Kap. A II 3b.

[32] *Hal lil-qanūn ar-rūmī taʾṯīr ʿalā l-fiqh al-islāmī?*, herausgegeben von der Dār al-buḥūṯ al-ʿilmīja, Beirut 1973, 13f.

bei ihrem Vordringen nach Syrien ein auf den Kaiser Justinian (reg. 527–565) zurückgehendes Rechtswesen angeeignet, aber er hält einen mittelbaren Einfluß des römischen Rechts auf den *fiqh* für wahrscheinlich. Allerdings will er keinesfalls so weit gehen wie I. Goldziher (1850–1921), der Grundbegriffe der Scharia und des römischen Rechts parallelisierte: die Gesetzeswissenschaft (arab.: *al-fiqh*) verstand Goldziher als die jurisprudentia, die *rerum divinarum et humanarum notitia*; das Resultat juristischer Erwägungen, im Arabischen als „Einsicht" (arab.: *ar-raʾy*) bezeichnet, ist die *opinio prudentium*; der Consensus (arab.: *al-iǧmāʿ*) wird als „allgemeiner Brauch der Gemeinde" gedeutet und mit dem Grundsatz des römischen Rechts verglichen: *„Nam diuturni mores consensu utentium comprobati legem imitantur."*[33]

Wir wiesen bei der Erörterung des Begriffes *fiqh* darauf hin, daß mit diesem Wort in frühislamischer Zeit gerade nicht eine spezifisch juristische Einsicht in die Verhältnisse dieser Welt benannt wurde, sondern stets das mitgemeint war, was wir als Theologie bezeichnen, und daß der Inhalt erst im Laufe der Herausbildung einer Methodik der Ableitung rechtlicher Normen vorwiegend aus Koran und *ḥadīṯ* auf die juristische Komponente verengt wurde; Goldziher hat demnach diese verengte Bedeutung in die Anfangszeit des Islams zurückprojiziert und dann nach ähnlichen Konzepten in der römischen Überlieferung gesucht. – Nur auf indirektem Wege, nicht als eine unmittelbare Anleihe bei der römischen Rechtswissenschaft möchte demgegenüber Fitzgerald einen Einfluß auf die Scharia gelten lassen.[34]

Der Teil des Aufsatzes, in dem Fitzgerald dies an Beispielen belegen wollte, ist nicht erschienen. Doch kann man die Studie von P. Crone über den Ursprung der Klientelschaft (arab.: *al-walāʾ*) als einen Versuch lesen, diese Lücke zu füllen. Da an dieser Arbeit die Problematik der Ableitung eines wesentlichen Instituts des islamischen Rechts aus einem nicht-arabischen kulturellen Zusammenhang sichtbar wird, müssen wir auf diesen Gegenstand näher eingehen. – Als Klientelschaft definiert man das Verhältnis, in das ein Sklave nach der Freilassung durch seinen Herrn zu diesem tritt. Durch die Freilassung rückt der Sklave in eine der Blutsverwandtschaft ähnliche Beziehung zu seinem Herrn ein: Der ehemalige Herr zählt im Falle des Todes des Freigelassenen zu dessen erbberechtigten Agnaten; er muß für seinen Freigelassenen Wergeld aufbringen, wenn dieser eine Blutschuld auf sich lädt; der ehemalige Herr übernimmt die einem engen Verwandten vorbehaltene Pflicht, als Trauzeuge zu fungieren, wenn die Tochter seines Freigelassenen verehelicht wird, desgleichen wenn es um die Verheiratung einer freigelassenen Sklavin geht. Der ehemalige Sklave selber erwirbt keinen Anspruch auf das Erbe des Herrn; er gilt in der Regel nicht als Mitglied der männlichen Verwandtschaft (arab.: *al-ʿāqila*) seines einstigen Herrn, die für das Wergeld geradezustehen hätte, sollte dieser eine Blutschuld auf sich laden. In dieser Hinsicht im Vorteil, im Hinblick auf das Erbrecht

[33] EI² s.v. *Fiḳh*.

[34] *Hal lil-qanūn* ..., 142, 147–158, 164–166; vgl. P. CRONE: *Roman, provincial, and Islamic law*, Cambridge 1987, 5.

im Nachteil gegenüber dem gewesenen Eigentümer, war der Freigelassene nach dem islamischen Rechtsempfinden gehalten, jenem ein gewisses Maß an Loyalität zu wahren, das aber nicht näher bestimmt wurde. Die Klientelschaft muß jedoch nicht auf einen Akt der Freilassung eines Sklaven zurückgehen; zum Klienten eines Mannes kann man auch durch eine Vereinbarung werden. Nicht-arabische Andersgläubige, die den Islam annahmen, traten zur Zeit der großen Eroberungen vielfach in ein Klientelverhältnis zu einem Araber und gewannen auf diese Weise den Rückhalt des Klans, dem dieser angehörte. Die Rechtsfolgen waren im wesentlichen die gleichen wie bei der durch Freilassung gestifteten Beziehung. Allerdings durfte vereinbart werden, daß auch der Klient seinen Patron beerben könne; ferner konnte die Klientelschaft widerrufen werden, solange der Patron noch nicht für seinen Klienten Wergeld hatte zahlen müssen.

Die muslimischen Rechtsgelehrten verstehen die Klientelschaft als eine Institution, die eine der Blutsverwandtschaft in männlicher Linie gleiche Beziehung begründet. Nach P. Crone ist dies eine Fehldeutung, denn, wie gezeigt, könne von einer völlig gleichberechtigten Stellung keine Rede sein. Vielmehr werde der Klient wie ein Kind betrachtet, das niemals das Erwachsenenalter erreiche: „Andere haben ihm gegenüber Rechte und Pflichten, das Kind selber aber bleibt passiv." Die Annahme, in vorislamischer Zeit habe es in Arabien Rechtsinstitutionen gegeben, die die Eingliederung Fremder in den als Blutsgemeinschaft aufgefaßten Stamm ermöglicht hätten und auf die man in der Epoche der Eroberungen zurückgegriffen habe, liege dem Bild zugrunde, das man sich bisher von der muslimischen Gesellschaft der Omaijadenzeit gemacht habe. Doch sei diese Annahme irrig. In Wahrheit habe das vorislamische Arabien nur den allgemeinen gesellschaftlichen Hintergrund geboten, vor dem in frühislamischer Zeit die Aneignung der Institution der Klientelschaft aus dem römischen und dem Provinzialrecht habe erfolgen können.[35] Im heidnischen Arabien, so führt P. Crone aus, konnten Beziehungen zwischen Angehörigen verschiedener Stämme durch einen Bündnisschwur (arab.: *al-ḥilf*) formalisiert werden; das Recht, sich bei dem betreffenden fremden Stamm aufzuhalten und von ihm beschützt zu werden, folgte aus einem solchen Schwur. Ähnliches bewirkte der sogenannte nachbarschaftliche Schutz (arab.: *al-ǧiwār*), der Fremden gewährt wurde, die darum ersuchten. In beiden Fällen wurde jedoch nicht eine Aufnahme in die Blutsverwandtschaft des schützenden Stammes vorausgesetzt. Die Fremden waren und blieben „Gäste".[36] Die Klientelschaft der frühislamischen Zeit weist demgegenüber Spuren eines Eigentumsrechts auf, das dem Patron zusteht. Das Patronat des römischen bzw. des Provinzialrechts und die frühislamische Klientelschaft hätten im übrigen vier wesentliche Elemente gemeinsam: Der ehemalige Herr bzw. der Patron können ihren Klienten beerben; der Patron vererbt die Stellung, die seine Klienten zu ihm einnehmen, an seine Nachkommen – klare Belege für eine vergleichbare Regelung im frühislamischen Recht findet Crone

[35] Crone, op. cit., 36–41.
[36] Ebd., 51–53.

allerdings nicht; sie folgert dies aus den „üblichen Bestimmungen des vorklassischen (islamischen) Rechts"; nach dem Recht der griechischsprachigen Provinzen des Römischen Reiches hatte der ehemalige Herr Anspruch auf fortdauernde Dienste (griech.: *παραμονή*), konnte jedoch hierauf verzichten, was der im frühen Islam ebenfalls belegten Freilassung (arab.: *at-tasjīb*) eines Sklaven ohne Stiftung einer Klientelschaft entspreche; schließlich entstehe keine Klientelschaft, sofern ein Sklave mit seinem Herrn einen Vertrag über einen Selbstfreikauf (arab.: *al-mukātaba*) abschließt und erfüllt.[37]

Der Omaijade Mu'āwija (reg. 660–680) soll der erste Muslim gewesen sein, der Andersgläubige über einen Vertrag als Klienten an sich band. Als er regierte, war die erste Welle der Eroberungen bereits vorüber; man erkannte nun die Notwendigkeit, in großer Zahl Menschen, die im System der arabischen Stämme keinen Platz fanden, in die neue Ordnung einzufügen und griff die Rechtsinstitution der Klientelschaft auf. Schon wenig später begann man, diese als die Stiftung einer Blutsverwandtschaft zu interpretieren.[38] Für die frühe Geschichte des islamischen Rechts folgert P. Crone aus diesen Annahmen: „Die Rechtsgelehrten verloren nach den Eroberungen im Verlauf von eineinhalb Jahrhunderten die unmittelbare Berührung mit dem Provinzialrecht." Daher konnten sich archaische Rechtsvorstellungen durchsetzen. „Die tribale Organisation der Araber einerseits und das kollektive Vergessen andererseits , in dessen Folge die Verehrung des prophetischen Medina als der wahren Heimat der Scharia begann, bewirkten, daß die Araber dem Recht, das sie empfingen, einen archaischen Stempel aufdrückten. So wurde das Patronat, das römischerseits seit langem aus agnatischen Verbindungen herausgelöst worden war, aufs neue zu einem agnatischen Rechtsinstitut ..."[39]

Gegen diesen Entwurf von den Anfängen der Geschichte des islamischen Rechts wurde entschieden Einspruch erhoben, weil die Verfasserin sorglos und willkürlich mit den Quellen verfahren sei.[40] Dem werden wir hier nicht weiter nachgehen; vielmehr soll der tragende Gedanke der Studie zusammengefaßt und gewürdigt werden. Die Scharia baut auf dem Recht der syrisch-palästinensischen Provinzen des Byzantinischen Reiches auf, das allerdings in dem Augenblick, in dem sie der arabischen Herrschaft anheimfallen, so weit in Vergessenheit gerät, daß es möglich oder notwendig wird, die doch weiterhin geübte Rechtspflege vollkommen neu und anders zu begründen – nämlich sie auf das Wirken eines gewissen Muḥammad in Medina zurückzuführen. Diese neuartige Begründung des Rechts bedeutete zu-

[37] Ebd., 83–86.

[38] Ebd., 91.

[39] Ebd., 99.

[40] W. Hallāq: *The use and abuse of evidence*, in: JAOS 110/1970, 79–91. Überdies hat Frau I. Schneider an einem Beispiel dargelegt, daß schon die frühesten Zeugnisse der Rechtspflege im islamischen Gemeinwesen nicht das zunächst unveränderte Fortleben von älteren Rechtsformen erkennen lassen, sondern das Bestreben, allgemeine Grundsätze der koranischen Heilsbotschaft im Alltag zu verwirklichen (*Kinderverkauf und Schuldknechtschaft*, Stuttgart 1999, Abhandlungen für die Kunde des Morgenlandes LII/1).

gleich eine verhängnisvolle Archaisierung. – Diese Thesen sind nur zu verstehen, wenn man sie in die Sicht von den Anfängen des Islams einordnet, die die Verfasserin in mehreren Arbeiten entwickelt hat. Danach ist die gesamte religiöse Überlieferung, die sich auf die früheste Zeit eines Glaubens namens Islam bezieht, eine seit dem ausgehenden 7. Jahrhundert ins Werk gesetzte Fälschung, vor allem auch das, was über jenen Muḥammad berichtet wird, und der Koran ist die folgenreichste Frucht dieser Machenschaften einer vorwiegend jüdisch geprägten Sekte, die sich gewissermaßen einen Stifter und eine heilige Schrift erfand.[41] Hatte schon Goldziher eine unzureichende Vorstellung von den Anfängen des islamischen Rechts, weil er die breite Bedeutung übersah, die der Begriff *fiqh* in frühislamischer Zeit aufwies, so ist nun *per definitionem* die Beachtung des religiösen Zusammenhanges, in welchem Sache und Begriff ihrem Ursprunge nach stehen, ausgeschlossen, denn dieser ist nichts als eine spätere Fiktion. Freilich kann laut P. Crone nicht geleugnet werden, daß das Arabertum zumindest seit der Errichtung des Damaszener Kalifats unter Muʿāwija I. die Weltgeschichte mitbestimmt, und zwar als Träger eben jenes Islams, den es eigentlich noch gar nicht gibt, sondern der gerade dabei ist, erfunden zu werden, was auf dem Boden byzantinischer Provinzen geschieht. Daher ist beispielsweise die Klientelschaft ein in Wahrheit römisches Rechtsinstitut, das aber in eine verfälschende, nämlich arabische Tradition eingebettet wird.

3. Die Anfänge des *fiqh*

Es zeigt sich eindrucksvoll, auf welch seltsame Abwege eine Geschichtsforschung gelangen kann, die sich unterfängt, von sich aus festzulegen, welche Quellen ihr genehm sind und welche nicht.[42] Ich werde diesen Pfad nicht einschlagen, womit keineswegs gesagt ist, daß ich ein Fortleben von einzelnen Vorstellungen des römischen – und übrigens des sasanidischen – Rechts im islamischen verneine. Das auf keinen Fall! Aber es geht um den Ursprung des islamischen Rechts, und der wird nicht identifiziert und beschrieben, indem man, und sei es noch so schlüssig, die Überlieferung des einen oder anderen Rechtsinstituts bis zu seiner römischen oder sasanidischen Wurzel zurückverfolgt. Nun ist die Suche nach den Anfängen der Scharia außerordentlich erschwert worden, seit Goldziher und andere erkannten,

[41] P. Crone: *Slaves on horses*, Cambridge 1974, Historiographical introduction. Über die Genese dieser Annahmen vgl. Nagel: *Medinensische Einschübe in mekkanischen Suren*, 7–13.

[42] Wenn schon die These einer gigantischen Fälschung sowohl des Korans als auch der Vita Muḥammads und der gesamten frühislamischen Überlieferung, sofern diese „Religiöses" betrifft – die Identifizierung dieses „Religiösen" innerhalb des reichen Materials erfolgt offenbar nach modernen europäischen Kategorien –, verfochten werden soll, müßte wenigstens einiges über Ort, Zeit und Personenkreis des mit dieser Herkulesarbeit befaßten Gremiums zu ermitteln sein. Leider liest man darüber gar nichts.

daß das Propheten-*ḥadīṯ* in der Form, wie es die großen Sammlungen des 9. und 10. Jahrhunderts darbieten, keineswegs ein zuverlässiges Zeugnis von den Handlungen und Anweisungen Muḥammads gibt, sondern zahlreiche Anachronismen aufweist. Hieraus wurde zu Recht geschlossen, daß dieses Material unter den allgemeinen Verdacht der späteren Manipulation zu stellen sei. Die auf Muḥammad zurückführenden Überliefererketten, die für den Muslim die unverfälschte Weitergabe des Inhalts eines *Ḥadīṯes* verbürgen, erfüllen in den Augen des Historikers diesen Zweck keineswegs. Diese am Ende des 19. Jahrhunderts gewonnene Erkenntnis wurde durch die Untersuchung J. Schachts über Muḥammad b. Idrīs aš-Šāfiʿī (gest. 820), die Gründergestalt einer der großen Rechtsschulen, in überzeugender Weise bestätigt.[43] Denn es zeigt sich, daß aš-Šāfiʿīs methodisches Postulat, die Scharia, sofern der Koran nicht einschlägig sei, vor allem auf das Prophten*ḥadīṯ* zu gründen, seine Rechtfertigung in dem um 800 erreichten Zustand der *ḥadīṯ*-Literatur findet; diese war so weit gediehen, daß nunmehr hinreichend viele Traditionen vorlagen, die über ihre Überliefererkette mit Muḥammad verknüpft worden waren und somit als authentisch betrachtet wurden. Wie Schacht belegen konnte, waren solche Ketten vielfach in die Vergangenheit hineingewachsen; Nachrichten, die zunächst ohne das Siegel prophetischer Autorität umliefen und vielleicht mit einem Gefährten Muḥammads oder mit jemandem aus den nachfolgenden Generationen in Verbindung gebracht wurden, wiesen nun Tradentenketten auf, die über jenen Bürgen hinaus bis zum Propheten verlängert worden waren. Eine Einführung in das islamische Recht aus der Feder Schachts enthält sich demnach aller Überlegungen über die frühe Zeit und begnügt sich mit einigen Bemerkungen zu juristischen Aussagen des Korans und der *sunna* sowie zur Herrschaftsweise der ersten Nachfolger Muḥammads, die später - in der literarischen Form des *ḥadīṯ*, d. h. auf den Propheten zurückgeführt - eine der wichtigsten Quellen des islamischen Rechts wurde, deren Inhalt jedoch als nicht näher bestimmbar angesehen wird. Denn wodurch wurde die Machtausübung der ersten Kalifen geprägt? Darüber erfahren wir nichts. Schacht nimmt vermutlich an, daß es bis in die omaijadische Zeit keinerlei spezifisch islamische rechtliche Vorstellungen gegeben habe, denn er zitiert eine Aussage des Geschichtsschreibers al-Balāḏurī (gest. 892), derzufolge Abū Jūsuf (gest. 798) noch die Meinung vertreten habe, daß ein Rechtsbrauch unarabischer Herkunft, der nach der Eroberung des betreffenden Gebietes durch die Araber unangetastet

[43] J. Schacht: *The origins of Muhammadan jurisprudence*, Oxford 1950. Eine umfassende Studie, die die Entstehung der „Grundlagen des *fiqh*" und deren Inhalt aus islamischer Sicht beschreibt, ist das Buch von Muṣṭafā Saʿīd al-Ḫinn: *Aṯar al-iḫtilāf fī l-qawāʿid al-uṣūlīja fī 'ḫtilāf al-fuqahā'*, Kairo 1972. Desweiteren verweise ich auf das Buch von W. Hallaq: *A history of Islamic legal theories*, Cambridge 1997, mit dem ich insofern konform gehe, als auch ich der Ansicht bin, daß aš-Šāfiʿī die wesentlichen theoretischen Konzepte der Scharia-Wissenschaft ausgearbeitet hat. Anders als Hallaq, der seinen Gegenstand von der Begrifflichkeit der *uṣūl al-fiqh* her durchdenkt, betrachte ich die Geschichte des islamischen Rechts jedoch als eine von mehreren Erscheinungsformen der Herausbildung und Fortentwicklung einer von einer religiösen Heilsbotschaft geprägten Gesellschaft.

blieb, auch dann nicht nach Maßgabe islamischer Grundsätze abgeändert werden dürfe, wenn aus ihm den Muslimen Unannehmlichkeiten erwüchsen. Mālik b. Anas (gest. 795) und aš-Šāfiʿī dagegen hätten dem Kalifen die Möglichkeit der Änderung zugestanden, denn er müsse in einem solchen Falle für Abhilfe sorgen. Schacht hebt hervor, daß der „islamische" Charakter des Rechtsbrauches damals noch ohne Belang gewesen sei und deshalb auch vorislamisches Recht aus Gründen der Opportunität hätte Bestand haben dürfen.[44] Doch wird auch hier wieder auf einzelne Bestimmungen abgestellt, die Frage nach der Scharia, die diese Bestimmungen einer die Vereinzelung überwindenden Deutung unterwirft, wird gar nicht berührt. Muß man sich damit abfinden, daß diese Deutung, die die islamische Wissenschaft von der Scharia und ihren Quellen erarbeitet, spontan auftrat und nicht mit der Botschaft des Korans in Verbindung zu bringen ist? Fast sieht es so aus. Denn die Vorstellung, zumindest zwischen dem Koran, aufgefaßt als der von einem historischen Propheten namens Muḥammad verkündeten Botschaft, und der um 700 einsetzenden auf diese Botschaft Bezug nehmenden Literatur klaffe eine Lücke von etlichen dunklen Jahrzehnten,[45] ist nicht ohne weiteres von der Hand zu weisen. Diesem Befund würde entsprechen, daß man im Koran den Begriff der Scharia vergeblich sucht und die muslimische Rechtsgelehrsamkeit nur unter Aufbietung all ihrer Interpretationskünste einen legitimierenden Zusammenhang zwischen dem, was die Scharia ist, und einigen Aussagen der heiligen Schrift zu konstruieren vermag.[46]

Die Anfänge der Scharia werde auch ich nicht in der medinensischen Urgemeinde oder unter den Vier Rechtgeleiteten Kalifen suchen. Wohl aber ist es möglich, mit ausreichender Klarheit zu ermitteln, was man in jener Zeit unter *fiqh* verstand. Das umfangreiche Quellenmaterial, das P. Crone von vornherein aus ihren Erwägungen ausschloß, bietet eine Fülle von erhellenden Angaben zu dieser Frage. Man muß sich nur von dem Zwang freimachen, es unter dem Blickwinkel eines *ḥadīṯ*-Gelehrten zu lesen, dem es um Nachweis oder Verwerfung der Urheberschaft des Propheten geht - auch die europäische Islamforschung hat sich diese Problematik aufdrängen lassen und ist zu ihrem negativen Urteil über die „Echtheit" des *ḥadīṯ* gelangt, indem sie die von der muslimischen Wissenschaft betriebene Gewährsmännerkritik um Anleihen bei der geschichtswissenschaftlichen Quellenkritik ergänzt hat. Dabei verlor man die Frage aus dem Auge, ob ein solches Verfahren überhaupt sinnvoll auf Überlieferungen angewandt werden kann, die gar keine Geschichtsschreibung sein wollen. Selbstverständlich wird in der erdrückenden Mehrzahl der Fälle der Inhalt eines *Ḥadīṯe*s nicht mit Muḥammad in Verbindung zu bringen sein; eine noch so feinsinnige Analyse der Überliefererkette und

[44] J. Schacht: *An introduction to Islamic law*, Oxford 1964, 17–20.

[45] R. Paret: *Grenzen der Koranforschung*, Stuttgart 1950, 6f., hebt die Lücke von etwa einhundert Jahren hervor, die zwischen der Offenbarung und der Aufzeichnung der ersten Kommentierungen des Korans liegt.

[46] Vgl. Kap. B I 1.

der geschichtlichen Begleitumstände, unter denen ein bestimmtes *Ḥadīṯ* möglicherweise formuliert und weitergegeben wurde,[47] können daran nichts ändern. Auch wenn das *ḥadīṯ* ganz oder in wesentlichen Stücken nicht vom Propheten stammt, so ist es immerhin vorhanden, und die Frage, was es eigentlich sei, harrt einer Beantwortung. Sie möchte ich hier in Angriff nehmen, soweit unser Gegenstand, der *fiqh*, betroffen ist.[48]

Schon bei der Darlegung der Grundbegriffe wurde Sure 9, Vers 122 zitiert: „Wie wäre es denn, wenn sich aus jeder Gruppe einige einstellten, um Einsicht in die Glaubenspraxis zu gewinnen (*li-jatafaqqahū*) und um ihren Stamm, wenn sie zu ihm zurückkehren, (vor dem Verharren im Unglauben) zu warnen?" Dieser Satz steht in einem Zusammenhang mit Überlegungen zum Verhältnis zwischen den Gläubigen (arab.: Pl. *al-mu'minūn*), dem Kern der Gefolgschaft des Propheten, und anderen Gruppen der Bevölkerung in der Umgebung von Medina. Die Gläubigen im engsten Sinne, das sind die mekkanischen Auswanderer und ihre medinensischen Helfer (vgl. Sure 8, 72 und 74). Die Bereitschaft, für „Gott und seinen Gesandten" in den Kampf zu ziehen, ist das Merkmal, das die Gläubigen auszeichnet: Sie haben mit Gott einen Handel abgeschlossen, bei dem sie ihm das Vermögen und das Leben übereigneten und dafür die unverbrüchliche Zusage erhielten, dereinst in das Paradies einzuziehen. Dies wird in Sure 9, Vers 111 bekräftigt.[49] Nun gibt es in der spätmedinensischen Zeit, in der Sure 9 offenbart wurde, neben den Gläubigen auch Beduinen, die, aus welchen Gründen auch immer, in den Augen des Propheten verpflichtet sind, ihn im Kriegsfalle zu unterstützen, was sie offenbar nicht immer getan haben (Sure 9, 101 und 120). Dabei wurden ihnen genau wie den wahren Gläubigen „auf dem Pfade Gottes" (arab.: *fī sabīl Allāh*) Hunger, Durst und Entbehrungen gutgeschrieben; wenn sie die Feindschaft der benachbarten Stämme auf sich zogen, dann wurde ihnen dies, ganz gleich wie den Gläubigen, durch Gott als eine löbliche Leistung auf das Jenseitskonto angerechnet. Ja, es ist überhaupt so, daß jegliche Tat zum Nutzen Gottes und der von seinem Propheten beherrschten Gemeinde auch für sie - die sie nicht ausdrücklich jenen Handel mit Gott abgeschlossen haben - günstig zu Buche schlägt (Sure 9, 120 und 121). Zu den von Muḥammad angeordneten Feldzügen kann sich ohnehin nicht die Gesamtheit der Gläubigen einstellen, heißt es im ersten Teil von Sure 9, Vers 122. Wäre es unter diesen Umständen nicht sinnvoll, daß die Beduinen der Umgebung von Medina einige ihrer Angehörigen zum Propheten schickten? Diese könn-

[47] J. Fück: *Die Rolle des Traditionalismus im Islam*, in: ZDMG 93/1939, 1-32 spricht sich gegen eine übertriebene Zweifelsucht aus, hat aber kein Konzept zur Scheidung des „Echten" vom „Unechten" zur Hand; an diesem Dilemma leiden letztlich auch die Arbeiten von G. H. Juynboll: *Muslim tradition*, Cambridge 1983 und H. Motzki: *Die Anfänge der islamischen Jurisprudenz*, Stuttgart 1991.

[48] Vgl. T. Nagel: *Ḥadīṯ – oder die Vernichtung der Geschichte*, in: XXV. Deutscher Orientalistentag, Vorträge, Stuttgart 1994, 118-128.

[49] T. Nagel, *Einschübe*, 159-162.

ten an einem Kriegszug teilnehmen und dabei Einsicht (arab.: *al-fiqh*) in die rechte Glaubenspraxis gewinnen und dann, zu ihrem Stamm zurückgekehrt, ihn darin unterweisen.

Wenn die in der islamischen Geschichtsüberlieferung übliche Verknüpfung der Offenbarung von Sure 9, Vers 122 mit dem Feldzug nach Tabūk im Spätherbst des Jahres 630 richtig ist[50] – es spricht nichts dagegen –, dann bezieht sich die Klage über die mangelnde Unterstützung durch die Beduinen der Umgebung von Medina auf Muḥammads Bruch des mit Mekka vereinbarten Abkommens von Ḥudaibīja, der in den Winter von 629 auf 630 fällt. Daß Muḥammad im Januar 630, ohne auf nennenswerten Widerstand gestoßen zu sein, seine Vaterstadt in Besitz nahm, hatte man nicht voraussehen können, wenn man vom Stimmungsumschwung der mekkanischen Machtelite nichts gewußt hatte. Nachdem der Prophet von Mekka aus einige den Quraišiten feindlich gesonnene Stämme angegriffen und besiegt hatte, war er nach Medina zurückgekehrt. Er stand nun auf dem Höhepunkt seiner Macht, und es war abzusehen, daß sich sein Einfluß über weite Gebiete der Arabischen Halbinsel ausdehnen würde. Die politische Lage hatte sich in dieser Hinsicht von Grund auf gewandelt. Die Kampfgemeinschaft der Gläubigen hatte ihren Sinn in dem Ringen ums Überleben gehabt; die Hedschra, die Auswanderung zu Muḥammad, und das bedeutete, die bedingungslose Aufgabe des bisherigen Alltags, die Abtrennung der überkommenen Bindungen und die vollständige Übereignung des Vermögens und auch der eigenen Person an „Gott und seinen Gesandten", waren damals erforderlich gewesen, jetzt aber nicht mehr. Wie im alten Arabien üblich, trafen, nachdem Muḥammad von Tabūk zurückgekehrt war, Delegationen vieler Stämme in Medina ein, um ihm ihre Ergebenheit zu versichern. Die Religion, die der Prophet verkündete, konnte von jetzt an nicht mehr ausschließlich unter dessen Aufsicht in Medina oder im Heerlager der „Gläubigen" praktiziert werden; dies mußte vielmehr auch in Abwesenheit des Gottesgesandten möglich sein, wozu es allerdings, wie es im Vers 122 heißt, der Einsicht in den Inhalt der Botschaft und die Art ihrer Anwendung im Alltag bedurfte. Die erörterten Sätze aus Sure 9 beschreiben, wenn wir sie mit der islamischen Geschichtsüberlieferung in die Zeit des Feldzuges nach Tabūk datieren, die Lage des Überganges von der engen Gemeinschaft der Kämpfenden zu einer ungleich weiteren, deren Mitglieder längst nicht mehr alle den Propheten von Angesicht zu Angesicht kennen, auch längst nicht mehr alle den Handel der Gläubigen mit Gott eingehen, sondern in ihrer angestammten Umgebung und ihren ererbten verwandtschaftlichen Bindungen bleiben und sich die neue Religion als eine erlernbare Glaubenspraxis aneignen. Nicht umsonst heißt es, daß es nach der Einnahme Mekkas keine Hedschra mehr gebe.

[50] Bei ar-Rāzī: *Mafātīḥ al-ġaib*, zu Sure 9, 122 wird dieser Vers mit dem Feldzug nach Tabūk in Zusammenhang gebracht, der von Oktober bis Dezember 630 dauerte (vgl. auch al-Wāqidī: *Kitāb al-maġāzī*, ed. M. Jones, Oxford 1966, 1022).

Vereinzelt waren schon vorher Besucher durch Muḥammad in die Religion eingewiesen und mit der Mahnung entlassen worden, in ihrer Heimat an ihr festzuhalten und für sie zu werben. So war im Jahr 628, als gerade Ḫaibar von Truppen des Propheten eingenommen worden war, eine etwa fünfzig Mann starke Gruppe von Jemeniten aus dem Stamm der Aš'arūn in Medina eingetroffen.[51] Unter ihnen war der später zu Ruhm gekommene Abū Mūsā al-Aš'arī (gest. zwischen 662 und 673). Muḥammad empfing die Besucher und setzte letzteren, der wie seine übrigen Gefährten den Islam annahm, zum „Statthalter" von Zabīd und Aden ein. Erst nach dem Tod Muḥammads, als die „islamische" Herrschaft über die meisten Regionen Arabiens zusammenbrach, kehrte Abū Mūsā nach Medina zurück. Er nahm dann an den Eroberungszügen nach Syrien teil, wo er die Pest des Jahres 639 und den Tod des von 'Umar mit dem Oberbefehl betrauten quraišitischen Auswanderers Abū 'Ubaida b. al-Ǧarrāḥ erlebte. 'Umar b. al-Ḫaṭṭāb schickte Abū Mūsā später als seinen Statthalter in die entstehende Heerlagerstadt Basra, wo er al-Muġīra b. Šu'ba, einen Altersgenossen, im Amt ablöste. Von 'Uṯmān wurde er mit der Statthalterschaft Kufas betraut, wiederum als einer der Nachfolger al-Muġīra b. Šu'bas.[52] Als der Schiedsmann 'Alī b. abī Ṭālibs nach den Kämpfen von Ṣiffīn verschaffte sich Abū Mūsā einen unangefochtenen Platz in der islamischen Geschichtsschreibung. In ihr findet sich jedoch auch der Hinweis, daß er es gewesen sei, der den Basrensern, danach den Kufanern die Einsicht in den neuen Glauben vermittelt habe (arab.: *faqqaha*).[53] – Im Jahre 10 h (begann am 9. April 631) traf eine Abordnung der Banū Ruhā' aus dem Stammesverband der Banū Maḏḥiǧ in Medina ein; Muḥammad suchte sie in ihrem Quartier auf, nahm ihre Geschenke entgegen, „und die Ankömmlinge wurden Muslime und lernten den Koran und die rituellen Pflichten (arab.: Pl. *al-farā'iḍ*)". Mit reichen Gegengaben schickte er sie auf den Heimweg, doch kamen einige von ihnen bald wieder nach Medina und gingen mit dem Propheten auf die letzte Wallfahrt vor seinem Tod. – Nicht nur in unmittelbarer Begegnung mit Muḥammad wurden Menschen zum Übertritt zum Islam veranlaßt. Der Prophet sandte in seinem letzten Lebensjahr ihm vertrauenswürdig erscheinende Männer aus, die in bestimmten Gegenden der Halbinsel die Kenntnis des neuen Glaubens ausbreiten sollten. Der berühmteste unter ihnen war der Ausite Mu'āḏ b. Ǧabal, der – wohl bald nach Muḥammads Flucht nach Medina – als Achtzehnjähriger den Islam angenommen und sich in den Kämpfen gegen das quraišitische Mekka ausgezeichnet hatte. Ihn ordnete der Prophet in seinem letzten Lebensjahr in den Jemen ab, wo bereits mehrere Beauftragte tätig waren; Mu'āḏ erhielt den Befehl, die Jemeniten – sie waren vorwiegend „Schriftbesitzer" (arab.: *ahl al-kitāb*) – im Eingottglauben zu unterweisen. Dies tat er nicht ohne Erfolg, denn im April 632, kurze Zeit vor Muḥammads plötzlichem Tod, fanden sich in Medina zweihundert Mann aus dem Stamm der an-Naḫa' ein,

[51] Ibn Sa'd: *Kitāb aṭ-ṭabaqāt al-kabīr*, I, Teil II, 79.

[52] Ḫalīfa b. Ḫaijāṭ: *Ta'rīḫ*, ed. AL-'UMARĪ, Bagdad 1967, 127, 157.

[53] Ibn Ḥaǧar: *al-Iṣāba*, II, 359f., Nr. 4898; ders.: *Tahḏīb at-tahḏīb*, V, 362f.

die Muʿāḏ geworben hatte; sie bekräftigten in Gegenwart des Propheten ihren Übertritt zum Islam.[54]

Für eine solche Missionstätigkeit, deren Ziel die „Islamisierung" Arabiens war und die eben nicht mehr den Vollzug der Hedschra erforderte,[55] lassen sich in den einschlägigen Quellen zahlreiche Belege finden. Es fragt sich nun, was denn der Inhalt jener Unterweisungen im *fiqh* war. Was der Prophet Muʿāḏ b. Ǧabal mit auf den Weg gegeben haben soll, ist uns überliefert. Wenn man auch behaupten könnte, diese Worte seien apokryph, so fassen sie doch, wie wir gleich an weiteren Beispielen sehen werden, Vorstellungen zusammen, die, einen krassen Gegensatz zu der strengen Werkgerechtigkeit der medinensischen Abschnitte des Korans bildend, für die „islamische" Predigt außerhalb Medinas und nach dem Ende der Bedrohung durch die quraišitische Elite charakteristisch wurden. „Du wirst zu Schriftbesitzern kommen", soll der Prophet seinen Sendling aufgeklärt haben, „sie werden dich nach den Schlüsseln des Paradieses ausfragen. Sag ihnen, daß die Schlüssel zum Paradies die Worte ‚Es gibt keinen Gott außer dem (einen) Gott' sind!" Am Tag der Auferstehung würden diese Worte jegliche Verfehlung aufwiegen. Nun folgen Sätze, die bereits eine – wenn auch noch rohe – Theorie über die Ermittlung juristischer Aussagen aus den „Rechtsquellen" voraussetzen. Denn Muʿāḏ fragt weiter, was er tun solle, wenn ihm von den Jemeniten Streitfälle vorgelegt würden. Daß eine solche Frage durchaus in den damaligen geschichtlichen Zusammenhang gehört, lehrt ein Blick in den Koran. „Wenn ihr über irgend etwas streitet, dann legt die Sache Gott und seinem Gesandten vor!" empfiehlt die aus medinensischer Zeit stammende Offenbarung in Sure 4, Vers 59. Die Gemeinde in Medina, deren Verhältnisse auf Arabien übertragen werden sollten, billigte dem Propheten, wenigstens im Idealfall, die Rolle des Schiedsmannes zu. Die Antwort, die Muḥammad in dem genannten Text gibt, läßt sich dahingehend zusammenfassen, daß nur auf der Grundlage festen religiösen Wissens, nämlich des Korans, und wenn dieser zu dem Fall schweigt, der *sunna* des Propheten geurteilt werden dürfe. Erst wenn sich auch in der *sunna* nichts Einschlägiges finden lasse, solle Muʿāḏ unter Hinzuziehung geeigneter Berater eine Entscheidung nach eigener juristischer Erkenntnis (arab.: *ar-ra'y*) treffen. Das Wichtigste an dem Glauben, den Muʿāḏ propagieren solle, sei freilich das rituelle Gebet. Einige Aussagen über die Zeiten, an denen dieses zu verrichten ist, beenden den Text.[56]

Die Wahrnehmung richterlicher Aufgaben (arab.: *al-qaḍā'*) wird übrigens auch Abū Mūsā al-Ašʿarī zugeschrieben. Sie gehört in das Gebiet hoheitlicher Maßnahmen, die durch die religiöse Botschaft des Islams geformt sein sollen. Worin diese besteht, bleibt in dem obigen Text ziemlich verschwommen. Allein das Bekenntnis

[54] Ibn Saʿd, op. cit., I, Teil II, 76f.

[55] Allerdings wurde oft eine Art von militärischer Bundesgenossenschaft gefordert; Muḥammad übergab den Abgesandten ein Feldzeichen (arab.: *al-liwā'*), das später, in den Eroberungskriegen, noch von Belang sein konnte (Ibn Saʿd, op. cit., I, Teil II, 77, Zeile 8).

[56] Ibn Manẓūr: *Muḫtaṣar ta'rīḫ Dimašq*, ed. Ibrāhīm Ṣāliḥ, Damaskus 1988, XXIV, 371f.

zu dem einen Gott und dessen rituelle Verehrung im Pflichtgebet werden hervorgehoben. Dies entspricht jedoch den koranischen Vorstellungen. In Sure 9, Vers 31 heißt es im Zusammenhang mit der den Juden und den Christen, also Schriftbesitzern, auf die Mu'āḏ im Jemen treffen mußte, unterstellten Vielgötterei: „Dabei ist ihnen doch nichts anderes aufgetragen worden, als einen einzigen Gott zu verehren, außer dem es keinen Gott gibt." In den Kämpfen gegen die Abtrünnigen unmittelbar nach dem Tode des Propheten genügte denn auch das erneute Bekenntnis zum Glauben an den einen Gott, um vor weiterer Verfolgung sicher zu sein und wieder als Muslim zu gelten. Ein wesentlicher Zug des Eingottglaubens war neben der unablässigen Verehrung des Einen im rituellen Gebet die Vorbereitung auf das Jüngste Gericht. Auch dieses Thema wird in den Empfehlungen Muḥammads an Muʿāḏ angesprochen, wobei der Prophet betont haben soll, daß das Bekenntnis und nicht das gute Werk der Schlüssel zum Paradies sei. Hierin liegt eine wesentliche Abweichung von den Forderungen, die an die medinensischen „Gläubigen", wie oben geschildert, gestellt wurden. Ihnen war ja gerade der die eigene Person nicht achtende Einsatz abverlangt worden. Zur Einsicht in die Glaubenspraxis, zu der die außerhalb Medinas lebenden Muslime laut Sure 9, Vers 122 hingeführt werden sollten, zählt die Unabdingbarkeit einer Werkgerechtigkeit aber nicht. Die Riten, die, wie es im Koran heißt, „vollständige Hinwendung (arab.: *al-islām*) des Antlitzes zu Gott", sind nun die entscheidende Voraussetzung des Heilsgewinnes;[57] in den Worten, die Muḥammad an Muʿāḏ b. Ǧabal gerichtet haben soll, taucht dieser Gedankengang in dem koranischen Begriff der Umkehr (arab.: *at-tauba*) auf, die, von Gott und dem Menschen zugleich vollzogen, die das Heil sichernde Beziehung zwischen Schöpfer und Geschöpf begründet.[58]

Was im frühesten nachprophetischen Islam als Einsicht in die Glaubenspraxis verstanden wurde, also als *fiqh* im weitesten Sinne, worin die richterliche Tätigkeit mitenthalten war, läßt sich an zahlreichen Textzeugen belegen, darunter sehr vielen, die man wesentlich besser verorten kann als das eben zitierte Beispiel. Aus einem *Ḥadīṯ*, das in die frühe Omaijadenzeit zu datieren ist – worüber gleich noch einiges zu sagen sein wird – sollen die Grundzüge solcher Einsicht klarer herausgearbeitet werden:

> Gabriel kam zum Propheten in einer diesem bis dahin unbekannten Gestalt, legte ihm die Hand aufs Knie und sagte: „Gesandter Gottes! Was ist der Islam?" Muḥammad antwortete: „Der Islam (besteht darin), daß du dein Gesicht ganz zu Gott wendest und bezeugst, daß es keinen Gott außer dem Gott gibt und daß Muḥammad der Gesandte Gottes ist; daß du das rituelle Gebet vollziehst und die Läuterungsgabe entrichtest." „Und wenn ich das tue, bin ich dann ein Muslim geworden?" „Ja!" „Du hast wahr gesprochen", versetzte Gabriel und fragte weiter: „Und was ist der Glaube, Gesandter Gottes?" „Der Glaube (besteht darin), daß du an Gott, den Jüngsten Tag, die Engel, das Buch, die Propheten glaubst und daran, daß du sterben und nach dem Tod leben wirst

[57] Hierzu ausführlich T. Nagel: *Medinensische Einschübe*, 147f.
[58] Ders.: *Der Koran*, München 1982, 282f.

und an die Abrechnung, die Waage, das Paradies, das Höllenfeuer und an die göttliche Bestimmungsmacht, sehe sie Gutes oder Schlechtes vor." „Und wenn ich das tue, bin ich dann gläubig geworden?" „Ja!" „Du hast wahr gesprochen", versetzte (Gabriel) und fragte weiter: „Und was ist gutes Tun (arab.: *al-iḥsān*), Gesandter Gottes?" „Daß du Gott fürchtest, als könntest du ihn sehen, denn wenn du ihn auch nicht sehen kannst, so sieht er dich (in jedem Fall)." „Und wenn ich das tue, bin ich dann einer geworden, der recht handelt?" „Ja!" „Du hast wahr gesprochen", versetzte (Gabriel) und fragte weiter: „Und wann ist die (letzte) Stunde, Gesandter Gottes?" „Preis sei Gott! Fünferlei gehört zum Verborgenen, das nur Gott kennt und von dem der Gefragte auch nicht mehr weiß als der Frager. Bei Gott ist das Wissen von der Stunde; er sendet den Regen herab; er weiß, was der Mutterleib birgt. Keine Seele weiß, was sie morgen (an Tatenlohn) erwerben wird, keine Seele weiß, in welchem Land sie sterben wird (Sure 31, 34). Doch wenn du möchtest, teile ich dir das Wissen von den Vorzeichen mit: Wenn die Magd ihren Herrn gebiert, wenn die Menschen mit Prunkbauten wetteifern und wenn du die Barfüßigen und Elenden über die Bedeutenden Macht gewinnen siehst!" „Wer sind denn (jene Elenden?), Gesandter Gottes?" „Schäbige Beduinen!" Darauf wandte sich der Mann (in dem Muḥammad nicht den Engel Gabriel erkannte) zum Gehen, worauf der Gesandte Gottes wissen wollte: „Wohin, Frager?" Dieser antwortete: „Weiter als bis hier könnte der Weg des Fragers gar nicht führen!" Da rief (der Prophet): „Schaut her, das ist ja Gabriel, der euch eure Glaubensordnung (arab.: *ad-dīn*) lehrt! Sonst ist er immer so gekommen, daß ich ihn erkennen konnte, nur heute nicht!"[59]

'Abd ar-Raḥmān b. Ġanm (gest. 697) ist der Urheber dieser Episode, der sich den Anschein gibt, Zeuge des Zwiegesprächs gewesen zu sein. Noch zu Lebzeiten des Propheten soll 'Abd ar-Raḥmān geboren sein; der Vater gehörte zu jenen Männern vom Stamm der Aš'arūn, die schon 628 nach Medina gereist waren und den Islam angenommen hatten. Der Damaszener Chronist Abū Zur'a (gest. 894) rechnet 'Abd ar-Raḥmān daher zu den herausragenden Überlieferern aus der Zeit 'Umar b. al-Ḫaṭṭābs; im übrigen habe 'Abd ar-Raḥmān dem Kreis um Mu'āḏ b. Ǧabal angehört. Ganz ausgeschlossen ist das nicht. Nach einer anderen Quelle galt er im reifen Alter als der Syrer, der „am meisten Einsicht (in die Glaubenspraxis) (arab.: *afqah*) hatte und der die ganze Generation, die auf die Prophetengefährten folgte, hierin unterwies (arab.: *faqqaha*)". Wenn Mu'āḏ vom Propheten darauf aufmerksam gemacht wurde, daß er die neue Religion gegen die Fragen der Schriftbesitzer werde verteidigen müssen, dann hält sich dieses Motiv verstärkt bis zu 'Abd ar-Raḥmān b. Ġanm, denn er ist es, der den Schriftbesitzern des Fruchtbaren Halbmondes die von uns schon erörterten „'umarschen Bedingungen" mitteilte. Einen auf 'Umar zurückgeführten Ausspruch will er übrigens den omaijadischen Kalifen Mu'āwija, Jazīd und 'Abd al-Malik, zu denen er gute Verbindungen pflegte, ein ums andere Mal eingeschärft haben: „Wehe dem, der über die richtet, die auf Erden sind, vor dem, der über die richtet, die im Himmel sind! Nur diejenigen brauchen sich nicht zu fürchten, die die Gerechtigkeit zum Maß wählen und mit Wahrheit entschei-

[59] Ibn Manẓūr, op. cit., XV, 7f.

den, nicht mit Zuckerbrot, nicht mit Peitsche, nicht nach der Verwandtschaft, (jene) die das Buch Gottes wie einen Spiegel vor sich halten!"[60]

Was ʿAbd ar-Raḥmān b. Ġanm, der die Syrer so eifrig im *fiqh* unterwies, als die Grundlage der neuen Religion ansah, läßt sich dem Dialog des Propheten mit Gabriel entnehmen. Von drei unterschiedlichen Seiten her wird der Gegenstand betrachtet. Die erste wird mit dem Stichwort *islām* benannt: Dieser Begriff wird hier noch ganz im koranischen Sinne verwendet und ist nicht mit der Bezeichnung für die auf Muḥammad zurückgehende Religion an sich zu verwechseln; im *islām* tritt das von Abraham begründete Gottsuchertum erneut in Erscheinung, diesmal durch den arabischen Propheten gestiftet. Koranstellen wie jene aus der 2. Sure (Verse 124–134) klingen hier an, in denen Abraham Gott anfleht, er möge aus der Nachkommenschaft eine zum Schöpfer hingewandte Gemeinschaft erstehen lassen, sie die Riten lehren und sie läutern - bei der Darstellung der ritualrechtlichen Grundsätze der Wallfahrt gingen wir hierauf ein -; diese Stiftung des *islāms* durch Abraham hat, wie in Sure 2 unmittelbar im Anschluß an die Erzählung von der Errichtung der Kaaba versichert wird, die Folge, daß Judentum und Christentum sinnlos geworden sind; nicht was sie glauben, sondern die viel ältere, die ursprüngliche Religion des Gottsuchers Abraham gilt es von neuem zu bekennen (Verse 135 f.).Wie schon in mekkanischer Zeit immer wieder in der koranischen Offenbarung betont, sind das rituelle Gebet und die *zakāt,* mit der man sich, wie in Sure 2, Vers 129 angedeutet, vom Schmutz sündhaften Erwerbs reinigt, die Kernstücke des Kultes, mit dem der Mensch zum *muslim* wird. - Im Überblick über die Bestimmungen der Scharia haben wir, etwa beim Eherecht, erkannt, daß der Gedanke der möglichst reinen Ausrichtung menschlichen Handelns auf den Schöpfer, und das bedeutet die Vermeidung von aller das Sinnen von Gott abziehenden Leidenschaft, die Vorschriften durchzieht.

Der Glaube (arab.: *al-īmān*) bildete die zweite Seite, von der her die neue Religion den Schriftbesitzern nahegebracht werden sollte. Hier fehlt jeglicher Hinweis auf die medinensische Interpretation des Begriffs im Licht einer rigiden Werkgerechtigkeit. Statt dessen knüpft der Text unmittelbar an die 2. Sure an, in deren vorletztem Vers es ähnlich wie in einem Katechismus heißt: „Der Gesandte glaubt an das, was von seinem Herrn auf ihn herabgeschickt wurde. Und auch die Gläubigen, jeder glaubt an Gott, seine Engel, seine Bücher, seine Gesandten, und wir machen keinen Unterschied zwischen einem seiner Gesandten (und den anderen). Sie sagen: ‚Wir hören und gehorchen.' Verzeih uns, Herr, denn auf dich läuft alles zu!" Dieser unbestimmte Hinweis auf die letzten Dinge ist in ʿAbd ar-Raḥmāns Text mit Motiven der Eschatologie angereichert worden. Doch der mit Bezug auf den *islām* bemerkte Hinweis auf den Geltungsanspruch, der Judentum und Christentum einschließt, schwingt wieder mit; in der mit Abraham in Verbindung gebrachten Stif-

[60] Weitere Einzelheiten, vor allem aber den historischen Zusammenhang, in den ʿAbd ar-Raḥmān b. Ġanm einzuordnen ist, findet man in meiner Studie *Die Inschriften im Felsendom und das islamische Glaubensbekenntnis*, in: Arabica 47/2000, 329–365.

tung des *islāms,* wie in Sure 2 erzählt, werden ebenfalls die älteren Propheten genannt, und zwar namentlich, und es wird versichert, daß man als *muslim* sie alle für gleich erachte (Sure 2, 136). Der Glaube eines *muslims,* der durch den Ritus immer wieder ein Verhältnis zu Gott von Angesicht zu Angesicht herstellt, hat keine Beziehung zum Alltagshandeln des Menschen. Denn dieses ist ganz allein der göttlichen Bestimmungsmacht unterworfen. In Sure 80, Vers 17 bis 19, die dem Propheten in Mekka offenbart wurde und in frühislamischer Zeit den Kristallisationspunkt für eine noch rohe prädestinatianische Theologie bildete, ist dieses Verständnis des Glaubens vorgeprägt: „Verflucht sei der Mensch! Wie undankbar er ist! Woraus hat Gott ihn geschaffen? Aus einem Samentropfen hat er ihn geschaffen und ihm dann seine Bestimmung gegeben." Das als *creatio continua* aufgefaßte schöpferische Wirken Gottes kommt, solange die Welt besteht, nicht zum Erliegen, und ihm kann der Mensch sich nicht entziehen. Während die alten Auswanderer das persönliche Verdienst auf dem Pfade Gottes zur Grundlage des Jenseitsschicksals erhoben - und dabei vor allem an sich selber dachten -, blieb den vielen *muslimen,* die nicht in Medina hatten mitkämpfen können und deswegen auch nie mit jenen gleichrangig sein würden, nichts anderes als die Hoffnung auf Gottes Bestimmungsmacht.

Gutes, rechtes Handeln, die dritte Seite der neuen Religion, ist deshalb freilich noch nicht nutzlos. Es muß so gestaltet werden, als stehe man in ständiger Beobachtung durch Gott. Wie ʿAbd ar-Raḥmān den Kalifen predigte, soll man sich stets die koranische Botschaft ins Bewußtsein rufen, ichsüchtige Beweggründe unterdrücken, statt dessen nach dem suchen, was nach Maßgabe der Offenbarung jeweils das Angemessene, Wahre ist. Hier wird das Gebiet erkennbar, auf dem sich die Einsicht in die Religion, von der schon der Koran sprach, zu bewähren hat. Die Lebenswirklichkeit wird, wie hieraus zu folgern ist, nicht als ein Faktum für sich wahrgenommen, sondern unter dem Eindruck der Gottesfurcht; entscheidend ist für diese Wirklichkeit das durch den Ritus gestiftete Verhältnis zu Gott. In einer anderen Fassung des von ʿAbd ar-Raḥmān in Umlauf gesetzten Textes wird dieser Gesichtspunkt noch stärker herausgestellt; zu den für den *islām* genannten Ritualpflichten ist das Ramadan-Fasten hinzugekommen, das rechte Handeln aber wird so bestimmt: „... daß du Gott verehrst, als sähest du ihn ..."[61]

Weit in das 8. Jahrhundert hinein verstand man unter *fiqh* diese ins Allgemeine zielende religiöse Überformung von Leben und Denken, die sich in einer noch keineswegs klar auf den Begriff gebrachten Weise aus der koranischen Botschaft herleitete. Im *ḥadīṯ,* der dieser Religiosität eigentümlichen Literaturgattung, hat das Wort *faqīh* in der Regel noch nicht die Bedeutung „Rechtsgelehrter", sondern bezeichnet den Verkünder des neuen, auf den Koran zurückgehenden Glaubens. In diesem Sinne heißt es in einem Muḥammad zugeschriebenen Ausspruch: „Ein *faqīh* ärgert den Satan mehr als tausend (Muslime), die ihre Riten vollziehen."[62] Der

[61] al-Buḫārī: *Ṣaḥīḥ, tafsīr* zu Sure 31.

[62] A. J. Wensinck: *The Muslim creed,* Cambridge 1932, 110f.

faqīh eben ist es, der, über die Ritenfrömmigkeit hinausdenkend, auf die Unterwerfung des ganzen Lebensvollzugs unter die im Ritus auf Dauer gestellte, das Heil verbürgende Beziehung des Menschen zu seinem Schöpfer nachsinnt. So wird seine Tätigkeit, die auf ausdrücklichen Wunsch Muḥammads außerhalb Medinas ihren Anfang nahm und der, wie das Beispiel ʿAbd ar-Raḥmān b. Ġanms lehrte, die Islamisierung der Bevölkerung der eroberten Gebiete zu danken war, zum Ausgangspunkt der Entwicklung des islamischen Rechts im eigentlichen Sinne.

II. VOM *FIQH* ZUR SCHARIA

1. *Fiqh* und profaner Alltag

Die arabischen Quellen überliefern uns eine Reihe von Beispielen, an denen man die Anstrengungen um eine Einbeziehung von Vorgängen des alltäglichen Lebens, vor allem auch der Machtausübung, in die vom Islam geforderte Hingewandtheit zu Gott - um die oben erläuterte Redeweise des Korans aufzunehmen - gut beobachten kann. In Erinnerung rufen müssen wir uns den Umstand, daß sich seit frühomaijadischer Zeit die rechtsprechende Funktion des Herrschers und seiner Statthalter allmählich aus der Machtausübung herauslöst und der *Qāḍī* als der Sachkenner der Rechtspflege auf den Plan tritt. Hiermit verbunden ist eben auch die Entwicklung einer Fachdiskussion über die Prinzipien, nach denen zu verfahren sei; sie müssen mit dem in Einklang gebracht werden, was der *faqīh* als den Kern der Religion verkündet.

Unter dem Kalifat Muʿāwijas war ein gewisser ʿAbdallāh b. Mālik Statthalter in Medina. Er berichtet, daß der von seinem Vorgänger mit der Rechtsprechung Beauftragte sich in Streitfällen mit einem Zeugen und dem Eid des Klägers begnügte; der Eid und die Aussage eines einzigen Zeugen galten als hinreichender Beweis dafür, daß die Ansprüche des Klägers berechtigt seien. ʿAbdallāh b. Mālik beschäftigte während seiner bis 672 dauernden Statthalterschaft ebenfalls einen Richter, der genauso verfuhr. Auch in Ägypten ist diese Methode belegt, und zwar bis in die frühe Abbasidenzeit. Während unter Muʿāwija diese Weise des Vorgehens keinerlei Diskussionen auslöste, hatte sich dies ein halbes Jahrhundert später geändert. Man war sich nun dessen bewußt geworden, daß im Koran etwas anderes stand. Denn in Sure 2, Vers 282 wird den Muslimen aufgetragen, Schuldverhältnisse schriftlich festzuhalten und dabei zwei Männer bzw. einen Mann und zwei Frauen als Zeugen hinzuzuziehen. Selbst wenn bei Streitfällen keineswegs immer Schulden verhandelt werden, könnte man doch in Analogie zu den Angaben des Korans fordern, daß der Anspruch auf eine wie auch immer geartete Sache oder Leistung durch zwei Zeugen, nicht aber nur durch einen und durch den Eid des Klägers bewiesen werden muß. Der medinensische *Qāḍī* Abū Bakr b. Ḥazm (gest. ca. 735), vom Kalifen ʿUmar b. ʿAbd al-ʿAzīz (reg. 717–720) in sein Amt eingesetzt und als Sachkenner in Dingen der Religion um Auskünfte angegangen,[1] begnügte sich jedoch weiterhin mit einem Zeugen und dem Eid. Nunmehr blieb dieses Verfahren nicht unwidersprochen. Denn man wandte sich an Sālim b. ʿAbdallāh (gest.

[1] Ibn Ḥağar: *Tahḏīb at-tahḏīb*, XII, 39.

ca. 725), einen Enkel des Kalifen ʿUmar b. al-Ḫaṭṭāb, um die Zulässigkeit des Vorgehens zu erfragen. Sālim entschied, daß Abū Bakr b. Ḥazm recht tue.[2]

Sālim, der, aus dem diesbezüglichen Schweigen der Quellen zu schließen, nie ein Richteramt bekleidete, wird als einer der sieben berühmten Kenner der islamischen Religion der Omaijadenzeit, als einer der sieben *fuqahāʾ* gepriesen, so von ʿAbdallāh b. al-Mubārak (gest. 797), einem der großen *ḥadīṯ*-Gelehrten des 8. Jahrhunderts. Jene sieben hätten, wie man erzählte, wann immer sie eine Anfrage erreicht habe, gemeinsam darüber beratschlagt; kein *Qāḍī* habe zu entscheiden gewagt, ehe jene nicht ihre Meinung geäußert hätten.[3] Dies wird eine Übertreibung sein, aber sie belehrt uns über das Verhältnis von *fiqh* und juristischer Praxis gegen Ende des Omaijadischen Kalifats.

In manchen Gebieten des Reiches war jenes medinensische Verfahren des Beweises der Rechtmäßigkeit von Ansprüchen anscheinend nicht üblich. Doch wollte es ʿUmar b. ʿAbd al-ʿAzīz auch dort angewandt wissen, weshalb er beispielsweise seinem kufanischen Statthalter aufgetragen haben soll: „Richte mit dem Eid und einem Zeugen, denn dies ist guter Brauch (arab.: *as-sunna*)."[4] Der Kalif stützte seine Anordnung also auf den guten Brauch der Altvorderen, die wegen ihrer zeitlichen Nähe zum Propheten, wie man meinte, am besten über die einschlägige Glaubenspraxis Bescheid gewußt hätten. In der Auseinandersetzung um die richtige Regelung von Fragen des Alltags nimmt das, was die *fuqahāʾ* lehrten und lehren, den Charakter eines durch altes Herkommen geheiligten verpflichtenden Vorbildes an, das im übrigen durchaus einer Forderung des Korans widersprechen kann, wie eben deutlich wurde. Einem weiteren Beleg für eine solche Aufwertung der Aussagen der *fuqahāʾ* begegnet man in der sich im 8. Jahrhundert entspinnenden Diskussion über den Geltungsbereich jenes Verfahrens: Darf es nur in Vermögensfragen angewendet werden oder auch bei Ehescheidungen, bei der Freilassung von Sklaven und zur Überführung von Tätern, deren Verbrechen mit der „Grenz"-Strafe bedroht sind? Im Irak verwarf man die Ausweitung der Regelung auf derartige Fälle; auch Mālik b. Anas (gest. 795), der medinensische Gelehrte und Namensgeber der malikitischen Rechtsschule, sprach sich für eine Beschränkung auf Vermögensfragen aus. Wenn jemand behauptet, eine Person schulde ihm eine bestimmte Summe, könne der Beklagte einen Eid leisten des Inhalts, daß der Anspruch des Klägers nichtig sei. Wenn der Beklagte einen solchen Eid jedoch verweigere, der Kläger hingegen das Bestehen seines Anspruchs beschwöre, dann sei dieser Anspruch bewiesen. Dies sei überall im islamischen Recht unbestritten, obschon sich nichts darüber im Koran finde. Wenn man ein solches Verfahren für richtig anerkenne, dann doch auch – im Falle, daß der Beklagte u n d der Kläger einen Eid ablegen – den Beweis der Rechtmäßigkeit des Anspruchs des Klägers durch dessen Eid und e i n e Zeugenaussage zu seinen Gunsten, wovon ebenfalls nichts im Buche Gottes steht. Das ist

[2] P.-G. Dannhauer, op. cit., 49.
[3] Ibn Ḥağar, op. cit., III, 437.
[4] P.-G. Dannhauer, op. cit., 83.

Meinung von Mālik, die er so begründet: „Es genügt, was dem guten Brauch entspricht."[5]

Zweierlei ist dieser Erörterung zu entnehmen: Der Koran, der nach der Empfehlung ʿAbd ar-Raḥmān b. Ġanms an die ersten Kalifen der Omaijadendynastie vor allen Entscheidungen zu Rate gezogen werden sollte, ist nunmehr ein wichtiger Maßstab für die Rechtspflege geworden. Diese kann jedoch zweitens auch auf eine Weise des Vorgehens gestützt werden, die als guter Brauch (arab.: *as-sunna*) legitimiert wird. Beide Male wird eine Verankerung der Rechtspflege in einem islamischen Begründungszusammenhang erzielt, nämlich entweder durch ein Wort der Offenbarung oder durch die Aussage eines *faqīh,* der sich auf das Islamisch-Übliche beruft. An einem weiteren Beispiel soll dieser Vorgang veranschaulicht werden, einem Beispiel, das die Innenpolitik der frühen Omaijadenzeit erheblich belastete und noch nach dem Sturz der Dynastie ihren Gegnern Stoff zu wütender Hetze lieferte. Im Jahre 662 verkündete der Kalif Muʿāwija b. abī Sufjān, er habe in Erfahrung gebracht, daß Zijād, einer der fähigsten Statthalter seines bezwungenen Feindes ʿAlī b. abī Ṭālib, sein eigener Stiefbruder sei. Abū Sufjān habe ihn mit Sumaija gezeugt, einer Frau persischer oder griechischer Herkunft, die als Sklavin in den Besitz eines Arabers in aṭ-Ṭāʾif gelangt war. Muʿāwija bot einige nahe Verwandte auf, die bestätigten, daß sein Vater mehrfach Zijād als Sohn bezeichnet habe.[6] Bei der Erörterung der islamischen Ehebestimmungen wurde deutlich, daß die koranischen Vorschriften vor allem auf eine Klärung der genealogischen Verhältnisse des Menschen zielen; aus diesem Grunde wurde beispielsweise zwischen Scheidung und Wiederverheiratung die Beachtung einer Wartefrist (arab.: *al-ʿidda*) zur Pflicht gemacht; ferner wurden Eheformen ausgeschlossen, bei denen die Frau in ihrer Sippe verblieb und Beziehungen mit mehreren Männern eingehen konnte. Genau dieses Ziel der koranischen Botschaft mißachtete Muʿāwija, indem er Zijād in die eigene Familie aufnahm. In Medina regte sich Widerstand gegen diesen Schritt, allerdings nicht wegen des Verstoßes gegen koranische Bestimmungen, sondern weil man der Ansicht war, daß nur jemand, der von einer freien Araberin abstammte, ebenbürtig sei. Diese Ansicht hielt sich im Hedschas bis ins 8. Jahrhundert; noch 762 warf der alidische Rebell Muḥammad b. ʿAbdallāh dem abbasidischen Kalifen al-Manṣūr (reg. 754–775) vor, daß die führenden Mitglieder der vom Irak aus herrschenden Kalifendynastie mütterlicherseits unedler Herkunft seien.[7] Zweifellos hatte Muʿāwija die Aufnahme Zijāds in die Omaijadendynastie als den entscheidenden Schritt zur Stabilisierung seiner Macht im Osten des Reiches angesehen, und da Zijād die in ihn gesetzten Erwartungen erfüllte, verstummte die Kritik vorerst.

[5] Ebd., 91.

[6] K. A. Fariq: *Ziyād b. Abīh,* London 1966, 3, 62.

[7] T. Nagel: *Ein früher Bericht über den Aufstand des Muḥammad b. ʿAbdallāh,* in: Der Islam 46/1970, 227–262, hier S. 247f.

Die breite Überlieferung zur frühesten islamischen Geschichte zeigt, daß Muʿāwijas Vorgehen keineswegs so außergewöhnlich war, wie uns die vielfach von antiomaijadischem Furor beherrschte Historiographie der Abbasidenzeit glauben machen will. So wird in den von Mālik b. Anas vorgetragenen Rechtsfällen vom Streit eines gewissen ʿAbd b. Zamʿa mit dem mekkanischen Prophetengefährten und „Auswanderer" Saʿd b. abī Waqqāṣ um die Abstammung eines Jungen berichtet:

> ʿUtba b. abī Waqqāṣ hat (bei seinem Tod) seinem Bruder Saʿd b. abī Waqqāṣ anvertraut, daß der Sohn der Sklavin Zamʿa von ihm sei und er, sein Bruder, ihn zu sich holen solle. Im Jahr der Einnahme (Mekkas durch den Propheten) ergriff Saʿd den Jungen mit den Worten: „Das ist der Sohn meines Bruders; dieser hat mir das über ihn anvertraut!" Da begab sich ʿAbd b. Zamʿa zu Saʿd und sagte. „Das ist m e i n Bruder, der Sohn der Sklavin meines Vaters; er wurde im Bett (meines Vaters) geboren." Sie zerrten einander zum Gesandten Gottes, und Saʿd sagte: „Gesandter Gottes, jener (Junge) ist der Sohn meines Bruders; dieser hatte mir das über ihn anvertraut." ʿAbd b. Zamʿa hingegen wandte ein: „Es ist mein Bruder, nämlich der Sohn der Sklavin meines Vaters; er wurde in dessen Bett geboren." Der Gesandte Gottes entschied: „Er gehört zu dir, ʿAbd b. Zamʿa!" und fuhr fort: „Das Kind gehört zum Bett, und dem, der illegitime Geschlechtsbeziehungen unterhielt, gehört nichts!" Dann wies er (seine Ehefrau) Sauda bint Zamʿa an: „Verhülle dich vor (dem Jungen)!" Denn (Muḥammad) sah dessen Ähnlichkeit mit ʿUtba b. abī Waqqāṣ. (ʿĀʾiša) fügte hinzu: „(Der Junge) sah Sauda nicht mehr, bis er starb."[8]

Der Prophet sieht sehr wohl, daß die Aussage Saʿds, der Junge sei von dessen Bruder ʿUtba gezeugt worden, der Wahrheit entspricht; eben darum befiehlt er ʿAbd b. Zamʿas Schwester Sauda, sich vor dem Burschen zu „verhüllen", denn sie ist mit diesem nicht so eng verwandt, daß sie sich ihm unverschleiert zeigen dürfte. - Wir haben in dem von Mālik überlieferten Text mithin einen sehr frühen Beleg für die im Koran nirgends erwähnte Verschleierung der Frau; aber das sei hier nur angemerkt. - Obschon Muḥammad die Wahrheit der Behauptung Saʿds erkennt, und das ist in diesem Zusammenhang wichtig, fällt er seine Entscheidung zu dessen Ungunsten, eben weil es um die Beachtung des Prinzips geht: Die Abstammung muß aus unbezweifelbaren formalen Kriterien hervorgehen. Der Eigentümer des „Bettes", in dem ein Kind zur Welt kommt, muß daher als der Vater dieses Kindes angesehen werden. Auf Zijād übertragen heißt dies, er ist juristisch - und damit auch genealogisch - der Sohn des Herrn jener Sklavin Sumaija, mithin eines gewissen al-Ḥāriṯ b. Kalada, der in aṭ-Ṭāʾif lebte und im Ruf stand, ein geschickter Arzt zu sein.[9]

Mit den Worten des Propheten drückt der obige Bericht einen familienrechtlichen Grundsatz aus, der in dieser expliziten Form nicht im Koran steht, wohl aber den Zielen der von Muḥammad verkündeten Ehebestimmungen entspricht. Der mekkanische *faqīh* ʿAṭāʾ b. abī Rabāḥ (gest. ca. 734) kennt bereits den im *ḥadīṯ* viel-

[8] H. Motzki: *Die Anfänge der islamischen Jurisprudenz*, 116.
[9] K. A. Fariq, op. cit., 4.

fach wiederholten Satz, der dem illegitimen Erzeuger nicht nur jede rechtliche Beziehung zu seinem Kind abspricht, sondern ihn auch der für Hurerei angedrohten „Grenz"-Strafe überantwortet. Der mekkanische Überlieferer Ibn Ǧuraiǧ (gest. ca. 767) berichtet:

> Ich fragte 'Aṭā': „Was entscheidest du, wenn ein Mann ein Kind ablehnt, nachdem seine (Ehefrau) es zur Welt gebracht hat?" 'Aṭā antwortete: „Er muß die Verfluchung (arab.: al-*li'ān*) (der Eheauflösung) gegen sie aussprechen, und das Kind gehört dann zu ihr." Ich fuhr fort: „Hat nicht der Prophet gesagt: ‚Das Kind gehört zu (dem Eigentümer) des Bettes (in dem es geboren wurde), und der Hurer muß gesteinigt werden'?" 'Aṭā versetzte: „Richtig! (dieser Grundsatz wurde formuliert) weil die Leute in (den Anfängen des) Islams Kinder, die in den Betten (anderer) Männer geboren worden waren, für sich beanspruchten mit den Worten: ‚Sie gehören uns!' Deshalb stellte der Prophet fest: ‚Das Kind gehört zu (dem Eigentümer) des Bettes, und der Hurer muß gesteinigt werden'."[10]

Der Zusammenhang, in dem hier die sich aus den Vorschriften des Korans ergebende Regelung eingefügt ist, ist ein anderer als bei Mālik b. Anas. Hier geht es um die Möglichkeit eines Ehemannes, die Vaterschaft zu verweigern. Diese Möglichkeit wird ihm vom Koran eingeräumt: „Wenn jemand von euch seine Ehefrauen (des Ehebruchs) bezichtigt und keine anderen Zeugen als sich selber beibringt, dann soll das Zeugnis (dieses Mannes) darin bestehen, daß er viermal unter Anrufung Gottes Zeugnis ablegt, daß er die Wahrheit spreche, und ein fünftes Mal, daß der Fluch Gottes über ihn komme, wenn er lüge. Es wehrt jedoch die Bestrafung der Ehefrau ab, daß sie viermal unter Anrufung Gottes bezeugt, daß er ein Lügner ist und ein fünftes Mal, daß der Zorn Gottes über sie komme, wenn der Ehemann die Wahrheit sage." (Sure 24, 6–9). Eid steht gegen Eid; im Diesseits ist die Wahrheit nicht zu ermitteln. Die Ehe ist nach diesem Schwurverfahren (arab.: *al-li'ān*) in jedem Falle aufgelöst, und das Kind ist juristisch mit der Mutter verwandt.[11]

Der *li'ān* ist die notwendige Ergänzung zu dem im Koran verfochtenen Grundsatz der formalen Eindeutigkeit der Abstammung; der Ehemann kann sich auf diese Weise davor schützen, daß ihm Kinder, die „in seinem Bett" zur Welt kommen – und nach vorkoranischer Anschauung von ihrem wahren Erzeuger beansprucht werden konnten –, untergeschoben werden; daß nach dem Verfluchungsschwur die Ehe nicht mehr besteht, ist ein folgerichtiger Schluß. Die Bemerkung 'Aṭā' b. abī Rabāḥs, daß in den Anfängen des Islams die koranischen Ehebestimmungen noch keineswegs Allgemeingut waren, ist ein weiterer Beleg dafür, daß Mu'āwija eben nicht gegen die in seiner Zeit herrschenden Sitten verstieß. Er unterwarf sich noch nicht dem *fiqh*, wie er von 'Abd ar-Raḥmān b. Ġanm gepredigt wurde, rief sich noch nicht, wie jener forderte, stets den Koran ins Gedächtnis. Wie sehr sich ein gutes Jahrhundert später die Verhältnisse geändert hatten, lehrt uns ein Schreiben,

[10] H. Motzki, op. cit., 115.
[11] Einzelheiten in: *Handwörterbuch des Islam*, s. v. *Ṭalāḳ* (J. Schacht).

daß der abbasidische Kalif al-Mahdī (reg. 775–785) etwa 776 an seinen Statthalter in Basra, seinen Sohn Hārūn, abschickte. Al-Mahdī befahl, die Nachkommenschaft Zijāds, der ja unter Muʿāwija bis 672 von dort aus den Osten des Reiches verwaltet hatte, aus dem Verzeichnis der Quraišiten zu streichen. Frevelhafte Bedenkenlosigkeit im Umgang mit dem göttlichen Gesetz sei es gewesen, was Muʿāwija veranlaßt habe, Zijād zu adoptieren. Frech habe sich Muʿāwija über „das Buch und die *sunna*" hinweggesetzt, voll eitler Bewunderung für Zijāds Stärke, die er sich habe zunutze machen wollen für all seine verwerflichen, schariawidrigen (arab.: *bāṭil*) Unternehmungen. Habe denn nicht der Prophet gesagt: „Das Kind gehört dem Bett, und der Hurer ist zu steinigen?" Und einen weiteren Ausspruch Muḥammads zitiert der Kalif: „Wer seine Genealogie nicht auf seinen Vater oder nicht auf die Mitglieder des Stammes, dem er affiliiert wurde, zurückführt, über den komme der Fluch Gottes, der Engel und der Menschen insgesamt!"[12] Offen habe Muʿāwija mit seiner Untat einer Entscheidung des Propheten getrotzt, und mit vollem Wissen! Indem diese Ungeheuerlichkeit rückgängig gemacht werde, folge er, al-Mahdī, „dem Buche Gottes und der *sunna* seines Gesandten, und der Fürst der Gläubigen hat am ehesten die Pflicht, dementsprechend zu handeln, wie er mit dem Gottesgesandten verwandt ist; am ehesten (ist der Kalif gehalten), den Spuren (des Propheten) zu folgen, dessen *sunna* wiederzubeleben und die falschen, von Wahrheit und Rechtleitung abirrenden *sunna*-Normen anderen Ursprungs außer Kraft zu setzen."[13] Nun also, im 8. Jahrhundert, scheint es ein sicheres Wissen davon zu geben, was die aus dem Koran folgenden Vorschriften und Bestimmungen verlangen, und al-Mahdī zeigt sich überzeugt, daß dies auch unter Muʿāwija schon so gewesen sei. – Wir erinnern uns an das Bild, das al-Ḫuḍarī von der Geschichte des islamischen Rechts zeichnete. – Die Überzeugung, daß der Alltag mit seinen vielen Verrichtungen und Interessenkonflikten bereits unter Muḥammad vollständig nach den Leitgedanken des Islams geregelt und daß die Regelung durch die Gefährten des Propheten und deren fromme Nachfolger auch schon gelebt worden sei, hat sich um die Mitte des 8. Jahrhunderts offensichtlich Bahn gebrochen. Für die im Entstehen begriffene Wissenschaft vom islamischen Recht bedeutete dies eine immer engere Verflechtung mit der – vermeintlichen – Prophetenüberlieferung, die in eben dieser Epoche zu ihrer bis heute anerkannten literarischen Form vorangetrieben wurde, und selbstverständlich mit dem Koran. Noch allerdings war die Rechtswissenschaft stark regional gegliedert; die mekkanischen Gelehrten arbeiteten, wie eine erhellende Studie ergeben hat, weitgehend für sich,[14] und ein gleiches wird für die Medi-

[12] Muslim: *Ṣaḥīḥ*, *ḥaǧǧ* 467 und *ʿitq* 20.

[13] aṭ-Ṭabarī: *Annales*, III, 480f.; vgl. T. Nagel: *Rechtleitung und Kalifat*, Bonn 1975, 102f.

[14] Vgl. H. Motzki, op. cit., 133–138. Motzki läßt sich in seiner Studie leider viel zu oft von der Frage der „Authentizität" des *ḥadīṯes* und der Funktion der Überliefererketten leiten. Eine Musterung des reichen Materials nach inhaltlichen Gesichtspunkten wäre meines Erachtens ergiebiger gewesen.

nenser gelten und wohl auch für die Iraker und die Syrer. Deutlich ist ebenfalls zu erkennen, wie sich die Vertreter der dritten Generation nach Muḥammads Tod, die in den ersten Jahrzehnten des 8. Jahrhunderts gezielter nach dem rechtlichen Inhalt des Islams zu fragen begannen und damit die Verengung des Begriffes *fiqh* auf seinen heute gängigen Sinn einleiteten, von den Vorstellungen anregen ließen, die um die Mitte des 7. Jahrhunderts über die auf Muḥammad zurückgehende neue Religion verbreitet worden waren.[15]

Daß die Suche nach einer islamischen Lösung von Problemen der Machtausübung und der Bewältigung des Alltags nicht sogleich zur Herausbildung eines einheitlichen Rechts im Herrschaftsbereich des Kalifats führte, wurde eben angedeutet. Es gab niemanden, der alle diese Bemühungen hätte zusammenführen können. ʿAbdallāh b. al-Muqaffaʿ (gest. ca. 760), ein blendender Literat und vorzüglicher Stilist, aber auch in der Verwaltungspraxis bewandert, beklagt in einer Denkschrift über den inneren Zustand des Reiches, die er dem Abbasiden al-Manṣūr überreichte, daß die Bevölkerung unter einer verhängnisvollen Rechtsunsicherheit leide; die mit der Rechtspflege Beauftragten, in dieser Zeit in der Regel schon *Q̱āḍīs*, entschieden allzu oft nach Maßgabe ihrer eigenen Einsicht und beriefen sich dabei auf das Herkommen; doch wenn man genauer prüfe, ließen sich für die Entscheidungen nur ganz frische Präzedenzfälle ausfindig machen, Entscheidungen, die auf irgendeinen Heerführer oder Statthalter der jüngsten Vergangenheit zurückgingen. Auch Ibn al-Muqaffaʿ schwebt also eine Verankerung des Rechts in einer älteren Überlieferung vor. Er rät al-Manṣūr, diese zusammentragen und sichten zu lassen und das, was ihm geeignet erscheint, in einem durch die Autorität des Kalifen gestützten Sammelwerk niederzulegen.[16] – Wenn dieser Vorschlag auch nicht verwirklicht wurde, so kennzeichnet er doch sehr anschaulich die rechtsgeschichtliche Situation. Zugleich weist er auf eine Schwierigkeit hin, die nun anzusprechen ist.

Die *fuqahāʾ* hielten nach einer „islamischen" Grundlage des Rechts Ausschau; sie selber waren es aber in der Regel nicht, die mit der Rechtspflege betraut waren. Der *faqīh* berät den *Q̱āḍī* oder Statthalter; solche Verhältnisse werden schon in den Überlieferungen zu den Anfängen des Rechts in frühomaijadischer Zeit vorausgesetzt, wie aus unseren Beispielen hervorging. Die Spannungen zwischen Theorie und Praxis mögen im islamischen Recht nicht schärfer sein als in anderen Rechtssystemen. Sie sind jedoch gegeben und haben ihren institutionellen Grund in der

[15] Ebd., 213. Da die später so genannten Rechtsschulen sich nicht, wie man aus den Bezeichnungen Hanafiten (von Abū Ḥanīfa), Schafiiten (von aš-Šāfiʿī), Malikiten (von Mālik b. Anas), Hanbaliten (von Aḥmad b. Ḥanbal) folgern könnte, als die Anhängerschaft eines Meisters, sondern als die Anhängerschaft einer bestimmten Methode formierten, rücke ich Leben und Werk der vier – mit der notwendigen Ausnahme aš-Šāfiʿīs – nicht in den Brennpunkt meiner Darstellung. Meine Sicht wird im wesentlichen bestätigt durch CHR. MELCHERT: *The formation of the Sunni schools of law, 9th–10th centuries C.E.*, Leiden/New York/Köln 1997.

[16] T. NAGEL: *Staat und Glaubensgemeinschaft*, I, 159–170.

Tatsache, daß sich die Rechtspflege als ein Teilbereich der Machtausübung darstellt, während sich die Rechtstheorie, die sich um die islamische Untermauerung sorgt, seit der Zeit ihres Aufkommens unter den Omaijaden herrschaftskritisch gibt. Das änderte sich auch unter den Abbasiden nicht einschneidend; vor allem die Vertreter einer stark auf das Prophetenḥadīṯ ausgerichteten, die Anfänge des Islams in einem verklärenden Andenken haltenden Jurisprudenz suchten sich mit vielerlei Mitteln einer Inanspruchnahme ihres Wissens durch das Kalifat zu entziehen und verweigerten eine Berufung in öffentliche Ämter.[17] Dennoch gelang es den Abbasiden, mehrere namhafte Rechtsgelehrte für sich zu gewinnen; sie schufen die ersten umfangreichen Abhandlungen, in denen sie ihren Gegenstand von unterschiedlichen Gesichtspunkten aus durchdachten. Unter diesen Juristen ragte Abū Jūsuf (gest. 795) hervor, der unter Hārūn ar-Rašīd (reg. 786–809) als erster in das neugeschaffene Amt eines Ober*qāḍīs* berufen wurde.

Die Schriften Abū Jūsufs belegen, daß in jener Zeit entscheidende Schritte zur Professionalisierung des Richteramtes getan wurden, denn er breitet in ihnen ein für die Rechtspflege taugliches Spezialwissen aus und deutet auch an, auf welche Weise es erweitert und vertieft werden könnte. Insofern als dieses Wissen zum Zwecke der Anwendung zusammengetragen wurde, unterschied es sich von der bloßen Einsicht in die Erfordernisse der göttlichen Ordnung, deren Propagierung und Festigung das Ziel der *fuqahā'* der Omaijadenzeit gewesen war. Diese waren, das haben wir an Beispielen gezeigt, nur ab und an um Rat gefragt worden; die Rechtsprechung blieb eine Teilaufgabe des Herrschers und seiner Statthalter. Jetzt aber gewann die Jurisdiktion an Eigengewicht, wenn sie auch nach wie vor der Machtausübung durch den Kalifen zugeordnet blieb. Hierher rührt die Skepsis der vorwiegend an der Sichtung der Prophetenüberlieferung und an der Verklärung der Frühzeit des Islams arbeitenden Gelehrten gegenüber den Angeboten des Bagdader Kalifats, aus ihrer Mitte die Inhaber der Richterämter zu berufen. Abū Jūsuf, dessen wichtigste Lehrer der aus dem Osten des Reiches stammende Abū Ḥanīfa und der im Irak als *Qāḍī* dienende Ibn abī Lailā (gest. 765) gewesen waren, stand den Bestrebungen der *ḥadīṯ*-Gelehrten nicht gänzlich fremd gegenüber, aber er entschied sich eben doch für die Teilhabe an der praktischen Rechtspflege. Daß er und seine Schüler deswegen von jenen Skeptikern verunglimpft wurden, wird nicht verwundern. Sie widmeten sich, so könnte man den Widerstreit auf den Begriff bringen, dem *fiqh* im alten, weiten Sinne, während im Werk von Männern wie Abū Jūsuf die engere Auslegung dieses Begriffes zum Durchbruch kommt.

Abū Jūsuf hat seinen beiden Lehrern ein Denkmal gesetzt; er hat die Fälle zusammengetragen, in denen sie unterschiedlicher Meinung waren.

> Wenn jemand von einem Ehemann bezeugt, daß dieser einmal eine Verstoßung seiner Ehefrau ausgesprochen hat, und wenn eine andere Person bezeugt, daß er die Verstoßung zweimal ausgesprochen hat, dann lehrte Abū Ḥanīfa, daß beider Zeugnis nichtig

[17] Ders.: *Rechtleitung und Kalifat*, 346.

sei, weil sie einander widersprächen. Ibn abī Lailā hingegen lehrte, aufgrund der beiden Zeugenaussagen sei die Verstoßung als erfolgt zu betrachten, denn beide sind diesbezüglich einer Meinung. – An (diese Ansicht) wollen wir uns halten!

Wenn ein Mann gegen seine Gattin dreimal die Verstoßung ausspricht, nachdem er die Ehe vollzogen hat, dann lehrte Abū Ḥanīfa, daß ihr die Wohnung und der Unterhalt zur Verfügung gestellt werden müßten, bis ihre Wartefrist abgelaufen sei. – An (diese Ansicht) wollen wir uns halten! – Ibn abī Lailā lehrte demgegenüber, ihr sei nur Wohnung, nicht aber Unterhalt zu gewähren. Dem hält Abū Ḥanīfa entgegen: „Warum denn, wo doch der erhabene Gott in seinem Buch sagt: ‚Zahlt für sie, bis sie gebären!' (Sure 65, 6). Auch erfuhren wir, daß 'Umar b. al-Ḫaṭṭāb einer Frau, gegen die dreimal die Verstoßung ausgesprochen worden war, Wohnung und Unterhalt zuerkannte."

Wenn ein Ehemann seiner Frau gegenüber schwört, er wolle ihr den Geschlechtsverkehr verweigern (arab.: *al-īlā'*), und dann den Eid leistet, daß er ihr einen, zwei oder drei Monate fernbleiben wolle, dann ist hierdurch weder eine Verweigerung des Geschlechtsverkehrs noch eine Verstoßung zustande gekommen, denn sein Eid bezog sich auf eine Frist, die kürzer als vier Monate ist. Dies überlieferte Sa'īd b. abī 'Arūba auf Autorität von 'Aṭā' b. abī Rabāḥ, dieser auf Autorität von Ibn 'Abbās; es ist die Ansicht Abū Ḥanīfas, und daran wollen wir uns halten. Ibn abī Lailā hingegen lehrte, er hat tatsächlich einen Verweigerungsschwur geleistet; wenn er sie vier Monate lang nicht berührt, ist sie aufgrund dieses Schwures von ihm geschieden. Ein Verweigerungsschwur hat nämlich die Funktion einer schon bei einmaligem Aussprechen wirksam werdenden Verstoßung.

Wenn ein Ehemann schwört, er werde in diesem betreffenden Haus vier Monate lang mit seiner Frau keinen Geschlechtsverkehr pflegen, und sie dann tatsächlich vier Monate lang nicht berührt, weder in diesem Haus noch anderswo, dann lehrte Abū Ḥanīfa, der Ehemann habe hiermit keinen Verweigerungsschwur geleistet; schließlich kann er doch mit ihr an einem anderen Ort als in dem betreffenden Haus verkehren, ohne daß er eine Sühneleistung (arab.: *al-kaffāra*) zu erbringen hat. Ein Verweigerungsschwur ist lediglich der Eid, der ihn generell vier Monate daran hindert, ohne Sühneleistung mit ihr zu verkehren. – An (diese Ansicht) wollen wir uns halten! – Ibn abī Lailā lehrte demgegenüber diesbezüglich, er hat tatsächlich einen Verweigerungseid geleistet; wenn er sie vier Monate lang nicht berührt, ist sie aufgrund dieses Schwures von ihm geschieden. Ein Verweigerungsschwur hat nämlich die Funktion einer schon bei einmaligem Aussprechen wirksam werdenden Verstoßung.

Wenn ein Ehemann vom Islam abfällt und ein Ungläubiger wird, dann pflegte Abū Ḥanīfa zu lehren: „Seine Ehefrau ist von ihm geschieden, sobald er abgefallen ist. Eine Muslimin darf nicht mit einem Ungläubigen verheiratet sein." An (diese Ansicht) wollen wir uns halten! – Ibn abī Lailā lehrte demgegenüber, sie bleibe seine Ehefrau, bis er zur reumütigen Rückkehr (zum Islam) aufgefordert wird; wenn er dieser Aufforderung Folge leistet, ist sie seine Ehefrau wie zuvor. Weigert er sich, dann ist er zu töten, und sie erhält den ihr zukommenden Anteil aus seinem Nachlaß.[18]

[18] Abū Jūsuf: *Iḫtilāf Abī Ḥanīfa wa-'bn abī Lailā*, ed. Abū l-Wafā' al-Afġānī, Kairo 1357 h, 193–199.

Sure 2, Vers 229 schreibt vor, daß dem Ehemann nur zweimal das Recht zusteht, eine gegen seine Frau ausgesprochene Verstoßung zurückzunehmen. Ibn abī Lailā, der als ein mit der Rechtspflege befaßter Gelehrter urteilt, faßt die beiden Aussagen der Zeugen, die insgesamt ein dreimaliges Äußern der Verstoßung bestätigen, zusammen und gelangt dadurch zu der klaren Entscheidung, daß die Ehe aufgelöst sei. Abū Ḥanīfa dagegen konstruiert die Möglichkeit, einen der beiden Zeugen als einen Lügner hinzustellen, denn anderenfalls müßten beide eine gleichlautende Aussage gemacht haben. Abū Jūsuf neigt in diesem Falle dem Vorgehen Ibn abī Lailās zu, wobei vermutlich vorausgesetzt ist, daß die drei Verstoßungen bei drei unterschiedlichen Gelegenheiten ausgesprochen wurden. In der zweiten Streitfrage hält sich Ibn abī Lailā eng an den Text von Sure 65, Vers 6, der von den Ehemännern verlangt, ihren verstoßenen Frauen bis zum Ablauf der Wartefrist (arab.: *al-ʿidda*) Wohnung zu gewähren und nur, wenn sie schwanger sind, sie auch zu beköstigen, und zwar unabhängig von der Wartefrist bis zur Niederkunft. Abū Ḥanīfa rechtfertigt seine abweichende Ansicht, der sich Abū Jūsuf anschließt, mit einer auf ʿUmar b. al-Ḫaṭṭāb zurückgeführten Entscheidung; die bis in die frühe Zeit des Islams zurückreichende Überlieferung behauptet mithin die Autorität, die ihr im Zuge der literarischen Ausgestaltung zum *ḥadīṯ* zuwächst. – Der Ausgangspunkt der nächsten Meinungsverschiedenheit sind die Verse 226 und 227 von Sure 2. Sie lauten: „Den (Ehemännern), die ihren Frauen gegenüber einen Verweigerungsschwur tun, wird eine Wartefrist von vier Monaten eingeräumt. Wenn sie sich (innerhalb dieser Frist) eines Besseren besinnen, so gilt, daß Gott verzeihend und barmherzig ist. Wenn sie jedoch auf der Verstoßung beharren, dann zeigt sich Gott allhörend und allwissend." Diese Offenbarung wird einer juristischen Diskussion unterzogen, die vielleicht schon vor Ibn abī Lailā ihren Anfang nahm. Wieder geht es dem Praktiker um die wirkliche Bedeutung: Der Mann hat geschworen, er wolle nicht mit seiner Ehefrau verkehren; daß er diese Absicht an Bedingungen knüpft, ist unerheblich. Die gegenteilige Ansicht, die Abū Ḥanīfa und im Anschluß an ihn Abū Jūsuf befürworten, kann sich nicht auf den Koran stützen, denn die Frist von vier Monaten gilt allein der Möglichkeit der Rücknahme, woraus nicht gefolgert werden darf, daß ein Verweigerungsschwur eine Aussage über eine Frist enthalten muß, die mindestens vier Monate beträgt. Wieder ist es ein *Ḥadīṯ*, das Abū Ḥanīfa und Abū Jūsuf zu ihrer Ansicht bewog; diesmal entstammt es dem oben erwähnten frühmekkanischen *fiqh*. Das letzte Beispiel, die Auflösung der Ehe eines Abtrünnigen, belegt noch einmal die am Ziel der Legalität ausgerichtete Auffassung Ibn abī Lailās – nach islamischem Recht muß der Apostat, bevor er der vorgesehenen Bestrafung überantwortet wird, zur reuigen Umkehr aufgefordert werden. Erst wenn er sie verweigert, ist er endgültig aus der Gemeinschaft der Muslime ausgeschieden, und erst dann, und zwar nach der Vollstreckung der aus dem Delikt der Apostasie folgenden Todesstrafe, besteht die Ehe nicht mehr. Da Ibn abī Lailā den Tod des Ehemannes und nicht dessen Abfall vom Islam als das die Ehe beendende Ereignis wertet, erhält die Frau den ihr zukommenden Anteil aus dem Nachlaß. – Das Ergebnis dieser kurzen Betrachtung lautet, daß Ibn abī Lailā klare und verständliche

Entscheidungen anstrebt, denen deutlich erkennbare Kriterien zugrunde liegen: Erst mit der Ablehnung des Bekenntnisses zum Islam ist zweifelsfrei die Apostasie erwiesen. Das *ḥadīṯ*, das den unprofessionellen *fiqh* vergangener Zeit bewahrt, ist für ihn noch kein entscheidender Maßstab; selbst einige Abweichungen von Vorschriften des Korans hat man ihm nachgewiesen[19]. Bei Abū Ḥanīfa und Abū Jūsuf dringt der frühe *fiqh* hingegen in die juristischen Erwägungen ein.

Abū Jūsuf hat dem Rechnung getragen, indem er ein von seinem Sohn verbürgtes „Buch der Überlieferungen" zusammenstellte. Es enthält, nach neununddreißig Sachgebieten geordnet, insgesamt eintausendsiebenundsechzig Traditionen. Die Merkmale dieses Materials seien an den vier kurzen Texten zum zeitlich befristeten Pachtvertrag (arab.: *al-muzāraʿa*) aufgezeigt; der Pachtzins besteht bei solchen Abmachungen aus einem beim Vertragsschluß vereinbarten Anteil an der Ernte.

> Es berichtete uns Jūsuf auf Autorität seines Vaters (Abū Jūsuf) nach[20] Ḥammād b. abī Sulaimān (gest. 738) nach Ibrāhim an-Naḫaʿī (gest. ca. 715) sowie nach ʿĀmir b. Šarāḥīl aš-Šaʿbī (gest. nach 720), al-Ḥasan al-Baṣrī (gest. 728), Saʿīd b. Ǧubair (gest. 713), ʿAṭāʾ b. abī Rabāḥ und Muǧāhid b. Ǧabr (gest. 722): (Alle Letztgenannten von Ibrāhim an-Naḫaʿī bis Muǧāhid b. Ǧabr) verabscheuten die Feldbestellung gegen ein Drittel; jedoch hatten Sālim (b. ʿAbdallāh b. ʿUmar) (gest. ca. 723) und Ṭāʾūs b. Kaisān (gest. 724) hiergegen keine Bedenken. Ṭāʾūs hatte nämlich selber Ländereien, die er in Pacht vergab.
>
> Es berichtete uns Jūsuf auf Autorität seines Vaters nach Abū Ḥanīfa nach ʿUbaidallāh b. Dāʾūd nach Ǧaʿfar:[21] „Ich fragte Sālim, ob er den befristeten Pachtvertrag mißbillige; er verfuhr nämlich selber danach. Er antwortete: ‚Warum sollte ich meinen Lebensunterhalt wegen der Meinung eines Mannes aufgeben?'"
>
> Es berichtete uns Jūsuf auf Autorität seines Vaters nach Abū Ḥanīfa nach Zaid b. al-Walīd nach Ǧābir b. ʿAbdallāh[22] - Gott habe an beiden Wohlgefallen! - nach dem Propheten: Er verbot Verträge über den Austausch von geerntetem Getreide gegen auf dem Halm stehendes (arab.: *al-muḥāqala*) und von getrockneten Datteln gegen an der Palme hängende (arab.: *al-muzābana*) und sagte: „Verkauft keine Datteln zwei oder drei Jahre (im voraus)!"
>
> Es berichtete uns Jūsuf auf Autorität seines Vaters nach Abū Ḥanīfa nach Abū Ḥaṣīn (gest. 746) nach dem Sohn von Rāfiʿ b. Ḫadīǧ (gest. 693) nach dem Propheten: Dieser ging an einem eingefriedeten Garten vorbei und fragte: „Wem gehört dieser Garten?" Da antwortete ich (d. h. Rāfiʿ b. Ḫadīǧ): „Mir!" „Woher hast du ihn?" „Ich habe ihn gepachtet!" Er gebot: „Pachte ihn nie für etwas, das er hervorbringt!" Abū Ḥanīfa fügte hinzu: „Ibn Masʿūd, Ḫabbāb und Šuraiḥ besaßen *ḫarāǧ*-Landgüter."[23]

[19] G. Matern: *Ibn abī Lailā – Ein Jurist und Traditionarier des frühen Islam*, phil. Diss. Bonn 1968, 32–37.

[20] Ich ersetze in der Überliefererkette jedes weitere „auf Autorität von" durch ein kürzeres „nach".

[21] Beide Personen nicht identifiziert.

[22] Er und Zaid b. al-Walīd nicht identifiziert.

[23] Abū Jūsuf: *Kitāb al-āṯār*, ed. Abū l-Wafāʾ al-Afġānī, Kairo 1353 h, 188–190, Nr. 856–859.

Die Typen von Verträgen, die hier behandelt werden, haben eines gemeinsam: Einer der Partner kennt nicht den genauen Wert dessen, was er sich eintauscht. Bei der befristeten Pacht sind sich im Grunde sogar beide hierüber im Ungewissen. Trotzdem waren solche Abmachungen üblich, aber sie sind, um die schariatischen Bewertungskategorien anzuwenden, zu mißbilligen (arab.: *makrūh*). Abū Jūsuf trug hier die Anschauungen der herausragenden Vertreter des - noch nicht auf die Anwendung orientierten - *fiqh* der Omaijadenzeit zusammen; dieses Material wird von ihm als Grundlage einer anwendungsbezogenen juristischen Fachdiskussion bereitgestellt. Ergänzt wird es durch einige Bemerkungen zur frühen Geschichte des islamischen Bodenrechts; nämlich daß berühmte Prophetengefährten wie Ibn Masʿūd und Ḫabbāb sowie der von ʿUmar b. al-Ḫaṭṭāb als *Qāḍī* in das gerade entstehende Kufa entsandte Šuraiḥ[24] im Irak Ländereien käuflich erworben hatten, wobei der sie bewirtschaftende nicht-muslimische Bauer den *ḫarāǧ* abzuführen hatte,[25] der im Zuge der Eroberungen dem bebauten Land der Andersgläubigen auferlegt worden war. Wahrscheinlich erinnert Abū Jūsuf an diesen Umstand, weil nach seiner Auffassung die Bauern gegenüber den neuen Eigentümern die Stellung des Pächters innehatten. Daß Männer aus dem Kreis der Vertrauten Muḥammads und ʿUmars Land in Pacht gaben, wäre für Abū Jūsuf ein wichtiger Beleg für die Gesetzmäßigkeit solcher Geschäfte. Denn zwei bis auf Muḥammad selber zurückgeführte Aussagen, in denen derartige Verträge wegen der Ungewißheit der Gleichwertigkeit der ausgetauschten Güter verboten werden, stehen alledem eindeutig entgegen.

Während wir im „Buch der Überlieferungen" das Rohmaterial finden, mit dem die Rechtsgelehrten damals zu arbeiten hatten, eröffnet uns Abū Jūsuf in seinem vielleicht bekanntesten Werk, im „Buch über die Grundsteuer", die Möglichkeit, an eben diesem Gegenstand diese Arbeit zu beobachten. Auf Befehl des Kalifen Hārūn ar-Rašīd, dessen Bedeutung für die Geschichte des islamischen Rechts wir bereits kurz gewürdigt haben, trug Abū Jūsuf, wie er in der Einleitung schreibt, alles Wissenswerte über die fiskalische Nutzbarmachung des bebauten Landes und über eng verwandte Sachgebiete zusammen; die Praxis der Steuererhebung, die Verhinderung von Unrecht und die Wohlfahrt der Untertanen seien die Gesichtspunkte, von denen er sich habe bestimmen lassen. Abū Jūsuf nimmt es sich heraus, den Kalifen an die Schwere der Verantwortung zu erinnern, die Gott ihm aufgebürdet habe. „Du errichtest für viel Volk ein Gebäude ... Doch hat kein Bauwerk Bestand, sofern es auf etwas anderem als der Gottesfurcht gründet. Denn anderenfalls würde Gott es an den Fundamenten packen und über denen, die es bauten, und jenen, die dabei halfen, zum Einsturz bringen. Darum vertue nicht die Herrschaft über diese (islamische) Glaubensgemeinschaft und die Untertanen, in die du von Gott eingesetzt wurdest! Die wahre Kraft liegt im Handeln gemäß Gottes Erlaubnis."[26]

[24] Vgl. zu ihm P.-G. Dannhauer, op. cit., 34.

[25] W. Schmucker, *Untersuchungen zu einigen bodenrechtlichen Konsequenzen*, 158.

[26] Abū Jūsuf: *Kitāb al-ḫarāǧ*, Ed. Kairo 1396 (5. Aufl.), 3.

Ermahnungen im Stil der alten *fuqahā'* - stets soll der Herrscher das Jenseits bedenken - schließen sich an. Der Eckpfeiler dieser Einführung, die uns das Selbstgefühl und das Bewußtsein Abū Jūsufs für die Bedeutung seiner Aufgabe verrät, ist das versteckte Zitat von Sure 16, Vers 26: Schon die vorislamischen Hochmütigen, die die Gottesbotschaft als ein belangloses Märchen verachteten, ließ Gott unvermittelt seine Macht fühlen: „Gott packte ihren Bau an den Fundamenten", und die Decke über ihnen stürzte auf sie herab - schneller als vermutet, kam die Strafe über sie! - Doch kehren wir zu unserem Thema, dem befristeten Pachtvertrag, zurück:

> Du hast, Fürst der Gläubigen, nach dem Vertrag gefragt, durch den unbebautes Land gegen die Hälfte oder ein Drittel in Pacht gegeben wird. Unsere Kollegen aus dem Hedschas und aus Medina halten solche Verträge für „verwerflich" und „fehlerhaft". Sie sehen nämlich einen Unterschied zwischen dem unbebauten Land einerseits und Palmen und Bäumen andererseits; die Pachtung von Palmen und Bäumen (arab.: *al-musāqāt*) gegen ein Drittel oder ein Viertel des Ertrages oder weniger oder mehr halten sie für unbedenklich. Unsere Kollegen in Kufa sind sich (in dem ganzen Komplex von Fragen) uneins. Diejenigen, die die Verpachtung von Palmen und Bäumen erlauben, gestatten auch die Verpachtung von unbebautem Land gegen die Hälfte oder ein Drittel des Ertrages. In einem sind sich die beiden Parteien der Kufaner allerdings einig: Wenn man einen Pachtvertrag (über Palmen und Bäume) für fehlerhaft hält, dann auch einen solchen Vertrag über unbebautes Land, und wer den ersteren zuläßt, gestattet auch den zweiten.
> Abū Jūsuf sagt hierzu: Das Beste, was wir diesbezüglich gehört haben - doch Gott weiß es am ehesten - lautet, daß dies alles erlaubt, richtig und rechtsgültig ist. Ich meine, daß diese Verpachtungen dem in eine stille Teilhaberschaft (arab.: *al-muḍāraba*) eingebrachten Geld entsprechen; jemand zahlt jemandem als stille Teilhaberschaft Vermögen gegen eine Beteiligung am Ertrag, die sich auf die Hälfte oder ein Drittel beläuft. Dies ist zulässig, obwohl der Betrag seines Gewinnes unbekannt ist. Bei den Gelehrten ist dies meines Wissens unbestritten. Das Land ist nach meiner Auffassung das in eine stille Teilhaberschaft eingebrachte Kapital; das unbebaute Land einerseits und die Palmen und Bäume andererseits sind hier in gleicher Weise zuzurechnen.

Abū Ḥanīfa, der, wie wir erfuhren, den Rechtsproblemen des Alltags fernstand, verwarf alle Abmachungen, in denen Land bzw. Bäume oder Palmen gegen einen Anteil an der Ernte verpachtet wurden. Ibn abī Lailā dagegen stufte sie als unbedenklich ein. Abū Jūsuf erklärt dem Kalifen nun, worauf sich Abū Ḥanīfa berief, dessen Ablehnung natürlich die Ungewißheit des Pachtzinses im Auge hatte: Es ist das von Ǧābir b. ʿAbdallāh bezeugte Prophetenwort: „Pachte (den Garten) nie für etwas, das er hervorbringt!" Abū Jūsuf zieht hier nicht die in seinem „Buch der Überlieferungen" notierte Bemerkung seines Lehrers über die Verpachtung von käuflich erworbenem *ḫarāǧ*-Land durch die Prophetengefährten in Betracht, sondern erläutert, daß das *Ḥadīṯ* Ǧābirs von Abū Ḥanīfa als Hinweis auf ein Verbot der Verpachtung von Bäumen und Palmen verstanden wurde. Man habe es überdies als ein Argument für die Unzulässigkeit auch der Verpachtung von unbebautem Land herangezogen; der Prophet habe sie immerhin als „verwerflich" bewertet. Doch versichert Abū Jūsuf dem Kalifen, daß die Kollegen aus dem Hedschas, die dergleichen gestatteten, sich ebenfalls auf den Propheten berufen könnten, und zwar nicht nur auf ein der Auslegung offenes Wort, sondern auf seine Handlungsweise. Denn Muḥammad habe nach der Eroberung von Ḫaibar[27] sowohl Datteln als auch Ackerfrüchte als Pachtzins vereinbart. „Ich kenne niemanden unter den Rechtsgelehrten (arab.: Pl. al-*fuqahāʾ*), der diesbezüglich anderer Auffassung ist, abgesehen von dieser Gruppe Kufaner, die ich dir beschrieben habe."

Um diese Meinung zu bekräftigen, führt Abū Jūsuf nun mehrere Überlieferungen an, die sich auf Muḥammads Vorgehen in Ḫaibar beziehen. Der Prophet soll den Bewohnern dieser Oase die Abgabe der Hälfte des Ertrages als „Pachtzins" abverlangt haben, wobei als Besonderheit hervorzuheben ist, daß nicht der tatsächliche Wert der Ernte, sondern der geschätzte Wert, der vor dem Einbringen festgelegt wurde, zur Bemessung diente. Die Verpachtung gegen einen letzten Endes ungewissen Zins (arab.: *al-qabāla*) galt vielen Rechtsgelehrten als besonders bedenklich;[28] in diesem Falle jedoch soll sie von Muḥammad selber angeordnet worden sein. Nun wiederholt Abū Jūsuf, was er im „Buch der Überlieferung" erwähnte, ohne daß der Zusammenhang ganz deutlich geworden war: Berühmte Prophetengefährten wie ʿAbdallāh b. Masʿūd verfuhren genauso. Abū Jūsuf ist sicher, daß dies die trefflichsten Überlieferungen seien, die er zu dieser Frage kenne und die er deswegen als Richtschnur empfiehlt. Im übrigen gibt es unterschiedliche Arten der Pacht, denn in den Vertrag muß stets einbezogen werden, ob das jeweilige Stück Land seit der Eroberungszeit mit der verhältnismäßig hohen *ḫarāǧ*-Abgabe belastet ist oder mit dem wesentlich geringeren Zehnten (arab.: *al-ʿušr*). Für die Abführung des *ḫarāǧ* an den Fiskus haftet in jedem Falle der Eigentümer; der Zehnte kann bei einem der von Abū Jūsuf vorgeschlagenen Vertragstypen auch durch den Pächter aufgebracht werden.[29]

Abū Jūsuf setzt sich bei der Frage der Zulässigkeit von Pachtverträgen, die dem Eigentümer als Zins einen bestimmten Anteil der Ernte - werde diese nach der Einbringung genau ermittelt oder zuvor auf dem Halm geschätzt - eingehend mit der Überlieferung auseinander. Dabei zeigt es sich, daß diese Rechtsquelle, die mehr und mehr an Einfluß gewinnt, alles andere als eindeutig und vielfach nicht einmal hilfreich ist. Die Ansichten der frühen *fuqahāʾ*, die in dem Material, das Abū Jūsuf als Überlieferung ausweist, von großem Gewicht sind, sind in Betreff des in Rede stehenden Vertragstypus geteilt; die Ablehnung überwiegt. Das von Ǧābir b. ʿAbdallāh bezeugte Prophetenwort, das sich eigentlich auf die Ungewißheit des Ertrages von Dattelpalmen und Obstbäumen bezog, wird dabei in Analogie auf die Ernte ausgedehnt, die zuvor unbebautes Land hervorbringt. Demgegenüber unter-

[27] Dieser Feldzug fällt in das Frühjahr 628, vor den Vorstoß nach Ḥudaibīja, vgl. M. Watt: *Muḥammad at Medina*, 341.

[28] Schmucker, op. cit., 59f.

[29] Abū Jūsuf, op. cit., 95-99; über das Ḫabbāb und ʿAbdallāh b. Masʿūd übereignete Land ebd., 67.

streicht Abū Jūsuf das Vorgehen Muḥammads bei Ḫaibar, das Nachahmung unter den ersten Nachfolgern des Propheten gefunden habe, die angesehenen Männern aus ihrer Mitte im gerade eroberten Irak Ländereien überschrieben, die von jenen wiederum in der genannten Art verpachtet wurden. Abū Jūsuf macht keinen Hehl aus seiner Überzeugung, daß dies die von ihm gewünschte und daher „schönste" Überlieferung sei. Die bei Abschluß des Vertrages waltende Ungewißheit über die Höhe des Pachtzinses erscheint ihm hinnehmbar, vermutlich weil Erfahrungswerte diese Ungewißheit überschaubar machen. Abū Jūsuf verdeutlicht diese Auffassung am Ende seiner Ausführungen, indem er betont, daß er die Verpachtung von Betrieben, etwa einer Mühle, oder von Fahrzeugen gegen einen bestimmten Anteil des Arbeitserlöses für nicht rechtsförmig (arab.: *fāsid*) hält; offensichtlich wissen die Partner bei solchen Abmachungen nicht, worauf sie sich einlassen.

Abū Jūsufs Art, Rechtswissenschaft zu treiben, muß, wie wir erkennen, drei sehr verschiedenartige Gesichtspunkte miteinander verbinden, und zwar in einer ausgewogenen, plausiblen Weise. Der erste ist die allgemeine Ansicht, die man von einem Rechtsgebiet hat und die vor allem von den *fuqahā'* bezeugt wird - in unserem Beispiel ist dies der mittelbar auch in der koranischen Botschaft enthaltene Grundsatz, daß jeglicher Vertrag beim Abschluß die Partner gleichstellen muß; keiner darf, durch welche Umstände auch immer verursacht, einen unverdienten Vorteil erlangen. Dem steht die Praxis bisweilen entgegen, die z. B. Pachtverträge als zweckmäßig und notwendig erscheinen läßt; in diesem Falle soll der Pachtzins einen ausgehandelten Teil an der Ernte betragen. Man könnte als Argument für eine solche Vereinbarung ins Feld führen, daß die Ungewißheit über die Einkünfte hier den Pächter wie den Verpächter trifft; wäre hingegen eine bis auf den letzten Dirham fixierte Summe als Pachtzins ausgemacht, trüge der Pächter allein das Risiko. Abū Jūsuf führt diesen Gedanken nicht ausdrücklich an, aber sein Hinweis auf die stille Teilhaberschaft scheint mir dies anzudeuten; das Risiko wäre mithin beim ertragsabhängigen Pachtzins gerecht verteilt. Die Praxis - und dies ist der zweite Gesichtspunkt - erfordert solche Verträge, und sie können auch unter Beibehaltung des obigen Grundsatzes gerechtfertigt werden. Drittens kommt nun die Überlieferung ins Spiel; sie begründet hier, wie ganz deutlich ist, keineswegs eine Norm, sondern dient der Legitimierung. Denn den Versuch, sie zur Begründung einer Norm heranzuziehen, nämlich durch Ausdehnung des Ratschlags Muḥammads, die Pacht für einen Garten nicht aus dessen Erträgen zu zahlen, auf sämtliche Pachtverträge, also eine strikte Anwendung des allgemeinen Grundsatzes, überzeugt Abū Jūsuf, der die Praxis im Auge behalten will, nicht im mindesten. Mit dem Hinweis auf Ḫaibar und auf Vereinbarungen aus der Zeit der Eroberung des Iraks stellt er eine Überlieferung gegen die andere und erklärt diejenige, die seine Meinung rechtfertigt, für die „schönste". Was Abū Jūsuf dem Kalifen Hārūn ar-Rašīd als die richtige Art des Vorgehens anrät, ist durch die Überlieferung, ja durch das prophetische Vorbild abgesichert, aber keineswegs aus diesem entwickelt.

2. *Fiqh* und Überlieferung

Die Überlieferung drängt sich in die Rechtswissenschaft hinein. Auch bei Abū Jūsufs bedeutendem Zeitgenossen aš-Šaibānī (gest. 805) läßt sich dieser Vorgang beobachten. Sein umfangreiches „Buch der Grundlage (arab.: *al-aṣl*), betreffend die Einzelfragen" (arab.: *al-far'*, Pl. *al-furū'*) erörtert, nach Sachgebieten zusammengefaßt, zahlreiche Einzelprobleme, etwa: „Jemand hat die rituelle Waschung vollzogen, (statt der Fußwaschung jedoch) nur mit der Hand über die Schuhe gestrichen; dann aber kommt ihm in den Sinn, daß er beide Schuhe ausziehen möchte; er fährt also mit dem Fuß aus dem Bett des Schuhs, der aber noch (durch Riemen) am Unterschenkel befestigt ist, ändert dann erneut seinen Sinn und zieht beide Schuhe wieder an - obliegt ihm die rituelle Waschung beider Füße?" Aš-Šaibānī stellt fest, daß dies erst nötig wäre, wenn er sich die Füße völlig entblößt hätte, während Abū Ḥanīfa und Abū Jūsuf schon bei einem teilweisen Abstreifen der Schuhe die rituelle Reinigung durch deren Abwischen (arab.: *al-masḥ 'alā l-ḫuffain*) für aufgehoben erklärt hätten. Obwohl aš-Šaibānī selbst bei einem so heftig umstrittenen Thema wie diesem auf eine Absicherung durch die Überlieferung verzichtet,[30] hat er wie Abū Jūsuf auch ein „Buch der Überlieferung" zusammengestellt, sie also als einen unentbehrlichen Zweig juristischer Tätigkeit betrachtet. Das Eindringen der Überlieferung in die Rechtswissenschaft verschärft die Frage nach der richtigen Methode der Nutzbarmachung jenes Materials. Abū Jūsuf verwendete Überlieferungen, um seine Meinung vom Pachtvertrag zu legitimieren; ihm nicht zusagende verwarf er - mit welchem Recht? Ibn abī Lailā räumte, wie man festgestellt hat, dem *ḥadīṯ* nur von Fall zu Fall entscheidendes Gewicht ein und setzte sich bisweilen sogar über Aussagen des Korans hinweg. Und was war überhaupt eine Analogie - wie Abū Jūsuf sie denen zuschrieb, die Muḥammads Rat, eine ertragsabhängige Gartenpacht zu unterlassen, auf alle Pachtverträge ausdehnen wollten - wann war eine Analogie plausibel durchgeführt, und was besagte sie dann für die Rechtspraxis?[31] Kam es nicht letzten Endes auf die im einzelnen nicht ableitbare Einsicht (arab.: *ar-ra'j*) des Rechtsgelehrten an? Und wenn man dies bejahte, was war dann überhaupt die Überlieferung, die man doch nicht nur als ein Corpus toter Texte, sondern als ein Hereinragen der prophetischen Zeit in die Gegenwart begriff - in eine Gegenwart, die, wie Abū Jūsuf dem Kalifen unverblümt ins Gedächtnis rief, auf der Botschaft Gottes errichtet werden muß, wenn sie irgend Bestand haben soll?

Bereits 'Abd al-Malik (reg. 685-705) stellte in einem Brief an al-Ḥasan al-Baṣrī der Einsicht - hier ging es um die Grenze der Willensfreiheit des Menschen, also um einen Gegenstand des *fiqh* im weiteren Sinne - die Fundierung einer Aussage

[30] Die Schiiten hielten dieses „Abwischen" der Schuhe für unzureichend; die Frage war demnach ein Schibboleth, an dem sich Sunniten und Schiiten ungewollt zu erkennen gaben. Aš-Šaibānī: *Kitāb al-aṣl*, ed. Abū l-Wafā' al-Afġānī, Haidarabad 1966, I, 101.

[31] Vgl. G. Matern, op. cit., 43-47.

im Koran oder *ḥadīṯ* entgegen.[32] Das bedeutet noch nicht, daß die Einsicht des Fachmannes der Botschaft unterlegen ist, die sich dem Koran oder dem *ḥadīṯ* entnehmen läßt. Aber wenn man den steigenden Einfluß der Überlieferung, wie wir ihn von Ibn abī Lailā über Abū Ḥanīfa zu Abū Jūsuf verfolgen konnten, berücksichtigt und die hiermit verknüpfte Verklärung der Vergangenheit, in der das schon Wirklichkeit gewesen sei, was man jetzt erst wieder erreichen müsse, dann leuchtet ein, daß sich die Waage zugunsten von Offenbarung und Überlieferung neigt und die Einsicht des Fachmannes demgegenüber als etwas Schwankendes, Zufälliges, Unzuverlässiges wahrgenommen wird. Somit bedürfen mehrere methodische Probleme einer grundsätzlichen Klärung. Zunächst sind der Geltungsanspruch autoritativer Texte, die doch keineswegs widerspruchsfrei sind, und derjenige der Einsicht des Fachmannes gegeneinander abzugrenzen. Ferner ist festzustellen, ob ein Text nur in dem Einzelfall, den er mitteilt, Geltung hat, oder ob er auf weitere vergleichbare anzuwenden ist und woran erkannt wird, daß die eine Überlieferung für Analogien taugt, die andere hingegen nicht. Die höchst allgemeine Aussage aš-Šaibānīs: „Wofür es keine Überlieferung gibt, die aufweist, wie zu entscheiden ist, das muß in Analogie zu einer Überlieferung entschieden werden mit Blick auf einen Sachverhalt, der in beiden analog ist",[33] klärt die Probleme nicht. Auch Abū Jūsuf gab meist keine Begründung, warum er eine Überlieferung verwarf, die andere nicht. Und schließlich ist zu beantworten, ob Überlieferung gleich Überlieferung ist; Abū Jūsuf stellte Äußerungen der *fuqahā'* aus der Omaijadenzeit neben solche, die auf den Propheten zurückgeführt wurden. Wer ist der bessere Zeuge der verklärten Vergangenheit?

Die umfassende Antwort auf diese Fragen, die gewissermaßen in der Luft lagen, verdankt man zumindest im Kern[34] Muḥammad b. Idrīs aš-Šāfiʿī (gest. 820). Aš-

[32] Vgl. Ansari: *Islamic juristic terminology before ash-Shāfiʿī* in: Arabica 19/1972, 255–300, hier S. 288.

[33] Ebd., 291.

[34] N. Calder: *Studies in early Muslim jurisprudence*, Oxford 1993, 68, 225f. bezweifelt, daß aš-Šāfiʿī der Autor seines wichtigsten Werkes, der „Abhandlung", sei, weil die dort entwickelte *ḥadīṯ*-Auslegung erst am Ende des 9. Jahrhunderts üblich geworden sei. Noch Ibn Qutaibās (gest. 889) Beschreibung des *ḥadīṯ* sei roher als diejenige der „Abhandlung". Erst die um 900 abgeschlossene Herausbildung einer Elite, die für sich das Recht der Deutung der verschriftlichten Überlieferung beansprucht habe, habe das aš-Šāfiʿī zu Unrecht zugeschriebene Werk ermöglicht (184). Calder baut seine These nicht auf Quellenzeugnissen, sondern auf einer von ihm für gültig erklärten Regel auf, gemäß der die gesellschaftliche Entwicklung und die intellektuelle Leistung vor sich gehen sollen. Seine „Analyse" ist mithin nur eine *petitio principii*. Er übersieht im übrigen, daß Ibn Qutaiba, der nur ein einziges Mal den *faqīh* aš-Šāfiʿī nennt, der ein bestimmtes *Ḥadīṯ* für wahr halte (68), mit seiner Verteidigungsschrift des *ḥadīṯ* ganz andere Ziele als aš-Šāfiʿī verfolgte. Daß Ibn Qutaiba sich nicht für die laut Calder wichtigste Botschaft der „Abhandlung" interessierte, nämlich für die Unterschiedlichkeit von zweierlei Wissen (vgl. dazu unten), ist für Calder der stärkste „Beweis" dafür, daß es die „Abhandlung" in der Zeit Ibn Qutaibas noch nicht gegeben habe (226).

Šāfiʿīs Lebenslauf wurde unter den Anhängern der Schule, die in ihm ihren Gründervater erkennt, hagiographisch ausgeschmückt. Gesichert ist seine Zugehörigkeit zu den Quraiš und darüber hinaus eine verhältnismäßig enge Verwandtschaft mit dem Propheten.[35] Daß aš-Šāfiʿī 767, im Todesjahr Abū Ḥanīfas, geboren sein soll, ist als spätere schafiitische Legende zu verstehen, die zeigen soll, daß mit dem Dahinscheiden des ersteren der große Mann ins Dasein tritt, der dessen unzulängliches Werk beiseiteschieben und durch ein vollkommeneres ersetzen sollte. Daß er um 800 in Mekka die damaligen Autoritäten der *ḥadīṯ*-Wissenschaft hörte, wird zutreffen, vielleicht auch, daß er in Medina von Mālik b. Anas in die Rechtswissenschaft eingeführt wurde. Beides spielt in der späteren Polemik, die zwischen den Schafiiten einerseits und den Malikiten sowie den Hanafiten andererseits über Jahrhunderte mit Schärfe geführt wurde, eine wichtige Rolle, so daß zumindest die starke Betonung dieser Umstände in der Vita aš-Šāfiʿīs dem späteren Schulstreit geschuldet ist. Denn es verbergen sich dahinter bestimmte Grundsätze der Methodik des islamischen Rechts, worauf schon hier hingewiesen werden soll.

Aš-Šāfiʿī wurde im Jahre 803 der Teilnahme an einer schiitischen Verschwörung bezichtigt, mit anderen Beschuldigten nach Bagdad gebracht und dem Kalifen Hārūn ar-Rašīd vorgeführt. Er erlangte wegen seiner beredten Art, mit der er die Treue gegenüber dem Kalifen, seinem entfernten Verwandten, beteuerte, Verzeihung, wohingegen die übrigen Angeklagten hingerichtet wurden. Aš-Šaibānī soll diesem Auftritt beigewohnt und für den angeblich schon bekannten Rechtsgelehrten ein Wort eingelegt haben. In der schafiitischen Überlieferung ergreift der eben noch mit dem Tod Bedrohte vor dem Kalifen die Gelegenheit, diesem und allen übrigen Anwesenden eine Lektion in der wahren Rechtswissenschaft zu erteilen, die sich auf die umfassende, durch die Überlieferung verbürgte Kenntnis der Lebensumstände Muḥammads und seiner Gefährten stützte. Dem Kalifen drängt aš-Šāfiʿī sich als nahezu allwissend auf, so daß dieser, überwältigt von Bewunderung, bekennen muß: „Du hast mein Herz gefüllt und in meinen Augen gewaltige Bedeutung gewonnen!" Und aš-Šaibānī muß betreten schweigen, als ihn aš-Šāfiʿī triumphierend fragt: „(Weißt du überhaupt) wie der Gottesgesandte in Mekka einzog; in welche Gasse er ritt, wo er Quartier nahm; wie seine ersten Worte bei seinem Einzug lauteten, welche Kleidung er damals trug, welche Kamelin oder Stute er benutzte?" Von solchen Einzelheiten hatte der angesehene Rechtsgelehrte aš-Šaibānī keine Ahnung.[36] – Weniger heftig war die Polemik der Schafiiten gegen die auf Mālik b. Anas zurückgehende Schule. Sie wurde von aš-Šāfiʿī und seiner Anhängerschaft mit dem Argument geführt, Mālik habe zwar den Wert der Überlieferung erkannt und sie für die Rechtswissenschaft fruchtbar gemacht, sei hierin jedoch nicht folgerichtig vorgegangen. Er habe also an manchen Regelungen festgehalten, obwohl ein Prophetenḥadīṯ oder eine auf die Ge-

[35] M. Khadduri (Übers.): *Islamic jurisprudence. Shafiʿī's risāla*, Baltimore 1961, 10.
[36] T. Nagel, *Die Festung des Glaubens*, 201.

fährten Muḥammads zurückgehende Überlieferung eine andere Verfahrensweise nahegelegt habe.[37]

So erfolgreich, wie es die schafiitische Schulhistoriographie will, war aš-Šāfiʿī nicht in der Auseinandersetzung mit aš-Šaibānī. Schon 804 verließ er den Irak und verbrachte einige Jahre in Mekka, ehe er erneut nach Bagdad kam. Dort hielt er sich wahrscheinlich von 810 bis 814 auf; dann siedelte er nach Ägypten über, wo er die letzten Jahre seines Lebens zubrachte und eine Schülerschar um sich sammelte. Aus deren Mitschriften seiner Lehrvorträge ging das „Buch des Gehilfen"[38] hervor – so ist der Titel nach einer überlieferten Bemerkung aš-Šāfiʿīs zu verstehen; er selber sah sich, wenn wir diesem Hinweis Glauben schenken, als einen Diener an der Sache des göttlichen Gesetzes, für deren sichere Fundamentierung er die notwendigen Kenntnisse bereitstellte. In das genannte Sammelwerk sind auch mehrere theoretische Abhandlungen aus seiner Feder eingefügt, die sich durch ihren bisweilen schwerfälligen Stil von der Fülle des zu allen Sachgebieten des Rechts beigebrachten *ḥadīṯ*-Materials deutlich unterscheiden: aš-Šāfiʿī ringt mit seinen Worten und Gedanken; eine geglättete Terminologie steht ihm noch nicht zur Verfügung.

Einer der Traktate, die sich im „Buch des Gehilfen" finden, faßt zusammen, was zwischen aš-Šāfiʿī und Mālik b. Anas umstritten war. Eingeleitet wird er durch die Frage des Überlieferers ar-Rabīʿ b. Sulaimān al-Murādī (gest. 883),[39] der von aš-Šāfiʿī wissen will, wodurch eine Nachricht, die auf den Propheten zurückgeht, als normsetzend erwiesen werden könne. Da al-Murādī den Meister in Wahrheit persönlich nicht mehr kennengelernt hat, haben wir ein Stück schafiitischer Schultradition vorliegen, die sich hier eines Kernproblems der von aš-Šāfiʿī befürworteten Art der Rechtswissenschaft annimmt. In seiner fiktiven Antwort verweist aš-Šāfiʿī sogleich auf seinen Traktat „Die Gesamtheit (der Arten) des Wissens", gibt aber dann doch einige Erläuterungen: Wenn eine ununterbrochene Kette von zuverlässigen Zeugen, die bis zum Propheten selber reicht, eine Aussage bestätigt, dann ist ihr Inhalt verbürgt, und sie kann als Norm angesehen werden. Nun gibt es derartige Nachrichten, die einander widersprechen; es sei dann anzunehmen, daß die eine die andere abrogiere (arab.: *nāsiḫ*), und die abrogierte (arab.: *mansūḫ*) sei zu vernachlässigen. Seien beide so, daß eine solche Unterscheidung nicht getroffen werden kann, müsse man erwägen, ob eine der beiden Überlieferungen weniger zuverlässig weitergegeben worden sei als die andere; führe auch diese Untersuchung zu keiner Entscheidung, müsse man schauen, welche am ehesten dem Buche Gottes und der *sunna* des Propheten entspreche. „Es sind keine zwei *Ḥadīṯe*, die auf der Autorität des Propheten beruhen, denkbar, die sich im Inhalte unterscheiden, ohne daß sie dieses oder andere Indizien aufweisen, die andeuten, welche die zuverlässigste …

[37] Eine Zusammenstellung der Kritik aš-Šāfiʿīs an Mālik b. Anas findet sich bei A. Dere: *Die Ḥadīṯanwendung bei Imām Mālik b. Anas*, phil. Diss. Göttingen 1994, 89–132.

[38] Zitiert bei E. W. Lane: *An Arabic-English Lexicon*, I, 89, rechte Spalte; andere Deutung: N. Calder, op. cit., 83.

[39] N. Calder, op. cit., 68f.

ist." Liege nun ein solches normsetzendes Prophetenḥ*adīṯ* vor, dann könne eine andere Nachricht gleichen Inhalts, die nur bis zu einem Gefährten Muḥammads oder einer anderen Autorität zurückzuführen sei, jenes *Ḥadīṯ* keineswegs bekräftigen; „das *ḥadīṯ* des Propheten hat an sich selber Genüge". Richtet sich der Wortlaut einer nicht auf Muḥammad rückführbaren Überlieferung gegen ein Prophetenḥ*adīṯ*, dann sei erstere unmaßgeblich. Diese letztgenannte Regel sei es, gegen die Mālik b. Anas immer wieder verstoßen habe.

Verwundert fragt al-Murādī, nachdem ihm derartige Belehrung zuteil geworden ist, ob Mālik b. Anas tatsächlich ein so fragwürdiges Vorgehen für richtig gehalten habe, worauf aš-Šāfiʿī bekräftigt: „Jawohl, in einem Teil des Wissens (arab.: *al-ʿilm*), in einem anderen nahm er davon Abstand."[40] – Das Wissen, die Gesamtheit aller von Gott verfügten Normen, ist eine feste Größe, auch wenn es den Rechtsgelehrten, die hierauf ihre Entscheidungen stützen müssen, nicht immer zur Gänze sichtbar ist. Was in dem fiktiven Gespräch vermittelt wurde, ist die rein formale Methode der Sichtbarmachung dieses Wissens; durch welche Überzeugung diese Methode gerechtfertigt wird, legt der erwähnte Traktat „Die Gesamtheit (der Arten) des Wissens" dar, dessen Studium dem Lernenden empfohlen wird. Aš-Šāfiʿī entwickelt dort seine Vorstellungen im Zwiegespräch mit einem ungenannten Partner, dessen Fragen der Anlaß zur Präzisierung der Gedanken sind. Als unbestreitbar setzt aš-Šāfiʿī voraus, daß jeder, der Wissen besitze, die Auffassung vertrete, daß man den Anordnungen des Propheten gehorchen müsse; das meine, daß man in allen Situationen des Lebens das Buch Gottes und die *sunna* seines Gesandten als alleinige Richtschnur zu befolgen habe. Dennoch seien manche Rechtsgelehrte nicht willens, das Prophetenḥ*adīṯ* uneingeschränkt als Norm anzuerkennen, und schlössen sich den Einsichten anderer Autoritäten an (arab.: *at-taqlīd*); sie versäumten, ernsthaft die Überlieferungen zu prüfen. – Den letzteren Vorwurf könnte man Abū Jūsuf bei seinen Darlegungen über die Verpachtung und auch schon Abū Ḥanīfa in seinen Erwägungen über die Auflösung der Ehe kaum machen; aber eines ist klar: Sie räumen der Prophetenüberlieferung keineswegs den Rang ein, den aš-Šāfiʿī und seine Schüler fordern, und sie halten sich auch an andere Gewährsmänner als Muḥammad; aš-Šāfiʿī erachtet derartige Gelehrsamkeit nicht nur für methodisch unsauber, sondern qualifiziert sie auch moralisch ab, indem er unterstellt, ihr wahrer Antrieb sei die hastige Anmaßung von Meinungsführerschaft.[41]

Aš-Šāfiʿī postuliert, daß die *sunna* die Aufgabe habe, die im Koran auf arabisch vorliegende Gottesbotschaft zu erläutern. Wenn dies so ist – und das fiktive Gespräch al-Murādīs mit ihm läuft genau darauf hinaus –, dann darf niemand anderes als der Prophet Autorität beanspruchen. Gegen dieses Postulat wurde in der damaligen Rechtswissenschaft aber laufend verstoßen. Aš-Šāfiʿīs These, daß die

[40] aš-Šāfiʿī: *Kitāb al-umm*, ed. AN-NAǦǦĀR, Kairo 1961, VII, 191.

[41] aš-Šāfiʿī: *Kitāb ǧimāʿ al-ʿilm*, ed. AḤMAD MUḤAMMAD ŠĀKIR, Kairo 1940, 11f. Zur Verwendung des Begriffes *taqlīd* vgl. auch ders.: *ar-Risāla*, ed. AḤMAD MUḤAMMAD ŠĀKIR, Kairo 1940, 42, §§ 135f.

sunna die niemals versagende Erläuterung des Korans sei, ist die Entmächtigung und Delegitimierung aller Rechtswissenschaft, wie sie nach Muḥammads Tod aufkam. Um dies zu verdeutlichen, entstand der Traktat über „Die Gesamtheit (der Arten) des Wissens".[42] Verfolgen wir den Gang der Argumentation! Es gibt Gelehrte, die sich gegenüber den Nachrichten (arab.: *al-ḫabar,* Pl. *al-aḫbār*) vom Reden und Handeln Muḥammads gänzlich ablehnend zeigen. Ihnen hält aš-Šāfiʿī entgegen, daß laut Sure 33, Vers 34 den Ehefrauen Muḥammads geraten wird, „die Wunderzeichen Gottes und die Weisheit" wohl zu erwägen, die man ihnen in ihren Häusern vorträgt; die Wunderzeichen meinten den Koran, behauptet aš-Šāfiʿī, die „Weisheit" (arab.: *al-ḥikma*) beziehe sich auf die *sunna* (vgl. Sure 62, 2). In Verbindung mit den häufigen Mahnungen des Korans, man müsse den Anweisungen des Gottesgesandten gehorchen, ist für aš-Šāfiʿī jene ablehnende Haltung nicht nur als unbegründet, sondern sogar als unzulässig erwiesen.[43] Dennoch werden aš-Šāfiʿīs Gegner auf der Widersprüchlichkeit mancher *Ḥadīṯe* und auf der Fehlbarkeit mancher Tradenten beharren; darf man also aufgrund solcher Nachrichten die klaren Bestimmungen des Korans interpretieren und womöglich gar differenzieren? Tritt dabei nicht die Überlieferung an die Stelle des Korans? Keineswegs, antwortet aš-Šāfiʿī. Denn es wird doch immer erst unter sorgfältiger Abwägung aller in Betracht kommenden Gegebenheiten entschieden. Eine Partei in einem Prozeß kann wegen ihres Geständnisses, wegen Indizienbeweise und schließlich wegen der Weigerung, ihre Aussage zu beeiden, und des Schwures der Gegenseite unterliegen. Gewiß wäre das Geständnis der beste Weg der Wahrheitsfindung, aber auch die anderen Wege sind, sofern die Umstände dazu nötigen, gangbar.[44] – Im Kern zeichnet sich hier die in der „Abhandlung", aš-Šāfiʿīs wirkmächtigstem Buch, dargelegte Theorie der Rechtsquellen ab. – Die Nachrichten über das Verhalten Muḥammads werden überdies nicht ungeprüft angenommen; man verzichtet auf sie, sobald ein Irrtum hinsichtlich ihres Inhalts möglich erscheint. „Ich nehme nur das an, womit ich Gott gegenüber Zeugnis ablegen kann, wie ich ihm gegenüber mit seinem Buch Zeugnis ablege. Am Koran kann niemand auch nur einen Buchstaben bezweifeln.

[42] Diesen entscheidenden Umstand hat N. Calder, op. cit. und in seinem Aufsatz *Ikhtilāf and ijmāʿ in Shāfiʿī's Risāla*, in: SI 58/1983, 55–81 meines Erachtens übersehen. Für aš-Šāfiʿī gibt es kein Expertenwissen neben dem Prophetenḥadīṯ und deshalb auch keine Experten neben dem Propheten. Sich selber sieht aš-Šāfiʿī als den „Gehilfen", der die prophetische Expertise bereitstellt. Warum nimmt Calder (*Studies*, 83) die von aš-Šāfiʿī selber gegebene Auslegung des Wortes *umm* „Gehilfe, der für den Unterhalt der Menschen sorgt", nicht einmal zur Kenntnis und interpretiert das Wort statt dessen als „Führerschaft", „Anleitung"? Gewiß wird später aus dem Wissen, das der „Gehilfe" zusammenfaßt, eine neue Art von Expertenwissen, wie es die schafiitische Schultradition in so aufdringlicher Weise für sich beansprucht, etwa in der Ausmalung des Auftrittes aš-Šāfiʿīs vor Hārūn ar-Rašīd.

[43] aš-Šāfiʿī: *Kitāb ǧimāʿ al-ʿilm*, 17–23.

[44] Ebd., 15.

Wäre es denn zulässig, irgend etwas als umfassende Kenntnis (arab.: *al-iḥāṭa*) auszugeben, ohne daß es dies wäre?" Und aš-Šāfiʿī fährt fort:

> Wenn man die Sprache kennt, in der das Buch Gottes und die Bestimmungen (arab.: Pl. *al-aḥkām*) Gottes (offenbart wurden), dann führt einen das Wissen von beidem zur Billigung der Nachrichten, die die Zuverlässigen vom Gottesgesandten berichten, und zum Billigen des Unterschiedes zu dem, worauf der Gottesgesandte hinwies, entsprechend dem Unterschied ebendessen zu den (im Koran stehenden) Bewertungen Gottes; und man erkennt durch (jenes Wissen bzw. die Billigung der Nachrichten) den Rang des Gottesgesandten - schließlich hast du ihn nicht mit eigenen Augen gesehen. Die Nachrichten zerfallen in solche, die das (geistige) Eigentum weniger sind, und solche, die Gemeingut sind.[45]

Die göttlichen Bestimmungen liegen in allgemeiner Fassung im Koran vor; ihre je fallspezifische Auslegung, bislang die Aufgabe der Jurisprudenz, wird von aš-Šāfiʿī als bereits gelöst vorgefunden, nämlich in der zuverlässigen Prophetenüberlieferung.[46] In der Analyse der auf das Einzelne eines Falles abzielenden Nachricht, um deren Etablierung als normativer Rechtsquelle es aš-Šāfiʿī mithin vor allem geht, verfeinert er die Argumente, mit denen er die Gegner jeglicher Verankerung des Rechts auf einer überlieferten Grundlage konfrontiert hat. Fachleute der Rechtspflege fragten eines Tages aš-Šāfiʿī, ob man nicht voraussetzen müsse, daß jede Entscheidung und jede gutachterliche Äußerung nur in umfassender Kenntnis (arab.: *al-iḥāṭa*) der einschlägigen Umstände und der Aussagen der Quellen erfolgen dürften; umfassende Kenntnis bedeute aber das Wissen vom Wahren in seinen äußeren und inneren Aspekten, so daß es als Wahrheit vor Gott bezeugt werden könne; und bestehe solche Kenntnis nicht „im Buch Gottes, in der *sunna*, in der man übereinstimmt, sowie in allem, worüber sich die Leute einig sind und nicht streiten"; und sei die Bewertung dieser Arten der Kenntnis nicht eine einzige, die uns zwingt, von den mit der Rechtspflege Beauftragten nur das anzunehmen, was entsprechend abgesichert sei, etwa daß das Mittagsgebet vier *rakʿas* umfaßt? Dies sei nämlich unbestritten. Aš-Šāfiʿī antwortete, seinen Kritikern sei doch gewiß klar, daß im Wissen vom Spezifischen - oder: im Wissen der Herausragenden (arab.: *al-ḫāṣṣa*) - nicht das enthalten sei, was das Wissen des Allgemeinen oder: das Wissen der Allgemeinheit (arab.: *al-ʿāmma*) - sei. Das Wissen der Allgemeinheit oder des Allgemeinen erstrecke sich, wie richtig bemerkt worden sei, auf die summarische Kenntnis der Ritualpflichten, die Zahl der Gebete und dergleichen. „Man trifft keinen Muslim, ohne daß man das Wissen davon bei ihm fände. Niemand aus der

[45] Ebd., 16, § 12; ich folge dem Deutungsvorschlag des Herausgebers; ich meine nicht, daß der Text des Lehrvortrags hier unzulänglich überliefert sei (*Kitāb al-umm*, VII, 274).

[46] aš-Šāfiʿī: *Kitāb ǧimāʿ al-ʿilm*, 17 f., §§ 21-24. Hier wird mit Händen greifbar, wie Calders an soziologischen Kategorien ausgerichtete Interpretation der Schriften aš-Šāfiʿīs in die Irre geht. Für aš-Šāfiʿī ist *ʿilm al-ḫāṣṣa* gerade nicht das mit bestimmten rechtswissenschaftlichen Methoden erzielte Fachwissen eines um seine Privilegien besorgten Gelehrtenstandes (Calder, *Ikhtilāf and ijmāʿ*, 78).

Allgemeinheit weigert sich, von jemandem etwas diesbezüglich anzunehmen." Das spezifische Wissen der Herausragenden, nämlich der ersten Anhänger Muḥammads und der Gelehrten der nachfolgenden Geschlechter, sei in allen Dingen, die nicht durch einen einheitlichen koranischen Text geregelt seien, höchst unterschiedlich, so daß man mit dem Interpretieren begonnen habe; selbst unter Anwendung von Analogieschlüssen seien verschiedene Ergebnisse zu ein und derselben Frage zustande gekommen, und die Verfechter einander widersprechender Antworten hätten sich nur gegenseitig des Irrtums zeihen, aber keine Lösung ihres Streites finden können.[47] Gerade die Übereinstimmung (arab.: *al-iǧmāʿ*) der Gelehrten, jener, die ein Expertenwissen haben, kann nach aš-Šāfiʿī kein Argument für die Richtigkeit einer Entscheidung sein. Denn wenn man die Übereinstimmung grundsätzlich als eine Rechtsquelle anerkennt, wozu braucht man dann noch die Prophetenüberlieferung, deren Unentbehrlichkeit an diesem Punkte der Darlegungen doch schon zugestanden wurde?[48] Überdies ist es Wunschdenken, von der Möglichkeit einer einhelligen Meinung der herausragenden Gelehrten zu einem Thema zu reden. Ausgiebig verweilt aš-Šāfiʿī bei den Zwistigkeiten, die selbst unter den Koryphäen einer einzigen Stadt herrschten: Die Medinenser stellten Saʿīd b. al-Musaijab (gest. 713) über alle anderen, hielten sich aber nicht an einige seiner Rechtsmeinungen; heute gilt ihnen Mālik b. Anas als unübertrefflich, und dennoch werden er und seine Schüler von einigen Medinensern geschmäht. Die Kufaner verehren Ibn abī Lailā, tadeln Abū Jūsuf; andere halten es genau umgekehrt, wieder andere schätzen Sufjān aṯ-Ṯaurī (gest. 778) besonders hoch ein. Bis zu grober Verunglimpfung reichen die abwertenden Urteile, die die Gelehrten ein und desselben Ortes gegeneinander in Umlauf setzen. Wann also hätten sie sich je auf eine einzige Rechtsmeinung geeinigt?[49]

Das spezifische Wissen der Herausragenden ist, wie aš-Šāfiʿī oben feststellte, nicht dem Inhalte nach mit dem der Allgemeinheit deckungsgleich. Letzteres ist unbestritten, weil nicht an Individuen gebunden. Durch die Kollektivität der Wissenden wird die Einheitlichkeit und Allgemeingültigkeit des Gewußten gewährleistet. Nun legte aš-Šāfiʿī dar, daß dieses Allgemeine de facto mit dem Summarischen der göttlichen Gesetzesbotschaft zusammenfällt, dessen Erklärung in der „Weisheit", der prophetischen *sunna*, statthat. Das Wissen der Herausragenden ist allerdings nicht diese gesuchte und unerläßliche Erklärung des Allgemeinen. Vielmehr liegt diese in den Nachrichten über Muḥammad vor; ein nicht unbedeutender Teil hiervon sind Nachrichten, die von einzelnen Herausragenden verbürgt sind. Es handelt sich also nicht um Rechtsmeinungen dieser prominenten Gelehrten, sondern um Aussagen, die sie über verschiedene Zwischenglieder auf Muḥammad zurückführen; *sunna*, „guter Brauch", ist nicht mehr etwas, worüber die *fuqahāʾ* im Lichte ihrer Deutung des *islām* entscheiden, sondern ein unabhängig und jenseits

[47] aš-Šāfiʿī: *Kitāb ǧimāʿ al-ʿilm*, 48f., §§ 170–175.
[48] Ebd., 52f., §§ 192f.
[49] Ebd., 60–64, §§ 241–248.

von ihrem Expertentum existierender Wissensschatz. Selbstverständlich könnte sich auch hier irgendwo ein Irrtum eingeschlichen haben, aber allein wegen dieser Möglichkeit darf man die Überlieferungen nicht als Rechtsquelle zurückweisen.[50] Eine absolute Sicherheit wird niemals zu erreichen sein. Worauf es aš-Šāfiʿī ankommt, setzt er seinen Gegnern am Begriff der Entscheidungssuche (arab: *al-iǧtihād*) auseinander. Schon im ersten Teil des Traktats, in dem es noch um die Anerkennung der Überlieferung an sich geht, besteht er darauf, daß bei Fehlen einer koranischen Aussage und einer *sunna*-Nachricht keineswegs willkürlich geurteilt werden darf; es müssen vielmehr Nachrichten gesucht werden, von denen her mit einem Analogieschluß das jeweilige Problem gelöst werden kann.[51] Im zweiten Teil der „Gesamtheit (der Arten) des Wissens" kommt aš-Šāfiʿī auf diesen Gegenstand zurück. Gott hat es den Menschen zur Pflicht gemacht, vor dem rituellen Gebet die *qibla* herauszufinden (Sure 2, 149 f.); aš-Šāfiʿī fragt seinen Kritiker:

> Was meinst du wohl, wenn wir auf Reisen sind und uns nicht auf die Gebetsrichtung einigen können, ich also für wahrscheinlich halte, sie sei dort, und die anderen, sie sei da, was ist dann unsere Pflicht? Wenn du entgegnest: „(Die Richtung) der Kaaba (aufzusuchen)", dann hast du recht. Selbst wenn die Kaaba an ihrem eigentlichen Ort klar zu erkennen ist, so ist sie doch denjenigen verborgen, die fern von ihr weilen. Sie haben die Pflicht, alle Anstrengung auf die Ermittlung der Richtung, in der sie liegt, zu verwenden, und zwar so genau ihnen das möglich ist und bis sich in ihrem Herzen aufgrund von Indizien die Überzeugung bildet, daß sie sie wahrscheinlich ermittelt haben. Wenn sie so verfahren, sind ihnen unterschiedliche Lösungen (des Problems) gestattet, und jeder hat die ihm obliegende Pflicht erfüllt, indem er eigenständig (arab.: *al-iǧtihād*) nach der Wahrheit suchte, die ihm verborgen war.[52]

Das islamische Gesetz mit all seinen Vorschriften und Bewertungen ist mithin eine nicht an den Genius von Individuen gebundene Wahrheit, die niemals zur Gänze offen zutage liegt. Einiges ist so deutlich sichtbar wie die Kaaba für die in Mekka Weilenden, anderes ist verhüllt und muß aus Indizien erschlossen werden - beispielsweise aus Nachrichten, die von einigen Herausragenden überliefert und so mit dem Propheten Muḥammad in Verbindung gebracht werden. Die Suche nach dem Richtigen muß sich von zweierlei leiten lassen: erstens von der Gewißheit, daß es jene eine Wahrheit gibt und zweitens, daß es jene verbürgten Indizien sind, die

[50] Ebd., 80, §§ 317–319. Ohne daß aš-Šāfiʿī es ausdrücklich nennt, ist hier das Prinzip der allumfassenden Kenntnis (arab.: *al-iḥāṭa*) im Spiel. Die Lebensumstände Muḥammads sind vollständig bekannt (vgl. T. Nagel: Die Festung des Glaubens, 201 f.), und eben deshalb wird sich kein Irrtum betreffs einer durch den Propheten aufgewiesenen göttlichen Bestimmung einschleichen. Diese Überzeugung aš-Šāfiʿīs wird angesichts der Entwicklung des *ḥadīṯ* seit etwa 720 plausibel: az-Zuhrī soll einer der ersten gewesen sein, die sich nicht nur die schariatische Bewertung, die aus einer Überlieferung hervorging - „verboten", „erlaubt" -, notierte, sondern den ganzen Text (Ibn Ḥaǧar: *Tahḏīb at-tahḏīb*, IX, 448). Leider kann ich hier auf die Entwicklung des *ḥadīṯ* nicht näher eingehen.

[51] aš-Šāfiʿī, op. cit., 33 f., §§ 105–109.

[52] Ebd., 98, §§ 439–441.

auf sie hinweisen. Das Wissen der Allgemeinheit und des Allgemeinen umfaßt im obigen Fall die Pflicht des Gebets und das Eintreten der rechten Zeit; die *qibla* hingegen muß von jedem einzelnen, der auf Reisen ist, erschlossen werden. Wenn auch das islamische Gesetz für aš-Šāfiʿī eine von Gott gestiftete Gesamtheit von Regelungen ist, die vollkommen und vollständig sind, so gilt doch, daß nur ein Teil dieser Gesamtheit unmittelbar zugänglich ist, ein anderer Teil aber erst aus Hinweisen ermittelt werden muß. Im Prinzip ist diese Aufgabe, wie das Beispiel der Suche nach der *qibla* belegt, jedem Muslim übertragen; ein frei, d. h. unabhängig von jenen Hinweisen, sich betätigender juristischer Sachverstand (arab.: *ar-raʾj*) hat demnach keine Daseinsberechtigung. Und noch etwas Wesentliches erhellt aus dem obigen Zitat: Die Bemühungen der fehlbaren Menschen um die richtige Auslegung der Indizien müssen keineswegs zu einer einheitlichen Lösung eines jeden Problems führen. Was zählt, ist die Zuversicht des Herzens, daß die Wahrheit gefunden wurde – wobei daran zu erinnern ist, daß das Herz der Sitz des Verstandes und in der sich ab dem 9. Jahrhundert entfaltenden islamischen Anthropologie zugleich das Organ ist, dem durch den von Gott unentwegt in die Schöpfung ausgesandten Boten-Geist die Fähigkeit zum Gehorsam und zur Überwindung der Leidenschaften übermittelt wird. Mit der Berufung auf die Zuversicht des Herzens wurde in der Tat ein ganz neuer Gesichtspunkt in die Rechtswissenschaft eingeführt. Die in Abū Ḥanīfa ihren Gründer erblickende, vor allem im Irak sich mit Förderung des Kalifen entwickelnde hanafitische Schule kannte die von aš-Šāfiʿī hier knapp umrissene Vorstellung nicht; sie blieb vorerst dem muʿtazilitischen Rationalismus verhaftet, dessen Vertreter damals noch lehrten, daß alle Normen letzten Endes mit dem Verstand aus einer Erwägung der Welt, so wie sie ist, gewonnen werden könnten, so daß selbst die Offenbarung – vom *ḥadīṯ* ganz zu schweigen – keine Normen setzen kann, es sei denn, diese bestünden eine Prüfung durch den Verstand.[53]

Doch kehren wir zu aš-Šāfiʿī zurück! Was er mit Bezug auf die Suche nach der *qibla* als eine Auslegung von Indizien beschreibt, gilt uneingeschränkt auch für die von einzelnen Herausragenden verbürgten Überlieferungen, die auf Muḥammad zurückgehen:

> Ich sagte zu einem (meiner Gegner): „Bedenke deine Aussage, daß der Consensus (arab.: *al-iǧmāʿ*) (der zeitgenössischen[54] Rechtsgelehrten) auf (das Richtige) verweist! Wenn man gegen dich einwendete: ‚Zu dem, was wir vertreten, sei es einhellig, sei es mit unterschiedlichen Auffassungen, gehören (einerseits Fälle), in denen wir eine Überlieferung billigen, und (andererseits Fälle), in denen nach unserer Ansicht etwas (der Überlieferung) Gleichwertiges (als richtig) erwiesen ist, das von unseren Vorgängern stammt. Nun sind wir uns darin einig, daß, sofern weder ein autoritativer Text noch eine *sunna*-Norm gegeben sind, es erlaubt ist, einen Fall mit einem Analogieschluß

[53] Vgl. oben Kap. A I 2. Ausführlich behandle ich diesen Gegenstand in meiner Studie *Im Offenkundigen das Verborgene*, Drittes Buch. Vgl. ferner *Die Festung des Glaubens*, 241.

[54] aš-Šāfiʿī, op. cit., 86, § 353.

(arab.: *al-qijās*) zu lösen, selbst wenn dieser zu keiner einheitlichen Ansicht führt', willst du dann einmal die Nachrichten von (den Altvorderen) für nichtig erklären, deren Nachrichten und deren übereinstimmende Handlung nach deiner Behauptung Beweiskraft haben, ein anderes Mal sie aber annehmen? – Bedenke auch, wie du antworten könntest, wenn jemand dir sagte: ‚Ich folge (den Altvorderen), indem ich die Nachrichten des Zuverlässigen (über jene) für richtig erkläre, auch wenn es sich um Einzelberichte handelt, und ich akzeptiere von (den Altvorderen) Analogieschlüsse in Fragen, über die keine Nachricht etwas aussagt, und gestehe zu, daß (die Altvorderen) dabei unterschiedliche Ergebnisse erzielten; in jedem Fall bin ich dann ihnen gefolgt', hat dieser dann nicht ein stärkeres Argument, kann er (nicht) behaupten, daß er den Altvorderen folge, preist er sie (nicht) in schönerer Weise als du?" – „Diese Meinung also verfichtst du?" „Ja!" bekräftigte ich.[55]

Schon aus rein formalen Gründen ist der Consensus der zeitgenössischen Rechtsgelehrten ein Hirngespinst; denn, wie aš-Šāfiʿī unmittelbar vor diesem Abschnitt dargelegt hat, es gibt keinen Weg, ihn festzustellen. Aber selbst wenn man das könnte, müßte man eine Unsicherheit in der Methodik der Jurisprudenz hinnehmen; man müßte nämlich die Überlieferung ganz willkürlich einmal für gültig, ein anderes Mal für ungültig erklären. Da aš-Šāfiʿī das Recht als ein Korpus von Bestimmungen begreift, das teils sichtbar, teils verhüllt ist, jedoch auch in den verhüllten Teilen möglichst genau befolgt werden muß, kann die Überlieferung, auch wenn diese vielfach nur von wenigen Personen bezeugt wird, nicht nach Belieben beiseite geschoben werden. Denn immerhin enthält auch die schwach bezeugte Überlieferung nützliche Fingerzeige auf die Art und Weise, in der jene Gläubigen der Frühzeit des Islams Aufschluß über den verborgenen Teil des Gesetzes suchten. Sie aber, und das ist eine Überzeugung aš-Šāfiʿīs, die sich aus seiner Interpretation des Gesetzes als eines vollkommenen und ein für allemal von Gott festgelegten Regelwerkes ergibt, sie standen dem einen Menschen am nächsten, der als einziger dieses Regelwerk ganz und gar kannte, dem es gänzlich offenbar war, nämlich dem Propheten. An dessen Handlungen und den sie begleitenden Worten wurde doch jener verhüllte, nämlich nicht in den Koran und in das allgemeine Wissen eingegangene Bereich göttlicher Normen ein ums andere Mal sichtbar. Jene, die dies miterlebten, konnten sich am ehesten einen Reim auf alles machen, und es war ja nicht nur Muḥammads Tun und Lassen, das den verborgenen Bereich des Gesetzes entbarg; auch seine Gefährten hatten hieran teil. Nicht, daß sie selber göttliche Eingebungen empfingen, aber sie verfuhren in den Alltagsgeschäften so oder so, und Muḥammad ließ sie gewähren (arab.: *at-taqrīr*). Mittelbar wurde auch in solchen Fällen etwas vom nicht explizit gewordenen Teil des Regelwerks den Muslimen verdeutlicht. „Wer vom Gesandten übernimmt, der übernimmt von Gott selber!"[56] Aš-Šāfiʿī kannte noch nicht die dem Propheten zugeschriebene Verheißung, derzufolge die Gemeinschaft der Muslime sich niemals auf einen Irrtum, auf eine falsche

[55] Ebd., 87f., §§ 362–365.
[56] aš-Šāfiʿī: *ar-Risāla*, 471, § 1309.

Vorschrift einigen werde. Aber es gibt in den unter aš-Šāfiʿīs Namen oder von ihm selber zusammengestellten Schriften viele Hinweise auf dieses in den kanonischen *ḥadīṯ*-Sammlungen des späten 9. und frühen 10. Jahrhunderts auftauchende Versprechen.[57] Im Buch über „Die Gesamtheit (der Arten) des Wissens" beschreibt aš-Šāfiʿī den Consensus so, daß er nur noch schwer von jenem kollektiven Wissen zu unterscheiden ist, das mit dem offengelegten Teil des Gesetzes zusammenfällt.[58] Auch in dieser Hinsicht ist mithin die Tätigkeit der zeitgenössischen Rechtsgelehrten entwertet.

Aš-Šāfiʿīs wirkmächtigste Schrift, die „Abhandlung" über die Grundlagen der Rechtswissenschaft, in der überlieferten Fassung vermutlich sein letztes Werk,[59] verleiht diesem Gedanken Schärfe und Unerbittlichkeit: „Wer sagt, was die Gemeinschaft der Muslime sagt, der hält an ihrer Gemeinschaft fest. Wer dem widerspricht, was die Gemeinschaft (arab.: *al-ǧamāʿa*) der Muslime sagt, der stellt sich gegen die Gemeinschaft mit ihnen, an der festzuhalten ihm doch (von Gott) befohlen wurde. Fehler (und Unachtsamkeit) unterlaufen, wenn man sich abspaltet. Der Gemeinschaft aber in ihrer Gesamtheit kann nie eine Unachtsamkeit gegen eine Aussage des Korans, der *sunna* oder einer Analogie unterlaufen, so Gott will."[60] Der Consensus als Rechtsquelle ist hier vollends geschwunden; die Altvorderen besaßen das Buch Gottes und die *sunna*, und sie erarbeiteten sich, wenn notwendig, Analogieschlüsse - die, wie wir wissen, nicht immer zu einem einheitlichen Ergebnis führten. Wenn man sich auf die Indizien stützt, die die überlieferten Nachrichten bereitstellen, dann wird man nahezu so sicher das göttliche Gesetz befolgen wie die glücklichen Altvorderen. Mit dem Ausschluß des Consensus der Zeitgenossen beseitigt aš-Šāfiʿī aus den Quellen der Rechtswissenschaft das letzte Moment der Ungewißheit, die allem Menschenwerk anhaftet. Jetzt erst ist das islamische Recht ein durch und durch von Gott bestimmtes Korpus von Normen; allein deren Anwendung bleibt menschlich und damit unvollkommen.

Damit wird auch der Grundstein gelegt für eine neue Bewertung des Korpus der Normen, sofern dieses in der Offenbarung und kollektiven Erinnerung unmittelbar zugänglich ist: Der Koran als Kern dieses Korpus ist die Rede Gottes, die in ihrer jüngsten und endgültigen Fassung auf arabisch ergangen ist. Diese Überzeugung, die schon Muḥammad selber beseelte (Sure 26, 192–196),[61] wird von aš-Šāfiʿī auf alle Texte, die als Rechtsquelle dienen, übertragen; denn „wer vom Gesandten übernimmt, übernimmt von Gott selber", und die *sunna* ist in aš-Šāfiʿīs Lehre die

[57] J. Schacht: *The origins*, 91f.

[58] aš-Šāfiʿī: *Kitāb ǧimāʿ al-ʿilm*, 64–69, §§ 250–270.

[59] Khadduri: *Islamic jurisprudence*, 21–24.

[60] aš-Šāfiʿī: *ar-Risāla*, 475f., § 1320. Die *ǧamāʿa* bietet nach sunnitischer Überzeugung Schutz gegen den Satan, der sich nur die „entlaufenen Herdentiere" greift (T. Nagel: *Rechtleitung und Kalifat*, 257–273).

[61] Weitere Belege bei R. Paret: *Der Koran. Kommentar und Konkordanz*, 2. Aufl., Stuttgart 1977, zu Sure 12, Vers 2.

kongeniale Erklärung des Korans. Diese Doktrin hat er im Traktat über die Arten des Wissens und noch ausführlicher in der „Abhandlung" zu begründen versucht. Das Arabische als das Ausdrucksmittel der Offenbarung und *sunna* wird für aš-Šāfiʿī daher zu einer heiligen Sprache, und nur innerhalb des Wortschatzes und des grammatischen Gefüges dieser Sprache kann die schrittweise Aufdeckung des noch verhüllten Teils der gesetzlichen Bestimmungen vonstatten gehen, mithin überhaupt das betrieben werden, was von nun an Rechtswissenschaft zu sein hat. – Wenn wir zur Rechtsgelehrsamkeit der Schüler Abū Ḥanīfas hinüberblicken, die von aš-Šāfiʿī in dem angeblichen Auftritt vor Hārūn ar-Rašīd der Bodenlosigkeit geziehen wurde, dann fällt auf, daß dort in der Theorie auch in anderen Sprachen über das Recht nachgedacht werden konnte; selbst in anderen Sprachen vorgetragene Koranzitate können nach hanafitischer Meinung die im Gebetsritus vorgesehen Verse ersetzen:[62] Jegliche menschliche Sprache ist ein Gefüge von Lauten, die, den jeweiligen Regeln entsprechend angewendet, den je beabsichtigten Sinn „erzeugen" können.[63] – Wie der Inhalt des noch verborgenen Teils der göttlichen Normen nicht mit Hilfe des an den Vorgängen des alltäglichen Lebens geschulten juristischen Sachverstandes freigelegt werden kann, mit anderen Worten, wie die Hinweise auf das Verhüllte nicht in aktuellen Gegebenheiten und deren sachgerechter Ausdeutung gefunden werden, sondern allein in dem, was als Handeln und Reden des Propheten und seiner Gefährten überliefert ist, so ist nach aš-Šāfiʿī die Auswertung dieser Überlieferung nur nach Maßgabe der sprachlichen Normen möglich, die für das Arabische als die eine Sprache gelten, in der das einschlägige Quellenmaterial zugänglich ist.

Im Traktat über die Arten des Wissens spielt aš-Šāfiʿī mehrfach auf die für die Erkenntnis des Gesetzes unerläßliche Beherrschung des Arabischen an. Sie befähigt einen, allgemeingültige Aussagen der Offenbarung von solchen zu trennen, die sich an einen bestimmten Personenkreis richten. „Gott ist der Schöpfer eines jeden Dinges" (Sure 39, 62), ist der sprachlichen Form nach allgemeingültig und hat auch tatsächlich einen allgemeingültigen Sinn. Hingegen ist die allgemeine Feststellung: „Den ehrenvollsten Rang bei Gott hat der Frömmste unter euch inne" (Sure 49, 13), nur unter bestimmten Voraussetzungen gültig: Gottesfurcht und deren Gegenteil können nur demjenigen zuerkannt werden, der im Vollbesitz seiner geistigen Kräfte ist.[64] In seiner „Abhandlung" hat sich aš-Šāfiʿī eingehender mit der Frage des Arabischen auseinandergesetzt.[65] „Zu den Arten des Wissens vom Buch Gottes gehört das Wissen davon, daß dieses in seiner Gesamtheit in arabischer Sprache herabgesandt wurde", faßt er seine Überzeugung zusammen. „Der Koran (selber)

[62] T. Nagel: *Die Festung des Glaubens*, 179–187.

[63] Ders.: *Bemerkungen zur Sprache im Lichte der islamischen Theologie*, in: D. Bellmann (Hg.): *Gedenkschrift Wolfgang Reuschel*, Stuttgart 1994, 209–216.

[64] aš-Šāfiʿī: *Kitāb ǧimāʿ al-ʿilm*, 24, §§ 55–59.

[65] Wenn er im *Kitāb ǧimāʿ al-ʿilm* auf die *Abhandlung* verweist (25, § 62), dann ist deren ältere Fassung (vgl. Khadduri, wie Anm. 59) gemeint.

weist darauf hin, daß es nichts zum Buch Gottes Gehörendes gibt, das nicht arabisch ist." Den Einwand, im Koran gebe es Wörter fremder Herkunft, läßt aš-Šāfiʿī nicht gelten; das Arabische sei so umfassend, sein Wortschatz so ausgreifend, daß außer einem Propheten kein Mensch es vollkommen beherrsche. So wie niemand die Gesamtheit der *sunna* überblicke und sie dennoch durch die Gesamtheit der Kenner des *fiqh* vollständig bewahrt werde, so verhalte es sich auch mit dem Arabischen: Im Kollektiv derer, die es als Muttersprache beherrschen, geht nichts davon verloren. Es könnte wohl sein, daß es einige Überschneidungen zwischen dem Arabischen und anderen Sprachen gebe, für den Koran sei dies jedoch belanglos, denn Gott berief jeden Propheten aus der Mitte des Volkes, dem die Botschaft überbracht werden sollte. Muḥammad freilich sei an die ganze Menschheit gesandt, woraus folge, daß alle, die des Arabischen nicht mächtig sind, es erlernen müßten. Denn das Arabische bezeichne beispielsweise ein Ding mit vielen unterschiedlichen Wörtern, und umgekehrt könne ein Wort unterschiedliche Dinge meinen. Diese und weitere für die Rechtswissenschaft unentbehrliche Feinheiten seien der Gesamtheit der Kenner des Arabischen geläufig, allen anderen jedoch fremd; „dabei ist doch in der Sprache (der Araber) das Buch herabgesandt worden und die *sunna* in Umlauf gekommen. (Der des Arabischen nicht Mächtige) erkünstelt das Reden über Gegenstände, die das Wissen von dieser Sprache voraussetzen, wie dies jemand tun muß, der einen Teil (dieses Wissens) nicht besitzt. Wer vorgibt zu wissen, was er nicht weiß, … dessen richtige Aussage, sofern sie ohne Kenntnis erfolgt, kann man nicht loben …, und sein Irrtum ist unentschuldbar, sobald er sich über Dinge verbreitet, für die er kein umfassendes Wissen des Unterschiedes zwischen Irrtum und Wahrheit hat."[66]

Die *sunna* wird in das Korpus der arabischen Texte, die das göttliche Gesetz verbürgen, einbezogen. Sie ist aber keineswegs inhaltlich mit dem Koran deckungsgleich; dies hat aš-Šāfiʿī bereits in seinem Traktat dargelegt. In der „Abhandlung" äußert er sich ausführlich und mit aller Entschiedenheit in diesem Sinne. Die *sunna* ist zum einen dazu da, Erläuterungen zu den Aussagen des Korans zu liefern; darüber hinaus weitet sie Gottes Gesetzesstiftung auf Gebiete aus, die in der Offenbarung nicht erwähnt werden.[67] Für beide Funktionen nennt aš-Šāfiʿī Beispiele. Da Koran und *sunna* einander widerspruchsfrei ergänzen, ist weder denkbar, daß eine *sunna*-Norm durch eine Aussage des Korans abrogiert werde, noch gar, daß ein Satz der Offenbarung wegen des Vorliegens einer *sunna*-Norm seine Gültigkeit verliere.[68] Aš-Šāfiʿī bemüht sich, dieses Postulat mit umfangreichen Erörterungen einzelner Fälle, die einen diesbezüglichen Verdacht aufkeimen lassen könnten, zu untermauern. Nun hat er, wie wir oben sahen, die Möglichkeit eingeräumt, daß die Nachrichten einzelner Herausragender in Betreff eines und desselben Gegenstandes unterschiedlich ausfallen können, weil sie, wie der Reisende, der die *qibla* sucht, die

[66] aš-Šāfiʿī: *ar-Risāla*, 42–53, §§ 134–178.
[67] Ebd., 91–104, §§ 298–308.
[68] Ebd., 109, § 326.

Zuversicht des Herzens als letztes, allerdings sehr starkes Kriterium für die Richtigkeit ihrer Einsichten heranziehen müssen. Wir haben aber auch gehört, daß im Kollektiv der Wissenden am Ende doch die allein richtige Lösung zu finden ist; sie muß nur enthüllt werden. Wie dies zu verstehen ist, kann uns aš-Šāfiʿī am Ende dieses ihm gewidmeten Teilkapitels selber zeigen:

Es berichtet uns Mālik (b. Anas) auf Autorität von Nāfiʿ nach Abū Saʿīd al-Ḫudrī, daß der Gesandte sagte: „Verkauft nicht Goldmünzen gegen Goldmünzen, es sei denn gleiche gegen gleiche, und beschneidet sie nicht - der eine zu Lasten des anderen -, und verkauft keine Silbermünzen gegen Silbermünzen, es sei denn gleiche gegen gleiche, und beschneidet sie nicht - der eine zu Lasten des anderen -, und verkauft nicht hiervon das Abwesende gegen das Vorhandene."
Es berichtet uns Mālik auf Autorität von Mūsā b. abī Tamīm ... nach Abū Huraira, daß der Prophet sprach: „Dinar gegen Dinar, Dirham gegen Dirham, und kein Wertunterschied zwischen (den ausgetauschten Golddinaren bzw. Silberdirhams)!"
Es berichtet uns Mālik auf Autorität von Ḥumaid b. Qais ... nach (ʿAbdallāh) b. ʿUmar, daß dieser sagte: „Dinar gegen Dinar, Dirham gegen Dirham, und kein Wertunterschied zwischen (den ausgetauschten Münzen)! Das hat uns unser Prophet aufgetragen, und das tragen wir euch auf!"
Aš-Šāfiʿī sagt: Und es überlieferten ʿUṯmān b. Affān und ʿUbāda b. aṣ-Ṣāmit auf Autorität des Gottesgesandten, daß dieser einen Aufschlag im Austausch von Gold gegen Gold bei der Übergabe von Hand zu Hand verbot. Und, so aš-Šāfiʿī, an diese *Ḥadīṯe* halten wir uns. Die gleiche Ansicht vertraten die Großen unter den Gottesgesandten, des weiteren die meisten *muftīs* in den Ländern.
Es berichtete uns Sufjān (b. Ujaina), daß er ʿUbaidallah b. abī Jazīd sagen hörte: Ich hörte Ibn ʿAbbās sagen: Es berichtete mir Usāma b. Zaid, daß der Prophet sagte: „Ein Wuchergewinn (arab.: *ar-ribā*) liegt allein im Verkauf auf Kredit." Aš-Šāfiʿī sagt: Ibn ʿAbbās und eine Gruppe seiner mekkanischen Gefährten und einige andere hielten sich hieran (und ließen die Ungleichwertigkeit beim unmittelbaren Austausch von Hand zu Hand durchgehen). Nun hielt mir jemand vor: „Dieses *Ḥadīṯ* widerspricht doch den vorhergenannten!" Ich entgegnete: „Es könnte zu (den vorhergehenden) im Widerspruch stehen, aber auch mit ihnen übereinstimmen." „Wieso könnte es mit ihnen übereinstimmen?" Ich antwortete: „Usāma könnte gehört haben, wie der Gottesgesandte (nach dem Austausch) von zwei verschiedenen Gütern gefragt wurde - etwa von Goldmünzen gegen Silbermünzen oder von Datteln gegen Weizen oder von anderen verschiedenen Waren in unterschiedlichem Wert von Hand zu Hand - und dazu sagte: ‚Ein Wuchergewinn liegt allein im Verkauf auf Kredit!' Oder die diesbezügliche Frage könnte vor (Usāmas Hinzutreten) gestellt worden sein, und er könnte die Antwort gehört und überliefert haben, ohne daß er die Frage behielt, oder er könnte über sie im Zweifel gewesen sein. In Usāmas *Ḥadīṯ* findet sich nämlich nichts, was dies ausschließt, und deswegen ist es möglich, daß es mit den vorher zitierten *Ḥadīṯen* übereinstimmt." „Und weshalb sagst du, es könnte ihnen widersprechen?" „Weil es Ibn ʿAbbās ist, der es überliefert; er hatte nämlich in der Sache eine andere Auffassung und lehrte dementsprechend: ‚Es gibt keinen Wuchergewinn in einem Verkauf von Hand zu Hand; der Wuchergewinn liegt allein im Kredit.'" „Und worin liegt nun das Argument dafür, daß man, sofern die vorhergenannten *Ḥadīṯe* im Widerspruch zur Auffassung des Ibn

'Abbās stehen, diesen zugunsten der anderen beiseite lassen muß?" Ich legte dar: „Keinem von denen, der etwas anderes als Usāma überlieferte, wird eine mangelhafte Bewahrung der Überlieferung nachgesagt, wenn sie auch als Überlieferer nicht angesehener als Usāma waren. 'Uṯmān b. 'Affān und 'Ubāda b. aṣ-Ṣāmit sind allerdings viel älter als Usāma und waren viel früher Gefährten Muḥammads; Abū Huraira ist der älteste (unter den Zeugen) und war in seiner Zeit der beste Überlieferer. Da nun das *Ḥadīṯ* mit zwei Überlieferern offenkundig sicherer tradiert ist und eher des Verdachts der Fehlerhaftigkeit überhoben als das mit einem Überlieferer, ist es das *Ḥadīṯ* mit den meisten Tradenten, das am ehesten richtig weitergegeben wurde, nicht das *Ḥadīṯ* desjenigen, das von dem jüngsten Überlieferer verbürgt ist; ferner verdient es ein von fünf Personen überliefertes *Ḥadīṯ* eher, als Rechtsquelle gewählt zu werden, als eines mit nur einem Tradenten."[69]

Der Sache nach wurde der Gegenstand, den aš-Šāfiʿī hier durchspricht, schon an anderer Stelle klargelegt.[70] Deutlich erkennen wir die tiefgreifende Veränderung, die die rechtswissenschaftliche Diskussion gegenüber derjenigen erfahren hat, die die Schülerschaft Abū Ḥanīfas pflegte. Das Thema wird nicht anhand der Erfordernisse der Praxis entfaltet, wie dies in den Beispielen der Fall war, die Abū Jūsuf erörterte, sondern die Überlieferung wird zur Grundlage der Gedankenarbeit genommen. Die Frage, nämlich worin ein unzulässiger Wuchergewinn bestehe, ist für aš-Šāfiʿī durch die einschlägigen Aussagen der Offenbarung aufgeworfen und damit als ein Gegenstand des *fiqh* ausgewiesen; dies braucht nicht eigens vermerkt zu werden. Wie jedoch im Geschäftsleben zu verfahren ist, läßt sich einzig und allein aus den überlieferten Aussagen Muḥammads ermitteln, die den Koran interpretieren. Aktuelle Bedürfnisse, auf die sich Abū Jūsuf bezog, kommen nicht in den Blick, und deswegen wird auch nicht der juristische Sachverstand der Zeitgenossen oder ihrer Lehrer bemüht. Wenigstens zum Teil wird dieser Sachverstand durch die Kennerschaft des *Ḥadīṯ* ersetzt. Die von Muḥammad in der obigen Frage überlieferten Aussagen sind jedoch nicht ohne weiteres auf einen Nenner zu bringen. Da ein *Ḥadīṯ* durch ein anderes abrogiert werden kann, müßte aš-Šāfiʿī sich für die Aussage Usāma b. Zaids entscheiden, des Prophetengefährten, der am spätesten mit Muḥammad in Berührung kam; diese Aussage würde freilich den Wuchergewinn in einer Weise definieren, die dem *fiqh* widerspräche. Daher beruft sich aš-Šāfiʿī auf andere Kriterien – die größere Zahl der Überlieferer; eine Unzulänglichkeit in der Wahrnehmung, die Usāmas *Ḥadīṯ* zugrunde liegen könnte: *Fiqh,* so muß pointiert gesagt werden, ist nicht mehr die vom Bekenntnis zum Islam bestimmte Einsicht in den profanen und den rituellen Bereich des Daseins; *fiqh* ist nun vielmehr die Einsicht in das nur in Teilen offenkundige Regelwerk der Scharia, dem der Alltag einzubeschreiben ist.

[69] Ebd., 276–281, §§ 758–773.
[70] Vgl. oben Kap. A II 3b.

3. Die Wissenschaft von den Grundlagen des *fiqh*

Aš-Šāfiʿīs Werk ist als eine Verankerung der Rechtswissenschaft im *ḥadīṯ* zu deuten, das mit Beginn des 9. Jahrhunderts seine literarische Reife erreicht. Im *ḥadīṯ* drückt sich ein wirkmächtiger Grundzug der koranischen Offenbarung aus: Die Schöpfung wird nie aus Gottes Bestimmungsmacht entlassen. Diese Bestimmungsmacht bringt sich nicht nur in der unermüdlichen Lenkung des Schöpfungswerkes durch ihn zur Geltung (Sure 55, 29), wie dies in eindringlichen Worten der in der muslimischen Frömmigkeit so innig gebetete Thronvers (Sure 2, 255) verkündet; sie manifestiert sich ebenso deutlich im Gotteswort, im Koran. Als unablässig ergehendes Schöpfungswort und als Gesetzesrede offenbaren sich den geschaffenen Wesen der gestaltende und herrscherliche Aspekt Gottes. Was in der Form des Korans zu Buche geschlagen ist, ist eine Momentaufnahme der Gesetzesrede; in ihrer ganzen Fülle bleibt letztere dem Menschen, dem Geschöpf, ebenso unfaßbar wie der in der Natur und in der Geschichte sich kundgebende gestaltende Aspekt. Aber wie ein Hologramm den Blick auf die Räumlichkeit des Abgebildeten ermöglicht, so macht jene Momentaufnahme der Gesetzesrede den Weg für ein Erfassen des Abgebildeten in seiner Ganzheit frei, wobei allerdings ein Übersteigen des Bildes zum Eigentlichen hin ein Zurücklassen der Geschöpflichkeit voraussetzen würde und daher undenkbar ist. Das, was durch den Koran hindurch geschaut werden kann, macht und bestimmt die Geschichte des Schöpfungswerkes und des Menschen, ist aber selber nicht der Geschichtlichkeit unterworfen. In der Gestalt Muḥammads hat es sich am klarsten im Diesseits gezeigt, und infolgedessen kann man an allem, was mit dem Propheten zusammenhängt, am deutlichsten den überzeitlich wirksamen Charakter der Gesetzesrede Gottes wahrnehmen; alles, was diesbezüglich bekannt wird, ist kein abgeschlossenes, zur Geschichte gewordenes Ereignis; es ist Gegenwart, die nicht vergeht.[71] Wie wir schon erörterten, wird im Vollzug des Ritus die Anwesenheit vor dem Angesichte Gottes erfahren, erfüllt sich die übergeschichtliche Heilszusage, die in der Hingeschaffenheit (arab.: *al-fiṭra*) zu Gott ihr unzerstörbares Fundament hat. Durch das *ḥadīṯ* schafft sich die islamische Kultur das Mittel, mit dem sie diesem Grundzug ihres Wesens in der Theologie und Metaphysik, in der Frömmigkeit und im Lebensstil[72] und nicht zuletzt auch im Recht Ausdruck verleiht.

Wenn wir uns diesem nun wieder zuwenden, müssen wir zunächst bedenken, was es eigentlich heißt, daß dessen Grundlage eine übergeschichtliche Gesetzesbotschaft sei. Auf zwei Ebenen wollen wir der Beantwortung dieser Frage näherkommen: Es ist zu erwägen, in welches Wechselverhältnis das Gesetz und das Handeln des Menschen unter dieser Voraussetzung treten, und danach soll untersucht werden, worin die Aufgabe der Rechtswissenschaft zu bestehen hat.

[71] Vgl. T. NAGEL: *Ḥadīṯ – oder die Vernichtung der Geschichte*, in: XXV. Deutscher Orientalistentag, Vorträge, Stuttgart 1994, 118–128.

[72] Ders.: *Im Offenkundigen das Verborgene*, Viertes Buch.

Kein schafiitischer Gelehrter hat die Schlußfolgerungen, die aus den Forderungen des Schulgründers zu ziehen sind, so umfassend und so streng durchgearbeitet und zu Papier gebracht wie Abū l-Maʿālī al-Ǧuwainī (gest. 1085); hierbei hat er stets die theologische bzw. metaphysische Seite der Jurisprudenz mit berücksichtigt. Seine umfangreiche rechtstheoretische Abhandlung, das „Buch des Beweises", ist nur zu verstehen, wenn man die Theologie der aschʿaritischen Richtung, die sich im 10. und 11. Jahrhundert, ausgehend von den Überlegungen Abū l-Ḥasan al-Ašʿārīs (gest. 935), herausgebildet hat, genau im Auge behält. Im Argumentationszusammenhang dieser Studie werde ich, soweit es nötig ist, hierauf eingehen. Es genüge vorerst der Hinweis, daß die in der schafiitischen und in der malikitischen Rechtsschule besonders beliebte aschʿaritische Theologie den Anspruch erhebt, das Sunnitentum - dessen Lebensmitte durch das *ḥadīṯ* bestimmt wird - mit den Methoden rationaler Gedankenführung zu verteidigen, die vom 8. bis 10. Jahrhundert von der unter dem Namen Muʿtazila zusammengefaßten geistigen Strömung erarbeitet worden waren. Die Auseinandersetzungen der Aschʿariten mit den Muʿtaziliten bilden den Hintergrund der Überlegungen des „Buches des Beweises", wie schon in dessen einleitenden Abschnitten sichtbar wird.

Die Kenntnis der arabischen Sprache, die Theologie und der *fiqh* im Sinne der Einsicht in den Inhalt der Offenbarung machen, zusammengenommen, die Fundamente des *fiqh*, der eigentlichen Rechtswissenschaft, aus, schreibt al-Ǧuwainī und erliegt, wie es bei oberflächlicher Betrachtung erscheint, einem Zirkelschluß. Was er in Wahrheit meint, wird jedoch klar, wenn wir uns sein Verständnis von Theologie (arab.: *al-kalām*), das er im Anschluß erläutert, vergegenwärtigen. Er faßt unter diesem Begriff folgendes zusammen: die Kenntnis der geschaffenen Welt in ihren Teilen, ihren Essenzen (arab.: *al-ḥaqīqa*, Pl. *al-ḥaqāʾiq*) und ihrer Kontingenz (arab.: *al-ḥadaṯ*) sowie das Wissen von ihrem Schöpfer und den Eigenschaften, die dieser notwendigerweise, unmöglich bzw. möglicherweise aufweist; das Wissen von den Prophetenschaften und wie sie sich mittels eines Beglaubigungswunders (arab.: *al-muʿǧiza*) von den falschen Ansprüchen der Betrüger unterscheiden; schließlich die Bestimmungen und Bewertungen des Prophetentums sowie Aussagen darüber, was bezüglich der allgemeinen Grundlagen der Scharia-Vorschriften denkbar und was unmöglich ist.[73] Insofern als Theologie Metaphysik ist, lehrt sie, in welcher Hinsicht die allgemeinen Ideen, die Grundzüge der schariatischen Normen Teil der von Gott erschaffenen und stets unterhaltenen, d. h. keinen Augenblick in ein eigenes Bestehen entlassenen Welt sind. Der *fiqh* als das dritte Fundament des *fiqh* als der eigentlichen Rechtswissenschaft ist nun die Einsicht in den Umstand, daß aus der Verfaßtheit der Welt, wie die Theologie sie expliziert, und aus dem Verhältnis der kontingenten Welt zu dem sie in jedem Augenblick lenkenden Schöpfer die unabweisbare Tatsache der Belastung (arab.: *at-taklīf*) folgt. Nun sind zwar ein großer Teil, wenn nicht gar der größte Teil, aller Einzelbestimmungen der Belastung nur wahrscheinlich richtig; die Einsicht im ebengenannten Sinne führt aber

[73] al-Ǧuwainī: *Kitāb al-burhān*, 84, § 2.

zu dem sicheren Wissen davon, daß es notwendig ist, jenen nur wahrscheinlich richtigen Vorschriften entsprechend zu handeln.[74]

Aš-Šāfiʿīs Forderung, gleich dem die *qibla* suchenden Reisenden die Hinweise auf die Gebetsrichtung ernst zu nehmen und bei Eintreten der Zuversicht des Herzens das Gebet in der erwählten Richtung zu vollziehen, selbst wenn andere eine andere für richtig befinden sollten, tritt hier in einen umfassenderen, die bis ins 11. Jahrhundert gewonnenen Erkenntnisse über die Kontingenz der Welt beachtenden Begründungszusammenhang ein. *Fiqh* als die allgemeine Einsicht, daß der ununterbrochen ablaufende Schöpfungsprozeß dem Menschen, der sich ihm einfügt, das Heil gewährt und daß die Belastung den schariatischen Aspekt eben dieser Einfügung darstellt, ist neben der Kenntnis der Theologie und der arabischen Sprache die unentbehrliche dritte Wurzel, aus der die Rechtswissenschaft wächst, nämlich der *fiqh* im engeren Sinn, die Ermittlung und Erörterung der Bestimmungen der Belastung; hierfür verwendet al-Ǧuwainī den Begriff Scharia (arab.: *aš-šarīʿa*), dessen Kern nun besser erfaßt werden kann: Sie ist in der Tat ein Heilsweg, ein mit teils offenkundigen, teils noch verhüllten Normen ritual- und profanrechtlichen Inhalts gangbar gemachter Weg zur Erreichung bzw. Bewahrung der Hingeschaffenheit (arab.: *al-fiṭra*) zu Gott. Dieser *fiqh*, der die oben genannte Einsicht bereits voraussetzt, wird für das Leben des Muslims bestimmend mittels der fachgerechten Bearbeitung der, wie man sagt, über das Gehör aufgenommenen Hinweise (arab.: *al-adilla as-samʿīja*), als da sind: die eindeutigen Texte des Buches Gottes, die vielwegig überlieferte *sunna* (arab.: *as-sunna al-mutawātira*) und der Consensus (arab.: *al-iǧmāʿ*), „und das, worauf sich dies alles stützt, ist die Rede Gottes".[75] In diesem Satz wird aš-Šāfiʿīs These, daß das Gesetz in seiner Gesamtheit Wort Gottes ist, aufgegriffen, aber es zeigt sich auch eine bemerkenswerte Abweichung. Aš-Šāfiʿī hatte an dritter Stelle den Analogieschluß genannt, der sich aus der Auswertung der Hinweise ergibt und auch den Prophetengefährten die Möglichkeit der Meinungsverschiedenheit einräumt. Wir werden auf diesen Unterschied zurückkommen.

Die Wissenschaft des *fiqh* beschäftigt sich mit den schariatischen Bewertungen, und was diese seien, legt al-Ǧuwainī dar, indem er sich klar von den Muʿtaziliten absetzt. Eine Bewertung, die einem Gegenstand oder Sachverhalt zuerkannt wird, bezeichne keineswegs eine ihm auf Dauer innewohnende Eigenschaft; wenn man sage, das Trinken des Weines sei verboten, dann sei „verboten" keineswegs etwas dem Trinken essentiell Eigenes.

> Wenn wir das Trinken (von Wein) in einer Notlage zur Pflicht erklären, dann ist das Trinken (an sich) etwas wie das verbotene Trinken bei freier Möglichkeit der Entscheidung. Mit der Aussage, daß es verboten ist, meint man, daß sich hierauf ein Verbot

[74] Ebd., 85, §§ 4f.; vgl. T. Nagel: *al-Ǧuwainīs Kitāb al-burhān und die theologische Begründung der Scharia*, in: Actas del XII Congreso de la UEAI (Malaga, 1984), Madrid 1986, 647–655.

[75] al-Ǧuwainī: *Kitāb al-burhān*, 85, § 5.

erstreckt, mit der Aussage, daß es notwendig ist, daß sich hierauf ein Befehl erstreckt. Dasjenige, worauf sich eine Aussage in irgendeiner Weise bezieht, empfängt durch diese Aussage keinerlei wesensmäßige Eigenschaft. So sagen wir von einem Ding, es sei bekannt, und wissen mit Bestimmtheit, daß es, indem es durch das Wissen erfaßt wird, keine (zusätzliche) wesensmäßige Eigenschaft gewinnt. Nun gehören zu den Bewertungen der Scharia auch „schön" und „häßlich" (arab.: *at-taḥsīn wat-taqbīḥ*), die auf Befehl und Verbot zurückgehen. Jedoch ist in der Bewertung durch Gott nichts an und für sich häßlich, nichts an und für sich schön. Allerdings teilten die Muʿtaziliten alle Handlungen in zwei Teile und lehrten: „Bei einem Teil ergibt sich die Bewertung als schön oder häßlich als durch den Verstand ermittelt und nicht abhängig vom Ergehen eines Befehls oder Verbots." Und auch diesen (ersten Teil der Handlungen) untergliederten sie wieder in zwei und behaupteten, bei einem erfasse man „schön" und „häßlich" mit Notwendigkeit intuitiv durch den Verstand, beim zweiten durch ein Erwägen, welches das Notwendige in die Betrachtung einbezieht. Als ein Beispiel nannten sie die Bewertung der nutzlosen Lüge als „häßlich" und desgleichen der nützlichen und erläuterten: „Die Häßlichkeit nutzloser Lügen wird durch den Verstand intuitiv erkannt; die nützliche Lüge wird der nutzlosen zugeordnet aufgrund von Erwägungen ..." Der zweite Teil der Handlungen sind jene, denen die Scharia das Urteil „schön" oder „häßlich" beilegt, ohne daß diese Urteile mit dem Verstand erfaßt werden könnten. Sie behaupteten, daß die meisten Einzelgebote und -verbote der Scharia in diesen Teil fallen. Ferner lehrten sie: „Der Gesetzgeber, ihm sei der Friedensgruß entboten, legt (jene Einzelvorschriften) fest, weil sie im (Bereich des) Gewußten vorkommen", und er tue dies in der Art, daß sie als freundliche Mahnungen zum Guten betrachtet werden können. Nur das befiehlt der Gesetzgeber, wovon er weiß, daß die entsprechende Anweisung ein Beweggrund für einen beharrlichen Eifer im Tun der Dinge ist, die der Verstand als schön erkennt.[76]

Al-Ǧuwainī zitiert die muʿtazilitischen Ansichten im wesentlichen zutreffend.[77] Nicht Gott, sondern der Prophet Muḥammad - wie aus der Eulogie zweifelsfrei hervorgeht - ist der Quell der Scharia, die mithin geschichtlich ist, wie auch der Koran, der in den Augen der Muʿtaziliten Gottes geschaffene, auf eine ganz bestimmte historische Situation und einen ebenso bestimmten Empfänger und dessen Auffassungsgabe zugeschnittene Botschaft ist,[78] unter der Prämisse eben dieser Geschichtlichkeit ausgelegt werden muß; der Koran ist keine überzeitliche Wahrheit. Die Muʿtaziliten müssen freilich zur Kenntnis nehmen, daß zahlreiche Vorschriften der Scharia, die auf Muḥammad zurückgeführt werden, also *sunna* sind, Beachtung heischen, obwohl sie nicht durch den Verstand unmittelbar als „gut" oder „häßlich" beurteilt werden können. Die Erkenntnis der Unableitbarkeit des

[76] Ebd., 87f., §§ 9f.

[77] Abū l-Ḥusain al-Baṣrī: *al-Muʿtamad fi uṣūl al-fiqh*, ed. Muḥammad Ḥamīdullāh, Damaskus 1964, 375-383: Das Hören einer Nachricht vom Handeln Muḥammads erfordert noch nicht, daß man diese Handlung nachahmt. Vgl. ferner ebd., 363-372 über die guten und die häßlichen Taten.

[78] ʿAbd al-Ǧabbār: *al-Muġnī fi abwāb at-tauḥīd wal-ʿadl*, VII, ed. al-Abjārī, Kairo 1961.

Gesetzes, die die Schafiiten in den Mittelpunkt ihrer rechtstheoretischen Überlegungen rückten, schlägt hier auch bei den Muʿtaziliten durch; sie wird allerdings von der allgemeinen Annahme gemildert, daß die Freundlichkeit des Gesetzgebers die Menschen zum Guten führen wolle. Die Einzelheiten mögen unbegreiflich bleiben, doch ist dies zu ertragen, wenn eine gute Absicht des Propheten unterstellt wird, die ihrerseits sich in die muʿtazilitische Lehre vom Wohl (arab.: *al-aṣlaḥ*) der Schöpfung einfügt, das Gott grundsätzlich anstrebe. Wenn nun das Recht als unmittelbar aus der dem menschlichen Verstand zugänglichen und von Gott für wahr befundenen Unterscheidung zwischen „gut" und „häßlich" hervorgehend interpretiert wird, ist es grundsätzlich den Menschen möglich, durch eigene Überlegung die Bestimmungen und Vorschriften zu ermitteln, die sowohl den Willen Gottes darstellen als auch dem Wohl des Menschen förderlich sind. Die Offenbarung wird dann nur noch die Aufgabe haben können, die von Menschen ersonnenen Gesetze zu bestätigen und vielleicht hier und da den Rechtsgelehrten auf die Sprünge zu helfen. Das *ḥadīṯ* wird bestenfalls als eine Beispielsammlung für die gesetzgeberische und rechtspflegerische Tätigkeit der Altvorderen gelten, nicht jedoch als der allein verbindliche Hinweis auf den verhüllten Teil eines von Gott gestifteten Gesetzes, dessen Beziehung zur Lebenswirklichkeit nicht entschlüsselt werden kann.

An al-Ǧuwainīs Betrachtung und Ablehnung der muʿtazilitischen Ansichten über das Wesen der schariatischen Bewertungen lassen sich noch weitere sehr wesentliche Grundsätze der auf das *ḥadīṯ* zurückgreifenden Rechtstheorie aufzeigen. Der Gesetzgeber lege Einzelbestimmungen fest, weil sie im Bereich des Gewußten vorkommen, zitiert al-Ǧuwainī die Muʿtaziliten. Damit spielt er auf einen tiefgreifenden Unterschied zwischen muʿtazilitischer und schafiitischer Lehre an. Denn die Muʿtaziliten sind der Auffassung, daß alles Gewußte ein Ding (arab.: *aš-šaiʾ*) sei, unabhängig davon, ob es zu einem gegebenen Augenblick existiere oder nicht. Das Wissen erfaßt demnach nicht nur die Welt, wie sie gerade existiert, sondern auch wie sie sich in der Vergangenheit zeigte und womöglich in der Zukunft sein wird. Im Wissen bzw. Gewußten läßt sich mithin aus dem, was gewesen ist, auf das schließen, was kommt, mit anderen Worten und auf das Recht bezogen: Es besteht die Möglichkeit, vorausschauend Gesetze zu erlassen, wie dies ja auch nach der zitierten Meinung der Muʿtaziliten für Muḥammad angenommen werden muß. Schon im 8. Jahrhundert wurde man darauf aufmerksam, daß hierin ein Vorzug der hanafitischen Art der Jurisprudenz liege.[79] – In der der schafiitischen Rechtswissenschaft nahestehenden aschʿaritischen Theologie bestimmt man demgegenüber nur das Vorhandene, und nicht etwa das Gewußte, als ein Ding.[80] Da sich das Erkenntnisvermögen nur auf vorhandene Dinge erstreckt, wird infolgedessen im Prinzip alles geschichtliche Werden unerkennbar; so wie alles Gegenwärtige wird auch das Vergangene, sofern es in Form des Überlieferten in der Gegenwart vorhanden ist,

[79] T. Nagel: *Die Festung des Glaubens*, 190.
[80] Ders.: *Geschichte der islamischen Theologie*, 152f.

nur noch so gesehen, wie es sich in der Gegenwart zeigt. Daß es sich unter solchen Voraussetzungen als undenkbar erweist, nach vorausschauender Erwägung künftiger Möglichkeiten Recht zu setzen, leuchtet ein. Doch noch schwerwiegender ist die Frage, wie denn überhaupt das Handeln des Menschen im jeweilig gegenwärtigen Augenblick und die als überlieferter Wille Gottes in demselben Augenblick vorhandene Scharia in einen plausiblen Wirkzusammenhang gebracht werden können. Es ist hierbei zu berücksichtigen, daß die asch'aritische Theologie ohnehin dem Menschen die Fähigkeit zu einem Tun und Lassen aus ihm verfügbaren Kräften heraus abspricht. Wenn jemand eine Handlung vollzieht, dann ist dies allein Gott zuzuschreiben, der ihm in dem betreffenden Augenblick die Fähigkeit und die Kraft verleiht sowie die zum Gelingen unerläßlichen Randbedingungen schafft. Gott allein ist Schöpfer, der Mensch erwirbt die von Gott geschaffenen Taten - am Menschen zeigt sich unter den diesseitigen Seinsbedingungen, was der transzendente Schöpfer in dem jeweiligen Augenblick bestimmt. Ein Grund dafür, daß eine schariatische Vorschrift so und nicht anders lautet, ist demnach nicht zu entdekken. Die Scharia in ihrer Gänze ist Ausdruck der Knechtung (arab.: *at-ta'abbud*) des Menschen, der in jedem Moment und in all seinen Lebensregungen vom Schöpfer, seinem Herrn, abhängt. Der Herr aber ist seinem Knecht keine Rechenschaft darüber schuldig, warum er ihm diesen oder jenen Befehl erteilt. Die rituelle Reinheit ist nun einmal mit Wasser und ersatzweise mit Sand herbeizuführen, selbst wenn es Mittel geben sollte, die eher dem Zweck entsprechen, worauf die Hanafiten verweisen.[81] Um den schafiitischen Standpunkt zu untermauern, betont al-Ǧuwainī, daß eine schariatische Bewertung dem Sachverhalt oder Gegenstand, auf den sie sich bezieht, keine wesensmäßige Eigenschaft beilegt. Es ist nicht einmal so, daß unter besonderen Umständen die Bewertung eines Sachverhalts über diesen hinaus wirksam werden könnte. Dies wird beispielsweise deutlich, sobald zwei verschiedenartige Bestimmungen in einen Widerstreit treten. So berichtet al-Ǧuwainī von einer Diskussion über die Frage, ob die Verrichtung des Pflichtgebets an einem Ort, an dem man sich von Rechts wegen nicht aufhalten dürfte, etwa in einem usurpierten Haus, gültig sei. Die Mu'taziliten hatten dies verneint, aber für al-Ǧuwainī ist das Gegenteil klar:

> Das Verbot, sich in einem widerrechtlich besetzten Haus aufzuhalten, hat in der Scharia keinen Bezug zum Ziel des Gebetes. Also bleibt das Verbot völlig von den Zwecken des Gebetes abgelöst, und dieses ruht (weiterhin) in der auf es zutreffenden Bewertung. Erst wenn ein Verbot in Kraft ist, das auf das Gebet in einem usurpierten Haus zielt, dann erst ist das Gebet ungültig - gleich demjenigen eines rituell Unreinen, dem ja ausdrücklich verboten ist, in diesem Zustand zu beten.[82]

Bei Tatbeständen, in deren Bewertung mehrere Normen eingehen, bleibt also den Schafiiten nichts anderes übrig, als die einzelnen Elemente der Handlung her-

[81] Zu diesem Themenkomplex vgl. *Die Festung des Glaubens*, 179-197, 214-228.
[82] Ebd., 221.

auszuarbeiten und zu überlegen, welches unter ihnen von den konkurrierenden Bestimmungen berührt wird; danach wäre festzustellen, welche der konkurrierenden Bestimmungen besser bezeugt, d. h. durch einen Text von höherer Autorität abgesichert ist; diese Bestimmung wäre einschlägig, und es müßte entsprechend ermittelt werden, ob das jeweilige Handlungselement im vorliegenden Fall erfüllt oder nicht erfüllt ist und, sofern auf letzteres erkannt werden muß, ob damit die gesamte Handlung ihre Gültigkeit einbüßt. Das Aufsuchen eines rituell einwandfreien Ortes ist eine Vorbedingung für den Vollzug des Gebetes; dies ist sicher bezeugt. Das Verbot, in einem unrechtmäßig in Besitz genommenen Haus zu verweilen, kann demgegenüber nicht zur Geltung gebracht werden. Der Widerstreit von Vorschriften kann also nicht durch eine den Sachverhalt in seiner Komplexität erfassende Untersuchung, sondern nur durch die Auflösung der Komplexität und die Hierarchisierung der für jede seiner Einzelheiten einschlägigen Bestimmungen behoben werden, wie denn auch keine von innerweltlichen Gegebenheiten ausgehenden Erwägungen irgend etwas über den Sinn einzelner Vorschriften auszusagen vermögen. In einem Abriß der asch'aritischen Theologie kommt al-Ǧuwainī im Zusammenhang mit der Zurückweisung mu'tazilitischer Ansichten über die Handlungsfähigkeit des Menschen auf die Scharia zu sprechen. Seine Widersacher hatten ihn darauf festlegen wollen, daß der Mensch seine körperliche Konstitution – und damit eine wesentliche Voraussetzung für sein Tun – zwar ganz allein Gott verdanke, aber selber zu verantworten habe, was er mit diesen Voraussetzungen anfange.[83] Für al-Ǧuwainī ist dergleichen abwegig, denn das, was vom Körper ausgeht, ist genauso Gott geschuldet wie der Körper oder die Hautfarbe.

> (Die Mu'taziliten) behaupten jedoch: „Dem Menschen wird vergolten nach seinem Handeln; er wird bestraft, getadelt, gelobt. Alles dies weist doch darauf hin, daß das Handeln vom ihm ausgeht, denn es ist nicht ‚gut', daß er gescholten oder gepriesen wird für etwas, das gar nicht von ihm selber ausgeht wie zum Beispiel seine Farbe oder sein Körper." Was (die Mu'taziliten hier) erwähnen, bringt ihnen jedoch nichts ein. Denn Lohn und Strafe und die ihnen nachgeordneten Gegebenheiten wie Lob und Tadel werden nach unserer Auffassung keineswegs durch die Handlung des Belasteten herbeigeführt. Würde Gott von sich aus den Menschen mit fortwährendem Wohlleben beschenken oder mit schmerzhafter Strafe schlagen, so wäre dies möglich und keineswegs undenkbar. Denn die Handlungen der Menschen, wie sie gemäß den Bewertungen der Scharia-Bestimmungen erscheinen, sind nur Malzeichen und Hinweise, die auf die Bewertungen Gottes deuten, und es ist nicht abwegig, ein Malzeichen zu errichten, das nicht von dem ausgeht, für den es errichtet wurde.[84]

[83] T. Nagel: *Geschichte der islamischen Theologie*, 64–69, 110–115.

[84] al-Ǧuwainī: *Kitāb al-iršād*, edd. Jūsuf Mūsā und 'Alī 'Abd al-Mun'im 'Abd al-Ḥamīd, Kairo 1950, 208. Vgl. *Die Festung des Glaubens*, 155; die dortige Übersetzung „nicht berührt ..." folgt der Textvariante, die in der Edition vermerkt ist. Diese Übersetzung ist zu verwerfen.

Das Gesetz, wenn auch für den Menschen von Gott gestiftet, verweist auf nichts anderes als auf die Tatsache, daß es sich um Gottes Gesetz handelt, und es sagt dem Menschen von Einzelfall zu Einzelfall, in welchem Verhältnis das Handeln, das durch göttliches Wirken an ihm ins Vorhandensein tritt, zu den Normen dieses Gesetzes steht. Wie in der asch'aritischen Metaphysik nur das je Vorhandene ein Ding ist und beurteilt werden kann, so wird von der Scharia auch nur je das in einem bestimmten Augenblick in Erscheinung Getretene bewertet; wir sahen, daß dieses Prinzip die Berücksichtigung von Tatmotiven erheblich erschwert und bei Delikten, die die Souveränität Gottes antasten, sogar ausschließt.[85] Die Gründe hierfür werden nun verständlich; desgleichen für das Bestreben, einen Handlungsverlauf in kleine Einheiten zu gliedern und diese, wie am Beispiel des Gebets im usurpierten Haus gezeigt, je für sich zu bedenken. Im übrigen wird es nicht mehr befremden, daß man in der Geschichte des islamischen Rechts auf keine umfassenden von einem Herrscher veranlaßten Gesetzessammlungen trifft,[86] die dem Zweck einer dem Wohl des Reiches förderlichen Hebung der Rechtssicherheit hätten dienen können. Dieser Mangel ist um so bemerkenswerter, als die Rechtspflege mit der Machtausübung eng verwoben blieb. Was unter diesen Voraussetzungen Rechtssicherheit bedeutete und wie sie errungen wurde, wird noch zu erörtern sein.

Schließlich muß man sich vergegenwärtigen, welche Aufgaben sich der Jurisprudenz unter den von al-Ǧuwainī so klar auf den Begriff gebrachten Voraussetzungen eigentlich stellen: Es ist das Auffinden des für einen Sachverhalt oder ein Handlungselement einschlägigen Textes mit dem höchsten Autoritätsgrad; Jurisprudenz ist eine Art Textwissenschaft, die in den Handbüchern über die Grundlagen des *fiqh*, so auch in al-Ǧuwainīs „Buch des Beweises", den wichtigsten Gegenstand bildet.[87] Doch nicht nur in dieser sehr ausführlichen und den polemischen Hintergrund vieler Aussagen ausleuchtenden Weise hat sich al-Ǧuwainī hiermit auseinandergesetzt. Er schrieb auch einen ganz kurzen Lehrtraktat, der stichwortartig die gesamte Methodik des *fiqh* zu erfassen sucht. Ihre hauptsächlichen Eigentümlichkeiten seien hier in aller Kürze erläutert; sie ergeben sich aus der von aš-Šāfiʿī aufgestellten Forderung, aus Koran und Überlieferung den noch verborgenen Teil des überzeitlichen göttlichen Gesetzes so weit als möglich - und natürlich unter Inkaufnahme unvermeidlicher Meinungsverschiedenheiten - zu ermitteln.

Die Wissenschaft von den Grundlagen des *fiqh* beschäftige sich, allgemein gesagt, mit den Wegen der Überlieferung und wie man aus diesen Wegen Schlüsse ziehe und was aus diesen folge; hierbei stehe die Rangfolge der Textbeweise im

[85] Vgl. oben Kap. A II 4b.

[86] Über das Herrscherrecht (arab.: *al-qanūn*) und seinen Gegenstandsbereich unterrichten die Textbeispiele im Kapitel III/3 des zweiten Buches.

[87] Sie wird in aller Ausführlichkeit beschrieben von W. Hallaq: *A history of Islamic legal theories*, Cambridge 1997.

Vordergrund.[88] Sie ans Licht zu heben ist die hauptsächlichste Aufgabe des zu selbständiger Entscheidungsfindung befähigten Gelehrten (arab.: *al-muǧtahid*). Untergliedern läßt sich diese Wissenschaft in die Bereiche: die Teile der Rede; Befehl und Verbot; allgemein und spezifiziert; summarisch und im einzelnen erläutert; offensichtlich oder der Interpretation bedürftig; absolut oder an Bedingungen geknüpft; überlieferte Handlungen; abrogierend oder abrogiert; Consensus, *ḥadīṯ*, Analogieschluß; Unterbindung und Erlaubnis; Rangfolge der Beweise; Eigenschaften des *Muftīs* und dessen, der um ein Gutachten nachsucht; Regelungen, denen der *muǧtahid* unterliegt. Die ersten drei Bereiche handelt al-Ǧuwainī sowohl im Lehrtraktat als auch im „Buch des Beweises" fast ausschließlich unter Rückgriff auf die arabische Nationalgrammatik ab. Allerdings bleibt der Bezug zur Textwissenschaft immer erkennbar, etwa wenn es heißt, eine Spezifizierung sei in den folgenden Arten statthaft: eine Koranstelle durch eine andere, eine Koranstelle durch einen *sunna*-Beleg, eine *sunna*-Norm durch eine Koranstelle, eine *sunna*-Norm durch einen anderen *sunna*-Beleg, der durch ein als Analogie herangezogenes Wort Gottes oder seines Gesandten ergänzt werden muß.

Summarisch nennt man alles, was einer Erläuterung bedarf; erläutern heißt, aus dem Bezirk des Unklaren in den Bezirk der Klarheit hineinführen. Das Klare ist ein eindeutiger Text (arab.: *an-naṣṣ*), der nur einen einzigen Sinn wiedergibt, oder, wie man auch sagt, ein Text, dessen Auslegung bereits in der Formulierung, in der Gott ihn herabsandte, enthalten ist. Das Wort *an-naṣṣ* ist von *al-minaṣṣa* abgeleitet, dem erhöhten Stuhl, auf dem die Braut[89] zur Schau gestellt wird. Offensichtlich ist eine Aussage, die zwei Bedeutungen haben kann, von denen eine jedoch näher liegt als die andere; das Offensichtliche muß durch eine auf einen Beweis gestützte Auslegung interpretiert werden ... Die (überlieferten) Handlungen des Herrn der Scharia erfolgten entweder zur Annäherung an Gott, im Gehorsam gegen ihn oder aus einem anderen Grund. Geschah sie zur Annäherung an Gott und im Gehorsam gegen ihn und gibt es ferner einen Hinweis auf einen spezifischen (Muḥammad betreffenden) Umstand, dann müssen sie als den Propheten allein betreffend gewertet werden. Gibt es einen solchen Hinweis nicht, dann haben sie nicht nur (mit Muḥammads Person) zu tun. Der erhabene Gott sagte nämlich (Sure 33, 21): „Ihr habt am Gesandten Gottes ein gutes Vorbild." Nach der Meinung einiger von unseren Gefährten müssen (solche Handlungen) als Pflicht gewertet werden, nach anderen als empfohlen; dritte enthalten sich diesbezüglich einer Äußerung. Diente die Handlung nicht der Annäherung an Gott, nicht dem Gehorsam gegen ihn, dann muß sie als Freigabe (arab.: *al-ibāḥa*) oder als Billigung des Herrn der Scharia verstanden werden. Denn wenn er etwas billigt, dann ist es, als hätte er es getan. Und was er zum angemessenen Zeitpunkt außerhalb seiner Lehrsitzung tat und was man (als von ihm getan) in Erfahrung brachte, ohne daß er es abstritt, das ist wie alles zu bewerten, was er in seiner Lehrsitzung tat.[90]

[88] Al-Ǧuwainī: *Kitāb al-waraqāt* (Stiftung Preußischer Kulturbesitz, Ms. Spr. 601), fol. 154b.

[89] Die Zurschaustellung der Braut, deren Gesicht zuvor dem Bräutigam verschleiert war, ist ein häufig verwendetes Bild für den Vorstoß zu einer nicht bezweifelbaren Erkenntnis.

[90] Al-Ǧuwainī, op. cit., fol. 155b–156a.

Halten wir hier kurz inne. Die Textkategorie mit der höchsten Autorität ist jene, die keiner Auslegung bedarf; ihr Inhalt zeigt sich unverhüllt wie das Gesicht der entschleierten Braut dem Bräutigam. Das Offensichtliche (arab.: *aẓ-ẓāhir*) benötigt noch eines Beweises, damit der andere, wenn auch wenig wahrscheinliche Sinn ausgeschlossen werden kann. Wird eine Interpretation, etwa eine Spezifizierung einer summarischen Aussage, notwendig, dann ist wiederum der Autoritätsgrad der hierzu herangezogenen Texte zu bedenken; Koran und *sunna* erhellen sich wechselseitig, eine *sunna*-Norm ist jedoch durch eine andere *sunna*-Norm nur in dem Falle zu erläutern, daß sich die Analogie auf einen Ausspruch Muḥammads stützt. Die überlieferten Handlungen, zu denen auch Berichte über ein stillschweigendes Billigen zählen, genügen dann nicht. Bemerkenswert ist in diesem Zusammenhang, daß al-Ǧuwainī wie selbstverständlich den Lehrbetrieb seiner Zeit in der Lebenswelt Muḥammads wiederfindet: Die *sunna* entspringt nicht dem Alltagshandeln des Menschen, sondern wird als bewußter Lehrvortrag aufgefaßt, und nur ausnahmsweise geht in diese Lehre ein, was außerhalb solcher vermeintlich für die Gefährten veranstalteter Zirkel geschah.

Abrogieren (arab.: *an-nasḫ*) meint Tilgen; man sagt: „Die Sonne abrogierte den Schatten", wenn sie ihn tilgte. Auch heißt es, Abrogieren bedeute Kopieren: „Ich abrogierte, was in dem Buche stand", d. h. ich kopierte es.[91] Die Definition der Abrogierung lautet: „Eine Gesetzesrede (arab.: *al-ḫiṭāb*), die auf die Aufhebung einer Bewertung hinweist, die aufgrund einer früheren Gesetzesrede feststand, wobei vorauszusetzen ist, daß jene frühere weiter gälte, wenn die zweite Gesetzesrede nicht ergangen wäre, wenn auch mit Verzögerung."[92] Es ist gestattet, daß der Schriftzug (der Koranstelle) abrogiert, die (in ihm enthaltene) Bewertung aber bestehen bleibt und umgekehrt; desgleichen die Abrogierung mit und ohne Ersatz, zum Härteren oder Milderen. Ferner ist gestattet, daß ein Korantext durch einen anderen abrogiert wird, eine *sunna*-Norm durch eine andere, eine vielwegige Überlieferung durch eine andere vielwegige, eine Einzelnachricht durch eine Einzelnachricht; gestattet ist schließlich, daß ein Korantext durch eine *sunna*-Norm abrogiert, nie aber, daß eine vielwegige Überlieferung durch eine Einzelnachricht aufgehoben wird. Denn eine Abrogierung erfolgt nur durch eine gleich starke oder stärkere Gattung. Widersprechen sich zwei Ausdrücke, dann sind diese entweder beide allgemein oder speziell oder einer allgemein und der andere speziell oder beide unter einem Aspekt allgemein, unter einem anderen speziell. Sind beide allgemein und ist es möglich, beide miteinander zu vereinbaren, dann möge dies geschehen; ist dies unmöglich, dann muß man sich in Bezug auf beide eines Urteils enthalten, sofern man nicht das Datum kennt. Ist dieses bekannt, abrogiert der spätere Ausdruck den früheren. Ebenso verfährt man, wenn beide speziell sind. Ist einer speziell, der andere allgemein, dann ist letzterer durch ersteren zu spezifizieren. Sind beide in einer Hinsicht all-

[91] Die Wurzel hat die beiden Bedeutungen, die hier etwas künstlich zusammengebracht werden. Wahrscheinlich meint al-Ǧuwainī, daß durch das Kopieren in dem Buch, das auf diese Weise mit Text gefüllt wird, das „Schattige" der leeren Seiten von der „Sonne" des Textes aufgehellt wird.

[92] Vgl. al-Ǧuwainī: *Kitāb al-burhān*, 1294, § 1415.

mein, dann ist letzterer durch ersteren zu spezifizieren. Sind beide in einer Hinsicht allgemein, in anderer speziell, dann wird das in jedem enthaltene Allgemeine durch das Spezielle des jeweils anderen spezifiziert.[93]

Die sorgfältige Ermittlung des Autoritätsranges eines Textes ist mithin die Grundlage aller juristischen Tätigkeit.[94] Das ewige, überzeitliche Gesetz Gottes muß zur Gänze enthüllt und bis zur Klarheit und Eindeutigkeit expliziert werden. Ohne daß es beabsichtigt wird, dringt damit doch wieder ein Element der Geschichtlichkeit in die Debatte ein. Im „Buch des Beweises" bemerkt al-Ǧuwainī, daß die Definition der Abrogierung, die er in dem Lehrtraktat verwendet, der muʿtazilitischen nahekomme. Es ist die befremdlich anmutende These, die ursprünglich verkündete Bewertung würde in Kraft bleiben, wenn nicht die spätere erlassen worden wäre, und zwar mit Verzögerung - was soll das bedeuten? Die Muʿtaziliten können, da sie die Geschichtlichkeit des Vorganges der Darlegung der Scharia durch Muḥammad postulieren, eine solche Verzögerung der Aufdeckung der nun geltenden Vorschrift hinnehmen; da nach ihrer Überzeugung das Gesetz durch und durch rational ist, wäre der Verzicht auf die „Verzögerung", mithin auf die Geschichtlichkeit, verwerflich, weil er Gott ein widersprüchliches Vorgehen unterstellte; auch kann nicht die aufgehobene Vorschrift A als eine unter einer bestimmten Bedingung geltende Sonderform der allgemeinen Vorschrift B interpretiert und dann behauptet werden, unter Wegfall der genannten Bedingung werde die Vorschrift A durch die Vorschrift B abrogiert. Denn dann wäre A in B enthalten gewesen, B wäre nichts Neues.[95] - Al-Ǧuwainī, für den die Gesetzesrede Gottes jenseits jeglicher Geschichte ist, muß bei dieser Vorstellung ein tiefes Unbehagen empfinden, und deshalb lenkt er im „Buch des Beweises" seine Argumentation zu einem Punkt, an dem sichtbar wird, daß es eine von Anfang an von Gott mitbedachte Bedingung war, unter der die ältere Bewertung galt; Abrogation ist dann die Feststellung, daß diese Bedingung nunmehr hinfällig ist, und von einer verzögerten Mitteilung einer n e u e n Vorschrift kann keine Rede sein. Die Widerspruchsfreiheit der überzeitlichen Offenbarung wird durch diese Überlegung gerettet.[96] - Die Rechtswissenschaft mußte mithin sowohl den Koran als auch das *ḥadīṯ* zunächst einmal dem Inhalte nach genau erfassen können. Die *ḥadīṯ*-Gelehrsamkeit fungierte als eine Art Hilfswissenschaft der Jurisprudenz, wenn auch die Maßstäbe, deren sich beide bedienten, nicht immer die gleichen waren. Ein besonderes, aus dem *ḥadīṯ* herausgewachsenes Schrifttum beschäftigte sich mit der Vorgeschichte und den Begleitumständen der Offenbarung einzelner Verse oder Versgruppen des Korans; das wichtigste, bis heute viel verwendete Werk geht auf al-Wāḥidī (gest.

[93] Ders.: *Kitāb al-waraqāt*, fol. 156b.

[94] Beispiele: T. Nagel: *Die Festung des Glaubens*, 249–260.

[95] Abū l-Ḥusain al-Baṣrī, op. cit., 397–401. Vgl. zu dieser Thematik J. Burton: *The sources of Islamic law. Islamic theories of abrogation*, Edinburgh 1990, hier vor allem S. 120.

[96] al-Ǧuwainī: *Kitāb al-burhān*, 1296f., § 1419.

1075), einen Zeitgenossen al-Ǧuwainīs, zurück.[97] Auch den Zeitpunkt innerhalb der Prophetenvita, zu dem ein für den *fiqh* bedeutsames *Ḥadīṯ* entstanden war, suchte man zu erschließen. Das älteste Spezialwerk dieser Art wird einem 1009 gestorbenen Autor zugeschrieben; gedruckt ist die Abhandlung, die as-Sujūṭī (gest. 1505) über diesen Gegenstand ausarbeitete.[98]

Die genaue Kenntnis der Gewährsmänner einer Überlieferung war nötig, um in einem ersten Schritt die vielwegig verbürgten Nachrichten vom Reden und Handeln Muḥammads, die nächst dem Korantext die höchste Autorität genossen, von den Einzelnachrichten zu unterscheiden, die, wie al-Ǧuwainī betont, kein sicheres Wissen, wohl aber Hinweise auf die Pflicht, so und nicht anders zu handeln, begründen.[99] Den Hintergrund dieses Prinzips haben wir bereits hinreichend erörtert. Doch führt uns dies zu der vielfach mit den Einzelnachrichten arbeitenden Analogie. In seinem Lehrtraktat begnügt sich al-Ǧuwainī mit einigen wenigen Sätzen, in denen er erklärt, man solle immer von dem, was dank autoritativer Quellen am besten gesichert sei, auf das weniger Gesicherte schließen.[100] Dies ist eine Selbstverständlichkeit, und es verwundert, daß man im Lehrtraktat nichts von der vielschichtigen Problematik spürt, die al-Ǧuwainī im „Buch des Beweises" vor dem Leser ausbreitet. Dort nämlich entwickelt er in allen Einzelheiten den Unterschied zwischen einer auf einer Ursache beruhenden Analogie, die ein hohes Maß an Gewißheit vermittelt, und einer nur auf Ähnlichkeit fußenden. Da der Genuß des Weins verboten ist, muß in Analogie auch das Trinken anderer Alkoholika untersagt sein; die Ursache (arab.: *al-ʿilla*) ist die berauschende Wirkung des Alkohols. Weniger gewiß sind Schlüsse, die sich nicht auf eine Ursache berufen können, bei denen vielmehr nur eine Ähnlichkeit zwischen dem im autoritativen Text enthaltenen Sachverhalt und dem analog zu bewertenden Sachverhalt zu entdecken ist. Al-Ǧuwainī erläutert an einem Beispiel, wie aus einer Episode eine Rechtsnorm für vergleichbare Fälle hergeleitet wird. In der Zeit der Eroberung Ḫaibars herrschte in Medina Hungersnot; drei Muslime, ʿAbdallāh b. Sahl, Ḥuwaijiṣa und Muḥaijiṣa, beschlossen daher, in das inzwischen gegen einen auf die Hälfte des Ertrages festgesetzten Zins den Bewohnern verpachtete Gebiet zu ziehen, das in dem Rufe stand, mit reichlich Lebensmitteln gesegnet zu sein. Einer dieser drei Männer, ʿAbdallāh b. Sahl, kam dabei auf mysteriöse Weise zu Tode, so daß Muḥammad die Frage der Blutschuld klären mußte. Zuerst verlangte er ʿAbd ar-Raḥmān, dem Bruder des Getöteten, sowie dessen zwei Gefährten den Eid ab, daß sie Anspruch auf das Blutgeld hätten und die Juden von Ḫaibar die Schuldigen seien; da aber die drei Genannten bei der Bluttat nicht zugegen gewesen waren, sondern nur wegen der starken Verdachtsmomente (arab.: *al-lauṯ*) – der Leichnam war nach langer Suche in einem Graben entdeckt worden – die Juden beschuldigt hatten, schworen sie

[97] al-Wāḥidī: *Asbāb an-nuzūl*, ed. Beirut o.J.
[98] as-Sujūṭī: *Asbāb wurūd al-ḥadīṯ*, ed. Jaḥjā Ismāʿīl Aḥmad, Beirut 1984, 28f.
[99] al-Ǧuwainī: *Kitāb al-waraqāt*, fol. 157 a.
[100] al-Ǧuwainī, loc. cit.

nicht. Da die Gegenseite eben Juden und keine Muslime waren, verzichtete Muḥammad darauf, sie einen Eid ablegen zu lassen, sondern zahlte den Berechtigten aus seinem eigenen Gut das Wergeld.[101] Aš-Šāfiʿī leitete hieraus ab, daß stets bei der Regelung einer Blutschuld, die wegen starker Indizien einer bestimmten Person angelastet wird, der Kläger als erster um die Beeidigung der Rechtmäßigkeit seines Anspruches gebeten werden soll, wo doch in anderen Streitfällen und bei weniger eindeutigen Indizien zuerst der Beschuldigte sich zu äußern und nötigenfalls seine Unschuld zu beschwören hätte. Der starke Verdacht, so erklärt al-Ǧuwainī, ist hier der am ehesten angemessene Umstand, der eine Analogie tragen könnte, und hinderte daher aš-Šāfiʿī daran, nach dem gewöhnlichen Verfahren vorzugehen.[102]

Al-Ǧuwainī bedauert, daß die schwache Analogie der Ähnlichkeit weitaus am häufigsten von den Rechtsgelehrten bemüht werden muß. Doch ist es nur so möglich, die unbegrenzte Vielfältigkeit der Lebenswirklichkeit unter die verbürgten Überlieferungen einzuordnen, deren Anzahl zwar groß, aber eben begrenzt ist.[103] Ohne ein bestimmtes Vorverständnis wird dies jedoch nicht gelingen. Und hiermit berühren wir genau das Thema, das auch bei aš-Šāfiʿīs Arbeit stets im Hintergrund gegenwärtig war: das Expertentum der Rechtsgelehrten. Aš-Šāfiʿī hatte es verworfen; Nachahmung (arab.: *at-taqlīd*) erachtete er für wenig ersprießlich, denn das Gesetz, das überindividuelle von Gott gestiftete Wissen, war doch durch die Beachtung der *sunna* zu entschlüsseln. Es ging um die Ermittlung des jeweils Richtigen unter Zugrundelegung der Überlieferung und mit dem ausdrücklichen Zugeständnis möglicher Meinungsvielfalt - solange man nur auf die Herzenszuversicht achtete. Al-Ǧuwainī aber schreibt wieder im Bewußtsein der nicht jedermann zugänglichen Fachkompetenz. Der Laie (arab.: *al-ʿāmmī*) ist gehalten, sich vom ausgebildeten Juristen, dem *muǧtahid*, Anweisungen geben zu lassen - wir befinden uns in dem Zeitalter, in dem das Tätigkeitsfeld des *Muftīs* allgemeine Anerkennung erringt. „Nachahmung" ist aber nicht nur für die breite Masse unerläßlich; auch die Juristen müssen sich damit abfinden, daß von Generation zu Generation die Anzahl der einer Lösung harrenden Rechtsprobleme immer geringer wird; der Consensus (arab.: *al-iǧmāʿ*) der vorhergehenden Gelehrten geht in das Fachwissen der nachfolgenden ein:

> Der Consensus ist die Übereinstimmung der Gelehrten eines Zeitalters in der Bewertung eines Tatbestandes; mit Gelehrten meinen wir die Juristen (arab.: Pl. *al-fuqahāʾ*), mit Tatbestand einen durch die Scharia zu bestimmenden Sachverhalt. Der Consensus dieser (islamischen) Gemeinschaft ist ohne Berücksichtigung anderer (Glaubensgemeinschaften) ein beweiskräftiges Argument (arab.: *al-ḥuǧǧa*), hat doch der Gottesgesandte gesagt: „Meine Gemeinde wird sich nie auf einen Irrtum verständigen." Die Scharia selber bezeugt also die Unfehlbarkeit (arab.: *al-ʿiṣma*) dieser Gemeinde. Der Consensus ist ein beweiskräftiges Argument für das folgende Zeitalter, welches dieses auch sei, aber

[101] al-Wāqidī: *Kitāb al-maġāzī*, ed. M. Jones, Oxford 1966, 714f.
[102] al-Ǧuwainī: *Kitāb al-burhān*, 893–895, § 867.
[103] Vgl. T. Nagel: *Die Festung des Glaubens*, 261.

die Tatsache, daß (die Gelehrten) eines Zeitalters (bis auf den letzten Mann) dahingegangen sind, ist nicht die Bedingung für das Richtige. Denn wenn wir sagen, dies sei die Bedingung, dann muß man die Lehren all derer in Erwägung ziehen, die zu Lebzeiten jener Generation geboren und im Recht ausgebildet wurden und den Stand des *muǧtahids* erreichten: Sie haben schließlich die Möglichkeit, von jenem Consensus abzurücken. Dabei ergibt sich doch der Consensus in gültiger Form aus deren Reden und Handeln, aus dem Reden und dem Handeln der anderen, aus der Ausbreitung (dieses Redens und Handelns) und dem Stillschweigen der übrigen. Die Aussage eines Prophetengefährten ist kein beweiskräftiges Argument gegen eine neue Ansicht; Beweiskraft liegt allein in dem alten (Consensus).[104]

Diese ein wenig verwirrenden Ausführungen al-Ǧuwainīs werden durchsichtig, sobald man sich vor Augen hält, daß ein Consensus niemals unter den Lebenden, sondern nur unter den Verstorbenen, deren Werk abgeschlossen ist, festgestellt werden kann. Daß die Gelehrten eines Zeitalters einen Rechtsfall übereinstimmend beurteilen, läßt sich nur nachweisen, wenn man die diesbezüglichen Ansichten derjenigen durchmustert, die damals gewirkt haben und noch vor dem Ende der betreffenden Epoche aus dem Leben geschieden sind. Es ist hingegen nicht sinnvoll, für die Feststellung eines Consensus auszubedingen, daß alle Gelehrten, deren Lebenszeit sich mit der gedachten Epoche überschneidet, bereits tot sein müssen. Entscheidend ist vielmehr die Tatsache der Übereinstimmung derjenigen, die die betreffende Frage erörterten und zu einem gewissen Zeitpunkt nicht mehr lebten; von diesem Datum an gilt der Consensus als eingetreten, sein Inhalt erlangt Beweiskraft.[105] – Durch die rechtswissenschaftliche Diskussion wird auf diese Weise die Kenntnis der Scharia verfeinert; nicht der Laie, der sich zum Gebet nach Mekka orientieren muß, fördert die Aufdeckung des verhüllten Teiles des Gesetzes, sondern der Fachmann, und was er zusammen mit seinen Kollegen für richtig erkennt, ist nach seinem und seiner Kollegen Tod eine ein für allemal gesicherte Norm. So wird der Consensus, den aš-Šāfiʿī verworfen hatte, durch den Schafiiten al-Ǧuwainī wieder gerechtfertigt; die unfehlbare Gemeinde, das ist nun die Gemeinschaft der Scharia-Experten. Da die Lebensverhältnisse als statisch betrachtet werden, nimmt die Zahl der einer Lösung harrenden Probleme ab, worauf al-Ǧuwainī in einer Abhandlung zur Geschichte des Rechts ausdrücklich hinweist.[106] Der Spielraum für selbständige Entscheidungsfindung (arab.: *al-iǧtihād*) wird immer enger und ist schließlich nicht mehr gegeben.

[104] al-Ǧuwainī: *Kitāb al-waraqāt*, fol. 156b.

[105] Ders.: *Kitāb al-burhān*, 692–694, § 640. Al-Ǧuwainī ringt hier mit dem Epochenbegriff der *ḥadīṯ*-Literatur, der die Tradenten in „Schichten" (arab.: *aṭ-ṭabaqa*, Pl. *aṭ-ṭabaqāt*) einordnet. Diejenigen, die zwischen zwei festgelegten Jahren gestorben sind, werden zu einer „Schicht" zusammengefaßt, wobei nicht berücksichtigt wird, daß sie womöglich schon vor dem Anfangsdatum der betreffenden „Schicht" den größten Teil ihrer Lebensleistung erbracht haben können.

[106] T. Nagel: *Die Festung des Glaubens*, 198–205.

Innerhalb der die göttlichen Normen verkündenden Rechtsquellen Koran und *ḥadīṯ* darf ein gewisses Maß an Geschichtlichkeit gelten. Mit der Gedankenfigur der Abrogierung muß die Widerspruchsfreiheit der Quellen erzeugt werden; al-Ǧuwainī trifft durch die Annahme der bedingten Geltung eines abrogierten Textes Vorkehrungen dagegen, daß man Gott und seinem Gesandten Unstimmigkeiten anlaste. Bei der Aufdeckung des verhüllten Teiles des Gesetzes, der auf einen deutlich markierten Endpunkt zustrebenden Geschichte der Scharia-Gelehrsamkeit, wird das Quellenmaterial vorwiegend unter grammatischen Gesichtspunkten bearbeitet. Die Kenntnis der arabischen Sprache hatte al-Ǧuwainī als das erste der Fundamente des *fiqh* bezeichnet. Diesem Umstand müssen wir am Ende des Kapitels einige Überlegungen widmen. Nicht nur al-Ǧuwainīs „Buch des Beweises", zahlreiche Leitfäden der Wissenschaft von den Fundamenten des *fiqh* behandeln in ihrem ersten Teil Grundlagen der arabischen Grammatik, etwa die Verwendung und die unterschiedlichen Bedeutungen der Präpositionen und der satzeinleitenden bzw. verneinenden Partikeln (arab.: *al-ḥarf*, Pl.: *al-ḥurūf*). Ziel dieser Analyse ist aber nicht die Beschreibung des arabischen Sprachbaues, sondern die genaue Kenntnis der Semantik:

> Während die Grammatiker des Arabischen die Rede in Nomina, Verben und Partikeln einteilen, ersannen die Gelehrten der Fundamente des *fiqh* eine andere Gliederung, die ihren Zielen entsprach. Nach Ansicht der Früheren unter ihnen besteht die Rede aus Befehl, Verbot, Nachricht und Frage. Hiergegen erhoben die Neueren Einspruch und fügten zu den vieren weitere Redeteile hinzu; sie versuchten auf diese Weise die Tatsache zu kritisieren, daß die Alten die Redeteile auf vier beschränkt hatten. Was sie hinzufügten, waren Verwunderung, Besorgnis, Wunsch, Bitte, Schwur, Ausruf, Anrufung.[107]

Von dieser Aufspaltung der vier Kategorien hält al-Ǧuwainī nichts; er begnügt sich mit Forderung, Nachricht, Frage und Mahnung, denen er die übrigen zuweist.[108] Mit den Kategorien, wie immer man sie definiert, soll nicht die Gestalt eines lebenden dem Wandel unterworfenen Organismus beschrieben, sondern das Überzeitliche der göttlichen Rede, dessen angemessener diesseitiger Ausdruck das Arabische ist, in die bewußte Kenntnis gehoben werden. Denn Gottes Rede ist für die Schafiiten, die hiermit in einen unüberbrückbaren Gegensatz zu den Muʿtaziliten treten, eben nicht geschichtlich bedingt. Ibn Ḥazm (gest. 1064), al-Ǧuwainīs andalusischer Zeitgenosse, hat die Idee der Überzeitlichkeit und Ungeschichtlichkeit der göttlichen Rede in aller Folgerichtigkeit zu Ende gedacht. Angeregt wurde er hierzu durch die Vorstellungen, die Dāʾūd b. Ḫalaf (gest. 883) entwickelt hatte und die man als eine Zuspitzung der Lehren aš-Šāfiʿīs deuten kann. Aus Isfahan gebürtig, schuf er in Bagdad seine Lehre, deren Kern in der Ablehnung des Analogieschlusses zur Ermittlung von schariatischen Bewertungen besteht. Die von al-Ǧuwainī beschriebenen zum Consensus vereinheitlichten Analogieschlüsse, das

[107] al-Ǧuwainī: *Kitāb al-burhān*, 196f., §113.
[108] Ebd., 198, §114.

wichtigste Tätigkeitsfeld der Rechtsgelehrten, wurden verworfen, die „Nachahmung" wie schon bei aš-Šāfiʿī zurückgewiesen. Denn allein der offensichtliche Sinn (arab: *aẓ-ẓāhir*) von Koran und *sunna*, den Quellen des göttlichen Gesetzes, sollte, wenn man ihn sorgfältig herausarbeitete, die Gesamtheit aller Bestimmungen aufweisen. Im Irak und auch in Persien fand Dā'ūd b. Ḫalaf Anhänger, so daß man dort von einer zahiritischen Rechtsschule sprechen konnte; in Andalusien stand Ibn Ḥazm jedoch ganz vereinzelt da. Die im Westen vorherrschenden Malikiten, die sich in ihrer Methodik – und in ihrer Vorliebe für die aschʿaritische Theologie – stark den Schafiiten annäherten, konnten sich mit dem Zahiritentum nicht anfreunden, das Ibn Ḥazm in einer umfangreichen und tiefschürfenden Studie darstellte.

Viel zu viele Freiheiten nehmen sich die mit der Analogie arbeitenden Rechtsgelehrten gegenüber den Quellentexten heraus, klagt Ibn Ḥazm. Hanafiten, Malikiten, Schafiiten behaupten einmal, eine Aussage des Korans oder ein *Ḥadīṯ* beziehe sich auf alles, was dem Inhalte nach vergleichbar sei. – Sure 17, Vers 23 verbietet es den Kindern, ihren greisenhaften Eltern, die nicht mehr Herr ihres Leibes sind, voller Abscheu „Pfui!" zuzurufen; mit „Pfui!" seien auch alle ähnlichen Ausdrücke untersagt. – Ein anderes Mal bestehen jene Gelehrten darauf, daß alles, was nicht ausdrücklich festgestellt werde, anders, als im Quellentext vorgeschrieben, zu bewerten sei. – Der Prophet hat angeordnet: „(Die Läuterungsgabe) vom freiweidenden Kleinvieh beträgt ein Schaf für je vierzig Schafe." Die Hanafiten und Schafiiten lehren, hieraus folge, daß auf nicht freiweidendes Vieh keine Läuterungsgabe erhoben werde, die Malikiten hingegen erkennen für richtig, daß auf jegliche Art von weidenden Tieren ein Vierzigstel zu entrichten sei. – Drittens werde manchmal eine Analogie aufgestellt, von der man nicht einmal sagen könne, ob sie der ersten oder der zweiten Art zuzurechnen sei. – Laut Sure 16, Vers 8 hat Gott die Pferde, Maultiere und Esel geschaffen, damit der Mensch sie als Reittiere nutze und sich an ihnen erfreue. Die Malikiten ziehen daraus den Schluß, daß es verboten sei, das Fleisch dieser Tiere zu verspeisen. – Ibn Ḥazm bezeichnet alle diese Auslegungen der Gesetzesrede als Gaukelspiel, das sich in Wahrheit jeder Regel entziehe.[109] Befehle und Nachrichten dürfen nur in ihrem offensichtlichen Wortsinn verstanden werden, was er immer wieder mit anschaulichen Beispielen belegt und einfordert. Schonungslos deckt er so die Schwächen einer sich auf Analogieschlüsse und Consensus berufenden Rechtswissenschaft auf; er scheut sich nicht, ihre Verfechter als Sophisten zu brandmarken: Jeder Verständige wisse, daß Gott die Sprachen – Ibn Ḥazm spricht von ihnen in der Mehrzahl! – gestiftet habe, damit durch sie ein

[109] Ibn Ḥazm: *al-Iḥkām fī uṣūl al-aḥkām*, ed. Beirut 1987, 8 Teile in 2 Bänden, II, 323f. Ibn Ḥazm erörtert unter Zugrundelegung seiner Prinzipien sämtliche Sachgebiete des islamischen Rechts in seinem Werk *al-Muḥallā fī šarḥ al-muǧallā*, ed. Zaidān Abū l-Mākarim Ḥasan, Kairo 1967–72. Der hier speziell interessierende Aspekt wurde unter einer anderen Fragestellung breit ausgearbeitet in dem Buch von Magid Turki: *Polémique entre Ibn Ḥazm et Bāǧī sur les principes de la loi musulmane*, Algier 1973.

klarer Sinn vermittelt werde. Die Sprachen sind für Ibn Ḥazm nichts anderes als die Ausdrücke, die bestimmten Bedeutungen zugewiesen wurden und die das, was mit ihnen benannt wurde, darlegen. Wenn dem nicht so wäre, wie könnten die Toren, die anderer Meinung seien, dann überhaupt etwas von dem erfassen, was Gott und der Prophet ihnen sagen?[110]

Woher aber kommen die Sprachen? Indem wir uns hierüber von Ibn Ḥazm aufklären lassen, werden wir in den Stand gesetzt, von aufschlußreicher Warte auf die von aš-Šāfiʿī entworfene, in seiner Schülerschaft weiter ausgearbeitete und schließlich über den ganzen *fiqh* triumphierende Idee der Scharia zurückzublicken. Die Sprache gehe, wie Ibn Ḥazm unter Hinweis auf Sure 2, Vers 31 feststellt, auf die Belehrung Adams durch Gott zurück; die Annahme, sie sei durch eine Verabredung unter den mit Verstand begabten Menschen hervorgebracht worden, schließt Ibn Ḥazm aus. Denn es gibt niemanden, dessen Intellekt vollkommen ist und die Gesamtheit aller geschaffenen Dinge überblickt. Außerdem ist es doch so, daß auch Kinder, die noch der Erziehung unterliegen, sich bereits der Sprache bedienen. Selbst wenn eines Tages die Vollkommenheit der Kenntnisse und des Verstandes erreicht werden sollte, dann wäre immer noch zu begründen, weshalb denn in der Zeit davor auch schon gesprochen wurde. Denn jene Verständigen, die die Bedeutung der Begriffe verabreden sollen, müssen doch erst die Fähigkeit erwerben, dies zu tun, und dazu sind Sprachkenntnisse bereits vorausgesetzt. Durch dieses Argument wird in den Augen Ibn Ḥazms sowohl die Geschöpflichkeit des Menschen belegt als auch die Existenz des einen Schöpfers und des Prophetentums; alles in der Zeit Entstandene muß einen von diesem Entstandenen seinsmäßig verschiedenen Schöpfer haben. „So ist erwiesen, daß (alle Sprache) zu dem gehört, was vom Schöpfer her seinen Ursprung hat, nämlich alles, das nicht in der Natur erkannt, sondern durch Unterweisung gelernt werden muß." Der Prophet ist daher der Lehrer, der der Menschheit das Wissen weitergibt, das er von Gott empfangen hat. Auch die These, die Sprache sei aus der von Gott geschaffenen Natur abzuleiten, verwirft Ibn Ḥazm; es dürfte dann nämlich an jedem Ort, in jeder Landschaft nur eine Sprache geben. Die Wirklichkeit ist aber offensichtlich eine andere. Und wie sollte wohl die Natur eines Ortes beschaffen sein, damit sie die Bewohner veranlasse, zum Wasser „Wasser" zu sagen?

Hingegen räumt Ibn Ḥazm ein, daß die ursprüngliche Sprache, jene, die Adam von Gott lernte, nun nicht mehr vorhanden ist; im Laufe der Geschichte erlitt sie mancherlei Abwandlungen, wofür Ibn Ḥazm die dialektale Verfärbung des Arabischen als Beispiel nennt. Das verlorene Idiom Adams zeichnete sich dadurch aus, daß es in vollkommener Weise Namen und Benanntes zur Deckung brachte, und dies für alle Substanzen und Akzidenzien in der geschaffenen Welt. Nun ist denkbar, daß sich die aus dem einen Idiom hergeleiteten Sprachen menschlichen Bemühungen verdanken; doch ist auch möglich, daß sie ebenfalls von Gott hervorge-

[110] Ebd., I, 301f. Vgl. in diesem Zusammenhang die Studie von R. Arnaldez: *Grammaire et théologie chez Ibn Ḥazm de Cordoue*, Paris 1956.

bracht wurden. Ibn Ḥazm neigt der letzteren Ansicht zu. In jedem Fall aber kann man von keiner Sprache behaupten, sie sei die vortrefflichste. Auch das Arabische sei nichts weiter als eben die Sprache, in der die Botschaft Gottes dem arabischen Propheten offenbart worden ist.[111] – Es gab laut Ibn Ḥazm eine Idealsprache, jene, die Adam lernte und die die Welt in vollkommener Weise abbildete. Wort und göttliche Fügung verschmolzen zu einer homogenen Einheit. In den heutigen Sprachen ist dies nicht mehr so; aber die Gelehrten müssen sich dem Ziel widmen, diesem Zustand wieder nahezukommen. Wenn sie um die Aufdeckung des uninterpretierten, offensichtlichen Wortsinnes der koranischen Botschaft ringen, dann erfüllen sie genau diese Pflicht. In seiner tiefsten Tiefe fließen, so der Zahirit, das offenbarte Gesetz sowie das *ḥadīṯ* mit dem unaufhörlichen Schöpfungshandeln Gottes in eins.

Wenden wir uns nun wieder zum Schafiiten al-Ǧuwainī zurück! Er ist sich nicht sicher, ob die Sprache das Ergebnis der Unterweisung durch Gott oder eine Vereinbarung unter den Menschen ist. Wenn diese Frage aber offenbleibt, dann kann man nicht dessen gewiß sein, daß sie Gottes Schöpfungshandeln in einer für den Menschen durchschaubaren Form abbildet, und umgekehrt kann man auch nicht aus der sprachlichen Verwandtschaft von Wörtern auf eine wie auch immer geartete, zumindest jedoch durch den Verstand zu erfassende Beziehung zwischen den von diesen Wörtern benannten Dingen oder Sachverhalten schließen. Al-Ǧuwainī erläutert dies an einem Beispiel. Die Araber bezeichnen mit *al-ḫamr* den aus Trauben gewonnenen Wein, dessen Genuß bekanntlich laut Sure 5, Vers 90 untersagt ist. Nun werde häufig argumentiert, andere, alkoholreichere Getränke, für die andere Wörter verwendet werden, dürften mit demselben Wort belegt – und folglich verboten – werden, weil diese anderen Getränke mit dem *al-ḫamr* genannten Wein die Eigenschaft gemeinsam hätten, aus deren Bezeichnung sich etymologisch das Wort *al-ḫamr* herleite. Die Wortwurzel *ḫ-m-r* bezeichne das Trüben oder Verhüllen, nämlich des Verstandes. Wenn man diesen Vorschlag zu Ende denke, dann, so meint al-Ǧuwainī, wäre alles das als „Wein" zu identifizieren, was den Verstand trübt, und dürfte infolgedessen nicht genossen werden. Erlaubt wäre hingegen alles, was den Verstand in eine euphorische Stimmung versetzt – und auch das ist doch eine Auswirkung des Weins![112] Die Sprache ist also kein Zeichensystem, das die Ordnung der Schöpfung abbildet, wie Ibn Ḥazm zuversichtlich meinte. Und wenn die Sprache dies nicht ist, dann bleibt, sofern man an der Lehre von der Scharia als der allumfassenden Regelung der Lebensumstände des Menschen festhalten will, nur die Möglichkeit, dieses Gesetz als den Ausdruck des Knechtsstatus des Menschen gegenüber dem Schöpfer zu interpretieren. Dann eben ist es notwendig, sorgfältig alle Textbelege, die zur Scharia etwas aussagen, zusammenzutragen und sie mit immer weiter verfeinerter Auslegungsmethodik nach ihrem auf das göttliche Gesetz deutenden Inhalt zu befragen.

[111] Ibn Ḥazm, op. cit., I, 32–37.
[112] T. Nagel: *Die Festung des Glaubens*, 230.

Was aber ist dann das Kriterium für die Wahrheit des Ergebnisses solcher Befragung? In irgendeiner Übereinstimmung des für Gottes Gesetz Erkannten mit der Natur kann diese Wahrheit nicht aufscheinen, obwohl die koranische Redeweise von der Fügung Gottes gerade dies nahelegte. In einer fast verzweifelt anmutenden Zuspitzung der Lehre vom Knechtsstatus des Menschen und der Überzeitlichkeit des Gotteswortes suchten al-Ǧuwainī und andere Gelehrte asch'aritischen Bekenntnisses einen Ausweg aus diesem Dilemma. Gottes Wort, so lehrten sie, ist jenseits von Zeit und Geschichte; und so trennten sie radikal die Sprache von dieser Welt. Es gibt keine irgendwie analysierbaren Verbindungen zwischen Wort und Gemeintem, zwischen Wort auch und den Lauten, mit denen es artikuliert wird, zwischen Sinn und Schall oder Geste. Während für Ibn Ḥazm die Sprache ein, wenn auch auf den ersten Blick vielfach unzuverlässiger, Zeuge der Ordnung der Schöpfung war - weshalb man sich in der Gesetzeswissenschaft auch mit der Offenbarung selbst zu begnügen hatte -, so gab es für die Schafiiten eben die Fülle der Texte, die, in ihrer Autorität gegeneinander abgewogen, etwas in seinem Wirklichkeitsgrund Unbegreifbares geboten. Noch verhängnisvoller war, daß hieraus folgte, daß man letzten Endes über das, was in diesen Texten ausgesagt wurde, gar keine Gewißheit erlangen konnte. Denn wie die menschliche Rede mit ihren Lauten und ihren Gesten gar nicht das zu enthüllen brauchte, was den Sprechenden im Innern bewegte, so auch die göttliche Rede. Auch sie war, wie die Asch'ariten sagten, „Seelenrede". Was jemand dachte oder wünschte, konnte seinen Worten geradewegs widersprechen: „Wenn jemand einen Sklaven bestraft, dies aber dem Befehlshaber oder Sultan des Landes mißfällt und er sich deswegen schon am Eigentümer des Sklaven vergreifen möchte, der Eigentümer sich aber damit entschuldigt, daß er sagt, der Sklave folge nie den Anordnungen, und wenn diese Aussage dazu führt, daß der Sklave die Entschuldigung seines Eigentümer als falsch widerlegen könnte, dieser sie aber als wahr erweisen möchte und deshalb dem Sklaven einen Befehl erteilt, dann zweifeln wir nicht daran, daß der Eigentümer nun wünscht, daß der Sklave ihm zuwiderhandele, während die im Befehl enthaltene Forderung nach Gehorsam (grammatisch) erwiesen ist."[113] Da der Sklave nicht weiß, daß er nur auf die Probe gestellt wird, damit die Strafe, die ihm sein Herr zugefügt hat, gerechtfertigt werde, ist der von diesem verwendete Imperativ genau das Gegenteil von dem, was ihn in jenem Augenblick in „seiner Seele" bewegt - nämlich der Wunsch, der Sklave möge erneut ungehorsam sein.

In ganz anderer Weise als bei Ibn Ḥazm wird hier der Mensch auf die Einhaltung der Scharia festgelegt. War es dort die Gewißheit, daß das Herausschälen des uninterpretierten, offensichtlichen Inhalts der Offenbarung in die Aufdeckung des Wirkens der göttlichen Fügung mündet, die Befolgung der Scharia mithin die Eingebundenheit des Menschen in Gottes Walten sicherstellt,[114] so weiß sich bei den

[113] Ebd., 234f.

[114] Vgl. hierzu meine Ausführungen über Ibn Ḥazm in: *Einblicke in die islamische Geschichte. Fünfzehn Miniaturen*, Nr. VII (noch nicht veröffentlicht).

Asch'ariten und der von ihnen beherrschten schafiitischen und malikitischen Rechtswissenschaft ein in allen Regungen in jedem Augenblick vom Schöpfer bestimmter Mensch unergründbaren Normen gegenüber. Was gibt hier dem Menschen überhaupt die Hoffnung, daß ein Handeln, das nicht in ihm, sondern in Gott den Ausgangspunkt hat, und die Gesetze, nach denen der Mensch dieses Handeln nicht selber ausrichten, sondern nur bewerten kann, in irgendeiner Weise aufeinander bezogen sind? Und was vermittelt ihm die Zuversicht, daß die Scharia wahr ist, wo doch jegliches innerweltliche Kriterium versagt, sobald er es als Anhaltspunkt ergreifen möchte? Für Ibn Ḥazm war alles, was der Prophet verkündet hatte, der Schlüssel zur Erkenntnis des durch Gottes Fügung und Gesetzeswort gelenkten Kosmos; den Asch'ariten ist das Schöpfungswerk kein durch die Menschen zu entschlüsselnder Kosmos, und so ist ihnen der Prophet der Bürge für die Wahrheit von etwas Unerkennbarem. Als einziger glaubwürdiger Zeuge für ein nicht zu enträtselndes Geschehen von existentieller Tragweite zieht seine Person alles Sehnen nach Gewißheit auf sich. Folgerichtig ist die Beglaubigung seiner Prophetenschaft hier der einzige Weg, der zur Erfüllung dieses Sehnens führt.

In der ausführlichen Propädeutik, mit der al-Ǧuwainī das „Buch des Beweises" einleitet, kommt er auf die drei Arten zu sprechen, in denen das Wissen von der Glaubensordnung erfaßt werde. Überlegungen des Verstandes machen die erste Art aus, die sich in der Sicht al-Ǧuwainīs im Methodischen erschöpft: Erfassen des Möglichseins bei allen Sachverhalten, die möglich sind; Erfassen des Umstandes, der in einem spezifischen Fall das Eintreten des Möglichen auslöst, und dergleichen mehr. Die zweite Art führt zur Einsicht, daß erwiesenermaßen eine aufrichtige wahre Rede vorliegt; der Verstand entfaltet sich hier nicht frei, sondern hat bestimmte Typen von Wundern und deren Verhältnis zum Üblichen zu reflektieren. Die dritte schließlich sind die rein über das Gehör aufzunehmenden Gattungen von Gewußtem, nämlich die Offenbarung, die *sunna*, der Consensus, die Einzelnachrichten, die Analogieschlüsse, mithin der überlieferte Stoff, auf dem sich die Rechtswissenschaft aufbaut. Die zweite Art ist demzufolge der einzige Pfeiler, auf dem die gesamte Gesetzesgelehrsamkeit ruht, wie sie von aš-Šāfi'ī entscheidend geprägt wurde.

Um die Standfestigkeit dieses Pfeilers zu erweisen, postuliert al-Ǧuwainī zweierlei: Erstens trägt jeder Wissende in sich „Seelenrede", die stets genau dem entspricht, worauf sich sein Wissen erstreckt, weshalb die „Seelenrede" stets aufrichtig ist. – Denken wir an das obige Beispiel: Der Mann, der seinem Sklaven in der skizzierten Lage einen Befehl erteilt, erhofft in seiner „Seelenrede", daß der Sklave sich widersetze; nur die Seelenrede ist also „wahr". – Das zweite Postulat lautet: Es steht fest, daß ein Prophetenwunder zwingend die Aufrichtigkeit desjenigen beweist, an dem oder durch den es in Erscheinung tritt. Al-Ǧuwainī stützt sich bei der Ausarbeitung dieser Gedanken auf die Schriften des großen malikitischen Rechtsgelehrten und asch'aritischen Theologen Ibn al-Baqillānī (gest. 1013), der unter anderem eine Abhandlung über das Prophetenwunder und dessen Abgrenzung gegenüber Zauberei und Gaukelwerk hinterlassen hat. Zum besseren Verständnis seien die wichtigsten Thesen dieses Buches knapp zusammengefaßt. Vorauszuschicken ist, daß sich die Lehre vom Beglaubigungswunder aus Passagen des Korans entwickelt hat, in denen Muḥammad im Streit mit den Mekkanern oder später mit den Juden von Medina seine Gegner auffordert, sie sollten, wenn sie ihn schon der Lüge bezichtigten, wenigstens ein kurzes Stück Text beibringen, das dem Koran gleiche (Sure 2, 23; 10, 38; 11, 13; 52, 34).[115] Ibn al-Baqillānī unterscheidet zwei Typen von Wundern. Der erste umfaßt Geschehnisse, die nur mit Gott als Urheber in Verbindung gebracht werden können, etwa die Auferweckung von Toten. Der zweite sind außergewöhnliche Vorgänge, die sich an Geschöpfen zeigen und insofern nicht das Gewöhnliche, d. h. das in der Schöpfung üblicherweise Vorgehende übersteigen; Ibn al-Baqillānī nennt das Geschick im Dichten von Versen, das Überspringen großer Gewässer, das Forttragen von Bergen. Was er meint, ist, daß der Mensch grundsätzlich springen, schwere Lasten tragen, dichten kann. Bei diesen Tätigkeiten kommt es deshalb auf das erstaunliche Ausmaß an.[116] Die wunderbare Redekunst, von der der Koran Zeugnis ablegt, übertrifft jedoch ihrem Wesen nach alles Bekannte; außerdem ist sie höher einzuschätzen selbst als die Auferweckung eines Toten oder das Prophetenwunder des Mose, dessen Stab sich vor den Augen des Pharao in eine Schlange verwandelte; denn derlei Wunder könnten von gerissenen Zauberkünstlern vorgetäuscht werden, nicht hingegen die koranische Rede, die überdies den Vorzug habe, einmal in die Welt gebracht, in ihr fortzudauern.[117]

Das Prophetenwunder muß in etwas bestehen, wozu nur Gott Macht hat - eben in der Erweckung von Toten, der Verwandlung des leblosen Stabes in eine Schlange, in unnachahmlicher Redeweise -; es muß dergestalt sein, daß es allem Herkommen widerspricht; so, daß es von anderen als dem Propheten nicht zustande gebracht werden kann, so, daß es eintritt, sobald der Prophet, dessen Glaubwürdigkeit angezweifelt wird, seine Feinde auffordert, es ihm gleichzutun.[118] Kehren wir nun zu al-Ǧuwainī zurück! Nachdem er auf das von Ibn al-Bāqillānī erarbeitete Modell des Prophetenwunders verwiesen hat, beruft er sich auch auf ihn, um die Art der Gewißheit zu beschreiben, die sich bei den Gläubigen, die Zeuge des Wunders werden, einstellt; es ist der uns schon von aš-Šāfiʿī her bekannte innere Frieden, eine Zustimmung, die nicht mehr über ein Nachdenken oder Überlegen errungen werden muß, wie al-Ǧuwainī ausdrücklich anmerkt.[119] Nun hat Gott natürlich die Macht, die Menschen irrezuführen und einem Betrüger ein Beglaubigungswunder zu schenken. Wie kann man ausschließen, daß dies geschieht? Al-Ǧuwainī sichert sich mit folgender Argumentation gegen derartige Zweifel ab: Ein Beglaubigungswunder ist ein situationsbedingtes Indiz, so wie das Erröten, das wir an jemandem wahrnehmen, ein Indiz für dessen Verlegenheit ist. Selbstverständlich könnte Gott angesichts des Errötens eines Menschen in uns auch nicht das

[115] M. Radscheit: *Die koranische Herausforderung*, Berlin 1996.
[116] Ibn al-Baqillānī: *Kitāb al-bajān*, ed. R. McCarthy, Beirut 1958, 23-26, §§ 25-28.
[117] Ebd., 26-33, §§ 29-38.
[118] Ebd., 45-49, §§ 51-56.
[119] al-Ǧuwainī: *Kitāb al-burhān*, 149, Zeile 5f., § 64.

Wissen von dessen Verlegenheit und damit eine Unwissenheit schaffen. Aber „dies für denkbar zu halten, vermindert doch nicht unsere Gewißheit des bereits eingetretenen Wissens, und wenn die Durchbrechung dieser Gewohnheit" - nämlich daß bei Vorliegen des Indizes durch Gott im Betrachter das entsprechende Wissen geschaffen wird - hypothetisch vorausgesetzt würde, dann wäre dem mit Verstand Begabten das intuitive Erfassen (arab.: *al-maḏāq*) dieses Wissen abgesprochen".[120] Auf den ersten Blick mutet dieser Satz tautologisch an, aber wir müssen ihn unter Berücksichtigung der asch'aritischen Metaphysik lesen: Nur das Vorhandene ist ein - wahrnehmbares - Ding; deshalb ist die Tatsache, daß ein Verständiger intuitiv die Verlegenheit des Errötenden erfaßt hat, der „Beweis" dafür, daß diese Verlegenheit vorhanden ist. Wissen, das mit dem Seelenfrieden einhergeht, bezieht sich stets auf etwas Wahres.

> Die Grundlage alles durch Unterrichtung empfangenen Wissens ist Gottes Rede. Auf sie stützen sich die Worte des Propheten. Gottes Rede gilt uns allein deshalb als erwiesen, weil die Aufrichtigkeit des Propheten durch das Beglaubigungswunder erwiesen ist. Wenn nun der Prophet uns über Gottes Rede unterrichtet, so geht diese Unterrichtung unmittelbar auf Gott zurück, nur daß wir sie von seinem Gesandten entgegennehmen. Ihm vertrauen wir dabei, weil seine Ehrlichkeit erwiesen wurde, auf die eben jenes Wunder hindeutet, und zwar dergestalt, daß es an die Stelle einer ausdrücklichen Beglaubigung tritt. In diesem Zusammenhang gilt der Satz, daß Indizien stets das Wissen unmittelbar nach sich ziehen. Daß unser Wissen von der Tatsache, daß Gott der Ursprung der (prophetischen) Rede ist, bewiesen wurde, geht daraus hervor, daß jeder Wissende unbedingt in seinem Innern eine wahre, ehrliche Stimme vernimmt, die zu ihm von dem redet, was er weiß. Wenn wir den Koran in der Ordnung des durch Unterrichtung empfangenen Wissens nennen, dann deshalb, weil er Quelle ist. Die *sunna* erwähnen wir hier, weil wir über sie (den Inhalt des) Korans aufnehmen, dieser aber die Quelle bleibt. Und auch den Consensus haben die meisten Gelehrten auf den Koran gestützt, indem sie Sure 4, Vers 115 zitierten: „Wenn jemand wider den Gesandten löckt, nachdem ihm die Rechtleitung klargeworden ist, und einem anderen als dem Pfad der Gläubigen folgt (fällt er der Verdammnis anheim)!"[121]

Diese Sätze aus dem „Buch des Beweises" machen uns verständlich, weshalb ab dem 12. Jahrhundert zahlreiche äußerst umfängliche Muḥammad-Viten verfaßt werden, die sich viel weniger als die Vorbilder des ausgehenden 8. Jahrhunderts für den Lebensweg des Propheten, viel stärker jedoch für die Nachrichten interessieren, aus denen man Verhaltensnormen für alle erdenklichen Situationen schöpfen kann. Jetzt erst wird Muḥammad zum wahrhaften Mittelpunkt der muslimischen Religiosität und des islamischen Alltags mit einem prägenden Einfluß, der weit über den Ritenvollzug und das Recht der zwischenmenschlichen Beziehungen und der Strafen hinausreicht. Und mit dieser außerordentlichen Ausweitung der Vorbildfunktion des Propheten dehnt sich auch die von den Scharia-Gelehrten, die

[120] Ebd., 150, Zeile 12f., § 64.

[121] NAGEL: *Die Festung des Glaubens*, 247.

sich in gewisser Weise als die Statthalter Muḥammads begreifen,[122] in Anspruch genommene Zuständigkeit auf die gesamte Lebensführung der Muslime aus. An Beispielen wird dies im folgenden Kapitel deutlich werden. Verbunden ist diese Entwicklung mit einer Dogmatisierung des Muḥammad-Bildes - und in geringerem Maße auch der Überlieferung, die die wichtigsten seiner Gefährten und somit die Bürgen der prophetischen Normen betrifft. Die Gestalt Muḥammads wird mehr und mehr ihrer Geschichtlichkeit beraubt und in den für die Menschheit bedeutsamsten Fall der in die Hülle einer menschlichen Person gekleideten Gegenwärtigkeit der göttlichen Fügung im Diesseits uminterpretiert. So unternimmt der malikitische Rechtsgelehrte Abū Bakr b. al-ʿArabī (gest. 1148) den Versuch, die Geschichte der jungen islamischen Gemeinde unter den Vier Rechtgeleiteten Kalifen umzuschreiben und dabei alle Vorwürfe, die gegen die Prophetengenossen erhoben wurden, zu widerlegen oder wegzudeuten - als zuverlässige Bürgen des überzeitlichen göttlichen Gesetzes müssen sie ohne Makel sein.[123]

Abū Bakr b. al-ʿArabīs Fachgenossen al-Qāḍī ʿIjāḍ al-Jaḥṣubī (gest. 1149) verdanken die Muslime eines der erfolgreichsten, noch heute in vielen Leseausgaben verbreiteten Bücher ihrer Glaubensgemeinschaft: das „Buch der Heilung durch Kundgabe der Rechte des Erwählten", nämlich Muḥammads. Es enthält keine Prophetenvita im eigentlichen Sinn, sondern beschäftigt sich mit dem hohen Rang, den Muḥammad bei Gott einnimmt, und mit den Auswirkungen dieser einzigartigen Stellung auf das Heil seiner Gemeinde. Auf diesen ersten Teil, der mit einer ausführlichen Beschreibung zahlreicher Prophetenwunder schließt, folgt in vier Kapiteln eine Darlegung der Pflichten der Muslime gegenüber Muḥammad. Die erste umfaßt den Glauben an ihn und den Gehorsam gegen seine *sunna*; die zweite ist die Liebe zu ihm; die dritte die tiefe Ehrfurcht, die man vor ihm empfinden soll; die vierte besteht im Friedensgruß, den man stets aussprechen muß, sobald sein Name genannt wird. Es schließt sich ein großes Kapitel an, das sich mit der Frage der Sündlosigkeit und Unfehlbarkeit Muḥammads befaßt; beides erfordert, daß Versehen und Irrtümer, die ihm von der historischen Überlieferung vereinzelt zugeschrieben werden, nunmehr so auszulegen sind, daß seine Funktion, diejenige des Übermittlers des göttlichen Gesetzes und Repräsentanten der das Heil garantierenden Schöpfungsordnung, nicht in Zweifel gezogen werden kann. Wie bei allen Propheten vor ihm sei auch bei ihm zumindest seit dem Zeitpunkt der Berufung das Herz mit dem Wissen von allen Dingen des Glaubens und der Welt angefüllt gewesen. Nun ist es nicht so, daß ein Prophet Kenntnisse von allen Vorgängen im Diesseits haben müsse, zumal sein ganzes Trachten auf das Jenseits und auf die Verkündung der Scharia und ihrer Regeln gerichtet sei.

[122] Vgl. oben Kap. A III d.

[123] Abū Bakr b. al-ʿArabī: *al-ʿAwāṣim min al-qawāṣim*, ed. Muḥibb ad-Dīn al-Ḫaṭīb, Beirut 1987. Bereits Aḥmad b. Ḥanbal (gest. 855) hatte in einem sunnitischen Katechismus die Forderung erhoben, es dürfe über die Prophetengenossen nichts Abträgliches gesagt und überliefert werden (T. Nagel: *Rechtleitung und Kalifat*, 270).

Doch darf man nicht sagen, sie wüßten gar nichts von den Vorgängen in der Welt. Dies würde nämlich Unkenntnis und Dummheit bedeuten, von der sie ausgenommen sind. Sie sind doch gerade zu den Menschen des Diesseits gesandt und haben deren Führung (arab.: *as-sijāsa*) und Rechtleitung übertragen bekommen sowie die Überprüfung der Belange (arab.: *al-maṣāliḥ*) der Menschen in Angelegenheiten der Glaubensordnung und der Welt. Dies alles könnte nicht wahrgenommen werden ohne das Wissen von den Dingen des Diesseits in ihrer Gesamtheit. Die Lebensumstände und die Biographie der Propheten sind diesbezüglich bekannt, und es ist unbestritten, daß die Propheten von alledem Kenntnis haben. Wenn nun das (mit dem Seelenfrieden einhergehende Innewerden der Vorschriften) die Glaubensordnung betrifft, dann gilt für einen Propheten ohnehin nur das Wissen ..., denn es ist doch nur so, daß sich dies bei ihm dank Eingebung durch Gott einstellt, so daß diesbezüglich ein Zweifel an (dem Propheten) unzulässig ist ... Oder aber er hat bei Fragen, für die er keine Offenbarung empfing, nach eigener Entscheidungssuche (arab.: *al-iǧtihād*) gehandelt ... So ist auch das, was er als Ergebnis seiner eigenen Entscheidungssuche zuversichtlich weiß, nichts anderes als das Wahre und Richtige ...; denn der Prophet ist gegen jeden Fehler bei der Entscheidungssuche in schariatischen Problemen gefeit. Daß ein *muǧtahid* einem Irrtum erliege, gilt nämlich nur n a c h der Festsetzung der jeweiligen schariatischen Bestimmungen, während die Erwägungen und die Suche des Propheten Fragen betrafen, für die nichts offenbart worden war ... Soweit in betreff dessen, was das Herz des Propheten als zuverlässiges Wissen erfaßte! Was aber die einzelnen im Lichte der Scharia zu lösenden Rechtsfälle angeht, für die er in seinem Herzen kein solches Wissen vorfand, so wußte er ursprünglich immer nur, was Gott ihn hierüber von Fall zu Fall lehrte, bis sich schließlich bei ihm ein umfassendes Wissen ebenfalls hiervon sammelte, sei es dank Eingebung von Gott, sei es dank einer (durch Gott erteilten) Erlaubnis, eine Scharia-Norm zu erlassen und ein Urteil zu fällen, wie Gott es ihn für richtig erachten ließ. In vielen Einzelfällen hatte er auf eine Eingebung gewartet. Aber er starb erst, als er das Wissen von all dem erschöpfend weitergegeben hatte.

Wäre dies nicht so gewesen, dann hätte er nach Meinung ʿIjāḍs gar nicht die Menschen zur Annahme des göttlichen Gesetzes auffordern dürfen.[124] Wenn Muḥammad nach außen wie ein gewöhnlicher Mensch auftrat und den Verrichtungen seiner Landsleute nachging, ihm auch wohl einzelne Versehen unterliefen und ihm Krankheit und Mißbehagen geläufig waren, so zeigt dem Muslim alles dies nur die äußere Hülle; unter ihr war, so ʿIjāḍ, ein engelhafter Wesenskern verborgen. – Die Engel aber, das hörten wir schon, wissen nur, was Gott sie lehrt (vgl. Sure 2, 32), und sie haben ihrem Wesen nach gar nicht die Möglichkeit, ihm zuwiderzuhandeln. – Warum aber mußte Gott diesen Kern mit einer menschlichen Hülle umgeben? Weil anderenfalls die Menschen von dem Licht, das von solchen Kernen ausstrahlt, geblendet worden wären, und Muḥammad hätte die Aufgabe, zu der er berufen wurde, nicht erfüllen können, antwortet ʿIjāḍ al-Jaḥṣubī.[125]

[124] Al-Qāḍī ʿIjāḍ al-Jaḥṣubī: *Kitāb aš-šifā'*, Leseausgabe, Beirut o. J., II, 115–117.

[125] T. NAGEL: *Die Tabuisierung der Person des Propheten Muḥammad*, in: Festschrift für Kurt Rudolph, Marburg 1994, 478–488, hier S. 483f.

III. DIE SCHARIA UND DIE WIRKLICHKEIT DES ALLTAGS

1. Die Rechtsschulen

Man hat die Entwicklungsstufe des islamischen Rechts, die sich mit dem Namen aš-Šāfiʿīs verbindet, als Islamisierung und Ausrichtung auf ein Ideal verstanden.[1] Inwieweit diese Ansicht zutrifft, das ist der Gegenstand, dem wir uns nun zuwenden. Wenn wir hiernach fragen, müssen wir uns zunächst ins Bewußtsein rufen, daß die Wirklichkeit des Alltags im islamischen Zusammenhang etwas anderes bedeuten könnte als im Europa des ausgehenden 20. Jahrhunderts. Wenn sich auch in der Oberschicht des Osmanischen Reiches seit Maḥmūd II. (reg. 1808–1839) eine gewisse Reserviertheit gegenüber den sich entschieden religiös verstehenden Kreisen der Bevölkerung, etwa den Rechtsgelehrten und Theologen und den Mitgliedern der zahlreichen Derwischkonvente, bemerkbar machte, so war der Grund hierfür weniger eine bewußte Herauslösung der den Alltag bestimmenden Lebensbereiche aus ihrer islamischen Verankerung; es waren viel eher die militärischen Niederlagen des Reiches, die eine engere Beschäftigung mit der europäischen Technik und deren intellektuellen Voraussetzungen erzwangen. Die für eine Modernisierung notwendigen Gelder suchte man durch eine Zweckentfremdung der religiösen Stiftungen zu gewinnen – im mamlukischen Ägypten war man vier Jahrhunderte zuvor ähnlich verfahren, wenn es galt, den Finanzbedarf der Armee zu befriedigen. Wenn die Kenner und Interpreten des Glaubens an wirtschaftlicher Macht und an politischem Einfluß verloren, dann nicht wegen eines innerhalb der Gesellschaft in Gang gekommenen Prozesses der Säkularisierung, sondern wegen dieser realpolitischen Umstände.[2] Die starke islamische Prägung der Deutung, die die Bevölkerung ihrem Lebensvollzug unterlegt, ist bis heute erhalten geblieben, und sie gewinnt zusehends auch wieder in der Oberschicht, die noch am ehesten als „verwestlicht" betrachtet werden könnte, an Anziehungskraft.

Die Bezugnahme der Scharia-Gelehrten auf die Lebenswirklichkeit erfolgt demnach unter einem stillschweigend vorausgesetzten islamischen Deutungshintergrund. Nur ausnahmsweise wird dieser von den Kennern des Gesetzes eigens bedacht, und zwar unter dem Stichwort des sündhaften (arab.: *āṯim*) Menschen,[3]

[1] M. KHADDURI: *Islamic jurisprudence*, 42.

[2] S. FAROQHI: *Kultur und Alltag im Osmanischen Reich*, München 1995, 280.

[3] Vgl. oben Kap. A III 1. Ein Marktvogt, der zuläßt, daß die Bevölkerung einer Ortschaft die islamischen Riten einstellt und damit den Ort zu einem „Gebiet des Polytheismus" macht, wird „sündhaft" (arab.: *jaʾṯam*) (al-Māwardī: *al-Aḥkām as-sulṭānīja*, Ed. Kairo 1960, 244, Zeile 16).

der, obwohl der prophetische Ruf grundsätzlich an jedermann gerichtet ist, ihm in keiner oder nur in unzureichender Weise Folge leistet. Der Muslim, der sich dauerhaft im „Gebiet des Krieges" niederläßt und sich damit der islamischen Obrigkeit entzieht, genießt nur noch die „zum Sünder machende Unverletzlichkeit"; das gleiche trifft auf Muslime zu, die ihren Glauben im „Gebiet des Krieges" angenommen und sich nie dem islamischen Staat zur Verfügung gestellt haben. Grundsätzlich sündhaft und daher nicht der Bewertung durch die Scharia unterworfen ist nach Meinung einiger Rechtsgelehrter jegliche Handlung der Andersgläubigen, wie bereits dargelegt wurde.[4] Ehe also eine Bewertung nach Maßgabe des islamischen Gesetzes überhaupt Sinn hat, muß geklärt sein, ob die zu beurteilende Person existentiell in einer Lage war, die eine solche Entscheidungsfindung zuläßt.[5] Der Schafiit al-Ǧuwainī erörtert im „Buch des Beweises" die Frage, wie man sich der Belastung - und damit der Beurteilung durch die Scharia - entziehen könne. Er nennt ein solches Verhalten Widersetzlichkeit (arab.: *al-maʿṣija*) gegen Gott,[6] eine Gesinnung, gegen die die Scharia selber keine Sanktionen vorsieht, eben weil sie ins Leere gehen müßten; Gott allein wird hier der Gerechtigkeit Genüge tun. Die Verrichtung des rituellen Gebets auf einem vom Feind besetzten Gebiet ist zwar die Erfüllung einer Gehorsamspflicht, zugleich aber Widersetzlichkeit gegen Gott; denn ein Muslim muß danach trachten, dieses Gebiet zu verlassen. Wenn sich jemand mitten in einem Gelände befindet, das mit Verwundeten übersät ist, und aus Mangel an Platz einem von ihnen auf der Brust kniet, dieser deswegen zu Tode zu kommen droht, jedoch andere, auf die jener Gesunde beim Verlassen des Feldes treten müßte, ebenso sterben würden, dann gälte für den Gesunden die Belastung mit der Scharia nicht mehr. Wenn jener sich leichtfertig oder gar absichtlich in diese Lage gebracht hätte, dann hätte er sich eine Widersetzlichkeit gegen Gott zuschulden kommen lassen und müßte den Zorn des Schöpfers gewärtigen. Dies jedenfalls meint al-Ǧuwainī, der sich nicht ohne weiteres zu der Schlußfolgerung verstehen möchte, daß in solcher Lage gar keine Möglichkeit einer schariatischen Bewertung bleibe.[7]

Die Lebenswirklichkeit, auf die sich die Fragen und Erwägungen der Rechtsgelehrten richten, wird also fast ausschließlich so vorgestellt, daß sie der Beurteilung nach den Scharia-Normen zugänglich ist. An zwei Fetwas wurde schon veranschau-

[4] Vgl. oben Kap. A I 4b.

[5] Man hat hieraus folgern wollen, daß im islamischen Recht zwei semantische Felder einander ergänzen, nämlich eines, das die diesseitsbezogene Gerichtspraxis umfaßt, und ein anderes, das persönliche Verhältnis zu Gott (B. Johansen: *Die sündige, gesunde Amme*, in: *Gegenwart und Geschichte*. F. Steppat zum 65. Geburtstag, Leiden 1988, 264–282, hier S. 277f.). Daß auch die *ahl aḏ-ḏimma* partiell Rechtsgenossen der Muslime sind (270), erklärt sich aber nicht aus dieser Zweiheit der semantischen Felder - wenn es eine solche Zweiheit denn gibt -, sondern aus der Tatsache der Anwesenheit der Andersgläubigen auf dem muslimischen Territorium und aus dem Überlegenheitsanspruch des Islams.

[6] Vgl. oben A I 4a.

[7] al-Ǧuwainī: *Kitāb al-burhān*, 300–303, §§ 210–212.

licht, wie die Rechtsgelehrten, die ja nicht nur als *Qāḍīs* tätig waren, an der Vertiefung der islamischen Auslegung der Lebenswirklichkeit mitarbeiteten. Ob sich jemand dieser Auslegung verpflichtet fühlte oder nicht, wurde von den Behörden der Rechtspflege nicht erörtert - schließlich war die Zugehörigkeit zu einer anderen Glaubensgemeinschaft als der muslimischen kein Delikt, aber selbstverständlich waren alle Maßstäbe islamisch, und einem Manne wie al-Ǧuwainī war es ein Ärgernis, daß eine Außerkraftsetzung der islamischen Normen überhaupt denkbar war. Die Fetwa-Sammlungen der Rechtsgelehrten enthalten daher vielfach längere Abschnitte, in denen nicht Fragen des Ritual- und des Profanrechts besprochen werden, sondern, meist ausgehend von einzelnen *Ḥadīṯen,* Facetten der islamischen Wirklichkeit sichtbar gemacht werden. Diesbezügliche Anfragen werden natürlich nicht mit einer der fünf schariatischen Bewertungen beantwortet. Zwei Beispiele, das erste aus der bereits einmal herangezogenen Sammlung von Rechtsauskünften des Ibn aṣ-Ṣalāḥ, sollen diese Art der Wirksamkeit der Gelehrten anschaulich machen.

> Frage (an Ibn aṣ-Ṣalāḥ): Ist das Fasten während des ganzen Monats Raǧab sündhaft oder bringt es Jenseitslohn ein, wo es doch in dem *Ḥadīṯ,* das Ibn Diḥja überliefert, der in Ägypten war, heißt: Der Gesandte Gottes - Gott spreche für ihn Gebete und entbiete ihm den Friedensgruß! - sagte: „Das Höllenfeuer wird von Jahr zu Jahr mit denen zum Auflodern gebracht, die den Raǧab über fasten!" Verhält es sich tatsächlich so oder nicht? Ibn aṣ-Salāḥ - Gott habe Wohlgefallen an ihm! - antwortete: Wer dies tut, dem wird es nicht als Sündhaftigkeit angerechnet, und soweit wir wissen, hat ihn keiner der Gelehrten der Glaubensgemeinschaft deswegen für sündhaft erklärt. Allerdings sagen *ḥadīṯ*-Kenner: „Bezüglich der Vortrefflichkeit des Fastens im Raǧab gibt es keine Überlieferung", womit er (ein *Ḥadīṯ* über) die besondere Vortrefflichkeit meinte. Dies erfordert nicht den Verzicht auf das Fasten im Raǧab, wie denn eindeutige Textzeugen in allgemeiner Form die Vortrefflichkeit des Fastens belegen. Das in der Überlieferungssammlung des Abū Da'ūd (gest. 888) enthaltene *Ḥadīṯ* über das Fasten in den heiligen Monaten genügt, um zum Fasten im Raǧab anzuspornen. Was aber das *Ḥadīṯ* über die Beschickung des Höllenfeuers mit denen, die im Raǧab fasten, betrifft, so gehört es zu den unrichtigen und darf nicht überliefert werden. Und Gott weiß alles am besten.

In der *ḥadīṯ*-Sammlung des Abū Da'ūd, einem der „sechs Bücher", die für ihren Gegenstand höchstes Ansehen genießen, findet sich eine Überlieferung, derzufolge Muḥammad einer eifrigen Anhängerin gestattete, in den heiligen Monaten - Raǧab und Šaʿbān -, in denen die Fasten nicht vorgeschrieben sind, sich abwechselnd drei Tage der Nahrung zu enthalten und drei Tage zu essen und zu trinken.[8] Hieraus läßt sich nach Ibn aṣ-Ṣalāḥ nicht herleiten, daß man sich sündhaft verhalte, das heißt sich außerhalb der islamischen Ordnung stelle, wenn man den ganzen Monat Raǧab tagsüber faste.

[8] Ibn aṣ-Ṣalāḥ: *Fatāwā*, I, 180.

Der ägyptische Gelehrte Ibn Ḥaǧar al-Haitamī (gest. 1567) hat neben einer wichtigen Sammlung von Rechtsgutachten ein ganzes Buch mit Antworten hinterlassen, die sich mit ihm vorgetragenen Problemen beschäftigen, die in der Rechtswissenschaft im engeren Sinne keinen Platz finden.[9] Er schneidet in diesem aufschlußreichen Werk zahlreiche Themen an, die den Muslimen seiner Zeit auf den Nägeln brannten: Unter welcher Voraussetzung ist das Betreiben von Magie unbedenklich? Wie wird das Schicksal der Menschen nach ihrem Tode sein? Was geschieht mit ihren Seelen? Darf man eine der vielen Formeln, mit denen man Gottes gedenkt, im Angesichte einer Ortschaft nur in dem Fall hersagen, wenn man diese zu betreten beabsichtigt? Ist Denken besser als Gottesverehrung? Sollen Frauen das Schreiben lernen? Ist das Hören besser als das Sehen? Worin besteht das Minimum der islamischen Glaubenslehre? – Und so äußert er sich über die für die Rechtswissenschaft höchst wichtige Frage nach der Fähigkeit des Menschen, eigenverantwortlich zu handeln:

> (Ibn Ḥaǧar al-Haitamī) – möge Gott durch ihn Nutzen stiften! – wurde nach der Lehre der Sunniten gefragt, die dem Menschen eine Art von freier Wahl (arab.: *al-iḫtijār*) zuerkennt: Widerspricht sie dem Gotteswort: „Dein Herr schafft, was er will und erwählt" (Sure 28, 68)? Er antwortete: Dies widerspricht ihm nicht; denn der Begriff „freie Wahl" bedeutet soviel wie Kraft zum Handeln und Wollen. Darum geht es in dem Koranvers. Was aber den Sinn (des Begriffes) „Absicht des Handelns" und „Neigung dazu" betrifft, so ist er es, den die Sunniten meinen. Es ergibt sich, daß Gott dem Menschen eine Kraft anerschafft, dank der er zum Handeln neigt. Das Schaffen geht von Gott aus, die Neigung und das Handeln vom Menschen, und zwar entsprechend der Art, in der Gott dies für ihn bestimmt. Beides ist demnach die Spur seines Schaffens und seiner Kraft. Die dem Menschen beigelegte freie Wahl ... ist mithin die Spur der Gott eigenen freien Wahl. Es sind also zwei verschiedene Dinge, was nicht geleugnet werden kann. Al-Iṣfahānī[10] schreibt in seinem Korankommentar in betreff Sure 6, Vers 110: „Und wir lassen sie in ihrer Widersetzlichkeit umherirren": „Wisse, daß jede Handlung (arab.: *al-fiʿl*), die vom Menschen ausgeht, aufgrund freier Wahl erfolgt. Sie hat allerdings zwei Aspekte. Wenn du den Blick auf ihr Sein, ihr Eintreten in die Existenz und ihre an ihr erkennbaren Spezifizierungen richtest, dann schreibe dies alles der Bestimmungskraft und dem Wollen des einzigen Gottes zu, der keinen Gefährten hat! Richtest du den Blick hingegen auf die Verschiedenheit (der Handlung) von allem zwangsläufig und mit Notwendigkeit Erfolgenden, dann schreibe sie ... dem Menschen zu! Dies eben ist die Zuschreibung, die gemäß der Scharia als Erwerben interpretiert wird, heißt es doch in Sure 2, Vers 286: ‚(Jeder Seele) wird gutgeschrieben, was sie (an guten Taten) erworben hat; ihr wird auf das Schuldkonto angerechnet, was sie (an bösen Taten) für sich erwarb', und in Sure 42, Vers 30: ‚(Ein Unglück trifft euch nur) um dessen willen, was eure Hände (an bösen Taten) erworben haben'. Diese Zuschreibung ist auch als richtig erwiesen, wenn du dir im Geiste die zwei Arten von

[9] Ibn Ḥaǧar al-Haitamī: *al-Fatāwā al-ḥadīṯija*, Kairo o. J., 2.

[10] Vielleicht ist Ismāʿīl b. Muḥammad al-Iṣfahānī (gest. 1140) gemeint (C. Brockelmann, GAL GI 324).

Bewegung vorstellst, die zwangsläufige wie etwa das Zittern und die frei gewählte. Dank dieser Zuschreibung wirst du unbedingt zwischen beidem unterscheiden. Wenn damit die Vielfältigkeit der Gesichtspunkte erwiesen ist (unter denen man die Handlung des Menschen zu betrachten hat), dann muß man nach dieser Lehre die Widersetzlichkeit als von Gott geschaffen erkennen; sie ist jedoch den Menschen insofern beizulegen, als sie bei ihnen im Sinne der freien Wahl vorfällt, die wir als Erwerben interpretiert haben."[11]

Diese Belehrung, die Ibn Ḥağar dem Frager erteilt, ist für uns insofern erhellend, als sie den Raum bezeichnet, den der Mensch nach Ansicht der sunnitischen Theologie in eigener, freier Wahl zu gestalten hat und der infolgedessen der Beurteilung durch die Scharia unterworfen ist. Gottes Bestimmungsmacht erstreckt sich auch auf die Einzelheiten einer jeden Tat, die der Mensch mit den willkürlichen Regungen vollbringt; doch indem er diese Einzelheiten sich aneignet, werden sie von ihm erworben und schlagen auf seinem Jenseitskonto zu Buche. Die Wirklichkeit, die von den Rechtsgelehrten gemäß der Scharia beurteilt wird, ist, wie wir schon feststellten, durch die meist stillschweigend vorausgesetzte Anerkennung der göttlichen Ordnung geprägt, sowie davon, daß Gott das sie konstituierende Geschehen nach eigenem Ratschluß schafft. Bei allem willkürlichen, auf freier Wahl beruhenden Tun führt Gott dem Menschen die Hand, und indem der Mensch dessen innewird, daß dieses Tun nach dem diesseitigen Augenschein von ihm selber ausgeht, erwirbt er es. Wenn man diese Art von Wirklichkeit, wie sie die sunnitische Theologie aus der Sicht des Einzelmenschen beschreibt, von unserem Standpunkt aus betrachtet, muß man sie als restlos fremdbestimmt bezeichnen, und es fragt sich, weswegen eine rechtliche Bewertung nach den erörterten Kategorien überhaupt für sinnvoll angesehen wird, es sei denn, man machte sich al-Ǧuwainīs – von europäischer Warte aus womöglich als zynisch wahrgenommene – These zu eigen, die Handlungen seien Zeichen für die Bewertungen, die Gott in einem bestimmten Augenblick erkennen läßt. – Aber ist es vorstellbar, daß eine solche im Grunde absurde Auffassung von Gesetz und Wirklichkeit über Jahrhunderte hinweg eine immer dichtere Durchdringung des Lebens der Muslime mit den Vorschriften der Scharia wenn nicht schon ermöglicht, so doch zumindest zugelassen hätte? Wir sind in unserer Auseinandersetzung mit dem islamischen Recht augenscheinlich an einem besonders schwierigen Punkt angelangt. Leichtfertig das uns absurd Erscheinende hinzunehmen, würde uns mit dem Verdacht der Unzulänglichkeit unseres Verstehens zurücklassen; eine plausible Beantwortung unserer Frage müssen wir wenigstens versuchen. Die Voraussetzungen hierfür müssen wir in mehreren Schritten erarbeiten, deren erster noch einmal zu einer Einsichtnahme in die Literatur über die Grundlagen des *fiqh* nötigt.

Zwei Abhandlungen über diesen Gegenstand, die unterschiedlichen Regionen und Zeiten angehören, wollen wir betrachten. Die erste stammt aus der Feder des um 1100 in Transoxanien lehrenden Hanafiten al-Lāmišī; die zweite wurde von

[11] Ibn Ḥağar al-Haitamī, op. cit., 155.

dem Malikiten Abū l-Qāsim Ibn Ǧuzaij (gest. 1340) geschrieben, der in Granada wirkte. Beide Werke waren vermutlich als Lehrbücher gedacht und beschränken sich auf das Wesentliche, enthalten sich also der für den Erforscher der Geschichte des islamischen Rechts so nützlichen Exkurse, wie sie al-Ǧuwainī im „Buch des Beweises" vorträgt. Wir wenden uns zunächst al-Lāmišī zu, der seine Darlegungen mit einer sehr dichten Erfassung der Kernbegriffe der Rechtswissenschaft beginnt. *Fiqh* ist für ihn das Auffinden des verborgenen Sinnes, mit dem eine schariatische Bewertung zusammenhängt; insofern ist *fiqh* ein abgeleitetes Wissen. Man erlangt es mittels der Tätigkeit des Verstandes, dennoch darf es nicht als „Verstandeswissen" ausgegeben werden, denn ein solches verdankt sich reiner Erwägung, während doch in die Rechtswissenschaft immer „gehörte" Kenntnisse, also Überlieferungen, einfließen.[12] Dies wäre eine Beschreibung des *fiqh*, die gut zu den Beispielen paßte, die uns Abū Jūsuf, der Schüler Abū Ḥanīfas, von einer Jurisprudenz gab, die sich von den Erfordernissen der Praxis leiten ließ. Al-Lāmišī geht nun zur Erklärung des Begriffes „Verstand" über, den man auf dreierlei unterschiedliche Weise definiere, nämlich als die Sehkraft des Herzens, als das Unterscheidungsvermögen oder als eine der mit Notwendigkeit existierenden Arten des Wissens - notwendig wie in einem occasionalistischen Weltmodell alles Existente in dem Augenblick ist, in dem Gott es in die Existenz bringt.[13] Für keine dieser Meinungen entscheidet sich al-Lāmišī; er stellt ihnen seine eigene Einsicht gegenüber: „(Verstand) ist eine Substanz, vermöge der das, was den Sinnen unzugänglich ist, durch vermittelnde Hinweise, und das mit den Sinnen Wahrnehmbare durch eigene Wahrnehmung erfaßt werden." Wenn al-Lāmišī auch nicht nach muʿtazilitischer Art - und die Muʿtazila stand, wie wir schon sahen, den Hanafiten nahe - von der Erzeugung von Wissen spricht, so hält er doch eine an der Erörterung von innerweltlichen Kriterien ausgerichtete Rechtswissenschaft, wie sie die frühen Hanafiten für sich in Anspruch nahmen, für möglich. Allerdings fährt al-Lāmišī fort:

> Der Verstand ist eines der Argumente Gottes gegenüber den Menschen, denn der Verstand ruft sie zur Wahrheit. Doch ist nicht er es, der etwas zwingend gebietet, sondern Gott. Allerdings kommt der Verstand ohne den vermittelnden Hinweis des Gehörten aus, wenn er zwingend gebietet, die Existenz des Schöpfers, dessen Einheit und die Verpflichtung zum Dank an den Wohltäter (Gott) anzuerkennen sowie daß Unglaube und Unrecht häßlich und verwerflich sind. Bei allem anderen, etwa beim Fasten, beim rituellen Gebet und den übrigen Bewertungen der Scharia ist die Funktion des Verstandes das Erfassen eines vorliegenden gehörten Zeugnisses. Denn dieser Teil (des Wissens) ist bezüglich der Gebotenheit oder Verwerflichkeit (dessen, worauf sich das Wissen erstreckt) neutral; zudem ist nicht unmöglich, daß hier Abrogierung und Änderung auftreten.[14]

[12] al-Lāmišī: *Kitāb uṣūl al-fiqh*, ed. A. Turki, Beirut 1995, 34, §§ 10f.
[13] Ebd., 33, § 9.
[14] Ebd., 35, § 15.

Nur die Einbettung des gesamten Scharia-Wissens in die islamische Deutung der Welt ist durch den - von Gott eigens zu diesem Zweck geschaffenen - Verstand zu erkennen, der Inhalt des Scharia-Wissens selber dagegen nicht. Daher ist die Rechtswissenschaft auch der Hanafiten nun zu einer Auslegung von Texten unterschiedlichen Autoritätsgrades geworden. Die am weitesten verbreitete Rechtsschule, die vor allem im Osten der islamischen Welt viele Anhänger hatte und durch die Verbindung mit dem zu Lebzeiten al-Lāmišīs eine politische und militärische Vormachtstellung erringenden Türkentum überragende Bedeutung gewann, hat sich das schafiitische Verständnis von Jurisprudenz angeeignet.[15] Al-Lāmišī weist denn auch die mu'tazilitische Lehre zurück, daß Rede die Laute seien, die einen Sinn hervorbringen; sie deuten vielmehr nur auf einen Sinn hin, und mit Bezug auf Gott kann man nicht einmal das behaupten. Denn die von Ewigkeit her seinem Wesen inhärierende Rede liegt jenseits aller irdischen Mittel des Ausdruckes von Sinn wie Buchstaben und Lauten. Sowohl für Gott wie für den Menschen läßt sich mithin feststellen, daß Rede eine dem Wesen innewohnende Eigenschaft ist, durch die dieses sich als redend darstellt und um derentwillen es nicht als schweigend bezeichnet werden kann.[16] Mit dem Theorem der Seelenrede hatten die asch'aritisch gesonnenen Schafiiten jegliches innerweltliche Band zwischen wahrnehmbarem Zeichen und zu übermittelnder Bedeutung durchtrennt. So weit geht al-Lāmišī nicht,[17] wenn auch die Rechtswissenschaft, die er nun vor dem Lernenden entfaltet, bei jedem zu entscheidenden Problem einen autoritativen Text zur Grundlage haben muß. Al-Lāmišī zitiert die Forderung aš-Šāfi'īs, daß eine schariatische Analogie zu einer solchen Textaussage nur statthaben darf, wenn aus diesem Text die Ursache für die Aussage zu erkennen ist. Vor allem die Hanafiten in Samarkand haben sich diesem Postulat aš-Šāfi'īs angeschlossen, während ihre irakischen Schulgenossen etwas großzügiger sind: Sie begnügen sich mit der Klärung, ob der Quellentext einen Hinweis darauf enthalte, daß die Bewertung, die er verbürge, auch auf ähnlich gelagerte Fälle übertragen werden dürfe; wenn ja, dann sei die Analogie erlaubt und ihr Ergebnis verpflichtend. Daß eine Analogie verpflichtenden Charakter habe, ist nämlich nach al-Lāmišī die Überzeugung aller Rechtsgelehrten und Theologen - mit Ausnahme der Zahiriten und einiger Mu'taziliten.[18]

[15] Zu den heftigen Auseinandersetzungen zwischen Hanafiten und Schafiiten in Iran vgl. H. Halm: *Die Ausbreitung der šāfi'itischen Rechtsschule von den Anfängen bis ins 8./14. Jahrhundert*, Wiesbaden 1974, z.B. 42–67, 146–148.

[16] al-Lāmišī, op. cit., 37f., §§ 20f.

[17] al-Lāmišī bekannte sich zur maturiditischen Theologie, die im Gegensatz zur asch'aritischen den Menschen nicht von der occasionalistischen Festlegung des jeweils Seienden abhängig machte; das „Erwerben" einer Handlung ist für al-Māturīdī (gest. 944) der eigenverantwortliche Umgang mit den von Gott aus dem Nichts und ohne dem Menschen erkennbaren Grund geschaffenen Handlungsvoraussetzungen (T. Nagel: *Geschichte der islamischen Theologie*, 142f.); zu Einzelheiten und deren Kontext vgl. U. Rudolph: *Al-Māturīdī und die sunnitische Theologie in Samarkand*, Leiden 1997, 340–343.

[18] al-Lāmišī, op. cit., 178–184, §§ 360–369.

In seiner Lehre von den theoretischen Grundlagen des *fiqh* läßt al-Lāmišī noch erkennen, wie viel die alte hanafitische Schule dem juristischen Sachverstand zugetraut hatte. Ein klares Bild davon, wie es seine Schule nunmehr damit halte, läßt sich seinen eben skizzierten Ausführungen nicht entnehmen; die Tendenz, nicht mehr von der Wirklichkeit des Falles, sondern vom gottgegebenen Gesetzeswissen her zu denken, hat sich jedenfalls Geltung verschafft. – Und nun zu Ibn Ǧuzaij! Die Schüler und Enkelschüler von Mālik b. Anas (gest. 795) hatten die islamische Rechtswissenschaft ursprünglich nicht als eine Methodik der Auslegung von Texten verstanden. Anders als die Hanafiten, die mittels der schöpferischen Einsicht und der juristischen Sachkenntnis zur Lösung von Rechtsfällen zu gelangen hofften, wollten die Malikiten den *fiqh* auf eine überlieferte Grundlage stellen, die sie allerdings nicht in mündlich oder schriftlich weitergegebenen Texten, sondern in der von ihrem Schulgründer dokumentierten medinensischen Glaubenspraxis erkannten. Mit anderen Worten: Nicht der tradierte Text, für den dieser oder jener Autoritätsrang behauptet werden konnte, war ihnen das Wichtigste, sondern der gelebte Glaubensvollzug und das unangefochtene Gewohnheitsrecht in jener Stadt, in der Muḥammad als Prophet und Gemeindeoberhaupt gewirkt hatte. Waren die medinensischen Rechtsbräuche nicht die ungebrochene Fortsetzung dieses Wirkens? Die Malikiten jedenfalls behaupteten dies und leiteten daraus den unübertrefflichen Wahrheitsanspruch des von Mālik b. Anas zusammengetragenen Materials ab, selbst wenn darin hin und wieder Normen enthalten waren, die der *sunna* oder sogar dem Koran widersprachen.[19] Schon zu Māliks Zeit wurde allerdings die Frage aufgeworfen, ob die Geltung zur allgemeinen Norm überhöhter medinensischer Rechtsbräuche im ganzen Reich durchgesetzt werden könne. In einem Schreiben an den Ägypter al-Laiṯ b. Saʿd (gest. 791) bemängelte Mālik, daß man sich am fernen Nil bei Rechtsauskünften nicht um die Medinenser kümmere.[20] Es ist vielleicht nicht verwunderlich, daß später aš-Šāfiʿī in Ägypten seine ersten Anhänger fand; denn was er lehrte, kam dem universalistischen, über Arabien hinausweisenden Inhalt des Islams sehr viel näher als Māliks Pochen auf die medinensische Praxis, dem etwas von einem ganz auf eine glanzvolle Vergangenheit ausgerichteten Lokalpatriotismus anhaftet. In Nordafrika westlich von Ägypten und im maurischen Spanien fand das Malikitentum dann doch breite Zustimmung; dies ist einigen Schülern Māliks zu verdanken, in deren Überlieferung und Auslegung uns heute sein Werk vorzugsweise zugänglich ist.

Wie an der vorhin besprochenen Polemik des Zahiriten Ibn Ḥazm erkennbar wurde, hatte die malikitische Rechtsschule in ihrer Methodologie sich im wesentlichen auf den Weg der Schafiiten drängen lassen; Textauslegung statt Erwägung oder Beobachtung und Analyse der althergebrachten Praxis war auch für die Maliki-

[19] Vgl. J. Schacht: *The origins of Muḥammadan jurisprudence*, 61–69 und 311–314; ders.: *An introduction to Islamic law*, 61f.

[20] R. Brunschvig: *Polémiques médiévales autour du rite de Malik*, in: Al-Andalus 15/1950, 377–435.

ten verpflichtend geworden.[21] Dies belegen beispielsweise die einführenden Kapitel des Handbuches der Scharia-Methodik, das der bereits erwähnte Malikit Ibn Ǧuzaij aus Granada schrieb. Nachdem er dem Studierenden das Rüstzeug für den Umgang mit den autoritativen Texten erklärt hat, widmet er sich dem Ursprung dessen, was in diesen Texten zu finden ist, also den schariatischen Bewertungen. Er stellt die uns bekannten von „Pflicht" bis „Verbot" reichenden Kategorien vor und bemerkt dazu, es sei richtiger, die in Rede stehenden fünf Urteile rein formal zu definieren – „Pflicht" ist also alles, dessen Vollzug die Scharia entschieden verlangt, „empfohlen" das, was sie nicht mit Entschiedenheit fordert usw. –, als Aussagen über die Entgeltung eines Handelns durch Gott einfließen zu lassen – etwa zu lehren: „Pflicht" ist alles das, dessen Vollzug eine Belohnung und dessen Unterlassung eine Bestrafung durch Gott nach sich zieht. Die bei al-Lāmišī schon festgestellte stillschweigende Voraussetzung einer islamischen Fundierung der Rechtswissenschaft ist bei Ibn Ǧuzaij zur Gänze durchgeführt. Gottes Haltung zu einer jeden Handlung des Menschen ist dem spekulativen Erwägen der Gelehrten entzogen; sie haben sich allein mit den ihnen durch die Offenbarung und durch die *sunna* übermittelten normativen Aussagen unterschiedlichen Autoritätsgrades zu beschäftigen. Dies ist die äußerste mögliche Schlußfolgerung aus der Herauslösung der Scharia aus allen innerweltlichen Beziehungen; die äußerste mögliche Schlußfolgerung aus der Idee, der aš-Šāfiʿī in seinem Werk nachgegangen war. Ibn Ǧuzaij begründet seine Behauptung zunächst formallogisch: Lohn und Strafe seien keine Wesenseigenschaften der Bewertungen, sondern nur die aus ihnen folgenden Entgeltungen. Diese aber taugen nicht zur Definierung der Bewertung selbst. Warum dies so ist, erklärt er in einem zweiten Schritt: „Die Bestrafung kann ausbleiben, wenn Gott verzeiht; und die Belohnung kann ausbleiben, wenn die Absicht (arab.: *an-nīja*) fehlt."[22]

Die Muʿtazila hatte das Recht und die durch Gottes Lohn und Strafe konditionierte Ethik in eins gesetzt. Indem die Schafiiten, unterstützt von der in ihrer Mitte entstandenen und gepflegten aschʿaritischen Theologie der radikalen Angewiesenheit des geschaffenen Seins auf den Schöpfer, die Scharia zu bloßen Zeichen für Bewertungen von Handlungen abstrahiert hatten, die zu einem bestimmten Augenblick an einer Person erkennbar wurden, hatten sie der Ewigkeit und Übergeschichtlichkeit der göttlichen Gesetzesrede Geltung verschafft. Ibn Ǧuzaij macht nun deutlich, daß dann gilt, daß die Jurisprudenz von allen theologischen Erwägungen freigehalten werden darf, vielleicht sogar muß. Die Scharia-Wissenschaft wurzelt, das ist unbestritten, im Bekenntnis zu dem einen Schöpfergott; und was dies für das Verhalten und Denken des Muslims bedeutet, belegen nicht zuletzt die zahlreichen Fetwas, die ihm jenen Bereich seiner diesseitigen Existenz erschließen, der allen in die Beurteilung durch den *fiqh* eingehenden Handlungen vorgelagert ist. Indem dieser Bereich durch das *Muftī*-Amt bewußt und sorgfältig bestellt wird,

[21] Vgl. hierzu das erste Buch meiner Arbeit *Im Offenkundigen das Verborgene.*
[22] Ibn Ǧuzaij: *Taqrīb al-wuṣūl*, ed. AL-ǦUBŪRĪ, Bagdad 1990, 93f.

öffnet sich die Möglichkeit, die hiervon abhängige Sphäre der schariatischen Bewertungen für sich genommen zu analysieren. Daß auf diese Weise das Tätigkeitsfeld der Rechtswissenschaft nicht etwa eingeschränkt, sondern erweitert wird, läßt sich aus den anschließenden Darlegungen Ibn Ǧuzaijs unschwer erkennen.

Nachdem er weitere Kategorien erörtert hat, mit deren Hilfe der Jurist die Handlungen der Menschen beurteilt, kommt er auf „gut" und „häßlich" zu sprechen. Das Gute ist erstens das, was mit der Natur und den ihr zuzuschreibenden Bestrebungen des Menschen übereinstimmt, oder zweitens, was in sich vollkommen ist; dies zu erfassen, bedarf es nicht des göttlichen Gesetzes. Auch definiert man das Gute als das, was Gott lobt und belohnt. Über diese dritte Auslegung des Guten streiten sich die Gelehrten; al-Ašʿarī hielt die offenbarte Scharia zum Erkennen dieser Art des Guten für unentbehrlich, die Muʿtaziliten meinten dagegen, der Verstand des Menschen reiche hierzu aus; zwar werde er von allein nicht darauf kommen, daß das Fasten im Ramadan gut sei, aber indem das göttliche Gesetz in diesem Falle das Gute aufdecke, werde das Fasten als zu jenem Guten zugehörig erkannt, das der Verstand von sich aus ermittelt hat. Nun kann, wie ebenfalls schon besprochen wurde, eine schariatische Bewertung bei Wirksamkeit einer Ursache gültig werden - der Beginn des Ramadans ist die Ursache (arab.: *as-sabab*) für die Pflicht zu fasten - oder bei Vorliegen einer Bedingung - körperliche Gesundheit ist die Voraussetzung, unter der die Pflicht des Fastens erfüllt werden muß. Den schariatischen Bedingungen stellt Ibn Ǧuzaij kommentarlos drei andere Arten an die Seite: die verstandesgemäße - wenn man von jemandem aussagt, er habe Wissen, dann sei zugleich ausgesagt, daß ihm auch Leben eignet; die dem allgemeinen Brauch (arab.: *al-ʿāda*) entsprechende - bei vielen Lebewesen ist Leben an die Nahrungsaufnahme geknüpft; die sprachliche - die Konjunktionen, die Bedingungssätze einleiten. Bedingungen, die das diesseitige Dasein gestalten, sind demnach nicht nur schariatischer Art; die schariatischen gehören vielmehr in einen größeren Zusammenhang.

Wenn man die Bewertungen von der Warte der Lebenswirklichkeit aus betrachtet, dann entdeckt man überdies, daß sie sich in zwei Gruppen untergliedern lassen: Sie sagen unmittelbar einen Zweck (arab.: *al-maqṣad*, Pl. *al-maqāṣid*) aus, oder sie weisen auf die Mittel zur Erreichung dieses Zweckes hin. Auch wenn sie den Zweck nur mittelbar zu erkennen geben, haben sie genauso viel Gewicht wie wenn sie ihn klar aussprächen. Denn das Mittel - zumal das einzige Mittel - zur Verrichtung einer Pflichthandlung ist Pflicht wie diese Handlung selbst. „Wenn die Erwägung des Zweckes entfällt, entfällt auch die Erwägung des Mittels." - Ibn Ǧuzaij beendet seine Einführung in die Lehre von den schariatischen Bewertungen mit einer Aufzählung der elf Arten, in denen die mit dem Gesetz Belasteten mit irdischem Gut umgehen. Sie erwerben Besitz an herrenlosen Sachen, indem sie sich Jagdbeute aneignen oder Brachland bebauen; durch Verkauf oder Vermietung übertragen sie Besitz von einem auf den anderen; sie verzichten auf Besitz, sei es gegen Entgelt, sei es unentgeltlich; sie nehmen Güter in Besitz aufgrund einer Erlaubnis des Gesetzgebers, etwa bei einem gefundenen Gegenstand, oder mit Erlaubnis des vorherigen Besitzers, etwa beim Kauf; sie übergeben Güter aus ihrem eigenen in den Besitz anderer; sie verpflichten sich zu etwas, z. B. durch ein Gelübde; sie beteiligen sich an Geschäften; sie erhalten den Nießbrauch von etwas, zum Beispiel von Dienstlehen (arab.: *al-iqṭāʿ*); sie gestatten anderen den Genuß von Gütern, indem sie Gäste bewirten oder etwas ausleihen; sie vernichten Dinge, etwa Speisen, indem sie sich damit ernähren, oder wilde Tiere, um sich zu schützen, „oder um eines Rechtes Gottes willen, indem sie Andersgläubige töten, Kreuze oder Musikinstrumente zerbrechen"; sie erziehen und ahnden, sei es nach den Bestimmungen der „Grenz"-Strafen, sei es mit Sanktionen (arab.: *at-taʿzīr*), deren Höhe den Amtsträgern des islamischen Gemeinwesens anheimgestellt ist.[23]

Ibn Ǧuzaij läßt die Rechtswissenschaft nicht in der Auslegung der Texte aufgehen; er ordnet seinen Gegenstand zwar nach dem gleichen Muster, das al-Lāmišī befolgte und das schon bei al-Ǧuwainī vorliegt, ja im Kern bereits in aš-Šāfiʿīs „Abhandlung" vorgeprägt ist, nämlich von der semantischen Analyse wichtiger grammatischer Gegebenheiten weiterschreitend zur Erörterung der Autoritätsgrade, der Abrogierung und des Consensus, von dort übergehend zu den Analogieschlüssen, mündend in die Darlegung der Pflicht des Laien (arab.: *al-ʿāmmī*), in allen Einzelfällen, die nur durch die Fachkenntnisse und die Methodik des Gelehrten gelöst werden können, deren regelrecht erarbeitete Entscheidungen (arab.: *al-iǧtihād*) „nachzuahmen" (arab.: *at-taqlīd*). Aber Ibn Ǧuzaij läßt innerhalb dieses festliegenden Rahmens der Abfolge der Themen mehrfach die Lebenswirklichkeit als das durchscheinen, worauf sich die den Texten abgewonnenen Bewertungen zu beziehen haben. Indem er, wie eben gezeigt, die Handlungen der Menschen einer nicht in den Texten, sondern in den Handlungen selbst vorgefundenen Systematik unterwirft, entreißt er die Lebenswirklichkeit des Muslims der ihr von der aschʿaritischen Theologie unterstellten Regellosigkeit: Für den aschʿaritischen Theologen ist das Tun und Lassen der Menschen vom Diesseits her nicht zu verstehen, weil es je unmittelbar zu Gott ist, den das Geschöpf nicht ausrechnen kann. Der auf die Praxis gerichtete Blick des Juristen kann sich damit nicht zufrieden geben - nicht einmal ein Mann wie al-Ǧuwainī hat dies getan, wie gleich dargelegt werden muß. Unter dem Vorbehalt, daß man die Handlungen des Menschen in Wahrheit nur analysiere, als ob sie von ihm ausgingen, und unter der Einschränkung, daß Gott in jedem Falle unauslotbar bleibt und der Weg zurück zur Muʿtazila ein für allemal versperrt ist, wird Rechtswissenschaft wieder sinnvoll.

Je nach ihrem Verhältnis zur Lebenswirklichkeit unterscheiden sich die Rechtsschulen voneinander; man kann sie auch als je eigenständige Auffassungen des *fiqh* - im weiten Sinne des Wortes - begreifen, die die geschichtlichen Bedingungen von Ort und Zeit ihrer Entstehung widerspiegeln. Die Hanafiten, deren erste Schulhäupter eng mit dem Kalifat verbunden waren und den Aufbau einer islamischen Rechtspflege mitgestalteten, erstrebten einen Ausgleich zwischen den Interessen des Herrschers und der im Irak und im Osten des Reiches gewachsenen Praxis einerseits

[23] Ebd., 101–106.

und einem steigenden Bedürfnis nach islamischer Legitimierung andererseits; maßgebend für diesen Ausgleich war die juristische Vernünftigkeit (arab.: *ar-ra'y*). Aš-Šāfiʿī und seine Schülerschaft errangen einer machtvollen religiösen und intellektuellen Strömung entscheidenden Einfluß auf das Recht, nämlich der Überzeugung, daß Gottes Gesetzesrede, wie sie im Koran auf arabisch lesbar geworden war, ergänzt und erläutert durch das von Gott seinem Propheten eingegebene und daher ebenfalls normative Sprechen und Handeln, die sichere und allumfassende Grundlage des islamischen Gemeinwesens sei. Was die frühen Hanafiten der juristischen Vernünftigkeit hatten überlassen wollen, mußte jetzt aus normativen Texten übernommen und notfalls erschlossen werden. Das in seiner literarischen Fassung als *ḥadīṯ* nunmehr überall in der islamischen Welt wirksame Prinzip der *sunna* erfaßte, wie das Beispiel al-Lāmišīs belegt, auch das Hanafitentum. Die zumal im Osten der islamischen Welt bisweilen sehr erbitterten Auseinandersetzungen zwischen den Hanafiten und den Schafiiten hatten vielfach auch lokalpolitische Gründe,[24] es ging aber vor allem um die Frage, ob sich die Scharia einem wie immer bestimmten innerweltlichen Rationalismus unterwerfen lasse oder ob sie, wie die Schafiiten meinten, der überzeitliche Inbegriff des Knechtsstatus (arab.: *at-taʿabbud*) des Menschen vor dem Schöpfer sei.[25] Die Zahiriten hofften, durch enge Begrenzung der methodischen Möglichkeiten den *fiqh* noch sicherer in den göttlichen Vorschriften zu verankern, als dies die Schafiiten vermocht hatten. Das gleiche strebten die aus dem Schafiitentum hervorgegangenen Hanbaliten an, die in Aḥmad b. Ḥanbal (gest. 855), dem berühmten Führer der Bagdader Sunniten in der Auseinandersetzung mit den muʿtazilitisch gesinnten abbasidischen Kalifen al-Ma'mūn (reg. 813–833), al-Muʿtaṣim (reg. 833–842) und al-Wāṯiq (reg. 842–847), ihren Schulgründer erkennen. Die Hanbaliten, heute die herrschende Schule in Saudi-Arabien, halten – überspitzt gesagt – bereits für vollendet, was den Schafiiten als die vornehmste Aufgabe des Rechtsgelehrten gilt, nämlich die Ermittlung des verhüllten Teils der Scharia. In Koran und *ḥadīṯ* ist sie zur Gänze zugänglich, und die selbständige Suche nach Entscheidung (arab.: *al-iǧtihād*) ist für die Hanbaliten das Herausfinden des jeweiligen Textes, unter den sich ein zu bewertender Sachverhalt subsumieren läßt.[26]

Bei den Malikiten war die verpflichtende Überlieferung, auf die alle Bewertungen zurückgeführt werden mußten, stets auch – und bei ihrem Schulhaupt Mālik b. Anas nahezu ausschließlich – die tradierte medinensische Praxis. Bei ihnen, so scheint es, hätte es gar nicht zu einer so engen Bindung des Rechts an die Aussagen überlieferter Texte kommen müssen. Der polemische Zusammenhang, in dem

[24] H. Halm: *Der Wesir al Kundurī und die Fitna in Nisapur*, in: Die Welt des Orients 6/1974, 205–238.

[25] T. Nagel: *Die Festung des Glaubens*, 179–197.

[26] Ibn ʿAqīl: *al-Wāḍiḥ fī uṣūl al-fiqh*, I, 48: Die Grundlagen der Scharia sind der Koran, die *sunna* und der Consensus. Der Analogieschluß ist für Ibn ʿAqīl nur ein Verfahren der Disputation (arab.: *al-ǧadal*), keine Rechtsquelle (ebd., II, 94–103).

das Werk Ibn Ḥazms zu lesen ist, veranschaulicht aber, wie auch die Malikiten von der Idee der in Texten verbürgten *sunna* und ihrer prägenden Kraft erfaßt wurden. Ibn Ǧuzaij weiß noch genau, daß Mālik und seine ersten Schüler dem Consensus der Medinenser Beweiskraft vor allen überlieferten Nachrichten eingeräumt hatten, und dies in klarem Widerspruch zu den anderen Rechtsgelehrten der Zeit. Aber den Studenten des *fiqh*, für die Ibn Ǧuzaij sein Lehrbuch verfaßt, mutet er eine solche Abweichung von der im 14. Jahrhundert überall für richtig angesehenen Reihenfolge der im Einzelfall zu berücksichtigenden Rechtsquellen nicht zu. Er versteckt die Theorie des Namensgebers seiner Schule im Kapitel über den Consensus, das auf die Beschreibung von Koran und Überlieferung als den vorrangigen Grundlagen des *fiqh* folgt.[27] Wenn demnach der Sieg der schafiitischen Methode, Rechtswissenschaft zu betreiben - und das heißt, von der überzeitlichen Scharia her die Lebenswirklichkeit zu beurteilen - auch überwältigend zu sein scheint, muß doch beachtet werden, daß die beiden anderen Auffassungen, was *fiqh* sei, nicht gänzlich verloren gingen. Der Hanafit al-Lāmišī übernimmt nicht die asch'aritische Lehre von der „Seelenrede" Gottes; er verbaut sich also nicht den Weg zu der Einsicht, daß das Aufstellen von Analogien zwischen Phänomenen des Diesseits und der nur scheinhaften, aber eben als ein Schein doch wahrgenommenen und daher der juristischen Gedankenarbeit zugrunde zu legenden Kontinuität des geschaffenen Seins zwar ein prekäres, aber dennoch sinnvolles Tun ist. Bei Ibn Ǧuzaij tritt die Thematik des Umganges der Menschen mit materiellen Gütern als ein eigener Gegenstand juristischer Erwägung hervor, der allerdings nicht mit dem Lehrgebäude der „Grundlagen des *fiqh*" organisch verwoben wird. Indem ferner die Entstehung des *Muftī*-Amtes eine Entlastung der Rechtspflege von den Fragen nach dem islamischen Deutungshintergrund des Alltags und nach der Beurteilung der allgemeinen Lebensführung durch Gott ermöglichte, gewannen die eigentlichen Gegenstände juristischer Erwägung stärkere Aufmerksamkeit. Eine Ablösung der Rechtswissenschaft von ihrer schariatischen Grundlage fand freilich nicht statt.

2. Die Absichten der Scharia und das allgemeine Wohl der Muslime

Die Geschichte des Zugriffs der islamischen Rechtsschulen auf die Wirklichkeit ist noch nicht geschrieben; wir deuteten an, daß auch bei Hanafiten und Malikiten die Lehre von den Grundlagen des *fiqh* stark von den Prinzipien der schafiitischen Schule beeinflußt wurde, ohne daß das ursprüngliche Verständnis vom Menschen und seinem Handlungsvermögen bzw. seiner Eingebundenheit in eine gelebte Überlieferung gänzlich unterdrückt worden wäre. Doch selbst von einem Schafiiten wie al-Ǧuwainī wird die Notwendigkeit, von den praktischen Bedürfnissen des Menschen her auf das Gesetz und nicht nur von den Texten der Scharia aus auf die Welt zu schauen, als unabweisbar empfunden. Er muß sich dieser Frage bei der

[27] Ibn Ǧuzaij, op. cit., 130.

Erörterung der „Analogie der Ursache" stellen. Die „Ursache", die die Übertragung des Verbots des Weins auf andere alkoholische Getränke rechtfertigt, ist die berauschende, den Verstand außer Kraft setzende Eigenschaft des Alkohols. Nun tritt die Trunkenheit nach Genuß einer sehr geringen Menge von Wein noch gar nicht ein - weshalb ist dann schon der Genuß einer geringen Menge strafbar? Den Rechtsgelehrten habe diese Frage viel Kopfzerbrechen bereitet; die vernünftigste Antwort lautet, so al-Ǧuwainī, daß schon ein wenig Wein das Verlangen nach mehr weckt. Selbst wenn im Einzelfall dank einer ungewöhnlichen körperlichen Verfassung dieses Verlangen ohne die Gefahr einer Trübung der Sinne befriedigt werden kann, bleibt doch das Risiko einer Zerrüttung der Lebensverhältnisse.[28] - Die Befolgung des Alkoholverbots dient mithin dem Erhalt der gesellschaftlichen Stabilität und Ordnung.

Diesen Gedanken führt al-Ǧuwainī anschließend in einer Analyse der Quellentexte der Scharia des näheren aus - Quellentexte hier verstanden nicht als die je unterschiedlichen Autoritätsstufen zuweisbaren Aussagen des Korans und des *ḥadīṯ*, sondern als in je verschiedenem Maße der juristischen Reflexion zugängliche normative Sachverhalte. Al-Ǧuwainī findet fünf Kategorien, unter die er sämtliche im Quellenmaterial der Scharia angesprochenen und dargelegten Sachverhalte einordnen will, aus denen der Rechtsgelehrte die Bewertungen gewinnt. Die erste und oberste Kategorie umfaßt alle Texte, deren „mit dem Verstand erkannter Sinn in einer Notwendigkeit liegt, die zu beachten ist, sofern man das letzte Ziel der allgemeinen Lenkung und jedermann betreffenden Führung" überhaupt gelten läßt, d.h. sofern man das Bestehen einer menschlichen Gesellung, die irgendeiner Form von Führung unterstellt ist, einräumt. Die Scharia verlangt die Wiedervergeltung bzw. den Ausgleich für eine Schädigung an Leib und Leben, weil anders die Unverletzlichkeit (arab.: *al-ʿiṣma*) der Person nicht gewährleistet werden könnte; die Scharia fordert den Abschluß rechtsgültiger Kaufverträge, denn wenn der Handel zum Erliegen käme, wäre das Leben aller Menschen bedroht. „Somit wird in der Scharia als Regel festgelegt: Sofern die Grundsätze des einzelnen Quellentextes klar erweisbar sind, dann hat man nicht auf die Verwirklichung ihres Sinnes in dem Einzelnen der Gattung zu schauen."[29] - Mit anderen Worten: Alle Sachverhalte innerhalb des riesigen Korpus von rechtlich bedeutsamen Aussagen, die auf eine mit dem menschlichen Verstand nachvollziehbare Bewertung hinauslaufen, zielen auf das Wohl des Kollektivs der Rechtsgenossen der Scharia ab, ja sind für den Fortbestand dieses Kollektivs unentbehrlich.

Die zweite Kategorie bilden Textaussagen, die mit einem in diesem Kollektiv allgemein verbreiteten Bedürfnis zu tun haben, dessen Befriedigung aber nicht für alle Mitglieder lebensnotwendig ist. Hierher gehört die Regelung der Mietverhältnisse; nicht jeder ist darauf angewiesen, sich eine Wohnung zu mieten. Für den einzelnen Angehörigen des Kollektivs mag sich jedoch das Bedürfnis in eine Notwendigkeit

[28] al-Ǧuwainī: *Kitāb al-burhān*, 922, § 900.
[29] Ebd., 93f., § 901.

steigern. Sollten Einzelne ohne Behausung bleiben, dann nähme schließlich doch die ganze Gattung Schaden. Nach al-Ǧuwainī sind es gerade die in diese Kategorie fallenden Probleme, deren sich eine Regierung annehmen muß. Sie hat hier also Entscheidungen zu treffen, während die der ersten Kategorie zuzurechnenden Scharia-Texte einen so elementaren, gänzlich unbezweifelbaren Inhalt vermitteln, daß ein Gemeinwesen ihnen gemäß verfahren muß, wenn es überhaupt ein Gemeinwesen sein soll. – So wird in al-Ǧuwainīs Überlegungen ein Schlaglicht auf das Wesen des islamischen Rechts geworfen, das, wie oben gezeigt, seine tiefste Begründung in der von Gott, dem Gesetzgeber, angestrebten Ausgeglichenheit aller Regungen des Lebens findet, die der mit dem Verstand erfaßbare Zustand des unbedingten Gehorsams der Geschöpfe gegenüber ihrem Herrn ist; bei den elementaren Erscheinungsformen dieser Ausgeglichenheit – etwa der Wiedervergeltung – braucht die irdische Obrigkeit nur tätig zu werden, wenn sie sich nicht von allein einspielen und aufrechterhalten.[30] Erst jenseits der elementaren Formen wie in der zweiten Kategorie, wo dem Verstand der Sinn der Bestimmungen nicht vollständig einleuchten mag, eben weil nicht die Gesamtheit des Kollektivs betroffen ist, beginnen die der Herrschaft eigentümlichen Aufgaben.

Alles, in dem weder eine Notwendigkeit noch ein weitverbreitetes Bedürfnis zu erkennen ist, immerhin aber noch der Zweck, Ehre (arab.: *al-makruma*) zu erringen und Schande abzuwehren, gehört in die dritte Kategorie. Die Beseitigung von Schmutz, die Herstellung ritueller Reinheit und Vergleichbares sind hier einzuordnen. In einem Quellentext scheint eine Verhaltensweise auf, für deren empfehlenswerten Charakter sich ein klarer Hinweis finden läßt; wenn ein Rechtsgelehrter einen allgemeinen Rechtsgrundsatz auf eine Analogie zu jener aufscheinenden Verhaltensweise stützt, dann ist dies ein schwacher Analogieschluß, der sich zusätzlich auf Beweggründe verläßt, die in der Veranlagung des Menschen zu finden sind: Dem Menschen ist der Trieb eigen, sich zu säubern. Eng mit dieser dritten Kategorie ist die vierte verknüpft. Sie unterscheidet sich von der vorhergehenden darin, daß hier kein Analogieschluß auf eine allgemein empfehlenswerte Verhaltensweise mehr möglich ist: Der vertraglich vereinbarte Selbstfreikauf (arab.: *al-kitāba*) eines Sklaven soll dessen Freilassung (arab.: *al-ʿitq*) gewährleisten und ist empfehlenswert; die hierbei zu beachtende Beziehung des Herrn zu seinem Sklaven verbietet es, aus dem Sachverhalt der *kitāba* durch einen, wenn auch schwachen, Analogieschluß einen allgemeinen Rechtsgrundsatz zu gewinnen. Die Vorschriften über die Mittel zur Erlangung der rituellen Reinheit dagegen weisen auf die Forderung hin, etwas zu vollziehen, was in diesen Texten nicht klar ausgesprochen wird, nämlich die Läuterung, die, wie al-Ǧuwainī schon vorher andeutete, der Veranlagung des Menschen entspricht. Ein solcher in den Bestimmungen nur aufscheinender, nicht klar ausgesprochener Zweck findet sich auch in den Ehegesetzen, nämlich die Bewahrung der Ehepartner vor Unzucht.

[30] Vgl. oben Kap. A II 4c.

In den Quellentexten der fünften Kategorie vermag der Gelehrte weder eine Notwendigkeit, noch ein Bedürfnis, noch einen Ansporn zur Verteidigung der Ehre zu entdecken. So etwas sei schwer vorzustellen, glaubt al-Ǧuwainī, denn wenn man einem Sachverhalt auch keinen spezifischen Sinn entnehmen kann, so doch wenigstens einen ganz allgemeinen. Die körperlichen Verrichtungen, die beim Vollzug des rituellen Gebets vorgeschrieben sind, lassen weder einen Nutzen noch den Zweck einer Abwehr von Schaden erkennen. Dennoch sei es nicht abwegig, sie als Maßnahmen zur Kräftigung des Gehorsams und zur steten Erneuerung der Gottesfurcht zu interpretieren, wodurch „Unzucht und Tadelnswertes verboten" werden (vgl. Sure 29, 45). Erst bei den Vorschriften über die Anzahl von *rakʿas*, die je Gebet zu leisten sind, wird der Gelehrte ganz auf die Suche nach einem Sinn verzichten, der für Analogien fruchtbar gemacht werden könnte.[31]

Was al-Ǧuwainī hier auf wenigen Seiten entwickelt hat, ist im Grunde eine Umkehr des Prinzips der Knechtung (arab.: *at-taʿabbud*) des Menschen, das doch gerade im Zwang, unverstehbare Vorschriften zu befolgen, am reinsten zum Ausdruck kommt, weshalb das Ritualrecht an die Spitze aller Gegenstände der Scharia-Wissenschaft zu rücken ist. Wenn man aber nach Möglichkeiten fahndet, von der Lebenswirklichkeit her die Gesetzestexte durchzumustern, um Anhaltspunkte für in Sachverhalten verborgene Ursachen zu erkennen, dann erweisen sich die kultischen Bestimmungen als steril. In den der ersten Kategorie zuzuordnenden Sachverhalten und den mittels Analogie unter sie subsumierten Fällen ist stets die Notwendigkeit - der Sicherung des Gemeinwesens - die „Ursache" der Analogie: Jede Art von Schaden für Leib und Leben ist auszugleichen; wie dies zu geschehen hat, kann jedoch in komplizierten Einzelfällen unter Berücksichtigung des Gemeinwohls (arab.: *al-maṣlaḥa*) entschieden werden. Bei Analogien im Rahmen der zweiten Kategorie rückt dieser Gesichtspunkt sogar in den Vordergrund. Man könnte nämlich argumentieren, die Vermietung einer Wohnung oder eines Reittieres sei ein Geschäft, das außerhalb der - notwendigen - Veräußerungsgeschäfte liege, die den Austausch von Gleichwertigem verlangen;[32] wenn man aber eine Wohnung oder ein Grundstück pachtet, erhält man im Vergleich zum Mietzins einen viel zu hohen Gegenwert. Nun legt al-Ǧuwainī dar, daß man bei Mietverträgen nicht die Wohnung oder das Grundstück oder das Reittier auf der einen, den Mietzins auf der anderen Seite als die auszutauschenden Güter ansehen dürfe, sondern den Mietzins und den Gebrauchswert bzw. Nutzen des Gemieteten. Indem ein Austausch von Gütern stattfindet, handelt es sich um einen Verkauf, bei dem das Vorhandensein beider Güter und deren Gleichwertigkeit unabdingbar sind, damit das Gemeinwohl gewahrt bleibt. Wenn man sagt, die Vermietung widerspreche dem Gemeinwohl, dann beruft man sich auf die mangelnde Gleichwertigkeit der beiden ausgetauschten Güter. Jedoch ist der Gesichtspunkt der Befriedigung eines Bedürfnisses zu berücksichtigen, und dies führt zu einer Erwägung des Nutzwertes der

[31] al-Ǧuwainī, op. cit., 923–927, §§ 901–905.
[32] Vgl. oben Kap. A II 3b.

gemieteten Wohnung als der in den Austausch einbezogenen Ware. Die Forderung, beide in das Geschäft eingehende Güter müßten gleichwertig sein und unverzüglich ausgetauscht werden, ist in diesem Falle abzumildern.

An diese Bemerkungen knüpft al-Ǧuwainī eine äußerst wichtige Erkenntnis. Wenn jemand, noch ehe die Scharia-Bestimmungen herabgesandt wurden, annimmt, daß diese das Gemeinwohl betreffen würden, dann wird er in eben dieser Annahme zur Befriedigung von Bedürfnissen und zur Abwehr von Notlagen schreiten, bald aber wird er sich in ganz widersprüchliche Überlegungen zum Gemeinwohl verstricken; einen Ausweg bietet nur das göttliche Gesetz. Erst wenn sich auf der Grundlage schariatischer Bestimmungen erschließen läßt, was das Gemeinwohl sei, dann wird das Aufstellen von Analogien zu befriedigenden widerspruchsfreien Ergebnissen führen. Was nämlich der Gesamtheit der Muslime dient, ist nach al-Ǧuwainīs Ansicht häufig dem Verstand verborgen, und daher soll man das letzte Urteil hierüber Gott anheimgeben. Gleichwohl versucht al-Ǧuwainī eine nähere Umschreibung des für das Gemeinwesen Tauglichen, Vorteilhaften. Er findet es in der Einschränkung des Absoluten da, wo dieses gar nicht vonnöten ist. Das absolute Geben, ohne eine Gegengabe einzutauschen, wäre Verschwendung und hätte verhängnisvolle Auswirkungen. Deshalb bindet Gott die Menschen mittels der Scharia an das Vernünftige; er kennt ihre geheime Neigung zum Unmaß, die der Verstand bändigen kann, wenn er ohne Beeinträchtigung zu wirken vermag. Daß der göttliche Gesetzgeber die Rechts- und Geschäftsfähigkeit Minderjähriger einschränkte, eben weil sie noch nicht den Verstand ausreichend gebrauchen, ist für al-Ǧuwainī ein deutlicher Fingerzeig auf das, was man als Gemeinwohl zu begreifen hat:

> Der Zweck der Ermittlung des Gemeinwohls ist mithin eine Nachahmung (arab.: *at-taqlīd*) und heißt, die Entscheidung dem anzuvertrauen, in dessen Händen sie tatsächlich liegt. So gehört die Ermittlung des Gemeinwohls zu den Vorzügen der Scharia, wo doch bisweilen das Gemeinwohl in seiner generellen und in seiner partiellen Erscheinungsform dem prüfenden Blick des Menschen entzogen ist. Ein Beispiel hierfür ist nach meiner Meinung das Verbot des Wuchergewinnes aus unterschiedlicher Qualität der Waren (arab.: *ribā l-faḍl*) und die Beschränkung, die sich für den Wuchergewinn durch Stundung der Zahlung ergibt.[33]

Diese Ausführungen des Schafiiten al-Ǧuwainī verdienen in mehrfacher Hinsicht unsere Aufmerksamkeit. War für aš-Šāfiʿī ein wesentlicher Teil der Scharia verborgen und mußte deswegen aus dem Koran und dem *ḥadīṯ* ans Licht gehoben werden, ohne daß das Ergebnis an irgendeinem inhaltlichen, und dies heißt, innerweltlichen Maßstab überprüft werden konnte, so wird für al-Ǧuwainī in dem Begriff des Gemeinwohls ein solcher Maßstab sichtbar. Das Gesetz, soweit es offen zutage liegt und auch, soweit es noch verhüllt ist, entspricht diesem Kriterium, das selber allerdings nicht durch den Menschen ersonnen, sondern durch Gott der ganzen Scharia

[33] al-Ǧuwainī, op. cit., 930–934, §§ 909–912.

unterlegt wurde: Gottes Schöpfung und Gottes Gesetz sind grundsätzlich vernünftig, und sie sind deswegen beide nicht nur aufeinander bezogen, sondern miteinander verwoben. Deswegen ist es nicht allein das Beglaubigungswunder, durch das die Wahrheit der prophetischen Botschaft vom göttlichen Gesetz verbürgt wird, sie ist in gleich starkem Maße durch die meist unausgesprochene Überzeugung verbürgt, daß das gewöhnliche Geschehen im Diesseits regelhaft abläuft und daß unter Zuhilfenahme der bekannten Teile der Scharia deshalb die Absichten Gottes entschlüsselt werden können. Das Prophetenwunder ist ja allein deshalb als ein solches zu erkennen, weil es eine Durchbrechung der Gewohnheit Gottes darstellt; gestaltete Gott sein Schöpfungswerk ganz regellos, wäre jede Beglaubigung seiner Gesandten unmöglich. Wenn man jene unausgesprochene Überzeugung ernst nimmt, dann ist es durchaus zulässig, das Prinzip der Knechtung umzukehren. Denn unverstehbare Vorschriften der Scharia gibt es eigentlich gar nicht; es gibt nur solche, die noch unverstehbar sind, weil nicht ausreichend sicher erkannt wurde, inwiefern Gott mit ihnen das Gemeinwohl der Muslime anstrebt.

Wahrscheinlich wird diese Erkenntnis, zumal mit Bezug auf das Ritualgesetz, niemals vollständig gelingen, so daß das vom Begriff der Knechtung mit ausgesagte Spannungsverhältnis zwischen der Begnadung des Menschen mit dem Verstand und der Unterwerfung des Menschen auch unter die nicht verstehbaren Bestimmungen des Gesetzes erhalten bleibt. Es ist aber abgemildert durch die Zusicherung, daß alles im Prinzip durch den Verstand eingesehen werden kann, der doch allein dazu dient, den Menschen im Gehorsam gegen Gott zu halten. Den geistesgeschichtlichen Hintergrund der für die islamische Welt so folgenreichen Auffassung von der Gewohnheit des sein Schöpfungswerk in jedem Augenblick souverän lenkenden Gottes, mit der nach der Erkenntnis der auf Koran und *ḥadīṯ* fußenden Rechtswissenschaft der Inhalt der Scharia übereinstimmt, können wir hier nur ganz knapp skizzieren und an einem Beispiel veranschaulichen. Natürlich wurzelt diese Auffassung in der koranischen Ansicht, daß die Gesetzesbotschaft und Gottes die Schöpfung lenkende Fügung zwei Escheinungsformen ein und derselben Gegebenheit sind. In der Auseinandersetzung mit der naturphilosophischen Überlieferung der Antike, die die Welt aus dem von einem souveränen Schöpfer unabhängigen Wirken ewiger Elemente erklärte und, auf dieser Annahme aufbauend, das Schicksal des Diesseits als durch die Gestirne bestimmt interpretierte, wurde die islamische Glaubenslehre von der Allzuständigkeit eines personal aufgefaßten Schöpfergottes zugespitzt bis zu den Ansichten al-Aš'arīs und seiner Schüler und Enkelschüler. Gott war in ihren Augen an nichts gebunden, der Mensch durchschaute das Wirken des Schöpfers nicht aus eigener Kraft und mit eigenen Mitteln. – Nur dank der Scharia gewinnt man Einblick in das, was Gemeinwohl ist, sagte der asch'aritische Rechtsgelehrte al-Ǧuwainī. – Auf der Basis der antiken Naturphilosophie argumentierende Gegner der Asch'ariten setzten die absolute Souveränität Gottes angesichts einer völlig der eigenen Seinsmächtigkeit entbehrenden Schöpfung mit regelloser Willkür gleich. So unterstellte man dem schon genannten asch'aritischen Malikiten Ibn al-Bāqillānī (gest. 1013), von dessen Werk sich al-

Ǧuwainī stark anregen ließ, in einem Streitgespräch: „Dieser *Qāḍī* lehrt, daß der gepriesene Schöpfer in dieses Boot am einen Ufer des Tigris zehn Personen setzt, und wenn diese an das andere Ufer gelangen, wird Gott eine Person hinzugefügt haben, so daß es elf sind; und die elfte gehört zu dem, was Gott in jenem Augenblick geschaffen hat. Würde man sagen, Gott sei dazu nicht imstande oder das ist unmöglich, schnitten sie mir die Zunge ab oder töteten mich; und wollten sie mir wohl, dann fesselten sie mich nur und würfen mich in den Tigris!" Hiergegen setzte sich Ibn al-Bāqillānī wie folgt zur Wehr: „Wenn ich auch lehre, daß der anfangslos Ewige zu jenem imstande ist, so lehre ich doch nicht, daß er die Gewohnheit durchbricht und das tut. Nach unserer Meinung ist die Behauptung unzulässig, daß Gott heute einen Menschen ohne dessen Eltern schafft."[34]

Die Lehre von der völligen Diskontinuität des geschaffenen Seins entspricht auf dem Gebiet des islamischen Rechts die Auffassung vom Knechtsstatus des Menschen. Die unaufhebbare Abhängigkeit alles Diesseitigen vom souveränen Ratschluß des Schöpfers wird jedoch für die Geschöpfe erträglich gemacht durch die Lehre von der Gewohnheit Gottes, die als Weisheit verstanden wird. Vor allem durch einige Schriften al-Ġazālīs (gest. 1111), auch er ein Schafiit und Aschʿarit, wird dieser Gedanke mit großem Erfolg popularisiert und führt zu einer langsamen, am Ende jedoch tiefgreifenden Umgestaltung des Aschʿaritentums.[35] Im Bereich der Scharia-Wissenschaft bezeichnete schon aš-Šāfiʿī die *sunna* als den Ausfluß der Weisheit Gottes.[36] Die Öffnung des Korpus der göttlichen Vorschriften für eine rationale Deutung des Inhalts und eine Übersteigung der reinen Textwissenschaft wird daher möglich - wie die Naturerkenntnis, so heißt auch *fiqh* nichts anderes, als der Weisheit Gottes nachzuspüren. Man darf hierbei freilich nicht hinter die Textwissenschaft zurückgehen, denn sie ist es doch, die einen über die Beschaffenheit des Materials aufklärt, dessen Inhalt jene Weisheit aufleuchten läßt.

Wenn wir zu dem Malikiten Ibn Ǧuzaij ins 14. Jahrhundert zurückkehren, dann bemerken wir bei ihm eben jene Gedankenführung. Die Bewertungen sowie die Hinweise auf Bewertungen finden sich im heiligen Buch und in der überlieferten *sunna*. Will man sich dieser Bewertungen vergewissern, muß man sich mit dem Problem der Abrogierung, mit dem Consensus und den Arten der Analogieschlüsse auskennen. Ibn Ǧuzaij kommt danach auf die Methoden zu sprechen, mit denen man, ohne einen Belegtext anzuführen, eine schariatische Bestimmung ermittelt. So wird das Bedingte durch das Bedingende erschlossen.[37] Doch wesentlich stärker auf innerweltliche Gegebenheiten bezogen sind die folgenden von Ibn Ǧuzaij zusammengestellten Methoden:

[34] al-Qāḍī ʿIjāḍ: *Tartīb al-madārik*, ed. Aḥmad Bakīr Maḥmūd, Beirut o. J., Teil II, 594f.

[35] Vgl. hierzu meine Studie *Im Offenkundigen das Verborgene*, erstes Buch.

[36] Vgl. oben Kap. B II 2.

[37] Ibn Ǧuzaij, op. cit., 142; al-Ġazālī schlug in seinem rechtstheoretischen Werk vor, die Analogieschlüsse der Rechtsgelehrten der aristotelischen Logik zu unterwerfen (T. Nagel: *Im Offenkundigen das Verborgene*, erstes Buch).

Das Gewohnte: Hiermit meint man, daß eine Rechtsauffassung bei den Menschen das Übergewicht hat; dies kann in allen Weltgegenden der Fall sein oder nur in einem Land oder bei einer bestimmten Gruppe. Die Malikiten entscheiden entsprechend solchem Brauch (arab.: *al-ʿāda*), im Gegensatz zu den anderen Rechtsschulen, freilich nur, solange der Brauch nicht im Widerspruch zur Scharia steht. (Wie erinnerlich, sahen die Malikiten die *sunna* nicht in Texten, sondern in der lebendigen Praxis verbürgt.)
Das Gemeinwohl (arab.: *al-maṣlaḥa*), das sich in drei Arten gliedert: Bei der ersten Art bezeugt die Scharia selber, daß es in Betracht zu ziehen ist. Es handelt sich um die Analogie der Angemessenheit, die auf der Prüfung des Gemeinwohls aufbaut, die die Erlangung von Nutzen und die Abwehr von Schaden erwägt. Diese Art von Gemeinwohl ist bei allen Richtungen, die die Analogie zulassen, ein gültiges Argument. Hierher gehören beispielsweise die Einrichtung des Dotationssystems durch ʿUmar b. al-Ḫaṭṭāb,[38] die Schaffung des Gefängnisses (durch ihn?) und anderes. Bei der zweiten Art bezeugt die Scharia, daß (eine bestimmte Verordnung) nicht in Betracht gezogen werden darf, etwa ein Verbot, Weinstöcke zu pflanzen, damit aus den Trauben kein Wein gekeltert wird. Niemand vertritt dies! Bei der dritten Art gibt die Scharia keinen Hinweis, weder in der einen, noch in der anderen Richtung. Es handelt sich um das frei erwogene Gemeinwohl (arab.: *al-maṣlaḥa al-mursala*). Nach Mālik ist es ein gültiges Argument, nicht jedoch in den anderen (Schulen). Abū Ḥāmid (al-Ġazālī) lehrt, daß (das freierwogene Gemeinwohl) nicht im Falle eines Bedürfnisses oder einer Ergänzung in Betracht gezogen werden darf; in einer Notwendigkeit ist jedoch denkbar, daß ein *muǧtahid* hierzu gedrängt wird. Notwendigkeiten (für den Bestand des islamischen Gemeinwesens) sind nach der Scharia diese fünf: der Schutz der Glaubensausübung, des Lebens, der Abstammung, des Vermögens, des Verstandes.[39] Abū Ḥāmid macht für die Berücksichtigung des Gemeinwohls zur Bedingung, daß sie nicht nur notwendig, sondern zweifelsfrei von allgemeiner Bedeutung sei.
Die Beseitigung der Mittel (arab.: *aḏ-ḏarīʿa*, Pl. *aḏ-ḏarāʾiʿ*), nämlich die Unterbindung von Übeln durch die Aufhebung dessen, was sie ermöglicht; auch dies ist von dreierlei Art: Das, was gemäß dem Consensus in Betracht zu ziehen ist, etwa die Beleidigung der Götzen von seiten einer Person, von der bekannt ist, daß sie auch den erhabenen Gott beleidigt. Zweitens was laut Consensus nicht in Betracht zu ziehen ist, etwa das aus Furcht vor Unzucht erteilte Verbot, eine Wohngemeinschaft zu bilden. Drittens Fälle, über die man uneins ist wie etwa der Terminverkauf (hinter dem sich ein unzulässiges Zinsgeschäft verbergen kann); Mālik b. Anas ließ diesbezüglich (den genannten Grundsatz gelten, untersagte es also), die anderen nicht.
Hinweis: Die Gelehrten der (malikitischen) Schule überlieferten, daß Mālik der einzige gewesen sei, der das Gewohnte, das Gemeinwohl und (die Beseitigung) des Mittels (zum Anrichten von Übeln) in Betracht gezogen habe. Dies ist nicht richtig. Denn die Gewohnheit ist der Brauch (arab.: *al-ʿurf*); dieser wird in allen Rechtsschulen berücksichtigt. Desgleichen erwägen die Gelehrten aller Schulen einen Bereich des Grundsatzes des Gemeinwohls, während Mālik als einziger einen bestimmten anderen Bereich gelten läßt. Das gleiche trifft auf den Grundsatz der Beseitigung des Mittels zum Übel

[38] Vgl. G.-R. Puin: *Der Diwan von ʿUmar b. al-Ḫaṭṭāb*, phil. Diss., Bonn 1970.
[39] Vgl. oben Kap. A II 4b.

zu. Es ergibt sich, daß er diese beiden Prinzipien mehr als alle anderen erwägt, keineswegs aber als einziger.

Die Unfehlbarkeit (arab.: *al-ʿiṣma*): Sie besteht darin, daß Gott zu einem Propheten oder Gelehrten sagt: „Urteile, denn du wirst auf alle Fälle richtig urteilen, weil ich dich gegen jeden Irrtum gefeit habe!" Hierüber ist man unterschiedlicher Meinung. Daß dies geschehen sei, meinten Muwais b. al-ʿImrān (gest. 817)[40] und die (Siebener- und Zwölfer-)Schiiten; hingegen meinten die Muʿtaziliten, dies sei unmöglich. Aš-Šāfiʿī und (der schafiitische Aschʿarit) Faḫr ad-Dīn b. al-Ḫaṭīb (ar-Rāzī) (gest. 1209) enthielten sich diesbezüglich einer eigenen Meinung.[41]

In sehr gedrängter Form erhalten wir bei Ibn Ǧuzaij Auskunft über die innerweltlichen Möglichkeiten, den Inhalt der Scharia durch in der Sache, nicht im Wortlaut des Quellentextes fundierte Analogien auszuweiten. Ibn Ǧuzaij skizziert auch die ungewöhnliche Offenheit der malikitischen Schule, die solche Überlegungen stärker als andere aufgriff. Doch blieben auch Hanafiten und Schafiiten nicht gänzlich frei vom Einfluß derartiger Gedankengänge. Auch sie legten ihren Auseinandersetzungen mit den unüberschaubar vielen Problemen der Wirklichkeit das Herkommen, das Gemeinwohl, die Unterbindung des Übels zugrunde, freilich, wie Ibn Ǧuzaij betont, mit charakteristischen Einschränkungen: Wenn al-Ġazālī das Gemeinwohl nur dann als ein solches in Erwägung ziehen wollte, wenn Fragen des Überlebens der Gemeinschaft der Muslime auf dem Spiel standen, dann erkennen wir hinter dieser Haltung die Thesen seines Lehrers al-Ǧuwainī über die innerweltlichen Gesichtspunkte von Analogieschlüssen, aber auch den Wunsch, sich möglichst wenig von den autoritativen Texten zu entfernen. Aš-Šāfiʿī und der berühmte Faḫr ad-Dīn ar-Rāzī wollten immerhin die Unfehlbarkeit Muḥammads nicht ausschließen, was zeigt, wie mächtig der zweite Pol der Scharia-Wissenschaft blieb, das normsetzende Vorbild des Propheten. Allein die Muʿtaziliten hatten es einfacher, denn für sie fiel das Wohl der Welt, wie der Mensch es zu erkennen vermag, per definitionem mit dem Handeln und dem Gesetz Gottes zusammen. Sie konnten daher der Denkfigur der Unfehlbarkeit des Propheten entraten, denn für die Richtigkeit dessen, was er verkündete, bürgte einzig der allen Menschen eingepflanzte Verstand, und einen Bezirk der Wirklichkeit, der diesem schwer oder gar nicht zugänglich wäre, gab es nach ihrer Auffassung nicht.

Als Ibn Ǧuzaij sein Lehrbuch schrieb, war die muʿtazilitische Auslegung des Islams nur noch in Randgebieten als eine Minderheitenmeinung lebendig. Die breite Masse der Muslime bekannte sich zum Sunnitentum und damit zu den Schulen der Hanafiten, Schafiiten, Hanbaliten und Malikiten. Da letztere, wie Ibn Ǧuzaij erläuterte, sich am weitesten mit der Lebenswirklichkeit einließen, soll uns ein Angehöriger ihrer Richtung den Umgang mit den genannten Prinzipien ver-

[40] Ein murǧiitischer Rechtsgelehrter, der in Verbindung mit der frühen basrischen Muʿtazila stand (J. van Ess: *Theologie und Gesellschaft im 2. und 3. Jahrhundert Hidschra*, III, 191–196).

[41] Ibn Ǧuzaij, op. cit., 142–148.

anschaulichen. In dem von Ibn Ǧuzaijs jüngerem Landsmann Abū Isḥāq aš-Šāṭibī (gest. 1388) verfaßten sehr umfangreichen Lehrbuch über die Grundlagen der Scharia finden sich hierfür genügend Beispiele. Nicht zuletzt deshalb erfreut sich aš-Šāṭibīs Werk in der Gegenwart großer Wertschätzung, wie wir noch erfahren werden.

Aš-Šāṭibī gliedert seine Erörterung der Bewertungen in zwei große Abschnitte. Im ersten behandelt er die die Belastung bestimmenden, womit er die von „Pflicht" bis „Verbot" reichende Skala meint. Im zweiten befaßt er sich eingehend mit den situationsbezogenen Bewertungen (arab.: *al-aḥkām al-waḍʿīja*), von denen er ebenfalls fünf kennt: die Ursache bzw. das Mittel zur Erzielung eines Ergebnisses; die Voraussetzungen; die Hinderungsgründe; die Gültigkeit oder Nichtigkeit; das Beharren auf strikter Einhaltung einer Vorschrift oder die Nachsicht. Die situationsbezogenen Bewertungen sollen also die Handlungen des mit dem Gesetz Belasteten aus der starren Unterwerfung unter die reine Beurteilung nach dem Gesichtspunkt, ob sie eingetreten sind oder nicht und welche schariatische Bewertung nun zutrifft, befreien und damit die Aporie überwinden, in die die Textwissenschaft geführt hatte - nämlich die schariatischen Bestimmungen und deren in den von Gott gewirkten Handlungen eines jeden Menschen zur Erscheinung kommende Erfüllung oder Verfehlung nur noch als Zeichen für ein momentanes Urteil Gottes über den betreffenden Menschen verstehen zu dürfen.[42] Wir hörten, daß schon al-Ǧuwainī, der diese Aporie in aller Schärfe formulierte, mit seinen Überlegungen zur Berücksichtigung von Notwendigkeiten für den Bestand des Gemeinwesens, von allgemeinen Bedürfnissen usw. nach einem Ausweg suchte. Er orientierte sich am Gemeinwohl, das Gott im Auge habe, das aber vom Menschen ohne Zugrundelegung der Offenbarung nicht gefunden werden könne. Aš-Šāṭibī verfeinert diesen Ansatz, indem er sich über die situationsbezogenen Bewertungen die Möglichkeit erschließt, neben die Faktizität einer eingetretenen, von Gott gewirkten und durch den Menschen nur erworbenen Handlung deren ethische Beurteilung zu stellen, also zusammenzuhalten, was im Begriff war, auseinanderzulaufen. Damit schafft er die Grundlage einer Deutung der Scharia als eines Regelwerkes, das von Gott erlassen wurde, um seine und seiner Geschöpfe Absichten (arab.: Pl. *al-maqāṣid*) in eine Harmonie zu bringen, zu der der Mensch nach Kräften beizutragen hat. Vor allem mit der Herausarbeitung dieses Begriffes der Absichten verbindet sich aš-Šāṭibīs Ruhm in der Neuzeit. Bereits der tunesische Historiograph Ibn abī ḍ-Ḍijāf (gest. 1874), besorgter Chronist der Folgen der politischen und zivilisatorischen Überlegenheit des modernen Europa, erhoffte sich ein Wiedererstarken der arabisch-islamischen Welt, dessen Leitideen er in der Geschichtsdeutung seines Landsmannes Ibn Ḫaldūn (gest. 1406) und in aš-Šāṭibīs Auslegung des islamischen Rechts fand.[43]

[42] Vgl. Kap. B II 3.

[43] Ibn abī ḍ-Ḍijāf: *Itḥāf ahl az-zamān bi-aḫbār mulūk Tūnis wa-ʿahd al-amān*, Tunis 1963-6, I, 46.

Die Ursache bzw. das Mittel (arab.: *as-sabab*) ist nach aš-Šāṭibī das, was durch die Scharia einer Bewertung dergestalt zugeordnet ist, daß die göttliche Weisheit (arab.: *al-ḥikma*), die hinter dieser Bewertung steht, erkennbar wird. So ist der Erwerb eines Mindesteinkommens (arab.: *an-niṣāb*) die Ursache für die Pflicht, die Läuterungsgabe abzuführen; Verträge sind das Mittel, um Besitztümer zu übereignen oder eine Sache vorübergehend in Gebrauch zu nehmen. Aš-Šāṭibī erklärt an dieser Stelle nicht, welche Arten von Weisheit Gottes in den Beispielen durch die Ursache oder das Mittel sichtbar gemacht werden, wahrscheinlich denkt er an die Gleichwertigkeit ausgetauschter Waren und Leistungen und an die Garantie eines wenigstens bescheidenen Lebensunterhalts. Ähnlich beschreibt er die Voraussetzung: Sie besagt, was gegeben sein muß, damit eine Bewertung in Kraft treten und zusätzlich deren Weisheit aufscheinen kann. Rituelle Reinheit, Bedeckung der Blöße und Wendung in Gebetsrichtung sind Voraussetzungen für das Pflichtgebet und enthüllen die Weisheit, die darin liegt, daß man sich zur Zwiesprache mit Gott bereitmacht. Überhaupt erkennt aš-Šāṭibī den Grund (arab.: *al-ʿilla*) für jegliche schariatische Vorschrift in der Weisheit, die sie in sich birgt, und in dem Gemeinwohl, auf das der göttliche Befehl, die Anheimstellung oder das Verbot abheben. Die Strapazen der Reise sind der Grund dafür, daß man das Pflichtgebet verkürzen darf, die Reise selber ist von Gott als das Mittel festgelegt worden, damit man eine solche Verkürzung erlangt. – Was bei al-Ǧuwainī noch eng in die Lehre von den Analogieschlüssen der Textwissenschaft eingebunden war und dort wie ein Fremdkörper wirkte, ist bei aš-Šāṭibī zum Hauptgegenstand geworden: „Kurz und gut, der Grund (einer schariatischen Bestimmung) ist das Gemeinwohl selber oder (die Abwehr) eines allgemeinen Übels, nicht aber das als wahrscheinlich identifizierte Mittel, mag dieses auf der Hand liegen oder nicht, exakt oder nicht exakt sein. So lehren wir bezüglich des Prophetenwortes: ‚Der Richter soll nicht im Zorn entscheiden', daß der Zorn die Ursache bzw. das Mittel ist, (das die Gültigkeit dieses Verbots bewirkt), der Grund jedoch die Erregung des Gemüts, die eine vollkommene Würdigung der Argumente verhindert."[44]

Die situationsbezogenen Bewertungen erschließen eine hinter die Feststellung der reinen Faktizität führende Interpretation des Handelns und Geschehens, die das Gemeinwohl als den Grund aller göttlichen Gesetzgebung sichtbar macht. Aber nicht nur das! Auf die Ursachen und Mittel erstreckt sich nämlich die Verantwortlichkeit des Menschen; hier ist der Bereich, in dem er sich tätig als gläubiger Muslim bewähren soll. Der Umstand, daß Mittel und Ursachen durch die Scharia vorgeschrieben werden, besagt nicht, daß auch das, was mit deren Hilfe erlangt werden soll, von der Scharia geboten ist. Wird beispielsweise eine Handlung, die einen bestimmten Zweck verfolgt, als freigestellt oder empfohlen bewertet, so muß dies nicht auch für ihr Ergebnis gelten. Der Verkauf einer Sache impliziert keineswegs, daß der Käufer den erworbenen Gegenstand nutzen darf; dieses Ergebnis des Aus-

[44] aš-Šāṭibī: *al-Muwāfaqāt fī uṣūl aš-šarīʿa*, edd. ʿAbdallāh Darrāz und andere, Beirut 1991, 4 Bde., I, 196.

tausches verdankt sich vielmehr einer von der Ursache unabhängigen durch Gott erlassenen Anordnung. Das Gebot der Tötung eines Mörders zum Vollzug der Talio führt nicht unmittelbar zu dem Gebot hin, ihn umzubringen. Das Verbot, sich in einen Brunnen zu stürzen, zieht nicht das Verbot nach sich, darin zu Tode zu kommen; das Verbot, ein Gewand ins Feuer zu werfen, ist nicht zugleich das Verbot, es zu verbrennen. Was aš-Šāṭibī mit diesen Beispielen sagen will, kennen wir schon. Die Welt bildet kein Gefüge kausal verketteter Geschehnisse, und deshalb kann das Gesetz ebenso wenig Ursache und Verursachtes, Mittel und Zweck miteinander verknüpfen. Das ist aber nicht so auszulegen, als sei der Mensch jeglicher Verantwortung für sich und die Welt überhoben. Vielmehr verhält es sich so, daß der Mensch sich um die Mittel und die Ursachen sehr wohl zu kümmern hat; ob deren Zweck oder Wirkung dann auch eintritt, dies bleibt der souveränen Entscheidung Gottes überlassen: Der Mensch als der mit der Scharia Belastete erwirbt das auf die Herrichtung der Mittel und der Ursachen zielende Tun, das Verursachte und Bezweckte ist allein Gottes Tat, und die Bewertung dieser Tat an sich fällt nicht in den Bereich des Erwerbens (arab.: *al-kasb*)[45] von Handlungen, das dem Menschen auf seinem Jenseitskonto angerechnet wird. Sowohl der Koran als auch die *sunna* bieten nach aš-Šāṭibī zahlreiche Belege für die Richtigkeit dieser Ansicht. „Trag deinen Leuten das rituelle Gebet auf und beharre dabei! Wir bitten dich nicht um Unterhalt, vielmehr geben wir dir deinen Unterhalt", wird dem Propheten in Sure 20, Vers 132 versichert. Nicht die Anstrengung um den Gewinn der Mittel zur Lebensfristung, nicht die Mittel und die Ursachen hierfür werden der menschlichen Sorge entzogen, sondern allein deren Ergebnisse. Wäre es anders, dann brauchte der mit dem Gesetz Belastete sich nicht einmal einen Bissen in den Mund zu stecken und ihn zu kauen, von den Mühen des Pflügens, Säens und Erntens ganz zu schweigen.

> Gott überantwortete den Menschen das Tun, damit es ihnen entgolten werde. Trotzdem behielt er sich die Herrschaft hierüber vor ... Wenn es aber so steht, dann fallen die Mittel und Ursachen, (deren Bereitstellung dem Menschen) als Belastung auferlegt sind, in den Geltungsbereich dieses Allgemeinen, auf das der Verstand und die überlieferten Nachrichten hinweisen (nämlich die Scharia). Mittel und Ursachen sind es daher, auf die sich der Erwerb der Gottesknechte erstreckt, nicht das Verursachte ... Dieses liegt außerhalb der die Belastung verkündenden Rede (arab.: *al-ḫiṭāb*) (Gottes), denn es steht nicht in der Menschen Macht.[46]

Theologische und juristische Argumentation durchdringen einander eng. Denn aš-Šāṭibī kehrt sogleich zu seinem eigentlichen Gegenstand zurück. Man könnte, so räumt er ein, ihm entgegenhalten, daß das Schlachten mittels Durchtrennung der

[45] „Erwerben" insofern, als die Handlung zwar durch Gott im verborgenen Seinsbereich gewirkt wird, er aber nicht wesensmäßig ein Element des offenkundigen Seinsbereichs ist, in welchem die Handlung am Menschen und scheinbar durch diesen Menschen sichtbar wird – dies Sichtbarwerden meint der Begriff „Erwerben".

[46] aš-Šāṭibī: op. cit., I, 139.

Gurgel dem Gebot der Scharia entspreche und die Nutzbarkeit des so geschlachteten Tieres bewirke. Dem sei aber keineswegs so, beharrt aš-Šāṭibī, denn wenn man ein Schwein oder einen Hund auf diese Weise schlachte, bleibe der Genuß des Fleisches nach wie vor verboten. Aus der Erlaubtheit eines Mittels, aus der Übereinstimmung einer Ursache mit den Forderungen der Scharia folgt keineswegs die Erlaubnis, das Ergebnis in jedem Falle zu verwenden.[47]

Die situationsbezogenen Bewertungen erfassen den Bereich der Lebenswirklichkeit, der dem Menschen - um mit den Worten der aschʿaritischen Theologie zu sprechen - zum Erwerb des der göttlichen Bestimmung unterworfenen Handelns anheimgegeben ist. Daß hier das Verhalten sehr unterschiedlich ausfallen und daher auch von Gott sehr unterschiedlich bewertet werden kann, zeigt aš-Šāṭibī vor allem an der strikten Befolgung (arab.: *al-ʿazīma*) einer Vorschrift, am Verzicht auf die Inanspruchnahme der Erlaubnis (arab.: *ar-ruḫṣa*), Nachsicht walten zu lassen. Da beides schariatische Bewertungen sind, ist der Rahmen der ethischen Beurteilung der Handlungsweise des Muslims von Gott abgesteckt, aber doch durch den Menschen auszufüllen. Strikt zu befolgen sind alle unableitbaren Gesetze, die jeden Belasteten in allen Lebensumständen betreffen. Hierzu gehören das Gebet, das Fasten, die Läuterungsgabe, die Wallfahrt und der heilige Krieg. Das gleiche gilt für Handlungsweisen, die als ein Mittel zur Sicherstellung des Gemeinwohls schariatisch geregelt wurden wie der Verkauf, die Vermietung und die übrigen Arten des Austausches, sowie für die Bestimmungen, mit denen Straftaten geahndet oder verhindert werden. Unableitbar heißt in diesem Zusammenhang, daß Gott, der Gesetzgeber, die Absicht verfolgte, elementare Regelungen zur Durchsetzung des allgemeinen Wohls der menschlichen Gesellschaft zu erlassen, die nicht auf noch allgemeinere rechtliche Bestimmungen zurückgeführt werden müssen - in einem solchen Falle unterlägen sie nämlich verschiedenartigen Interpretationen. Unableitbar meint allerdings nicht, daß eine solche Vorschrift gegeben war, seit Gott die Menschen erschuf. Wenn in Sure 2, Vers 198 verkündet wird: „Es wird euch nicht als Sünde angerechnet, daß ihr eine Huld von eurem Herrn erstrebt (und die Wallfahrt mit Handelsgeschäften verbindet)", dann wurde mit diesen Worten zu einem bestimmten Zeitpunkt, als der entsprechende Bedarf aufgetreten war, den Muslimen ein Mittel zur Mehrung des Lebensunterhalts gestattet und die entsprechende Verfahrensweise durch die Scharia geregelt.

Die Erlaubnis, eine Vorschrift nachsichtig zu handhaben, ist in der Scharia vorgesehen, sobald schwerwiegende Entschuldigungsgründe vorliegen. Sie umfaßt allerdings nur den Bereich der Bedürfnisse - nicht also den des Notwendigen. Aš-Šāṭibī wendet den Begriff der schwerwiegenden Entschuldigungsgründe ausdrücklich nur auf die Bedürfnisse an, weil deren Auftreten keineswegs mit Mühsal und Last einhergehen m u ß und sie deshalb nicht generell als Begründung für eine Erlaubnis dienen können. Das Ausleihen von Geld ist gesetzeskonform - obwohl hierbei ja kein unverzüglicher Gegenwert erlangt wird -, da der Geldgeber nicht in

[47] Ebd., I, 137-140.

der Lage ist, selber auf Kauffahrt zu gehen: Es liegt ein Einzelfall vor. Auch Transaktionen wie etwa ein Termingeschäft oder eine Verpachtung stellen Ausnahmen von einem allgemeinen, unableitbaren schariatischen Grundsatz dar und haben den Zweck, die Befriedigung von weitverbreiteten Bedürfnissen zu ermöglichen. Im engeren Sinn ist von erlaubter Nachsicht nur dann zu reden, wenn es um Einzelfälle geht, etwa wenn jemand nicht zu stehen vermag und daher sein rituelles Gebet zur Gänze im Sitzen vollzieht.[48] Nimmt man diesen engeren Sinn in den Blick, erkennt man, daß hier zweierlei Arten unterschieden werden müssen. Denn die Erlaubnis kann gewährt werden, wenn eine unerträgliche, das Leben gefährdende Mühsal gemildert werden muß. Sollte das Ramadan-Fasten jemanden so schwächen, daß er nicht mehr die Gebete vollziehen kann, dann muß man ihm eine Erleichterung zugestehen. Es sind hier, wie aš-Šāṭibī ausführt, Rechte Gottes im Spiel, und daher ist die Erlaubnis, weniger streng das Gesetz zu erfüllen, sogar als eine Forderung zu betrachten; „auf Reisen zu fasten, gehört nicht zur Frömmigkeit", mahnt ein Prophetenwort ausdrücklich. Das weniger beschwerliche Verhalten hat den gleichen Wert wie die Erfüllung in striktem Gehorsam. Es ist beispielsweise Pflicht, das Fleisch von ungeschächteten Tieren zu verzehren, wenn man anderenfalls verhungern würde; verabsäumt man diese Pflicht, wird man die Höllenstrafe erleiden. Das Recht Gottes, nämlich von den Menschen verehrt zu werden, ist höher zu bewerten als die Einhaltung eines Speiseverbots. – Die zweite Art von Erlaubnis betrifft die Menschen; ihnen soll die Güte Gottes zuteil werden. Es dürfen bestimmte Pilgerriten zusammengefaßt werden, sofern man dies erbittet.[49] Nun gibt es Gelegenheiten, bei denen man frei zwischen strenger und erleichterter Erfüllung des Gebotenen wählen kann. Aš-Šāṭibī erinnert daran, daß die strikte Observanz mit den allgemeingültigen Vorschriften verknüpft ist, die das Gemeinwohl schützen. Dieses ist stets höher zu bewerten als die Wünsche des Individuums. Das Ertragen eines bitteren Schicksals ist daher eine Forderung, der der Muslim nur schwer ausweichen kann. Gott mutet ihm mit voller Absicht kein geringes Maß an Leidensfähigkeit zu.[50] Würde daher jede Gelegenheit zur Erleichterung genutzt, erschiene allzu bald jede gewissenhafte Pflichterfüllung als Mühsal. Es ist daher genau zu prüfen, ob das Verlangen nach Milderung harter Forderungen auf tatsächliche Qualen zurückgeht oder nur auf eingebildete. Es muß unbedingt vermieden werden, daß die wider den Gehorsam gerichtete Unvernunft und Leidenschaft (arab.: *al-hawā*) der Seele durchschlagen kann, denn das wäre genau das Gegenteil von dem, was der Gesetzgeber beabsichtigt.[51] Wir brauchen die erbaulichen Gedanken, die aš-Šāṭibī an diese Überlegungen knüpft, nicht im einzelnen zu verfolgen. Sie enthalten einen Mahnruf an das Pflichtbewußtsein eines jeden Muslims und

[48] Ebd., I, 224f.
[49] Ebd., I, 240.
[50] Ebd., I, 246.
[51] Ebd., I, 247–253.

fordern ihn auf, für sich eine Ethik möglichst sorgfältigen Gesetzesgehorsams anzuerkennen.

Nun hatten wir schon angedeutet, daß diese Ethik in der Überzeugung wurzelt, die Scharia solle zwischen den Absichten Gottes und der Geschöpfe einen harmonischen Zusammenklang erzeugen. Wenn man die strikte und die erleichterte Befolgung der Gesetze nebeneinander betrachte, werde man gewahr, daß erstere genau dem üblichen Lauf der Dinge entspreche und Erleichterung nur sinnvoll sei, wenn dieser gestört werde. Die Riten sind in vollständiger, rechtsgültiger Form durch den Muslim zu vollziehen, der gesund, bei Verstandeskräften und an seinem Heimatort ist. Eine Krankheit, der Mangel an Wasser oder an einem geeigneten Kleidungsstück rechtfertigt eine Erleichterung. Wer dies in größerem Zusammenhang begreifen will, den verweist aš-Šāṭibī auf sein Kapitel, das sich mit den Absichten des Schöpfers befaßt. Gerade am Gegenstand der Erlaubnis von Erleichterungen wird für aš-Šāṭibī jene Harmonie faßbar, denn Erleichterungen dürfen ja nicht um ihrer selbst willen gesucht werden, sondern um das höhere Ziel, die Gottesverehrung, erreichbar zu machen. Jede Erlaubnis ist eine Durchbrechung des Gewöhnlichen zu einem übergeordneten, ganz allgemeinen Zweck. Und so verhält es sich auch mit den Wundern, die Durchbrechungen des gewöhnlichen Verlaufs von Gottes Schöpfungsgeschehen sind. Auch sie beabsichtigen gerade nicht die Aufhebung der Unterworfenheit des Menschen unter die Herrschaft Gottes, sondern im Gegenteil die Festigung des Knechtsstatus. Aš-Šāṭibī erinnert an die Beglaubigungswunder, die den Propheten widerfuhren, und an die Wunder, die die Gottesfreunde wirken.[52] Immer ist die Stärkung der Gesetzestreue das Ziel.

In den Absichten des Schöpfers und Gesetzgebers und in den Absichten des Menschen, sofern diese auf die ersteren abgestimmt sind, offenbart sich die Harmonie zwischen Welt und Scharia. Aš-Šāṭibī unterwirft die Ausführung dieses Gedankens einer für den Juristen kennzeichnenden Systematik, die wir nur skizzieren, soweit es zum Verständnis seiner Vorstellungen unerläßlich ist. Einleitend spricht er die theologischen Voraussetzungen an, auf denen seine Überlegungen fußen. Faḫr ad-Dīn ar-Rāzī, der Schafiit und Aschʿarit, hatte gelehrt, daß keine der von Gott festgelegten Bewertungen begründet sei; diese Auffassung liegt ganz auf der Linie schafiitischer Rechtswissenschaft, wie sie von al-Ǧuwainī herausgearbeitet worden war. Die Handlungen Gottes entziehen sich dementsprechend einer durch den Menschen erfaßbaren Begründung. Demgegenüber hatten die Muʿtaziliten angenommen, daß die Bewertungen in der Mehrung des Gemeinwohls der Menschen ihren Grund hätten. „Diese Ansichten verfechten (auch) die meisten der spätgeborenen Rechtsgelehrten", schreibt aš-Šāṭibī mit Blick auf sich und seine Zeitgenossen und fährt fort: „Da man in der Wissenschaft von den Grundlagen des *fiqh* gezwungen ist, Gründe für die schariatischen Bewertungen zu affirmieren, geschah dies auch, allerdings unter der Annahme, daß die Gründe die Bedeutung von Zeichen hätten, durch die speziell die Bewertungen kundgegeben wurden …

[52] Ebd., I, 264f.

Worauf es uns ankommt, ist lediglich, aus der Scharia in einem induktiven Verfahren, dessen Berechtigung auch ar-Rāzī nicht abstritte, abzuleiten, daß sie um des Wohles der Menschen willen erlassen wurde. Sagte doch Gott selber im Zusammenhang mit der Berufung seiner Gesandten – und dies ist doch der Ursprung (seiner Gesetzgebung) –: ‚Als Gesandte, die eine Freudenbotschaft und eine Warnung überbringen, damit die Menschen nach dem Tod dieser Gesandten kein Argument gegen Gott anführen (und auf ihre angebliche Unwissenheit bezüglich des Gesetzes verweisen) können' (Sure 4, 165) und: ‚Wir haben dich allein aus Barmherzigkeit mit den Menschen (als Propheten) ausgesandt' (Sure 21, 107) ..."[53]

Aš-Šāṭibī gibt zu, daß ein Rechtswissenschaftler ohne die Annahme eines durch den Menschen einzusehenden Sinnes des Gesetzes nicht auskommen kann und daß die Mu'taziliten diesen Sinn vorformuliert haben; allerdings sind die theologischen Schlußfolgerungen, die die Mu'taziliten aus dieser Hypothese zogen – Gott muß stets das tun, was für die Geschöpfe das Beste (arab: *al-aṣlaḥ*) ist, und indem der Mensch die im Diesseits wirkende Kausalität durchschaut, durchschaut er auch Gott und handelt eigenständig und eigenverantwortlich –, für den Juristen nicht von Belang. Denn er begnügt sich damit, in den Quellentexten Zeichen zu identifizieren; für welche seinsmäßigen Gegebenheiten diese Zeichen stehen, muß er nicht untersuchen.[54] Die Belastung mit dem Gesetz in ihren verschiedenen Erscheinungsformen dient dazu, die mit ihm verbundenen Absichten des Schöpfers in der Schöpfung zur Geltung zu bringen. Diese Absichten sind von dreierlei Art, nämlich lebensnotwendig, an Bedürfnissen ausgerichtet oder auf eine Verschönerung (arab.: *at-taḥsīn*) des Lebens zielend. Man erkennt hierin die Überlegungen al-Ǧuwainīs in ihrem Kern wieder. Lebensnotwendig sind laut aš-Šāṭibī Bestimmungen, die das Wohl im Diesseits und im Jenseits sicherstellen; zunächst mithin die Ritualpflichten (arab.: Pl. *al-'ibādāt*) in ihrem elementaren Inhalte; dann aber auch die Gewohnheiten (arab.: Pl. *al-'ādāt*), die Leben und Verstand schützen, etwa die Vorschriften über Kleidung und Speisen; sowie die zwischenmenschlichen Beziehungen, die der Wahrung der genealogischen Ordnung und des Vermögens dienen und mittelbar auch der Wahrung von Leben und Verstand; und endlich die Strafen, die den Zerfall der so konstituierten Gesellschaft abwenden. Die Absichten des Schöpfers auf der Ebene der Bedürfnisse umfassen unerläßliche Erläuterungen für die Durchführung der Ritualpflichten, bestimmte Typen des Geschäftsverkehrs und anderes, das aš-Šāṭibī bereits im Kapitel über die situationsbezogenen Bewertungen erörtert hat. Unter Verschönerung will aš-Šāṭibī alle jene Vorschriften zusammenfassen, die ein Leben in Würde und Prestige gewährleisten und die Beseitigung alles dessen verlangen, wogegen der Mensch einen natürlichen Widerwillen empfindet. Wie al-Ǧuwainī so ordnet auch aš-Šāṭibī in diese am wenigsten dem Erhalt des Gemeinwesens dienende Kategorie den Erwerb und den Erhalt der rituellen Reinheit ein, des weiteren die freiwillige Gottesverehrung, mit der man dem Schöpfer

[53] Ebd., I, II, 4.
[54] Vgl. meine Studie *Im Offenkundigen das Verborgene*, erstes Buch, Kap. II.

näherzukommen hofft; die guten Tischmanieren und das Meiden schlechter Speisen und Getränke; auf dem Gebiet der zwischenmenschlichen Beziehungen geht es auf dieser Ebene um Dinge wie das Verbot, rituell unreine Waren zu verkaufen, ferner daß man einem Sklaven verweigert, Imam oder Blutzeuge zu werden, desgleichen der Frau das Imamat und die Möglichkeit, sich selber zu verheiraten, und daß man dem Sklaven die Gelegenheit zum Selbstfreikauf einräumt. Auch die Strafen schließen die Ebene der Verschönerung des Lebens ein; aš-Šāṭibī nennt hier die Bestimmung, daß bei der Talio das Leben eines Freien nicht für das eines Unfreien eingesetzt werden kann und daß im heiligen Krieg Frauen, Kinder und Mönche der Andersgläubigen getötet werden dürfen.[55]

Die Absichten, die Gott auf diesen drei Ebenen verfolgt, sind überzeitlich und übergeschichtlich und gelten, solange er sein Schöpfungswerk lenkt, und sie gelten generell. Sie ordnen das Diesseits auf das Jenseits hin und bewirken, daß die Muslime, die mit der Scharia belastet sind, die unvernünftigen Regungen der Seele, die ihr Wohl gerade nicht in der Gesetzestreue vermutet, unterdrücken lernen.[56] Allerdings hebt aš-Šāṭibī hervor, daß die Mühsal, die die Belastung für jeden mit sich bringt, gerade nicht die eigentliche Absicht Gottes sei. Daß die Handlungen nach den Intentionen (arab.: Pl. *an-nījāt*) entgolten würden, dürfe nicht mißverstanden werden: Gott will nicht, daß jemand eine von der Scharia geforderte Handlung um der mit ihr verbundenen Strapazen willen ausführe, ja sogar mutwillig Plagen und Qualen suche. Dies liege ganz und gar nicht in der Absicht des Gesetzgebers, sondern widerspreche ihr sogar und werde im Jenseits keinesfalls belohnt. Gott gehe es allein um die Handlung, die er vorschreibt. Aš-Šāṭibī hat, indem er diesen Gedanken nachgeht, das Sufitum im Sinn, das vielfach eine strenge Askese pflegte. Er zitiert Überlieferungen, die man ihm entgegenhalten könnte. In einem Schiff, das mit gesetzten Segeln das Meer befuhr, forderte jemand siebenmal, die Besatzung möge sich zum rituellen Gebet aufstellen, was diese mit dem Hinweis auf die augenblicklichen Verhältnisse verweigerte. Darauf sagte jener: „Wahrlich, Gott hat für sich selber entschieden, daß derjenige, der an einem heißen Tag um Gottes willen auf das Trinken verzichtet, bei Gott die Stillung des Durstes am Jüngsten Tag gut hat." Abū Mūsā al-ʿAšʿarī, einer der Passagiere, habe seitdem stets an besonders heißen Tagen gefastet. Dieser ferne Widerschein der Schiffsreise, die den jungen Abū Mūsā nach Dschidda geführt hatte, von wo aus er und einige Stammesgenossen zum Propheten vorgedrungen waren,[57] sowie andere *Ḥadīṯe* weist aš-Šāṭibī als Einzelnachrichten zurück und hebt dann hervor, daß auch die „Herren spiritueller Zustände" nichts anderes beabsichtigten, als Gott gerecht zu werden, und ihr Inneres streng prüften.[58]

[55] aš-Šāṭibī: op. cit., II, 7–10.
[56] Ebd., II, 27f.
[57] Vgl. oben Kap. B I 3.
[58] aš-Šāṭibī: op. cit., II, 98–101.

Damit gehen wir zu den Absichten (arab.: Pl. *al-maqāṣid*) des Menschen über, insofern sie denen des Gesetzgebers zugeordnet sind. Aš-Šāṭibī trennt diese schariatischen Absichten von den Intentionen, die jemanden bei seinen Handlungen leiten oder leiten können. Denn der Mensch mag mit seinem Tun etwas anstreben, das sich tatsächlich als Gottesverehrung erweist; er kann mit dem gleichen Tun jedoch auch etwas anderes wollen. Wenn er sich niederwirft, kann dies auch die Götzenverehrung bezwecken. Nun gilt nach aš-Šāṭibī, daß eine Handlung, sobald sie mit Absicht unternommen wird, von den Bewertungen der Scharia erfaßt wird. Diese Absicht erst ist es, die überhaupt eine Ausrichtung nach den Grundsätzen ermöglicht, die ihrerseits der Absicht Gottes entspringen.[59] Gott zu gehorchen, bedeutet daher, die eigenen Absichten mit denjenigen des Schöpfers zur Deckung zu bringen, was die allgemeinste und wirkungsvollste Art ist, in der man dem Gemeinwohl dienstbar sein kann.[60] Der Muslim wird in diesem Zusammenhang erneut an die fünf Arten von situationsbezogenen Bewertungen erinnert, die die von der Gottesverehrung dominierte ethische Beurteilung seines Verhaltens ermöglichen. Wenn ein Mensch sich unter diesen Leitgedanken mit der Welt einläßt, dann hilft er das Gemeinwohl sichern, ganz entsprechend seiner Pflicht, die ihm durch die Gesetzgebung Gottes mitgeteilt worden ist:

> Wir erwähnten bereits, daß der Gesetzgeber die Absicht verfolgte, die (für den Fortbestand der menschlichen Gesellschaft) notwendigen Dinge zu wahren, desgleichen die ihnen nachgeordneten Bedürfnisse und die zur Verschönerung taugenden Gegebenheiten; dies alles ist genau das, womit er den Menschen belastete. Von ihm ist unbedingt zu fordern, dies anzustreben, denn sonst wirkte er nicht auf die Wahrung (jener drei Ebenen der schariatischen Erfassung des Daseins) hin. Die Handlungen werden nämlich nach den Intentionen beurteilt. Der Kern (der Belastung mit jenen Aufgaben) liegt darin, daß der Mensch der Stellvertreter Gottes (im Diesseits) ist, sofern er nach Maßgabe seiner Kraft und seiner Fähigkeit für dieses Gemeinwohl sorgt. Der geringste Grad hiervon ist die Wahrnehmung seiner Stellvertreterschaft gegenüber sich selber, dann gegenüber Familie und Gesinde, dann gegenüber jedem, mit dem ihn das Gemeinwohl in Verbindung bringt. Deshalb sprach der Prophet: „Jeder von euch ist ein Hirte, und jeder von euch ist für seine Herde verantwortlich." Im Koran heißt es: „Glaubt an Gott und seinen Gesandten und spendet von dem, worüber er euch als seinen Stellvertreter gesetzt hat!" (Sure 57, 7). Auf diesen Grundsatz verweisen auch die Worte Gottes: „Ich bin im Begriff, auf der Erde einen Stellvertreter einzusetzen" (Sure 2, 30) und: „Er setzt euch auf der Erde als seine Stellvertreter ein, um dann zu schauen, wie ihr handelt" (Sure 7, 129) und: „Er ist es, der euch zu Stellvertretern (auf der) Erde einsetzte und euch auf unterschiedlich hohe Stufen stellte, um euch in den Dingen, die er euch brachte, zu erproben" (Sure 6, 165). Die Stellvertreterschaft ist demnach allgemein und speziell, wie es ein *Ḥadīṯ* erläutert, in dem Muḥammad sagt: „Der Befehlshaber ist ein Hirte, der Ehemann ist ein Hirte der Leute seines Hauses, die Ehefrau ist eine Hirtin

[59] Ebd., II, 246.
[60] Ebd., II, 157.

über Haus und Kinder ihres Gatten - jeder von euch ist ein Hirte, und jeder von euch ist für seine Herde verantwortlich."[61]

Aš-Šāṭibī greift hier auf Vorstellungen zurück, die zum ersten Mal in der mittleren Omaijadenzeit verbreitet wurden, damals mit dem Ziel, dem angeblichen Despotismus des von Gott erwählten Herrschers die Möglichkeit der Untertanen entgegenzuhalten, in eigener Verantwortung das Heil zu erwerben, und auch die Gewißheit, daß der Herrscher dereinst von Gott zur Rechenschaft gezogen werde.[62] Bei aš-Šāṭibī geht es aber nicht mehr um den Kalifen und die Untertanen, sondern um die Aufgabe des Menschen in dieser Welt überhaupt, und darum findet der Rechtsgelehrte keine schlüssigere und tiefere Begründung für die Gleichgestimmtheit der Absichten Gottes und des Menschen, als eben die koranischen Worte von der Stellvertreterschaft[63] Adams im Diesseits. Es kann gar nicht anders sein, als daß der Mensch, der von Gott laut Sure 2 genau zu diesem Zweck geschaffen wurde, seiner Bestimmung anders gerecht werden könnte als indem er die Absichten des Schöpfers als die eigenen erkennt und damit in unübertrefflicher Art das Gemeinwohl fördert. Das heißt zugleich, daß das Gesetz, mit dem Gott ihn belastet, prinzipiell nicht die Belange des Individuums wahrnimmt. Das Gesetz ist stets auf die Gemeinschaft bezogen, und nur die unvollkommenste Form der Stellvertreterschaft erfüllt sich in der Beherrschung des Ichs, deren Sinn freilich die Einfügung dieses Ichs in die Gemeinschaft ist. Die beiden *Ḥadīṯe* und die Koranverse, die aš-Šāṭibī zitiert, unterstreichen dies nachdrücklich: Was Gott seinen Stellvertretern gnädig gewährt, davon haben sie zu spenden; jeder von ihnen ist ein Hirte, dessen Interesse stets das Wohlergehen der Gemeinschaft sein muß.

Wir gewinnen damit die Möglichkeit, jene Frage zu beantworten, die im voraufgehenden Teilkapitel aufgeworfen wurde: Von welcher Art ist die Auffassung der Wirklichkeit, die die Rechtsgelehrten ihrer Tätigkeit zugrunde legen?[64] Der Mensch als Individuum, das erkannten wir, findet sich in einer absurden Situation; er soll die Gesetze einhalten, ohne daß er die Kraft hätte, dies aus sich selber zu tun. Denn eine innerweltliche Kausalität gibt es nicht. Es zeigt sich nun, daß der von al-Ǧuwainī eingeschlagene Pfad, auf dem er mittels des Grundsatzes der Notwendigkeit bzw. Tauglichkeit für das Gemeinwohl die bloße Textauslegung hinter sich lassen wollte, der Wirklichkeit eine neue Plausibilität verlieh und sie der Unverstehbarkeit entriß. Aš-Šāṭibī führte diese Ansätze zur Reife, wobei möglicherweise die malikitische Auffassung von der Überlieferung als der lebendigen Praxis förderlich war. Denn diese Auffassung hatte nur Sinn, wenn man dem Existierenden eine gewisse Seinskontinuität zubilligte. Diese mußte ja gar nicht im Existierenden sel-

[61] Ebd., II, 251f.

[62] Vgl. T. NAGEL: *Rechtleitung und Kalifat*, 74–81.

[63] Der Begriff ist auch als Nachfolgeschaft - nämlich der Engel, die laut Koran vor dem Menschen in der von Gott geschaffenen Welt wirkten - zu verstehen; das ist von aš-Šāṭibī aber offensichtlich nicht gemeint.

[64] Vgl. oben Kap. B III 1.

ber zu finden sein, sondern konnte, wie der Malikit Ibn al-Bāqillānī schon erkannt hatte, in der Gewohnheit Gottes ihren Grund haben. Die allgemeinen Absichten Gottes, denen die Scharia diejenigen des Menschen anpaßt, das Gemeinwohl und die Gewohnheiten der Geschöpfe, die zugleich diejenigen Gottes sind - dies sind die drei Kernbegriffe, die sich wechselseitig bestätigen und dem Rechtsgelehrten dazu dienen, Lebenswirklichkeit und Gesetz miteinander zu verklammern. Als Stellvertreter Gottes wird der sich der Scharia unterwerfende Mensch schon ganz seinen Aufgaben gerecht, sobald er sich die Ursachen und Mittel, die zur Befolgung einer Vorschrift führen können, angelegen sein läßt - dies ist die Belastung, die er trägt. Aber die Entlastung, die aus der Überantwortung der Ergebnisse seines Handelns an den Schöpfer resultiert, darf nicht übersehen werden. Die Ritualisierung und Formalisierung des Lebensvollzugs, die man ab dem 12. Jahrhundert beobachtet,[65] werden unter diesem Blickwinkel verständlich. Auch als Gottes Stellvertreter ist der Mensch Gottes Knecht. Der Knechtsstatus zeigt sich, so aš-Šāṭibī, in zweierlei Weise:

> In den rituellen Handlungen (arab.: Pl. *al-ʿibādāt*), mit denen man sich Gott unmittelbar nähert, als da sind (das Bekenntnis) des Glaubens und die hieraus folgenden Regeln des Islams und der übrigen Riten - und zweitens in den Gewohnheiten (arab.: Pl. *al-ʿādāt*), die unter den Menschen gelten und in deren Befolgung in allgemeiner Form das Gemeinwohl begründet liegt, in deren Übertretung hingegen allgemeine Verderbnis. Dies alles ist das, was die Scharia für das Gemeinwohl der Menschen und für die Abwehr der Verderbnis bestimmt. Es ist der diesseitsbezogene Teil (der Scharia), dessen Sinn mit dem Verstand eingesehen wird. Die Riten aber sind das Recht Gottes, dessen Beachtung er von den Menschen im Diesseits fordert; sie sind der Teil der Scharia, der um des Wohles im Jenseits willen und zur Abwehr jenseitiger Verderbnis erlassen wurde.[66]

Es wird uns kaum verwundern, daß aš-Šāṭibī der Autor eines umfangreichen Buches über unzulässige, dem Herkommen widersprechende Neuerungen (arab.: *al-bidʿa*, Pl. *al-bidaʿ*) ist.[67] Doch wäre die Annahme irrig, daß eine von den beschriebenen Überzeugungen durchdrungene Rechtswissenschaft allein eine jeden Wandel verwerfende Seite haben müßte; die Hinwendung zur Lebenswirklichkeit erfolgt unter dem Begriff des Gemeinwohls in zupackender und gestaltender Absicht, und zwar vielfach in freier, d. h. nicht an einen Quellentext gebundener Erwägung dieses Gemeinwohls (arab.: *al-maṣlaḥa al-mursala*), von der schon Ibn Ǧuzaij gesprochen hatte.[68] Mit drei Beispielen soll nun dokumentiert werden, wie

[65] Vgl. T. Nagel: *Im Offenkundigen das Verborgene*, vor allem zweites und viertes Buch.

[66] aš-Šāṭibī: op. cit., II, 164.

[67] Ders.: *Kitāb al-iʿtiṣām*, 2 Bde., Beirut o. J.

[68] Masud (*Islamic legal philosophy. A study of Abū Iṣḥāq al-Shāṭibī's life and thought*, Islamabad 1977) hat in seiner Studie über aš-Šāṭibī meines Erachtens diesen Begriff des „frei erwogenen Gemeinwohls" zu sehr in den Vordergrund gerückt und aus dem Begründungszusammenhang gerissen, den er bei aš-Šāṭibī hat. In aš-Šāṭibīs rechtstheoretischem

aš-Šāṭibī seine Kenntnisse auf dem Gebiet der Theorie des islamischen Rechts in die Praxis überzuführen versuchte.

Wir beginnen mit einem Anfang Februar 1385 erteilten Fetwa, in dem er sich mit der Spiritualität der Sufis auseinandersetzte, der er insofern skeptisch gegenüberstand, als man sich nicht sicher sein konnte, ob jene mit ihrem asketischen oder den Zustand der Trance herbeiführenden Übungen wirklich noch die Harmonie zwischen den Absichten Gottes und den von der Scharia legitimierten des Menschen anstrebten. Da gebe es, so der Frager, Freundeskreise, die sich des Abends versammelten und im Chor den Koran rezitierten, danach aber in Gesang und rhythmisches Klatschen verfielen und schließlich außer sich gerieten; so trieben sie es bis zum Morgen. Da an den Sitzungen Rechtsgelehrte teilnähmen, behaupte man, die Scharia stehe diesen sufischen Praktiken nicht entgegen. Stimme das? – Aš-Šāṭibī setzt mit dem Hinweis ein, daß schon der Koranvortrag im Chor eine unzulässige Neuerung sei, die man in der Zeit des Propheten, seiner Gefährten und der nachfolgenden Generation nicht gekannt habe; die Scharia rechtfertige dieses Tun also nicht, und aš-Šāṭibī führt Aussprüche Muḥammads an, in denen jedem, der eine Neuerung in Umlauf bringt, die Höllenstrafe angedroht wird. In Sure 5, Vers 3 ist davon die Rede, daß nunmehr – zu Ende des Lebens Muḥammads – die Glaubenspraxis vollständig offenbart worden sei. Was damals galt, so Mālik b. Anas, gilt demnach auch in der Gegenwart und in alle Zukunft. In Medina war laut Mālik das Singen streng verpönt; wenn ein Mann sang, dann gab er seine Mannestugend preis und verlor die Unbescholtenheit (arab.: *al-ʿadāla*). Der Einwand, jene Freundeskreise wollten doch auf diese Weise Gott verehren – und damit der höchsten Pflicht eines Muslims nachkommen – ist laut aš-Šāṭibī abwegig; mit Spiel und Vergnügen kann Gott nicht verehrt werden. Beides sind, um die situationsbedingten Bewertungen aufzugreifen, unzulässige und untaugliche Mittel. So kommt aš-Šāṭibī zu dem Schluß, daß jene Rechtsgelehrten, die sich mit derartigen Dingen einließen, nicht mehr als unbescholten angesehen werden dürften; sie seinen Neuerer, unter deren Leitung man nicht mehr das rituelle Gebet verrichten solle. Erst wenn sie Buße (arab.: *at-tauba*) getan hätten, könne man sie wieder als Vorbeter billigen.[69]

Während aš-Šāṭibī im vorigen Beispiel einen Brauch, der sich gerade einbürgert, als eine widerschariatische Neuerung verwirft, bestätigt er im nächsten Fetwa ein Vorgehen, das gegen einen Rechtsgrundsatz der Scharia verstößt oder – wie aš-Šāṭibī meint – nur zu verstoßen scheint. Die Frage lautete: Zwei Personen sind Teilhaber von veredelten Obstbäumen; müssen beide der Verteilung der Ernte beiwohnen – der eine als der Eigner des Grundstückes und der Wildlinge, der andere als

Werk ist in der Regel nur vom Gemeinwohl oder vom generellen Wohl (arab.: *al-maṣlaḥa alʿāmma*) die Rede. Masud möchte aš-Šāṭibī als Kronzeugen für eine moderne „freie" islamische Rechtsfindung beanspruchen. Worum es aš-Šāṭibī ging, wird auf diese Weise eher verdunkelt als aufgedeckt (vgl. unten, Kap. IV/3).

[69] al-Wanšarīsī: *al-Miʿjār al-muʿrab*, ed. Muḥammad Ḥaǧǧī, Beirut 1991, XI, 39–42.

derjenige, der sie durch Aufpfropfen veredelt hat? Die Scharia sieht doch nur vor, daß der Güteraustausch noch während der „Sitzung" (arab.: *al-maǧlis*) stattfindet und die Partner je ihre erhandelten Güter oder den Preis in Besitz nehmen. Aš-Šāṭibī findet in der Literatur einen Hinweis darauf, daß generell so verfahren werden dürfe, wie beschrieben; wenn ein Haufen gerade gedroschenen Getreides geteilt werden soll, mag dies nach Augenmaß geschehen, denn es geht hier nicht um einen Verkauf - bei dem die Gleichwertigkeit der den Besitzer wechselnden Güter und Gelder oberstes Gebot ist -, sondern eben um eine Teilung. Infolgedessen braucht der Teilhaber nicht zugegen zu sein, und auch die Genauigkeit der Aufteilung steht nicht zur Debatte. Als aš-Šāṭibī diese Frage anscheinend von derselben Person noch einmal vorgelegt wurde, antwortete er: „Mir scheint die richtige Verfahrensweise zu sein, daß ihr nicht die Anwesenheit des Teilhabers fordert und auch nicht die sofortige Inbesitznahme durch ihn. (Der Verzicht auf beides) entspricht der Praxis, nach der die Menschen vorgehen, und so belasse man beide bei dieser Praxis."[70] - Ein Brauch, der der Scharia nicht zuwiderläuft, muß nicht geändert werden; um alle nur denkbaren Zweifel an der Übereinstimmung eines Verfahrens mit dem Gesetz auszuräumen, hätte man jedoch auf der Anwesenheit des Teilhabers bestehen müssen. Da es sich aber um einen alten Rechtsbrauch handelt, dessen Zulässigkeit mit Argumenten untermauert werden kann, ist nichts gegen ihn einzuwenden.

Auf das Gemeinwohl, und zwar in seiner weitesten, der frei erwogenen Art, stützt aš-Šāṭibī seine Ansicht, daß der Herrscher den Untertanen, selbst wenn sie Not leiden, Abgaben (arab.: *al-ḫarāǧ*) auferlegen darf - vorausgesetzt, der Staatsschatz reiche nicht aus, das Gemeinwohl der Muslime zu schützen. Ihnen solche Abgaben, die von der Scharia nicht vorgesehen sind, abzuverlangen, ist eine Sache des „frei erwogenen Gemeinwohls und nach unserer Ansicht ohne Zweifel statthaft, zumal ... im heutigen al-Andalus", wo man so dringend dessen bedürfe, was die Christen den Muslimen abnehmen. In einer so prekären Lage ist der Herrscher der einzige, der die Höhe der benötigten Mittel kennt. Als ʿUmar b. al-Ḫaṭṭāb den Genuß von zu Sirup eingekochtem Traubensaft erlaubt hatte, sei ihm unterstellt worden, er habe mittelbar den Genuß des Weines gestattet, da niemand die Gewißheit geben könne, daß man immer die Flüssigkeit so lange am Kochen halten werde, bis sich aller Alkohol verflüchtigt habe. ʿUmar habe diesen Vorwurf zurückgewiesen; er erlaube keineswegs, was Gott verbiete, „und wer die Grenzen Gottes verletzt, der hat wider sich selber eine Freveltat begangen" (Sure 65, 1).[71] - Wenn der Herrscher sich glaubhaft auf das Gemeinwohl berufen kann, dann hat er genügend Spielraum zur Gestaltung seiner Politik. Selbst Steuern, die die Scharia nicht kennt, darf er einziehen, wenn eine Notlage dies gebietet, und in al-Andalus konnte zu Lebzeiten aš-Šāṭibīs kein Muslim dies in Abrede stellen. Mehr als das nasridische Emirat von Granada war damals von der einstigen Macht des Islams auf der Iberi-

[70] Ebd., VIII, 133f.
[71] Ebd., XI, 131.

schen Halbinsel nicht geblieben. Damit ist aber keineswegs herrscherlicher Willkür ein Freibrief erteilt; die Grenzen, die Gott festgelegt hat, dürfen auf keinen Fall überschritten werden. Das muß jeder bedenken, der mit dem Gemeinwohl Maßnahmen rechtfertigt, die sich nicht unmittelbar auf einen Gesetzestext stützen.

3. Die Gewohnheiten und das herrscherliche Recht

Was aš-Šāṭibī durchdachte und in die Lehre von den Grundlagen des *fiqh* einbaute, nämlich die Gewohnheiten und Bräuche, sofern sie sich irgend mit den Bestimmungen der Scharia vereinbaren ließen, war auch den anderen Rechtsschulen nicht fremd. So kennt der Hanbalit Ibn Taimīja (gest. 1328) bereits die Einteilung der Handlungen der Muslime in die Riten der Gottesverehrung und in die Bräuche und gründet auf letztere eine Anzahl von Fetwas.[72] Nachdem bereits al-Ġazālī (gest. 1111), ein Schüler des Schafiiten al-Ǧuwainī, dessen Gedanken über das Gemeinwohl und die Gemeinschaftsbezogenheit des islamischen Rechts aufgegriffen und - womöglich als erster - die drei Kategorien des Notwendigen, der Bedürfnisse und der Verschönerung geschaffen hatte, verschwand die Spekulation über die enge Verknüpfung der schariatischen Normen mit den Belangen des Kollektivs der Muslime nicht mehr aus den Überlegungen der Juristen. Es sei aber unterstrichen, daß weder al-Ġazālī noch Ibn Taimīja Brauch und Gemeinwohl für eigenständige Rechtsquellen erachteten, sondern lediglich, wie schon bei al-Ǧuwainī erkennbar, für einen Weg, einander widersprechende Textzeugnisse in sinnvoller Weise zu harmonisieren und befriedigendere Analogieschlüsse zu erzielen. Immerhin wollte der Hanbalit aṭ-Ṭūfī (gest. 1316), ähnlich wie später aš-Šāṭibī, das Gemeinwohl als ein eigenständiges Prinzip der Rechtsfindung anerkennen und womöglich sogar höher bewerten als die überlieferten Texte.[73] Indes fielen, wie bereits festgestellt, derartige Spekulationen vor allem im Malikitentum auf einen fruchtbaren Boden und konnten in die Lehre von den Grundfragen des Rechts einbezogen werden. - Im hanafitischen Recht galt von jeher ein erheblicher Ermessensspielraum; Billigkeitserwägungen (arab.: *al-istiḥsān*) waren ein wesentliches Element der Urteilsfindung. Sie wurden gerechtfertigt mit der Vorstellung, daß in ihnen ein in allen Gegenden der islamischen Welt geltender Brauch (arab.: *al-ʿurf*) in den Vorgang der Suche nach Entscheidungen einbezogen werde.[74] Man kann sagen, daß die Hanafiten den Rückgang auf die Lebenswirklichkeit, der für die Schafiiten und Hanbaliten unvermeidlich war, gar nicht nötig hatten, weil sie seit dem Beginn der Geschichte ihrer Schule im frühen Abbasidenkalifat mit dieser Wirklichkeit in enger Verbindung gestanden und nie nach Art aš-Šāfiʿīs das Studium autoritativer

[72] B. Jokisch: *Islamisches Recht in Theorie und Praxis*, Berlin 1996, 196–200.

[73] Ebd., 188–192.

[74] B. Johansen: *Coutumes locales et coutumes universelles aux sources des règles juridiques en droit musulman hanafite*, in: Annales Islamologiques, 27/1993, 29–35.

Texte zur ersten, wenn nicht gar einzigen Quelle der Scharia erklärt hatten. Es scheint, als hätten die Hanafiten vom Allgemeinwohl vorwiegend im Zusammenhang mit den „Grenz"-Strafen gesprochen, die ja als Rechte Gottes bezeichnet werden; die Wahrnehmung dieser Rechte dient dem Schutz des Gemeinwesens der Muslime.[75]

Mit den Billigkeitserwägungen und mit dem Begriff des Gemeinwohls in der von al-Ǧuwainī dargelegten und von al-Ġazālī weiterentwickelten Form, vor allem aber in der durch aš-Šāṭibī durchdachten Verankerung dieses Begriffes in der Rechtstheorie, stand den muslimischen Juristen ein Rüstzeug zu Gebote, mit dem sie auf vielfältige Weise die Lebenswirklichkeit unter die Normen des Gesetzes einordnen konnten. Eine Untersuchung zum hanafitischen Unternehmensrecht hat ergeben, daß der Grundsatz der Billigkeitserwägungen den Fortbestand von Vertragstypen, die dem Güterverkehr förderlich waren, ermöglichte, während strenge Analogien sich sehr hinderlich hätten auswirken müssen. Das Spezialgebiet der sogenannten Rechtskniffe (arab.: *al-ḥīla*, Pl. *al-ḥijal*),[76] das zuerst von Abū Ḥanīfas Schüler aš-Šaibānī im Zusammenhang dargestellt wurde, ist gerade jenes Feld, auf dem man sich um die Einordnung des Alltags in die Normen der Scharia bemühte, eines Alltags, der wahrscheinlich nur sehr bedingt den Verhältnissen entsprach, wie sie sich im ältesten *fiqh* widerspiegeln und demgemäß auch in den normativen Texten. Selbst tiefgreifende wirtschaftliche und gesellschaftliche Veränderungen wurden durch die islamischen Rechtsgelehrten erkannt und bewußt durch eine Umgestaltung wesentlicher Vorstellungen der Scharia legitimiert. So sah das älteste hanafitische Recht vor, daß derjenige, der das Land bebaute, die schariatischen Steuern abführte; Landbesitz war an die Tätigkeit auf eben diesem Land gebunden. Seit die Finanznot des Kalifats ab dem späten 9. Jahrhundert das Aufkommen von Dienstlehen begünstigte,[77] war dieser Grundsatz nicht mehr durchzuhalten. Steuern wandelten sich infolgedessen in eine Art Pachtgeld, das die Bauern dem vom Staat in der Regel für eine befristete Zeit eingesetzten Grundherren zahlen mußten. Da der Grundherr, der die Verantwortung für die Abführung der auf dem Land lastenden Steuern und für deren Verwendung zum Zwecke der Festigung der Kampfkraft des islamischen Gemeinwesens zu tragen hatte, im frühen islamischen Recht und in der Lebenswelt, die dieses prägte, nicht vorkommt, mußte er in irgendeiner Form in der Scharia entdeckt werden, damit er Legitimität erlangen konnte. Nur so war gewährleistet, daß die Transaktionen, die er tätigte, nicht in reine Willkür umschlugen und der Grundsatz des von Gott gewollten gerechten

[75] Ders.: *Eigentum, Familie und Obrigkeit im hanafitischen Strafrecht*, in: Die Welt des Islams 19/1979, 1–73 (Kap. über die *ḥudūd*); ders.: *Secular and religious elements in Hanafite law*, In: Gellner/Vatins (Hgg.): *Islam et politique en Maghreb*, Paris 1981, 281–303 (Kap. über die *ḥuqūq Allāh*).

[76] A. C. Udovitch: *Partnership and profit in medieval Islam*, Princeton 1970, 251–261.

[77] C. Cahen: *L'évolution de l'iqṭā' du IXe au XIIe siècle*, in: Annales ESC 1953, 25–52; EI[2] s.v. *al-ikṭā'* (Cahen).

Ausgleiches der Interessen der am Wirtschaftsleben Beteiligten beachtet wurde. Nur Waren, deren Wert genau bestimmt werden kann (arab.: *al-māl al-mutaqauwim*), dürfen in einen Güteraustausch einbezogen werden; der Nutzen, den jemand aus dem Gebrauch eines solchen Gutes erlangen kann, ist selber jedoch keine Ware und ist deshalb kein Gegenstand eines Vertrages, der den Austausch von Waren regelt. Die hanafitischen Rechtsgelehrten entwickelten nun die Ansicht, daß ein Pachtvertrag doch demjenigen ähnele, mit dem Güter eindeutig bestimmbaren Wertes gehandelt werden. Damit wurde der Weg für Regelungen frei, in denen der Träger des Dienstlehens als fiktiver Eigentümer des Landes auftreten, Pachtzins einziehen und den mit der Obrigkeit vereinbarten Teil als Steuern überweisen konnte. Zugleich war freilich der Obrigkeit der unmittelbare Zugriff auf die Abgaben, die die Bauern zu leisten hatten, verwehrt; nicht mehr sie, sondern der Grundherr hatte die Pflicht, die Steuern zu zahlen. Allerdings ist der Inhaber des Dienstlehens keinesfalls als Eigentümer zu betrachten; er ist vielmehr am ehesten dem Verwalter von Staatsland zu vergleichen, da ihm das Recht der freien Verfügung über den Grund und Boden nicht gewährt wurde. Diese Vorstellungen über Pacht und Landbesitz entstanden in Buchara und Balch, also im Osten der islamischen Welt, und breiteten sich in der Zeit der Mamluken nach Syrien und Ägypten aus und entsprachen genau der gesellschaftlichen Wirklichkeit. Die Bauern verloren das Eigentum an dem Land, das sie bestellten.[78]

Noch gibt es Untersuchungen, die den Entwicklungen auf einzelnen Feldern des islamischen Rechts nachgehen und dabei die wirtschafts- und gesellschaftsgeschichtliche Seite dieser Entwicklungen in die Erwägungen einbeziehen, nicht in großer Zahl. Daß die islamischen Rechtsgelehrten über Konzepte verfügten, um ihre Einsichten dem Gang der Geschichte anzupassen, haben wir erfahren. Trotzdem gelang es ihnen nicht vollständig, die Rechtspflege in der Hand zu behalten. Insbesondere die Mongolenzeit bedeutete einen tiefen Einschnitt in der Geschichte des islamischen Rechts, vor allem in den Ländern östlich des Euphrat, die nach dem Fall Bagdads im Jahre 1258 für ein dreiviertel Jahrhundert unter die Herrschaft der Il-Chane fielen, der Nachkommen Hülegüs, eines Enkels Dschinggis Chans; die Il-Chane regierten formell als Gefolgsleute des Großchans, der seit 1264 in Peking residierte. Erst der Il-Chan Gazan (reg. 1295–1304) bekehrte sich zum Islam, aber es war nicht mehr jene vom Sunnitentum geprägte Form dieser Religion, die sich von da an im Einflußgebiet der Il-Chane behauptete, sondern eine mit volkstümlichem schiitischen Gedankengut durchsetzte; der Weg zur Schiitisierung Irans, die unter den Safawiden im 16. und 17. Jahrhundert vollendet wurde, hatte begonnen. Transoxanien schloß sich dieser Entwicklung nicht an; es blieb sunnitisch und wurde ab dem späten 14. Jahrhundert eine Hochburg der hanafitischen Rechtsschule. Der Qairiner Schafiit as-Subkī (gest. 1370), der ein biographisches Lexikon der berühmten Vertreter seiner Schule schrieb, blickt dagegen mit Wehmut auf die großen Metropolen schafiitischer Gelehrsamkeit im Osten zurück: Nischapur und

[78] B. Johansen: *The Islamic law on land tax and rent*, London/New York/Sydney 1988.

Merw sind ausgelöscht.[79] Zu einer Wiedergeburt des östlichen Schafiitentums kam es nicht.

Die mongolischen Eindringlinge hatten sich selbstverständlich nicht um die Scharia gekümmert; sie brachten ihr eigenes Recht mit. Den Muslimen fielen vor allem die Bestimmungen auf, die sich mit ihrem Ritualrecht nicht vertrugen. „Beim Schlachten pflegen (die Mongolen) so zu verfahren, daß sie (zunächst) die Beine des Tieres zusammenbinden, dann den Leib aufschlitzen und mit der Hand bis zum Herz hineinfahren, um es entweder herauszureißen oder unter einer reibenden Bewegung zwischen den Fingern zusammenzudrücken, bis das Tier verendet ist. Wer nach Art der Muslime schlachtet, wird selbst geschlachtet", heißt es in einer Quelle aus dem späten 13. Jahrhundert. Die Mongolen unterscheiden ferner nicht zwischen rein und unrein, haben merkwürdige Sitten der Körperpflege: „Man darf die Hände (zum Waschen) nicht ins Wasser tauchen, nimmt den Mund voll Wasser und reinigt sich so die Hände und das Gesicht." Auffällig und für die Eroberten nur schwer zu ertragen waren Vorschriften, die der Sicherung der Macht der neuen Herren dienten. Wer jemandem nachspioniert, wer Flüchtlinge, entflohene Kriegsgefangene oder Sklaven nicht auslieferte, sollte des Todes sein. Alle Religionen sollten in gleicher Weise respektiert werden; auf diese Weise wollten sich die mongolischen Herrscher die Gnade der Gottheit einer jeden Glaubensgemeinschaft verschaffen. Wenn sie in Verfolg dieser Absicht auch den Nachkommen ʿAlī b. abī Ṭālibs, den Koranrezitatoren und Gebetsrufern, den Gelehrten und Derwischen Steuerfreiheit gewährten,[80] so konnte sich der muslimische Betrachter nicht der Einsicht verschließen, daß ein islamisches Gemeinwesen nicht mehr existiere und infolgedessen die Scharia, die Anweisung zum Heilserwerb, nur noch sehr bedingt ihren Zweck erfülle. In der gleichen Zeit festigte sich die Herrschaft des Sultanats der Mamluken über Ägypten und die Levante. Die militärische Elite dieses neuartigen Staatswesens stammte in der Mehrzahl aus den Gebieten der sogenannten Blauen Horde nördlich des Kaspischen Meeres; ihre Mitglieder traten vielfach erst, nachdem sie als Kriegssklaven in Dienst gestellt waren, zum Islam über und behielten zudem ihre türkisch-mongolischen Bräuche bei, desgleichen vermutlich ihre Vorstellungen davon, was recht sei. Sie füllten ihre Reihen auf, indem sie weitere Kriegssklaven in ihrer Heimat rekrutierten. Es ist daher kein Wunder, daß auch in Ägypten Klagen über unislamische Maßnahmen der Herrscher laut wurden.

Der arabische Geschichtsschreiber Ibn Kaṯīr (gest. 1372), ein Zeitgenosse und Landsmann as-Subkīs, teilt seinem Leser über Dschinggis Chan mit, dieser habe dem Volk ein Gesetz gegeben, das in vielem den von Gott verfügten Bestimmungen widerspreche. Diese sogenannte Jasa enthalte die obengenannten Vorschriften. Nun sei es doch so, daß man zu einem Ungläubigen werde, sobald man das von Muḥammad überbrachte Gesetz aufgebe und zu den älteren, durch die Scharia außer Kraft gesetzten zurückkehre. Wie erst verhalte es sich mit jemandem, der die

[79] T. NAGEL: *Timur der Eroberer*, 44.

[80] K. LECH (Hg.): *Das mongolische Weltreich*, Wiesbaden 1968, deutscher Text, 96–98.

von Dschinggis Chan selber erfundene Jasa befolge?[81] Diese Bemerkungen legen die Vermutung nahe, daß die muslimischen Gelehrten sich vor dem Aufkommen einer neuen Rechtswirklichkeit fürchteten, die sie nicht mehr gestalten würden. Freilich war es nicht leicht, das Mamlukensultanat als unislamisch zu tadeln; im Gegenteil, seine Gründer waren es gewesen, die in der Mitte des 13. Jahrhunderts in Palästina dem weiteren Vordringen der Mongolen Halt geboten und wenigstens Ägypten ganz vor ihrem Zugriff gerettet hatten. Auch konnte man ihnen nicht vorwerfen, daß sie bewußt das islamische Gesetz mißachteten. Nicht zu leugnen war allerdings, daß im Mittelpunkt der Macht, in der Umgebung des Sultans, die *Qāḍī*-Gerichtsbarkeit vielfach übergangen und manche Entscheidung gefällt wurde, der die islamische Legalität mangelte. Die Türhüter, so beschreibt ein muslimischer Zeitzeuge diesen Mißstand, hätten sich der militärischen Führung (arab.: *as-sijāsa*) dienliche Urteile angemaßt, die eigentlich nur nach den Regeln der Scharia hätten gesprochen werden dürfen.[82] Doch nicht erst in der Mongolen- und Mamlukenzeit berichten die Quellen von Erlassen islamischer Herrscher und von einer Rechtspflege, die sich nicht mehr an der Scharia ausrichtet. So wird an der Art, wie der Zengide Nūr ad-Dīn (reg. 1146–1173) regierte, mit Lob hervorgehoben, daß er Übeltäter nicht ohne das schariatische Gerichtsverfahren verurteilte; in anderen islamischen Länder sei demgegenüber eine Art der Herrschaft und der Wahrung der inneren Sicherheit üblich, die auf die Scharia keine Rücksicht mehr nehme. Allerdings erntete Nūr ad-Dīn für seine Treue zum islamischen Gesetz auch Kritik; sein Statthalter in Mossul teilte ihm eines Tages mit, die Lage sei so verworren, daß eine Ordnungspolitik (arab.: *as-sijāsa*) notwendig geworden sei, die im Prügeln und Hinrichten der Bösewichter bestehen müsse.[83]

Man kann die Hypothese wagen, daß der Einfall innerasiatischer nomadischer Völkerschaften, der mit den Seldschuken in der Mitte des 11. Jahrhunderts begann und in den mongolischen Eroberungszügen des 13. Jahrhunderts seinen Höhepunkt erreichte, die innere Ordnung der islamischen Welt in solchem Maße zerrüttete, daß die überkommene schariatische Gerichtsbarkeit zumindest von manchen Machthabern als unzureichend angesehen wurde. Es sei in diesem Zusammenhang daran erinnert, daß schon der Wesir Niẓām al-Mulk (gest. 1092) den seldschukischen Großsultan als den Kristallisationspunkt einer neuartigen Ordnungsmacht beschrieb und dabei dem wirkungsvollen Einsatz aller zu Gebote stehenden Machtmittel die größte Aufmerksamkeit widmete; islamische Legitimität sollte den sultanischen Erlassen dadurch vermittelt werden, daß Rechtsgelehrte in die Beratung einbezogen wurden. Auch al-Ǧuwainīs auf Niẓām al-Mulk als den Imam gemünzte These, das Oberhaupt des muslimischen Gemeinwesens brauche nicht mehr dem Stamm der Quraiš anzugehören, viel wichtiger sei, daß es mit Tatkraft und Ge-

[81] Ibn Kaṯīr: *al-Bidāja wan-nihāja*, Ed. Beirut 1977, XIII, 117–119.
[82] D. Ayalon: *The Great Yasa of Chingiz Khan*, in: Studia Islamica 38/1973, 107–156, hier S. 109.
[83] Ebd., 125.

schick den Erhalt des Gemeinwesens gewährleiste,[84] stützt unsere Hypothese. Die Entdeckung der Gewohnheit und des Brauches als zwei der die Analogieschlüsse leitenden Prinzipien, womöglich sogar als eigenständiger Quellen des Rechts, fällt also in eine Zeit der Unrast und der Zersplitterung der politischen Landschaft, in eine Zeit auch, in der, wie oben gezeigt, sich das *Muftī*-Amt etabliert und die Islamisierung der Gesellschaft vorantreibt. Was auf diese Weise an islamischer Legalität für den Alltag des gemeinen Mannes gewonnen wurde, scheint der genannten Umstände wegen an der Spitze, im unmittelbaren Umkreis des Herrschers und seiner Funktionäre, in Gefahr zu geraten. Die Gewohnheiten und Bräuche sind daher ein zweideutiges Rechtsprinzip. Sie ermöglichen eher als die wie eine Textwissenschaft betriebene Jurisprudenz eine Verknüpfung des Lebensvollzugs des Muslims mit dem göttlichen Recht; sie eröffnen aber auch dem Herrscher die Gelegenheit, seinerseits für eine althergebrachte Gewohnheit zu erklären, was am wirkungsvollsten dem Erhalt seiner Macht dient. Ein nicht unbedingt auf die Scharia bezogenes Herrscherrecht wird denkbar.

Mehmed II. (reg. 1444–1446 und 1451–1481), der osmanische Eroberer von Konstantinopel, der ein ganz auf die Person des Sultans ausgerichtetes Staatswesen aufbaute, war einer der ersten islamischen Herrscher, die sich den freien Raum, der sich aufgetan hatte, bewußt zunutze machten. Er erließ ein sogenanntes Gesetzeswerk (türk.: *kanunname*), in welchem er Regelungen zusammenfaßte, die die Wahrung von Ruhe und Ordnung, das Marktwesen und andere für den Herrscher wichtige Bereiche des Lebens betrafen. Die osmanische Geschichtsschreibung behauptet, daß bereits der Gründer des Staates, Osman I. (reg 1281–1324), mit einem Gesetz (türk.: *kanun*) einen – in der Scharia nicht vorgesehenen – Marktzoll verordnet habe. Vereinzelte Erlasse dieser Art werden auch einigen seiner Nachfolger beigelegt, jedoch hat erst Mehmed II. ein Korpus derartiger Bestimmungen geschaffen. Dabei setzte er voraus, daß sich der *Q̱āḍī* an diese Vorschriften zu halten habe, obwohl sie jenseits der schariatischen Bestimmungen lagen.

> Wer Wein trinkt, mag es ein Bauer oder ein Städter sein, den soll der *Q̱āḍī* züchtigen; für zwei Stockhiebe soll 1 Akçe[85] Geldstrafe erhoben werden. – Wer Gänse oder Enten stiehlt, den soll der *Q̱āḍī* züchtigen; für zwei Stockhiebe soll 1 Akçe Geldstrafe erhoben werden. Wer Schafe oder Bienenstöcke stiehlt, der muß als Geldstrafe 15 Akçe zahlen. – Wer Rinder stiehlt, dessen Hand soll man nicht abschneiden; wenn er reich ist und sich sein Vermögen auf 1000 Akçe und mehr beläuft, sollen als Geldstrafe 100 Akçe, wenn er in mittleren Verhältnissen lebt, 50 Akçe, wenn er arm ist, 40 oder 30 Akçe erhoben werden.[86]

[84] T. Nagel: *Die Festung des Glaubens*, 293–322.

[85] Kleine Silbermünze, enthielt 1471 0,765 g Feinsilber (W. Hinz *Islamische Währungen umgerechnet in Gold*, Wiesbaden 1991, 41).

[86] Fr. Kraelitz-Greifenhorst: *Das Kanūnnāme Sultan Mehmeds II.*, in: MOG 1/1921, 13–48, hier S. 35.

Bei Diebstahl und bei Verstößen gegen das Verbot des Weingenusses, bei Delikten, die mit „Grenz"-Strafen bedroht sind, hat nach der Scharia der *Qāḍī* die Untersuchungen zu führen und nach Würdigung der Beweise gegebenenfalls einen Schuldspruch zu fällen. Der Vollzug der Strafe ist durch das Oberhaupt des islamischen Gemeinwesens anzuordnen; Art und Maß der Strafe sind festgelegt und nicht dem Gutdünken eines Menschen anheimgegeben, da es sich um Rechte Gottes handelt. Mehmed II. hingegen betraut den *Qāḍī* auch mit der Vollstreckung der Strafe, die im übrigen, wie ganz deutlich wird, unter Mißachtung der koranischen Bestimmungen bemessen wird. Man mag hierin eine systemwidrige Ausweitung des Bereichs der frei festsetzbaren Bestrafung (arab.: *at-taʿzīr*) erblicken. Die Verfahrensweise Mehmeds II. ist insofern gerechtfertigt, als in seinem Machtbereich niemand zu finden ist, der als das Oberhaupt des islamischen Gemeinwesens „Grenz"-Strafen hätte in Kraft setzen können. Hier wird erkennbar, weshalb die politische Zersplitterung der islamischen Welt eine Ausdehnung der rechtsetzenden Befugnisse der Herrscher mit sich brachte. Die zitierten Bestimmungen belegen aber auch das Bestreben des Sultans, mittels einer weit vorangetriebenen Differenzierung, die stärker, als es in der Scharia der Fall ist, die wirtschaftliche Lage des einzelnen berücksichtigt, die Rechtssicherheit zu heben und eine Einzelfallgerechtigkeit zu schaffen. Die schariatische Rechtspflege, die von Quellentexten ausgeht und von deren Auslegung, nicht aber von den Paragraphen eines Gesetzbuches, ließ dem Gelehrten eine breite Fülle an unterschiedlichen Entscheidungen offen. Dem wirkte der Sultan entgegen. Er mischte sich beispielsweise in die Regelung der Talio ein:

> Wenn zwei Personen miteinander handgemein werden und sich den Kragen zerreißen, soll der *Qāḍī* sie züchtigen; sie zahlen keine Strafe. Wenn einer den Bart oder die Haare jemandes ausrauft und dies vor dem *Qāḍī* bewiesen ist, so sollen, wenn er reich ist, eine Geldstrafe von 20 Akçe, wenn er arm ist, eine Geldstrafe von 10 Akçe erhoben werden. Wenn aber der Kopf aufgeschlagen wird und Blut fließt, sollen 30 Akçe erhoben werden. Wenn der Knochen zum Vorschein kommt und der Verwundete ärztlich behandelt wird, werden, wenn jener, der die Wunde verschuldet hat, reich ist und sich sein Vermögen auf 1000 Akçe und mehr beläuft, 100 Akçe fällig; wenn sein Vermögen 200 Akçe beträgt, sollen 50 Akçe, und wenn er arm ist, 30 Akçe Geldstrafe erhoben werden. – Wenn jemand einen Menschen tötet und man die Talio nicht ausübt, so sollen als Blutstrafe, wenn er reich ist und sein Vermögen sich auf 1000 Akçe und mehr beläuft, 400, wenn sein Vermögen 600 Akçe beträgt, 200, und wenn er weniger als dies besitzt, 100, und wenn er arm ist, 50 Akçe erhoben werden.[87]

Die Scharia wertet Mord, Totschlag und Körperverletzung als Schädigungen, die auszugleichen sind, und nur in dieser Hinsicht ist die Gerichtsbarkeit hiermit befaßt. Mehmed II. jedoch weist seine Richter an, diesen Delikten nachzugehen und sie mit Geldstrafen zu ahnden; der Zweck der herrscherlichen Ordnungspolitik (arab.: *as-sijāsa*) ist die Verbesserung der inneren Sicherheit – und natürlich gilt, daß der Herrscher Geldquellen erschließen muß, um seine Machtausübung wirk-

[87] Ebd., 34.

sam werden zu lassen. Das Gesetzeswerk enthält deshalb ins einzelne gehende Bestimmungen über die Höhe der Abgaben, die auf Waren erhoben werden, die in Konstantinopel auf den Märkten verkauft werden sollen.[88] Derartige Zölle und Gebühren, in Ägypten auch vielerlei Entgelte für die Nutzung öffentlichen Grundes, kennt die Scharia nicht. Ohne diese Mittel könnte allerdings die muslimische Obrigkeit ihre Aufgaben nicht erfüllen. Der *fiqh* hatte sich eben in einer Zeit herausgebildet, in der man derartige Schwierigkeiten nicht kannte, denn dank den Eroberungszügen standen den Herrschenden ausreichend Gelder und Güter zur Verfügung. Als diese günstigen Umstände in der mittleren Omaijadenzeit schwanden, begannen die Finanzkrisen, denen mit den Vorstellungen des Scharia-Rechtes nicht beizukommen war. Die Verstetigung von Staatseinnahmen über die geringen Sätze der Läuterungsgabe hinaus gelang nicht, und das von aš-Šāṭibī im Rahmen seiner Lehren in Anspruch genommene Gemeinwohl sollte ja nur in Notzeiten den Griff der Obrigkeit nach einem angemessenen Teil der Einkünfte der Untertanen rechtfertigen. Jede sinnvolle Fiskalpolitik blieb daher mit dem Makel des wider die Scharia Gerichteten behaftet, gegen das die Gelehrten zu Felde zogen. Die Folge war eine - von Zeiten einträglicher Eroberungen wie jenen Sultan Süleymans (reg. 1520–1566) auf dem Balkan und im Herzen Europas abgesehen - verhängnisvolle Unterfinanzierung der öffentlichen Hand. Diese versuchte ihrerseits mit Willkür und Gewalt oder mit schädlichen wirtschaftspolitischen Maßnahmen wie Monopolen oder Interventionen auf den Märkten kurzfristig ihren Geldbedarf zu decken.

Hebung der Rechtssicherheit, Erzwingung des inneren Friedens, Finanzierung des Staatsapparats waren die wesentlichen Bereiche, auf denen sich die nicht-schariatischen vom Herrscher erlassenen Gesetze zu bewähren hatten. Ein vierter, außerordentlich wichtiger ist hinzuzufügen. Die Scharia enthält keine Ansätze für die Entwicklung eines Verwaltungsrechts, ohne das ein differenziertes Gemeinwesen schwer vorstellbar ist. Die „Prüfung von Ungerechtigkeiten", die dem Herrscher vorbehalten bleibt, erfolgt nur dann, wenn Anordnungen oder Maßnahmen seiner Amtsträger als grob unbillig empfunden werden. Hingegen wird durch die Scharia nirgends auch nur in Ansätzen festgelegt, wie denn die Verwaltung zu verfahren habe. Der Sultan mußte daher in eigener Machtvollkommenheit dergleichen Fragen regeln. Die Gesetzeswerke der osmanischen Herrscher enthalten deswegen zahlreiche Verwaltungsvorschriften; Erlasse bestimmen, wie in besonders gelagerten Einzelfällen zu entscheiden ist. Hierfür ein Beispiel: Ein Steuerpächter vergibt nach dem Tod eines Mannes, der keine Söhne hat, das Land, das er jenem zur Bebauung überlassen hatte, an eine andere Person. Hiergegen erhebt die Tochter des Verstorbenen Einspruch, denn im Jahre 1567 hatte der Sultan befohlen, daß „Töchtern von Vätern, die, ohne einen Sohn zu hinterlassen, verstorben sind, deren Land innerhalb von zehn Jahren nach deren Tod gegeben werden soll, später aber nicht mehr". Der Steuerpächter hatte naturgemäß großes Interesse daran, solche Ländereien sofort wieder zu vergeben, da diejenigen, die sie bestellten, zu

[88] Ebd., 46f.

Leistungen (türk.: *tapu*)[89] und Zahlungen verpflichtet waren. Im Jahre 1606, als der Einspruch vorgetragen wurde, verfügte der Sultan daher: „Wenn seit dem Tode des ohne männliche Erben verstorbenen Vaters noch nicht zehn Jahre vergangen sind, so sollst du für die Genannte die Grundstücke ihres Vaters, in wessen Hand sie auch sind, sofort in Empfang nehmen, nachdem der derzeitige Inhaber von der Genannten den Betrag der Leistungen erstattet bekommen hat, gegen den er selber seinerzeit das Land von dem Grundherrn erhalten hatte."[90] Nicht nur im Osmanischen Reich, sondern beispielsweise auch im Indien der Mogul-Dynastie (1526 - 1858) entstanden Gesetzeswerke - dort wurden sie als Sammlungen der Befehle Timurs (gest. 1405) angesehen[91] -, die jene Lücken schlossen, die das Scharia-Recht offenließ. Solche Verfügungen, die der Sultan zum Teil persönlich erließ, wurden je nach Inhalt den *Qāḍīs*, Statthaltern oder Steuerpächtern zugestellt. Betrafen sie die ganze Bevölkerung, wurden sie öffentlich verlesen, nötigenfalls auch durch den *Qāḍī* erläutert.[92] Hieran wird die tiefgreifende Veränderung anschaulich, die das Rechtswesen in den muslimischen Reichen der frühen Neuzeit erfaßte. Der Aufbau einer der Rechtspflege dienenden Hierarchie von Staatsbeamten, den *Qāḍīs* und *Muftīs*, wie sie für das Osmanische Sultanat kennzeichnend ist, bedeutete zumindest für die ersteren eine partielle Entwertung ihrer Tätigkeit, die zuvor ausschließlich aus der sachgerechten Interpretation der Scharia, nicht aber in der Weitergabe herrscherlicher Erlasse bestanden hatte. Es leuchtet ein, daß die im 19. Jahrhundert von den europäischen Mächten so nachdrücklich verlangte Verwestlichung der Rechtspflege, die zugleich eine Abkehr von der Scharia sein sollte, durch die muslimischen Untertanen als eine Stärkung der Machtfülle des Herrschers mißverstanden wurde.[93] Die der Erhöhung der Effizienz des Herrschaftsapparates dienenden Erlasse eines Sultans, die übrigens ihre Gültigkeit verloren, wenn sie nicht durch den Nachfolger bestätigt wurden, konnten im Bewußtsein des Muslims nie das Gewicht der von Gott selber gesetzten Scharia erlangen, die als ewig und überzeitlich angesehen wurde. Ihr zu folgen, war für den Gewinn des Heils unerläßlich, und schon allein deshalb war sie gar nicht mit den Befehlen der Herrscher zu vergleichen. Die vollkommene Erfassung des Alltags durch die Bestimmungen der Scharia und das verpflichtende Vorbild des Propheten wurden durch das Herrscherrecht gar nicht in Frage gestellt, und wir erwähnten, daß etwa das osmanische Sultanat mittels der durch den Staat besoldeten *Muftīs* jene Entwicklungen förderte. Daß die in Bruderschaften organisierte sufische Frömmigkeit in die gleiche Richtung wirkte, darf nicht übersehen werden. Nicht die herrscherlichen Erlasse konnten die Auffassung des Muslims von dem, was recht sei, prägen; dies vermochte allein die Scharia.

[89] Hierzu vgl. İslam Ansiklopedisi, s. v. *tapu*.

[90] C. Brockelmann: *Der Göttinger Cod. Turc. 25. Ein Beitrag zur Quellenkritik des Qānūnnāmes*, in: Der Islam 8/1918, 261–267, hier S. 264.

[91] Literatur hierzu findet man bei Bregel: *Persidskaja Literatura*, Moskau 1972, 792–797.

[92] Vgl. EI² s. v. *ḳānūn*, 558–562 (H. Inalcik)

[93] B. Lewis: *Welt des Islam*, Braunschweig 1976, 327.

IV. DER GELTUNGSANSPRUCH DER SCHARIA

1. Die Meinungsvielfalt – Ausdruck der Barmherzigkeit Gottes?

Die Ausweitung der gesetzgeberischen Tätigkeit der Herrscher, die als die Wahrung des Gewohnheitsmäßigen[1] verstanden wurde, hatte zur Folge, daß das Ideal einer Einheitlichkeit der Rechtspflege innerhalb der ganzen islamischen Welt in unerreichbare Ferne rückte. Die zahlreichen Abhandlungen über die Grundlagen des *fiqh*, von denen wir nur wenige in unserer Darstellung erörtern konnten, sind aber gerade dem Ziel verpflichtet, jene Einheitlichkeit zu ermöglichen und damit auch die Sicherheit zu geben, daß man nach dem Willen Gottes verfahre. Al-Ǧuwainī äußert sich im „Buch des Beweises" davon überzeugt, daß die Einheitlichkeit des Handelns, Wollens und Denkens aller Muslime dann eintreten werde, wenn die Arbeit der Rechtsgelehrten an der Offenlegung sämtlicher Bestimmungen der Scharia sich dem Ende zuneige. Deshalb möge der Herrscher sich tunlichst nicht in die Tätigkeit der Kenner des Gesetzes einmischen. „Der kritisch Prüfende möge wissen, daß der Grund für die meisten Streitfälle darin liegt, daß die Forscher mit ihren Untersuchungen Halt machen, ohne sie zu Ende zu führen … Gelänge es ihnen, die Zielpunkte (auf die eine Frage hinweist) ganz zu erfassen, hätte ihre Meinungsverschiedenheit (arab.: *al-iḫtilāf*) keinen Sinn mehr."[2] Die Meinungsvielfalt nimmt al-Ǧuwainī als ein Übel wahr, das allein der unzureichenden Gewissenhaftigkeit der Gelehrten anzulasten ist; wenn sie solche Nachlässigkeit meiden, wird aller Zwist schwinden. Die unerschütterliche Zuversicht aš-Šāfiʿīs kommt hier zum Durchbruch; für ihn war die Scharia ja gerade dadurch ausgezeichnet, daß sie in allumfassender Weise das Leben der Muslime gestalten werde, wenn erst der noch verhüllte Teil ihrer Vorschriften aufgedeckt sei.

Weshalb aber gibt es dann überhaupt den Meinungszwist? Diese Frage wirft al-Ǧuwainī ebenfalls auf, und zwar in der Abhandlung „Hilfe der Völker", die er dem Wesir Niẓām al-Mulk zueignete. Schon die Altvorderen, die Gefährten des Propheten, seien aus dem Leben gegangen, ohne in den Einzelproblemen (arab.: *al-farʿ*, Pl. *al-furūʿ*) des Rechts stets zu einer einhelligen Auffassung gelangt zu sein. „Ihre Meinungsverschiedenheiten sind jedoch die Ursache für die Suche nach den Beweisen (für die Bestimmungen) der Scharia; sie sind also ein Gnadengeschenk Gottes, sagte doch schon dessen Gesandter: ‚Die Meinungsvielfalt meiner Gemeinde ist (ein Zeichen für die) Barmherzigkeit (Gottes).' Daher ziemt

[1] Vgl. das Adat-Recht vgl. EI[2] s. v. *al-ʿĀda*, (Bousquet/Lokhandwalla/Prins)
[2] T. Nagel: *Die Festung des Glaubens*, 319.

es sich nicht für das Oberhaupt des islamischen Gemeinwesens, die Rechtsgelehrten des Islams in ihrer Auseinandersetzung über die Einzelheiten der Bewertung zu behelligen."[3] Da nun der Gelehrtenstreit der Herausarbeitung der Details des einheitlichen göttlichen Rechts dient, sollte sich nach al-Ǧuwainīs Meinung die islamische Obrigkeit darum bemühen, die Bevölkerung zum Bekenntnis zu den Glaubenslehren der Altvorderen, also zum Sunnitentum, zu drängen, was nicht zuletzt dazu führen werde, daß keine Unberufenen sich mit den noch nicht gelösten rechtlichen Problemen beschäftigen und womöglich Unheil anrichten. Unter der Voraussetzung seiner überschaubar kurzen Dauer ist also der Meinungszwist der Gelehrten nicht nur zu dulden; er ist sogar im göttlichen Heilsplan vorgesehen, denn er bietet den Anreiz, die Scharia vollends aufzudecken.

Das Prophetenwort, auf das al-Ǧuwainī seine Darlegungen stützt, findet sich in den großen *ḥadīṯ*-Sammlungen des 9. und frühen 10. Jahrhunderts noch nicht. Wahrscheinlich ist es erst später aufgekommen; der älteste Zeuge scheint der Schafiit al-Ḥalīmī (gest. 1013) zu sein. Er - wie andere, die sich dieses Satzes bedienten - war im ostiranischen Raum tätig,[4] wo im 11. Jahrhundert der Streit zwischen Hanafiten und Schafiiten besonders erbittert ausgefochten wurde. Vielleicht diente das vermeintliche Prophetenwort dazu, die Furcht vor der göttlichen Vergeltung angesichts jenes Treibens zu mildern. Denn im Koran und auch im *ḥadīṯ* der kanonischen Sammlungen wird die Meinungsverschiedenheit innerhalb einer Religionsgemeinschaft als etwas Verderbliches, ja sogar das Heil Gefährdendes angesehen: Ursprünglich bildeten die Menschen eine einzige Gemeinschaft; als sie untereinander uneins geworden waren, schickte Gott seine Propheten, die die Zerstrittenen wieder einen sollten; aber das gelang nicht. „Jetzt führte Gott - mit seiner Erlaubnis[5] - die Gläubigen zur Wahrheit, über die die (dahingegangenen Gemeinschaften) uneins gewesen waren" (Sure 2, 213). Dies ist die Geschichtsauffassung, die der Koran an vielen Stellen äußert. „Seid nicht wie diejenigen, die sich, nachdem sie die klaren Zeichen empfangen hatten, trotzdem (in Parteiungen) zersplitterten und unterschiedliche Meinungen vertraten (arab.: *iḫtalafū*)! Jene haben eine gewaltige Strafe zu gewärtigen!" (Sure 3, 105). Die Muslime sollen sich über die religiöse Botschaft, die ihnen Muḥammad überbracht hat, nicht zerstreiten, wie dies die Juden und Christen taten, nachdem sie Gottes Wort empfangen hatten.[6] Als Muḥammad eines Tages hörte, wie zwei Männer über den Sinn eines Koranverses aneinandergerieten, fuhr er zornig dazwischen und rief: „Die vor euch waren, sind nur deshalb zugrunde gegangen, weil sie über das Buch (Gottes) unterschiedliche Meinungen hatten!"[7]

[3] al-Ǧuwainī: *Ġiyāṯ al-umam*, edd. ʿAbd al-Munʿim und Ḥilmī, Alexandrien 1979, 139f.
[4] T. Nagel, op. cit., 319.
[5] D. h. Gott hielt es für statthaft, mit Muḥammad den letzten Versuch zu unternehmen, die Menschen zu vereinen.
[6] al-Buḫārī: *Ṣaḥīḥ*, *faḍāʾil al-qurʾān* 3.
[7] Muslim: *Ṣaḥīḥ*, *ʿilm* 2; vgl. al-Buḫārī, op. cit., *ḫuṣūmāt* 1.

Angesichts solcher bedrohlichen Aussagen der tagtäglich im Ritus verwendeten Quellen des Islams konnten die Unterschiede, die die Rechtsauffassung zu Detailfragen innerhalb der einzelnen Schule aufwies, nicht auf die leichte Schulter genommen werden. Erst recht gingen die Ansichten der vier Schulen oft weit auseinander. Deren Meinungsverschiedenheiten betreffen in der Tat nicht nur Nebensächlichkeiten, sondern Dinge, die für den Alltag von Gewicht sind. Alle Rechtsschulen teilen die Auffassung, daß eine Ehe aufgelöst werden kann, indem der Mann die Frau verstößt oder indem die Partner sich in gegenseitigem Einverständnis trennen; dieser Schritt muß durch das Gericht bestätigt werden. Wann aber darf dieser Schritt getan werden? Die Hanafiten sagen, nur unter der Voraussetzung, daß der Gatte die Ehe nicht zu vollziehen vermag. Weit großzügiger sind die Malikiten; sollte der Mann seiner Unterhaltspflicht nicht nachkommen, seine Frau grausam behandeln, von einer unheilbaren Krankheit befallen werden, die die Ehe für die Frau zu einer schweren Belastung macht, oder sollte der Mann die Fähigkeit zum Geschlechtsverkehr einbüßen, dann darf die Ehe auf gemeinsamen Wunsch der Partner geschieden werden. – Tiefgreifend sind die Gegensätze zwischen den Schulen auch im Erbrecht, das sich, wie die Regelung der Ehescheidung, ebenfalls auf recht klare Angaben des Korans stützt. Die festliegenden Anteile (arab.: Pl. *al-farā'iḍ*) am Erbe werden den nächsten Agnaten zugesprochen. Wenn jedoch keine Agnaten zu finden sind, erkennen die Malikiten das Erbe der Staatskasse zu. Hanafiten, Schafiiten und Hanbaliten halten jedoch im Falle des Fehlens der Agnaten auch die Cognaten, etwa die Kinder der Tochter des Verstorbenen, für erbberechtigt; sie meinen ferner, daß jemand, der keine gesetzlichen Erben hat, über sein ganzes Vermögen letztwillig verfügen darf. Denn die Regelung, daß nur über ein Drittel des Vermögens im Rahmen eines Testaments bestimmt werden kann, diene allein dem Zweck, die Rechte von Verwandten zu wahren, weshalb sie auf Alleinstehende nicht zutreffe.[8] – Die Pflicht des Muslims, sich einer bestimmten Rechtsschule anzuschließen und sie nicht je nach dem, was für ihn günstig ist, zu wechseln, war also keineswegs einfach zu erfüllen; nahm man sie ernst, dann überblickte man als Laie auf keinen Fall, welche Folgen dies haben konnte. Es herrschte eine erhebliche Ungleichheit in der Rechtswirklichkeit.

Um das Jahr 1378 stellte in Safed, im Norden Palästinas, ein Schafiit mit Namen Muḥammad ad-Dimašqī al-ʿUṯmānī, über dessen Leben nichts bekannt ist,[9] ein Buch zusammen, das das *Ḥadīṯ*, in dem der Prophet die Meinungsverschiedenheiten rühmt, als Titel trägt: „Die Barmherzigkeit (Gottes mit der) Gemeinde: Über die Meinungsvielfalt der großen Rechtsgelehrten." Der Verfasser gibt dem Leser einen Überblick über voneinander abweichende Lehren der Schulgründer auf wichtigen Gebieten des Alltags:

[8] N. J. Coulson: *A history of Islamic law*, Edinburgh 1964, 97f.
[9] Vgl. C. Brockelmann: GAL G II 91.

Die Läuterungsgabe im Handelsgeschäft: Sie sind sich darin einig, daß die Läuterungsgabe auf Gütern liegt, die gehandelt werden. Nach Dā'ūd (dem Gründer der Zahiritenschule) ist sie daher nicht von Besitztümern abzuführen. Sie sind auch darin einig, daß die Läuterungsgabe auf Handelsgüter den vierten Teil eines Zehntels ausmacht. Wenn jemand einen Sklaven erwirbt, um ihn als Handelsware zu veräußern, muß er nach den dreien (nämlich den Malikiten, Schafiiten, Hanbaliten) nach Ablauf eines Jahres die Läuterungsgabe des Festes des Fastenbrechens und diejenige für Handelsgüter zahlen. Abū Ḥanīfa aber sagt: „(Nicht) die Läuterungsgabe des Fastenbrechens." Geht es um Handelswaren, die gelagert werden, um einen Wertzuwachs oder gestiegene Nachfrage abzuwarten, dann braucht nach Mālik b. Anas ihr Eigentümer sie nicht jedes Jahr zu schätzen und die Läuterungsgabe abzuführen; selbst wenn es Jahre dauert, bis er sie gegen Gold oder Silber verkauft, zahlt er nur die Läuterungsgabe für ein Jahr. Wenn er allerdings (im voraus) weiß, daß das, was er kauft und verkauft, den Zeitraum eines Jahres bei ihm verbleibt, dann soll er bei sich selber einen Monat des Kalenderjahres festlegen und in diesem Monat den Wert (seines Lagerbestandes) abschätzen und die Läuterungsgabe in barem Geld, sofern er dies hat, bezahlen. Abū Ḥanīfa, aš-Šāfiʿī und Aḥmad b. Ḥanbal lehren: Die gelagerte Ware muß nach Ablauf je eines Jahres geschätzt werden, und es muß jeweils entsprechend eine Läuterungsgabe geleistet werden. Wenn jemand eine Handelsware kauft (und lagert), deren Wert unter dem Mindestsatz (arab.: *an-niṣāb*) liegt, dann muß nach Abū Ḥanīfa dieser Mindestsatz am Anfang und am Ende des Jahres (der Lagerung) gegeben sein. Mālik und aš-Šāfiʿī lehren hingegen, es sei das ganze Jahr über das Erreichen des Mindestwertes zu beobachten. Die Läuterungsgabe im Handelsgeschäft hängt nämlich nach Mālik b. Anas und Aḥmad b. Ḥanbal mit dem Wert zusammen, und dies gilt auch nach der vorzuziehenden unter den beiden Aussagen aš-Šāfiʿīs (während Abū Ḥanīfa die Läuterungsgabe an den erzielten Gewinn anknüpft).[10]

Urbarmachung unbebauten Landes: Die großen Lehrer sind sich darin einig, daß unbebautes Land urbar gemacht werden darf, und zwar ist es dem Muslim nach übereinstimmender Ansicht gestattet, Land, das islamisches Territorium ist, unter den Pflug zu nehmen. Ist dies auch dem Schutzgenossen (arab.: *ad-ḏimmī*) erlaubt? Die drei verneinen dies, Abū Ḥanīfa und seine Schule lehren, es sei ihm erlaubt. Uneins sind sie darüber, ob für die Urbarmachung die Einwilligung des Oberhaupts (arab.: *al-imām*) (der Muslime) Bedingung ist oder nicht. Abū Ḥanīfa lehrt, sie sei erforderlich. Mālik meint: Handelt es sich um freies Feld oder um eine Gegend, um die sich niemand reißt, dann ist die Einwilligung des Oberhaupts (der Muslime) nicht erforderlich; handelt es sich um Land in der Nähe von Siedlungen oder um solches, das begehrt ist, muß die Einwilligung eingeholt werden. Nach aš-Šāfiʿī und Aḥmad b. Ḥanbal ist keine Einwilligung nötig. Uneins sind sie auch darüber, was gelte, wenn das Land schon einmal in jemandes Besitz war, die Besitzer aber umkamen und es seit langer Zeit aufgelassen ist – wird solches Land ebenfalls durch Urbarmachung in

[10] ad-Dimašqī al-ʿUṯmānī: *Raḥmat al-umma*, Ed. Beirut 1987, 81. Die Einfügung des (nicht) ist durch aš-Šaʿrānīs Zitat des Textes von ad-Dimašqī gerechtfertigt; vgl. unten Anm. 21.

Besitz genommen? Abū Ḥanīfa und Mālik bejahen dies, aš-Šāfiʿī verneint es. Von Aḥmad b. Ḥanbal gibt es zwei Überlieferungen entsprechend den beiden Meinungen; die deutlichere der beiden Überlieferungen lautet, daß das Land auf diese Weise in Besitz genommen werde. – Mit welchen Maßnahmen wird es nun in Besitz genommen? Abū Ḥanīfa und Aḥmad lehren: indem man es einfriedet und in einem mit Mauern umgrenzten Hof eine Wasserstelle ergräbt, selbst wenn das Gebäude nicht mit einem Dach versehen ist. Mālik sagt: Wodurch man der Gewohnheit gemäß erkennt, daß eine Urbarmachung solchen Landes vorliegt, z. B. an Bauten, Anpflanzungen, am Ausheben eines Brunnens und anderem. Aš-Šāfiʿī meint: Wenn das Land dem Ackerbau dienen soll, daß Pflanzen angebaut werden und Wasser ergraben wird; wenn es zum Wohnen dienen soll, daß es in Räume aufgeteilt und mit einem Dach versehen wird.[11]

Diese Beispiele belegen mit hinreichender Anschaulichkeit, wie sehr die divergierenden Ansichten der Rechtsschulen über ein und denselben Gegenstand den Alltag erschweren mußten, zumal da in der Zeit, als ad-Dimašqī sein Material zusammentrug, zumindest in allen großen Städten sämtliche Rechtsschulen vertreten waren. Daß die Herrscher versuchten, aufbauend auf den guten Bräuchen Vorschriften von oben zu verordnen und die *Qāḍīs* zu deren Beachtung zwangen, erscheint uns nun als die schiere Notwendigkeit. Die Gelehrten allerdings wußten auf vielfache Art, ihre Sonderstellung in der islamischen Gesellschaft zu verteidigen. Tāǧ ad-Dīn as-Subkī, ein Zeitgenosse ad-Dimašqīs, strich in seiner Abhandlung über die Berufe die Gelehrten als die Garanten der Pflege und Weitergabe des durch den Propheten übermittelten Wissens gebührend heraus. Nicht einmal der Herrscher dürfe sich über sie hinwegsetzen, war doch auch er der Einweisung in dieses Wissen und in die vorbildliche Art, in der Muḥammad es vorgelebt haben sollte, unablässig bedürftig.

„Befreiung der ganzen Glaubensgemeinschaft von den Kümmernissen", so lautet der Titel einer Abhandlung, die der ägyptische Gelehrte ʿAbd al-Wahhāb aš-Šaʿrānī (gest. 1565) genau jenen Unzulänglichkeiten des islamischen Rechts widmete, unter denen die Bevölkerung so sehr litt. Viele fromme Derwische und Handwerker hätten bittere Klage darüber geführt, daß die Juristen allein die Lehren ihrer jeweiligen Schule verkündeten und die Angehörigen der übrigen Schulen als unwissend schölten; was denn die Scharia fordere – der zu folgen der Prophet ihnen aufgetragen habe –, sei ihnen vielfach unklar. Auch wüßten sie nicht die Vorschriften Gottes von dem zu unterscheiden, was die eigenständig erarbeitete Ansicht (arab.: *al-iǧtihād*) eines Gelehrten sei. „Wenn wir gemäß einer Schule die kleine rituelle Waschung vollziehen, sagen uns die Angehörigen einer anderen: ‚Eure Waschung ist nichtig (arab.: *bāṭil*)!' … Dies stürzte uns in Verwirrung und Zweifel über die meisten unserer Lebensverhältnisse, und schließlich wissen wir nicht mehr, ob unser Tun und Reden und unsere Glaubenslehren mit der Scharia im Einklang stehen oder nicht." Aš-Šaʿrānī will ihnen den Rat erteilt

[11] Ebd., 189.

haben, man möge doch den Sachkennern genau zuhören, dann werde man schon erfahren, was das Richtige sei. Doch sie versetzten: „Viele Male saßen wir im Schülerkreis der Gelehrten, und wir bemerkten, daß sie nur äußerst selten ein zur Scharia gehörendes *Ḥadīṯ* zitierten. Womit sie sich am meisten beschäftigten, war die Frage, wie sie die Ansichten des einen von ihnen mit denen eines anderen zusammenbringen und wie sie aus dem Inhalt dieser Ansichten und aus beigefügten Bemerkungen Bewertungen herleiten konnten; dann verkündeten sie dies als ein Fetwa und verfuhren dementsprechend, als ob das, was sie herausgelesen hatten, ein schariatischer Hinweis (auf eine Vorschrift) wäre." Das alles gäben sie als eine Weiterentwicklung der Lehren ihres Schulgründers aus. Es komme aber vor, daß derjenige, aus dessen Ansichten sie diese oder jene Bewertung hergeleitet hätten, damit gar nicht einverstanden sei, doch scherten sie sich um dessen Einspruch nicht im mindesten. „So verläßt ein Laie (arab.: *al-ʿāmmī*) wie wir deren Lehrzirkel, ohne von ihrem Reden etwas mitzunehmen, worauf er sich stützen könnte." Den beredten Beschwerden, denen der Hinweis Nachdruck verleiht, daß nicht jeder sich dem gelehrten Müßiggang zu widmen vermöge, schließt sich die Bitte an, aš-Šaʿrānī solle doch ein Buch verfassen, in welchem er die bekannten unumstrittenen schariatischen Hinweise auf Bewertungen sammle, und zwar die klaren Belege aus der *sunna* des Propheten und der Vier Rechtgeleiteten Kalifen, frei „von den Aussagen aller Sucher eigenständiger Lösungen, sofern die in diesen Aussagen enthaltenen Bewertungen nicht eindeutig von der Scharia gedeckt sind". Endlich wolle man wissen, was das zu befolgende göttliche Gesetz sei. An die menschengemachten Bestimmungen, die die Gelehrten von sich gäben, wolle man sich nicht mehr halten; nur der Herr, nämlich Gott selber und als sein Sprecher der Gesandte Muḥammad, dürften den Gehorsam des Dieners einfordern.[12]

Aš-Šaʿrānī wertete daraufhin alle ihm wichtig erscheinenden *ḥadīṯ*-Kompendien bis hin zu denjenigen as-Sujūṭīs (gest. 1505) aus und suchte die Überlieferungen zusammen, die sich über Gebot und Verbot und über die edlen Charaktereigenschaften (arab.: *makārim al-aḫlāq*) äußern. Dieses Material entkleidete er allen Beiwerks, etwa der Hinweise auf die Umstände, unter denen einst Muḥammad den betreffenden Ausspruch getan hatte. Nur auf Befehl und Verbot, auf die Pflicht zur strengen Beachtung, auf die Erlaubnis zur Nachsicht kam es ihm an. Mit den vielen Sondergebieten der *ḥadīṯ*-Wissenschaft können sich die Derwische und Handwerker nämlich nicht befassen. Nun ist sich aš-Šaʿrānī sehr wohl darüber im klaren, daß auch auf die Weise keinesfalls immer eine Eindeutigkeit der gesetzlichen Bestimmungen erzielt werden kann. Einerseits verbot Muḥammad, die Gräber heiliger Personen zu kultischen Zwecken zu besuchen, andererseits aber erlaubte er es; er verbot es, den Saft gekelterter Weintrauben in einem irdenen Krug oder Trog aufzufangen, andererseits erlaubte er es unter dem Vorbehalt, daß man den Saft, sollte er vergären und berauschend wirken, nicht mehr

[12] aš-Šaʿrānī: *Kašf al-ġumma*, 2 Bde., Kairo 1350 h, I, 3–5.

trinken dürfe. Den Streit um die Frage der Abrogierung der einen durch die andere Überlieferung wolle aš-Šaʿrānī aus Respekt vor Muḥammad nicht mitmachen; denn es sei anstößig, anzunehmen, Muḥammad habe zunächst Falsches und danach Richtiges verbreitet. Was man gemeinhin die abrogierende Überlieferung nenne, sei in Wahrheit nur die Mehrheitsmeinung; wer sich nach einem abrogierten Prophetenwort richte, verstoße damit keineswegs gegen die Scharia, brauche also nicht um sein Jenseits zu fürchten.[13]

Es kann hier nur knapp angedeutet werden, daß sich diese neue Art der Rechtsgelehrsamkeit, die doch die gesellschaftliche und intellektuelle Vormacht der Juristen herkömmlicher Ausbildung antastet, in Ägypten spätestens seit der zweiten Hälfte des 15. Jahrhunderts ankündigt und in der Gestalt des gerade erwähnten as-Sujūṭī ihren ersten berühmten - und natürlich auch umstrittenen - Vertreter hat. As-Sujūṭī nahm die strengen, formalen Regeln der *ḥadīṯ*-Wissenschaft nicht mehr ganz ernst und behauptete vor allem, daß er das Wissen, das er in zahllosen Schriften verbreitete, durch den Propheten persönlich habe bestätigt bekommen. Denn ihm sei Muḥammad mehr als siebzigmal begegnet, und zwar nicht im Traum, sondern im wachen Zustand. Durch die unmittelbare, nicht durch das Regelwerk der Gelehrsamkeit getrübte Sicht auf das göttliche Wissen legitimierte as-Sujūṭī sich als einen wahrhaften Erneuerer.[14] Auch aš-Šaʿrānī deutet im Vorwort zur „Befreiung der ganzen Glaubensgemeinschaft" an, daß ihm unmittelbare Erkenntnisse aus dem Seinsbereich des Verborgenen geschenkt worden seien. „Wessen Herz der erhabene Gott erleuchtete, der sieht die Rede des Gottesgesandten klarer und reiner als jede Rede, durch die eine große Anzahl von Prophetengefährten, Angehörigen der auf sie folgenden Generation, ja die großen zur eigenen Entscheidung befähigten Schulhäupter und alle Schöpfung insgesamt die prophetische Rede auslegen könnte; er sieht, wie sie alle Arten des Verständnisses (zu dem jene gelangt sind) in sich schließt." Aus weiter Ferne blikken wir zu aš-Šāfiʿīs Hoffnung auf das unmittelbare Erscheinen des Wissens von der Scharia im Herzen des Suchenden zurück; bei aš-Šaʿrānī sind es die Ablagerungen einer Jahrhunderte währenden Interpretationsgelehrsamkeit, die durchstoßen werden müssen. Wer die Worte Muḥammads begreifen will und dies unter Zuhilfenahme menschengemachter Auslegungen versucht, der gleicht jemandem, der in der Finsternis zu sehen glaubt. „Und so sagt man zu jemandem, der beim Verstehen der Rede des Gottesgesandten stehenbleibt, bis sie ihm mit den Worten anderer erklärt werde: ‚Dies ist ein Beweis dafür, daß du dem Hof seiner Inspiration fern bist und ihn wegen deiner Liebe zu den irdischen schmutzigen, Begierde weckenden Dingen nie betreten wirst.' Denn die Rede des Gesetzgebers vermag nur zu begreifen, wem Gold und Staub gleich viel gelten, so daß sein Herz (das Gold) nicht aufzuhäufen begehrt und sich auch nicht daran erfreut."[15]

[13] Ebd., 189.
[14] Vgl. T. Nagel: *Einblicke in die islamische Geschichte*, Kap. XIII (noch unveröffentlicht).
[15] aš-Šaʿrānī, op. cit., I, 7.

Aš-Šaʿrānī baut das Werk nach dem üblichen Muster der Handbücher des *fiqh* auf, bezieht den Inhalt jedoch eng in die Gedankenwelt einer vertieften Frömmigkeit ein; so ergänzt er die Darstellung des Kultes durch eine Beschreibung der Vorzüge des ritualisierten Gottesgedenkens (arab.: *aḏ-ḏikr*) und der Eulogie, die bei der Erwähnung des Propheten auszusprechen ist. Die Erörterung der Glaubenspflicht des heiligen Krieges geht in eine Nacherzählung der Prophetenvita über, und den Abschluß des gesamten Werkes bilden aus dem Propheten*ḥadīṯ* gesammelte Verhaltensweisen, die vom Umgang mit den Glaubensbrüdern bis zur richtigen Art des Niesens und Gähnens reichen – die Befolgung der Scharia mündet in die vollkommene Nachahmung des Propheten.

In einer Audition empfing aš-Šaʿrānī die Freudenbotschaft, daß sein Buch bis zum Ende der Zeiten, bis zum Auftreten des *Mahdī* den Menschen Nutzen bringen werde. Wenn der *Mahdī* erscheinen wird, dann wird es keine unterschiedlichen Rechtsschulen mehr geben; die Rechtsgelehrten in jenen fernen Tagen werden ihm daher mit verstecktem Haß begegnen, denn sie werden erkennen, daß er bei vielerlei Gelegenheit anders vorgeht, als ihre Schulhäupter es für richtig befunden hatten. Doch aus Furcht werden sie sich dem *Mahdī* beugen, der mit dem Schwert verbrüdert ist. Als letzte Rechtsschule wird diejenige Abū Ḥanīfas verlöschen, und endlich ist die Einheit des reinen Islams vollendet. Diesem Ziel will aš-Šaʿrānī mit seinem Werk vorarbeiten. „Ich stelle diesem Buch eine Waage voran, die meines Wissens noch niemand vor mir geschaffen hat. Sie legt alle Beweise der Scharia und die Lehrmeinungen der zu selbständiger Suche Befähigten und der Nachahmer bis zum Tag des Gerichts fest, die auf diesen Beweisen fußen, und bewirkt, daß (Gelehrte wie Laien) allesamt in der Sphäre der Scharia schweben" (vgl. Sure 21, 33).[16] Was er damit meint, erläutert er wenig später: Obwohl die Scharia für die Allgemeinheit der Muslime als eine einzige von Gott gestiftet worden sei, erwecke sie heute den Eindruck unüberschaubarer Vielfältigkeit und erschreckender Widersprüchlichkeit. Es ist daher ein Zeichen unerträglicher Anmaßung, daß einige sich anheischig machen, mehrere Richtungen zu unterscheiden und die Wahrheit einer von ihnen mittels der Verfahren der Textwissenschaft zu beweisen. Aš-Šaʿrānī möchte die Rechtswissenschaft in der *ḥadīṯ*-Kunde aufgehen lassen; erst wenn man die Gültigkeit einer jeden Überlieferung, die je von einem der großen Schulhäupter zur Begründung einer schariatischen Norm herangezogen wurde, uneingeschränkt anerkennt, wird man sich aus den Schwierigkeiten befreien. Es wäre töricht, behaupten zu wollen, *Ḥadīṯe* zu ein und derselben Sache hätten übereinstimmendem Inhalt. Das ist nicht der Fall; aber was immer sie aussagen mögen, läßt sich situationsbedingten Bewertungen der Strenge (arab.: *al-ʿazīma*) und der Erleichterung (arab.: *ar-ruḫṣa*) einordnen. Zur peinlich genauen Beachtung aller Vorschriften sind alle die verpflichtet, die dazu imstande sind; die Schwachen mögen sich auf zulässige Nachsicht berufen, auch dann können sie des Heils sicher sein. Die bereits bei aš-Šāṭibī be-

[16] Ebd., I, 8, Zeile 7f.

merkte Verquickung von Rechtsnorm und Ethik wird von aš-Šaʿrānī zum Kern der schariatischen Ausgestaltung des irdischen Daseins der Muslime fortentwickelt; dies ist der Grund, weshalb er in der „Befreiung der ganzen Glaubensgemeinschaft von den Kümmernissen" so großen Wert auf die *Ḥadīṯe* legt, die den „edlen Charakter" (arab.: *makārim al-aḫlāq*) des Propheten beschreiben. Die Schwachen sind jedenfalls nicht mit der Aufgabe belastet, sich die Lebensführung der Starken aufzuzwingen. Wenn man sich dies ins Gedächtnis ruft, dann mag man mit Fug und Recht sagen, die - vielfältige - Scharia wurde von Gott so und nicht anders geschaffen „aus Barmherzigkeit mit den Geschöpfen und um die Symbole der (islamischen) Glaubenspraxis triumphieren zu lassen".[17]

Wie aš-Šaʿrānī diese Grundgedanken verfeinert, können wir hier nicht mehr verfolgen. Nachdem er bis ins einzelne erläutert hat, weshalb die von den Juristen angewandte Methode der *ḥadīṯ*-Auswertung und der hieraus unweigerlich entstehende Meinungsstreit verderblich sind, stellt er, wie er angekündigt hat, nach den Kapiteln der Rechtshandbücher geordnet und auf den wesentlichen Inhalt konzentriert die Überlieferungen zusammen, die von den großen frühen Rechtsgelehrten zur Grundlage ihrer Erforschung der Scharia gemacht wurden. Da keines der Schulhäupter alle *Ḥadīṯe* beachtet habe, aš-Šāfiʿī aber der Auffassung gewesen sei, er müsse sich jedes irgend überlieferte *Ḥadīṯ* zur Richtschnur wählen, empfindet sich aš-Šaʿrānī, der ja nun alle für die Scharia bedeutsamen zusammenträgt, gewissermaßen als Vollender des Werkes seines mehr als sieben Jahrhunderte vor ihm verblichenen Lehrmeisters.[18] Daß ihm die Idee mit der Waage aufgegangen war, darauf hielt sich aš-Šaʿrānī viel zugute. Bei einer seiner Pilgerreisen erflehte er im Angesichte des heiligen Gebäudes von Gott eine Vermehrung des Wissens, worauf von der Regenrinne an der Kaaba eine Stimme erscholl: „Genügt es dir denn nicht, daß Gott dir eine Waage für die Scharia schenkte, die keiner von den Gelehrten deiner Zeit erkannte?" - wobei erkennen heißt, durch Eingebung unmittelbar aus dem Seinsbereich des Verborgenen erfahren.[19]

Aš-Šaʿrānī hat jedoch, seine „Waage" einsetzend, nicht nur dem gemeinen Mann den Stoff der rechtswissenschaftlichen Diskussionen unterbreitet und ihm damit die mannigfachen Verhaltensweisen des Propheten gezeigt, um ihm die Belanglosigkeit des Gelehrtengezänks vor Augen zu führen. Er hat auch ad-Dimašqīs Werk über die Meinungsverschiedenheiten der Schulen im Lichte seiner Einsichten bearbeitet. Als die „große Waage" ist dieses Buch bekannt geworden; in Bulaqer Drucken, die am Rande den Text ad-Dimašqīs aufweisen, wurde es seit dem ausgehenden 19. Jahrhundert vielfach in Umlauf gesetzt, was, wie wir noch erkennen werden, schwerlich ein Zufall ist. Ehe aš-Šaʿrānī sich die Kapitel

[17] Ebd., I, 11, Zeile 23; daher auch das Bild von der Waage, das auf einen Traum aš-Šāfiʿīs zurückgeht (Ibn az-Zaijāt: *al-Kawākib as-saijāra*, Kairo 1907, 211).

[18] Ebd., I, 12, Zeile 13-16.

[19] al-Maliǧī: *al-Manāqib al-kubrā*, Ed. Kairo 1932, 80.

ad-Dimašqīs im einzelnen vornimmt, legt er noch einmal ausführlich seine Theorie dar und gibt dem Leser Ratschläge, wie man sich gegen Kritiker verteidigen solle, die die Berechtigung des Verfahrens der „Waage" anzweifeln. Mit bildlichen Darstellungen versucht aš-Šaʿrānī, die Topographie der Geschehnisse des Jüngsten Tages und die Bedeutung der vier Rechtsschulen auf dem Weg ins Paradies zu veranschaulichen.[20] Doch wir wollen einzelne Beispiele der Anwendung seiner Lehre betrachten, und zwar zunächst wieder die Läuterungsgabe im Handelsgeschäft. Aš-Šaʿrānī zitiert hier die Ausführungen ad-Dimašqīs wörtlich bis zu der Feststellung, die Einigkeit der Rechtsschulen reiche nur bis zur Bestimmung des Satzes der Läuterungsgabe auf ein Vierzigstel des Wertes der Handelsgüter.

> Zu dem, worüber sie uneins sind, gehört die Lehre der drei Schulhäupter, daß, wenn jemand einen Sklaven erwirbt, um ihn als Handelsware zu veräußern, er nach Ablauf eines Jahres die Läuterungsgabe des Festes des Fastenbrechens und diejenige für Handelsgüter zahlen muß, während Abū Ḥanīfa sagt, daß die Läuterungsgabe des Fastenbrechens entfällt. Die erste Ansicht ist die strenge, die zweite die nachsichtige. Wieder geht es um die beiden Stufen der Waage. Der Grund der ersten Ansicht ist, daß die Läuterungsgabe auf den Sklaven unter zwei verschiedenen Gesichtspunkten Pflicht ist; folglich spricht nichts dagegen, beides zusammenzufassen. Der Grund der zweiten ist, daß der Sklave unter die Handelsgüter gerechnet wird, weswegen dem Eigentümer nicht zwei Arten von Läuterungsgaben obliegen; wenn er allerdings freiwillig eine entsprechende Spende leistet, kann ihm das nicht verwehrt werden.

Wenn der Sklave zum Haushalt des Kaufmanns gehörte, dann müßte dieser zum Fest des Fastenbrechens die vorgeschriebene Gabe (arab.: *zakāt al-fiṭr*) leisten. Aš-Šaʿrānī klärt den Leser hier - wie immer wieder in der „Waage" - über den Hintergrund einer Meinungsverschiedenheit auf. Das geschieht auch im weiteren, wo die Besteuerung der zur Einziehung von Spekulationsgewinnen gehorteten Waren erörtert wird. Hanafiten, Schafiiten und Hanbaliten hatten gefordert, daß Waren, sobald sie über einen Zeitraum von einem Sonnenjahr, vom Tag des Ankaufs an gerechnet, gelagert wurden, der Läuterungsgabe unterliegen. Die Malikiten verzichteten auf die jährliche Besteuerung gehorteter Güter. Das erste Verfahren sei das strenge, das zweite das milde, und der Unterschied sei zu rechtfertigen, denn es gebe keinen eindeutigen Text, der die Modalitäten der Versteuerung von Lagerbeständen regele. Ähnlich erläutert aš-Šaʿrānī die unterschiedliche Handhabung des Mindestsatzes; werde er nur für den Anfang und das Ende des Jahres der Lagerung ermittelt, dann sei dies für den Händler günstiger, da eine vorübergehende Wertsteigerung außer Betracht bleibe; der wiederum durch den Mangel eines eindeutigen Textes ermöglichten Erleichterung für den Kaufmann sei allerdings die Erschwernis gegenüberzustellen, die ein vermindertes *zakāt*-Aufkommen für die zum Empfang der Gelder Berechtigten mit sich bringe.[21]

[20] aš-Šaʿrānī: *al-Mīzān al-kubrā*, I, 38–44.
[21] Ebd., II, 8.

Einem Schutzgenossen die Urbarmachung muslimischen Territoriums zu gestatten, bedeutet zweifellos eine Stärkung der Andersgläubigen, ist für sie mithin eine Erleichterung, die ihnen hilft, den für sie vorgesehenen niederen Rang zu überwinden. Die Hanafiten begründen ihre Nachsicht mit dem Hinweis, daß es gleichgültig sei, ob Andersgläubige Land beackerten oder - was sie doch ohnehin tun - sich Wohnstätten errichteten. Die Erlaubnis der Obrigkeit einzuholen, wenn man Land urbar machen will, bedeutet eine Erschwernis und ziemt sich für alle, deren Verhältnis zu den Herrschenden von Anstand und Sitte gekennzeichnet ist. Daß der Verzicht auf die Einwilligung statthaft ist, ergibt sich aus dem Muḥammad in den Mund gelegten Satz: „Wer Land urbar macht, dem gehört es." Selbst die Schutzgenossen seien in diesen allgemeinen Grundsatz einbezogen. Einst bebautes, nun aufgelassenes Land in Besitz zu nehmen, widerspreche skrupelhafter Frömmigkeit (arab.: *al-wara'*), so daß auch hier Strenge und Nachsicht erkennbar werden, wie natürlich auch in den Regeln über die Maßnahmen zur Besitzergreifung.[22]

Bei flüchtiger Betrachtung der Ausführungen aš-Šaʿrānīs, vor allem der Gedanken, die er in der Einleitung zu seinem Buch über die „Befreiung der ganzen Glaubensgemeinschaft" darlegt, kommt einem der Verdacht, das bloße Zitieren eines *Ḥadīṯes* solle nunmehr ausreichen, um Rechtswissenschaft zu betreiben. In der „Waage" wird jedoch deutlich, daß dies keineswegs genügt. Aš-Šaʿrānī sucht herauszufinden, welche Erwägungen die jeweils unterschiedlichen Auslegungen ein und desselben Prophetenwortes ermöglichten, und diesen Auslegungen will er - im Gegensatz zu der Quelle - ihre normative Kraft und damit auch ihr Gewicht für die Glaubenspraxis absprechen. Es soll sich nicht mehr lohnen, sich über die voneinander abweichenden Interpretationen eines Quellentextes zu streiten; vielmehr soll jeder Muslim nach Maßgabe seiner Alltagssituation mit sich selber abmachen, ob er sich an die strenge oder die milde Deutung hält. Im Hinblick auf den Erwerb des Jenseitsheils, das ja schon bei der Befolgung der bequemeren Auslegung erlangt wird, ist das Problem der Unterschiedlichkeit der Vorschriften zwar gelöst. Aber aš-Šaʿrānī übersieht, daß das Recht nicht nur das Verhältnis zwischen Gott und Mensch, sondern eben auch der Menschen untereinander ordnet, und auf dieser Ebene kann es nicht dem einzelnen überlassen bleiben, ob er die Läuterungsgabe so oder anders berechnet oder ob er in dieser oder jener Weise unbebautes Land in Besitz nimmt. So ist zu verstehen, daß die Anstrengungen um eine einheitliche Auslegung der Quellen trotz der grundsätzlichen Einwände aš-Šaʿrānīs nicht erlahmten, ja daß sein Einfluß auf die Geschichte des *fiqh* gering blieb. Bis ins 19. Jahrhundert hinein suchte man mit dem Mittel einer verfeinerten, höchst scharfsinnigen Textanalyse dem letzten Endes schon durch aš-Šāfiʿī vorgegebenen Ziel näherzukommen, auf der Grundlage von Offenbarung und *sunna* zu einem einheitlichen Recht zu gelangen. So verfaßte der Hanafit Ibn ʿĀbidīn (gest. 1836) eine Abhandlung, in der er eine

[22] Ebd., II, 84.

von allen Rechtsschulen gebilligte Ahndung des Verbrechens der Beleidigung des Propheten festzulegen suchte. Der malikitische Gelehrte al-Qāḍī ʿIjāḍ (gest. 1149) war der erste gewesen, der in seiner Abhandlung über die dogmatisierte Prophetenvita[23] sich auch über die angemessene Bestrafung geäußert hatte, der jeder zu unterwerfen sei, der Unschickliches über Muḥammad verbreite oder dessen Autorität in allen Fragen des Glaubensvollzugs und des profanen Lebens in Zweifel ziehe. Da hierdurch die Grundlage der muslimischen Gesellschaft aufs höchste gefährdet werde, hatte al-Qāḍī ʿIjād für die Todesstrafe plädiert. Der Hanbalit Ibn Taimīja (gest. 1328) und der Schafiit Taqī ad-Dīn as-Subkī (gest. 1355) hatten sich in dem gleichen Gegenstand gewidmeten Schriften der Ansicht ihres malikitischen Vorläufers angeschlossen. Die Hanafiten konnten diese Rechtsauffassung nicht einfach übernehmen, da der Beleidiger des Propheten nach Ansicht ihrer frühen Autoritäten als ein Apostat (arab.: *al-murtadd*) zu gelten habe, der, wenn er reumütig zum Islam zurückkehrte, nicht mit dem Tode bestraft werden durfte. Ziel der Untersuchungen Ibn ʿĀbidīns ist es, auch aus den Schriften der hanafitischen Schule die Notwendigkeit der Hinrichtung desjenigen zu begründen, der jenes Verbrechens überführt wurde. Ibn ʿĀbidīn zitiert hanafitisches Schrifttum, in dem tatsächlich diese Meinung befürwortet wurde, aber nach genauer Prüfung der dort verwendeten Quellen muß er einräumen, daß jene mildere Beurteilung, die den Weg zur Umkehr offenläßt, die einzige ist, die der hanafitischen Überlieferung entspricht. Er berichtigt mithin Fehler jener hanafitischen Vorgänger, die zum gleichen Ergebnis wie die Vertreter der anderen Schulen gekommen waren. Die Arbeit der Nachgeborenen ist das Aufspüren derartiger Fehler, die sich, aus welchen Gründen immer, eingeschlichen haben, und Ibn ʿAbidīn nennt einen anderen Fall, in dem ihm eine solche Berichtigung geglückt ist: die von einem Hanafiten ausgesprochene Erlaubnis, für die Rezitation des Korans Geld zu kassieren, beruhte auf einem Irrtum. Wie aber ist über den Beleidiger des Propheten zu entscheiden? Ibn ʿĀbidīn schreibt, daß der Sultan Süleyman in den Jahren 1537 und 1548 verfügt habe, die *Qāḍīs* hätten in solchen Fällen auf die Todesstrafe zu erkennen. Die Einheitlichkeit der Rechtsprechung, durch den Sultan einst erzwungen, kann in diesem Falle mit den Mitteln der Wissenschaft nicht herbeigeführt werden. An dieser Einsicht mogelt sich Ibn ʿĀbidīn nicht vorbei; aber für ihn ist die Einheitlichkeit des Scharia-Rechts ein so hohes Gut, daß er den hanafitischen Richtern rät, die Bearbeitung solcher Fälle den Kollegen der anderen Schulen zu überlassen, zumal wenn deutlich werde, daß der Delinquent keinerlei Reue zeige.[24]

In einer 1827 niedergeschriebenen Abhandlung, einem Kommentar zu einem von ihm selber verfaßten Lehrgedicht über die Tätigkeit des *Muftīs*, versucht Ibn ʿĀbidīn, dem beunruhigenden Thema der Meinungsvielfalt in Fragen des Rechts

[23] Vgl. oben Kap. B II 3.

[24] T. Nagel: *Autochthone Wurzeln des islamischen Modernismus*, in: ZDMG 146/1996, 92–111.

auf den Grund zu gehen. Denn wie das obige Beispiel zeigt, ist der Wunsch nach Einheitlichkeit so übermächtig, daß sogar eine methodisch höchst unbefriedigende Lösung für annehmbar erkannt wird. Ibn ʿĀbidīn nennt drei Quellengattungen, mit denen der hanafitische Jurist arbeiten muß, wenn er als *Muftī* tätig wird. Den Kern bilden die Ansichten und Entscheidungen des Schulgründers Abū Ḥanīfa und seiner beiden Meisterschüler Abū Jūsuf und Muḥammad aš-Šaibānī. In den großen Sammlungen aš-Šaibānīs ist dieses Material zugänglich. Er hat jedoch auch anderes überliefert, dem eine geringere Autorität anhaftet; es sind Bemerkungen der drei Großen zu Einzelfragen, die in den Lehrgesprächen erörtert wurden. Die Meister äußerten hierzu, „was Gott ihnen diesbezüglich eröffnete", und eifrige Schüler machten sich Notizen, die dann in umfangreicheren Schriften zusammengestellt wurden. Leider, so bedauert Ibn ʿAbidīn, sei dieser Brauch „wegen des Dahinschwindens des Wissens und der Gelehrten" außer Übung gekommen. Die dritte Quellengattung sind die Fetwas der „spätgeborenen Sucher nach eigener Einsicht"; ihnen wurden Fragen vorgelegt, zu denen sich bei den Altvorderen noch nichts finden ließ.[25] Dieser dritte Typ von Materialien, deren sich der Gelehrte zu bedienen hat, ist derjenige, der über das Jahrtausend hinweg, das seit dem Tod der drei Schulhäupter verflossen ist, lebendig blieb.

Wenn sich Ibn ʿAbidīn nach diesen Bemerkungen dem Problem der Meinungsvielfalt stellt, dann eindeutig in dem Wunsch, es aus der Welt zu schaffen - wie er es in der Abhandlung über die Ahndung der Beleidigung Muḥammads versucht hatte. Grundlage der Rechtsprechung soll sein, was die drei Großen in der Zeit Hārūn ar-Rašīds und vorher erarbeitet haben. Die Meinungsvielfalt beruhe nämlich zum einen auf Mißverständnissen derjenigen, die bei Abū Ḥanifa, Abū Jūsuf und aš-Šaibānī hörten und als Tradenten der Lehre der Meister diese Mißverständnisse in Umlauf setzten - solche Fehler können nach Ibn ʿĀbidīns Überzeugung noch von den Spätgeborenen erkannt und ausgemerzt werden. Schwieriger sei es, wenn schon die Schulgründer eine Frage unterschiedlich beantwortet hätten, etwa einmal nach Maßgabe eines Analogieschlusses, ein anderes Mal nach Billigkeitserwägungen (arab.: *al-istiḥsān*), oder einmal nach der schariatischen Bewertung, ein anderes Mal nach skrupelhafter Vorsicht. Es läßt sich daher bei dieser Art von Meinungsverschiedenheiten jede Anschauung im Rahmen der Begriffe schariatischer Rechtswissenschaft begründen, so daß nicht der Eindruck von Willkür entstehen kann. Nun behaupten manche Gelehrte, es fänden sich Überlieferungen, deren Inhalt widersprüchlich sei, ohne daß irgendein Kriterium zur Hand sei, mit dem man den Widerspruch auflösen könnte. Es fehle mithin jeglicher Ansatzpunkt für die Bevorzugung (arab.: *at-tarǧīḥ*) einer der Entscheidungen. Abū Ḥanīfa habe im Bewußtsein der Lehre, daß die Meinungsverschiedenheit ein Zeichen der Barmherzigkeit Gottes sei, den Schülern geraten, ihrerseits nach solchen Kriterien zu suchen. Denn eines steht für Ibn

[25] Ibn ʿĀbidīn: *Šarḥ al-manẓūm*, in: Ders.: *Maǧmūʿat rasāʾil Ibn ʿĀbidīn*, 2 Bde., ohne Ort und Jahr, I, 16f.

ʿĀbidīn unverrückbar fest: Nicht leichtfertig und aufs Geratewohl dürfen die Spätgeborenen zwischen zwei Meinungen der Schulgründer wählen, wenn immer diese selber ihre divergierenden Auffassungen ein und desselben Rechtsfalles nicht erläutert hätten. Die Spätgeborenen haben sich demnach sehr wohl um eine weitere Vertiefung der Kenntnisse der Scharia zu bemühen. Und wenn sie, wie es nach Ibn ʿĀbidīn ihrer Pflicht entspricht, herausgefunden haben, warum Abū Ḥanīfa, Abū Jūsuf oder aš-Šaibānī zu unterschiedlichen Ansichten gelangten, dann müssen sie diese Erkenntnis ihren Gutachten zugrunde legen. Wenn jemand behaupten sollte, sie wichen mit solcher Arbeit vom Erbe der Schulhäupter ab, dann sei zu unterstreichen, daß dies gerade nicht der Fall sei. Die von den drei Großen herkommende Tradition wird doch gar nicht geleugnet, sie wird nur unter Nutzung des theoretischen Rüstzeugs der Scharia-Wissenschaft vertieft und abgeklärt. Ibn ʿĀbidīn beruft sich ausdrücklich auf aš-Šaʿrānī, der in seiner „Waage" die islamische Gesetzesgelehrsamkeit mit einem Geflecht sich kreuzender, ineinander fließender, voneinander abzweigender Bäche vergleicht, deren Wasser in einer einzigen Quelle entspringt.[26]

Ibn ʿĀbidīn rechtfertigt auf diese Weise die in der dritten Quellengattung überlieferten Ergebnisse der ein Jahrtausend währenden Überlegungen der Gelehrten und zeigt zugleich, daß die Meinungsvielfalt, die sich in diesem Schrifttum niedergeschlagen hat, in Wahrheit eine Einheit ist - vorausgesetzt, es wird methodisch einwandfrei argumentiert. Daß dies auch weiterhin gelten müsse, will Ibn ʿĀbidīn im Kommentar zu seinem Lehrgedicht erreichen. „Worin die Angehörigen einer Rechtsschule ihrem Oberhaupt widersprechen, das liegt nicht außerhalb der Schultradition, wenn die bedeutenden Kenner es bevorzugen. Das gilt auch für die auf dem guten Brauch (arab.: *al-ʿurf*) aufgebauten Rechtsmeinungen, der doch dank dem Wandel der Zeiten oder wegen einer Zwangslage zustande kommt."[27] Dies ist eine bemerkenswerte Äußerung, stellt sie doch ausdrücklich die im Laufe der Geschichte auftretenden Veränderungen in Rechnung. Ibn ʿĀbidīn meint mit der Vertiefung der Kenntnisse von der Scharia offensichtlich nicht das Festhalten oder Wiedergewinnen eines zeitlich fernen Zustandes. Vielmehr ist eine Anpassung an veränderte Gegebenheiten nicht zu vermeiden, und die wechselnden Umstände und Voraussetzungen können für die Entscheidung zwischen zwei Aussagen der Schulgründer ausschlaggebend sein.[28] Wenn ein

[26] aš-Šaʿrānī: *al-Mīzān al-kubrā*, I, 40.; Ibn ʿĀbidīn, op. cit., 22-24. Vgl. hierzu auch H. Gerber: *Islamic law and culture 1600-1840*, Leiden 1999, 88-91; Gerber spricht von einer „zweifachen Klaviatur", der rechtstheoretischen und der praktischen, auf der ein Mann wie Ibn ʿĀbidīn gespielt habe - in der Theorie sei die Scharia sakrosankt, in der Praxis gälten die weltlichen Interessen. Ich halte diese Sicht der Dinge, die von einem westlich-säkularisierten Standort aus argumentiert, für unangemessen. Wie gezeigt, ging es Ibn ʿĀbidīn sehr wohl um die Wahrung und die stichhaltige Begründung der Einheit von Theorie und Praxis.

[27] Ibn ʿĀbidīn, op. cit., 25.

[28] Ebd., 38-40.

Muftī so verfährt, muß er jedoch sehr genau die Methodik der Scharia beachten. Darauf besteht Ibn ʿĀbidīn und bedauert, daß die Fähigkeit zu eigenständiger Entscheidungsfindung (arab.: *al-iǧtihād*) „in unserer Zeit" verschwunden sei. Das mindeste, was man fordern dürfe, sei die Versiertheit in den Prinzipien der Scharia-Wissenschaft, des weiteren „die Kenntnis des guten Brauches der Zeit, die Kenntnis der Lebensumstände der Zeitgenossen und die Ausbildung bei einem geschickten Meister ... Wenn jemand alle Bücher unserer Schule kennt, so muß er doch, um Fetwas zu erteilen, bei einem Meister in die Lehre gehen, um dazu angeleitet zu werden. Denn viele Fragen sind nach den Gewohnheiten (arab.: Pl. *al-ʿādāt*) der Zeitgenossen zu beantworten, sofern nicht gegen die Scharia verstoßen wird."[29]

Ibn ʿĀbidīn sieht mithin die Möglichkeit, im überkommenen Gefüge der schariatischen Rechtswissenschaft zu bleiben und doch die Meinungsvielfalt einzuschränken, nämlich indem das Willkürliche, die nicht durch Argumente gestützte Auswahl zwischen widerstreitenden Überlieferungen, ausgeschlossen sein soll. Die Berücksichtigung der sich wandelnden Lebensbedingungen der Menschen soll, im Geiste der Schulgründer erwogen, eine wichtige Ergänzung der Methodik darstellen. An eine Wiederkehr der Zeiten, in denen den Gelehrten die eigenständige, d. h. von der Überlieferung der Schulgründer freie Suche nach Lösungen möglich war, glaubt Ibn ʿĀbidīn nicht. Eine ganz andere Meinung vertritt sein Zeitgenosse aš-Šaukānī (gest. 1839), auch wenn er von ganz ähnlichen Voraussetzungen her sein Thema in Angriff nimmt. Abū Ḥanīfa und Abū Jūsuf, so zitiert er, hätten es verboten, die Einsichten, die sie gewonnen hätten, weiterzuverbreiten, ohne zu verstehen, aus welchem Grund sie zu ihren Ansichten gelangt seien.[30] Doch was Ibn ʿĀbidīn als unter methodischen Gesichtspunkten unzulässig getadelt hatte, verwirft aš-Šaukānī in Bausch und Bogen, indem er es mit dem Begriff der Nachahmung (arab.: *at-taqlīd*) brandmarkt. In einer hierzu verfaßten Streitschrift geht es ihm daher auch nicht um die Schärfung des Bewußtseins seiner Fachgenossen, damit diese künftig methodische Mängel beheben, sondern um die Anschwärzung weiter Bereiche der Rechtswissenschaft überhaupt.[31] Denn aš-Šaukānī zeigt sich überzeugt, daß zwar nicht die vier Schulgründer, jedoch deren Zöglinge das Prinzip der Rechtsschule ersonnen und dadurch alle weitere schöpferische Arbeit an der Scharia erstickt hätten. Mālik b. Anas habe während seiner Unterredung mit Hārūn ar-Rašīd den Wunsch des Kalifen, das Recht im islamischen Reich völlig nach den Grundsätzen des Medinensers zu gestalten, nachdrücklich zurückgewiesen, denn Mālik befürwortete die selbständige Entscheidungssuche. Die Nachahmung ist daher im Urteil aš-Šaukānīs eine unschariatische Neuerung (arab.: *al-bidʿa*), die bekämpft werden muß.[32] Sie ist nahezu

[29] Ebd., 46.
[30] aš-Šaukānī: *al-Qaul al-mufīd*, ed. AL-BADRĪ, Kairo 1991, 36.
[31] Vgl. T. NAGEL: *Die Festung des Glaubens*, 365f.
[32] aš-Šaukānī, op. cit., 38.

deckungsgleich mit der juristischen Fachgelehrsamkeit, die nach der Meinung Ibn ʿĀbidīns die Ansätze der großen Meister aufgreift und weiterentwickelt. Aš-Šaukānī möchte diese dritte Textgattung der Juristen auf den Regalen verstauben lassen, um zu den Leistungen der Frühzeit unmittelbar zurückzugehen, die er für die einzig fruchtbaren erachtet.

Es ist verblüffend, wie sehr Vorstellungen wie diejenigen aš-Šaukānīs nicht nur die islamischen Reformströmungen des ausgehenden 19. Jahrhunderts beherrschten, worüber an anderer Stelle einiges gesagt werden soll, sondern bis weit in die zweite Hälfte des 20. Jahrhunderts auch das Bild prägten, das sich die europäische Islamforschung von ihrem Gegenstand machte. Ganze acht Seiten billigt Joseph Schacht in seiner 1964 erschienenen Gesamtdarstellung des islamischen Rechts dem Zeitraum vom frühen 11. bis zum 19. Jahrhundert zu;[33] auf die Herausbildung der großen Schulen folgt nach einem knappen Jahrtausend nahezu völligen Stillstandes das „Anglo-Muḥammadan Law" Indiens unter britischer Kolonialherrschaft. - Doch dies nur am Rande! Aš-Šaukānī hat sich auch mit der Lehre von den Grundlagen des *fiqh* beschäftigt und seine Erkenntnisse in einem Buch zusammengefaßt. Es leuchtet ein, daß er die Lehren der Muʿtazila mit Zustimmung aufgreift, denen zufolge der Verstand befähigt ist, Handlungen oder Sachverhalte als gut oder schlecht zu beurteilen. Allerdings räumt aš-Šaukānī ein, daß der Mensch ohne irgendeine Anleitung nicht zu der Einsicht gelangen könne, daß eine gute Handlung Lohn im Jenseits nach sich ziehe. Wer jedoch abstreite, daß der Verstand aus eigener Kraft eine Tat als gut oder schlecht erkenne, der sei verblendet und unbelehrbar.[34] Die von Pflicht bis Verbot reichenden fünf schariatischen Bewertungen bilden nach aš-Šaukānī eine Reihung, die in einer Analogie zu den fünf Urteilen des Verstandes gesehen werden muß: Der Mensch erkennt mit Hilfe seines Verstandes, ob eine Handlung vollkommen oder mangelhaft ist - dem würden Pflicht oder Verbot entsprechen -, ob sie dem Naturell einer Person entgegenkommt oder zuwiderläuft - nach schariatischer Bewertung empfohlen oder verabscheut wird - oder ob sie als indifferent aufgefaßt wird.[35] Es bleibt zu untersuchen, ob aš-Šaukānī diese vom Individuum her, nicht von der Gemeinschaft der Muslime aus[36] gedachte enge Verbindung von möglichem Gesetz und diesseitigen Gegebenheiten bei der Darlegung der Grundlagen des *fiqh* befolgt hat. Ich habe den Eindruck, daß die Unausrechenbarkeit von Lohn und Strafe doch ein zu mächtiger Gesichtspunkt war, als daß aš-Šaukānī die islamische Rechtswissenschaft im Kern hätte erneuern können.

Ein weiterer Kämpfer gegen die Nachahmung soll noch kurz erwähnt werden: Muḥammad b. ʿAlī as-Sanūsī (gest. 1859). Ähnlich wie aš-Šaukānī, aber wohl noch entschiedener suchte er nach einem Weg, der ihn hinter die in einem Jahr-

[33] J. Schacht: *An introduction to Islamic law*, Oxford 1964, 86–93.
[34] aš-Šaukānī: *Iršād al-fuḥūl*, Nachdruck Beirut o. J., 7f.
[35] Vgl. ebd., 251.
[36] Vgl. oben Kap. B III 2.

tausend aufgehäuften Zeugnisse muslimischen Gelehrtenfleißes zurückführen sollte. Nachdem as-Sanūsī in Fes die überkommenen islamischen Wissenschaften studiert hatte, brachte er das Jahr 1824 in Kairo an der al-Azhar-Hochschule zu. Aus seiner Verbindung mit dem etwa dreißig Jahre älteren Aḥmad b. Idrīs al-Fāsī erwuchs eine der vielen Frömmigkeitsbewegungen des Islams, der Sanusija-Orden, den man als einen Vorläufer der islamischen Reformströmungen betrachten kann. Unter Umgehung der herkömmlichen Schulwissenschaft sollten sich die Mitglieder der Gemeinschaft in die Überlieferung vom Leben des Propheten vertiefen und, gewissermaßen an der Quelle, die Kraft und die Einsichten schöpfen, nach denen sie leben sollten. Im Jahre 1843 veröffentlichte die al-Azhar ein Fetwa gegen die Umtriebe as-Sanūsīs. Es wird ihm vorgeworfen, er maße sich an, Koran und *sunna* nicht nur vorzutragen, sondern nach eigener Erkenntnis auszulegen, wo doch die Gründer der Rechtsschulen bereits abschließende Deutungen geschaffen hätten. As-Sanūsī nehme für sich das Recht eigener Entscheidungssuche (arab.: *al-iǧtihād*) in Anspruch und stelle sich damit außerhalb des Sunnitentums.[37]

Wirksamer als solche zaghaften, von der Mehrzahl der Rechtsgelehrten angefeindeten Versuche, der in der überlieferten Fachgelehrsamkeit gründenden Meinungsvielfalt zu entkommen und eine tiefgreifende Umgestaltung des islamischen Rechts zu wagen, drängte die Weltpolitik zu Veränderungen dieser Art. In der Auseinandersetzung mit den europäischen Großmächten und im Ringen um eine Neuordnung der inneren Verhältnisse durchlebte das Osmanische Reich seit dem ausgehenden 18. Jahrhundert schwere Krisen. Am Hof von Konstantinopel sah man sich zu der Einsicht genötigt, daß eine vorsichtige Angleichung des Aufbaues des Reiches an europäische Vorbilder nicht zu umgehen war, wenn man nicht dessen Fortbestand aufs Spiel setzen wollte.[38] Eine Periode der Reformen, die sogenannte *Tanzimat*-Zeit, nahm 1839 mit dem „großherrlichen Handschreiben von Gülhane" ihren Anfang; Sultan ʿAbd al-Maǧīd (reg. 1839–1861) verkündete in ihm seine Absicht, alle Staatsgewalt durch besoldete Beamte ausüben zu lassen, und zwar nach Gesetzen, die für jedermann in gleicher Weise gelten sollten. Ohne daß dies ausdrücklich festgestellt wurde, erklärte ʿAbd al-Maǧīd alle seine Untertanen, welchen Glaubens immer sie waren, für gleich vor dem Gesetz, das freilich nach wie vor die Scharia war: „Damit nun dieser Unserer Begünstigungen alle Unsere Untertanen, Mohammedaner und Anhänger der übrigen Religionsgemeinschaften, ohne Ausnahme teilhaftig werden, wurde von Uns eine vollkommene Sicherheit des Lebens, der Ehre und des Vermögens der Bevölkerung aller Unserer wohlbehüteten Länder gemäß den Bestimmungen der Scharia-Gesetze gewährleistet." Nicht ohne Grund weist der Sultan am Schluß des Handschreibens darauf hin, daß das alte Regime gänzlich neu gestaltet werde, denn den Gelehrten wurde die Zuständigkeit für den Inhalt der Scharia entzogen; der

[37] Vgl. T. Nagel: *Geschichte der islamischen Theologie*, 248.
[38] B. Lewis: *The emergence of modern Turkey*, London 1961, 74–126.

Herrscher beansprucht für sich die Kompetenz der Gesetzgebung, und die Gesetze, die er erläßt, sollen von den Beamten streng befolgt werden: „Wer also von den *Ulama* und Ministern – kurz jeder, möge er sein, wer er will, – den gesetzlichen Vorschriften zuwiderhandelt, wird nach Maßgabe seines festgestellten Vergehens die entsprechende Strafe ohne Rücksicht auf Rang, Würde und persönliches Ansehen erhalten. Ein eigenes Strafgesetz soll zu diesem Zwecke abgefaßt werden."[39] Die sich nach der Zugehörigkeit zu den vier Schulen organisierende Rechtsgelehrsamkeit, deren Arbeit sich im Grundsatz nicht nach den Zielen und Wünschen des Herrschers richtete, sondern unabhängig hiervon die vollkommene Explikation des göttlichen Gesetzes anstrebte, sollte mit einem Federstrich entmündigt sein. Wenn die osmanischen Sultane auch schon seit Jahrhunderten vereinzelt in die Rechtspflege eingriffen und darüber hinaus der inneren Sicherheit und der Festigung ihrer Macht dienliche Gesetze (türk.: *kanun*) erließen, deren Bestimmungen zum Teil der Scharia zuwiderliefen, so brach ʿAbd al-Maǧīd doch ganz mit dem Herkommen, indem er das Recht, das im Osmanischen Reich angewendet werden sollte, zur Gänze als vom Herrscher verfügt begriff.

Dies hatte die Folge, daß die Meinungsverschiedenheit der Rechtsgelehrten ihre Legitimität einbüßte. Die Gesetze, die der Sultan erließ, wurzelten dem Inhalte nach in der Scharia; der Form nach aber glichen sie europäischen Gesetzeswerken. Dies zeigt das im Handschreiben angekündigte und schon 1840 erlassene „Strafgesetz", das in einer Präambel und dreizehn Abschnitten, die wiederum in Paragraphen untergliedert sind, die Pflichten der sultanischen Beamten regelt. In der Präambel beruft sich ʿAbd al-Maǧīd auf sein Handschreiben von Gülhane und hebt hervor, daß die Gleichheit aller Untertanen vor dem Gesetz gewährleistet werden müsse; wer immer sich von den Beamten des Sultans in seinem Recht verletzt fühle, müsse sich wehren können. In den einzelnen Abschnitten wird festgelegt, wie im Falle von Mord, Aufruhr gegen den Staat, Ehrverletzung und Übergriffen gegen das Eigentum zu verfahren ist; immer wieder wird betont, daß diese Regelungen auch gegen Staatsdiener anzuwenden sind, die sich der genannten Verbrechen schuldig gemacht haben.[40] Natürlich wäre es unmöglich gewesen, die gesamte Rechtspflege in wenigen Jahren von Grund auf zu verändern, zumal für wichtige Bereiche gar keine sultanischen Gesetze vorhanden waren. Um dennoch die Rechtssicherheit zu erhöhen, wurden in den Provinzen Ratsversammlungen einberufen; der Vorsitzende und einige Mitglieder wurden vom Sultan bestimmt, die übrigen stammten aus den Reihen der Provinznotablen. Der Ratsversammlung oblag vor allem die Aufsicht über das Rechtswesen. Zivilrechtsfälle und Erbschaftsangelegenheiten sollten nach wie vor die örtlichen Scharia-Gerichte entscheiden; Tötungsdelikte und Wegelagerei, Ver-

[39] Deutsche Übersetzung des Handschreibens bei TH. SCHEBEN: *Verwaltungsreformen der frühen Tanzimatzeit*, Frankfurt 1991, 255–258.

[40] Ebd., 270–277.

brechen mithin, die mit den „Grenz"-Strafen bedroht sind, zu deren Verhängung allein das Oberhaupt des islamischen Staates befugt ist, sollten jedoch von diesen Versammlungen abgeurteilt werden. Daß Rechtssicherheit auf dem Wege zentraler Kontrolle und der engen Eingrenzung der Kompetenzen der *Qāḍīs* angestrebt wurde, belegen die folgenden beiden Paragraphen der 1848 erlassenen Verordnung über die Tätigkeit der Ratsversammlungen:

§ 52. Wenn ein anvertrauter Besitz in den Händen der Treuhänder oder beim *Qāḍī* nicht untergegangen ist und sich kein angemessener Weg zu einer einträglichen Anlage nach der Scharia finden läßt, dann soll die Ratsversammlung über Mittel und Wege diskutieren und mittels Protokoll (bei der Hohen Pforte) um eine Genehmigung einkommen.

§ 53. In Rechtsangelegenheiten soll man die *Qāḍīs* und Beamten die ihnen zustehenden Gebühren einziehen lassen; die Ratsversammlung hat indessen darauf zu achten, daß eine Einziehung von Gebühren, die nach Scharia und Gesetz unzulässig ist, unbedingt unterbleibt. Wenn sich herausstellt, daß dem zuwidergehandelt wurde und unter der Bezeichnung Geschenk oder einem anderen Vorwand Geld oder Sachwerte angenommen und den Leuten die Rechte beschnitten wurden, dann ist es die Pflicht der Ratsversammlung, dies dem Statthalter anzuzeigen und in jedem Falle Maßnahmen zur Unterbindung zu ergreifen.[41]

Neben diesem „Strafgesetz" wurden unter ʿAbd al-Maǧīd eine Reihe weiterer Vorhaben zur Umgestaltung des Rechtswesens in Angriff genommen und zum Teil auch vollendet. Dabei konnte man im Falle des neuen Bodenrechts von 1857 auf Vorarbeiten von Abū s-Suʿūd Efendi (gest. 1574) zurückgreifen.[42] Vielfach mußte jedoch Pionierarbeit geleistet werden. So setzte der Sultan 1855 ein Gremium von Rechtsgelehrten ein, das ein dem BGB vergleichbares Gesetzbuch erarbeiten sollte. Ahmed Cevdet Paşa (1822–1895), der führende Kopf unter den hohen Staatsbeamten, die eine Erneuerung des Reiches aus den islamischen Wurzeln heraus anstrebten, deutet in seinen Lebenserinnerungen an, was dem Sultan eine solche Politik nahelegte: Die militärischen Niederlagen des Reiches hätten dazu geführt, daß Europäer in immer größerer Zahl in den Nahen Osten strömten; der Warenaustausch mit dem Ausland habe stark zugenommen. Für die infolge dieser Entwicklung wachsende Zahl von Prozessen gebe es jedoch keine osmanische Gerichtsbarkeit; denn die Fremden ließen sich nicht auf Verfahren an den Scharia-Gerichten ein, weil dort das Zeugnis eines Andersgläubigen gegen einen Muslim und eines Inhabers einer zeitlich begrenzten Sicherheitszusage (arab.: *al-mustaʾmin*) gegen einen osmanischen Schutzgenossen (arab.: *aḏ-ḏimmī*) nicht gelte. Um die Europäer der Gerichtsbarkeit des Reiches zu unterstellen, habe man vorgeschlagen, das französische Handelsrecht ins Türkische zu übersetzen. Cevdet Paşa lehnte dies jedoch entschieden ab; der Glaubensgemeinschaft der Muslime ein ihr fremdes Recht überzustülpen, sei gleichbedeutend mit ihrer

[41] Ebd., 299.
[42] O. Öztürk: *Osmanlı hukuk tarihinde Mecelle*, Istanbul 1973, 15.

Auslöschung. Daher habe man sich entschlossen, eine Gruppe von Gelehrten mit der Ausarbeitung eines eigenen Gesetzbuches zu beauftragen, das den Titel „Starke Festung" (türk.: *metn-i metin*)[43] tragen sollte. Es wurde jedoch nur das Kapitel über den Verkauf fertiggestellt. Cevdet Paşa, der dem Gremium als Sekretär diente, führt den Fehlschlag darauf zurück, daß es in der Arbeitsgruppe nur einen einzigen ausgewiesenen Rechtsgelehrten gegeben habe. Er selber, so fügt er hinzu, sei freilich zur eingehenden Beschäftigung mit der Rechtswissenschaft gezwungen gewesen,[44] was sich ein Jahrzehnt später günstig auswirken sollte.

Zunächst freilich fehlten den Gerichtshöfen, die in den vierziger Jahren gegründet worden waren, um den europäischen Mächten entgegenzukommen, Gesetzestexte nach westlichem Muster. Großbritannien, Österreich, Frankreich und Rußland drangen darauf, daß man diese organisatorisch außerhalb der herkömmlichen Scharia-Justiz stehenden Institutionen weiterentwickele, also zu einer dem westlichen Vorbild verpflichteten Rechtspflege ausbaue. Dieser Gedanke fand auch unter den osmanischen Würdenträgern Fürsprecher; man dachte daran, den französischen Code civil ins Türkische übersetzen und nötigenfalls in einigen Bestimmungen an die Scharia anpassen zu lassen. Unter der Führung Cevdet Paşas wurde jedoch 1868 erneut ein Gremium berufen, das die schariatischen Vorschriften über die Beziehungen der Menschen untereinander (arab.: Pl. *al-muʿāmalāt*) in einem „Buch der juristischen Bestimmungen" (türk.: *Mecelle-i ahkam-i adliyye*) zusammenfassen sollte. In seinen Lebenserinnerungen schreibt Cevdet Paşa, daß dieser Schritt nicht zuletzt dem ständigen Drängen des französischen Botschafters an der Hohen Pforte zu danken sei, der die Einführung des Code civil im Osmanischen Reich verlangte, wovon er sich, wie Cevdet Paşa vermutet, Vorteile für die französische Politik versprach.[45] Die neue Kommission arbeitete zügig, so daß in der Zeit zwischen 1869 und 1876 die insgesamt sechzehn Bücher der unter dem verkürzten Titel *Mecelle* zitierten Gesetzessammlung veröffentlicht wurden. Der ganze Stoff dieser Bücher ist in 1851 durchgehend numerierte Paragraphen eingeteilt und ähnelt der Form nach einem europäischen Gesetzestext. Auffällig ist jedoch, daß jedes der sechzehn Bücher, die vom Verkauf über das Gesellschaftsrecht bis hin zum Verfahrensrecht bei Straffällen das gesamte Wirtschaftsleben zu erfassen trachten, mit mehreren Paragraphen beginnt, in denen die einschlägigen schariatischen Begriffe definiert werden. Die Grundsätze des Scharia-Rechts sollen gewahrt und dem in einer anderen Rechtstradition aufgewachsenen Europäer verständlich gemacht werden, so daß dieser, wenn er im Osmanischen Reich tätig ist, über verläßliche Angaben zu den dortigen juristischen Prinzipien verfügt. So beginnt das zweite Buch, das die Vermietungen (arab.: Pl. *al-iğārāt*) behandelt, mit sechzehn Paragraphen, die dem Leser die Gegenstände verdeutlichen, die unter diesem Kapitel dargelegt werden. Dies

[43] D. h. „unangreifbarer Text".
[44] Zitiert bei Öztürk, op. cit., 14, Anm. 24.
[45] Zitiert ebd., 19, Anm. 11.

ist sinnvoll, denn der Europäer würde womöglich nicht vermuten, daß unter dieser Rubrik im Scharia-Recht auch alle Arten der Indienstnahme von Personen aufscheinen:

§ 404. Lohn bzw. Miete meint den Gegenwert eines Nutzens; Vermietung ist das Überlassen (eines Nutzens) gegen Miete; Mietung ist das Entgegennehmen (eines Nutzens) gegen Miete.

§ 405. Miete (arab.: *al-iǧāra*) hat im Arabischen die Bedeutung „Lohn". (Das Wort) wird jedoch auch im Sinne von Vermietung verwendet. In der Terminologie der Rechtsgelehrten meint das Wort, einen Nutzen bekannten Wertes gegen einen bekannten Gegenwert zu verkaufen.

§ 406. Ein zwingender Mietvertrag ist eine rechtsgültige Vermietung ohne jegliches an eine Bedingung, einen Mangel oder eine Inaugenscheinnahme gebundene Rücktrittsrecht; keine der beiden Vertragsparteien darf ihn ohne (rechtswirksamen) Grund annullieren.

§ 407. Ein unverzüglich bestehender Mietvertrag ist ein solcher, der vom Augenblick an, in dem er geschlossen wurde, gilt.

§ 408. Ein mit einer Zeitklausel versehener Mietvertrag ist eine Vermietung, die von einem bestimmten Zeitpunkt an gelten soll.

§ 409. Vermieter heißt die Person, die etwas gegen Miete weggibt.

§ 410. Mieter ist die Person, die etwas mietet (bzw. in Dienst nimmt).

§ 411. Das Gemietete ist die gegen Miete gegebene Sache (bzw. Leistung).

§ 412. Der Gegenstand, auf den sich der Zweck des Vertrages erstreckt, ist der Gegenstand, der von seiten des Mieters dem Vermieter (als dem Anbieter des Nutzens) überlassen wird, damit letzterer daran die Leistung erbringe, zu der er sich durch Abschluß des Vertrages verpflichtet hat; beispielsweise der Stoff, den man einem Schneider gibt, damit dieser daraus ein Gewand nähe, oder die Traglast, die man einem Träger zur Beförderung anvertraut.

§ 413. Der Gemietete ist die Person, die sich selber gegen Miete weggibt (und in Dienst nehmen läßt).

§ 414. Der angemessene Mietzins (bzw. Lohn) ist der von neutralen Sachkennern ermittelte Mietzins (oder Lohn).

§ 415. Der festgelegte Mietzins (bzw. Lohn) ist derjenige, der bei Abschluß des Vertrages genannt und festgelegt wird.

§ 416. Haftung (arab.: *aḍ-ḍamān*) bedeutet, von einem Ding, sofern dieses zu dem durch Gleichwertige ersetzbaren gehört, ein Gleichwertiges geben und sofern es zu den dem Werte nach abzuschätzenden gehört, den entsprechenden Wert zu erstatten.

§ 417. Zur (fremden) Nutzung tauglich nennt man eine Sache, die zur Vermietung bereitet und bestimmt ist, etwa Immobilien wie eine Karawanserei, eine Wohnung oder einen Laden, die eigens zur Vermietung errichtet oder angeschafft wurden, oder einen Mietwagen oder ein Mietpferd und dergleichen mehr. Wird eine Sache mehr als drei Jahre ununterbrochen vermietet, dann ist dies ein Indiz dafür, daß es zur (fremden) Nutzung tauglich ist. Eine Sache wird ebenfalls zur (fremden) Nutzung tauglich, wenn jemand, der sie für sich selber hergestellt hat, öffentlich kundgibt, daß sie nunmehr zur (fremden) Nutzung tauglich sei.

§ 418. *Müsterzi* heißt die Person, die gegen Lohn eine Amme einstellt.
§ 419. Mit Gemeinsamkeit des Nutzens bezeichnet man die Aufteilung des (aus der Vermietung entstehenden) Nutzens (unter die Eigentümer der Immobilie).[46]

Nach diesen Definitionen wird im ersten Kapitel dargelegt, daß sich ein Mietvertrag erstens auf Sachen, etwa Häuser und Gebrauchsgegenstände, und auf Tiere erstrecken kann, zweitens auf bestimmte Arbeitsleistungen. In den weiteren Kapiteln werden nach Maßgabe der Grundsätze des schariatischen Vertragsrechts die Rechtsförmigkeit entsprechender Vereinbarungen, die Möglichkeiten des Rücktritts und die Fragen der Haftung erörtert. Die Rechtspflege wird vom Studium der unübersichtlichen, über Jahrhunderte durch Kommentierungen und Randglossen überwucherten Kompendien entlastet; für den Außenstehenden wird der Inhalt der Bestimmungen in ihrem Sachzusammenhang sichtbar.

Bis 1889 setzte die von Cevdet Paşa geleitete Kommission ihre Arbeiten fort; zahlreiche Verbesserungen waren vorzunehmen, die Anwendung des Gesetzeswerkes in der Rechtspflege mußte sichergestellt werden. Ihre Bedeutung für die neuere Geschichte des islamischen Rechts kann kaum zu hoch eingeschätzt werden. In der Türkei blieb die *Mecelle* bis 1926 in Kraft, in Albanien und Bosnien bis 1928; in den arabischen Teilen des Reiches, die nach dem Ersten Weltkrieg den Weg zu eigener Staatlichkeit betraten, galt sie weitaus länger. In Syrien wurde sie erst 1949 durch andere Gesetzeswerke abgelöst, im Irak 1953. In Israel hielt sich ihr Einfluß noch länger.[47] Eine eingehende Untersuchung der Rezeption der *Mecelle* durch die muslimische Rechtswissenschaft des 20. Jahrhunderts steht meines Wissens noch aus; sie würde unser Verständnis der neuesten Geschichte der Scharia wesentlich vertiefen.[48]

2. An die Scharia gebundene Ordnungspolitik

Die Annäherung der Darlegung der schariatischen Bestimmungen an die Form der Gesetzeswerke, wie sie in Europa üblich sind, war ein bedeutender Schritt auf dem Weg zur Bewahrung des islamischen Rechts in einer Zeit, in der die Geschichte der muslimischen Länder dem Ende, der Einschmelzung in eine durch die westliche Zivilisation geprägte Weltgeschichte entgegenzugehen schien. Die Versuchung, diesem vermeintlich unabwendbaren Lauf der Dinge nachzugeben, war im Osmanischen Reich durchaus zu spüren, wie Cevdet Paşas Bemerkungen belegen. In Ägypten, das sich unter der Herrschaft der Khediven de facto aus dem Osmanischen Reich herauslöste, wurde die *Mecelle* nicht eingeführt. Ismāʿīl

[46] Osmanischer Text, ebd., 202f.
[47] Ebd., 94f.; vgl. im übrigen S. Mahmassani: *Falsafat at-tašrīʿ fī l-islām. The philosophy of jurisprudence in Islam*, ins Englische übersetzt von F. J. Ziadeh, Leiden 1961, 47–59.
[48] Weitere Literatur zur Mecelle in EI² s. v. *Medjelle* (C. V. Findley)

(reg. 1863–1879) erklärte 1874 die Unabhängigkeit seines Landes von der osmanischen Verwaltung und Rechtspflege. Dem folgte die Einrichtung „gemischter" Gerichtshöfe, in denen Streitigkeiten verhandelt wurden, an denen europäische Ausländer beteiligt waren. In raschen Schritten versuchte man, das gesamte Rechtswesen nach westlichem Vorbild umzubauen. Schon 1883 verlagerte man den größten Teil der Rechtsprechung in die zur selben Zeit geschaffenen Nationalen Gerichte, die auf der Grundlage eines ägyptischen Bürgerlichen Gesetzbuches tätig wurden, das, da es sich dem Inhalte nach weitgehend am europäischen Recht orientierte, wie ein der Gesellschaft eingepflanzter Fremdkörper wirkte. Doch versuchte man - zumindest auf der Seite der in Ägypten mit dem Rechtswesen befaßten Europäer - diesen tiefen Eingriff in die Geschicke eines vom Islam bestimmten Landes mit dem Hinweis zu rechtfertigen, daß dieses in der Antike Teil eines durch das Mittelmeer verbundenen Kulturraumes gewesen und daher vom Römischen Recht geprägt worden sei.[49] In Wahrheit handelte es sich um einen schroffen Bruch mit der gewachsenen Tradition, in der, wenn auch über zahlreiche Zwischenstationen vermittelt, Spuren des Römischen Rechts nachweisbar sein mögen. - Wie schwierig solche Spuren zu fassen sind, haben wir in anderem Zusammenhang erörtert. - Wenn man folgerichtig nach der Theorie der Zugehörigkeit Ägyptens zur im Urgrund römischen Zivilisation des Mittelmeerraumes vorgegangen wäre, dann hätte man allerdings nicht die Scharia-Gerichtshöfe beibehalten und ihnen das Familien- und Erbrecht überlassen dürfen. Genau dies aber geschah, und so liegt die Vermutung nahe, daß die ägyptische Rechtspolitik des ausgehenden 19. Jahrhunderts entscheidend von Interessen der europäischen Großmächte bestimmt wurde. Heirat, Scheidung, Erbfälle, alle diese Fragen, die im Leben des einheimischen „kleinen Mannes" von größtem Gewicht sind, waren ihnen offensichtlich gleichgültig. Die ägyptische Regierung überließ allerdings dieses Gebiet nicht der herkömmlichen *Qāḍī*-Gerichtsbarkeit, sondern schuf vereinheitlichte Regelungen in einem 647 Paragraphen umfassenden Gesetzeswerk, das sich auf die hanafitische Schule stützte. Erst 1920 wurde in einigen Fragen des Personenstandsrechts die Berücksichtigung schafiitischer und malikitischer Auffassungen ermöglicht.[50] Es sei in Erinnerung gerufen, daß al-Ǧazīrīs Werk über „Das islamische Recht nach den vier Schulen" in diese Zeit zurückgeht.

Sowohl die Gesetze für die „gemischten" Gerichtshöfe als auch das Bürgerliche Recht von 1883 waren im Kern stark dem Code Napoléon verpflichtet.[51] Die überkommene Art der islamischen Rechtspflege mußte daher in wesentlichen Teilen umgestaltet werden. Allein das Personenstandsrecht blieb, wie erwähnt, den islamischen Grundsätzen verhaftet. Die für das Wirtschaftsleben wichtigen Bereiche sowie das Strafrecht wurden demgegenüber europäisiert. Die oben

[49] B. Botiveau: *Loi islamique et droit dans les sociétés arabes,* Paris 1993, 147f.

[50] Mahmassani, op. cit., 50f.

[51] N. Anderson: *Law reform in the Muslim world*, London 1976, 18.

genannten „gemischten" Gerichtshöfe befaßten sich mit Verfahren, in die Ägypter und Europäer verwickelt waren. Man hat dieses Ergebnis der Reformbestrebungen als eine Parzellierung des Rechtswesens bezeichnet.[52] Eine weitere Folge dieser Veränderungen war die Entstehung eines in der islamischen Welt bis dahin unbekannten Berufes, nämlich des Rechtsanwalts.[53] Als 1875 die „gemischten" Gerichtshöfe eingesetzt wurden, gab es noch keine Advokaten. Unter den 1876 zugelassenen 47 Anwälten waren vor allem Personen, die an den Konsulaten gearbeitet hatten. Später ermöglichte ein Diplom der 1868 gegründeten *Ecole Khédiviale de droit* die Aufnahme in die Reihe der Anwälte. Auch die Nationalen Gerichte und die schariatischen wurden rasch zu einem Betätigungsfeld dieses neuen Berufsstandes, der in den Jahren zwischen den beiden Weltkriegen in den anderen Ländern der islamischen Welt ebenfalls Verbreitung fand.[54] Die Unterrichtsfächer der genannten Schule belegen die grundstürzende Erneuerung des Rechtswesens, die die Khediven anstrebten. Die Studenten hatten die orientalischen und die westlichen Sprachen zu lernen, „deren Kenntnis für Ägypten am nützlichsten ist", nämlich das Arabische, Persische und Türkische sowie das Französische und das Italienische; sie sollten in das Römische und das islamische Recht eingeführt werden, in das Handels- und das Seerecht und sich mit dem ägyptischen Bürgerlichen Recht befassen und dieses zum europäischen Recht in Beziehung setzen können. Die Leitung der Schule lag in der Hand eines Franzosen, und obwohl schon 1881 die gegen die gänzliche Überantwortung des Landes an die europäischen Interessen protestierenden Offiziere um ʿUrābī die Unzulänglichkeit der Ausbildung bemängelt hatten, folgte 1891 dem Gründungsrektor wiederum ein Franzose im Amt. Im Jahre 1899 setzten die Briten die Schaffung einer englischen Abteilung durch. Während des Ersten Weltkrieges, als Großbritannien Ägypten zu seinem Protektorat erklärte, wurde der französischsprachige Unterricht stark eingeschränkt, doch zeigte es ich, daß nicht das Englische, sondern das Arabische Oberhand gewinnen werde:[55] Eine nationale Rechtswissenschaft, deren Inhalt stark von Anleihen beim europäischen Recht bestimmt wurde, schien im Entstehen begriffen.[56]

Ein Jahr nach dem anglo-ägyptischen Vertrag von 1936, der den weitgehenden Rückzug der Briten aus Ägypten und die nahezu vollständige Unabhängigkeit des Landes gewährleisten sollte, wurden die „gemischten" Gerichtshöfe abgeschafft. Der Zeitpunkt für die Nationalisierung des Rechtswesens war gekommen, und

[52] B. Botiveau, op. cit., 154f.
[53] Vgl. oben Kap. A III 2a.
[54] B. Botiveau, op. cit., 161–165.
[55] Ebd., 171–173.
[56] Eine von den in Kairo lebenden Franzosen 1890 gegründete Ausbildungsstätte sowie 1919 in Damaskus und 1913 in Beirut errichtete vergleichbare Institute erhielten den starken französischen Einfluß auf das Rechtswesen der arabischen Welt aufrecht (B. Botiveau, op. cit., 174–181.

das bedeutete, daß auch das Gesetzeswerk von 1883 einer Revision unterzogen werden mußte. Es ging, wie der ägyptische Rechtsgelehrte ʿAbd ar-Razzāq as-Sanhūrī feststellte, vor allem darum, die Schwächen, Unklarheiten und Zweideutigkeiten dieses Gesetzeswerkes auszumerzen, das eine blinde Nachahmung französischer Vorbilder sei; der Text, da vielfach nur eine Übersetzung, sei kritikwürdig. Außerdem müsse man die neuesten Erkenntnisse etwa der deutschen und der schweizerischen Rechtswissenschaft beachten. Doch erstrebte as-Sanhūrī nicht eine festere Einbeziehung des ägyptischen Rechts in das europäische, sondern die Schließung der Kluft zwischen einem fremden Recht, das dem Land aufgezwungen worden war, und der dem Lande eigenen Überlieferung. „Warum sollte man nicht eine umfassende Arbeit auf sich nehmen und aus Anlaß der Revision des Bürgerlichen Rechts (von 1883) sich auch die Aufgabe einer Kodifizierung aller Normen des Personenstandsrechts stellen? Warum sollte man diese Gelegenheit nicht ergreifen, um aus den Werken des *fiqh*, die diese Fragen behandeln, das auszuwählen, was am besten dem Geist der Zeit entspricht, ohne sich an eine der Rechtsschulen zu binden?"[57] Als 1948 dieses neue Bürgerliche Gesetzbuch veröffentlicht wurde, räumte man unumwunden ein, daß das Gremium, das es erarbeitet hatte, die Entscheidungen der ägyptischen Gerichte, rechtsvergleichende Studien und die Scharia den Verbesserungen des alten Gesetzes zugrunde gelegt habe. Man habe die Bindungen an die Scharia gestärkt, da diese ein geistiges Erbe darstelle, das man bewahren und auch nutzen wolle. As-Sanhūrī schrieb: „Wir übernahmen aus der Scharia, was wir übernehmen konnten, wobei wir die Grundsätze moderner Gesetzgebung berücksichtigten; wir ließen es in dieser Hinsicht nicht an Sorgfalt fehlen."[58] Allerdings äußerte as-Sanhūrī an anderer Stelle die Ansicht, daß man bezüglich vieler Bestimmungen schwerlich behaupten könne, sie ließen sich unmittelbar aus der Scharia ableiten; der Inhalt könne vielfach nur mit dem Hinweis auf diese oder jene Meinungsäußerung eines islamischen Rechtsgelehrten der Vergangenheit legitimiert werden, und häufig widerspreche er sogar allen islamischen Rechtsschulen.[59] Die Bezugnahme auf die schariatische Überlieferung diente also lediglich dazu, die Kluft zu verdecken, von der as-Sanhūrī sprach; der europäische Kern des Gesetzeswerkes blieb erhalten. So jedenfalls will es scheinen. Das irakische Bürgerliche Gesetzbuch von 1951, an dessen Ausarbeitung as-Sanhūrī ebenfalls beteiligt war, stützt sich in erheblichem Maße auf die *Mecelle* und weist ein wesentlich stärkeres islamisches Element auf, hält aber in manchen Bereichen – Zinsen, Versicherungsverträge – an den aus Europa übernommenen Regelungen fest.[60]

In vielen arabischen Staaten scheint die Amalgamierung europäischen und islamischen Rechts im Zuge der Gewinnung der Unabhängigkeit in Gang gekommen

[57] Zitiert ebd., 150. Vgl. ferner R. Lohlker: *Das islamische Recht im Wandel*, 312–322.
[58] N. Anderson, op. cit., 83.
[59] Ebd., 95f.
[60] Ebd., 97.

zu sein, nachdem zuvor eine Zeitlang unter den gegebenen politischen Umständen die Einpflanzung europäischen Rechts betrieben worden war. Ehe wir uns der Frage nach der rechtstheoretischen Begründung und nach den Methoden solcher Amalgamierung widmen, müssen wir in aller Kürze zwei Erscheinungsformen von gemischtem europäisch-islamischen Recht erwähnen, die auf die Initiative von Kolonialmächten zurückgehen. Im Jahre 1764 hatte der Moghul-Kaiser von Indien vergeblich versucht, die britische East India Company militärisch in die Schranken zu weisen. Eine Folge des Krieges war das Bestreben der Briten, nunmehr über die Handelsniederlassungen hinaus das Land unter Kontrolle zu bringen. Die Handelsgesellschaft ließ sich die Steuereinkünfte Bengalens übertragen, die sie zunächst durch einheimische Beauftragte einzog. Nach 1772 wurde diese Aufgabe jedoch von Angestellten der East India Company wahrgenommen, die von nun an sich auch außerhalb ihrer Faktorei als den Souverän Bengalens betrachteten.[61] Britische Verwalter traten an die Stelle der *Qāḍīs*; das Scharia-Recht wurde infolgedessen schrittweise verändert und den britischen Okkupanten angepaßt. Bis 1864 standen den Verwaltern einheimische muslimische Gelehrte zur Seite. Diese sollten sicherstellen, daß die Maßnahmen der britischen Verwaltung mit der Scharia übereinstimmten bzw. so interpretiert werden konnten, daß sie mit ihr übereinstimmten. Das schariatische Strafrecht blieb unangetastet bis 1862 in Kraft; selbst die „Grenz"-Strafen wurden vereinzelt vollzogen. Veränderungen trafen zunächst auch nicht das Familien- und Erbrecht; wie im Falle des Osmanischen Reiches erstreckte sich das Interesse der Europäer vor allem auf die für die Aufrechterhaltung ihrer Macht wichtigen Bereiche. Da allerdings im Laufe des 19. Jahrhunderts in wachsendem Maße Inder in Dienst genommen wurden, die im britischen Recht ausgebildet worden waren, durchdrangen britische und islamische Vorstellungen einander, so daß man von der Entstehung eines anglo-islamischen Rechts spricht. Einige Erlasse der Kolonialregierung verliehen dieser Entwicklung sichtbaren Ausdruck; so griff man 1850 doch in das schariatische Erbrecht ein und verfügte die Gleichbehandlung aller Erben ohne Ansehung ihrer Religionszugehörigkeit. Das anglo-islamische Recht ist insofern demjenigen zu vergleichen, das durch die *Mecelle* geschaffen wurde, als es auch hier nicht mehr um die Ableitung einzelner Entscheidungen aus dem überlieferten Material der Kompendien und ihrer Kommentare ging, sondern um eine hiervon unabhängige, an den Sachfragen ausgerichtete Jurisprudenz und Rechtsprechung. Auffällig ist eine weitere Parallele zur Entwicklung in der arabischen Welt: Im Jahre 1937 veröffentlichte die britische Regierung Indiens den sogenannten Shariat Act, der das in der muslimischen Bevölkerung des Subkontinents geltende Gewohnheitsrecht außer Kraft setzte und die Scharia, gedeutet nach den Prinzipien des anglo-islamischen Rechts, für das alleinige Fundament der die Muslime betreffenden Rechtsprechung erklärte. Da in der mehr als anderthalb Jahrhunderte währenden britischen Herrschaft in Indien selbst das Personenstands- und das Erb-

[61] Embree/Wilhelm: *Indien* (Fischer Weltgeschichte 17), Frankfurt/Main 1967, 302.

recht, wie angedeutet, schließlich dem englischen angenähert worden waren, ist der Shariat Act als ein tiefer Einschnitt zu werten, der die im späteren Pakistan betriebene Politik der Islamisierung vorwegnimmt. Das 1939 in Britisch-Indien erlassene Gesetz zur Regelung der Scheidung muslimischer Ehen bekräftigte die nunmehr eingeschlagene Richtung.[62]

Ähnlich wie in Britisch-Indien entwickelten sich die Dinge in Algerien, das seit 1830 französisch war. Die Franzosen ließen die malikitische Rechtsprechung, die sie vorgefunden hatten, zunächst unangetastet und versuchten sogar, das Gewohnheitsrecht zugunsten des in den malikitischen Quellen aufgezeichneten zurückzudrängen.[63] Wie oben gezeigt wurde, war die malikitische Schule in der Lage, sich biegsamer als ihre Rivalinnen politischen Notwendigkeiten anzupassen. Eine Abschaffung der muslimischen Institutionen kam nach Lage der Dinge nicht in Frage; es galt vielmehr, sie für die Festigung der kolonialen Machtausübung zu nutzen. Anders als die Briten in Indien behielten die Franzosen die *Qāḍī*-Rechtspflege bei, unterwarfen sie jedoch völlig ihrer Kontrolle. 1844 zogen sie die religiösen Stiftungen ein und besoldeten das Personal der Moscheen und die Richter seitdem aus den Staatseinkünften. Ab 1850 schufen sie insgesamt drei Medressen, die die für die Rechtspflege benötigten Fachleute ausbildeten. Aus dem Kreis der Absolventen wählte der Generalgouverneur diejenigen aus, die er für geeignet hielt. Zu entscheiden hatten diese *Qāḍīs* allerdings nur in Sachen des Familien-, Ehe- und Erbrechts, und nur in Fällen, die Algerier betrafen. Diese waren zwar im Besitz der französischen Staatsangehörigkeit, aber insofern als sie Muslime waren, galt für sie das muslimische Personenstandsrecht und nicht das französische. Ansonsten wurde durchweg das französische Recht angewendet. 1881 wurde für die Muslime Algeriens ein eigenes Strafgesetzbuch erlassen, das bis 1944 in Kraft blieb. Trotz dieser französischen Zugeständnisse an die einheimische Überlieferung traten muslimische Intellektuelle mit der Forderung nach einem arabischen und islamischen Algerien an die Öffentlichkeit. Als Algerien seine Unabhängigkeit erkämpft hatte, bot sich die Gelegenheit, die Rechtspflege völlig neu aufzubauen und dabei auf die eigene Überlieferung zurückzugreifen. Das 1984 verkündete Familienrecht zeigt dies deutlich. So muß die Frau bei Abschließung eines Ehevertrages sich durch einen Vormund vertreten lassen; dieser kann sie freilich nicht zu einer Heirat zwingen, aber er muß seinerseits seine Zustimmung erteilen. Diese gegenüber dem malikitischen Recht wesentliche Besserstellung der Frau wird im Gesetz nicht mit einem Hinweis auf eine etwa anzustrebende Selbstbestimmung begründet, sondern als eine Möglichkeit erwähnt, die das Recht der hanafitischen Schule eröffnet habe und die hier genutzt worden sei.[64]

[62] J. Schacht: *An introduction to Islamic law*, 93–96, 104. Einzelheiten entnehme man dem Buch von A. Fyzee: *Outlines of Muhammadan law*, London/New York/Bombay 1955, 404–409.

[63] J. Schacht, op. cit., 98.

[64] S. Kuske: *Reislamisierung und Familienrecht in Algerien*, Berlin 1996, 15–20, 61; der

Diese ganz flüchtige Skizze belegt, daß die Epoche des unmittelbaren Einflusses Europas auf die Rechtsgeschichte der islamischen Welt in der ersten Hälfte des 19. Jahrhunderts beginnt und etwa bis in die Mitte des 20. dauert. Dieser Einfluß wurde innerhalb einer schariatischen Rechtswissenschaft wirksam, die sich schon aus eigenem Erkennen der Tatsache bewußt geworden war, daß die Unübersichtlichkeit und Widersprüchlichkeit des in Kommentaren und Superkommentaren erörterten Materials der Rechtssicherheit abträglich war; man suchte zwar nicht nach einem an die Wurzeln gehenden Neuanfang, hoffte aber, wie dargestellt, mehr Einheitlichkeit zu erzielen. Man kann die Schaffung eines Gesetzeswerkes wie der *Mecelle* als eine erfolgreiche Fortführung solcher Bemühungen werten. Islamwissenschaftler wie Joseph Schacht, die ihre Untersuchungen über die Geschichte des islamischen Rechts in der Mitte des 20. Jahrhunderts niederschrieben, betrachteten die Vorgänge, die wir eben umrißhaft geschildert haben, allerdings aus einem anderen Blickwinkel. Für sie zeigte sich in der *Mecelle*, im anglo-islamischen Recht Britisch-Indiens, im Rechtswesen Algeriens die unaufhaltsame Verwestlichung der muslimischen Gesellschaft und der islamischen Staaten. In seinem 1971 in der Enzyklopädie des Islams veröffentlichten Artikel über die eigenständige Meinungsfindung (arab.: *al-iǧtihād*) schreibt Schacht dementsprechend, die im Gange befindliche Neuformierung des schariatischen Rechts beziehe ihre Anregungen vor allem aus den modernen, d. h. westlichen, Lehren über Staat und Gesellschaft, weniger aus der ererbten Rechtswissenschaft und deren Denkkategorien und dem fruchtbaren Spannungsverhältnis von Nachahmung (arab.: *at-taqlīd*) und eigener Suche. Wenn man im Abstand von dreißig Jahren die Äußerungen Schachts erwägt, wird man ihnen nicht beipflichten. Das schariatische Recht ist nicht aus der Lebenswirklichkeit der islamischen Länder verschwunden und zu einem Gegenstand rechtshistorischer Studien geworden. Jedoch ist die alte muslimische Bildungselite, die auf der Grundlage einer umfassenden Kenntnis der Überlieferung und ihrer über Jahrhunderte gewachsenen Auslegung Jurisprudenz betrieb, nicht mehr der bestimmende Sachwalter der Scharia-Wissenschaft. Die Gelehrten sind nicht mehr wie in den Zeiten as-Subkīs die Nachfolger des Propheten. Sie sind Fachleute, die allerdings ihre Ansichten als islamisch zu legitimieren verstehen. Die unmittelbare Übernahme europäischer Rechtsnormen befürworten sie in der Regel nicht, aber in einer schwer auf den Begriff zu bringenden Weise sind sie doch die Vermittler westlichen Einflusses, eben weil die islamischen Staaten in vielfältiger Weise Techniken und Institutionen westlicher Herkunft nutzen müssen und daher der

1916 im Entwurf veröffentlichte *Code Morand*, der nie in Kraft gesetzt wurde, verfuhr in ähnlicher Weise und ersetzte einzelne malikitische Bestimmungen, die dem Geist der Moderne widersprachen, durch angemessener erscheinende hanafitische (SCHACHT, op. cit., 98). Vgl. CL. BONTEMS: *Les tentatives de codification du droit musulman dans l'Algérie coloniale*, in: FLORY/HENRY: *L'enseignement du droit musulman*, Editions du CNRS, Paris 1989, 113–131.

einschlägigen rechtlichen Regelungen bedürfen. Was bis ins 19. Jahrhundert, als die Rechtswissenschaft sich im wesentlichen noch in den Grenzen der vier großen Schulen bewegte, streng verpönt war, nämlich die willkürliche Verknüpfung der unterschiedlichen Ansichten dieser Schulen, um die erwünschte Lösung eines Problems zu erlangen, wurde nun gang und gäbe. Im modernen algerischen Eherecht von 1984 haben wir eben ein Beispiel für solche „Flickschusterei" (arab.: *at-talfīq*) kennengelernt. Sie wurde nunmehr gewissermaßen zu einer anerkannten Methode erhoben. So bestimmt § 6 des ägyptischen Erbrechts von 1946: „Zwischen einem Muslim und einem Andersgläubigen besteht kein Recht auf Erbschaft, jedoch können Andersgläubige einander beerben. Unter Muslimen ist es kein Hindernis, wenn der eine im ‚Gebiet des Islams', der andere im ‚Gebiet des Krieges' seinen Wohnsitz hat; das gleiche gilt für Andersgläubige, ausgenommen das Recht des fremden Staates untersagt, daß Ausländer eine Erbschaft antreten." Die vier Rechtsschulen sind sich darin einig, daß Muslime, die dauerhaft im „Gebiet des Krieges" wohnen, ihre Glaubensbrüder aus der islamischen Welt beerben dürfen, denn es ist nicht zu befürchten, daß sie das hinzugewonnene Eigentum zur Stärkung der Feinde des Islams einsetzen werden. Das anscheinend vor allem auf den Lehren der hanafitischen Schule gründende Gesetz von 1946 übernimmt nun jedoch eine malikitische Bestimmung, nämlich daß auch Andersgläubige einander über die Grenze zwischen dem „Gebiet des Krieges" und dem „Gebiet des Islams" hinweg beerben dürfen, sofern das Gesetz des fremden Staates eine wechselseitige Gleichbehandlung gewährleistet.[65] Wenn es aber um die gesetzliche Regelung von dem überlieferten Scharia-Recht unbekannten Sachverhalten, etwa Versicherungsverträgen, geht, dann ist auch ein Zusammenstückeln nicht mehr möglich. Die Bezugnahme auf Aussagen der islamischen Rechtsüberlieferung erfüllt in solchen Fällen nur den Zweck, das Fremde zu legitimieren – der „Islam" verflüchtigt sich zu einer Ideologie.

Unsere Aufgabe ist es, am Ende des Weges durch die Geschichte des islamischen Rechts diese Vorgänge, die einen in seinen Folgen noch nicht abzuschätzenden Bruch mit dem Herkommen darstellen, etwas näher zu beleuchten. Wir wollen uns hierbei fragen, in welcher Weise die Islamisierung fremder Rechtsvorstellungen vor sich geht und inwiefern bestimmte Grundzüge der Scharia-Wissenschaft, gerade indem sie diese Islamisierung begünstigen, von neuem an Gewicht gewinnen. Am Beginn meiner Überlegungen rufe ich in Erinnerung, daß Ibn Kaṯīr im 14. Jahrhundert darüber klagte, daß schon seit längerem die *Qāḍī*-Gerichtsbarkeit von den Herrschern und ihren mächtigen Gehilfen vielfach umgangen werde; an ihre Stelle trete eine Ordnungspolitik (arab. *as-sijāsa*), die, ohne in der Scharia verwurzelt zu sein, allein auf die Belange der Sultane zugeschnitten sei.[66] Die Rechtsgelehrten hatten allerdings nicht einfach zugesehen,

[65] N. Anderson: *Law reform in the Muslim world*, 56f.; zur Entwicklung des modernen islamischen Erbrechts vgl. ders.: *Islamic law in the modern world*, Westport 1959, 59–80.

[66] Vgl. oben Kap. B III 3.

wie ein wichtiger Bereich des Alltags ihrem Einfluß entglitt. Als Ibn Kaṯīr seinem Unmut Luft machte, lag schon die Studie seines syrischen hanbalitischen Kollegen Ibn Taimīja (gest. 1328) vor, die unter dem Titel „An die Scharia gebundene Ordnungspolitik" die Möglichkeiten erörterte, „Hirten und Herde" in ein gutes, dem göttlichen Gesetz verpflichtetes Wechselverhältnis zu bringen. Ibn Taimīja bestreitet den Machthabern keineswegs das Recht, in einer der Stärkung ihrer Herrschaft dienlichen Weise über die Untertanen zu bestimmen. Aber das darf gewiß nicht darauf hinauslaufen, daß innerhalb der Gemeinschaft der Muslime ein Lebensbereich entsteht, in dem der Scharia, wenigstens in der Praxis, die Geltung verweigert wird.

Ibn Taimīja beginnt seine Untersuchung mit dem Zitat von Sure 4, Vers 58 und 59: „Gott befiehlt euch, Güter, die man euch anvertraute, ihren Eigentümern zurückzuerstatten und, wenn ihr unter den Menschen als Schiedsmänner tätig werdet, gerecht zu urteilen. Wie trefflich ist das, wozu Gott euch ermahnt! Gott hört und sieht alles! - Ihr, die ihr glaubt! Gehorcht Gott und gehorcht dem Gesandten und denen unter euch, die Befehlsgewalt innehaben! Wenn ihr über irgend etwas uneins seid, dann bringt es vor Gott und den Gesandten, wofern ihr denn an Gott und den Jüngsten Tag glaubt! Das ist am besten für euch und erweist sich schließlich als das Günstigste." Der erste Vers ist nach Meinung der Gelehrten auf die Herrscher gemünzt; sie haben die Macht über die Muslime in der Art eines Depositums von diesen erhalten,[67] sie müssen daher gerecht entscheiden, es sorgfältig verwahren und eines Tages zurückgeben. Der zweite nimmt die „Herde" in den Blick, nach Ibn Taimīja „die Soldaten und andere"; diese sollen die Befehle des Herrschers gehorsam ausführen, es sei denn, diese Befehle verstießen gegen Gottes Gebote. In Zweifelsfällen müsse man das Buch Gottes und die *sunna* seines Gesandten zu Rate ziehen; sollte dies nicht geschehen, dann seien die Untertanen gehalten, nur die Befehle auszuführen, die offensichtlich dem Gesetz entsprächen. Ungehorsam gegenüber ungesetzlichen Anordnungen ist in solchen Fällen wahrer Gehorsam gegen Gott.[68] Der Herrscher und all seine Funktionsträger sind demnach zur Einhaltung der Scharia verpflichtet; die Maßnahmen ihrer Ordnungspolitik sind nicht in ihr Belieben gestellt. Aber Ibn Taimīja bestreitet keinen Augenblick, d a ß innerhalb des Gemeinwesens Ordnung und Sicherheit verwirklicht werden müssen und daß hierzu die Gewalt des Sultans erforderlich ist. Sind nicht die „Grenz"-Strafen von Gott zur Wahrung des inneren Friedens verfügt worden? Aber auch die sultanische Gewalt ist prinzipiell an das göttliche Gesetz gebunden! Ibn Taimīja beschäftigt sich ausführlich mit diesem Problem. Niemals darf die Obrigkeit sich gegen Geld die

[67] Zur Interpretation der Herrschaft als eines Depositums vgl. T. Nagel: *Staat und Glaubensgemeinschaft im Islam*, II, 110–140; Ibn Taimījas Abhandlung wurde von H. Laoust ins Französische übersetzt: *Le traité du droit public d'Ibn Taymīya*, Beirut 1948.

[68] Ibn Taimīja: *as-Sijāsa aš-šar'īja*, edd. Muḥammad Ibrahīm al-Bannā' und Muḥammad Aḥmad 'Āšūr, Kairo 1971, 15f.

Pflicht des Vollzugs einer „Grenz"-Strafe abkaufen lassen, so daß ein Delinquent die Verletzung der Rechte Gottes gar nicht büßt. In der Rechtswirklichkeit ist man anscheinend häufig so verfahren, und gerade in der Mißachtung der „Grenz"-Strafen sieht Ibn Taimīja den entscheidenden Grund für die Gefährdung der öffentlichen Ordnung.

Wie nun ist gegen Räuber und Wegelagerer vorzugehen? Ibn Taimīja erinnert den Leser an Sure 5, Vers 33; dort werden all denen, die „gegen Gott und seinen Gesandten Krieg führen und Unheil im Lande stiften", schwere Strafen angedroht: Sie sollen entweder gekreuzigt oder verbannt werden, oder man soll ihnen überkreuz Hände und Füße abschlagen. Die meisten Rechtsgelehrten sind der Ansicht, daß auch an den Anführern der Banden derartige Strafen zu vollstrekken sind, obwohl diese selber oft gar nicht die Verbrechen ausführen. Die Erben eines von Räubern Ermordeten haben nicht das Recht, ein Blutgeld auszuhandeln; denn es geht nicht um einen einzelnen Fall der Tötung, sondern um gewerbsmäßig verübte Untaten, durch die das friedliche Zusammenleben der Menschen gefährdet wird. Die „Grenz"-Strafe muß verhängt werden, selbst wenn der Täter ein freier Muslim und das Opfer nicht ebenbürtig sein sollte, also ein Sklave oder ein Schutzgenosse.[69] Auch die Art des Gegenstandes, mit dem ein Räuber sein Opfer umbringt, spielt - im Gegensatz zum Totschlag - bei der Festlegung des Strafmaßes keine Rolle, eben weil es nicht um den Ausgleich des einer Solidargruppe zugefügten Schadens geht, sondern um die Wahrung der Rechte Gottes. Es ist demnach gleichgültig, ob sich der Räuber einer spitzen, zum Töten hergerichteten Waffe oder eines stumpfen Gegenstandes bedient, er ist und bleibt jemand, der „gegen Gott und seinen Gesandten Krieg führt". Ibn Taimīja merkt an, daß ein Andersgläubiger, wie immer er gegen die Muslime kämpft, dem „Gebiet des Krieges" zugehört und ein Muslim, der gegen die Andersgläubigen zu Felde zieht, unabhängig von der mitgeführten Waffe ein Glaubensstreiter (arab.: *al-muǧāhid*) ist. Es gibt keinerlei Rechtskniffe, mit deren Hilfe ein Wegelagerer erreichen könnte, nicht mit einer „Grenz"-Strafe bedroht zu sein.[70]

Wenn der Herrscher der Räuber habhaft wird, dann muß er sehen, daß er die Güter, die er bei ihnen vorfindet, den Eigentümern zurückgibt; er darf die Verbrecher durch Zwangsmaßnahmen zur Preisgabe ihrer Schätze pressen. Die Geschädigten dürfen auf das ihnen geraubte Vermögen verzichten, doch entfällt damit nicht die „Grenz"-Strafe. Die Staatsmacht darf im übrigen sich die Verfolgung der Wegelagerer und die Wiederbeschaffung entwendeter Güter nicht durch die Geschädigten bezahlen lassen; ein noch verwerflicheres Verbrechen wäre es, wenn die Obrigkeit mit den Räubern gemeinsame Sache machte und Hehlerei betriebe![71] Wenn nicht in aller Strenge und Geradheit die Rechte Gottes gewahrt

[69] Ebd., 84–86, 95.
[70] Ebd., 100f.
[71] Ebd., 106f.

werden, dann wird der Starke den Schwachen unterdrücken und der Herrscher wird dastehen wie jemand, der mit Übeltätern unter einer Decke steckt. Dabei hat er die Pflicht, sich um den Unterdrückten zu kümmern, wie man ohnehin häufig Verantwortung zugunsten Dritter, Unbekannter zu tragen hat. Ibn Taimīja nennt als ein Beispiel die Pflicht der männlichen Verwandten (arab.. *al-ʿāqila*), das Blutgeld für die Angehörigen der durch Körperverletzung oder Tötung geschädigten Sippe aufzubringen. „Diese Art der (vom Herrscher oder seinem Beauftragten festgesetzten) Strafe (arab.: *at-taʿzīr*) ist eine Sanktion, die gegen diejenigen verhängt wird, die Güter oder Personen verborgen halten, die sie eigentlich (an die Machthaber) ausliefern müßten, etwa Wegelagerer, Diebe und deren Helfershelfer, dies aber unterlassen" und die Aufdeckung von Verbrechen vereiteln.[72] Freilich kann es sein, daß man jemanden vor der Verfolgung schützen muß; dies ist zweifellos eine gute Tat. Zwischen falschem und rechtem Handeln müsse genau getrennt werden, meint Ibn Taimīja. Er spielt auf die Verhältnisse seiner Zeit an; nicht immer ist zu unterscheiden, ob sich diejenigen, die die Macht ausüben, auch wirklich auf den Herrscher und dessen Anordnungen berufen können oder ob sie auf eigene Faust handeln. Insbesondere der bei den Beduinen übliche Schutz, der jedem, der darum bittet (arab.: *al-mustaǧīr*), gewährt wird, verhindert die Schaffung des inneren Friedens auf der Grundlage der Legalität, um derentwillen Gott die „Grenzen" festgelegt hat.[73]

Strafen, deren Art und Intensität der Herrscher bestimmen kann, dienen dem Zweck, die Möglichkeit dafür zu schaffen und zu erhalten, daß die „Grenzen" Gottes beachtet und verteidigt werden. Während die „Grenz"-Strafen unnachsichtig den von Gott stammenden Vorschriften gemäß vollstreckt werden müssen, weil der Schutz der inneren Ordnung des Gemeinwesens dies erfordert, darf man bei den Delikten, deren Ahndung der Machthaber entscheidet, nach dem Prinzip der Opportunität verfahren. Denn der Gesichtspunkt der Erziehung ist hier zu berücksichtigen.[74] Die islamische Legalität läßt sich am ehesten aufrechterhalten, indem der Herrscher selber peinlich genau die schariatischen Pflichten eines Gläubigen beachtet und sich mit Beratern umgibt, die das Gesetz auszulegen verstehen. Macht und Glaubensordnung verweisen laut Ibn Taimīja aufeinander; wenn beide aufeinander abgestimmt sind, ist der von Gott gewünschte Zustand des Gemeinwesens erreicht.[75] Die Politik der Herrscher hat sich ausschließlich an diesem Ideal zu orientieren.

Auf vielfältige, längst nicht hinreichend untersuchte Art und Weise ist das Gedankengut Ibn Taimījas in den Strömungen des 19. Jahrhunderts, die eine Erneuerung des Islams anstrebten, fruchtbar geworden.[76] Die Leitidee der „von

[72] Ebd., 112.
[73] Ebd., 117f.
[74] Ebd., 133.
[75] Ebd., 189.
[76] H. Laoust: *Le réformisme orthodoxe des „salafiyya"*, in: REI 6/1933, 175–224; EI^2 s. v. Salafiyya (W. Ende).

der Scharia bestimmten Machtausübung" gewann an Anziehungskraft, als die Europäisierung und Verwestlichung die Entwicklung der islamischen Staaten in eine ganz andere Richtung vorzuzeichnen schienen. Da regten sich die Gegenkräfte, die wir an einem Beispiel studieren wollen. Es stammt aus der Feder von Abd al-Wahhāb Ḫallāf (gest. 1956), der zu jenem Gremium gehörte, das auf Befehl des ägyptischen Königs Fu'ād I. (reg. 1917–1936) ein Kompendium des Ritualrechts „nach den vier Schulen" erarbeitete, dessen Vervollständigung durch al-Ǧazīrī im ersten Teil unseres Buches häufig zitiert wurde. Ḫallāf begann 1900 als Zwölfjähriger seine Ausbildung an der al-Azhar-Universität und schloß sie 1915 mit dem Examen an der kurz zuvor eröffneten Hochschule für Scharia-Recht ab, das, wie erinnerlich, nur noch in Personenstands-, Familien- und Erbangelegenheiten galt. Ab 1924 amtierte Ḫallāf einige Jahre als Direktor der Abteilung Moscheen im Religionsministerium, ehe er zum Professor für Scharia-Recht an der neuen Universität von Kairo berufen wurde. Seit 1923 beschäftigte er sich dienstlich mit der Frage, wie die Erfordernisse einer modernen Rechtspolitik mit den Grundsätzen des überkommenen islamischen Rechts zu vereinbaren seien. Diese Arbeit schlug sich 1931 in einem Buch nieder, das den Titel trägt: „Schariatische Politik oder die Ordnung des islamischen Staates auf den Gebieten der Verfassung, der auswärtigen Beziehungen und des Finanzwesens". In der Einleitung bemüht er sich um eine Abgrenzung seines Gegenstandes, wobei er ein längeres Zitat aus einem Werk seines Landsmannes al-Maqrīzī (gest. 1442) in den Mittelpunkt seiner Betrachtungen stellt: Das arabische Wort, mit dem seit dem 19. Jahrhundert der aus Europa übernommene Begriff der Politik wiedergegeben wird, meint das Innehaben der Führung; so jedenfalls definiert al-Maqrīzī das Wort *as-sijāsa*, das, wie hier deutlich wird, nicht auf das gemeinschaftliche Handeln innerhalb eines klar umgrenzten Territoriums, sondern auf die Ausübung von Macht ohne Ansehung natürlicher topographischer oder gesellschaftlicher Gegebenheiten abhebt. Das Innehaben der Führung ist demnach der Kern des Politischen; diese Führung, *as-sijāsa*, ist laut al-Maqrīzī dadurch ausgezeichnet, daß sie auf dem Gesetz (arab.: *al-qānūn*) beruht, „das erlassen wurde zur Wahrung der guten Sitten, der Interessen (arab.: Pl. *al-maṣāliḥ*) und des wohlgeordneten Zustandes (des Gemeinwesens). *As-sijāsa* ist von zweierlei Art; sie ist gerecht, indem sie den Übeltätern das rechte Verhalten aufzwingt; (in dieser Art) folgt sie den schariatischen Bewertungen ..., und über diese schariatische *sijāsa* hat man zahlreiche Bücher verfaßt. Die zweite Art ist eine ungerechte *sijāsa*, die allerdings von der Scharia untersagt wird."

In knapper Form umreißt dieses Zitat ähnliche Vorstellungen, wie sie Ibn Taimīja in seiner Abhandlung vorträgt. Ḫallāf verbindet diese Gedanken jedoch mit den frei erwogenen Belangen (arab.: Pl. *al-maṣāliḥ al-mursala*) der Gemeinschaft der Muslime. Er rechtfertigt dies mit einem Satz, den er dem Rechtskompendium „Das überfließende Meer" des Jemeniten Aḥmad b. Jaḥjā b. al-Murtaḍā (gest. 1437) entnimmt: „*As-sijāsa* ist eine Handlung des Herrschers, die dem Gemeinwohl dient, das nach seiner Ansicht (durch diese Handlung gewahrt wird), selbst wenn kein Einzelbeweis für (die Übereinstimmung) dieser Handlung (mit der Scharia) überliefert wurde." Nun führt Ḫallāf aus, daß beide Auffassungen der an die Scharia gebundenen Machtausübung eng miteinander verwandt seien.

> Denn die Verfolgung der Belange (des Gemeinwohls) gelingt nur dann in vollkommener Weise, wenn die Inhaber der Herrschaft frei im Sinne dieser Belange verfahren können ... Nichts hindert daran, unter schariatischer Machtausübung (arab.: *as-sijāsa aš-šarʿīja*) etwas zu verstehen, das beide Bedeutungen umschließt ... Dementsprechend ist die Wissenschaft von der schariatischen Machtausübung damit befaßt, nach den Gesetzen und Ordnungen zu fragen, nach denen, da sie mit den Grundlagen des Islams übereinstimmen, die Angelegenheiten des islamischen Staates geregelt werden, selbst wenn es nicht für jede dieser Regelungen einen einschlägigen Beweis gibt. Den Gegenstand (dieser Wissenschaft) bilden die Ordnungen und Gesetze, die für die Angelegenheiten des Staates erforderlich sind, und zwar so, daß sie mit den Grundlagen der Religion übereinstimmen und die Belange und Bedürfnisse der Menschen erfüllen. Das Ziel (dieser Wissenschaft) liegt (erstens) in der Regelung der Angelegenheiten des islamischen Staates durch Ordnungen, die sich aus dem praktizierten Glauben (arab.: *ad-dīn*) herleiten, und (zweitens) in der Darlegung, daß der Islam zu einer gerechten Machtausübung fähig ist und in den verschiedenen Zeitaltern und Ländern die Wahrung der Interessen der Menschen auf sich genommen hat.[77]

Ḫallāf will nun nacheinander die drei im Buchtitel genannten Gebiete betrachten und erörtern, in welchem Verhältnis die modernen Gesetze und die Bestimmungen der Scharia zueinander stehen. Zuvor macht er jedoch deutlich, daß er zwar die Idee, die islamische Herrschaft müsse in der Scharia verankert sein, auf die ältere islamische Rechtswissenschaft zurückzuführen wußte; indem er jedoch gleich im ersten Satz seiner Überlegungen zur Methodik seines Vorgehens der Scharia im Gemeinwohl der Muslime ihren eigentlichen Grund zuweist, belegt er - ohne es zu wollen - den weiten Abstand, der ihn von seinen in der Tradition des *fiqh* stehenden Vorgängern trennt, die bis ins 19. Jahrhundert die muslimische Kultur prägten. Er schreibt:

> Der Gesandte Gottes war zu seinen Lebzeiten der Gewährsmann, nach (dessen Anweisungen) die Muslime ihre öffentlichen Angelegenheiten regelten; er verkündete die Gesetze, urteilte, vollzog. Sein Gesetz (arab.: *al-qānūn*) war bei diesen Regelungen das, was von seiten Gottes auf ihn herabgesandt wurde und das, wohin ihn seine eigene Entscheidungsfindung (arab.: *al-iǧtihād*) und seine Erwägung des Gemeinwohls (arab.: Pl. *al-maṣāliḥ*) führten sowie das, wozu ihm die mit Einsicht Begabten unter seinen Gefährten rieten, wenn immer eine Offenbarung fehlte. Die aus diesen Quellen fließende Regelung umfaßte die Bedürfnisse der Gemeinschaft (arab.: *al-umma*) (der Muslime) und garantierte die Verwirklichung ihrer Interessen.[78]

[77] ʿAbd al-Wahhāb Ḫallāf: *as-Sijāsa aš-šarʿīja*, Kairo 1931, 4f.
[78] Ebd., 6.

Sofort fällt ins Auge, daß das Gesetz nicht als eine Belastung gedeutet wird, die Gott den Menschen auferlegt, um ihnen den Weg zum Gewinn des Paradieses zu eröffnen. Das göttliche Gesetz wird seiner Bedeutung für das Heil beraubt und auf die bestmögliche Art der Gewährleistung des Gemeinwohls verkürzt: Unter den Muslimen verbreitete sich mit dem Beginn ihrer Geschichte die Überzeugung, daß „der Zweck des göttlichen Gesetzes allein das Gemeinwohl ist; wo immer das Gemeinwohl gefunden wird, dort ist das göttliche Gesetz verwirklicht!" Und so ist es ihnen selbstverständlich, „daß der Weg zur Verwirklichung des Gemeinwohls in Fällen, in denen kein eindeutiger Gesetzestext (arab.: *an-naṣṣ*) vorhanden ist, in der eigenständigen Bemühung juristischer Einsicht (arab.: *iǧtihād ar-ra'j*) liegt."[79] Der Rechtswissenschaft herkömmlicher Art wirft Ḫallāf vor, sie habe das frei erwogene Gemeinwohl vielfach aus den Augen verloren, seit langem jegliche selbständige Entscheidung unterdrückt und nur noch die Ergebnisse, die die Gründer und die großen Meister der Schulen einst erzielt hätten, weitergereicht. Daß diese Meinung nicht ganz mit der Wirklichkeit übereinstimmt, wurde in den voraufgehenden Kapiteln deutlich gemacht. Ḫallāf aber begründet mit der von ihm beklagten Mißachtung des frei erwogenen Gemeinwohls Eingriffe des ägyptischen Justizministeriums in das Personenstandsrecht, das, wie dargelegt, der schariatischen Gerichtsbarkeit zugeordnet worden war: Mit Rücksicht auf das Gemeinwohl wurde z. B. das Heiratsalter für Frauen auf sechzehn Jahre angehoben.[80] Das von Ḫallāf verfaßte und häufig aufgelegte Lehrbuch über die Grundlagen des islamischen Rechts verschiebt dementsprechend die Akzente und vermischt, wie noch zu zeigen sein wird, in kennzeichnender Weise göttliches und positives Recht, behält aber den Rahmen der Begrifflichkeit des *fiqh* bei.

Ḫallāf bemüht sich, dieses Verständnis des islamischen Rechts bei Autoren der Vergangenheit wiederzufinden. So hat schon der malikitische Rechtsgelehrte al-Qarāfī (gest. 1285) darauf aufmerksam gemacht, daß es keineswegs der Scharia widerspreche, wenn die Herrscher weitgehend freie Hand in der Wahl der Mittel zur Aufrechterhaltung der öffentlichen Ordnung hätten. Ibn Taimījas Schüler Ibn Qaijim al-Ǧauzīja (gest. 1350) wird von Ḫallāf mit folgendem Satz zitiert: „Machtausübung ist ein Handeln, bei dessen Vollzug die Menschen sich dem Zustand des (allgemeinen) Wohls nähern, sich von der Verderbnis entfernen; gleichwohl hat der Prophet (dieses Handeln) nicht festgelegt, und es ist auch keine diesbezügliche Offenbarung herabgesandt worden. Wer jedoch behauptet, es dürfe keine Machtausübung statthaben, es sei denn gemäß dem Wortlaut der Scharia, der irrt sich und zeiht die Prophetengefährten des Irrtums. Schon die rechtgeleiteten Kalifen haben Dinge getan, die kein Kenner der Überlieferungen leugnen wird. Es genüge der Hinweis, daß 'Alī die Ketzer verbrennen ließ, daß 'Uṯmān die Korane dem Feuer übergab und daß Naṣr b. al-Ḥaǧǧāǧ von 'Umar

[79] Ebd., 7 unten.
[80] Ebd., 13f.

verbannt wurde."[81] Die weiteren Äußerungen Ibn Qaijims, die Ḫallāf anführt, zeigen den Zusammenhang mit den Darlegungen Ibn Taimījas, bestätigen aber, daß Ḫallāf im Grunde aus einer ganz anderen Überzeugung heraus argumentiert. Denn Ibn Qaijim führt aus, daß die Machthaber Verantwortung für den schlimmen inneren Zustand des Gemeinwesens mit dem Argument ablehnen, die Scharia verweigere ihnen die Möglichkeit, mit geeigneten Mitteln Sicherheit und Ordnung herzustellen; dies sei allerdings ein Irrtum, der auf mangelndem Wissen vom Gesetz beruhe. In Wahrheit sei eine gerechte Machtausübung genau das, was als die Gerechtigkeit Gottes ermittelt werden könne, wenn man die Zeichen, die in der Überlieferung vorhanden sind, aufzufinden und zu deuten verstehe. Ibn Taimīja und sein Schüler fordern die Herrscher ihrer Zeit auf, aus diesen Zeichen herauszulesen, was ihre Pflicht ist. Ḫallāf übernimmt demgegenüber das Schlagwort von der an die Scharia gebundenen Machtausübung, um, wie der Hinweis auf die Gesetze der ägyptischen Regierung unschwer erkennen läßt, Eingriffe der Legislative in schariatische Vorschriften zu rechtfertigen. Im Anschluß hieran beruft sich Ḫallāf, wie es in den letzten Jahrzehnten gang und gäbe geworden ist, in ganz allgemeiner Weise auf den Islam, der der Garant einer gerechten Machtausübung - oder eben: Politik - sei:

> Seine Grundlagen taugen dazu, als Fundamente für gerechte Systeme verwendet zu werden und ermöglichen die Verwirklichung des Wohls der Menschen zu jeder Zeit und an welchem Ort auch immer. Der Beweis dafür liegt in zweierlei: Der erste Grundstein und der allgemeine Ausgangspunkt des Islams ist das Buch Gottes; Gott hat es allerdings nicht unternommen, darin die Einzelheiten auseinanderzusetzen, vielmehr hat er die unverrückbaren Fundamente und die generellen Regeln festgelegt, auf denen die Organisation der öffentlichen Angelegenheiten eines Staates zu errichten ist. Diese Fundamente und Regeln variieren nur wenig von Nation zu Nation und von Zeitalter zu Zeitalter. Über die Einzelheiten, in denen die Nationen je nach den unterschiedlichen Lebensumständen und Zeiten verschiedene Auffassung haben, schwieg er, damit jede Nation die Gelegenheit finde, ihre spezifischen Belange und die Erfordernisse ihrer Lage zu berücksichtigen.

Infolgedessen ist es den Regierungen anheimgestellt, ein Strafgesetz nach ihrem Ermessen zu schaffen; ausgeschlossen sind lediglich Veränderungen der „Grenz"-Strafen, die die Rechte Gottes schützen. Dieser Bereich des *fiqh* wird von Ḫallāf mithin an den Rand des Rechtswesens geschoben, während er bei Ibn Taimīja den Kern einer auf die Wahrung der öffentlichen Ordnung zielenden Machtausübung bildete. Das zweite Argument für die universale Tauglichkeit des Islams ist laut Ḫallāf das folgende:

[81] 'Uṯmān ließ, um die unter ihm geschaffene Koranrezension durchzusetzen, Handschriften mit anderen Fassungen verbrennen; Naṣr b. al-Ḥaǧǧāǧ wurde von den Frauen Medinas ob seiner Schönheit gepriesen, weswegen 'Umar ihn nach Basra verbannte (Ibn Sa'd, op. cit., III, Teil I, 204f.).

Mit vielen seiner Bestimmungen, Weisheiten und offenbarten Versen macht der Islam deutlich, daß sein Ziel die Verwirklichung des Gemeinwohls der Menschen und die Behebung von Schaden ist; er beabsichtigt, unter ihnen Gerechtigkeit zur Geltung zu bringen und gegenseitige Übergriffe zu verhindern. Dies wird an der weisen Absicht der Gesetzgebung erkennbar, die Gott zusammen mit den Vorschriften in einigen Koranworten ausdrücklich kundgegeben hat. In Sure, 2, Vers 179 sagt er (nachdem er das Verfahren der Blutrache geregelt hat): „In der Talio liegt für euch (der Schutz) des Lebens", und in Sure 5, Vers 91 (nach Erlaß des Verbots von Wein und Glücksspiel): „Durch Wein und Glücksspiel will der Satan zwischen euch Feindschaft stiften und Haß säen und euch vom Gedenken Gottes und vom Gebet abhalten. Wollt ihr deshalb nicht damit aufhören?"[82]

Nun kann man fragen, weshalb die islamischen Länder sich zur Übernahme europäischen Rechts genötigt sähen, wo doch der Islam bereits alles in sich schließe, wessen ein der Gerechtigkeit verpflichtetes Gemeinwesen bedürfe. Müsse man nicht doch eine Unzulänglichkeit des Islams einräumen? Ḫallāf verbittet sich einen solchen Verdacht mit aller Strenge. Nicht der Islam weise Mängel auf, sondern die Muslime seien fehlerhaft mit ihrer Religion umgegangen. Hätte es zu jeder Zeit Gremien von Rechtsgelehrten mit Einblick in die Angelegenheiten dieser Welt gegeben, die in Ausübung eigenständiger Entscheidungsfindung den Spielraum genutzt hätten, den die Scharia den Machthabern zum Wohl der Gemeinschaft der Muslime eröffnete, dann wäre das islamische Recht stets zeitgemäß geblieben.[83]

Am Beispiel der Ausführungen zur schariatischen Fiskalpolitik wollen wir Ḫallāfs Vorstellungen genauer untersuchen. Ḫallāf definiert diese Politik als das Bemühen, Einnahmen und Ausgaben in Übereinstimmung zu bringen. Gerecht sei sie, wenn sie dem einzelnen nur das abverlange, was das Gesetz vorschreibe; die Steuern dürften die Leistungsfähigkeit der Bürger nicht übersteigen, müßten aber so hoch sein, wie es die Notwendigkeit erfordere. Die Einkünfte des Staates seien so einzuteilen, daß alle Aufgabenbereiche angemessen berücksichtigt würden. Durch den Islam sanktionierte Quellen dieser Einkünfte seien die Läuterungsgabe (arab.: *az-zakāt*), die von Gütern, Handelswaren, Vieh und Agrarprodukten erhoben werde; ferner eine Steuer (arab.: *aḍ-ḍarība*) auf Ackerland in der Form der Grundsteuer (arab.: *al-ḫarāǧ*), des Zehnten (arab.: *al-ʿušr*) und des halben Zehnten; eine Personensteuer, die als Kopfsteuer (arab.: *al-ǧizja*) von den Schriftbesitzern bezahlt werden muß; die ebenfalls Zehnter genannten Gebühren, die auf alle in die islamischen Länder eingeführten Güter erhoben werden; das Fünftel der Beute, was nach Ḫallāf den Anteil des Staates an Bodenfunden und Mineralien meint; schließlich der Nachlaß von Verstorbenen, deren Erben nicht ausfindig gemacht werden können. Manche dieser Einkünfte seien bereits im Koran

[82] Ḫallāf, op. cit., 16–22.
[83] Ebd., 24.

und in der prophetischen *sunna* geregelt, andere erst von den Gefährten Muḥammads erschlossen worden.

Der Rechtsgrund der Steuern ist, so fährt al-Ḫallāf fort, nach Ansicht der Verfechter der Theorie des Gesellschaftsvertrags die Übereinkunft der Menschen, eine Regierung zu schaffen, die sich des Schutzes aller anzunehmen hat und die dafür aufgewendeten Ausgaben von den Vertragspartnern zurückfordert. Nach einer anderen Theorie nimmt die Regierung die Schutzfunktion wahr, ohne daß vorher ein Gesellschaftsvertrag abgeschlossen wurde, und sie hat das Recht, die Kosten auf alle Mitglieder des Gemeinwesens umzulegen. In der Praxis ergebe sich hieraus kein Unterschied. Was den Islam betreffe, so könne man den einschlägigen Quellen entnehmen, daß die Steuern der Obrigkeit zustünden, weil diese den Individuen den Genuß ihrer Rechte garantiere. Die Läuterungsgabe ist das Entgelt für die Beanspruchung des Rechts der Sicherheit von Leib, Leben und Eigentum und des Rechts der Benutzung der Einrichtungen des Staates; unter Berufung auf Sure 9, Vers 103 stellt Ḫallāf fest, daß die *zakāt* eingezogen werde, um das Vermögen der Staatsbürger zu läutern, zu schützen und anwachsen zu lassen.[84] Die auf das Materielle zielende Zweckbestimmung der Läuterungsgabe geht allerdings aus diesen Worten des Korans nicht hervor; sie ist aber angesichts der Behauptung, das Gemeinwohl sei der Daseinsgrund der Scharia, durchaus folgerichtig.

Der Zehnte, so lesen wir bei Ḫallāf weiter, und die Hälfte des Zehnten sind Abgaben, die den muslimischen Eigentümern von Ackerland abverlangt werden, während die Andersgläubigen die Grundsteuer zu leisten haben. Ein langes Zitat aus dem Werk des Abū Jūsuf[85] über diese Fragen soll den Leser wieder auf die richtige Spur führen: Nachdem große Gebiete des Irak erobert worden waren, beriet sich der Kalif ʿUmar b. al-Ḫaṭṭāb mit den übrigen prominenten Gefährten Muḥammads, wie denn nun zu verfahren sei; es sei nicht sinnvoll, diese Ländereien an die Muslime zu verteilen, denn es würden dabei zwangsläufig diejenigen begünstigt, die sich jetzt gerade im Irak befinden, und wer später komme, werde leer ausgehen; niemand werde sich im übrigen, sei das Land erst in Privateigentum übergegangen, um die Verteidigung der Grenzposten und die Unterstützung der muslimischen Witwen und Waisen kümmern. ʿUmar habe das Land schließlich in das Eigentum des islamischen Staates übergeführt und die Bauern, die es bestellten, mit der Kopfsteuer (arab.: *al-ǧizja*) belegt und eine Grundsteuer erhoben. So wurde gewährleistet, daß dem Fiskus genügend Einnahmen zuflossen, um die Orte des eroberten Landes durch hinreichend starke muslimische Besatzungen zu sichern und außerdem die Bedürftigen der muslimischen Glaubensgemeinschaft zu unterstützen. Mit Zustimmung zitiert Ḫallāf die Bemerkung Abū Jūsufs, ʿUmar habe, von Gott angeleitet, durch diese Regelung zum Besten der Muslime gehandelt.

[84] Ebd., 104.
[85] Vgl. oben Kap. B II 1.

Kurz und gut, den autoritativen Texten, die bezüglich der islamischen Staatseinkünfte überliefert sind, sowie dem Standpunkt, den die großen Prophetengefährten bei ihrer Entscheidungsfindung (arab.: *al-iǧtihād*) und ihren Beratungen bezogen, ist zu entnehmen, daß das Prinzip, nach dem die Regelung dieser Einkünfte erfolgte, die Sicherstellung der Ausgaben ist, die das allgemeine Wohl erfordert, der Schutz von Leben und Vermögen der Besitzenden und die Verwirklichung der Solidarität und Zusammenarbeit, die für die Wahrung der Einheit der Gesellschaft unerläßlich sind. Diese Prinzipien berücksichtigen vollständig das Gemeinwohl und stimmen mit den Grundlagen der Gerechtigkeit überein.[86]

Eine gerechte Steuer, deren Erhebung eine unbestreitbare Notwendigkeit ist, muß nach der Ansicht von Wirtschaftsfachleuten, auf die Ḫallāf hier verweist, vier Bedingungen genügen: Sie muß von allen Personen in gleicher Weise eingezogen werden und darf sie nicht über Gebühr belasten; sie muß so knapp bemessen sein, daß sie nur die wirklich notwendigen Staatsausgaben deckt; sie muß nach einem von jedem Betroffenen zu durchschauenden System berechnet werden; das Verfahren des Einzugs muß die Verhältnisse beachten, die den Ablauf des Erwerbslebens bestimmen. Im übrigen sollte nur der Zuwachs des Vermögens, nicht aber dessen Substanz besteuert werden. Es wird uns kaum überraschen, daß Ḫallāf alles dies in der Überlieferung zur frühen islamischen Geschichte wiederfindet. Als ʿUmar sich darüber klar geworden war, wie er den eroberten Irak fiskalisch für die Muslime nutzen müsse, und die von ihm mit der Durchführung seiner Beschlüsse Beauftragten zur Berichterstattung vor ihn traten, konnten sie ihm bestätigen, daß den irakischen Bauern noch genügend verblieben war, womit sie ihr Dasein fristen konnten. Und nach dem Zeugnis Abū Jūsufs hatte Hārūn ar-Rašīd allen Steuereinnehmern ausrichten lassen, sie hätten sich bei ihrem Geschäft aller Gewalttätigkeit zu enthalten; unter keinen Umständen sollten sie die Steuerzahler hochmütig abfertigen; Milde, verbunden allerdings mit gebotener Strenge solle die Beamten des Kalifen auszeichnen.[87] Ḫallāf erörtert im Anschluß hieran in ähnlicher Weise und wiederum unter ständigem Rückgriff auf die frühe islamische Geschichte die Zwecke, für die die Einkünfte verwendet werden. Den Grundstein seiner Ausführungen gibt, wie nicht anders zu erwarten, Sure 9, Vers 60 ab, wo die Armen, die Schuldner, die um ihren Freikauf bemühten Sklaven, die Kämpfer „auf dem Pfade Gottes", die Beauftragten des Herrschers und wichtige Personen, „deren Herzen (für den Islam) gewonnen" werden sollen, als die Empfangsberechtigten aufgezählt werden.[88]

Es wäre kaum lohnend, diese Darlegungen hier im einzelnen zu verfolgen. Zwei bemerkenswerte Sachverhalte lassen sich an diesem Text jedoch beobachten. Unter dem Begriff der an der Scharia ausgerichteten Machtausübung und des Gemeinwohls der Muslime läßt sich der tiefe Bruch verbergen, der mit der

[86] Ḫallāf, op. cit., 109.
[87] Ebd., 112.
[88] Ebd., 127.

Verwestlichung des Rechtswesens einhergeht; es wird eine Kontinuität vorgetäuscht. Indem man sich der Aussagen der frühen islamischen Geschichte versichert, scheint deren idealtypische Gerechtigkeit bis in die Gegenwart hinein fortzugelten, ja vielleicht erst jetzt wieder zum Maßstabe einer auf das Gemeinwohl gerichteten Politik islamischer Staaten zu werden. Denn gegen Ende seiner Betrachtungen hebt Ḫallāf hervor, die Geschichte einiger islamischer Staaten zeige einen bedenklichen Verfall der inneren Ordnung und eine Zerrüttung der Finanzen, doch sei dies gerade nicht einer vermeintlichen Unzulänglichkeit der Scharia, sondern der fehlerhaften Verwirklichung der Scharia im Handeln der Herrschenden zuzuschreiben.[89] Die frühe islamische Geschichte entfaltet unter diesem Gesichtspunkt aufs neue ihre mächtige Anziehungskraft; dies zeigte uns schon die 1920 von dem Ägypter al-Ḫuḍarī veröffentlichte Geschichte des islamischen Rechts.[90] Aber in Wahrheit liegt die frühislamische Zeit für Ḫallāf in unerreichbarer Ferne. Denn ein Gegenstand ernsthafter Auseinandersetzung ist sie für ihn nicht mehr. Die Zitate haben allein die Aufgabe, die am Gemeinwohl ausgerichtete Gesetzgebung des modernen Ägypten zu rechtfertigen - und welche Gesetzgebung nähme nicht für sich in Anspruch, diesem Ziel zu dienen? Ḫallāf beruft sich auf ʿUmar b. al-Ḫaṭṭāb, weil er so die europäische Rechtsgeschichte zu überbieten hofft - schon ʿUmar wußte, was die Wirtschaftswissenschaftler als neue Erkenntnis über die Steuergesetzgebung verkünden! Aber was es mit ʿUmars Regelungen tatsächlich auf sich hat, ist Ḫallāf gleichgültig. Denn anderenfalls hätte er sich mit dem Problem auseinandersetzen müssen, ob die Kopfsteuer, die nur durch die Andersgläubigen zu zahlen ist, mit dem modernen Grundsatz der gleichartigen Besteuerung aller Staatsbürger zusammenpaßt. Die endgültige Entbergung der Vorschriften Gottes, die noch Ibn ʿĀbidīn als die wesentliche Aufgabe des Scharia-Gelehrten ansah und die eine eingehende Beschäftigung mit der Überlieferung und den vielen in Jahrhunderten erprobten Wegen ihrer Auslegung erzwang, ist Ḫallāfs Sache nicht mehr. Ihm ist es darum zu tun, den, wie oben dargelegt,[91] von der Scharia nur mangelhaft erfaßten Bereich einer weiter als zu Muḥammads Zeiten ausgedehnten staatlichen Tätigkeit islamisch zu legitimieren, mithin jenes Gebiet des Rechts, das die europäischen Mächte, die in die islamische Welt eindrangen, ihrem Einfluß unterwarfen. Daß sich Ḫallāf auf Ibn Taimīja beruft, lag insofern nahe, als dieser bereits im frühen 14. Jahrhundert auf das Spannungsverhältnis gestoßen zu sein scheint, das zwischen den Erfordernissen einer wirksamen Machtausübung und den Möglichkeiten, die das Scharia-Recht hierzu bietet, obwaltet.

Dies ist der erste Sachverhalt, mit dem der zweite unmittelbar verknüpft ist: Die Belastung mit dem Gesetz (arab.: *at-taklīf*), die doch ein wesentliches Element des von der Scharia bestimmten Rechtsdenkens war, wird bei Ḫallāf ganz

[89] Ebd., 140.
[90] Vgl. oben Kap. B I 1.
[91] Vgl. oben Kap. B III 3.

außer acht gelassen und durch das Gemeinwohl ersetzt. In seiner 1942 in erster Auflage gedruckten Übersicht über die Grundlagen des *fiqh* spricht Ḫallāf zwar noch vom Muslim als dem „Belasteten", aber verwendet diesen Begriff nur noch im Sinne von rechtsfähig. Gegenstand der Rechtswissenschaft ist das Handeln des Rechtsfähigen, insofern als dieses Handeln durch schariatische Bestimmungen geregelt ist.[92] – Hier ist wirklich von Bestimmungen (arab.: *al-ḥukm*, Pl. *al-aḥkām*) zu sprechen, nicht mehr von Bewertungen, die Gott erteilte bzw. erteilt. Denn Ḫallāf definiert die Rechtswissenschaft und die Lehre von den Grundlagen des Rechts wie folgt:

> Das Ziel, das die Rechtswissenschaft anstrebt, ist die Anwendung der schariatischen Bestimmungen auf die Handlungen und Reden der Menschen. *Fiqh* ist die Quelle des *Qāḍīs* bei seinen Urteilen, des *Muftīs* bei seinen Gutachten, die Quelle eines jeden „Belasteten", der die schariatische Bestimmung für sein Reden und Handeln erfahren will. Dies aber ist das Ziel, das alle Gesetze (arab.: *al-qānūn*, Pl. *al-qawānīn*) in jeder Nation (arab.: *al-umma*) anstreben ... Das Ziel, das mit der Wissenschaft von den Grundlagen des Rechts erstrebt wird, ist die Anwendung der Regeln und Theorien (dieser Wissenschaft) auf die einzelnen Beweistexte, um auf diesem Wege zu den schariatischen Bestimmungen zu gelangen, auf die (diese Texte) hindeuten. Durch die Regeln und die Erforschung (der Wissenschaft von den Grundlagen des Rechts) erreicht man das Verständnis der schariatischen Gesetzestexte, erkennt die Bestimmungen, auf die sie hindeuten und wodurch die Verborgenheit (dieser Bestimmungen) aufgehoben werden kann.

Wenn zwei Texte einander widersprechen, muß zwischen beiden abgewogen werden. Analogieschlüsse und verwandte Verfahren sind zu befolgen, so daß man die Einsichten der großen Schulhäupter begreifen und unter ihren Meinungen, sofern diese nicht einhellig sind, eine Auswahl treffen kann.[93] Auf den ersten Blick glaubt man eine herkömmliche Einführung in die Grundlagenlehre zu lesen, und in der Tat geht es um den Quellenwert von Koran und *sunna*, um das Gewicht des Consensus und um die Analogien. Daß das frei erwogene Gemeinwohl ausführlich erörtert wird, desgleichen auch die Gewohnheit (arab.: *al-ʿurf*), entspricht ganz den schon anderweitig belegten Ansichten Ḫallāfs. Erstaunlich ist aber doch, daß er die Unterscheidung zwischen einem schariatischen – also nach muslimischer Ansicht auf Gott zurückgehenden – und einem von Menschen verfaßten Gesetzestext verwischt. So schreibt er im Zusammenhang mit der Frage, wie der juristische Gehalt eines Quellentextes zu ermitteln sei: „Ein schariatischer Text oder ein Gesetzestext verweist auf vielfache Art auf vielfache Bedeutungen ..."[94] Ḫallāf behält das Instrumentarium der islamischen Wissenschaft von den Grundlagen des Rechts bei, aber er scheut sich nicht, es auf andere, der Scharia wesensmäßig fremde Quellen anzuwenden, zumindest in der Theorie.

[92] Ḫallāf: *ʿIlm uṣūl al-fiqh*, 10. Aufl., Kairo 1972, 12.
[93] Ebd., 14f.
[94] Ebd., 143.

Freilich wurde schon unterstrichen, daß das bohrende Fragen nach dem Sinn einer Koranstelle oder eines *Ḥadīṯes* bei Ḫallāf zugunsten des einfacher zu handhabenden Gesichtspunktes des Gemeinwohls gewichen ist.

Unbefriedigend, oberflächlich und widersprüchlich mag diese Art der Rechtswissenschaft anmuten. In der Tat ist sie, seitdem sie um 1920 entstand, in unzähligen Traktaten mißbraucht worden, in denen es weniger um die Vermittlung zwischen modernen Einflüssen und überlieferten Ansichten ging, als um die Propagierung der schon von Ḫallāf verwendeten Losung, daß das islamische Recht „für jeden Ort und jede Zeit" tauge. Doch sind dies Mängel, die man Ḫallāf und seiner Generation kaum zur Last legen kann. Denn die geschichtliche Situation, in der sie schrieben, darf nicht völlig unberücksichtigt bleiben. Mit einigen kurzen Bemerkungen muß sie am Ende dieses Teilkapitels wenigstens angedeutet werden. Die frühen zwanziger Jahre waren ein Zeitraum, in dem die Weltpolitik eine unwiderrufliche Wende zugunsten der westlichen Zivilisation und zuungunsten des Islams zu nehmen schien. Das Osmanische Reich ging unter; aus seiner anatolischen Hinterlassenschaft formte Atatürk ein Gemeinwesen, dessen einendes Band der Laizismus sein sollte. Die bislang als unauflösbar geltende Verknüpfung von Politik und Recht mit der Religion - welche Formen immer diese Verknüpfung in der Geschichte aufgewiesen haben mochte - wurde durchtrennt. Ja, in Ägypten warf der Richter ʿAlī ʿAbd ar-Rāziq, ein Absolvent der al-Azhar-Hochschule, die geradezu unerhörte Frage auf, ob diese Verbindung nicht eine illegitime Fehlentwicklung sei, den wahren Absichten des Propheten zuwiderlaufend und den Muslimen schädlich von Anfang an. Im Vordergrund der 1926 zum ersten Mal erschienenen Abhandlung „Der Islam und die Wurzeln der Herrschaft" steht die Kritik am Kalifat, das ʿAbd ar-Rāziq als eine despotische Institution beschreibt, die von vielen, die sie errangen, aufs schändlichste mißbraucht worden sei. Keineswegs habe das Kalifat, wie immer wieder ins Feld geführt werde, dem göttlichen Gesetz gedient. Alle staatliche Organisation, die sich doch in den Bestimmungen des Rechts niederschlägt, ist keineswegs als ein unaussonderbarer Teil des Prophetentums zu betrachten. Der Krieg gegen die Andersgläubigen, die Maßnahmen zur Verteilung der einkommenden Beute, die Vorschriften zur Läuterungsgabe - wesentliche Sachgebiete des schariatischen Rechts - sind laut ʿAlī ʿAbd ar-Rāziq rein zeit- und ortsgebunden und aus den damaligen Umständen zu erklären.[95] Da er der Ansicht ist, legitime Herrschaft beruhe auf einem Gesellschaftsvertrag - auch bei Ḫallāf klang diese Idee an - und werde durch einen Akt der Wahl begründet, entwickelt sich alle Tätigkeit der Institutionen von Staat und Gesellschaft von deren gleichberechtigten Gliedern her und ist infolgedessen nicht durch ein ein für allemal kundgegebenes göttliches Gesetz zu erfassen. Im Lichte solcher Gedankengänge, die erbitterten Streit auslösten, nimmt sich Ḫallāfs Argumentation ganz anders aus, als sie oben - von unseren gegenwärtigen Erkenntnismöglichkeiten aus beurteilt - charakteri-

[95] T. Nagel: *Staat und Glaubensgemeinschaft*, II, 208–211.

siert wurde. Sie ist gewiß in sich unstimmig, aber sie bemüht sich, die formalen Kennzeichen der Scharia und die formalen Verfahren, mit denen sie ausgelegt wird, zu bewahren. Dem Neuen, das so machtvoll in die islamischen Länder hineindrängt, wird lediglich der Rang einer Ergänzung des Inhalts mancher Bestimmungen zugewiesen. Bei strenger Betrachtung mögen diese Ergänzungen dem Geist der Scharia als eines von Gott geschaffenen Gesetzes widersprechen; die Aufrechterhaltung der diesem wahlverwandten und über Jahrhunderte bewährten Form implizierte allerdings die Konservierung der Möglichkeit, nach Art der Scharia-Gelehrsamkeit *fiqh* zu betreiben.

3. Das Aufblühen der zeitgenössischen Scharia-Wissenschaft

In den späten vierziger Jahren wurde in Syrien das Rechtswesen nach ägyptischem Vorbild umgestaltet. Bis dahin war dort ein Recht in Kraft gewesen, dessen Grundlage die in der Zeit der Reformen des 19. Jahrhunderts erlassenen osmanischen Gesetzeswerke bildeten; französische Elemente waren in der Mandatszeit zwischen den beiden Weltkriegen eingedrungen. Das nun eingeführte ägyptische Recht beruhte, abgesehen von den schariatischen Personenstandsgesetzen, vor allem auf Regelungen, die in Anlehnung an europäische Vorbilder geschaffen worden waren. Es sei an die entsprechende Ausrichtung der juristischen Ausbildung erinnert, die in Ägypten seit dem Ende des 19. Jahrhunderts aufgebaut worden war. Dieses im wesentlichen europäische Recht wurde jedoch zusammen mit einer Einleitung in die Prinzipien der Scharia-Wissenschaft gelehrt, wovon das eben besprochene Unterrichtswerk Ḫallāfs Zeugnis ablegte. Diese eigentümliche Verquickung von fremdem Inhalt und herkömmlicher Form konnten die Syrer nur in Kairo studieren. Die Forderung, in Damaskus eine Fakultät für schariatische Rechtswissenschaft zu gründen, verhallte daher nicht ungehört. Im Mai 1954 wurde neben der bereits bestehenden juristischen eine Scharia-Fakultät eröffnet, die mit der ersteren zusammenarbeiten sollte. Allerdings hatte man der neuen Einrichtung die Aufgabe zugewiesen, die Lehre auf die Fundamente der klassischen islamischen Ausbildung zu gründen; Koraninterpretation, *ḥadīṯ* und tradierter *fiqh* wurden in den Vordergrund gerückt, während das in Syrien geltende Recht ägyptischer Herkunft nur einen geringen Teil des Studienplans ausmachte.

Zu den Aufgaben, die der neuen Fakultät gestellt wurden, gehörte die Erarbeitung einer „Enzyklopädie der islamischen Rechtswissenschaft". Anders als das von König Fu'ād I. in den frühen zwanziger Jahren in Gang gesetzte Vorhaben, das nur das Ritualrecht nach den vier Schulen zusammenfassen sollte und von al-Ǧazīrī wahrscheinlich auf eigene Faust fortgesetzt worden war, dachte man in Damaskus an eine allumfassende Bestandsaufnahme des islamischen *fiqh*. Nicht nur die vier großen Schulen sollten berücksichtigt werden, sondern auch kleinere, längst ausgestorbene, und selbst die Überlieferung der Schiiten und der Charidschiten sollte einbezogen werden.[96] Neuartig war ferner die Anordnung, in der dieser gewaltige Stoff dem Leser dargeboten wurde. Man verzichtete auf die überkommene, von den Riten bis zu den Strafen und Sühneleistungen reichende Gliederung und einigte sich statt dessen auf Stichwörter in alphabetischer Reihenfolge. Es liegt auf der Hand, daß erst nach langwierigen und umfänglichen Vorarbeiten Resultate der Öffentlichkeit vorgelegt werden konnten. Als Syrien 1958 für einige Jahre zusammen mit Ägypten die Vereinigte Arabische Republik bildete, wurde das Vorhaben zu einer gemeinsamen Angelegenheit beider Staatsteile erhoben. Der 1960 gegründete „Oberste Rat für islamische Angelegenheiten" setzte einen Ausschuß ein, der die Arbeit beschleunigen sollte. In der Tat wurde 1963 der erste Band der „Gamāl ʿAbd an-Nāṣir-Enzyklopädie des islamischen Rechts" veröffentlicht.[97] Heute umfaßt das bei weitem noch nicht abgeschlossene Werk, aus dessen Titel man den Namen des ägyptischen Staatsmannes gestrichen hat, schon mehr als zwanzig Bände. Deren erster enthält eine ausführliche theoretische Einleitung. Sie und ein 1971 publizierter Tätigkeitsbericht eines 1966 durch den „Obersten Rat für islamische Angelegenheiten" ins Leben gerufenen Gremiums, das eine Klärung der wesentlichen, d. h. nach wie vor geltenden Prinzipien der Scharia vornehmen sollte, bilden die Grundlage der Erörterungen in diesem letzten Teilkapitel, in dem der Leser mit der im Gang befindlichen Wiederaufwertung der Leistungen der Rechtsgelehrten des 10. bis 19. Jahrhunderts und der neuen Rechtfertigung einer selbständigen Entscheidungssuche (arab.: *al-iǧtihād*) bekannt gemacht wird.

Bis in die jüngste Zeit ist das Studium des islamischen Rechts bei den Muslimen selbst und unter den westlichen Fachgelehrten von der Vorstellung geprägt gewesen, daß einem längstens vier Jahrhunderte währenden Zeitabschnitt schöpferischer Grundlegung neun Jahrhunderte der Stagnation gefolgt seien, die man mit dem abschätzigen Begriff der Nachahmung (arab.: *at-taqlīd*) kennzeichnen könne. Ein Beispiel dieser Sicht der Dinge lernten wir in al-Ḫuḍarīs Darstellung der Rechtsgeschichte kennen. Es ist daher nicht verwunderlich, daß auch die Einführung in die Enzyklopädie in erheblichem Maße dieser Auffassung verhaftet ist. Sie zeigt jedoch ebenso deutlich, daß die Notwendigkeit, heutige Verhältnisse dem islamischen Recht einzubeschreiben, eine Abkehr von der starren Fixierung des Blickes auf die idealisierte Frühzeit des Islams erzwingt und den Scharia-Gelehrten jener neun Jahrhunderte zu Aufmerksamkeit und Ansehen verhilft, die bisher bestenfalls als spitzfindige Kommentatoren gegolten hatten. Glücklicherweise läßt sich der Verfasser der Einleitung in die Enzyklopädie nicht auf die unfruchtbare Erörterung der Möglichkeit oder Unmöglichkeit einer erneuerten eigenständigen Suche nach Lösungen ein; er nimmt stillschweigend an, daß dergleichen Anstrengungen niemals zum Erliegen gekommen sind. Die Spätgebore-

[96] B. Botiveau, op. cit., 186f.

[97] Vgl. die Darstellung der Entstehungsgeschichte der Enzyklopädie in deren erstem Band (*Mausūʿat Gamāl ʿAbd an-Nāṣir lil-fiqh al-islāmī*, I, 5–7).

nen waren keineswegs bloß Nachahmer der Altvorderen. Freilich möchte man eine allzu kühne Aufwertung der späten Geschlechter auch nicht zulassen; denn die Scharia darf nicht so begriffen werden, als sei sie ein Rechtssystem, das den Irrungen und Wirrungen der politischen Geschichte anheimgegeben ist. Was in der frühesten Zeit des Islams geleistet wurde, muß bis in die Gegenwart gültig geblieben sein, wenn denn die Scharia das von Gott selber den Muslimen übergebene, unveränderliche Recht sein soll. Eigenständige Entscheidungsfindung hat es jedoch während der ganzen Geschichte der Scharia gegeben, und man wird sich auch in Zukunft hierauf einlassen, und die Art der Entscheidungen, die zu treffen waren und sind, ist nicht stets die gleiche gewesen.

In die Bestimmung des Begriffes des Gegenstandes, nämlich des *fiqh* im fachterminologischen Sinn, gehen diese Überlegungen bereits ein. Der Autor beruft sich auf den Schafiiten Abū Isḥāq aš-Šīrāzī (gest. 1083), der das Erfassen nicht unmittelbar zutage liegender Sachverhalte als den gemeinsprachlichen Inhalt des Wortes *fiqh* beschrieben hatte; von ihm hatte er den schariatischen unterschieden, nämlich die Aufdeckung der schariatischen Bewertungen, die mittels eigenständiger Suche erfolge. Dies ist, wie der Verfasser der Einleitung versichert, auch die Ansicht vieler anderer Rechtsgelehrter: Das Wissen von den auf das Handeln des Menschen bezogenen Bewertungen der Scharia erlangt man durch Schlußfolgerungen aus Texten; das Ermitteln der physikalischen Eigenschaften eines Körpers, die ja auch nicht jedermann unmittelbar sichtbar sind, ist nicht unter *fiqh* zu verstehen, denn dabei geht es niemals um Bewertungen bzw. Normen.[98] Diese können, wie hiermit implizit festgestellt wird, nicht aus der Faktizität der Welt herausgelesen werden. Die Scharia kann daher nicht in der Geschichte oder in der Natur aufgehen; sie ist ihrem Wesen nach etwas, das unabhängig von beidem gesetzt ist. Die Verbindung mit dem Handeln des einzelnen Menschen ist das entscheidende Merkmal aller schariatischen Erkenntnis.

Wenn nun die Arbeit des Erschließens erst eigentlich die Einsicht (arab.: *al-fiqh*) hervorbringt, dann gilt, daß beispielsweise das Wissen, über das der Engel Gabriel oder der Gottesgesandte verfügten, nicht als *fiqh* betrachtet werden kann, und ebenso wenig die Kenntnis der rituellen Verrichtungen, die der Islam vorschreibt, also das Gebet und das Fasten, sowie alles andere, das „mit Notwendigkeit", d. h. im Zuge der täglichen Ausübung des Glaubens, selbst von Frauen und von Laien gewußt wird, ja sogar von Kindern, die bereits unterscheidungsfähig (arab.: *mumaijiz*) sind. Nach dieser Auffassung gibt es keine im engeren Sinne juristische Tätigkeit, die nicht als eigenständige Suche betrachtet werden kann. Andere Meinungen, die knapp referiert werden, gehen nicht ganz so weit, denn viele Bewertungen sind mittels Offenbarung kundgegeben worden oder durch Consensus verbürgt. Auch wurde die Frage aufgeworfen, ob die Kenntnis der nur auf Vermutung beruhenden Bewertungen (arab.: Pl. *al-aḥkām aẓ-ẓannīja*)[99] als Wissen gelten dürfe; Ibn ʿĀbidīn

[98] Ebd., 9f.
[99] Vgl. oben Kap. A I 2.

(gest. 1836) und viele andere späte Rechtsgelehrte hätten dies bejaht und damit die Ansicht vertreten, daß der *iǧtihād* der Inbegriff der Scharia-Wissenschaft sei - eben weil ein bereits entborgenes Wissen nicht mehr der Gegenstand einer rechtswissenschaftlichen Erörterung sein kann. Der Autor der Einleitung hält die Ansicht Ibn ʿĀbidīns und derer, die ihm beipflichten, für allzu kühn. Denn die schariatische Erkenntnis ist von zweierlei Art - zum einen kann sie ein theoretisches Erwägen der Aussagekraft der Rechtsquellen enthalten, was eine schöpferische Begabung, ein „reines, wohlbehaltenes juristisches Empfinden" voraussetzt, mithin die Fähigkeit, den noch verhüllten Teil göttlicher Gesetzgebung ans Licht zu heben. Zum anderen kann sie die Ergebnisse solcher Forschungen bereits voraussetzen und nutzen.[100]

An diesem Punkt der Erörterung greift der Verfasser die klassische Lehre von den Quellen des islamischen Rechts auf. Die Vernunft und die Sitten und Bräuche zählt er nicht unter sie, vielmehr nennt er neben dem Koran die *sunna*, den Consensus und die Analogieschlüsse und legt dar, in welcher Weise dies alles von der göttlichen Eingebung (arab.: *al-waḥj*) seinen Ausgang nimmt. Die Anfangszeit ist daher die Epoche der Gestaltung; das von al-Ḫuḍarī ermittelte Bild der Rechtsgeschichte wird bekräftigt, und selbst das frei erwogene Gemeinwohl läßt sich nunmehr als letzten Endes dieser Eingebung entspringend rechtfertigen.[101] Freilich fragt es sich, weshalb überhaupt ein Gelehrtenstreit über einzelne Probleme aufkommen kann, wenn doch alles so fest in den Anfängen verankert sein soll. Die Antwort ist in den vorausgehenden Überlegungen schon vorbereitet. Denn der Streit bezieht sich meistens nur auf die Methodik. Man erwägt, ob ein Quellentext wirklich beweiskräftig und hinreichend sicher überliefert ist, erörtert die Hierarchisierung einander widersprechender Zeugnisse und die Gründe, die für oder gegen die Beweiskraft einer bestimmten Quelle sprechen. Allerdings bricht bisweilen Streit auf, wenn man nach dem Sinn einer schariatischen Bestimmung fragt.[102] Die eben erwähnten Rechtsquellen werden nur von den erstrangigen Suchern nach selbständiger Einsicht (arab.: Pl. *al-muǧtahidūn*) schöpferisch ausgewertet. Allen anderen, den sogenannten Nachahmern (arab.: Pl. *al-muqallidūn*), steht im Grunde nur eine einzige Quelle zu Gebote, nämlich das umfangreiche Wissen, das jene großen Schulhäupter in ihren Handbüchern niedergelegt haben.

> Solange sie nicht über die Befähigung verfügen, irgendeine Art von *iǧtihād* durchzuführen, haben sie nicht das Recht, (unmittelbar) auf den Koran, die *sunna* und den Consensus zurückzugreifen; und sie haben nicht das Recht, Analogien zu den dort überlieferten Bewertungen aufzustellen. Es steht ihnen lediglich zu, sich die Aussagen ihrer Schulhäupter vorzunehmen und sie zu prüfen, wie ein *muǧtahid* die Beweistexte prüft, und sie dürfen aus jenen Aussagen weiteres ableiten. Was sie auf diese Weise

[100] *Mausūʿat* ..., 11f.
[101] Ebd., 19.
[102] Ebd., 19, 29f., 38f.

gewinnen, sind Aussagen, die sich im Rahmen der Meinung ihres Schulgründers bewegen, gleichviel ob diese Aussagen den älteren entsprechen, die von Gelehrten der betreffenden Rechtsschule gemacht wurden, oder ob noch nie ein Mitglied der Schule sich zuvor so geäußert hat. Man urteilt gemäß diesen (neuen) Aussagen, schreibt entsprechende Rechtsgutachten und befolgt mit Bezug auf sie eben die Methode, die man anwendet, wenn die Aussagen der großen, zur eigenen Entscheidung befähigten Schulhäupter unterschiedlich überliefert sind. Dies ist die Meinung der späten (Scharia-Gelehrten). Manche erwogen dies genau und gelangten zu der Frage: „Nun könnte man sagen, daß alles, was als Aussage des Schulgründers überliefert wird, weder Koran noch echtes *ḥadīṯ* ist; weshalb darf man daraus Bewertungen ableiten?" Darauf ist zu antworten: „Immerhin handelt es sich um Aussagen von zur eigenen Einsicht befähigten Schulhäuptern, die die Regeln der Scharia und des Arabischen genau kannten und die schariatischen Bewertungen klar darlegten. Der Inhalt ihrer Aussagen gilt für alle ihre Nachahmer als ein beweiskräftiges Argument, sei dieser Inhalt deutlich ausgesprochen oder erschlossen, klar oder einem Hinweis entnommen. Deshalb sind die Ausführungen des Schulhauptes für den Nachahmer das, was Koran und *ḥadīṯ* für alle zu eigener Einsicht Befähigten sind." Manche sind hiermit nicht einverstanden, andere aber loben diese Überzeugung. In jedem Fall weist sie einen großen Vorzug auf, den niemand leugnen kann: Sie öffnet weit das Tor zur Fortentwicklung des *fiqh* und verschafft ihm die Möglichkeit, mit den Ereignissen des Lebens Schritt zu halten, nachdem bei der breiten Masse die Ansicht vorherrschend geworden war, die selbständige Suche sei vorüber, da es niemanden mehr gebe, der dazu in der Lage sei. Viele Menschen verstanden den Sachverhalt nicht richtig und nannten deshalb diese Periode das Zeitalter der Nachahmung und der Erstarrung des *fiqh*, und sie fanden mit dieser Behauptung einigen Anklang.[103]

Der Verfasser der Einleitung der Scharia-Enzyklopädie verwirft mithin den Gedanken, der im ausgehenden 19. Jahrhundert viele Muslime begeisterte, nämlich daß eine Reform unmittelbar zu den Quellen zurückgehen und von dort her einen völligen Neuanfang wagen solle. Die Leistung der vielgerühmten Gelehrten der Frühzeit, die in den Werken der späteren bis in die Gegenwart hinein nachwirkt, darf nicht beiseite geschoben werden; auf ihr muß auch heute jede islamische Rechtswissenschaft fußen. Die Scharia, wie sie in den Jahrhunderten nach den Schulgründern getrieben wurde, setzte stets deren Erkenntnisse voraus, und das kann auch heute nicht anders sein. Allen Späteren haftet zwangsläufig der Makel des Nachahmers an. Aber ist dies wirklich ein Makel? Gerade nicht, wird uns versichert. Gerade weil die Spätgeborenen eben nicht bei jedem Problem, das auftaucht, unmittelbar auf Koran und *sunna* zurückgehen müssen, sondern das darin enthaltene einschlägige Material bereits zu einem weitgehend in sich stimmigen Gefüge von Rechtsgrundsätzen verarbeitet vorfinden, vermögen sie zu angemessenen Lösungen zu gelangen. Die in der ersten, in der Tat seit langem abgeschlossenen Stufe der selbständigen Entscheidungsfindung ans Licht gehobenen Grundsätze des göttlichen Rechts ermöglichen ein islamisches Rechtswesen

[103] Ebd., 20.

und eine islamische Rechtswissenschaft, die man als einen lebendigen, auf den Wandel der Geschichte eingehenden Bereich islamischer Kultur verstehen möge. Schließt man sich dieser Meinung an, dann wird überdies die in zahllosen Kommentaren und Superkommentaren, in Gutachten und Urteilen zu Buche geschlagene Arbeit der „Nachahmer" vom unangenehmen Beigeschmack des Unfruchtbaren befreit.

Diese Aufwertung der als öde Wiederholung des Immergleichen verschrieenen Rechtswissenschaft des 11. bis 19. Jahrhunderts stützt sich in der Einleitung der Enzyklopädie nicht zuletzt auf eine Erweiterung des Begriffes der eigenständigen Suche. Denn der Autor belehrt uns, daß *iǧtihād* von zweierlei Art sei. Deren erste ist diejenige, die die Schulhäupter der Frühzeit übten. Sie läßt sich die Ermittlung einer schariatischen Bewertung angelegen sein und stellt fest, inwieweit einem Quellentext diesbezügliche Beweiskraft zukommt, inwiefern er möglicherweise anderslautenden vorzuziehen sei und ob eine Bewertung Bestand habe oder abrogiert werde. Schon diese erste Art selbständiger Suche reicht über die reine Arbeit an Grundsätzen weit hinaus, denn ihr Gegenstand ist vielfach die Ermittlung von Bewertungen, die aus den Quellen zu erschließen sind; man spricht deshalb von auf Einsicht gerichteter Suche (arab.: *al-iǧtihād al-fiqhī*), und wenn auch allgemein zugestanden wird, daß die Grundsätze des Scharia-Rechts durch die Altvorderen ein für allemal aufgedeckt worden sind, so ist zumindest umstritten, ob das Bemühen um die Erkenntnis bisher verborgener Bewertungen ebenfalls vor mehr als einem Jahrtausend abgeschlossen worden sei. Es werde die Ansicht vertreten, daß kein Zeitalter denkbar sei, in dem es niemanden gebe, der sich dieser Suche annehme.

Die zweite Art des *iǧtihād*, die der Anwendung bekannter Bewertungen gilt, wird als Anpassung (arab.: *at-takjīf*) beschrieben:

> (Diese Art von eigenständiger Einsicht) besteht in der Untersuchung eines Sachverhalts und der Bestimmung der Art, zu der er gehört; (diese Untersuchung erfolgt mit dem Ziel), auf diesen Sachverhalt eine Bewertung anzuwenden. Die Suche (arab.: *al-iǧtihād*) soll also nicht zur Ermittlung einer Bewertung führen, die bisher unbekannt war, sondern zur Bestimmung einer bekannten Bewertung, gemäß der bei einem bestimmten Sachverhalt zu verfahren ist. Dies ist eben das, was aš-Šāṭibī den Gegenstand der Nachforschung nennt. Der *Muftī* und der *Qāḍī* treiben diese Art eigenständiger Suche. Bisweilen geht es dabei um den Aufweis eines bestimmten Sachverhalts, um auf ihn eine bekannte Bewertung anzuwenden; mit solcher eigenständigen Suche ist ausschließlich der *Qāḍī* befaßt. Diese Art ... gab es immer, es gibt sie, und sie wird bis zum Jüngsten Tag fortdauern.[104]

Die Überlegungen zu den zwei Arten des *iǧtihād* bilden die Vorbemerkung zu einem Überblick über die Geschichte des islamischen Rechts, den der Verfasser in drei Abschnitte untergliedert. Diese deuten auf eine zeitliche Abfolge, sind aber auch als Entwicklungsstufen zu verstehen. Die erste und älteste nennt er den

[104] Ebd., 21f.

fiqh der göttlichen Eingebung (arab.: *al-waḥj*); sie umschließt Muḥammads Wirken in Medina, die Zeit der Verkündigung des Gesetzes (arab.: *at-tašrīʿ*). Kennzeichnend für die Gedankenführung des Autors ist das Bemühen, die erst im Laufe der Geschichte von der Wissenschaft der Grundlagen des Scharia-Rechts erörterten Prinzipien schon hier wiederzufinden.

> Die auf der göttlichen Eingebung beruhenden rechtlichen Bewertungen bilden zwei große Gruppen. Zum einen handelt es sich um solche, auf die die Unterschiede der Umwelt, des geographischen Raumes, der Bräuche und Gewohnheiten sowie die unablässige Folge von Geschehnissen und der Wandel der Lebensumstände nur geringen Einfluß haben sollten; alle grundsätzlichen Fragen wurden diesbezüglich bereits entschieden, die Bewertungen wurden in ausreichender Weise bis ins einzelne dargelegt. Trotz der detaillierten Darlegung blieb der Weg zu eigenständiger Suche offen, wenn es hierfür einen Beweggrund gab. Die zweite Gruppe sollte in fühlbarer Weise durch die Faktoren, die ich eben nannte, beeinflußt werden; es galten für diese Gruppe die allgemeinen, biegsamen Regeln, die für jede Zeit, jeden Ort, jedes Milieu taugen, den Bedürfnissen der Menschen angemessen sind und der eigenständigen Suche beim Vorliegen diesbezüglicher Sachverhalte die Pforte weit öffnen. Die Bewertungen mit ihren beiden Gruppen wurden von Gott dem Gemeinwohl (arab.: Pl. *al-maṣāliḥ*) der Menschen angepaßt, was ein Akt seiner Gnade war, und dienen der Verwirklichung ihres Glückes im Diesseits und im Jenseits. Der Zweck (arab: Pl. *al-maqāṣid*) dieser Bewertungen (liegt in der Gewährleistung) der für die Aufrechterhaltung des Gemeinwohls in den Angelegenheiten des praktizierten Glaubens und des profanen Lebens unerläßlichen Dinge (arab.: Pl. *aḍ-ḍarūrījāt*) ..., in der Befriedigung der Bedürfnisse (arab.: Pl. *al-ḥāǧījāt*), die dem Menschen ein angenehmes Dasein garantieren und ihn vom Elend befreien ... und in der Ermöglichung des Schönen (arab: Pl. *at-taḥsīnījāt*), das dafür bürgt, daß man die guten Bräuche befolgen kann und meidet, wogegen sich die natürliche Veranlagung sträubt.[105]

Unschwer erkennen wir in diesen Ausführungen die Gedanken aš-Šāṭibīs wieder, der im übrigen des öfteren in der Einführung zur Enzyklopädie zitiert wird und in der modernen Scharia-Wissenschaft erhebliches Gewicht besitzt. Er wird vom Verfasser als Zeuge gegen die Aussage angerufen, die Bestimmungen des islamischen Rechts seien, da von Gott ohne eigentliche Berücksichtigung der Geschöpfe erlassen, nicht der Zergliederung durch den Verstand zugänglich und verdeutlichten den Knechtsstatus des Menschen. Diese Aussage, deren Sinn oben aufgezeigt wurde,[106] gilt als ein Mißverständnis, dem manche Orientalisten erlegen seien. Die Idee der Geschichtlichkeit und der Vernunftgemäßheit der Scharia soll von Anfang an wirksam gewesen sein. Dies steht freilich im Widerspruch zu der ersten Gruppe von Bewertungen; der Autor sagt übrigens nicht, welche Gebiete des Rechts dieser ersten Gruppe zuzurechnen sind. Der Geschichte unterworfen und infolgedessen der Anpassung an die sich wandelnden Lebens-

[105] Ebd., 23.
[106] Vgl. oben Kap. B II 3.

verhältnissen fähig ist nach seiner Meinung nicht nur die durch den Propheten Muḥammad verkündete Scharia; alle „wahren himmlischen Gesetze" wiesen diese Eigenschaft auf. Sie seien nach muslimischer Lehre Zeugnisse ein und derselben Glaubensordnung und hätten sich mit der Menschheit fortentwickelt und schließlich in der muḥammmadschen Offenbarung ihren unüberbietbaren Höhepunkt erreicht.[107]

Auch bei der Beschreibung der zweiten Phase der Entwicklung des islamischen Rechts, des Zeitalters des *iǧtihād* zur Aufdeckung der Grundsätze, betont der Verfasser die Verflechtung mit der Geschichte. Die weit ausgreifenden Kriegszüge, die viele Länder Asiens, Afrikas und Europas der islamischen Herrschergewalt unterwarfen, hätten in der aufblühenden Rechtsgelehrsamkeit tiefe Spuren hinterlassen. In nie gekannter Fülle und Dichte sei das Neue auf die Eroberer eingeströmt, zum Koran und zur *sunna* seien nun der Analogieschluß und der Consensus der Prophetengefährten hinzugetreten, und so habe man rasch den Weg zu einer schariatischen Gestaltung der Lebensverhältnisse gefunden. Der *fiqh* sei der wahre Herr des Gemeinwesens geworden. Die mehr als 1300 Genossen Muḥammads, die in den Quellen als Überlieferer genannt werden, hätten nicht durchweg über die Begabung zu tiefsinnigen Erwägungen verfügt. Aber unter ihnen habe man diejenigen angetroffen, die sich der Ausarbeitung der unverändert gültigen Prinzipien des schariatischen Rechts gewidmet hätten. Der Verfasser der Einleitung zur Enzyklopädie singt das Loblied jener großen Frühzeit des *fiqh* in der sattsam bekannten Melodie:

> Das war eine Zeit, die noch nicht weit von der Ära der Gottesgesandtschaft entfernt war; der Glaube war noch frisch, seine Lehren noch fest verwurzelt. Die Bestimmungen der Religion nahmen im allgemeinen noch den ersten Rang in den Seelen der Muslime ein, bei den Regierenden ebenso wie bei den Regierten. Es waren Bestimmungen einer Glaubenspraxis, ein Gesetz eines islamischen Staates, die den Gegenstand aller Ehre und allen Stolzes eines jeden bildeten, der dazugehörte. Es ist unvorstellbar, daß jene Bestimmungen auf allgemeine Gleichgültigkeit oder gar auf offene Mißachtung gestoßen wären.[108]

In harschen Worten weist der Verfasser die Theorie eines Einflusses des Römischen Rechts auf die Scharia zurück und geißelt die europäische Orientforschung, die mit guten Gründen die geschichtliche Wirklichkeit dieses Idealbildes bestritten hat. Er unterstellt der Orientalistik, sie betreibe ihre Forschungen, um „das islamische Recht von seiner Grundlage her zu zerstören".[109] Dies sei hier zitiert, um auf das apologetische Motiv zu verweisen, das bei der Arbeit an der Enzyklopädie gewiß auch wirksam ist; es ist allerdings nicht vorherrschend. Die zweite Epoche der islamischen Rechtsgeschichte läßt der Verfasser mit der Aus-

[107] Zum Geschichtsbild der Muslime vgl. in diesem Zusammenhang B. Radtke: *Weltgeschichte und Weltbeschreibung im mittelalterlichen Islam*, Beirut 1992, 160–169.

[108] *Mausūʿat* ..., 26f.

[109] Ebd., 27, rechte Spalte.

formung der großen Schulen zu Ende gehen. Jede von ihnen erweist sich in seinen Augen als ein in sich stimmiges und sich selbst genügendes System, und die weitere Geschichte der Scharia läuft von nun an, wie schon angedeutet wurde, je innerhalb der Grenzen dieser Systeme ab.

Das Kennzeichen der dritten Periode, die „Nachahmung", werde zu Unrecht als eine bloße Wiederholung des einmal Erreichten begriffen. Sogar die Prophetengefährten hätten doch in gewissem Sinne „Nachahmung" praktiziert, und die Rechtsgelehrten selbst der späten Zeit seien um eigene Entscheidungen bemüht. Die Grenze ist also, wenn man die Arbeitsweise der Sachkenner betrachtet, durchaus fließend. Die unmittelbar nach Muḥammads Tod in Angriff genommene Ausarbeitung der Grundsätze zeitigte aber Ergebnisse, die nie mehr angefochten zu werden brauchten. Doch kann man selbst noch für die Rechtsgelehrten der späten, der osmanischen Zeit, in Anspruch nehmen:

> Sie brachten den *fiqh* nicht zum Stillstand, so daß er erstarrt wäre. Sie setzten sich mit den Ereignissen auseinander und legten die Bewertungen dergestalt fest, daß niemand, der hiervon Kenntnis hat, daran zweifelt, daß es sich um *iǧtihād* handelt, um Einsichtnahme in die Aussagen des Korans und der *sunna* und um Überprüfung des jeweiligen Sinnes (einer in einem Text verbürgten Ansicht) - ganz so, wie es die zu eigener Meinungsfindung Befähigten tun. Bei zahllosen Problemen wird man dies deutlich so antreffen. Als Beispiel sei das Verschwinden des Zeitpunktes des Nachtgebets erwähnt, was zur Erörterung der Gebetszeiten in den Gebieten am nördlichen Polarkreis führte ... (Weitere Beispiele sind) der Pachtzins (arab.: *al-ḥikr*) und was damit zusammenhängt; das Trinken von Bohnenkaffee; der Genuß von Tabak, sei es als Schnupftabak oder als Genußmittel zum Rauchen oder Kauen; die Versicherung und die Garantie einer Entschädigung für vernichtete Handelsgüter.

Der mit der Errichtung der Medressen sich ausweitende Schulbetrieb formte die juristische Literatur jener dritten Periode; Handbücher und Kommentare wurden in großer Zahl geschrieben und studiert. Immer wieder wurden manche Fragen aufgegriffen, immer wieder erörtert; Argumente und Gegenargumente wurden um- und umgewendet. Hierin kommt nach den Worten des Verfassers die enge Bindung des Scharia-Rechts an den Alltag zum Ausdruck; gleichgültig sei es, ob man diese bohrende Untersuchung der Einzelheiten noch *iǧtihād* nennen wolle oder einen anderen Begriff bevorzuge.[110] - Wenn man sich durch diesen historischen Teil der Einleitung in die Scharia-Enzyklopädie durchgearbeitet hat, wird man dem Verfasser darin beipflichten, daß er hervorhebt, wie sehr das islamische Recht dem Wandel der Zeiten unterworfen gewesen ist. Man muß ihm jedoch vorwerfen, daß gerade seine Vorstellungen über die ersten Jahrhunderte einer kritischen Prüfung nicht standhalten. Der aufmerksame Leser fragt sich allerdings, wie unter dem so stark betonten Blickwinkel der Wandlungsfähigkeit der in der klassischen Scharia-Wissenschaft scharf herausgestrichene göttliche Ursprung der Normen aufzufassen sei. Die Scharia ist doch ein von Gott gesetztes und daher

[110] Ebd., 38.

unveränderliches Recht, das, wie an den „Grenz"-Strafen deutlich wird, zunächst einmal die Belange Gottes zu wahren hat und dem Menschen als eine Belastung auferlegt ist; daß sie den alltäglichen Bedürfnissen nutzbar sein kann, sofern man die Anwartschaft auf das Paradies nicht hierunter rechnet, ist nicht etwa zweifelhaft, sondern wurde strikt verneint. Ḫallāf mied dieses Problem, in der Einleitung zur Enzyklopädie wird es angesprochen, aber erst nach der Darstellung der Geschichte der Scharia, so als habe es mit dieser nicht wesentlich zu tun.

Es gebe Rechte, die Gott allein vorbehalten seien, andere den Menschen und schließlich Mischformen, in denen entweder das Recht Gottes oder dasjenige des Menschen das Übergewicht habe. Alle schariatischen Bewertungen lassen sich in eine dieser Kategorien einordnen. Der Verfasser der Einleitung behauptet, diese Gliederung beruhe auf dem Prinzip, daß alle „Rechte in Wirklichkeit dem Gemeinwohl der Menschen dienen". Eine nähere Begründung dieser Behauptung bleibt er schuldig. Statt dessen erklärt er:

> Aber schon aš-Šāṭibī bemerkte eine subtile Bedeutung dessen, was man eine Bewertung Gottes (arab.: *ḥukm Allāh*) nennen kann, und legte dies ausführlich dar. Er gelangte schließlich zu der Aussage, daß keine schariatische Bewertung völlig frei von einem Recht Gottes sei, und dieses bestehe in der mit ihr verknüpften Knechtung (arab.: *at-taʿabbud*). Gott hat gegenüber den Menschen das Recht, daß sie ihn verehren und ihm niemanden beigesellen. Der Gottesdienst erfüllt sich im absoluten Gehorsam gegenüber seinen Befehlen und Verboten. Wenn auch vielerlei verkündet worden ist, das von außen betrachtet wie ein reines Recht des Menschen erscheint, so verhält es sich niemals in absoluter Form so; vielmehr wurde es dergestalt verkündet, daß in den diesseitigen Angelegenheiten das Recht des Menschen das Übergewicht erhielt, so wie auch jede (andere) schariatische Bewertung ein Recht des Menschen impliziert, sei es auf das Diesseits bezogen, sei es das Jenseits betreffend, denn die Scharia wurde verkündet zur (Hebung des) Gemeinwohls der Menschen. Was aš-Šāṭibī feststellt, ist genau das, was die Verse des edlen Korans, die prophetische *sunna* und die Tatsache an sich, daß die Scharia (von Gott) erlassen wurde, bekräftigen und was nicht geleugnet werden kann. Infolgedessen verweist jede schariatische Bewertung, welcher Art sie auch sei, auf zwei gleichrangige Bedeutungen: auf diejenige der Knechtung, was meint, den Gehorsam gegen Gottes Befehle und Verbote, und auf diejenige des Gemeinwohls der Menschen in ihrer Glaubenspraxis und in den profanen Dingen. Man könnte auch von einem spirituellen und einem gesetzlichen (arab.: *qānūnī*) Sinn (einer jeden schariatischen Bewertung) sprechen. Wenn jemand einen Verkauf nach den Vorschriften der Scharia tätigt, dann gibt er diesem Verkauf die erforderliche Vertragsform, und zugleich gehorcht er Gott und verdient sich dessen Lohn, weil er beim Verkauf dem Befehl Gottes gefolgt ist. Wer jedoch einen nicht rechtsförmigen (arab.: *fāsid*) Verkauf tätigt, bei dem allerdings die beiden Geschäftspartner wechselseitig ihr erworbenes Gut in Empfang genommen haben, hat damit auf das Gemeinwohl bezügliche, gesetzliche Rechtsfolgen geschaffen, nämlich die Übertragung des Eigentums, und hierin liegt die gesetzliche Bedeutung (der schariatischen Bewertung). Doch hat der Betreffende nicht dem Befehl Gottes gehorcht, sondern sich Gott widersetzt und ihm nicht das in der Knechtung beruhende Recht

verschafft, das spirituelle Recht ... Wenn dies klar geworden ist, dann ist auch klar, daß die schariatischen Bewertungen in dieser Hinsicht nicht den trockenen Bestimmungen des positiven Rechts gleichen, denen jegliche spirituelle Bedeutung abgeht. Wenn jemand ein solches Gesetz bei irgendeinem Vertragsschluß verletzt, dann wird auf diesen die entsprechende Bestimmung angewendet; aber das positive Gesetz zürnt ihm über diese Sanktion hinaus nicht wegen der Übertretung der Bestimmungen; es bewertet sein Verhalten nicht als eine Verfehlung, die ihm eine Jenseitsstrafe einbringt. Hieran zeigt sich der spirituelle, auf die Knechtung verweisende Sinn, der in der Scharia enthalten ist und für die Ausbildung des in der Glaubenspraxis liegenden zügelnden Faktors bürgt, welcher der wichtigste Ansporn für den Gehorsam gegenüber dem Gesetz ist. Sich zur Scharia zu flüchten bringt daher der Menschheit größten Nutzen, wie es auch dem Vollzug der Regeln förderlich ist, die das Wohl der Menschheit gewährleisten.[111]

Wir haben oben bei der Klärung der Kernbegriffe des islamischen Rechts erfahren, daß frühe wie zeitgenössische muslimische Gelehrte in der Belastung (arab.: *at-taklīf*) den letzten Grund für die Existenz der Scharia erkannten; da der Mensch, von Gott mit dem Verstand ausgestattet, nicht seinen Trieben folgen soll und darf, muß es die Scharia geben, die ihm, sofern er von der Gnadengabe des Verstandes Gebrauch macht, den Weg weist, auf dem er das Diesseits dergestalt durchquert, daß er das ihm zugesagte Heil im Jenseits auch tatsächlich erlangt. In sehr allgemeiner Form ist mit diesem Gedanken auch ausgesagt, daß der Zweck der Scharia, die Ermöglichung des Heilsgewinns, das diesseitige Gemeinwohl der Muslime in sich schließt – das im übrigen streng vom Wohl des Einzelnen zu trennen ist, welches kaum je den Ausgangspunkt rechtstheoretischer Spekulationen muslimischer Gelehrter bildet. Stets geht es um den Menschen als ein Glied in der Schar der Knechte Gottes. Damit aus dieser Schar eine Gemeinschaft geformt werde, entfaltet die Scharia die ihr innewohnende zügelnde Wirkung. Auch aš-Šāṭibīs jüngerer Zeitgenosse Ibn Ḫaldūn (gest. 1406) spricht hiervon; anders als die von Menschen erlassenen Gesetze, die die Tatkraft der ihnen unterworfenen Menschen hemmt, sei die zügelnde Wirkung der Scharia aber gerade nicht verderblich, denn sie verdanke sich nicht einer Fremdbestimmung, sondern sei der Inbegriff der Gläubigkeit.[112] Diese aber besteht in der Freilegung der Geschaffenheit (arab.: *al-fiṭra*) zu Gott hin, der ursprünglichen Befindlichkeit des Menschen, der der Islam zum Durchbruch und dann zu unangefochtener Dauer verhelfen will. Anders als etwa Ḫallāf ist sich der Verfasser der Einleitung der Enzyklopädie dieser spezifisch islamischen Auslegung des Menschseins bewußt. Sie behält für ihn Gültigkeit in dem Augenblick, in dem er die klassische Unterteilung der Scharia in die Rechte Gottes und diejenigen seiner Knechte zur Sprache bringt; er kann sich hierbei auf aš-Šāṭibī berufen. Aber er erreicht etwas ganz anderes, als es der Andalusier des ausgehenden 14. Jahrhun-

[111] Ebd., 43f.

[112] T. NAGEL: *Staat und Glaubensgemeinschaft*, II, 61f.

derts bezweckt hatte. War es aš-Šāṭibī darum gegangen, die Forderungen der Wirklichkeit als einen unentbehrlichen Gesichtspunkt schariarechtlicher Überlegungen zu legitimieren und im System der Quellen schariatischer Bewertungen zu verankern, so strebt der moderne Autor danach, mit dem Hinweis auf die Allgegenwart der Rechte Gottes diese aus der juristischen Diskussion herauszuhalten. Gott will mit seinem Gesetz vor allem das Gemeinwohl der Menschen sicherstellen, und wie dies erfolgt, das ist der Gegenstand der rechtswissenschaftlichen Erörterungen; daß bei jeder Bewertung, bei jeder schariatischen Vorschrift die Belange Gottes im Spiel sind, erscheint als eine so allgemeingültige Wahrheit, daß sie höchstens ab und an im Streitgespräch der Fachleute noch erwähnt werden muß. Damit aber ist dieses Streitgespräch frei für die Beschäftigung mit den „Rechten der Menschen"; das, was man im klassischen *fiqh* als die zwischenmenschlichen Beziehungen und Strafen bezeichnete, kann nun zum eigentlichen Gegenstand des islamischen Rechts erhoben werden, das sich ohne weiteres neuen Sachgebieten wie etwa dem Versicherungswesen öffnen kann.[113]

Der Verfasser der Einleitung in die Enzyklopädie erkennt denn auch vier Vorzüge, deren sich das schariatische Recht vor jedem positiven, von Menschen gesetzten rühmen darf:

1. Der spirituelle, den Zustand der Knechtung (des Menschen vor Gott) zum Ausdruck bringende Charakter, der einer jeden schariatischen Bestimmung anhaftet und die Ausbildung des spirituellen Gewissens und des in der Glaubenspraxis enthaltenen zügelnden Faktors verbürgt; in beidem liegt der mächtigste Garant für den Gehorsam gegenüber dem Gesetz. Die positiven Rechtssysteme weisen nichts dergleichen auf.
2. Die schariatischen Bewertungen haben eine größere Reichweite als die der positiven Rechtssysteme, vor allem insofern, als sie auch die tugendhaften und die lasterhaften Verhaltensweisen betreffen. Denn alle tugendhaften Verhaltensweisen werden in der Scharia (den Menschen) befohlen; sie sind mithin Pflicht. Alle lasterhaften sind untersagt, mithin verboten. In den (diesbezüglichen) Bestimmungen einer jeden der beiden Arten findet sich eine ethische und eine spirituelle, auf die Knechtung bezugnehmende Bedeutung. So weisen sie eine allumfassende Kraft auf, anders als die positiven Rechtssysteme. Denn, trocken wie sie sind, nehmen sie tugendhafte und lasterhafte Verhaltensweisen nur vom Materiellen her in den Blick.
3. Sowohl den schariatischen Bestimmungen als auch den positiven Rechtssystemen stehen weltliche Institutionen zu Gebote, die deren Anwendung und dergleichen beobachten. Allerdings zeichnen sich die schariatischen Bewertungen durch einen ungleich höheren Beobachter aus, nämlich durch den Allwissenden, Allkundigen, der vom verräterischen Blick und von allem weiß, was die Herzen verbergen. Wer jedoch gegen ein positives Gesetz verstößt und der (irdischen) Beobachtung entrinnt, dem widerfährt danach nichts. Wer gegen die islamische Scharia verstößt und den irdischen Institutionen der Beobachtung entgeht, der wird nicht der

[113] Vgl. die Darlegungen im vorherigen Teilkapitel.

Beobachtung durch den Höchsten entkommen und in jedem Fall seine Strafe erhalten. Dies ist einer der größten Vorzüge schariatischer Gesetzgebung, einer der stärksten Beweggründe für den Gehorsam und die Beachtung der Bestimmungen im Geheimen und in der Öffentlichkeit.

4. Der islamische *fiqh* mit all seinen Bestimmungen existiert seit langen Jahrhunderten ohne Unterbrechung. Solche oder auch nur eine annähernde Dauer wurde keiner Gesetzgebung je zuteil, weder in der Antike, noch in der neueren Zeit. In alle Himmelsrichtungen ...wurde (der islamische *fiqh*) verbreitet, über Ebenen, Gebirge und Wüsten; er traf auf die verschiedensten Bräuche und Traditionen ... und sah sich (dem Wandel) der Ereignisse über all diese Epochen hinweg ausgesetzt. So sammelte er einen unermeßlichen Reichtum an juristischen Einsichten, in denen jedes Land die einfachste Lösung seiner Probleme finden kann. (Die Scharia) herrschte in den glänzendsten Jahrhunderten, und so blieb sie auf kein Bedürfnis die Antwort schuldig, ließ keine Forderung unerfüllt, ließ ihre Bekenner niemals (hinter anderen) zurückbleiben. Daher ist es uns (Muslimen) verboten, bei anderen betteln zu gehen, wo wir doch die Reichen sind; an den Tischen der Modernen zu schmarotzen, wo wir doch die edelsten Herren sind! Möge Gott den juristischen Imperialismus, dessen willige Werkzeuge und was sie tun, bekämpfen![114]

Während die Arbeit an der Enzyklopädie ihre ersten Früchte trug, rief das ägyptische Ministerium für religiöse Angelegenheiten im Jahre 1966 einen „Ausschuß zur Klärung der Prinzipien der islamischen Scharia" ins Leben, der dem „Obersten Rat für islamische Angelegenheiten" unterstellt wurde. Der Ausschuß sollte die gesamte schariatische Überlieferung, vor allem sofern sie die Wege zeigte, auf denen man die Bewertungen der Scharia ermitteln konnte, sammeln und den Forschern zur Verfügung stellen. Das Material sollte so geordnet werden, daß es sowohl für die Rechtsprechung und die Erteilung von Gutachten als auch für die akademische Lehre herangezogen werden konnte. Darüber hinaus hoffte man, daß es außerhalb Ägyptens verwendet werde. Zweifellos hatte man die Rückführung der Rechtsnormen in der islamischen Welt auf eine schariatische Grundlage im Auge, denn in einem 1971 veröffentlichten Tätigkeitsbericht des Ausschusses heißt es, seine Arbeit diene dem Ziel, „daß die Scharia zur Grundquelle (der gesamten Gesetzgebung) genommen werden möge oder wenigstens eines Teiles oder daß man aus der in der Scharia enthaltenen juristischen Einsicht (arab.: *al-fiqh*) bei der Gesetzgebung Nutzen ziehe".[115] Von den insgesamt sieben Themen, die in diesem Rechenschaftsbericht erörtert werden, wollen wir vier aufgreifen; sie schließen sich unmittelbar an die in der Einleitung der Enzyklopädie behandelten Fragen an und belegen das Bestreben, das positive Recht und die Scharia in einen Zusammenklang zu bringen. Den Verfassern ist es freilich selbstverständlich, daß der Grundton dieser Harmonie durch die Scharia angeschlagen werden müsse, denn die arabische Gesellschaft sei von ihr hervorge-

[114] *Mausūʿat* ..., 44f.

[115] al-Maǧlis al-aʿlā liš-šuʾūn al-islāmīja (Hg.).: *al-Fiqh al-islāmī. Asās at-tašrīʿ*, Kairo 1971, 4.

bracht worden. Zwar seien die westlichen Länder in mancher Hinsicht in diesem Zeitalter der technischen Zivilisation den islamischen voraus, aber das Rechtssystem der Europäer und Nordamerikaner sei im Vergleich mit dem *fiqh* als zurückgeblieben zu beurteilen. Die großen Standardwerke aš-Šaibānīs, aš-Šāfiʿīs, Māliks seien nach wie vor die unerschöpflichen Quellen des *fiqh*, angereichert und vertieft durch eine viele Jahrhunderte währende und die Menschen aller Erdteile einbeziehende Erfahrung.[116] Knapper und eindeutiger kann man die Wiederaufwertung der Leistung, die die Rechtsgelehrten in den Jahrhunderten nach den Schulgründern erbrachten, kaum aussprechen.

Beachtenswert ist, daß bereits im Vorwort des Berichts auf aš-Šāṭibīs rechtstheoretische Abhandlung verwiesen wird. Koran, *sunna*, Consensus und Analogieschlüsse, letztere auch als *iǧtihād* apostrophiert, seien Quellen der schariatischen Bestimmungen. Allerdings hätten die Gefährten Muḥammads keineswegs immer ihre juristische Einsicht streng nach den üblichen Verfahren gewonnen, also etwa einen eindeutigen Text (arab.: *an-naṣṣ*) ihren Analogieschlüssen zugrunde gelegt, lesen wir zu unserer Überraschung; solche methodische Striktheit sei erst eine Forderung späterer Jahrhunderte. Vielmehr hätten sie sich ein Bild von den Zielen (arab.: Pl. *al-maqāṣid*) der Scharia gemacht und dementsprechend entschieden, ohne je Beunruhigung über das Fehlen einer in einem eindeutigen Text bestehenden Grundlage ihrer Überlegungen zu empfinden. Man müsse nämlich einräumen, daß es fragwürdig sei, aus irgendeinem eindeutigen Text Bewertungen abzuleiten, mögen diese auch seiner eigentlichen Aussage nahekommen. Eher zeuge es von juristischer Einsicht, wenn man solche Bewertungen aus den allgemeinen Prinzipien der Scharia gewinne. Der ganzen Methodik der Scharia-Gelehrsamkeit als einer Textwissenschaft, in der Einleitung zur Enzyklopädie als das unübertreffliche und ewig gültige Ergebnis der Erkenntnissuche der genialen Meister der Frühzeit gepriesen, bestreitet man hier in wenigen Sätzen den uneingeschränkten Geltungsanspruch; wenn *fiqh* mehr sein muß als eine Auslegung von Texten, dann verliert diese Methode notgedrungen an Gewicht. Die juristische Sachkunde wird ein wenig aus diesen Fesseln befreit, und der sonst schier unüberbrückbare Abstand zwischen der allumfassenden Kompetenz der Schulgründer und den eng begrenzten Möglichkeiten der Spätgeborenen schwindet. Aš-Šāṭibī hat, wie ihn der Verfasser des Rechenschaftsberichts versteht, mit den Quellen des Rechts keine Aussagen gemeint, aus denen deduktiv weitere hergeleitet werden müssen, sondern Materialien, aus denen auf dem Wege der Induktion (arab.: *al-istiqrāʾ*) ein allgemeiner Sinn ans Licht gehoben werde. Was den einen das autoritative Textzeugnis ist, verändert sich unter diesem Blickwinkel zur letzten Endes entbehrlichen und höchst unterschiedlichen Form, in der dieser Sinn ausgesagt wird.[117] Ob man aš-Šāṭibī wirklich eine so schroffe Abkehr von der Schariawissenschaft herkömmlicher Art zutrauen darf, ist angesichts dessen, was

[116] Ebd., 5 und 9.
[117] Ebd., 8, Zeile 8–20.

oben über ihn gesagt wurde, zweifelhaft. Denn wir zeigten, daß aš-Šāṭibī zwar nach den allgemeinen Absichten Gottes, des Gesetzgebers, fragt; darüber hinaus ist er der Überzeugung, daß die Grundlagen des *fiqh* teils dem Verstand unmittelbar einleuchten, teils durch Induktion über jeden Zweifel hinaus aufgedeckt werden können, so daß sie in ihrer Gesamtheit als ein sicheres Wissen betrachtet werden müssen.[118] Doch schreibt er zur Verdeutlichung des Zweckes seiner Überlegungen: „Worauf es uns ankommt, ist lediglich, aus der Scharia in einem induktiven Verfahren ... abzuleiten, daß sie um das Wohl der Menschen willen erlassen wurde."[119] Der Nachweis eines Sinnes der Scharia ist nötig, um überhaupt Gesetz und Wirklichkeit zusammenzubringen und über diesen Zusammenhang nachzudenken. Von einer Scharia-Gelehrsamkeit nach moderner Art, die nach Maßgabe juristischer Einsicht über die Quellentexte verfügt (arab.: *at-talfīq*) und sich lediglich einigen allgemeinen, von den überlieferten Aussagen unabhängig existierenden Prinzipien verpflichtet weiß, kann bei aš-Šāṭibī noch keine Rede sein. Doch vielleicht wurden seine Gedanken schon von Ibn abī ḍ-Ḍijāf (gest. 1874) in diesem Sinne aufgefaßt.[120]

Wie im Koran die schariatischen Bewertungen dargelegt werden, ist die erste der vier im Rechenschaftsbericht aufgeworfenen Fragen, die wir aufgreifen. Die auch in den älteren Werken über die Quellen des Rechts dargelegte Tatsache, daß im Koran die Bestimmungen des Gesetzes meist nur summarisch benannt werden, rückt nunmehr, wie angesichts der im Vorwort vertretenen Thesen zu erwarten ist, in den Vordergrund. Die summarischen Aussagen, etwa daß der Verkauf erlaubt ist und im gegenseitigen Einverständnis der Geschäftspartner erfolgen muß (Sure 2, 275; Sure 4, 29), weisen auf die Absichten des Gesetzgebers hin, auf die allgemeinen Charakteristika des Gesetzes, die man als das Gemeinwohl zusammenfassen darf. Eben weil die Scharia ewig und unveränderlich ist, müssen ihre Vorschriften so biegsam und weitgefaßt sein. Sollen einzelne Bewertungen aus der Offenbarung hergeleitet werden, muß man sich die gesamte Überlieferung, die auf den betreffenden Gegenstand Bezug nimmt, vergegenwärtigen. Diese Empfehlung aš-Šāṭibīs zitieren die Autoren des Rechenschaftsberichts und geben damit ihre günstige Meinung über die Leistungen der Scharia-Gelehrten zu erkennen:[121] Der allgemeine Sinn tritt im Zuge der seit der Offenbarung bis heute andauernden Interpretationsarbeit der Rechtsgelehrten zutage.

Wie ist nun in all den Fällen die schariatische Bewertung zu erkennen, in denen man keinen autoritativen Text befragen kann? Dies ist das zweite Thema, dem sich der Tätigkeitsbericht ausführlich widmet. Die eigenständige Suche ist hier natürlich nicht zu vermeiden. Analogien, das Gemeinwohl, die Gewohnheiten, das Versperren von Möglichkeiten zur Missetat (arab.: *sadd aḏ-ḏarāʾiʿ*) sind

[118] aš-Šāṭibī: *al-Muwāfaqāt*, I, 19–21.
[119] Vgl. oben Kap. B III 2.
[120] Vgl. oben Kap. B III 2.
[121] *al-Fiqh al-islāmī*, 29.

Hinweise, von denen sich der Jurist leiten lassen soll. Schon die Prophetengenossen verfuhren auf diese Weise. Sie sind nicht mehr das unerreichbare Vorbild, sondern haben als erste Überlegungen angestellt, die auch den späteren Generationen nicht nur nicht verboten, sondern geradezu aufgetragen sind.

Eine Bewertung, die aus dem Prinzip des Gemeinwohls erschlossen wird, geht letzten Endes auf einen schariatischen Grundsatz zurück, zu dessen Einzelaspekten eindeutige schariatische Texte vorliegen. Wenn etwa die Regierung die Ackerfläche für den Anbau besonderer Agrarprodukte mit Hinblick auf die für den Lebensunterhalt jedes Bauern notwendigen Feldfrüchte beschränkt, so wird diese Bestimmung durch das Gemeinwohl erzwungen, auf dessen Beachtung oder Mißachtung (in diesem Fall) kein spezieller schariatischer Hinweis deutet. Die Bestimmung geht vielmehr auf einen schariatischen Grundsatz zurück, nämlich auf die Notwendigkeit, das Gemeinwohl voranzustellen. Dieser Grundsatz wird aus schariatischen Texten erkennbar, die auf ihn bezügliche Einzelfragen regeln wie etwa das Verbot des Monopols (arab.: *al-iḥtikār*). Eine Bewertung, die aus einer Gewohnheit erschlossen wird, geht auf einen schariatischen Text zurück, nämlich Sure 22, Vers 78: „(Gott) hat euch in der Glaubenspraxis keinerlei Bedrückung auferlegt." Berücksichtigten wir bei der Ermittlung von Bewertungen nicht die Gewohnheit (arab.: *al-ʿurf*), gerieten die Menschen in Bedrängnis und Bedrückung. Gemäß diesem Koranvers ist aber beides abzuwehren.[122]

In einem dritten Kapitel beschäftigt sich der Bericht mit dem Gemeinwohl. Im Koran, so wird gleich zu Beginn versichert, verkündet Gott die schariatischen Bewertungen, um die Beziehungen der Menschen untereinander so zu gestalten, daß aus den Interessen des einen niemandem ein Schaden entstehe. So sehe der Koran, der grundsätzlich ein Intestaterbrecht vorschreibt, gleichwohl die Möglichkeit vor, daß der Erblasser in einem Vermächtnis frei über einen Teil seines Vermögens verfüge; er dürfe auf diese Weise gute Taten nachholen, die er zu seinen Lebzeiten verabsäumt habe - jedoch nur in einem solchen Maße, daß dem Intestaterben keine Nachteile erwüchsen.[123] Je nach dem Grad der Unentbehrlichkeit für das Leben eines Muslims unterscheidet man drei Arten von Bestimmungen, denen der Gedanke der Wahrung des Gemeinwohls zugrunde liegt. Notwendig sind diejenigen, deren Vernachlässigung das Leben in Gefahr bringen und das Gemeinwesen in Anarchie stürzen würde: Um die Glaubensordnung zu schützen, erließ Gott die Bestimmungen über den heiligen Krieg (arab.: *al-ǧihād*); der Verzehr rituell unbedenklicher Speisen (arab.: Pl. *aṭ-ṭaiyibāt*) dient der Bewahrung der Lebenskraft, das Verbot des Weins sichert den Verstand; um Ehre und Abstammung unbefleckt zu bewahren, ist die Unzucht verboten; das Vermögen wird durch die strenge Ahndung des Diebstahls geschützt. Sowohl die „Grenz"-Strafen als auch die in ihrer Höhe durch den Richter bemessenen Sanktionen verteidigen diesen wichtigen Bereich des Gemeinwohls. Der zweite umfaßt alles,

[122] Ebd., 71.
[123] Ebd., 103.

was der Aufhebung von Bedrängnis förderlich ist, ein, wie der Autor schreibt, sehr weites Gebiet des islamischen Gesetzes. Hierher rechnet man den größten Teil aller Regelungen, die die zwischenmenschlichen Beziehungen betreffen. Schließlich beweist sich das Gemeinwohl auch im Zierat, der an Festtagen zur Schau gestellt wird, und in guten Manieren.[124] Wenn der Herrscher zur Wahrung des Gemeinwohls und zur Abwendung von Schaden Anordnungen trifft, dann geschieht dies zwar auf den ersten Blick durch ihn, jedoch zugleich auf Befehl Gottes, der in Sure 4, Vers 59 verkündet: „Ihr, die ihr glaubt, gehorcht Gott und gehorcht dem Gesandten und denen unter euch, die Befehlsgewalt innehaben!" Und es geschieht im Hinblick auf das Gemeinwohl, denn „der Gehorsam wird im Billigenswerten geleistet ..., und alle Rechte der Individuen sind keine absoluten Rechte. Sie sind lediglich Gnadengeschenke Gottes; Gott verfolgte, indem er sie schenkte, einen weisen Plan (arab.: *al-ḥikma*), nämlich die Verwirklichung des Gemeinwohls: Hieran sind sie gebunden. So läuft alles darauf hinaus, daß die Scharia, wie Ibn Qaijim al-Ǧauzīja sagt, auf der Weisheit und dem Gemeinwohl der Gottesknechte im irdischen Leben und am Jüngsten Tag beruht ..."[125]

Was also ist im Lichte dieser Anschauungen das Recht (arab.: *al-ḥaqq*)? Dies ist die letzte Frage, die wir anhand des Tätigkeitsberichtes des „Ausschusses zur Klärung der Prinzipien der islamischen Scharia" skizzieren wollen. Der Autor dieses - ausführlichsten - Kapitels des Berichtes erörtert seinen Gegenstand nach der Methodik der Scharia-Gelehrsamkeit; er beschreibt vier Elemente (arab.: Pl. *al-arkān*), die ein Recht konstituieren. Ein erwiesener, feststehender Sachverhalt - zu wessen Gunsten er erwiesen ist oder feststeht - zu wessen Lasten er erwiesen ist oder feststeht - die schariatische Legalität dieses Sachverhalts: dies sind die vier Elemente, die an einem Beispiel verdeutlicht werden. Jemand hat ein Recht auf Erhalt des Preises einer an einen Kunden veräußerten Ware. In diesem Fall ist der Preis der feststehende Sachverhalt, das erste Element, das auch eine vereinbarte Arbeit, die Nutzung eines überlassenen Geräts oder die Verweigerung einer Handlung sein könnte. Unter die vereinbarten Arbeiten hat man die Ritualpflichten und die Strafen zu rechnen; unter die Verweigerung fallen z. B. die Pflicht der Ehefrau, einem Fremden den Zutritt zum Haus zu verwehren, solange der Ehemann nicht ausdrücklich zugestimmt hat, sowie alle Maßnahmen zur Bekämpfung von Verbrechen. Das zweite Element, die Person, zu deren Gunsten der feststehende Sachverhalt zur Geltung gebracht werden muß, kann entweder auf Gott oder einen Menschen zu beziehen sein.

> Das dritte Element: Zu wessen Lasten ein Recht besteht. Man nennt diesen den Belasteten (arab.: *al-mukallaf*). Dieser ist entweder als Einzelperson oder Gruppe bestimmbar, oder es handelt sich um die Gesamtheit der Menschen, wie dies beim Recht, Eigentum zu besitzen, bei der Vormundschaft des Vaters für die Minderjährigen, beim Recht des Gatten gegenüber seiner Ehefrau, beim Recht auf Freiheit und

[124] Ebd., 107-109.
[125] Ebd., 122.

Gleichheit der Fall ist. Denn alle Menschen sind verpflichtet, diese Rechte zu achten und niemanden daran zu hindern, sie auszuüben. Wenn dieses Element verloren gehen sollte, dann verschwände auch das Recht, das sich aus einer spezifizierten Erlaubnis ergibt, d. h. aus der Billigung, ein (fremdes) Eigentum zu gebrauchen und zu verbrauchen; so billigt ein Grundeigentümer, daß jemand sein Land überquert, oder der Eigentümer einer Speise, daß jemand davon ißt. Dies ist aber kein Recht, denn der Eigentümer ist nicht verpflichtet, dies zu ermöglichen, sondern er erlaubt es. Daher ist es demjenigen, dem er diese Erlaubnis erteilt, auch nicht gestattet, die Speise einem dritten zu übereignen oder einem dritten die Überquerung des Grundstückes zu erlauben.[126]

Das vierte Element ist die Legalität des feststehenden Sachverhalts. Da beispielsweise an dem Wesen nach rituell unreinen Gegenständen kein Eigentum erworben werden kann, dürfen diese im Geltungsbereich der Scharia auch nicht zum Gegenstand eines Veräußerungsvertrages gemacht werden.

Jegliches Recht kommt, wie aus alledem zu folgern ist, letzten Endes nur durch eine diesbezügliche Äußerung Gottes zustande. Ob dies wirklich so sei, war allerdings in der Scharia-Wissenschaft umstritten. Al-Qarāfī lehrte, eine von Gott verfügte Bewertung könne nicht als ein dem Menschen auferlegtes Recht Gottes verstanden werden, weil der Mensch nicht über die Seinsmächtigkeit verfügt, Handlungen aus sich heraus in Angriff zu nehmen und durchzuführen; nicht die Bewertung, sondern die in ihr geforderte Handlung müsse infolgedessen als ein Recht Gottes, das dem Menschen aufgebürdet werde, betrachtet werden, denn im Augenblick, in welchem diese Handlung durch den Menschen vollzogen wird, erwirbt er sie, da Gott ihm - nach den Grundsätzen der aschʿaritischen Theologie - im nämlichen Augenblick die entsprechende Handlungsfähigkeit verleiht. Aš-Šāṭibī sah demgegenüber in den Bewertungen, die Gott dem von ihm angeredeten Menschen mitteilt, sehr wohl ein Recht Gottes, freilich allein im Hinblick darauf, daß der Mensch glauben müsse, daß sie Rechte Gottes seien; an und für sich können die Bewertungen, die ja Teil der ewigen Rede Gottes sind, natürlich nicht als ein Recht angesehen werden, denn die Existenz des Menschen ist nicht ewig. Hieraus folgt, daß die ewige Rede Gottes irgendwann niemanden mehr anspricht. Ein Recht aber ist nicht eine abstrakte Aussage, sondern gründet in einem Verhältnis zweier oder mehrerer Partner, zugunsten der einen Seite, zu Lasten der anderen. Ohne solche Komplementarität, das ist dieser im Rechenschaftsbericht kurz angedeuteten Diskussion zu entnehmen, gibt es kein Recht. Lediglich hanafitische Gelehrte konnten, sofern sie der Muʿtazila nahestanden, jede von Gott verkündete Bewertung als ein Recht begreifen, denn in der muʿtazilitischen Theologie ist Gottes Rede ihrem Wesen nach an Zeit und Ansprechpartner gebunden und nicht ewig.

Ein Recht hat, das lernen wir aus diesen Darlegungen, seinen Ursprung stets in Gott, wenn auch wegen des weiten ontologischen Abstandes zwischen ihm und

126 Ebd., 175.

dem Menschen Gottes überzeitliche Rede nur mit einem Zwischenschritt als das Medium der Verkündung seines Rechtes gegenüber den Geschöpfen gedacht werden kann. Die Verkündung aber ist unerläßlich, denn das „Recht Gottes" ist die der Scharia eigentümliche Kategorie, in der die rituelle Begegnung des Muslims mit dem Schöpfer erfaßt und geregelt wird.[127] In diese Kategorie fallen nach hergebrachtem Verständnis auch die „Grenz"-Strafen, die die Verletzungen der Rechte Gottes ahnden. Sie werden im Tätigkeitsbericht ebenfalls an dieser Stelle erwähnt; doch dienen sie offenbar zur Legitimierung einer ganz weit gefaßten Definition der „Rechte Gottes":

> Das Recht Gottes oder das allgemeine Recht: Das reine Recht Gottes ist jenes, durch das in der ursprünglichen Absicht die Annäherung an ihn, seine Verehrung und die Aufrechterhaltung der Glaubenspraxis bezweckt werden; oder jenes, durch das der Schutz der Gesellschaft erstrebt wird, weil aus diesem (reinen Recht Gottes) das allgemeine Wohl (der Gesellschaft) folgt, ohne daß auf irgend jemand gesondert Bezug genommen würde. (Dieses reine Recht Gottes) umfaßt zum einen die Pflichtriten wie das Gebet und das Fasten, zum anderen den Schutz der allgemeinen Einrichtungen der Zivilisation wie etwa der Moscheen und der frommen Stiftungen. Wir sagten in der Begriffsbestimmung „in der ursprünglichen Absicht", weil in den Riten und den rituellen Verboten zweifellos auch ein besonderer Vorteil für den Menschen liegt. So unterläßt er beim Vollzug des Gebets Unzucht und Tadelnswertes (vgl. Sure 29, 45), hat seinen Nutzen, indem er dem Übel des Verbotenen fernbleibt, und unterstützt durch die Läuterungsgabe die Bedürftigen.[128]

Das reine Recht Gottes darf niemals von Menschen verändert werden; der Bestohlene darf nicht darauf hinwirken, daß an dem überführten Dieb nicht die „Grenz"-Strafe vollzogen wird. Vielmehr sind alle Muslime aufgefordert, dieses Recht Gottes durchzusetzen. Nach hanafitischer Auffassung läßt sich die Subsumierung der dem Schutz der islamischen Gesellschaft dienenden Rechte unter die „reinen Rechte Gottes" noch viel klarer zum Ausdruck bringen. Die beim Fest des Fastenbrechens zu leistende Läuterungsgabe fördert die Annäherung des Muslims an Gott, man bewirkt aber auch, daß den Armen Hilfe zuteil wird. Umgekehrt soll die Zehntsteuer den Glaubenskämpfern, die das islamische Territorium schützen, und den Armen zufließen, die Gott um reichlichen Regen anflehen, in zweiter Linie soll der Zehnte den Geber läutern und ihn zu vertieftem Gedenken Gottes anregen. Wegen dieser kultischen Nebenabsicht habe man den Zehnten auch nicht von den Andersgläubigen erheben können und sei gezwungen gewesen, sie der – viel höheren – Grundsteuer zu unterwerfen.[129] Diese ohne Quellenangabe zitierten Lehren hanafitischer Juristen belegen, daß unter die Rechte Gottes alles gezählt werden kann, was den Belangen des islamischen Gemeinwesens dienlich ist. Dessen Interessen sind mit den Absichten

[127] Vgl. oben Kap. A II 2 a-e.
[128] *al-Fiqh al-islāmī*, 177.
[129] Ebd., 178 f.

Gottes gleichzusetzen; das zum Recht Gottes erhobene, wie auch immer mit konkretem Inhalt gefüllte Wollen des Kollektivs der Muslime ist dem Recht des Einzelnen, auch des einzelnen Muslims, unendlich überlegen. Denn Gott und die Belange des muslimischen Gemeinwesens sind zugleich Quelle und Inhaber des Rechts.

Dementsprechend wird das „reine Recht des Menschen" als das definiert, „woraus das Wohl des Menschen folgt":

> (Das reine Recht des Menschen) zerfällt in Allgemeines und Besonderes. Aus dem Allgemeinen folgt ein allgemeiner Vorteil für die Gesellschaft, der niemandem gesondert zuteil wird. (Gemeint sind) die öffentlichen Einrichtungen der Zivilisation, etwa die Versorgung mit Wasser und Beleuchtung, das Unterrichts-, Gesundheits- und Gerichtswesen, Transportmittel und öffentliche Wege, das Recht, freigegebene Dinge zu nutzen, d. h. zu jagen und unbebautes Land unter den Pflug zu nehmen. „Öffentlich" heißt, daß dies von der Gemeinschaft aller genutzt werden darf und alle verpflichtet sind, es zu schützen und zu verteidigen. Die hierfür Zuständigen sind die Sachwalter der Öffentlichkeit und sind mit öffentlichen Mitteln zu besolden ... Als „allgemeines Recht" werden demgemäß sowohl das (reine) Recht Gottes als auch das allgemeine Recht des Menschen bezeichnet ... Das spezielle Recht des Menschen ist jenes, aus dem ein spezieller Vorteil für den Einzelnen oder Einzelne folgt, z. B. das Recht eines jeden auf seine Wohnung, seine Arbeit, seine Gattin ... Allein der Inhaber dieses Rechtes darf hierüber verfügen, es für sich fordern oder, wenn ihm dies erträglich ist, darauf verzichten. Hier erhebt sich die Frage, ob aus dem Schutz des Privatvermögens zwingend ein Nutzen für die Gesellschaft entsteht; denn wenn dem so wäre, fiele das Vermögen der Menschen unter die allgemeinen Rechte. Hierauf ist zu antworten, daß wir (in diesem Abschnitt) über das dem Wesen nach den Einzelnen betreffende Recht sprechen; das schließt aber nicht aus, daß sich hierin eine Art von Allgemeinem, die Gesellschaft betreffend, findet. Daher sind hierbei Rechte der Gesellschaft zu beachten, und zwar in Notfällen wie Krieg, Hungersnot, Seuchen und Überschwemmungen, wie im Kapitel über die Gemeinschaftsgebundenheit (arab.: *al-ištirākīja*) des Rechts ausgeführt wird.[130]

Dort ist nachzulesen, daß auch das „reine Recht des (einzelnen) Menschen" in gewissem Maße als gemeinschaftsbezogen zu betrachten ist. Einem Eigentümer ist es nicht gestattet, sein Vermögen in einer Weise zu gebrauchen, daß anderen ein Schaden entsteht. Das Prinzip des Gemeinwohls fordert stets Beachtung und ist jedem individuellen Bestreben übergeordnet. Darum ist es nach der Scharia verboten, das eigene Vermögen mutwillig zu vernichten; schon ein verschwenderischer Umgang mit dem Geld, über das man verfügt, ist unzulässig, denn es zählt „zu dem Reichtum der Gemeinschaft (arab.: *al-umma*) (der Muslime), die hiervon abhängt". Wenn dem Eigentümer auch der Verlust seiner Güter gleichgültig sein mag, so ist jedenfalls die Gemeinschaft hiervon betroffen, denn „Gott hat ihr einen bestimmten Anteil" an diesem Vermögen zugesichert, der mittels

[130] Ebd., 180.

der Läuterungsgabe, des Zehnten, der Grundsteuer, der Bußleistungen (arab.: Pl. *al-kaffārāt*) und anderer schariatisch legaler Abgaben eingehoben wird. Das Verbot der Monopolbildung, der willkürlichen Erhöhung des Preises einer Ware, „das Recht der Gemeinschaft auf den zu Lasten des Eigentümers gehenden Zwangsverkauf notwendiger Güter im Falle einer Teuerung oder Hungersnot" bekräftigen die Einschränkung des „reinen Rechts des (einzelnen) Menschen". – Man hüte sich, hierin einen Widerschein aus Europa importierten marxistischen Gedankenguts zu erblicken. In den islamischen Chroniken finden sich zahlreiche Belege dafür, daß die Obrigkeit schon in ferner Vergangenheit häufig auf diese Weise in das Wirtschaftsleben eingegriffen hat. – „Gebt euer Vermögen, das Gott euch zum Unterhalt zugeteilt hat, nicht den Schwachsinnigen!" warnt Sure 4, Vers 5. „Treibt keinerlei Verschwendung!" (Sure 17, 26) wird den Muslimen eingeschärft, und unter dem Eindruck des Überlebenskampfes der Gemeinde empfing Muḥammad in Medina diese Offenbarung (Sure 9, 34): „Denjenigen, die Gold und Silber horten, ohne es auf dem Pfade Gottes auszugeben, verkünde ich eine schmerzhafte Strafe!"[131]

Das reine Recht Gottes läßt sich wenigstens zum Teil mit dem Wohl der Gemeinschaft der Muslime in eins setzen. Das Recht des Menschen ist in letzter Konsequenz demselben Grundsatz unterworfen. Nach islamischem Glauben ist es die Gemeinschaft (arab.: *al-ǧamāʿa*), die dem Einzelnen für das erfolgreiche Beschreiten des Weges zum Heil bürgt; wer ausschert, wird ein Opfer der Verführungskünste des Satans.[132] Daß deshalb in dem größten Bereich der Rechte, demjenigen, in welchem das Recht Gottes mit dem des Menschen verwoben ist, ebenfalls, und zwar ganz pointiert, das Gemeinwohl als Leitidee hervorgehoben wird, ist nur folgerichtig.

> (In die Kategorie des gemischten Rechts fällt) beispielsweise, daß der Mensch sein Leben, seinen Verstand und die Gesundheit seines Körpers schützen soll, desgleichen seine Freiheit vor Erniedrigung, sein Vermögen vor Vernichtung bzw. Verschleuderung zu einem nichtschariatischen Zweck. Dies alles ist das Recht Gottes, nämlich daß die Gnadengaben, auf denen das Leben und die Zivilisation beruhen, geschützt werden. Doch ist hieran auch das Recht des Menschen beteiligt; es geht um sein besonderes Wohl bezüglich des Lebens, der Gesundheit, des Vermögens; hierher gehört auch das Recht des Menschen, einem Herrscher zu huldigen (arab.: *al-baiʿa*) oder an einer Beratschlagung (arab.: *aš-šūrā*)[133] teilzunehmen, damit eine taugliche Herrschaft gewährleistet ist. Bei dieser Kategorie von Recht ist stets zu überprüfen, welcher Teil das Übergewicht hat. Ist dies das Recht Gottes, so ist dem Menschen verwehrt, darüber frei zu verfügen oder gar es fallen zu lassen. In diesem Sinne ist es dem Menschen nicht erlaubt, sich an seinem Leben und seiner Gesundheit zu ver-

[131] Ebd., 209.

[132] Zahlreiche Belege hierfür: T. Nagel: *Rechtleitung und Kalifat*, 257–273.

[133] Zur heutigen Bedeutung des Begriffes vgl. R. Badry: *Die zeitgenössische Diskussion um den islamischen Beratungsgedanken*, Stuttgart 1998 (Freiburger Islamstudien XIX).

greifen oder sein Vermögen für Unnützes zu vergeuden. Gott sagt (Sure 4, 29): „Tötet euch nicht selber,[134] denn Gott erweist euch Barmherzigkeit!" und (Sure 2, 195): „Und stürzt euch nicht in den Untergang!" und (Sure 4, 5): „Gebt euer Vermögen, das Gott euch zum Unterhalt zugeteilt hat, nicht den Schwachsinnigen!" Wenn der letzte Koranvers auch das Vermögen des Schwachsinnigen meint, so weist der mit seiner Intention übereinstimmende Sinn auf das Verbot hin, das Vermögen zu vergeuden. Gott hat dies verboten, weil aus diesem Geld die Verstoßene während ihrer Wartefrist und die Witwe Unterhalt beziehen. Infolgedessen ist in diesem Koranvers ein Recht Gottes angesprochen; es handelt sich um die Regelung der Gnadengabe der Ehe dergestalt, daß ein Bedauern über ihr Ende bekundet wird. Zugleich ist hierin ein Recht des Menschen angesprochen, nämlich die Wahrung der Abstammung seiner Kinder. Das Recht Gottes aber hat das Übergewicht; denn in der Wahrung der Abstammung liegt auch der Schutz der Gesellschaft. Deshalb kann die Wartefrist nicht durch den Gatten fallengelassen werden.[135]

Zum Schluß wollen wir dem Tätigkeitsbericht entnehmen, welchen Grund ein Recht haben kann. Denn eigentlich, so erfahren wir, gibt es kein Recht von Natur aus, weil das Recht des einen ja zugleich die Verpflichtung des anderen bedingt. Der Mensch aber wird ohne Verpflichtung geboren; alle Pflichten werden ihm im Laufe seines Lebens auferlegt, und zwar eben stets aus einem benennbaren Grund. Eine Ausnahme bilden nur die aus der „ursprünglichen Wesensart" (arab.: *al-fiṭra*) des Menschen (vgl. Sure 30, 30) herrührenden Rechte (arab.: Pl. *al-ḥuqūq al-fiṭrīja*) wie „das Recht auf Leben, Freiheit und Gleichheit, und das Recht, einer Mutter Sohn zu sein"; diese Rechte haben kein Komplement in der Verpflichtung eines anderen und sind mit dem Dasein als Mensch gegeben.[136] Zweifellos ist hier ein Anklang an die in der europäischen politischen Kultur wurzelnde Vorstellung von einem allgemeinen Menschenrecht herauszuhören. Doch ist darauf zu achten, daß die Formulierung *al-ḥuqūq al-fiṭrīja* bereits eine Aussage über die Religionszugehörigkeit enthält. „Jedes geborene (Kind) wird in der ‚ursprünglichen Wesensart' geboren. Es sind dann seine Eltern, die es zum Juden, Christen oder Zoroastrier erziehen. In gleicher Art bringt jedes Tier seinesgleichen hervor - seht ihr darunter solche, denen man die Nase verstümmelt hat?"[137] Der Islam ist nach der Vorstellung seiner Bekenner der ursprüngliche, abrahamische, den jüdischen, christlichen und zoroastrischen „Verfälschungen" vorausliegende Glaube, den Gott für alle Menschen vorgesehen hat; dies wird den Muslimen in Sure 3, Vers 67 f. versichert. Allein die Rückführung der gesamten Menschheit zu dieser den Menschen anerschaffenen, durch angeblich verfehlte Erziehung jedoch vielfach überdeckten „muslimischen" Wesensart kann,

[134] Gemeint ist hier nicht der Selbstmord, sondern die Tötung von Angehörigen der Gemeinschaft der Muslime.

[135] *al-Fiqh al-islāmī*, 181.

[136] Ebd., 190.

[137] Aḥmad b. Ḥanbal: *Musnad*, II, 233; weitere Belege bei Wensinck: *Concordance*, s. v. *fiṭra*.

wie beispielsweise in dem 1963 in Kairo gedruckten Buch „Die Elemente und Werte der islamischen Gesellschaft" von Ibrāhīm ʿIwaḍain ausführlich erörtert wird, das sich selbst entfremdete Dasein, unter dessen Nöten die Andersgläubigen leiden, heilen. Die muslimische Weltgesellschaft, auf die in dieser Sicht die Geschichte zustrebt, wird eine gleichförmige sein; alle die heutige Menschheit gliedernden, als unheilvoll empfundenen Faktoren werden sich aufgelöst oder ihre Wirkung verloren haben.[138] Wenn also der Mensch von Geburt an „unveräußerliche Rechte" innehat, dann kann das im Kontext islamischen Denkens nur heißen, daß sie sich in der *fiṭra* manifestieren, so daß jeder Übertritt eines Muslims zu einer anderen Religion eine mutwillige – und deshalb zu ahndende – Zerstörung der höchsten dem Menschen zu eigen gegebenen Würde bedeutet.[139]

Alle nicht mit der *fiṭra* zusammenhängenden Rechte, etwa das Besitzrecht an einem Gut, das Recht, der Sohn einer Mutter zu sein und alle Rechte, die sich aus der Zugehörigkeit zum Islam und aus dem Wohnsitz im „Gebiet des Islams" sowie schließlich aus einem Ehevertrag ergeben, haben einen Grund und sind mithin unter dem Gesichtspunkt zu untersuchen, daß sich Recht und Verpflichtung ergänzen. Der allumfassende Grund für die Gegebenheit derartiger Rechte ist natürlich die Scharia. Von ihr hängen alle weiteren Gründe ab, aus denen sich Rechte und Verpflichtungen herleiten lassen; Abmachungen geschäftlicher Art, Eheverträge, Gelübde, die Verstoßung, die Erbfolge, die Inbesitznahme herrenlosen Gutes und anderes mehr.[140]

Die Frage nach der Selbstbehauptung der Scharia stand am Anfang dieses Kapitels. Die *Mecelle* war ein Zeichen für die Übernahme der europäischen Form eines Gesetzestextes; daß sie auch in einen Traditionszusammenhang gestellt werden kann, der sich aus der islamischen Rechtsgeschichte herleitet, wurde aufgezeigt. Nicht in den Gesetzestexten, die im 20. Jahrhundert in den Staaten der islamischen Welt erlassen wurden, wird jedoch die Scharia-Gelehrsamkeit aufbewahrt, sondern in der Methodik der *uṣūl al-fiqh*, die auch auf den fremden Inhalt angewandt wurde und ihn der eigenen Überlieferung einbeschrieb. Am Beispiel der Einleitung zur „Enzyklopädie der islamischen Rechtswissenschaften" und am Tätigkeitsbericht des „Ausschusses zur Klärung der Prinzipien der Scharia" wurde deutlich, daß die Einschmelzung fremder Vorstellungen so erfolgreich vorgenommen werden kann, daß die Kernbegriffe der Scharia als des von Gott gesetzten

[138] Vgl. T. Nagel: *Unterwegs zum universalen Gottesstaat?*, Teil 2, in: Religionen unterwegs 2/1997, 4–9.

[139] Weshalb, wie die Diskussion über die Menschenrechte belegt, von den Muslimen Religionsfreiheit nur in einer Richtung, zum Islam hin, zugestanden wird. Das der westlichen Zivilisation entstammende Konzept der Menschenrechte, das die Würde im Einzelmenschen unabhängig von irgendeiner Religionszugehörigkeit findet, läßt sich prinzipiell mit dem islamischen Konzept nicht vereinbaren, wenn es auch zahllose Harmonisierungsversuche gibt, um diese Tatsache mit Kompromißformeln zu umschiffen. Vgl. oben Kap. A III 1.

[140] *Al-Fiqh al-islāmī*, 190–199.

Rechts ihre Wirksamkeit bewahren. Freilich zeigte sich auch, daß diese Kernbegriffe zugleich erheblich gedehnt, wenn nicht gar überdehnt werden. Das „Recht Gottes" umschließt nun alles, was irgend dem Schutz und der Förderung der Belange des islamischen Gemeinwesens dient. Die Belastung mit dem Gesetz, dem Ursprunge nach Ausdruck der Einfügung des Gottesknechts in den Heilsplan Gottes, weitet sich zu dem Grundsatz, daß jedes Recht, das jemanden begünstigt, einen anderen belastet. Nicht zuletzt hierin tritt der gemeinschaftsbezogene Charakter des Scharia-Rechts klar zutage. In der klassischen Periode der Geschichte dieses Rechts war Gott der eine Bezugspunkt aller juristischen Theorie; seit den Überlegungen al-Ǧuwainīs tritt - unter den Begriffen der Absichten des Gesetzgebers und des Gemeinwohls der Muslime - immer stärker die Reflexion auf die Gemeinschaft hervor. In der jüngsten Zeit ist sie beherrschend geworden, so daß man sich vielfach fragt, ob die nach wie vor ins Spiel gebrachte Berufung auf den Schöpfer, vor dem alle Menschen Knechte sind, stets in dem spirituellen Ernst geschieht, der ihr gebührt, oder ob sie bisweilen eine zur Ideologie ausgedünnte wohlfeile Argumentationshilfe geworden ist. Man kann allerdings nicht bestreiten, daß das Scharia-Recht auch in den zeitgenössischen Schriften als ein in sich stimmiges Gefüge von aufeinander verweisenden Gedanken vor uns steht, dessen prägende Kraft trotz des Einbruchs der Moderne nicht verschleißt.

ANHANG:

EINIGE BEMERKUNGEN ZUM RECHT DER CHARIDSCHITEN UND SCHIITEN

Die Geschichte des Scharia-Rechts ist eng mit der politischen Geschichte der islamischen Welt verbunden. Etwas anderes ist auch nicht zu erwarten, denn nur staatliche Gewalt kann den Vorschriften Beachtung verschaffen und Verstöße ahnden, auch wenn für das Gesetz ein göttlicher Ursprung in Anspruch genommen wird. Da nun seit dem 10. Jahrhundert die erdrückende Mehrzahl der islamischen Herrscher sich zum Sunnitentum bekannte und eine jener vier Rechtsschulen bevorzugte, die sich als Sachwalter des prophetischen Erbes verstanden, mußte ich in diesem Buch, das eine Einführung in das islamische Recht bieten will, auf die Erörterung anderer Erscheinungsformen des Scharia-Rechts verzichten. Gemeinwesen charidschitischen oder schiitischen Bekenntnisses hatten je eigene Überlieferungen, auf denen sie ihre Auslegung des göttlichen Gesetzes aufbauten und in die Glaubenspraxis und in das alltägliche Leben übertrugen. Es ist freilich festzustellen, daß dem Inhalte nach die Unterschiede und Abweichungen vom Recht der vier Schulen gering sind, jedoch bisweilen heftig umstritten waren, weil sie den Rang von Erkennungszeichen erlangten. So war es nach sunnitischer Ansicht gestattet, vor dem rituellen Gebet auf das Waschen der Füße zu verzichten und lediglich die Schuhe abzuwischen. Die Schiiten lehnten diese Erleichterung strikt ab, und es sind erbitterte Gelehrtenfehden hierüber ausgetragen worden. Ein weiterer Gegenstand heftiger, bis heute anhaltender Auseinandersetzungen zwischen Sunniten und Schiiten ist die Zeitehe (arab.: *al-mutʿa*), die von den Sunniten untersagt und von den Schiiten zugelassen wird.[1] Doch soll es in diesem kurzen Anhang nicht um solche Einzelfragen gehen, sondern um Meinungsverschiedenheiten über die Grundlagen des Rechts (arab.: Pl. *uṣūl al-fiqh*) und über die Nutzbarmachung dieser Grundlagen zur Erschließung des Inhalts.

Das charidschitische Recht ist noch wenig erforscht, doch mag sich dies ändern, seitdem das Sultanat Oman mehrere sehr umfangreiche Werke einschlägigen Inhalts hat edieren lassen. Abū Bakr Aḥmad b. ʿAbdallāh al-Kindīs (gest. 1162) Sammlung zahlreicher die Gestaltung des ganzen Lebens betreffender Rechtsfragen ist eine vorzügliche Quelle für die praktische Seite des charidschitischen *fiqh*.[2] Da

[1] EI² s. v. *al-Mutʿa* (W. Heffening); A. Gribetz: Strange Bedfellows: *Mutʿat an-nisāʾ and Mutʿat al-ḥajj*, Berlin 1994.

[2] al-Kindī: *al-Muṣannaf*, edd. ʿAbd al-Munʿim Amīr und Ǧād Allāh Aḥmad, Kairo 1979 ff.

die Charidschiten die Werkgerechtigkeit entschieden betonen, steht ihre Rechtstheorie der muʿtazilitischen nahe.[3] Ǧamīl b. Ḫamīs as-Saʿdīs (gest. 1668) „Wörterbuch der Scharia, das deren weit ausgedehnte Wege erfaßt" ist, zumindest in den bisher erschienenen Bänden, wie eine Enzyklopädie der charidschitischen Theologie und ihrer Auseinandersetzung mit der Muʿtazila zu nutzen; das Werk ist zugleich eine Fundgrube für die Geistesgeschichte des Islams.[4] Auch das wesentlich weniger umfangreiche Rechtskompendium von Abū l-Ḥusain ʿAlī b. Muḥammad al-Basīwī (oder: al-Basjawī)[5] legt zunächst die islamische Theologie aus charidschitischer Sicht dar, ehe es zur Beschreibung der Ritualpflichten und der Bestimmungen über die zwischenmenschlichen Beziehungen übergeht. Allem Anschein nach blieb im Charidschitentum der Begriff *fiqh* in seiner älteren, umfassenden Bedeutung der Einsicht in Gottes Willen und in sein Vorgehen mit dieser Welt bestehen. Wie erinnerlich, legte Abū Ḥanīfa das Wort so aus, und erst die nach ihm einsetzende Anstrengung, aus dem Koran und dem *ḥadīṯ* den Inhalt des göttlichen Gesetzes so weit wie irgend möglich zu ermitteln, führte zu einer Einengung des Sinnes von *fiqh* auf die Erkenntnis dessen, was die Scharia vorschreibt. Sollte das charidschitische Denken tatsächlich in dem Maße, wie ein flüchtiges Durchsehen des „Wörterbuches" von Ǧamīl b. Ḫamīs vermuten läßt, durch muʿtazilitische Ideen beeinflußt sein, dann hätte sich für jene Minderheit die Notwendigkeit ergeben, die Scharia auf theologische Überlegungen zu gründen. Denn wenn der Koran, wie die Muʿtaziliten lehrten, nicht Gottes unerschaffene überzeitliche Rede ist, und wenn die *sunna* sich nicht göttlicher Eingebung verdankt, wenn also sowohl das heilige Buch als auch die Überlieferung, die dieses Buch laut aš-Šāfiʿī interpretierte, nur auf eine bestimmte geschichtliche Situation zugeschnittene Texte sind, dann wäre es vermessen, aus ihnen ein ewig gültiges Gesetz Gottes ablesen zu wollen. Es bedürfte erheblicher theologischer Bemühungen - wie wir sie bei dem muʿtazilitischen Rechtsgelehrten Abū l-Ḥusain al-Baṣrī ja auch bemerkten -, um das Vorhandensein eines über den Wandel der Zeiten hinweg unveränderlichen göttlichen Rechts zu begründen.

Ganz anderen Fragen sah sich die schiitische Scharia-Gelehrsamkeit[6] gegenüber. Sie konnte sich das im Sunnitentum entstandene Konzept eines ewig gültigen göttlichen Gesetzes, das im Koran und im normsetzenden Vorbild des Propheten bezeugt ist, zu eigen machen. Geklärt werden mußte lediglich, ob die Interpretation des Korans und die Auslegungen der auf Muḥammad zurückgehenden Normen von Sachkennern gleich welcher Herkunft vorgenommen werden durften oder den Imamen aus der Nachkommenschaft ʿAlīs vorbehalten blei-

[3] Vgl. oben Kap. A I 4.

[4] Ǧamīl b. Ḫamīs as-Saʿdī: *Qāmūs aš-šarīʿa al-ḥāwī ṭuruqa-hā al-wāsiʿa*, ed. Šalabī, Kairo 1989ff.

[5] *Ǧāmiʿ Abī l-Ḥusain al-Basīwī*, 3 Teile, Oman 1984; vgl. C. Brockelmann, GAL, II, 409.

[6] H. M. Tabatabai: *An introduction to Shiʿi law. A bibliographical study*, London 1984.

ben mußten. Ihnen erkannte man einen gewissen Anteil an der göttlichen Inspiration zu, der natürlich mit der Rede des Schöpfers, die der Gottesgesandte empfangen hatte, nicht zu vergleichen war, die Imame aber doch über die Schar der gewöhnlichen Gläubigen weit hinaushob. Ferner war die Glaubwürdigkeit gerade der Prophetengefährten, die die Sunniten als die bedeutendsten Bürgen der Worte und Taten Muḥammads verehrten, in schiitischen Augen mehr als zweifelhaft. Denn jene, allen voran Abū Bakr und ʿUmar, seien es gewesen, die nach dem Tode Muḥammads dessen Vetter und Schwiegersohn ʿAlī an der Übernahme der ihm eigentlich zustehenden Herrschaft gehindert hätten. Radikale Schiiten sahen in diesen Gefährten Muḥammads deswegen sogar Apostaten – und wie könnten solche Männer die Garanten für die wahrheitsgetreue Weitergabe des göttlichen Gesetzes sein?

Das fatimidische Kalifat, das von 909 bis 1171 zunächst über Teile Nordafrikas, dann über Ägypten und die Levante herrschte und im frühen 11. Jahrhundert eine ernsthafte Herausforderung für die Abbasiden darstellte, war der erste bedeutende schiitische Staat in der islamischen Geschichte. Die ab 969 in Kairo residierenden Kalifen ließen das islamische Recht im Einklang mit ihren religiös-politischen Vorstellungen zusammenfassen. Diese gewaltige Arbeit wurde vor allem von einem Mann geleistet, dem *Qāḍī* an-Nuʿmān (gest. 974). Im Auftrag des Kalifen al-Muʿizz (reg. 953–975) schrieb er die „Säulen des Islams" nieder; die offizielle fatimidische Begründung dieses Vorhabens besagt, daß Klagen über einander widersprechende Überlieferungen und unhaltbare Ansichten zu rechtlichen Bestimmungen den Kalifen bewogen hätten, für Abhilfe zu sorgen. Er selber habe die Grundlagen und die Einzelbestimmungen der Scharia dem Gelehrten mitgeteilt. Sich auf Ǧaʿfar aṣ-Ṣādiq (gest. 765), den sechsten Imam der Schia, berufend, habe er erläutert, daß der Islam auf sieben Säulen ruhe, deren erste und wichtigste die unbedingte Loyalität (arab.: *al-walāja*) gegenüber dem Imam aus der Nachkommenschaft ʿAlīs sei; die weiteren sechs sind die rituelle Reinheit, das Gebet, die Läuterungsgabe, das Fasten, die Pilgerfahrt und der heilige Krieg (arab.: *al-ǧihād*).[7] In den „Säulen des Islams" wird dem Leser gleich zu Beginn eingeschärft, was es mit dem Recht der ismailitischen Schia, aus der die Dynastie der Fatimiden hervorgegangen war, auf sich hat: „Ihr habt den Wegen der Religionsgemeinschaft vor euch zu folgen, so wie ein Hufeisen dem anderen, eine Pfeilfeder der anderen gleicht, und wenn jene (Vorfahren) in das Loch einer Eidechse gekrochen sind, dann kriecht auch ihr hinein!" Nur wenige Angehörige einer der vor dem Propheten Muḥammad lebenden Religionsgemeinschaften haben dieser Maxime zu gehorchen vermocht, die große Mehrheit ging stets in dem Strafgericht zugrunde, das Gott über sie hielt, die sie von seinem Gesetz abgewichen waren. Nun, nachdem Muḥammad als Prophet gewirkt hat, sind es die wenigen Schiiten, die sein normsetzendes Vorbild uneingeschränkt beachten,

[7] A. Fyzee: *Compendium of Fatimid law*, Simla 1969, XXII f.; vgl. H. Halm: *Das Reich des Mahdi*, München 1991, 329–332.

so daß ihr Reden und Tun dem seinen gleicht wie ein Hufeisen dem anderen. Die übrigen Muslime haben „ihre Schriftgelehrten und Mönche an Gottes Stelle zu Herren genommen", wie es in Sure 9, Vers 31 mit Bezug auf Juden und Christen heißt; Ǧaʿfar aṣ-Ṣādiq deutete diesen Vers als eine Mahnung vor eigenmächtigen Veränderungen des göttlichen Gesetzes, und im Anschluß hieran zitiert der *Qāḍī* an-Nuʿmān den Auftrag des Propheten: „Wenn in meiner Gemeinde unzulässige Neuerungen (arab.: Pl. *al-bidaʿ*) um sich greifen, dann soll der Wissende sein Wissen kundtun!"[8] Das Recht, wie es die Imame aus der Nachkommenschaft ʿAlīs lehren, ist mithin das einzige, das vor dem Untergang, vor dem Zorn Gottes bewahrt.

Die Überlieferung der Einzelbestimmungen des in den „Säulen des Islams" dargelegten Rechts stützt sich nahezu ausschließlich auf Aussprüche ʿAlī b. abī Ṭālibs und der übrigen Imame. Die Loyalität ihnen gegenüber ist infolgedessen die wichtigste Pflicht, der der „Gläubige" nachzukommen hat. Es genügt nicht, ein Muslim zu sein und formal einwandfrei das Ritualgesetz zu beachten. Denn nur die Anleitung durch den Imam - unter dem die Fatimiden ihren Kalifen verstanden - gewährleistet, daß sich keine Fehler in den Vollzug der Glaubenspraxis einschleichen.

Uns wurde überliefert, daß jemand Ǧaʿfar aṣ-Ṣādiq fragte: „Sohn des Gottesgesandten! Sag mir, wer sind die Sippe Muḥammads?" Er antwortete: „Es sind insbesondere die Mitlieder seiner Familie." „Das einfache Volk aber behauptet, daß alle Muslime die Sippe Muḥammads seien." Da lächelte Ǧaʿfar und versetzte: „Sie lügen und sagen doch auch die Wahrheit ... Sie lügen, wenn sie sagen, die Muslime seien die Sippe Muḥammads, die Gott als den Einen bekennt und den Propheten anerkennt. Denn sie sagen dies, während ihre Glaubenspraxis fehlerhaft und ungenügend ist. Aber sie sprechen die Wahrheit, wenn sie behaupten, daß die ‚Gläubigen' unter ihnen zur Sippe Muḥammads gehören, wenn auch nicht der Abstammung nach. Sie halten jedoch die Bedingungen des Korans ein ... Wer dies tut und der Sippe Muḥammads folgt, gehört zur Sippe Muḥammads im Sinne der Loyalität ihr gegenüber, selbst wenn seine Genealogie weit von derjenigen Muḥammads entfernt sein sollte." Der Frager bat weiter: „Welches sind die Bedingungen, deren Einhaltung einen dem Sinne nach zu einem Mitglied der Sippe Muḥammads macht?" ... „Wer die Sippe Muḥammads über alle Schöpfung stellt, so wie Gott dies wegen der Verwandtschaft zum Gesandten getan hat, der gehört in diesem Sinne zu ihr. So hat es Gott auch in seinem Buch angeordnet: ‚Wer unter euch sich zu ihnen loyal verhält, der gehört zu ihnen!' (Sure 5, 51) ... Er sagte zu seinem Propheten: ‚Sprich (zu den Juden): Schon vor mir sind zu euch Gesandte mit klaren Zeichen gekommen und mit dem, was ihr sagtet. Doch warum habt ihr sie getötet? ...' (Sure 3, 183). ‚Sprich: Warum tötetet ihr früher die Propheten Gottes? ... (Sure 2, 91).' Diese Verse wurden mit Bezug auf Juden offenbart, die in der Zeit des Gottesgesandten lebten; diese hatten zwar die Propheten nicht eigenhändig umgebracht, und jene waren auch nicht in der Zeit (dieser Juden) aufgetreten, aber die Ahnen (dieser Juden) hatten sie getötet, und

[8] an-Nuʿmān: *Daʿāʾim al-islām*, ed. Fyzee, Kairo 1969, I, 2.

(diese Juden) billigten (nachträglich) die Untat und hielten trotz ihres Wissens davon loyal (zu ihnen). Deshalb rechnete ihnen Gott (die Untat der Ahnen) zu ..."[9]

Die Sunniten, so ist aus diesen Erläuterungen herauszuhören, werden schwer an dem Urteil zu tragen haben, das Gott über ihre ältesten Vorfahren fällte, die sich seinem Willen widersetzten und nicht sogleich ʿAlī, sondern vor ihm Abū Bakr, ʿUmar und ʿUṯmān zu Anführern des Gemeinwesens machten und von ihnen, den in schiitischer Sicht Untauglichen, sich das Gesetz auslegen ließen. Zwar darf man den Sunniten nicht absprechen, daß sie den Islam praktizieren, aber innerhalb der breiten Masse der Muslime gibt es den inneren Kreis der „Gläubigen", der geistigen Sippe Muḥammads, und allein deren Glaubenspraxis und Lebensführung sind in unverbrüchlichem Einklang mit dem Willen Gottes. Die Scharia-Wissenschaft darf nach ismailitischer Überzeugung nur auf dem unvermittelten Wort Gottes und auf dessen Deutung durch die Imame beruhen; jegliche Art von eigenständiger Suche (arab.: *al-iǧtihād*) ist zurückzuweisen. Die Quellen des Scharia-Rechts beschränken sich infolgedessen auf den Koran, die *sunna* des Propheten, sofern diese durch ʿAlī und andere Angehörige der „Sippe Muḥammads" verbürgt ist, und auf die Worte der Imame.[10]

Sowohl die ismailitische oder Siebener-Schia als auch die imamitische oder Zwölfer-Schia kennen den Bericht über eine Auseinandersetzung des sechsten Imams Ǧaʿfar aṣ-Ṣādiq mit seinem Zeitgenossen Abū Ḥanīfa, dem Ahnherrn der hanafitischen Schule; es geht um die einzig richtige Art der Herleitung schariatischer Normen. Abū Ḥanīfa bestätigt, daß er zuallererst den Koran befrage und, wenn er dort keine Belehrung finde, nach einer *sunna*-Überlieferung suche; sei auch dies vergeblich, löse er den Fall, indem er eine Analogie zu einer durch den Koran oder die *sunna* verbürgten Aussage aufstelle. Ǧaʿfar aṣ-Ṣādiq kommentiert diese - übrigens unzulässig vereinfachte - Beschreibung des hanafitischen *fiqh* mit dem Hinweis, der Satan sei der erste gewesen, der einen Analogieschluß gezogen habe und damit furchtbar gescheitert sei.[11] Dies ist eine Anspielung auf Sure 15, Vers 29 bis 35: Gott hat Adam aus feuchtem Ton geformt, haucht ihm seinen Geist ein und befiehlt den Engeln, unter ihnen dem Satan, sich vor dem neuen Wesen niederzuwerfen; bis auf den Satan gehorchen alle, und als Gott diesen wegen der Widersetzlichkeit zur Rede stellt, antwortet er mit einem Analogieschluß: „Ich kann mich doch unmöglich vor einem Menschen niederwerfen, einem Wesen, das du aus feuchtem Ton gebildet hast!" - Denn Anbetung und Verehrung kommen nur dem Schöpfer zu, wie es die koranische Offenbarung den Menschen unentwegt einschärft. Die Folge dieses Analogieschlusses ist der Fluch Gottes. Die sunnitische Koranauslegung hat, um die für sie unangenehme, den Analogieschluß verbietende Deutung dieser Verse zu vermeiden, behauptet, der Satan habe Adam die geforderte Reverenz nicht etwa deshalb verweigert, weil

[9] Ebd., 29f.
[10] Fyzee: *Compendium*, XLVII.
[11] Ebd., XLVI.

Gott allein ihrer würdig sei, sondern weil er selber, ein Geschöpf aus Geist oder Feuer, sich über das aus fester Materie geformte Wesen erhaben gefühlt habe;[12] nicht Analogieschlüsse an sich, sondern nur falsche seien demnach verwerflich.

Im Grundsatz hat auch das zwölferschiitische Recht daran festgehalten, daß allein das Wort Gottes, die rein überlieferte *sunna* und die Aussagen der Imame Quellen schariatischer Vorschriften sein können. Da allerdings der Zwölfte Imam nach ihrer Lehre im Jahre 874 aus der Mitte seiner Gemeinde verschwand und seitdem in der Verborgenheit lebt, bis er dereinst als der verheißene Endzeitherrscher zurückkehren und die Welt mit Gerechtigkeit füllen wird, brach die unmittelbare Belehrung der Gläubigen durch ihr mit göttlichen Eingebungen begnadetes Oberhaupt ab. Das Recht konnte sich fortan nur noch auf eine dem Inhalte nach abgeschlossene Überlieferung stützen, auf die Aussagen der Imame von ʿAlī b. abī Ṭālib bis zu deren letztem, die in Sammlungen ähnlich den sunnitischen *ḥadīṯ*-Kompendien zusammengetragen wurden. Auch im Schiitentum wurde die Rechtswissenschaft infolgedessen zu einem Tätigkeitsfeld von Spezialgelehrten, die sich auf die Auslegung der Überlieferung einlassen mußten. In Sure 5, Vers 63 wird den Rabbinern und Gelehrten der „Schriftbesitzer" nachgesagt, sie kümmerten sich nicht ernsthaft um die Zurechtweisung der Frevler in ihren Gemeinden. In einer am Ende des 10. Jahrhunderts von einem zwölferschiitischen Autor niedergeschriebenen Sammlung von Reden der Imame mahnt al-Ḥusain (gest. 680) die Zuhörer, daß dergleichen in der Schia niemals eintreten dürfe; es seien die Gelehrten, die die Pflicht hätten, ohne Rücksicht auf eigene Interessen für das Recht Gottes zu kämpfen, denn anderenfalls mißachteten sie, was die Imame von ihnen verlangten.[13] Es wird deutlich, daß die Gelehrten in die freigewordene Position des Imams als eines Führers zum Heil einrücken. In eigenem Namen werden sie sie nie innehaben; sie werden jedoch für den Entrückten und durch ihn legitimiert die Scharia anwenden. Und so entsteht in der Zwölferschia schließlich ein neuer Typ von *muǧtahid*, der mit ungleich höherer Autorität seine Einsichten verkündet, als es der sunnitische je könnte. Letzterer spricht stets nur für sich selbst, und folglich mag er irren; wichtig ist nur, daß er nach bestem Wissen urteilt und sich auch selber an das Urteil hält, denn dann ist er im Falle eines Irrtums vor Gott entschuldigt. Der schiitische *muǧtahid* aber spricht an der Stelle des Verborgenen Imams.[14] Als die Safawiden 1501 die Herrschaft über Iran errangen und bald darauf die Schiitisierung des Landes tatkräftig vorangetrieben wurde, bildete sich aus der schiitischen Gelehrtenschaft ein hierarchisch gegliederter Klerus, der als Sachwalter einer Macht auftrat, an der der Herrscher keinen Anteil hatte. – Dies unterscheidet den zwölferschiitischen Klerus im Grundsätz-

[12] ar-Rāzī: *Mafātīḥ al-ġaib*, zu Sure 15, 28–35.

[13] Nagel: *Staat und Glaubensgemeinschaft*, II, 271.

[14] D. B. MacDonald: *Development of Muslim theology, jurisprudence, and constitutional theory*, London 1903, 116; C. Frank: *Über den schiitischen Mudschtahid*, in: Islamica 1926, 171–192; H. Halm: *Der schiitische Islam*, München 1994, 124.

lichen von der Hierarchie der mit der Rechtspflege Betrauten etwa im Osmanischen Reich, die zusammen mit dem Sultan eine religiös-politisch gedeutete Herrschaft ausüben, die durch den Propheten einst in Medina gestiftet worden sei. - Seit dem 19. Jahrhundert erkennen die zwölferschiitischen Gelehrten einen der Ihrigen als die oberste „Instanz der Nachahmung" (arab.: *marǧaʿ at-taqlīd*) an, als denjenigen, dessen Einsicht alle übrigen sich zu beugen haben.[15]

Wie aber spiegelt sich dies alles in der Theorie von den Grundlagen der Scharia wider? Im 17. Jahrhundert entbrannte unter den Gelehrten Irans ein Streit über die Frage, ob es zulässig sei, den Koran, der bestenfalls summarische Aussagen rechtlichen Inhalts mache, als Quelle für die Scharia zu benutzen, abgesehen von solchen Fällen, in denen Nachrichten überliefert sind, die besagen, daß einer der Imame so und so verfahren sei. Diese „Traditionalisten" (arab.: Pl. *al-aḫbārījūn*) wollten demnach die schiitische Scharia-Wissenschaft auf die Erörterung der Aussagen der Imame beschränken. Ihnen traten die „Prinzipialisten" (arab.: Pl. *al-uṣūlījūn*) entgegen, die die Möglichkeit einer Auslegung des Korans unter Berufung auf die Prinzipien des Consensus und des Verstandes (arab.: *al-ʿaql*) - nicht aber der Analogie - bejahten.[16] Die „Prinzipialisten" gewannen seit dem 18. Jahrhundert die Oberhand; der hierarchisch gegliederte Klerus, dessen Angehörige in Iran als „Geistliche" (pers.: *ruḥānījān*) bezeichnet werden, gebietet folglich über ein weites Feld intellektueller Möglichkeiten der Erkundung und Anwendung der Scharia. Dieses Feld war bereits um 1300 durch den Gelehrten al-Ḥillī (gest. 1325) erschlossen worden, der der erste war, dem die Zwölferschiiten den Ehrentitel eines „Wunderzeichens Gottes" (arab.: *ājat Allāh*; „Ajatollah") beilegten. Er versuchte, Regeln für das Bemühen um eigene Einsicht (arab.: *al-iǧtihād*) aufzustellen, denn er war überzeugt, daß, sobald einen die Überlieferung (arab.: *an-naql*) im Stich lasse, der Verstand seine Tätigkeit zu beginnen und nach einer Lösung zu suchen habe.[17] - Der Hanbalit Ibn Taimīja, der sich ins einzelne gehend mit den Schriften seines schiitischen Zeitgenossen auseinandersetzte, verfaßte eine umfangreiche Abhandlung, in der er nachzuweisen suchte, daß alle mit klarem Verstande erzielten Einsichten bereits in der Überlieferung enthalten seien, und verdeutlichte auf diese Weise die ganz und gar andere Auffassung der Sunniten.[18] - Der schiitische Consensus setzt voraus, daß in den zahllosen Einzelüberlieferungen, die ihn konstatieren, in irgendeiner Form die Meinung des unfehlbaren Imams zutage trete (arab.: *al-iǧmāʿ ad-duḫūlī*); ein Consensus wäre demnach nur bis zum Jahre 874 möglich gewesen. Es wurde jedoch auch die Ansicht geäußert, daß später immer noch ein Consensus zustande kommen

[15] Halm, op. cit., 134–137.

[16] H. Löschner: *Die dogmatischen Grundlagen des schiitischen Rechts*, Erlangen 1971, 76–79.

[17] Halm, op. cit., 116f.

[18] Ibn Taimīja: *Darʾ taʿāruḍ al-ʿaql wan-naql*, ed. Muḥammad Rašād Sālim, 11 Bde., Riyadh 1399 h.

könne, wobei die Beziehung des Imams zur consentierenden Gelehrtenschaft eine geistige sei, ein Ausfluß seiner Gnade (arab.: *al-luṭf*).[19] Im Gnadenconsensus (arab.: *al-iǧmāʿ al-luṭfī*) spiegelt sich besonders deutlich das Selbstverständnis des schiitischen Klerus, nicht minder aber auch darin, daß er anders als die sunnitischen Rechtsgelehrten den Verstand zu einer Rechtsquelle erhob. Der Verstand darf aber nicht unabhängig von den durch Offenbarung den Muslimen übergebenen und durch die Imame explizierten Bestimmungen der Scharia eingesetzt werden, sondern nur unter ständiger Bezugnahme auf diese.[20] Der Verstand schließlich ist es, der, wie wir gehört haben, die Menschen zum Gehorsam gegen Gottes Gebote anhält. Im Grunde meint die Rechtsquelle des Verstandes nichts anderes als das, was die Sunniten unter verschiedenen Begriffen wie „Gemeinwohl", „Absichten des Gesetzes" zusammenfassen. Der Begriff „Verstand" fügt jedoch dies alles noch enger dem Ursprung jeglicher islamischer Norm ein.[21]

Diese Art der Argumentation läßt sich sehr gut in einer Abhandlung beobachten, die Ayatollah Mutahheri (gest. 1979), einer der Wegbereiter der islamischen Revolution in Iran, über das Gebot der Verschleierung geschrieben hat. Mutahheri holt weit aus, denn er erläutert zunächst fünf Gründe, die nach Ansicht andersgläubiger Gelehrter zum Entstehen der Sitte geführt haben, daß die Frau sich in der Öffentlichkeit verhüllt. Alle diese Gründe, so stellt Mutahheri fest, sollen belegen, daß es unbillig sei, das Tragen eines Schleiers zu verlangen. Die „philosophische Wurzel" dieses Gebots finde sich im mönchischen Welthaß, dessen erfolgreichster Prediger der Apostel Paulus gewesen sei. Der Islam lehne diese Haltung ab; er lege dem Menschen sogar nahe, sich des Schmuckes zu bedienen, den Gott für ihn schafft (vgl. Sure 7, 32). Der „gesellschaftliche" Grund sei in der Unsicherheit der Lebensverhältnisse zu suchen; die Frauen hätten sich durch die Verhüllung des Leibes vor Übergriffen schützen müssen. Auch als Überbleibsel eines Zeitalters, in dem die Väter und Ehemänner absolute Gewalt über die Frauen ausübten, habe man den Schleier gedeutet. Hiermit eng verwandt ist der vierte Grund, die Eifersucht der Männer. Fünftens schließlich habe man die Schamhaftigkeit der Frau, ein angeborenes Minderwertigkeitsgefühl den Männern gegenüber, für das Gebot der Verschleierung namhaft gemacht. Doch nicht aus diesen Gründen läßt sich die Verschleierung erklären, sondern allein aus dem Verständnis der von Gott den Frauen anerschaffenen Natur (arab.: *al-fiṭra*), die Mutahheri so beschreibt: „Schamhaftigkeit und Züchtigkeit zeigen sich in einem Verhalten, das die Frau sich instinktiv auferlegt in dem Bestreben, ihre Würde zu erhöhen und ihren Rang gegenüber dem Mann zu wahren." In der von den Männern beherrschten Arena des Lebenskampfes müßte sie schei-

[19] Löschner, op. cit., 135–139.

[20] Ebd., 160–194.

[21] Vgl. hierzu im Zusammenhang mit der Schia Nagel: *Staat und Glaubensgemeinschaft*, I, 190–195 und 250–256.

tern, aber sie kennt den schwachen Punkt des Mannes: Er begehrt sie.[22] Der Islam fordert demzufolge die Verschleierung der Frau in der Öffentlichkeit, um erstens die Triebhaftigkeit des Mannes einzudämmen, da diese sich zerstörerisch auf die Gesellschaft auswirken könnte; das Sexualleben ist zweitens ganz auf die Familie zu beschränken; der allzu freizügige Umgang von Männern und Frauen außerhalb der Familie würde drittens die produktiven Kräfte lähmen und somit die Allgemeinheit schädigen; viertens schließlich schützt der Islam mit dem Gebot der Verschleierung die Würde der Frau gegenüber dem Mann, der ihr an Körperkräften, womöglich auch an Verstand überlegen sei.[23]

Mutahheri verfolgt mit dieser Gedankenführung ein dreifaches Ziel: Er will erstens im Leser die Überzeugung wecken, daß der Islam die der natürlichen Veranlagung des Menschen entsprechende Religion sei; zweitens ist der Westen, der einerseits das „widernatürliche" Mönchtum, andererseits die sexuelle Freizügigkeit hervorgebracht habe, der Inbegriff des Unislamischen, und das heißt zugleich, der Inbegriff des Irrationalen; denn drittens ist einzig und allein was der Verstand befürwortet, islamisch und im Einklang mit der Scharia und darüber hinaus in vollständiger Übereinstimmung mit der von Gott beabsichtigten *conditio humana*, der *fiṭra*. Dementsprechend kann Mutahheri betonen: „In seiner islamischen Bedeutung stützt sich der Schleier auf eine dem Verstand einleuchtende Logik, die auf den Feldern der Psychologie, der Familie, der Gesellschaft und sogar unter dem Blickwinkel der Erhöhung des ideellen Wertes der Frau offenbar wird."[24] Nach dieser Vorarbeit entfaltet Mutahheri die scharia-rechtliche Seite des Gebots der Verschleierung. Daß der Begriff im Koran nicht vorkommt, ist nicht von Belang. In Sure 24, Vers 27 bis 31 ist im Sinne der zuvor erörterten Veranlagung der Frauen geregelt, wie sie sich gegenüber fremden Männern und wie diese sich ihnen gegenüber zu verhalten haben. Reiches Material aus dem *ḥadīṯ*, übrigens durchaus auch mit sunnitischen Überliefererketten,[25] weiß Mutahheri beizubringen, um zu dem Ergebnis zu gelangen, daß es den Frauen geboten ist, sich in der Öffentlichkeit zu verhüllen; frei bleiben dürfen allenfalls das Gesicht und die Hände bis zum Handgelenk. Denn wollte man verlangen, daß auch diese Körperteile verdeckt seien, schlösse man die Frauen von allem Leben, von aller Tätigkeit außerhalb ihrer Wohnung aus.[26] Der Islam, so lautet Mutahheris Fazit, will die Frau nicht einsperren, aber er verwirft jegliche freizügige Vermischung der Geschlechter (arab.: *al-iḫtilāṭ*).[27] Zeigt sich die Muslimin in der Öffentlich-

[22] M. al-Muṭahharī: *Mas'alat al-ḥiǧāb*, arab. Ausgabe, Kuwait/Beirut 1987, 54–57. Zur Beurteilung der Frau im islamischen Recht vgl. Gh. Ascha: *Du statut inférieur de la femme en Islam*, Paris 1987.

[23] al-Muṭahharī, op. cit., 63–71.

[24] Ebd., 73.

[25] Ebd., 142, 144, 149.

[26] Ebd., 124.

[27] Ebd., 157.

keit, dann müssen Hände und Gesicht ohne allen Schmuck, ohne jede Spur von Schönheitsmitteln sein, darauf weist Mutahheri immer wieder hin. Niemals darf außerhalb der privaten vier Wände eine erotische Spannung entstehen; sie wäre, das haben wir gehört, dem Gedeihen der muslimischen Gesellschaft äußerst abträglich.

INDICES

FREMDSPRACHIGE TERMINI

(A = das erste Buch; B = das zweite Buch dieser Einführung)

al-adā' die Erfüllung der rituellen Pflichten zum vorgeschriebenen Zeitpunkt: A I 4; II 2b
al-'āda, Pl. *al-'ādāt* der Brauch: B III 1, 2; IV 1
al-'adāla die Unbescholtenheit: A III 2a; B III 2
al-adilla (Pl.) *as-sam'īja* die über das Gehör aufgenommenen Hinweise auf die Bestimmungen der Scharia (d. h. der Koran und die Überlieferung): B II 3
al-aḫbārījūn (Pl.) die „Traditionalisten", eine Richtung der Zwölfer-Schia: Anhang
ahl al-kitāb die „Schriftbesitzer", d. h. die Juden, Christen und Zoroastrier auf islamischem Territorium: A II 3a; III 1; B I 3
al-'ain die klar definierte Ware; das definierbare Gut: A II 3b
ājat Allāh „Wunderzeichen Gottes", Titel eines zwölferschiitischen Gelehrten: Anhang
al-'amad der Vorsatz: A II 4c
al-amān der Pardon, die Sicherheitszusage (im Krieg): A III 1
al-amāra das Zeichen, Indiz: A I 2; III 1
al-'āmil der Statthalter; der Steuereinnehmer: A III 2a
al-amīr der Befehlshaber, der Heerführer: A III 2a
al-'āmma die breite Masse der Muslime: B II 2, 3; III 1; IV 1
al-'aqd der Vertrag: A II 3a
al-'āqila die mit dem Wergeld belastete engere männliche Verwandtschaft eines Delinquenten, der Leib und Leben eines Muslims angetastet hat: A II 4c; B I 2; IV 2
al-'aql der Verstand: A I 2; Anhang
al-aṣlaḥ das von Gott grundsätzlich angestrebte Wohl seiner Schöpfung: B II 3; III 2
al-āṯim der Sünder, der sich der Belastung mit dem Gesetz nicht bewußt ist: A I 2, 4; III 1; B III 1
al-'azīma die Unumgänglichkeit des vollständigen Vollzugs einer schariatischen Bestimmung: A I 4; B III 2; IV 1
al-bai' der Verkauf: A II 3b
al-bai'a die Huldigung: B IV 3
bāliġ volljährig, uneingeschränkt rechtsfähig: A I 4
bāṭil nichtig, ungültig: A I 4; II 3b; B II 1; IV 1
al-bid'a, Pl. *al-bida'* die der Scharia bzw. dem Herkömmlichen widersprechende Neuerung: B III 2; IV 1; Anhang
aḍ-ḍai'a der Verlustverkauf: A II 3b
aḍ-ḍamān die Haftung: B IV 1
dār al-ḥarb das „Gebiet des Krieges": A III 1
dār al-islām das „Gebiet des Islams": A III 1
aḏ-ḏarī'a, Pl. *aḏ-ḏarā'i'* das Mittel (zum Anrichten von Übeln): B III 2; IV 3
aḍ-ḍarība die Steuer: B IV 2
aḍ-ḍarūrījāt (Pl.) die zur Aufrechterhaltung der menschlichen Existenz unerläßlichen Dinge: B IV 3

al-Ḥadīṯ die einzelne Überlieferung: passim
al-ḥaǧǧ die Pilgerreise nach Mekka: A II 2e
al-ḥāǧīyāt (Pl.) die zur Befriedigung der Bedürfnisse notwendigen Dinge: B IV 3
al-haiba die Ehrfurcht gebietende Aura des Herrschers: A III 2b
al-ḥaiḍ die Menstruation: A II 2a
al-ḥakam der Schiedsmann: A III 2a
al-ḥalqa der Lehrzirkel, der Studienkreis: A III 2d
al-ḫamr der Wein: A III 2b; B II 3
al-ḥaqīqa, Pl. *al-ḥaqā'iq* das wahre Wesen, die Essenz: B II 3
ḥaqīqī dem Wesen nach: A II 2a
al-ḥaqq das Recht: B IV 3
ḥaqq Allāh das Recht Gottes; Forderungen, die Gott an das islamische Gemeinwesen stellt: A II 4b; B IV 3
al-ḫarāǧ als Tribut eingezogene Abgabe vom Ertrag des Bodens: A II 2c; III 1; B II 1; III 2; IV 2
ḥarām verboten: A I 4
ḥasan nach menschlichem Maßstab gut: A I 4
al-ḫāṣṣa die im *fiqh* Ausgebildeten: B II 2
ḫaṭa'an irrtümlich, versehentlich: A II 4c
al-hawā die Begierde, d. h. die nicht gemäß der Belastung mit dem göttlichen Gesetz erfolgenden Handlungen und Äußerungen: A I 2; B III 2
al-ḥikma die göttliche Weisheit: A II 2; IV 3
al-ḥikr der Pachtzins: B IV 3
al-ḥīla, Pl. *al-ḥiyal* der Rechtskniff (durch den eine schariatisch zweifelhafte Handlung schariakonform gestaltet wird): A II 3b; B III 3
al-ḥilf der Bündnisschwur: B I 2
al-ḥisba die Marktaufsicht: A III 2b
al-ḫiṭāb die von Gott an den Menschen gerichtete Gesetzesrede: A I 2, 3, 4; B II 3; III 2
al-ḥuǧǧa das beweiskräftige Argument: B II 3
al-ḥukm, Pl. *al-aḥkām* die Bewertung bzw. Beurteilung eines Sachverhalts durch Gott: A I 1, 2, 3; B II 2; III 2; IV 2, 3
ḥukmī auf Grund einer schariatischen Bewertung gegeben: A II 2a
al-ḫul' der Freikauf der Ehefrau aus dem Ehevertrag: A II 3a
al-i'āda Wiederholung einer - zuvor fehlerhaft vollzogenen - Ritualpflicht während der vorgeschriebenen Zeit: A I 4
al-'ibāda, Pl. *al-'ibādāt* die schariatischen Pflichten der Gottesverehrung: A II 1; B I 1; III 2
al-ibāḥa die Anheimstellung: A I 4
al-'idda die Wartefrist (der geschiedenen Frau vor einer erneuten Heirat): A III 2b; B II 1
al-īǧāb das verbindliche Angebot (beim Kauf): A II 3b
al-īǧār, Pl. *al-īǧārāt* das Vermieten: B IV 1
al-iǧāra die Miete: B IV 1
al-iǧāza die Überlieferungslizenz: A III 2d
al-iǧmā' der Konsensus: B I 2; II 2,3; Anhang
al-iǧtihād die selbständige Urteilsfindung eines Rechtsgelehrten: A III 2c; B I 1; II 2; III 1; IV 1, 2, 3; Anhang
al-iḥāṭa die umfassende, allseitige Kenntnis: B II 2
al-iḥyā' die Nutzbarmachung von Brachland: B I 2
al-iḥrām das Eintreten in den Weihezustand: A II 2b, e

al-maḫāriǧ (Pl.) die Auswege aus einer rechtlich schwierigen Lage, die einen schariatischen Zweck verfolgen: A II 3b
al-mahr die Brautgabe: A II 3a
maḥẓūr verboten: A I 4
makārim al-aḫlāq die edlen Charaktereigenschaften (des sunnitischen Muslims): B IV 1
makrūh verwerflich, zu mißbilligen: A I 4; III 2c; B II 1
al-makruma die Ehre: B III 2
al-māl das Vermögen: A II 3b
al-māl al-mutaqauwim die Ware, deren Wert bestimmt werden kann: B III 3
mandūb empfohlen, empfehlenswert: A I 4
al-māni' das Hindernis: A I 4
al-maqṣad, Pl. *al-maqāṣid* der Zweck, die Absicht (Gottes bzw. seiner Gesetze): B III 1, 2; IV 3
marǧa' at-taqlīd „oberste Instanz der Nachahmung", oberster der schiitischen Gelehrten: Anhang
al-masǧid, Pl. *al-masāǧid* die Moschee: A II 2b
al-masḥ 'alā l-ḫuffain das Abwischen der Schuhe (als rituelle Reinigung): B II 2
al-ma'ṣija die Widersetzlichkeit gegen Gott: A I 4; B III 1
al-maṣlaḥa, Pl. *al-maṣāliḥ* das Wohl der Gemeinschaft der Muslime: A I 4; III 2b; B II 3; III 3; IV 2, 3
al-maṣlaḥa al-mursala das frei erwogene Gemeinwohl: B III 2; IV 2
mauqūf an Bedingungen geknüpft (Geschäft): A II 3b
al-milk das Eigentum (an einer ritualrechtlich erlaubten Sache): A II 3b
al-milla die Glaubensgemeinschaft, vor allem die nichtislamische auf islamischem Territorium: A III 1
millet die nicht-muslimische Glaubensgemeinschaft im Osmanischen Reich: A III 1
al-mu'āmalāt die zwischenmenschlichen Handlungen und Beziehungen: A I 1; II 1, 3a; III 2a, 2b; B IV 1
mubāḥ anheimgestellt, erlaubt: A I 4
al-muḍāraba die stille Teilhaberschaft: B II 1
al-muftī der Rechtsgelehrte, der Gutachten erteilt: A III 2c; B II 2, 3; IV 1
al-mufṭirāt (Pl.) die das Fasten brechenden Stoffe und Handlungen: A II 2d
al-muǧāhid der Glaubenskämpfer: B IV 2
al-mu'ǧiza das Beglaubigungswunder: B II 3
al-muǧtahid der zu eigener Entscheidungsfindung befähigte Rechtsgelehrte: B I 1; II 3; IV 3; Anhang
al-muḥāqala der Vertrag über den Tausch von geerntetem Getreide gegen auf dem Halm stehendes: B II 1
al-muḫāṭara eine Vereinbarung, mit der ein Risiko belohnt wird: A II 3b
al-muḥtasib der Marktvogt: A III 2b
al-mukātaba der Selbstfreikauf eines Sklaven: B I 2
mumaijiz eingeschränkt rechtsfähig, unterscheidungsfähig: A I 4; B IV 3
al-mu'minūn die Gläubigen: B I 3
al-murābaḥa der Verkauf mit Gewinn: A II 3b
al-murtadd der Apostat: B IV 1
al-musāqāt die Pacht von Palmen oder Obstbäumen gegen einen bestimmten Anteil am Ertrag: B II 1
al-musāwama die Versteigerung: A II 3b

ar-rakʿa die Abfolge von Handlungselementen während des rituellen Gebets: A II 2b; B II 2; III 2
ar-ribā die Wucherzinsen: A II 3b; B II 2
ribā l-faḍl der Wuchergewinn aus unterschiedlicher Qualität der ausgetauschten Güter: A II 3b; B III 2
ar-ridda die Apostasie: A III 1
rūḥānījān (Pl.) die zwölferschiitischen Geistlichen: Anhang
ar-ruḫṣa durch besondere Umstände gerechtfertigte Erleichterung: A I 4; B III 2; IV 1
ar-rukn, Pl. *al-arkān* die Elemente einer rechtsförmigen Handlung: A I 3; B IV 3
ar-rukūʿ die Verbeugung im rituellen Gebet: A II 2b
as-sabab die Vorgeschichte; die Ursache: A I 4; II 3a; B III 1, 2
sabīl Allāh der Pfad Gottes, alte Bezeichnung für den Islam als Glaubensgemeinschaft: A II 2c; B I 3
aṣ-ṣadāq (vorislamisch) die Brautgeschenke, die in das Eigentum der Frau übergehen: A II 3a
aṣ-ṣadaqa, Pl. *aṣ-ṣadaqāt* die Almosen: A I 4; II 2c
aš-šāhid, Pl. *aš-šuhūd* der Zeuge; der Notar: A III 2a
ṣaḥīḥ rechtsgültig: A I 4; II 3b
aš-šaiʾ das Ding: B II 3
as-salam der Terminkauf: A II 3b
aṣ-ṣalāt, Pl. *aṣ-ṣalawāt* das rituelle Gebet: A II 2a, b
ṣalāt al-ʿaṣr das rituelle Nachmittagsgebet: A II 2b
ṣalāt al-ʿišāʾ das rituelle Abendgebet: A II 2b
ṣalāt al-maġrib das rituelle Gebet des Sonnenuntergangs: A II 2b
ṣalāt aṣ-ṣubḥ das rituelle Morgengebet: A II 2b
ṣalāt aẓ-ẓuhr das rituelle Mittagsgebet: A II 2b
sancak der Regierungsbezirk: A III 2a
aṣ-ṣarf der Geldwechsel: A II 3b
aš-šarīʿa, Pl. *aš-šarāʾiʿ* a) der Heilsweg; im Pl. auch die Vorschriften der rituellen Gottesverehrung: A I 1; B II 3 – b) von Gott gesetztes Recht: A I 1
aš-šarṭ die Bedingung (der Gültigkeit einer Bewertung): A I 4
aṣ-ṣaum das Fasten: A II 2d
as-sijar (Pl.) die Feldzüge; das Recht der Beziehungen des islamischen Gemeinwesens zur nicht-islamischen Welt: A III 1
as-sijāsa die Politik: A III 1, 2b, 2c; B II 3; III 3; IV 2
sijāsī politisch: A III 1
as-siwāk, *al-miswāk* das Zahnholz (zum Reinigen der Zähne): A II 2a
aš-šufʿa das Vorkaufsrecht: A II 3b
as-suǧūd die Niederwerfung im rituellen Gebet: A II 2b
as-sunna, Pl. *as-sunan* a) der gute Brauch der Altvorderen: A I 1; B I 1, 3; II 1, 2, 3; III 1, 2; IV 2 – b) die empfohlene, dem guten Brauch entsprechende Handlung: A I 4; III 2d
as-sunna al-mutawātira die vielwegig überlieferte *sunna*: B II 3
aš-šūrā die Beratschlagung: B IV 3
aš-šurṭa die Polizeiverbände: A III 2a, 2b
aš-šurūṭ al-ʿumarīja die ʿumarschen Bedingungen (für die Existenz nicht-muslimischer Glaubensgemeinschaften auf islamischem Territorium): A III 1
aṭ-ṭāʿa die Gehorsamsleistung: A I 4
at-taʿabbud der Knechtsstatus des Menschen vor Gott: B II 3; III 1, 2; IV 3

al-walā' die Klientelschaft: B I 2
al-walāja die Loyalität: Anhang
al-walī der Vormund: A I 4; II 3a
al-waqf die Stiftung: A I 4; III 2d
al-wara' die skrupelhafte Frömmigkeit: B IV 1
al-waṭ' der Beischlaf: A II 3a
al-wuḍū' die kleine Waschung: A II 2a, b
aẓ-ẓāhir das Offensichtliche: B II 3
az-zakāt die Läuterungsgabe: A II 2a, b, c; B I 2; IV 1, 2
zakāt al-fiṭr die Läuterungsgabe zum Fest des Fastenbrechens: B IV 1
aẓ-ẓann die Vermutung: A I 2; B IV 3
aẓ-ẓihār die Schmähung und gleichzeitige Verstoßung der Ehefrau: A II 4a
az-zinā' die Hurerei: A II 3a

PERSONEN

BEGRIFFE UND SACHEN

ZITIERTE KORANVERSE

HINWEISE ZUR TRANSKRIPTION

Die Wiedergabe arabischer Wörter in lateinischer Schrift folgt den Regeln der Deutschen Morgenländischen Gesellschaft. Hierbei bedeuten ā, ī, ū die Längung des jeweiligen Vokals. Ferner haben die in der Tabelle aufgezeigten Zeichen den folgenden Lautwert:

ʾ	Stimmansatz, z. B. „ʾich"
ǧ	dsch, stimmhaft
ḥ	stimmloser pharyngaler Reibelaut
ʿ	stimmhafter pharyngaler Reibelaut
ḫ	stimmloser velarer Reibelaut, etwa wie das ch in „Bach"
ḏ	stimmhaftes th wie in „they"
ṯ	stimmloses th wie in „thing"
s	stimmloses s
z	stimmhaftes s
š	wie deutsches sch
ṣ	emphatisches stimmloses s
ẓ	emphatisches stimmhaftes s
ṭ	emphatisches t
ḍ	emphatisches d
ġ	stimmhafter velarer Reibelaut, ähnlich dem deutschen Zäpfchen-r
q	tief in der Kehle gesprochenes k

Türkische Wörter werden in der Orthographie des Türkeitürkischen wiedergegeben. Dabei bedeuten:

ı	dumpfes i
ş	sch
ç	tsch
y	j

EINIGE WEITERE LESEEMPFEHLUNGEN

Eine erhellende Charakteristik des islamischen Rechts, geschrieben für jemanden, der bereits einen Überblick über diesen Gegenstand erworben hat, ist das kleine Buch von NOEL J. COULSON: *Conflicts and tensions in Islamic jurisprudence*, Chicago 1969.

Knappe Zusammenfassungen bieten ferner JOSEPH SCHACHT: *An Introduction to Islamic Law*, Oxford 1964, und NOEL J. COULSON: *A History of Islamic Law*, Edinburgh 1964 (Islamic Surveys 2).

Im Handbuch der Orientalistik, Erste Abteilung: *Der Nahe und der Mittlere Osten*, Ergänzungsband III: *Orientalisches Recht* (Leiden/Köln 1964) finden sich neben einem knappen Abriß über das klassische islamische Recht auch Darstellungen zum modernen Recht in wichtigen arabischen Ländern und in der Türkei; ebenfalls im Handbuch der Orientalistik, Erste Abteilung: *Der Nahe und der Mittlere Osten* ist als Bd. XIX eine *Bibliography of Islamic Law (1980–1993)* erschienen (Leiden 1994, verfaßt von LAILA AL-ZWAINI und RUDOLPH PETERS). Vgl. ferner MAKDISI, JOHN, und MARIANNE MAKDISI: *Islamic Law Bibliography. Revised and Updated List of Secondary Sources*, in: Law Library Journal 87/1995, 69–191.

Systematische Darstellungen des islamischen Familien-, Ehe-, Erb- und Eigentumsrechts legten LOUIS MILLIOT (*Introduction à l'étude du droit musulman*, Paris 1953) und Y. LINANT DE BELLEFONDS (*Traité de droit musulman Compari*, 3 Bde., Paris/den Haag 1965–1973) vor; der erste Band des letztgenannten Werkes beschäftigt sich, ebenfalls unter systematischen Gesichtspunkten, mit der „théorie générale de l'acte juridique".

Zu Einzelfragen empfiehlt sich die Recherche über das Internet, beispielsweise über http://islam-catalogue.de. Vereinzelt werden auch Literaturrecherchen angeboten. Eine ausführliche Dokumentation über die Lage der nicht-muslimischen Minderheiten in der islamischen Welt und über die Muslime in Europa wird von der *Christlich-islamische Begegnung. Dokumentationsstelle* in Frankfurt/Main erarbeitet (www.cibedo.de).

In der im Aufbau befindlichen Datenbank *Islamisches Recht. Eine Auswahlbibliographie*, zusammengestellt von AKRAM BISHR / RIMA JEBRINI / RÜDIGER LOHLKER / ANDREAS NEUMANN, werden in einem ersten Schritt die vorhandenen Bibliographien zum islamischen Recht zusammengefaßt; im zweiten werden die notwendigen Ergänzungen vorgenommen. Zunächst wird das einschlägige Schrifttum über den arabischen Raum systematisch erfaßt, jedoch werden auch bereits Daten aus außerarabischen Regionen eingespeist. Kodifiziertes Recht ohne islamrechtlichen Anteil wird nicht berücksichtigt. Die Online-Version wird über die Homepage des Seminars für Arabistik der Universität Göttingen zugänglich sein (http://www.gwdg.de/~arabsem/); Anfragen können an diese Adresse gerichtet werden.